THE HOUSE OF BECKHAM

THE HOUSE OF BECKHAM

TOM BOWER

EDEL
SPORTS

Für Sophie

Inhalt

1

Glastonbury, Juni 2017

Sonne pur. Die Bässe wummerten. Die Luft knisterte vor gespannter Erwartung.

Wie ein Rockstar stand er an der Bar mitten im exklusiven VIP-Klub Rabbit Hole. Auf dem legendären Glastonbury Festival, auf dem Musikfans ein Juniwochenende lang ausgiebig trinken, tanzen, flirten und noch einiges mehr, genoss David Beckham das wilde Partytreiben.

Während Radiohead von der Pyramid Stage aus 200.000 Fans beschallte, unterhielt sich das Nationalheiligtum angeregt mit Partygirl und „Sloane Raver" Mary Charteris (30), verheiratet und ultracool. Lady Mary aus der schnelllebigen Londoner Primrose-Hill-Szene hatte Beckham über seinen engsten Freund Dave Gardner kennengelernt. Gardner kassierte jährlich um die 250.000 Pfund dafür, dass er Beckham in geschäftlichen Fragen beriet und dafür sorgte, dass sein Freund rundum zufrieden war. Dementsprechend war es auch die Aufgabe Gardners und seiner Frau, der Schauspielerin Liv Tyler, Mary Charteris zu informieren, dass sie im VIP-Klub auf Beckham warten solle.

Diesmal war es nicht so stressig wie in den vorigen Jahren. Die Felder in der Grafschaft Somerset waren ausnahmsweise mal nicht überschwemmt, sondern lagen im prallen Sonnenschein. Beim Anblick von Lady Mary erinnerten sich die Leute wahrscheinlich an das jüngste Foto, auf dem sie nackt in einer Badewanne mit Goldfischen posierte.

Erst wenige Wochen zuvor war Charteris mit Beckham beim Dinner in Londons angesagtem Chiltern Firehouse gesichtet worden. Natürlich kam auch gleich ein Verehrer an ihren Tisch. „Sie ist mit mir hier“, stellte Beckham klar.[1] Charteris, prominentes Model, DJane und Tochter eines exzentrischen schottischen Aristokraten – des 13. Earl of Wemyss und 9. Earl of March –, war für ihr ausschweifendes Leben bekannt und erschien regelmäßig auf Partys, auf denen andere Gäste Kokain konsumierten. Nach ihrer Hochzeit mit dem Rockmusiker Robbie Furze war sie 2012 auf sämtlichen Klatschseiten zu sehen gewesen. Alle stürzten sich auf ihren Vater, der hin und weg von ihrem ungewöhnlich freizügigen Kleid war, und auch ihre Stiefmutter, die sich psychedelischen Studien widmete und als „Lady Mindbender“ bekannt war, sorgte für Gesprächsstoff.

Auf dem Glastonbury Festival sah es zwar ganz danach aus, als hätte sich Beckham in Charteris verguckt, aber auch ein glamouröses australisches Bikinimodel fühlte sich von ihm angezogen. Seine Kompagnons grinsten: „Was im Rabbit Hole passiert, bleibt im Rabbit Hole.“

Beckhams 18-jähriger Sohn Brooklyn war ebenfalls auf dem Festival, in Begleitung von Judomeister und Fitnesstrainer Bobby Rich. Brooklyn war schwer begeistert von Sängerin Rita Ora und Topmodel Cara Delevingne.[2] In den Medien kursierte bereits die Meldung, Brooklyn und Rita Ora hätten sich kürzlich im Londoner Restaurant Electric Diner umarmt. Dass die beiden ihre freundschaftlichen Bande in Glastonbury fortsetzten, überraschte kaum jemanden. Ora ließ sich von der elektrisierenden Festivalatmosphäre dazu hinreißen, einer Freundin durch die ohrenbetäubende Musik hindurch ihre Romanze mit Delevingne zu gestehen.[3]

An diesem Wochenende war Brooklyn nicht nur hinter Frauen her, sondern promotete auch seine Karriere als Fotograf. Die Bilder aus seinem ersten Buch, *What I See*, wurden gerade bei Christie’s im Londoner Stadtteil St. James ausgestellt. Von der Kommentarflut zu seinem Talent schien Brooklyn nichts mitzubekommen. „Dieses Bild gefällt mir“, hatte er als Bildunterschrift zu seinem Foto „Dinner“ geschrieben, das er in einem Restaurant aufgenommen hatte. „Es ist unscharf, aber man sieht gut, dass viel los ist.“

Freitagnachmittag begann der Trubel in Glastonbury, an Beckhams Nerven zu zehren. Als er mit Freunden im Backstagebereich in der Park Bar stand, bemerkte er einen Fan, der ihn fotografierte. „Untersteh dich!“, schnauzte er lautstark. Er stürmte durch den Raum und zwang den Mann, das Bild zu löschen. Am gleichen Abend teilte Beckhams PR-Manager Simon Oliveira der Boulevardzeitung *Sun* wahrheitsgemäß mit: „David hat nicht einen einzigen der vielen Hundert Fotowünsche abgelehnt.“ Das nicht autorisierte Foto dieses einen Fans zeigte allerdings eine Frau, die Beckham nahestand – und er wollte nicht, dass von dieser Verbindung etwas an die Öffentlichkeit drang. Beckham war Medienrummel gewohnt und hatte nichts dagegen, im Rampenlicht zu stehen, solange alles sorgfältig inszeniert war. Auch dass er sich der permanenten Publicityschlacht an diesem Wochenende entzog, war genau geplant. Gardner brachte es auf den Punkt: „Zum ersten Mal kann David richtig abschalten.“ Er war raus aus dem Fußballhamsterrad und hatte endlich wieder die Kontrolle über sein Leben.

Rund 30 Minuten später eilte Beckham von der Park Bar in den abgeschirmten Winnebago-Bereich.[4] An diesem Abend schlief seine Entourage nicht in den komfortablen Caravans und auch nicht in den Luxuszelten, die für rund 14.000 Pfund angemietet worden waren. Stattdessen zogen sie alle ins nahe gelegene Babington House und feierten im neuen Hotspot des Establishments bis vier Uhr früh. Etliche Gäste wurden beim Ecstasykonsum beobachtet, Beckham und Brooklyn zählten nicht dazu.

Bei ungewöhnlich hochsommerlichen 30 Grad fand sich die Clique am späten Vormittag des folgenden Tages wieder auf der Worthy Farm ein, dem Hauptgelände des Festivals. Dass auf der Pyramid Stage Labour-Oppositionschef Jeremy Corbyn gerade von einer riesigen Menschenmenge stürmisch empfangen wurde, interessierte die drei Musketiere – Beckham, Gardner und Oliveira – nicht. Sie machten bis fünf Uhr am Sonntagmorgen Party im Hole und anderswo. Ab Mittag wurde weitergefeiert. Dann kam ein Anruf: Victoria „Posh“ Beckham war eingetroffen. „Bis sie aufkreuzte, gab es kein Theater, und alle waren bestens gelaunt“, kommentierte jemand aus der Gruppe.[5]

Das Ex-Spice-Girl war aus New York eingeflogen. Im letzten Anlauf zur Rettung ihres Fashionbusiness hatte Victoria im Manhattaner

Büro der *Vogue* in einem Interview gesagt: „Ich liebe das Entwerfen von Verpackungen. David findet es langweilig, wenn ich von Schachteln und solchen Sachen rede.“ Er war auch nicht gerade darauf erpicht, sich ihre Nörgeleien über sein Partyleben anzuhören.

Insider wussten, was Victoria von Dave Gardner und dessen exzessivem Lebensstil hielt. „Schmuddelkinder“ nannte sie seine Partycrowd. 2003 hatte sie ganz besonders gestört, dass Beckham bei Gardners erster Hochzeit – mit Soapdarstellerin und Societygirl Davinia Taylor für zwei Millionen Pfund – den Trauzeugen gab. Sie monierte, seine Anwesenheit habe den Geldwert von Gardners Vertrag mit dem Magazin *OK!* gesteigert. Auch die Tatsache, dass Atomic-Kitten-Sängerin Jenny Frost als erste Brautjungfer mit von der Partie war, gefiel ihr ganz und gar nicht. Sie hatte David und Jenny in Verdacht, sich nach einer Party geküsst zu haben.[6]

Zwei Jahre nach der Hochzeit war Victoria genervt von der Publicity um Gespräche über Gardners Ehekrise. Seine Frau war inzwischen in Verruf geraten – wegen Affären mit ihren Nachbarinnen in Primrose Hill und ihres Aufenthalts in der prominenten Londoner Alkohol- und Drogenentzugsklinik The Priory.[7] Ihre Trennung und anschließende Scheidung führten dazu, dass Gardner und Beckham wieder mehr Zeit miteinander verbringen konnten – erst recht, nachdem Beckham seine Karriere als Profifußballer beendet hatte. Das mit dem Wegfall des straffen Trainingsplans entstandene Vakuum half Gardner zu füllen, indem er seinen Kumpel in die Welt der rauschenden Partys einführte. Er brachte ihn auch mit Model und TV-Moderatorin Alexa Chung und der Schauspielerin und Prominenten Poppy Delevingne (Schwester von Cara) zusammen, die als Nebendarstellerinnen in Guy Ritchies neuestem Film, *King Arthur: Legend of the Sword*, zu sehen waren.

An jenem heißen Sonntagnachmittag 2017 landete Victorias Hubschrauber auf einem Feld in Somerset unweit des Festivals. Mit ihrer Entourage fuhr sie in einem Golfcart an den schäbigen Wohnwagen vorbei zum VIP-Bereich. Sie war wütend, weil ihr Mann ihre Anrufe ignoriert hatte, und schickte einen Suchtrupp los. Irgendwann erschien David auf der Bildfläche. Sekunden später war der Streit in vollem Gange.

Schaulustige konnten beobachten, wie Brooklyn als Friedensstifter auftrat: „Lass gut sein, Dad, ich hol dir einen Drink." Als er mit einer Flasche Wasser und einem doppelten Gin Tonic zurückkam, weinte sich Victoria an der Schulter ihres Sohnes aus. „Sie sahen ziemlich mitgenommen aus", meinte ein Augenzeuge, „aber sie schafften es dennoch, für die Kameras zu posieren."[8] Wie bei anderen routinierten Medienstars war die Basis für das gesamte Business der Beckhams das Bild eines glücklichen Paares. Victoria gab sich alle Mühe, den Eindruck von Harmonie zu vermitteln. Die Frage war bloß, wie viel das noch mit der Realität zu tun hatte. Die Wutausbrüche von Victoria, die als mitunter launisch und herrisch gilt, nahm Beckham ihr übel. Viele hielten das Vertrauensverhältnis zwischen dem Paar für schwer erschüttert.

2001 hatte Victoria in ihrer Autobiografie *Learning to Fly* bekannt: „Menschen zu täuschen, gehört dazu. Das ist Teil des Kicks."[9] Die Selbstdarstellung war Victoria in Fleisch und Blut übergegangen. Sie schützte die eigene Person, ihr Geschäft, ihre Beziehungen und auch die meisten anderen Dinge dadurch, dass sie Interviews gab und die Fakten in ihrem Sinne interpretierte. Sich durch die Macht des Schweigens zum Mythos zu stilisieren, war absolut nicht ihr Ding.

Wie die meisten Promis waren David und Victoria von der Medienberichterstattung über sich regelrecht besessen. Alles drehte sich um ihren Lifestyle. Dabei vermieden sie sorgsam jede Aussage darüber, wofür sie eigentlich standen. Und ob sie überhaupt für irgendetwas standen. Sein Lächeln und ihr Schmollmund waren Antwort genug. In Krisenzeiten riefen sie die Erinnerung an seine magischen Tore wach, um von den Problemen abzulenken.

Damit die Beckhams eine Weltmarke blieben, die zu diesem Zeitpunkt rund 250 Millionen Pfund wert war, durfte das öffentliche Interesse an ihnen auf keinen Fall nachlassen. Schon die Vorstellung, ihr Ruhm könnte verblassen, war unerträglich. „Wenn die Fans keine Selfies mehr mit uns wollen, steht es schlecht um uns", ist eine Promi-Binsenweisheit. „Wenn die Musik nicht mehr spielt, bin ich dann noch gefragt?", lautet ein weiteres Showbizklischee unter Egomanen und Leuten mit nicht sehr ausgeprägtem Selbstwertgefühl. Wenn es so weit kommen würde, dass sich niemand mehr für die Beckhams interessierte, wäre es mit dem Reichtum vorbei. Durch die Angst, ihr

Vermögen zu verlieren, entwickelte das Paar ein außergewöhnliches Bewusstsein für die Bedeutung von Geld. Zeitweise hatten die Beckhams, um sich selbst zu schützen, ihre glückliche Ehe geopfert, die für sie nicht so wichtig war wie die nie endende Berühmtheit. Jeder öffentliche Auftritt war pures Theater.

Victoria war nach Glastonbury gekommen, um Ed Sheeran als letzten Act des Festivals zu erleben. Beide Beckhams wurden eingeladen, am Bühnenrand zu sitzen, sodass sie für das Publikum gut zu sehen waren. Nach drei Tagen Party konnte David seine Erschöpfung nicht verbergen. Trotz des ohrenbetäubenden Lärms schlief er immer wieder ein. Die im Umgang mit den Medien gewohnt souveräne Sprecherin der Beckhams sagte dazu: „Sie hatten einen tollen Abend." Es gab nichts im Leben des Paares, das Raum für Fehlinterpretationen bot oder sich ihrer Kontrolle entzog.[10] Ausrutscher galt es bis zum Ende des Festivals zu vermeiden. Von den Beckhams unbemerkt, lichtete ein Fotograf Victoria mit ihrem typischen Schmollmund ab, während sie ihren Arm besitzergreifend um ihren Mann legte. Ganz in der Nähe stand Lady Mary Charteris. Genau dieses Foto wollte David tunlichst vermeiden.[11]

Ein Jahr später gab Beckham im australischen Fernsehen zu, seine Ehe sei „anstrengend" und „kompliziert". Nach diesem Geständnis in dem ungewöhnlich offenherzigen Interview war Victoria am Boden zerstört. Jahrelang hatte sie das Image einer Superhausfrau kultiviert. Stets trat das Team Beckham als glückliche Familie auf, getragen von wahrer Liebe. Imagepflege war für die Vermögensbildung unverzichtbar. Jede Ritze, aus der ein Stück Wahrheit herausdringen konnte, wurde mit Macht zugespachtelt. Auf keinen Fall durften Erinnerungen an das düstere Jahr 2003 wach werden.

2

Madrid

„Nicht mein Typ“, dachte Rebecca Loos, als David Beckham am Madrider Flughafen Torrejón in weißem Anzug und mit auffällig blonden Strähnchen aus einem Privatjet stieg. Seine Diamantknöpfe blitzten in der grellen Sonne. „Ich bin ein Normalo“, hatte er noch kurz zuvor gemeint, obwohl er Schmuck im Wert von 40.000 Pfund trug.[12]

An seiner Seite schritt Victoria Beckham die Gangway hinab, im gleichen weißen Anzug, und auch ihre Diamanten funkelten im Sonnenlicht. Loos, die neue 26-jährige persönliche Assistentin aus den Niederlanden, war eigens dafür engagiert worden, die ersten Tage der Beckhams in Spanien zu organisieren. Sie sah der Herausforderung voller Spannung entgegen.

Für Loos war Beckham kein Unbekannter. Sie hatte mehrere Monate für dessen Londoner Agentur SFX gearbeitet und dabei den berühmten Fußballer durch das Büro in der Grosvenor Street schlendern sehen. Dabei wirkte er immer so, als würde er jede Frau genau taxieren. Und manche Frauen wollten unbedingt von ihm gesehen werden. Andere sagten später, sie fänden ihn irgendwie unheimlich. Loos – Hochschulabsolventin und sprachliches Multitalent – interessierte sich nicht für Beckham. Nachdem sie von SFX zu einer anderen Agentur gewechselt war, vergaß sie den Star. Dann kam eines Tages der Anruf von dessen treuem Agenten Tony Stephens, der ihr Leben veränderte.

Beckhams Entscheidung, Manchester United zu verlassen und für Real Madrid und damit für den erfolgreichsten Fußballklub der Welt zu spielen, sorgte weltweit für Schlagzeilen. Da Stephens wusste, dass

Loos fließend Spanisch sprach, bot er ihr einen Kurzzeitvertrag an. Sie sollte den Beckhams helfen, sich in Madrid einzuleben.

Die ersten Stunden nach Davids Landung in Spanien waren turbulent. Mit Polizeieskorte raste sein Konvoi vom Flughafen zum Krankenhaus La Zarzuela. Die Ärzte sollten bescheinigen, dass Real Madrids 25 Millionen Pfund teurer Neuzugang topfit war. Entsprechend gewaltig war das Medieninteresse. Schätzungsweise zwei Milliarden Menschen verfolgten die Liveübertragung von *Real Madrid TV* und sahen zu, wie sich der 28-jährige Star in Begleitung des Pflegepersonals durch die Sanitas-Klinik bewegte. Mit dem unprätentiösen Charme, der zu seinem Wesen gehörte, erntete Beckham mühelos Bewunderung und Sympathie.

Nur beim Fitnesscheck gab es einen kleinen Dämpfer. Beckham erfuhr, dass sein linkes Bein kürzer als sein rechtes war, worauf er spöttelnd entgegnete, die Ärzte lägen da wohl falsch. Er ließ sich noch einmal checken und musste feststellen: Ein Bein war tatsächlich länger als das andere.

Am nächsten Tag warteten vor dem Gebäude über 200 Fernsehkameras und 400 Presseleute auf Beckhams Vertragsunterzeichnung. Sein Stift, so ließ sein Team die beglückten Reporter wissen, sei ein Geschenk von Victoria. Nachdem er unterschrieben hatte, bedankte sich der Fußballer bei Florentino Pérez – Real-Madrid-Präsident, Milliardär und Großindustrieller – mit den Worten: „Sie machen mich zu einem sehr glücklichen Menschen."

„Du kommst vom Old Trafford, der Arena der Träume, zu uns – zum Team deiner Träume", antwortete Pérez. Der Präsident überreichte ihm das weiße Trikot mit der Rückennummer 23. Die 23 ist eine Nummer mit Kultstatus, denn Basketball-Legende Michael Jordan von den Chicago Bulls hatte sie auf seinem Trikot getragen. Beckham strahlte in die Kameras. Wie ein Profimodel drehte er sich ganz langsam um die eigene Achse, damit jede Kamera das perfekte Bild von ihm einfangen konnte. Pérez war begeistert. In Madrid waren bereits 8000 Beckham-Trikots zum Preis von rund 70 Euro pro Stück über den Ladentisch gegangen. Aus ganz Spanien vermeldeten Shops, die Trikots seien bereits ausverkauft. Pérez kalkulierte damit, dass der bestbezahlte Fußballer der Welt seinem neuen Verein ein Rekordvermögen einbringen würde.

Bestimmt 1000 junge Mädchen – viele hatten Gesicht und Arme mit Beckhams Namen verziert – fanden sich auf dem Trainingsgelände von Real Madrid ein und skandierten: „Beckham, cojonudo corno: Beckham, no hay ninguno." Der Fußballgigant wollte wissen, was seine weiblichen Fans da riefen, und musste grinsen. „Beckham hat die größten Eier." Nur eines erregte nach Meinung einiger Beobachter den Unmut der Fans – und das war Posh, sprich: Victoria. David Beckham zu verehren, bedeutete gleichzeitig, sich über Victoria zu ärgern, die stets lächelte und winkte.[13] „Meine Familie zieht mit hierher", gab Beckham gegenüber *Real Madrid TV* bekannt. „Meiner Frau wird es hier gefallen."

In dieser Nacht schliefen die Beckhams in einer Suite des Boutiquehotels Santo Mauro. Am Ende des zweiten Tages fragte Victoria Loos: „Du bist eine richtige Macherin. Hast du einen Freund?"

„Ja", antwortete Loos, was nicht ganz der Wahrheit entsprach, aber sie war an einer gut bezahlten Festanstellung interessiert.[14]

„Möchtest du für uns arbeiten?"

Einige Tage später brachte Loos Beckham mit dem Auto zum ersten Training. Wie immer war er früh dran. Ohne dass jemand von ihnen Notiz nahm, warteten sie auf dem Parkplatz. Beckham war nervös und musste sich fast übergeben. Er wollte nicht allein in der Umkleidekabine warten. Mit dem brasilianischen Weltklassefußballer Ronaldo, dem französischen Superstar Zinédine Zidane und anderen *Galaktischen* zu spielen, war eine echte Herausforderung. Als die Fußballhelden von Beckhams Transfer erfuhren, nörgelten sie, Pérez habe von Manchester United keinen Spitzenspieler, sondern einen Trikotverkäufer eingekauft. Beckham mochte ein sehr guter Fußballer sein, aber in der obersten Liga spielte er in ihren Augen nicht. Wenn Florentino Pérez und seine Vorstandskollegen unter sich waren, teilten sie die Meinung der Spieler, doch Beckhams Prominenz war für den Verein Gold wert. Seine ersten Spiele bestritt er denn auch auf der Real-Madrid-Promotour nach Fernost.

Vier Wochen zuvor hatte Pérez große Augen gemacht, als er sah, wie erfolgreich Beckham in Japan war. Am Flughafen von Tokio waren David und Victoria von 4000 kreischenden Fans belagert worden. Es war eine Neuauflage der Beatlemania, versetzt mit einer Prise „Cool Britannia" – eine geniale Fusion von Fußball und Musik. Beckham-Fanartikel überschwemmten ganz Tokio. Sein Gesicht prangte auf Grußkarten, Meiji-Almond-Schokolade, Schlüsselanhängern, Tapeten, Bettwäsche und Gebrauchtwagen. „Das ist der pure Wahnsinn", meinte Beckham und lächelte. Er hielt sich an die 32-seitige Anleitung seines PR-Teams. Alles folgte einem Plan: Kleidung, Frisur, jedes einzelne Wort, das er sagte. Posh heizte die Beckham-Manie zusätzlich mit der Info an, dass ihr Mann sich regelmäßig seine Nägel maniküren lasse und auf Facials stehe.[15]

Bevor Beckham mit Real Madrid nach Japan aufbrach, hatte der Klub sieben Millionen Pfund eingenommen, davon rekordverdächtige 5,5 Millionen Pfund aus dem Trikotverkauf. Über 300.000 Trikots mit Beckhams Nummer 23. Real Madrid verlangte 1,5 Millionen Euro für die Freundschaftsspiele in Japan und China – dreimal so viel wie Manchester United. Dank Beckham sollte die Tour im folgenden Jahr fünf Millionen Euro abwerfen.[16] Nachdem der Mannschaftsbus vom Flughafen in der Innenstadt von Tokio angekommen war, hinderten Tausende hysterischer Mädchen Beckham am Verlassen des Hotels. „Das ist unbeschreiblich", musste Beckham zugeben.[17] Im Stadion ging das Gekreische schon los, wenn er nur den Ball berührte. 45.000 Fans zahlten allein dafür, ihm beim Training zuzusehen. Ronaldo und andere *Galaktische* schauten dem Wahnsinn schweigend zu.

In Tokio gewährte Beckhams PR-Agentur SFX handverlesenen britischen Journalisten ein Interview. Pérez war sauer. Er wollte die Kontrolle über den neuen Superstar nicht aus der Hand geben und ließ SFX ausrichten, dass Interviews nur vom Verein organisiert werden dürften. Falls sich die Agentur daran nicht halte, werde Beckham auf der Stelle an die Luft gesetzt – was SFX geradezu amüsierte. Das Management seiner Medienauftritte war ein essenzieller Imagefaktor der Marke Beckham – und nur darum ging es SFX.[18] Sportartikelhersteller Adidas war von Beckhams Popularität so beeindruckt, dass man den Fußballer dort den „beliebtesten Sportler aller Zeiten" nannte. Angesichts der unübertroffenen Strahlkraft der Marke Beckham erhöhte der Konzern sein Sponsoringangebot. Statt auf sieben Jahre à vier Millionen Pfund einigte sich Adidas mit Beckham auf einen lebenslangen Vertrag, der alle fünf Jahre erneuert werden sollte.[19]

Zusammen mit anderen Sponsorenverträgen, unter anderem mit Vodafone, der Warenhauskette Marks & Spencer, Police-Sonnenbrillen und

Pepsi, wurde David Beckhams Jahreseinkommen 2003 auf 18 Millionen Pfund geschätzt – einschließlich der wöchentlichen 92.000 Pfund von Real Madrid.[20] Der Pepsi-Vertrag brachte Beckham weltweite Aufmerksamkeit. Sein authentisches Auftreten war für die Marke ein unschlagbarer Vorteil.

Im August 2003 wurde das Debüt des bestbezahlten Fußballers der Welt im Bernabéu, dem Stadion von Real Madrid, allerdings mit Argusaugen verfolgt. In zwei vorherigen Auswärtsspielen in Spanien hatte er eine schwache Leistung gezeigt. Sportjournalisten nannten ihn „ungeschickt, umständlich und frustriert". Sein Ansehen stand auf dem Spiel. Doch dann erzielte er im spanischen Supercup nach 72 Minuten vor heimischem Publikum nach einer Flanke von Ronaldo mit einem perfekten Kopfball den 3:0-Siegtreffer gegen Real Mallorca. Die Gerüchte, Real Madrid habe ihn nur als Werbeträger für Trikots gekauft, verstummten. „So glücklich war ich seit zwei Jahren nicht mehr", sagte der Superstar, während die Fans im Stadion „Beckham, Beckham" brüllten.[21]

In diesem Moment war er unangreifbar. In seiner Karriere hatte er die Kritiker immer wieder damit verblüfft, dass er ungeahnte Kraftreserven mobilisieren konnte. Sie eines Besseren zu belehren, beflügelte ihn. „Ich liebe David Beckham", schwärmte Florentino Pérez gegenüber dem britischen Journalisten und Autor John Carlin.[22]

Das beeindruckende Madrid-Debüt des Kapitäns der englischen Nationalmannschaft riss die Tageszeitung *The Sun*, die sich stets als Beckham-Cheerleaderin gab, zu Begeisterungsstürmen hin: „Er ist das perfekte Vorbild für jede Generation – ein netter Kerl mit untadeligem Lebenswandel, ehrlich, anständig, fürsorglich und mit traditionellen Werten."[23] Um den unstillbaren Hunger ihrer zehn Millionen Leserinnen und Leser auf Beckham-News zu stillen, hatte die Zeitung einen Fotografen und zwei Journalisten nach Madrid geschickt. Einer sollte über Beckhams Fußballerkarriere berichten und der andere das Privatleben der Familie unter die Lupe nehmen. Die Geschäftsführung der *Sun* wusste genau: Storys über Beckham steigerten den Umsatz.

Für den Reporter Eric Beauchamp war der Auftrag der *Sun* ein Sechser im Lotto: Er durfte in Madrid wohnen und die fußballerische Karriere des Stars verfolgen. Als er sich in dem beengten Bereich am Spielerausgang, der Mixed Zone, mit einem Zuruf Beckham vorstellte, erntete er einen Händedruck und die knappe, aber freundliche Antwort: „Schön, Sie kennenzulernen.“ In der Folge schenkte der Star ihm dreimal in der Woche fünf Minuten seiner Zeit. Dabei wurde der gesamte Ablauf von Beckhams robustem PR-Manager Simon Oliveira kontrolliert. Oliveira wusste, dass die *Sun* am Ball bleiben musste, legte aber drakonische Bedingungen fest. Wenn sich die Zeitung nicht an die Vorgaben hielt, würde Beauchamp keine Minute mehr mit Beckham verbringen. In der klaustrophobischen Welt der Mixed Zone wussten die meisten Journalisten, wie weit sie gehen konnten und was sie besser sein ließen. Nur wenige riskierten, den Zutritt, zu verlieren, weil dieser Zutritt begrenzt war.

Oliver Holt vom *Mirror* dagegen stand im Ruf, eine eigene Meinung zu haben und Beckham kritisch gegenüberzustehen. Um ihn auf Linie zu bringen, verhalfen Beckhams persönliche Berater, Manager und Strippenzieher Terry Byrne und Simon Oliviera ihm zu einem Coup gegen die *Sun*: Er durfte Beckham interviewen. „Sind Sie süchtig nach Ruhm?“, lautete die Überschrift des Beckham-Interviews im *Mirror*. Die *Sun* war außer sich, dass ihr Erzrivale ihr zuvorgekommen war. Doch die Rechnung ging auf: Fortan war Holt gegenüber Beckham um einiges verständnisvoller.

Im Unterschied zu anderen Fußballern weigerte sich Beckham, außerhalb des Stadions mit Pressevertretern zu verkehren – und sei es nur auf ein Bier. „Er bleibt immer auf Distanz“, hieß es. Das hatten die beiden nach Madrid beorderten Journalisten schnell begriffen. Reporter sprachen Beckham selbst dann nicht an, wenn sie ihn im Irish Rover Pub im Stadtzentrum bei einem Drink antrafen. „Wir behandelten ihn wie einen Royal.“

Schon bald zeichneten sich erste Probleme ab. Anders als versprochen, zog Victoria nicht mit ihren beiden Söhnen nach Madrid. David lebte weiterhin allein in seiner Hotelsuite. Als er im Rückspiel gegen Mallorca ausgewechselt wurde und Madrid mit 1:2 verlor, beschäftigte sich Posh gerade mit ihren Haaren und ließ sich im Nordlondoner Bezirk Chalk Farm Extensions machen. Gleich im Anschluss wollte sie nach New York fliegen.

Zu denen, die bei Beckhams Demütigung im Bernabéu-Stadion live dabei waren, zählten sein alter Freund Dave Gardner, Beckhams Mutter Sandra und Assistentin Rebecca Loos. Dass er nach 73 Minuten unerwartet ausgewechselt wurde, habe ihn „wütend" gemacht, gestand Beckham.[24] Er fühlte sich einsam in Madrid. Verschärfend kam hinzu, dass einer hier fehlte: sein Vater. Ted Beckham, von Beruf Gasinstallateur, war der Mentor seines Sohnes und der Architekt seines Erfolgs. Er lebte nach wie vor in dem kleinen Haus in Leytonstone.

Als leidenschaftlicher Manchester-United-Fan hatte Ted seinem kleinen Sohn gezeigt, wie man mit dem Ball umgeht. 1982 spielte David mit gerade einmal sieben Jahren für einen lokalen Klub und trainierte regelmäßig unter Teds Aufsicht. Er lernte, den Ball von jeder Position aus ins Tor zu befördern. Ted war ein strenger Lehrmeister und brachte dem fußballbegeisterten Jungen Disziplin bei. Wer Herausforderungen meistern will, muss sich selbst beherrschen und die Ruhe bewahren – davon war Ted fest überzeugt. Er stärkte den Kampfgeist seines Sohnes und nährte in ihm die Überzeugung, dass er alles erreichen könne. Aufgeben war keine Option und hartnäckiger Ehrgeiz das A und O. Genauso essenziell war es, das fußballerische Können immer weiter zu perfektionieren.

Vor allem aber erzog Ted seinen Sohn zu einem Meister des ruhenden Balls. Nach monatelangem endlosem täglichen Training wusste der junge Beckham instinktiv, wie man einen ruhenden Ball ins Tor bekommt. Überhaupt war ihm das Fußballspielen in Fleisch und Blut übergegangen. 1991 feierte er als 15-Jähriger seinen ersten Erfolg. Alex Ferguson höchstpersönlich, der gefürchtete Trainer von Manchester United, rekrutierte ihn für die Jugendakademie des Vereins. Bis dahin war Ted Davids einziger Mentor gewesen. Jetzt nahm Ferguson den Nachwuchsspieler unter seine Fittiche und begann, ihn zu formen.

Ferguson wurde am Silvesterabend 1941 geboren und wuchs im berüchtigten Glasgower Stadtteil Govan auf, dessen Name sich mit harten Burschen, Hafenarbeitern, Kriminalität und Verwahrlosung verbindet. Nach einer Karriere als Profifußballer in Schottland und einer äußerst erfolgreichen Zeit als Trainer des FC Aberdeen, den er 1983 gegen Real Madrid zum Sieg im Europapokal der Pokalsieger führte, wurde Ferguson 1986 Trainer bei Manchester United. Dort amtierte er 27 Jahre lang als „The Boss". Die Basis für sein Regiment war, dass er unerbittlich jeden einzelnen Spieler lenkte und anleitete und eine strenge Arbeitsmoral sowie Spitzenleistungen einforderte – getreu seinem Motto „Ich muss gewinnen". Gewonnen werden musste nicht nur auf dem Spielfeld, sondern schon bevor das Spiel überhaupt angepfiffen wurde. „Ich hatte für mich beschlossen, niemals nachzugeben“, beschrieb er seinen Führungsstil. Ferguson hielt Ausschau nach jungen Ausnahmespielern, die er durch eine enge Einbindung in die Mannschaft zu Stars formen konnte. So kam es, dass er auch Beckham unter Vertrag nahm.

Fortan fuhren Ted und Sandra jede Woche über 300 Kilometer nach Manchester, um ihrem Sohn erst beim Training und dann beim Spielen zuzusehen. Auf Betreiben Fergusons wurden beide in die United-Familie aufgenommen, kamen in den Genuss der Hospitality Suite im Old Trafford und flogen mit der Mannschaft zu Auswärtsspielen.

Diese Privilegien verlor Ted an dem Tag, an dem sein Sohn an Real Madrid verkauft wurde. „Ich habe ihn verloren“, klagte er einem Journalisten sein Leid. David sei bei Manchester United „rausgedrängt“ worden. „Das ist abscheulich. Das hier war 14 Jahre lang unser Leben, und jetzt ist es vorbei. Ich weiß nicht, was wir jetzt machen sollen.“

Noch schlimmer war, dass sich Vater und Sohn voneinander entfremdeten. „Es macht mich traurig, dass sich die Dinge so entwickelt haben. Wir hatten eine Kameradschaft, die wir nun verloren haben. David stellt alles in den Schatten, was wir uns je erträumt hatten. Sein Fußball war mein Leben, und wenn man so etwas einmal erreicht hat, will man es nicht mehr missen.“ Ted hatte einen Menschen erschaffen, den er jetzt nicht mehr wiedererkannte. Die beiden kommunizierten oft nur noch über Anwälte.[25]

Vater Beckham sprach offen aus, was ihn quälte. Der Ruhm seines Sohnes sei für ihn und die ganze Familie „niederschmetternd“ gewesen. Schon vor Beckhams Umzug nach Madrid hatten sich die familiären Beziehungen verschlechtert. „Ich habe vor allem Angst, dass es für uns ganz aus ist.“ Ted verlor nicht nur den regelmäßigen Kontakt zu David. Auch seine Ehe war am Ende. 2002 ließen er und Sandra sich nach 32 Ehejahren scheiden. In dem erbitterten Streit um Finanzen und Haus hatte sich David nach Teds Meinung nicht gerade großzügig gezeigt. Obwohl sein Sohn Millionen verdiente, hatte er erst drei Jahre zuvor ihr kleines Baudarlehen getilgt und neue Fenster in das bescheidene Haus einbauen lassen.

Persönlich gab Ted Victoria die Schuld. Sie machte kein Hehl daraus, dass sie ihren Schwiegervater nicht mochte. Als ihre Kinder geboren wurden, distanzierte sich David zunehmend von seinem Vater. Dafür, dass sein Sohn auf Distanz zu ihm ging, machte Ted auch Victorias Eltern Tony und Jackie Adams verantwortlich. Das gut betuchte Paar war in seinen Augen snobistisch. Beide genossen die Gastfreundschaft der Beckhams und drängten sich immer mehr in den Mittelpunkt. Sie mischten sich massiv in die Privatangelegenheiten des Paares ein und hatten immer ein gewichtiges Wort mitzureden, wenn die beiden über ihre Zukunft stritten.

Eine Mitschuld an der ganzen Misere gab Ted aber auch Alex Ferguson. „Er ist uns in den Rücken gefallen. David wollte nicht gehen." Es war nicht überraschend, dass Ted Fergusons Meinung nicht teilte, dass David als Profifußballer nicht sein Bestes gab, weil ihn sein Promilebensstil und Victorias Einfluss behinderten. Für Ferguson zählte nur, dass man sich zu 100 Prozent für Manchester United engagierte und alles andere hintanstellte. „David ist kein Frauenheld", empörte sich Ted. „Er ist kein Zocker, er betrinkt sich nicht. Deshalb enttäuscht mich, dass Ferguson ihn so behandelt."

Beckham war von Teds unverblümten Aussagen so überrascht, dass er seinen Vater anrief und protestierte. Er stand ihm grundsätzlich kritisch gegenüber. Besonders übel nahm er ihm, dass er ihn kein einziges Mal in seinem Leben gelobt hatte. Außerdem fand er ihn „gefühllos, sarkastisch und aufbrausend".

Durch Beckhams Wechsel nach Madrid 2003 war die Beziehung zu seinen beiden Mentoren, die ihm Orientierung gegeben und maßgeblichen Anteil an seinem Erfolg hatten, zerrüttet. Bei aller eigenen Hartnäckigkeit war er darauf angewiesen gewesen, dass sie ihn durch seine Karriere und seine Ehe lotsten. Enge Vertraute in seiner späteren Entourage merkten, dass er „formbar" war, aber sie lernten Beckham auch als jemanden kennen, der sich weiterentwickeln konnte. Nachdem Ferguson und Ted wegfielen, waren sein treuer Agent Tony Stephens und Victoria seine einzigen Stützen. Stephens nahm sich allerdings eine Auszeit, und Victoria weigerte sich strikt, nach Madrid zu ziehen. David war also allein. Die Anspannung war ihm indes nicht anzumerken, als er seine Unterschrift unter den Vertrag von Real Madrid setzte.

Von Beckhams innerer Verfassung bekam die Öffentlichkeit genauso wenig mit wie von den finanziellen Vorteilen, die sein Auslandsengagement ihm einbrachte. Nachdem er 2002 noch 3,5 Millionen Pfund verdient hatte, waren es 2003 satte 18,7 Millionen. Hätte er Großbritannien nicht verlassen, wäre ein Großteil seines Einkommens mit 40 Prozent besteuert worden. Durch seinen Umzug nach Spanien entzog er nicht nur alle außerhalb Großbritanniens erzielten Gewinne dem britischen Fiskus, sondern profitierte auch von einer spanischen Sonderregelung, die „Beckham-Gesetz" genannt wurde und die Einkommensteuer für ausländische Staatsangehörige von 47 auf 24 Prozent senkte.

Die Beckhams waren von ihrem Reichtum besessen. Sie schwammen im Geld und hatten Angst, in einen weniger luxuriösen Lebensstandard zurückzufallen. Legale Steuerschlupflöcher gab es zuhauf. Aus Beckhams Firmenkonten ging für das Jahr 2003 hervor, dass er nach seinem Wechsel zu Real Madrid keine Sozialversicherungsbeiträge mehr zahlte und de facto Steuerausländer war.

Durch seine Übersiedlung ins Ausland konnte Beckham seine 2003 angefallenen Einkünfte im folgenden Jahr als Einkünfte seiner in Großbritannien ansässigen Firma Footwork verbuchen. Deren Barvermögen stieg dadurch von 134.000 auf 12.780.000 Pfund. Parallel dazu gründete er ein spanisches Unternehmen, das ebenfalls den Namen Footwork bekam und als „Repräsentanz" fungierte. Dessen Gewinn belief sich 2004 auf gerade einmal 29.000 Pfund. Wie aus den eingereichten Buchungsunterlagen hervorging, wurden die Gewinne von Footwork in Großbritannien nicht versteuert – und in Spanien wurden keine steuerpflichtigen Nettoerträge erzielt. Ein Sprecher Beckhams erklärte, dieser habe damals sein gesamtes Einkommen, das er in Spanien und in anderen Ländern erwirtschaftet hatte, in dem jeweiligen Land vollständig versteuert. Damit er den Status als Steuerausländer behalten dürfe, würde er die Möglichkeit, nach Großbritannien zurückzukehren und für Chelsea zu spielen, ausschlagen. Stattdessen habe er vor, in die USA zu gehen und vor Ende des laufenden Geschäftsjahres eine Saison in Frankreich zu spielen.

Im weiteren Verlauf seiner Karriere konnte man den Eindruck gewinnen, dass das Jonglieren mit Steuervorteilen im Leben des David Beckham beinahe eine genauso wichtige Rolle spielte wie das Jonglieren mit dem Ball.

3

London

Zwei Jahrzehnte nach seinem Wechsel nach Spanien erzählte Beckham bei einer Veranstaltung im Londoner Stadtteil St. John's Wood, er sei 2003 von Manchester Uniteds Transferentscheidung völlig überrumpelt worden. „Mein Freund Dave Gardner rief mich an", erinnerte sich Beckham. „Er sagte: ‚Mach den Fernseher an. Manchester United hat ein Angebot von Barcelona angenommen.' Das war das erste Mal, dass ich überhaupt von der Sache erfuhr." In einem Telefonat mit Peter Kenyon, dem Geschäftsführer von Manchester United, habe er protestiert: „Ich will nicht nach Barcelona." Mit Ferguson habe er nicht sprechen dürfen. „Eineinhalb Tage später wurde ich an Real Madrid verkauft."

Die 700 Leute im Publikum hatten wenig Grund, Beckhams Story anzuzweifeln. Mit seinem strahlenden Charme und seinem Ostlondoner Akzent war er absolut glaubhaft. Doch die Version, die er an dem Abend auftischte, entsprach nicht den tatsächlichen Geschehnissen. Ob sich Beckham nach den vielen Jahren einfach nicht mehr richtig erinnerte, sei dahingestellt.[26] Eigentlich aber konnte er nicht vergessen haben, dass seine Agenten und der Verein ein ganzes Jahr lang über seinen Wechsel zu Real Madrid verhandelt hatten. Manchester United hatte die Barcelona-Meldung nur in die Öffentlichkeit dringen lassen, um in den Transferverhandlungen mit Madrid einen besseren Preis zu erzielen. Es war also reine Verhandlungstaktik und zugleich ein Werbegag des ambitionierten Präsidenten des FC Barcelona. In den Jahren des Hypes um die Marke Beckham interpretierten sowohl David als auch Victoria Beckham etliche wichtige Ereignisse in ihrem

Leben um. Beckhams verzerrte Erinnerung an seinen Umzug nach Spanien, der sein Leben veränderte, bildete da keine Ausnahme.

Dass er die Umstände seines Transfers von 2003 in ein neues Licht rückte, hatte seinen Grund. Zu Beginn seiner Karriere war er fest davon überzeugt, dass er für immer bei Manchester United spielen würde. Der Wechsel zu Real Madrid schadete seiner Ehe und, schlimmer noch, dem sorgsam gepflegten Image des glücklichen Familienvaters mit liebender Ehefrau.

Als Spice Girl war Victoria in jeder Hinsicht Teil eines globalen Phänomens. Die Girlgroup hatte 85 Millionen Alben verkauft und mit Shows und Merchandise-Artikeln Millionen verdient. Doch dann löste sich die Gruppe im Jahr 2000 nach vier äußerst verkaufsstarken Jahren auf – Geri Halliwell war schon zwei Jahre zuvor ausgestiegen. Victoria befürchtete, sie könnte ihren Celebritystatus verlieren. Als sie 1999 David heiratete, war sie der Star, aber ab 2000 schwamm sie zähneknirschend im Fahrwasser des Welt- und Superstars Beckham mit. Victoria stellte sich und David als das glücklichste Paar im Showbusiness hin und erklärte vor seinem Wechsel nach Madrid: „Er verkörpert all das, was mir wichtig ist. Ich bin treu, weil er treu ist.“[27]

Um wieder mehr im Rampenlicht zu stehen, hatte Victoria 2001 die *Sun*-Kolumnistin Lorraine Kelly eingeladen, sie beim Einkaufen zu begleiten. Kelly wusste sehr wohl, dass „Posh“ nicht wirklich posh – also „elegant“ und „vornehm“ – war, aber von der Leserschaft des Boulevardblatts so wahrgenommen wurde.

Victorias Eltern Tony und Jackie Adams hatten ihre drei Kinder im Old School House in Goff's Oak, Hertfordshire, großgezogen. Tony Adams' Elektrogroßhandel warf genügend für die Anschaffung eines gebrauchten Rolls-Royce ab und ermöglichte Jackie, die als Versicherungsangestellte und Friseurin arbeitete, einen komfortablen Lebensstil. Beide Elternteile hatten ihrer Tochter ausgeprägten Ehrgeiz und eine Leidenschaft zur Selbstdarstellung mitgegeben. Die Familie hielt eng zusammen und half Victoria über wiederholte Rückschläge hinweg, bevor sie mit ihrer Karriere durchstartete. Sie hatte die Rolle der selbstbewussten, schmollenden Posh perfektioniert und performte sie ab 2003 gekonnt in der Öffentlichkeit. Außerdem wusste sie genau, wie sie hinter den Kulissen die Medien manipulieren konnte.

Dementsprechend musste Lorraine Kelly nach dem gemeinsamen Einkaufsbummel zugeben, dass sie mit ihrem Vorurteil von einem „Dämchen“ falschgelegen hatte. Victoria, so schrieb sie, sei „eine äußerst charmante, aufgeweckte junge Frau mit einem hinreißenden Lächeln“. Die Beckhams sollten „als die positivsten Vorbilder gefeiert werden, die man sich vorstellen kann“. Das mit außergewöhnlichem Talent gesegnete Paar sei für seine harte Arbeit mit Erfolg belohnt worden und dadurch zur Zielscheibe der „krankhaften Eifersucht von Neidern“ geworden. Die *Sun*-Leserschaft war über Kellys Urteil hocherfreut.[28]

Für David Yelland, seit 1998 Chefredakteur der *Sun*, stand fest: Mit den Beckhams ließ sich die Auflage seiner Zeitung pushen. Schließlich war das Paar ähnlich glamourös wie die verstorbene Prinzessin Diana. Yellands Zeitung behandelte die Beckhams wie die Royals und machte sie zum Aushängeschild Großbritanniens. Der Mix aus Fußball und Sex zog. Mit den Beckhams auf der Titelseite stieg die Auflage der *Sun* von 3,8 Millionen schlagartig um vier Prozent. Die meisten der zehn Millionen Leserinnen und Leser waren Beckham-Fans.

Dass Yelland auf Beckham setzte, erwies sich als Goldgrube. Der 21-Jährige hatte im August 1996 für Manchester United gegen Wimbledon ein spektakuläres Tor von der Mittellinie erzielt. „Dieser eine Schuss mit einem neuen Schuh hat mein Leben für immer verändert“, bekannte Beckham. „Wenn ich mir das heute ansehe, bekomme ich immer noch Gänsehaut.“[29] Auch wenn sein Tor erst in der Nachspielzeit fiel und Manchester United bereits in Führung lag, ging es danach für ihn steil bergauf. „Ich war schon immer davon überzeugt, dass ich es draufhabe“, erklärte er ein Jahr später, nachdem er für England aus 25 Meter Entfernung ein weiteres sensationelles Tor gegen Italien erzielt hatte. „Diese Art von Erfolgsdruck genieße ich.“

Die Leserschaft der *Sun* war zum Italien-Spiel mit „Beckham“-Masken angereist. „Die *Sun* ist stolz auf Beckham und stärkt ihm den Rücken“, titelte das Blatt in dem klaren Bewusstsein, dass Fußballfans einen Helden brauchen. „Beckham ist auf dem besten Weg, in den kommenden Jahren ein großer Star und ein großartiger Spieler zu werden. Er sorgt für Furore – und das Publikum ist jedes Mal außer sich, sobald er in Ballbesitz ist.“[30]

Beckham war ein britischer Traumjunge, sah umwerfend gut aus, war bescheiden und führte ein solides Leben. Er wohnte zunächst als Untermieter gegenüber dem Old Trafford und dann in seinem eigenen Townhouse, hatte feste Beziehungen – erst Deana, dann Helen – und schloss lebenslange Freundschaften mit den Nachwuchsspielern des Klubs wie den Brüdern Gary und Philip Neville. Unter Ferguson war Manchester United eine Familie, in der Loyalität und bedingungsloser Gehorsam gegenüber dem Trainerteam erwartet wurden. Der Alltag war anstrengend. Jeden Tag gab Beckham beim Training alles und im Spiel noch mehr, bis er 1995 den Sprung in die erste Mannschaft schaffte. Als Mentor suchte er sich den legendären französischen Stürmer Éric Cantona aus. Beckham verehrte Cantona, der zu den besten Spielern gehörte, die je für Manchester gespielt haben. Er erkannte das gewisse Etwas, das ihn von allen anderen abhob. Genau dieses gewisse Etwas wollte Beckham auch erreichen.

Brylcreem läutete das Ende von Davids Unschuld ein. 1997 war Sara Lee, die neue amerikanische Eigentümerin des Unternehmens, auf der Suche nach einem Star für den Relaunch der Haarcreme „Brylcreem Boy“. Als die Werbeagentur Kontakt zu Agent Tony Stephens aufnahm, reagierte dieser unerwartet prompt. Er ergriff die Gelegenheit beim Schopf, zeigte sich „interessiert und geehrt“ und stimmte einem mit 200.000 Pfund dotierten Zweijahresvertrag für Beckham zu.

„Wir waren echt fassungslos“, erzählte später der Agenturmanager, der den Vertrag abgeschlossen hatte, „dass wir ihn so leicht und so billig unter Vertrag nehmen konnten.“ Der Agentur waren allerdings die Steuervorteile für Beckham entgangen. Die Kosten für Beckhams Bildrechte konnten mit seinen Einkünften aus dem Verein verrechnet werden.

Die einzige Bedingung von Brylcreem war, dass die Haare des Stars nicht kürzer als ein „Number 2“-Schnitt sein durften – also etwas mehr als einen halben Zentimeter.

Brylcreem wurde 1928 in Birmingham erfunden und war eine Emulsion aus Wasser, Mineralöl und Bienenwachs. Seit den 1950er-Jahren, in denen Cricket- und Fußballstar Denis Compton das Gesicht der Marke gewesen war, hatte sich die Nachfrage rückläufig entwickelt. Vierzig Jahre später machte die britische Werbeagentur WCRS die neue Firmenchefin Lee darauf aufmerksam, dass Beckham nach dem Tor gegen Wimbledon wie geschaffen sei für die Brylcreem-Zielgruppe – sprich: die Arbeiterschicht. Mit seinen 22 Jahren verkörperte er den ruhigen, gutaussehenden, ungeschliffenen jungen Mann von nebenan mit dem perfekten Haar. Eine weitere Stärke Beckhams war seine jugendliche Unschuld. Er war kein aufdringlicher Promi, sondern ein Fußballer aus Leidenschaft. Lee war einverstanden.

Beckhams Sprecher erzählte den Medien, Brylcreem habe vier Millionen Pfund für einen Vierjahresvertrag gezahlt,[31] was absolut gelogen war. Für die Lüge gab es gute Gründe. Beckhams neue Freundin, die geschäftstüchtige Victoria Adams alias „Posh Spice", monierte, ihr Freund sei sehr viel mehr wert als 200.000 Pfund pro Jahr.[32] Stephens habe den gleichen Fehler sogar zweimal begangen, denn mit Adidas habe er für Beckham einen Vierjahresvertrag für nur 800.000 Pfund abgeschlossen.

Victorias Einfluss machte nicht bei den Honoraren halt. Als im Griffin Park, dem Heimstadion des FC Brentford, ein Brylcreem-Werbespot fürs Fernsehen gedreht wurde, mischte sie sich weiter ein. Mit „Hallo, Vicks" begrüßte Beckham sie bei jedem seiner häufigen Anrufe. Der Fußballer wurde gefilmt, wie er den Ball vom Elfmeterpunkt aus ins Tor schoss und sich dann mit den Worten zur Kamera drehte: „Ich benutze Brylcreem seit meiner Kindheit." Es gab allerdings Probleme, wie er Victoria im Vertrauen mitteilte.

„Wir waren entsetzt von seiner Stimme", erinnerte sich ein Mitarbeiter von WCRS. „Sie war flach und monoton. Es war ein Kraftakt, ihn dazu zu bringen, seinen Text wieder und wieder aufzusagen. Obwohl wir alles versuchten, kriegte er es nicht hin."

Der Produktionsleiter schaltete sich ein: „Sag es noch einmal, David, nur etwas gravitätischer." Stille. Allen war klar, dass der schüchterne Beckham mit seiner hohen Stimme nicht wusste, was „gravitätisch" bedeutete. Später berichtete ein leitender Mitarbeiter der PR-Agentur Shilland: „Er weiß genau, wie seine Stimme klingt. Offensichtlich ist er deswegen gehemmt." Am Ende wurde der Text, den er vor der Kamera sprechen sollte, gestrichen und durch den Song „There She Goes" ersetzt.

Noch besorgniserregender waren Beckhams Fehlschüsse während des Shootings. Statt den Ball ins leere Tor zu schießen, drosch er ihn wiederholt über die Latte. „Herrgott noch mal", stöhnte ein Crewmitglied. „Es sind nur noch ein paar Wochen bis zur WM." Immerhin wirkte David wie ein echter Kerl. Zur Mittagszeit sollte er sich ein Gericht aus einer edlen Speisekarte aussuchen. Nach kurzem Zögern fragte er: „Kann ich auch eine Pizza Hawaii von Pizza Express bestellen?"

Victoria war von dem fertigen TV-Spot alles andere als angetan. Der Agentur ging es genauso. Der Spot wurde verworfen. Nur die Frauen im Büro der Werbeagentur sahen ihn sich an und ließen das Video in der Mittagspause immer wieder laufen. „Sie fanden ihn toll", seufzte der frustrierte Kreativdirektor.

Bei Beckhams öffentlichem Auftritt als „Brylcreem Boy" deutete absolut nichts auf all diese Probleme hin. Er lächelte den Fotografen zu, spielte mit seinen Haaren und sagte nichts. „Er schien von dem großen Interesse wie betäubt", erinnerte sich ein Werbeexperte. „Er war ruhig. Er hatte überhaupt nichts Aufgesetztes an sich."[33] Obwohl Beckham als bescheiden galt, erkannte der PR-Manager in ihm auch den Showman. Der Fußballer liebte es, im ausverkauften Old Trafford aufzulaufen. Und er liebte die Kamera. Er war zu einem Gesicht geworden, das sich verkaufen ließ.

Beckhams Beziehung zur Boulevardpresse spielte inzwischen eine entscheidende Rolle. Fußballjournalisten mochten ihn nicht zuletzt deswegen, weil er ihnen auf der Fahrt zu Auswärtsspielen im hinteren Teil des Busses Kaffee brachte. Wenn er mit ihnen über sein Lieblingsthema plauderte, bewog er mit seiner Ehrlichkeit selbst erfahrene Journalisten dazu, ihm einen Vertrauensvorschuss zu geben.

Dank der Briefings durch Tony Stephens begriff Beckham, dass die Boulevardzeitungen und er das gleiche Ziel hatten: Sie wollten die Story am Laufen halten. „Sprich mit ihnen, aber halte mit allem hinterm Berg", instruierte der erfahrene Stephens seinen Schutzbefohlenen. „Weniger ist mehr." Die Message war klar: Liefere die Schlagzeile „Beckham öffnet sein Herz", aber löse dieses Versprechen niemals ein. Jedes Interview war im Grunde eine komplexe wechselseitige Beziehung. Beckham gewährte Medienleuten Zugang, sah sie aber nie als Freunde an. Wer dachte, sie stünden sich nahe, lag falsch. Die Presse war nur Mittel zum Zweck. In der Anfangsphase seiner Beziehung mit Posh Spice gab es allerdings ein paar Ausnahmen.

„Vertraut auf Andy Coulson", war die Devise von Alan Edwards, dem Bandsprecher der Spice Girls. Coulson, der ehrgeizige 29-jährige Showbizredakteur der *Sun*, war ein enger Freund von Edwards, der als einer der einflussreichsten PR-Manager der Musikbranche galt. Zu seinen Kunden zählten David Bowie, Prince, Blondie und die Rolling Stones. Edwards hatte das Privatleben der Spice Girls im Blick, während die Plattenfirmen ihre CDs promoteten. Eine der prominenten Mitarbeiterinnen seiner Firma The Outside Organisation war Caroline McAteer, Tochter eines Polizisten aus Ulster. Journalisten hatten ihr den Beinamen „Attack Dog" verpasst. Edwards beauftragte McAteer, sich ganz auf Victoria zu konzentrieren.

Edward war überzeugt: Coulson würde genau das liefern, was die Beckhams erreichen wollten. Seinen leicht aggressiven Unterton kaschierte er mit verhaltenem Charme und schmeichelte sich im November 1997 zuerst bei Victoria ein. „Sie sitzt verführerisch nah neben mir", schrieb er und behauptete, Victoria habe ihr monatelanges Schweigen gebrochen, um endlich über ihre Beziehung zu Beckham zu sprechen. „Zum ersten Mal in meinem Leben bin ich glücklich", verriet sie Coulson und blickte auf ihre goldene Rolex-Uhr, ein Geschenk von David. „Richtig glücklich. So habe ich mich noch nie gefühlt."[34]

Genau ein Jahr zuvor hatten David und Victoria sich kennengelernt. Im November 1996 war sie mit dem Manager der Spice Girls, Simon Fuller, im Chelsea-Stadion Stamford Bridge in der Loge einer Plattenfirma zu Gast. Als das berühmte Spice Girl mitten im Spiel zwischen Manchester United und Chelsea in der Loge eintraf, zeigte sie auf Beckham. „Dieser Typ gefällt mir", sagte sie. Auf ihren Wunsch hin stellte Fuller die beiden einander vor. „Es war Liebe auf den ersten Blick", erzählten die beiden später unisono. Es gab aber noch einen anderen Grund für die wechselseitige Anziehungskraft: Beide waren Trophäenjäger.

Mit Edwards' Segen vertraute sich das frisch verliebte Paar Posh (23) und Becks (22) im Januar 1998 erneut Coulson und der Leserschaft der *Sun* an. Die beiden posierten mit ihren Verlobungsringen – sie trug einen 40.000 Pfund teuren Solitärring, er einen 50.000 Pfund schweren Diamantring – und enthüllten die „Geheimnisse ihrer Liebesgeschichte". Wie der Fußballprofi David in einem Video der Spice

Girls Victoria Adams sah und sich in sie verliebte und wie Victoria hingerissen zusah, wie Beckham für Manchester United spielte.[35]

Ihre Hochzeit – am 4. Juli 1999 in Luttrellstown Castle in der Nähe von Dublin – würde „die Showbizhochzeit des Jahrzehnts" werden, prophezeite Coulson. Mit ihr begann der beispiellose Medienrummel um die Beckhams, den Victoria später als „krankhafte Posh-und-Becks-Sucht" bezeichnete.[36]

Richard Desmond, der für seine grobe Art berüchtigte Verleger pornografischer Magazine und der Promizeitschrift *OK!*, zahlte die unglaubliche Summe von einer Million Pfund für die exklusiven Bildrechte an dem Event. Victoria hatte die Konditionen genau festgelegt. In ihrer Hochzeitsnacht verbrachte sie Stunden damit, die richtigen Fotos für die Sonderausgabe des Magazins auszusuchen. Sehr zum Ärger von Desmond beschaffte sich die *Sun* heimlich Hochzeitsfotos und veröffentlichte sie, bevor die Special Edition von *OK!* überhaupt gedruckt war.

Nach der spektakulären Zeremonie vermarktete Victoria die beiden Throne, auf denen das Paar während der Feierlichkeiten gesessen hatte. Der *Sunday Mirror* erwarb die beiden Sitzgelegenheiten für 1500 Pfund und machte sie zum Hauptgewinn eines Preisausschreibens. Die Zeitung schlug Victorias Vertrauter und Sprecherin Caroline McAteer vor, Victoria könnte doch dem Gewinner die Throne überreichen.

„Nein", antwortete McAteer. „Vic will sie wiederhaben. Und zwar umsonst."

Überrascht stimmte der Geschäftsführer des *Sunday Mirror* zu, machte aber zur Bedingung, dass sich Victoria dabei fotografieren ließ, wie die Zeitung ihr das Geschenk überreichte. McAteer war einverstanden. Die Sache hatte nur einen Haken. Ein Lastwagen fuhr vor, und Männer luden ohne großes Aufsehen die beiden Throne vor Victorias Haus ab. Dann klingelten sie an der Tür.

McAteer war empört. „Victoria will überrascht werden", erklärte sie wütend.

„Sie meinen: Sie will in Szene gesetzt werden?", fragte der Journalist.

Von diesem Moment an war den Leuten vom *Sunday Mirror* und der gesamten Boulevardpresse klar, dass Victoria und Beckham die Medienscheuen spielen wollten. Es sollte so aussehen, als würden sie sich der übergriffigen Presse entziehen, während sie sich gleichzeitig auf „spontane" Fotoshootings einließen. Dass sie sich mit den Medien absprachen, sollte dabei nicht ans Licht kommen.

Ein Jahr nach der medienwirksamen Blitzhochzeit in Irland erklärte David Yelland, seine Zeitung habe die „Ikonen unserer Zeit" erschaffen. Alle interessierten sich für die Beckhams. Die Leserschaft der Boulevardpresse war voller Bewunderung für den Lifestyle des Promipaares.

Der neue Showbizredakteur der *Sun*, Dominic Mohan, fasste es treffend zusammen: Ein ganzes Land sei „süchtig nach unserem Traumpaar". „Wir lieben sie, weil sie beide Botschafter ihrer Generation und ganz normale Menschen sind", schrieb er. „Sie sind zu Ikonen unserer Kultur und für Millionen Menschen zu Vorbildern geworden. Sie sind genau wie du und ich und beflügeln unsere Fantasie mit ihrem Stil und ihrem manchmal fragwürdigen Geschmack." Gutaussehend, höflich und verliebt bis über beide Ohren – dieses Showbizpaar sei die neuen Royals. Die beiden hatten „die Welt erobert", weil sie „besondere Gefühle in uns" weckten, und sie zogen die Leserschaft der Boulevardpresse in ihren Bann, weil sie nicht „überkandidelt oder abgehoben" waren. „Sie waren genauso wenig selbstsicher wie wir alle." Posh könnte auch an der Theke im Tesco-Supermarkt um die Ecke arbeiten.[37]

Yelland ging jetzt allerdings auf, dass er Victoria unterschätzt hatte. Sie hatte immer lange vor allen anderen das große Ganze im Blick. Sie hörte Menschen zu und lernte von ihnen – nicht zuletzt von ihrem Vater, dem Selfmade-Unternehmer. „Mach keine halben Sachen", pflegte er zu sagen. „Du bist da, um Geld zu verdienen." Nachdem sie die Publicitymaschinerie der Spice Girls verstanden hatte, stand ihre Strategie fest: Sie wollte unnahbar bleiben. Der Erfolg der Beckhams basierte darauf, dass mit jedem Detail ihres Lebens Faszination erzeugt wurde. Wenn die Öffentlichkeit erst einmal angefixt war, würde ihr Kultstatus Bestand haben. Yelland realisierte: Victoria und David waren anders als die üblichen Fußball- oder Popstars. Sie übertrafen bei Weitem die Erwartungen, die ihre Berater und Mentoren in sie gesetzt hatten.

2001 hatte Alex Ferguson allen Grund, dem in den Medien beschworenen Bild der ewig „treuen" Beckhams zu misstrauen. Fußballspieler sind eine große Familie, zumal auf ihren Auslandsreisen.

Seitensprünge sind kein großes Thema. Doch auf einmal war im Old Trafford das Gerücht durchgesickert, Beckham habe Anfang August im Hotel Shangri-La in Singapur, wo die Mannschaft während einer Asienreise einen Zwischenstopp eingelegt hatte, eine junge Frau aus der Partyszene kennengelernt. Ihre lebhafte Schilderung dieser Begegnung wurde drei Jahre später veröffentlicht.

Sarah Marbeck beschrieb, wie sie vier Stunden nach ihrem Kennenlernen miteinander ins Bett gingen. „Ich schaute nach unten, und da war David Beckham und küsste meine Brüste. David Beckham!“[38] Marbeck speicherte Beckhams SMS vom 8. August 2001. Die letzte Nacht, so schrieb er ihr, war „fantastisch und … ich habe Lust auf mehr Nächte wie diese“.[39] Marbeck zufolge hatte Beckham die Fantasie, sie sei ein Callgirl wie Julia Roberts in dem Film *Pretty Woman* und er der reiche verheiratete Geschäftsmann, im Film von Richard Gere gespielt. In seinen SMS-Nachrichten nannte er Marbeck „Tinkerbell“ und Victoria „Wendy“.

Am 10. August 2001 schickte Beckham seiner „Tinkerbell“ mehrere unzweideutige SMS-Nachrichten mit seinen sexuellen Fantasien. Sie fragte, was er ihr für Unterwäsche gekauft habe, und er antwortete: „Das ist eine Überraschung. Sie ist sehr sexy und ziemlich dirty.“ Dann malte er sich aus, wie er Champagner verspritzen und die Tropfen von ihrem nackten Körper lecken würde: „Wenn ich getrunken habe, bin ich echt versaut. Stell dir Kerzen, Champagner, Schokolade, Sahne, Erdbeeren und ein riesiges Bett vor. Verlass dich drauf, wenn ich dich treffe, werde ich so in deiner *** stecken, dass du mich nie wieder rauskriegst. Gerade stelle ich mir vor, wie ich dich unter der Dusche einseife, von oben bis unten und wieder zurück, überall.“[40] Diese Textnachrichten speicherte Marbeck gut ab.

Während ihrer zweijährigen Affäre flog Marbeck im März 2002 nach Leeds, um sich das Spiel England gegen Italien anzusehen. In einer SMS bat Beckham sie inständig um Diskretion – „Du kennst ja Wendy“ (alias Victoria). Später hatten sie Sex im Mannschaftshotel. Danach schrieb ihr Beckham: „Wie gerne würde ich dich jetzt nackt auf dem Bett sehen. Weißt du, dass du die schärfsten Lippen hast, die ich je geküsst habe?“ Marbeck hat nie verraten, ob sie Beckham erzählt hat, dass sie in Sydney als Prostituierte arbeitete.

Einige Zeit später – am 17. August 2002 – war Celina Laurie in Dänemark mit Beckham im Bett. Sie hatten sich an der Hotelbar des Mannschaftshotels kennengelernt. Um vier Uhr morgens in seinem Schlafzimmer, erinnerte sie sich später, „musste ich mich kneifen, um mich zu vergewissern, dass ich nicht träumte. Ich habe mich einfach von ihm verführen lassen. Sein Charme war unwiderstehlich." Nach Spielen junge Frauen abzuschleppen, war für Beckham anscheinend normal, wie Laurie später feststellte.[41] Lauries und Marbecks Erfahrungen zeigen, dass Beckham es aufregend fand, mit dem Feuer zu spielen.

In diesen Monaten verriet Victoria dem Magazin *Glamour*, sie würde „an gebrochenem Herzen sterben", wenn David ihr untreu wäre.[42] Als sie ihn einmal insgeheim verdächtigte, eine Affäre gehabt zu haben, sei sie fuchsteufelswild geworden. „Ich habe ihn echt verprügelt. Ich habe ihm ins Gesicht geschlagen", gestand sie.[43] In ihrer Eifersucht verbot sie Beckham sogar, in einer Pepsi-Werbung mit Britney Spears aufzutreten. Dabei hatte die amerikanische Sängerin ihn lediglich „süß" genannt.[44]

Einer der Angestellten der Beckhams brachte die Gerüchteküche zum Brodeln und deutete an, dass eine Scheidung im Raum stehe. „Sie verbindet nichts mehr, und sie haben sich gegenseitig satt", berichtete die *Sun*.[45] Die Meldung verschwand jedoch flugs wieder in der Versenkung.

4

Im Blitzlichtgewitter

Jahre später erzählte David Beckham einem beeindruckten Publikum in London, sein Privatleben habe sich „nie auf den Fußball ausgewirkt“. Und weiter: „Von meinem Ruhm habe ich mich niemals ablenken lassen. Weder Erfolg noch Publicity haben je etwas an meinem Spiel geändert.“ Alex Ferguson war da ganz anderer Meinung. In seinen Augen hatte Beckhams Leistung zu oft unter dem Starkult gelitten.

Die Publicitymaschinerie, die die Marke Beckham hervorbrachte, lief aber nicht nur wegen seines beneidenswert guten Aussehens, seines gewinnenden Charmes und ein paar Zaubertoren auf Hochtouren, sondern es gab dafür noch einen anderen Faktor, den Beckham auch ganz offen einräumte: Er „hatte es gern, wenn man ihn anhimmelt“.[46] Seine Frage „Was kann ich dafür?“ war natürlich rhetorisch. „Ich müsste lügen, wenn ich sagen würde, dass ich das Blitzlichtgewitter nicht genieße. Ich lebe ganz gut damit, in der Öffentlichkeit zu stehen. Ich weiß: Das wird sich nicht mehr ändern, und damit komme ich klar. Man gewöhnt sich daran.“ Sieben Tage später war genau das Gegenteil von ihm zu hören: „Ich finde es immer noch komisch, mich auf den Titelseiten zu sehen, nur weil ich meine Haare blond gefärbt habe.“[47]

Irgendwie schaffte er es immer, Aufmerksamkeit zu erregen. Beckham fuhr nicht nur mit seinem Ferrari mit offenem Verdeck durch Deansgate, einen Stadtteil von Manchester, und winkte den Fans zu, sondern ließ auch den Parkplatz vor einem örtlichen Imbiss links liegen und parkte lieber ein paar Hundert Meter weiter, damit er auf dem Fußweg zum Imbiss genüsslich an den Leuten vorbeigehen konnte, die ihn erkannten.[48]

„Es wäre genial, wenn ich so berühmt werde wie Gazza“, sagte Beckham einmal. „Ich wäre unheimlich gerne ein Star wie er.“ Dass ausgerechnet Paul Gascoigne, genannt Gazza, ein labiler Alkoholiker, sein Vorbild war, war für Alex Ferguson keine gute Nachricht. Englands Nationaltrainer Glenn Hoddle bei der WM im Sommer 1998 in Frankreich, ging es nicht anders. Beide Trainer waren Beckhams Ungeduld und aufsässige Art allmählich leid.

Diese Charakterzüge waren zu Schulzeiten schon aufgefallen. „Als Jugendlicher war ich unberechenbar“, gestand Beckham. „Wenn die Dinge nicht nach meinem Kopf liefen, habe ich geschrien und gebrüllt.“ In einem Schulzeugnis von 1987 stand: „David gibt andauernd den Klassenclown“ und „leidet unter einem Mangel an Selbstdisziplin“.[49] Als er vier Jahre später bei einem Länderspiel gegen Frankreich wegen eines Wutanfalls gegen einen Schiedsrichter vom Platz gestellt wurde, gab er hinterher zu: „Ich habe überreagiert. Vor Spielen bin ich immer völlig aufgedreht. Das fängt schon morgens an. Und nach einem Spiel kann ich überhaupt nicht mehr schlafen. Ich muss diesen ganzen Frust in den Griff bekommen.“[50]

Den Fans war das egal. Sie waren einfach verrückt nach einem Fußballhelden. Aber Ferguson fragte sich bereits, wohin das führen sollte. Einmal musste die ganze Mannschaft am Flughafen auf Beckham warten, weil der seinen Pass vergessen hatte. Bei einem Spiel gegen Chelsea im März 1998 bekam er seine fünfte Gelbe Karte und hatte dabei noch Glück. Denn vorher war er mehrmals glimpflich davongekommen, weil der Schiedsrichter wegsah. Beckham rechtfertigte sein aggressives Verhalten: „Um zu gewinnen, mache ich das, was ich für richtig halte.“[51]

Glenn Hoddle teilte Fergusons Bedenken. Im Sommer 1998 trug der Nationaltrainer eine enorme Verantwortung. England war wie elektrisiert von der bevorstehenden Fußball-WM in Frankreich. Die Fans schwelgten in Erinnerungen an den ersten und bislang einzigen WM-Triumph Englands von 1966 und waren, angefeuert von den Medien, fest davon überzeugt, dass die Mannschaft diesmal den Titel nach Hause bringen würde. Natürlich konnte Hoddle nichts dem Zufall überlassen. Er fragte sich, ob Beckhams Bescheidenheit nur gespielt war. War sein Charme echt oder aufgesetzt? Und brachte ihn sein Multimillionärsleben mit Victoria nicht doch aus der Balance? Im Vorfeld der Weltmeisterschaft fiel Hoddle Beckhams übellauniges Auftreten auf: „Er ist ein notorischer Nörgler. Ich habe in dieser Saison so einige Situationen gesehen, in denen eine Rote Karte fällig gewesen wäre. Das können wir uns bei der WM nicht leisten."

Beckham schätzte sich selbst anders ein: „Ich bin in meiner Profikarriere noch nie vom Platz gestellt worden und glaube nicht, dass ich ein Problem mit meinem Temperament habe."[52] Er war der Meinung, Spitzenspieler müssten „Ecken und Kanten haben". Hoddle war anderer Ansicht. Im April brachte Beckham bei einem Freundschaftsspiel gegen Portugal keine einzige Flanke zustande. In der zweiten Halbzeit nahm Hoddle ihn vom Platz. England gewann mit 3:0.

Als Beckham für das WM-Eröffnungsspiel gegen Tunesien aus dem Kader gestrichen wurde, schäumte er vor Wut. „Er war nicht auf das Turnier konzentriert", erklärte der Nationaltrainer später. „Er war nicht bei der Sache."[53] Hoddle machte Victoria dafür verantwortlich. Sie spanne David für ihre eigene Karriere ein. Nachdem sich Beckham in einem Restaurant mit einem Sarong hatte sehen lassen, erzählte Victoria der *Sun*-Journalistin Victoria Newton, er habe auch ihre Unterwäsche an. Obendrein prahlte sie mit „einer Sexorgie auf dem Rücksitz ihres Mercedes-Sportwagens".[54] Am Vorabend des ersten WM-Spiels hatte Hoddle den Eindruck, dass Beckham „vollkommen neben sich stand". Statt sich voll und ganz auf den Fußball zu konzentrieren, ließ er sich von den Schlagzeilen der Boulevardpresse ablenken. Es ging um seinen Ruhm und seine Romanze mit Victoria. „Ich war völlig fertig", meinte Beckham ein paar Stunden später, nachdem Hoddle ihn aus dem Spiel genommen hatte. „Ich kann es immer noch nicht fassen."[55]

Doch die Willenskraft des Fußballers verblüffte seine Kritiker. Sieben Tage später wurde er gegen Rumänien als Ersatzspieler eingesetzt. Ohrenbetäubendes Gejohle von 25.000 Fans erfüllte das Stadion von Toulouse. Die Menge grölte „You'll Never Walk Alone". „Das hat mir einen Schauer über den Rücken gejagt", so Beckham später. Nach wenigen Minuten war er nicht mehr vom Ball zu trennen, dribbelte zwei Abwehrspieler aus und flitzte über den Flügel. Aber es fiel kein Tor. Nach Rumäniens Treffer in der 90. Minute verlor England das Spiel mit 1:2.

Vier Tage später holte Hoddle Beckham für das dritte Spiel gegen Kolumbien in die Startelf. Mit einem sensationellen Freistoß aus 30 Metern traf er ins Netz. „Das ist unfassbar", überschlug sich ein Fußballjournalist nach dem 2:0-Sieg Englands vor Begeisterung. „Ein Wahnsinnstor."[56]

Im nächsten Spiel traf England auf Argentinien. Am Abend vor dem Spiel flog Victoria aus New York ein und eröffnete ihrem Mann, sie sei schwanger. Beckham hat sich nie dazu geäußert, ob diese Nachricht seinen „mentalen Zustand", wie Hoddle es nannte, während des entscheidenden Spiels beeinflusst hat.

Was in der 47. Minute geschah, war nicht nur für Beckham, sondern auch für den englischen Fußball für immer prägend. Beckham ging nach einem Foul des Argentiniers Diego Simeone zu Boden und trat, bäuchlings auf dem Spielfeld liegend, ungestüm nach dem über ihm stehenden Simeone. Dieser kam zu Fall. Der dänische Schiedsrichter zeigte Beckham die Rote Karte. Niedergeschlagen und unter Tränen wankte er in die Kabine. Er war verzweifelt und hatte Angst, ein für alle Mal abgemeldet zu sein. Die verbleibenden zehn Engländer erkämpften zwar noch ein Unentschieden, verloren aber im Elfmeterschießen. In einem Fernsehinterview gab der enttäuschte Trainer Beckham die Schuld an Englands Ausscheiden aus dem WM-Turnier. Seitdem nimmt Beckham Hoddle übel, dass er sich nicht hinter ihn stellte, sondern ihm stattdessen in aller Öffentlichkeit den Schwarzen Peter zuschob. In seiner Autobiografie ließ Beckham dann auch kein gutes Haar an Hoddle.

Sein treuer Mentor Ferguson sprach ihm dagegen Mut zu. „Manchmal musst du Arzt, Lehrer und Vater sein", meinte Ferguson einmal am Telefon zu ihm nicht ohne Stolz. „Fahr zurück nach Manchester, mein Junge, das wird schon wieder."[57]

Simeone gab später zu, dass ihn Beckhams Tritt gar nicht erwischt hatte.

Beckham kehrte als Paria nach England zurück. In den Stadien und auf den Straßen wurde er aufs Übelste beschimpft. Am schlimmsten waren die Halbstarken. Sie schrien hinter ihm her: „Wir werden dein Baby killen", „Hoffentlich stirbt dein Kind an Krebs" und „Deine Frau ist eine Nutte".

„Das passt nicht zu uns", erklärte Sara Lee von Brylcreem und beendete kurzerhand das Sponsoring. Andere ließen sich von dem ganzen Aufruhr nicht beirren und witterten neue Chancen. Die britische PR-Expertin Jackie Cooper gehörte zu den wenigen, die dem Fußballer eine glänzende Zukunft voraussagten: „Wir können nur jedem Unternehmen mit entsprechend großem Budget empfehlen, David Beckham für eine Werbekampagne zu gewinnen. Er ist der Mann der Stunde und vollbringt Heldentaten, von denen jeder Junge träumt – er schießt Tore für England und spielt für Manchester United. Außerdem sieht er umwerfend gut aus, sogar mit Rock."[58]

Die Krise machte Beckham innerlich härter. Er erkannte zwar seine Fehler, aber seine Wut bekam er nie richtig unter Kontrolle. Monate nach der Weltmeisterschaft ging einmal mehr sein Temperament mit ihm durch und brachte ihm bei Manchester-Spielen in Polen und Deutschland für rücksichtslose Tacklings eine Verwarnung und eine Gelbe Karte ein. Er gab sich gewohnt ungerührt: „Ich bin nicht nur besser, sondern auch stärker geworden, weil ich so viel einstecken musste."[59]

Beckhams große Willenskraft zahlte sich aus. 1999 avancierte er wieder zum Superhelden. Im März bereitete er gegen Inter Mailand mit seinen Flanken zwei Tore für Manchester United vor. „Heute hat er überragend gespielt", ließ sich Ferguson zu einem seltenen Lob hinreißen. „Er ist in Bestform."[60] Zwei Monate später verhalf Beckhams gezirkelter Freistoß aus knapp 30 Metern Manchester United zum Sieg gegen Aston Villa. David Beckham wurde als „Mittelfeldmagier" gefeiert. „Nicht zu stoppen", „Weltklasse", überschlug sich die Presse.[61] Kurz darauf brillierte er gegen Barcelona und bekam erneut lobende Worte von Ferguson zu hören. „Er will Fußball spielen und nichts anderes." Dann steuerte er in einem der spannendsten Spiele seit Jahren auch noch ein Tor zum Sieg über die Tottenham Hotspur bei, der Manchester United den Meistertitel in der Premier League bescherte.

Eine Woche später stand Beckham im FA-Cup-Finale beim 2:1-Sieg gegen Newcastle United auf dem Platz. Im Endspiel der UEFA Champions League sorgten nur wenige Tage später seine Eckbälle für zwei Tore beim 2:1-Sieg über Bayern München. Das unschlagbare Manchester United hatte drei Trophäen gewonnen – die Premier League, den FA

Cup und die europäische Königsklasse. Das Triple. Ferguson wurde zur internationalen Trainer-Ikone – und Beckham glänzte. „Es war eine Charakterfrage", fasste Englands neuer Nationaltrainer Kevin Keegan Beckhams Comeback zusammen. „Er hat uns gezeigt, was er draufhat. Er ist ein großartiges Vorbild für so viele."

Jeder Auftritt – und Beckham liebte es, vor Zehntausenden aufzutreten – bestätigte, dass er eine galaktische Phase hatte. Nicht weniger als 23 United-Tore bereitete er in dieser Saison mit seinen Flanken vor. Nachdem er mit zwei seiner Wahnsinnsvorlagen den Sieg gegen Southhampton klargemacht hatte, meinte deren Trainer Dave Jones: „Es ist die pure Freude, diesen Kerl spielen zu sehen. Es gibt niemanden auf der Welt, der bessere Flanken schlägt als er." Beckham genoss die Begeisterung wie eine warme Dusche.

Er pendelte zwischen dem Haus seiner Schwiegereltern in Hertfordshire und seiner Luxuswohnung in Manchester, genoss auf Partys und auf der Straße sein Image als Trendsetter und Pin-up-Boy in vollen Zügen. Über jedes Outfit, jedes Lächeln, jeden Kommentar von Beckham wurde in Zeitungen und Magazinen minutiös berichtet. An einem Abend trug er ein Kopftuch aus Stofftaschentüchern, an einem anderen Tag eine gestrickte tibetische Bauernmütze mit Bommel und Ohrenklappen. „Ich kleide mich gerne trendy", ließ er die *Sun* wissen.[62] Männer und Frauen bewunderten oder begehrten ihn. „Von Ongar bis Oldham ist die Modewelt verrückt nach dem Beckham-Look", schrieb jemand. „Wenn du willst, dass dein Mann wie die Stilikone der Fußballwelt aussieht, musst du dir nicht unbedingt Designerpreise leisten können. Denn inzwischen überschlagen sich die Modeketten und bringen seine Outfits in günstigen Versionen auf den Markt."

Sogar *Sun*-Fußballexperte Neil Custis berichtete vom Logenplatz der Beckhams im Old Trafford: „In Sachen Publicity haben er und Posh Spice die königliche Familie hinter sich gelassen. Ihr Look, Vermögen und Ruhm sind für die Massen ein unerschöpfliches Thema."[63] Das Magazin *GAY* feierte den 24-Jährigen als „Mann mit dem Gesicht eines Engels und dem Hintern eines griechischen Gottes".[64] Laut Victoria törnte die Aufmerksamkeit schwuler Männer ihn an. Sie wusste zu berichten, dass er in der Küche hin und her laufe und dabei rufe: „Ich bin eine Schwulenikone! Ich bin eine Schwulenikone!" Als Posh protestiert habe, sie sei auch eine Ikone, habe Beckham frech gekontert: „Aber sie lieben mich. Du kannst mir nicht das Wasser reichen, Baby.“

Victoria gestaltete seinen Lifestyle und sein Outfit mit. Privat war sie am Ende ihrer Kräfte. Als sie sich wieder einmal heftig in die Haare bekamen, drängte sie ihn, keinen weiteren Vertrag mit Manchester United zu unterschreiben. Sie hasste es, in Manchester zu leben, weit weg von ihrer Familie. Sie wollte, dass er zu einem Londoner Klub wechselte. „Ich habe alles getan, um David von Manchester loszueisen“, weihte sie ihre in London lebende Familie und ihre Freunde ein.[65] Sie pendelte extrem ungern nach Manchester und mochte auch ihre Wohnung in Alderley Edge in der Grafschaft Cheshire nicht. Die anderen Bewohnerinnen und Bewohner der umgebauten Villa hatten eine Petition gestartet und die Familie zum Auszug aufgefordert. Berühmtheit hin, Berühmtheit her – einige hielten Victorias Schreianfälle und lautstarke Forderungen, nach London zu ziehen, nicht länger aus. Andere ärgerten sich darüber, dass die Beckham-Bodyguards sie aus dem gemeinschaftlichen Garten vertrieben. Victoria wollte unbedingt in der Nähe ihrer Eltern leben und kündigte an: „Irgendwann wird er Manchester United verlassen. Ich glaube, er würde gerne im Ausland spielen.“[66]

Nachdem sich herumgesprochen hatte, wie unglücklich sie war, bestellte Victoria wenig später den *Sun*-Redakteur Rav Singh ein. Sie vertraute ihm und tischte ihm das genaue Gegenteil auf. „Diese Berichte sind unfair und verletzend für David und mich“, beschwerte sie sich. „Die Fans geben mir das Gefühl, in Manchester willkommen zu sein. Ich habe keinen Grund, David zum Weggang zu drängen. Ich weiß, wie viel es ihm bedeutet, für United zu spielen. Ich würde ihn nie in eine solche Lage bringen.“[67] Um sie beide zu schützen, stieß David ins selbe Horn. „Victoria liebt Manchester“, versicherte er gegenüber der *Sun*. „Es wird viel Unsinn darüber geredet, dass sie die Stadt angeblich nicht mag. Das ist völliger Quatsch.“

5

September 1999

Nach dem Sommer des Tripletriumphs war für die Fußballpresse nicht mehr zu übersehen, dass etwas nicht stimmte. „Was David Beckham in Graz auf dem Platz bot, war ziemlich beunruhigend", schrieb Neil Custis im September 1999 nach einem Champions-League-Spiel in Österreich. „Schon kurz nach dem Anpfiff hatte man den Eindruck, hier ist ein Mann auf dem Selbstzerstörungstrip. Er stürmte wie ein Irrer über den Rasen, stürzte sich in Tacklings und fauchte die Gegner an."

Ferguson war entsetzt: Beckham hatte Tomislav Kocijan von Sturm Graz einen Tritt wie ein Kung-Fu-Kämpfer verpasst, der diesem das Bein hätte brechen können. Wenn Beckham schlecht spielte, gab Ferguson Victoria die Schuld. Am Abend vor dem Abflug des Teams von Manchester nach Österreich hatte sich David mit Victoria auf einer Showbizparty im Londoner Stadtteil Covent Garden vergnügt. Vom nächsten Morgen gab es von ihm ein Foto, auf dem er ein 75 Pfund teures Kopftuch trug. Beckham raste über die Autobahn und traf schließlich um 8:30 Uhr als einer der letzten Spieler am Flughafen ein.[68] Er war völlig überdreht und erlaubte sich beim Match in Graz ein zweites Vergehen. Für das Rückspiel wurde er gesperrt. Nach seinen anschließenden nächtlichen Wutausbrüchen wurden kritische Stimmen laut, die ihm „Arroganz und provokatives Verhalten" vorwarfen. Ferguson brummte ihm eine Geldstrafe von 40.000 Pfund auf.

Statt sich reumütig zu verkriechen, flog Beckham zu Victoria nach Los Angeles. Die 48-stündige Reise sollte eigentlich geheim bleiben, aber Victoria konnte nicht widerstehen, Victoria Newton von der *Sun* „exklusiven Zugang" zu verschaffen. Newton „erwischte" das Paar im

Hotel Mondrian bei einem Halloweendinner. An den Nachbartischen speisten Rolling Stone Mick Jagger und Supermodel Kate Moss. Mit Beckhams Schützenhilfe brachte Victoria die Journalistin dazu, den Artikel als Lobeshymne zu verfassen: „Victoria ist aus rein geschäftlichen Gründen in Los Angeles. Sie ist in Amerika sehr gefragt. Man liebt sie dort, findet sie großartig und stellt sie sich schon als TV-Star vor. Eine Solokarriere als Popsängerin ist für sie durchaus denkbar, aber sie lässt sich alle Optionen offen. Sie ist für alle möglichen Film- und Fernsehrollen angefragt, unterschrieben ist aber noch nichts." Die Schlusssätze des Artikels brachten Ferguson mit Sicherheit auf die Palme: „Becks hat sie auf der Reise begleitet. Das wollte er aber wegen des Aufsehens, das er überall erregt, nicht an die große Glocke hängen."

Ferguson war zunehmend von Beckham enttäuscht. Immer wenn er in irgendeiner Zeitung ein Bild des Spielers sah – also fast täglich –, verfinsterte sich seine Miene. Einmal wurden Posh und David auf einer Promiparty in der Boutique der Designerin Donatella Versace im Londoner West End gesichtet. Beide trugen schwarze Lederoutfits. Ein Interview, das Victoria ihrem „Special Friend" Dominic Mohan gab, trug die Schlagzeile: „Ich will noch ein Baby".[69] Ein andermal erschienen beide in Bikeroutfits von Gucci. Nach diesem Auftritt des „Trendsetterpaares" gab es auf einmal überall PVC- und Lederhosen zu kaufen, schrieb Mohan. Victorias original Gucci-Klamotten „kosten stolze 1400 Pfund, aber selbst die Preise in den normalen Geschäften reißen ein Loch in den Geldbeutel – die Marks-&-Spencer-Version kostet 175 Pfund".

Das Vermögen der Beckhams wuchs beständig. Ferguson monierte: „Beckham ist ein anderer Mensch geworden."[70] Victorias Einfluss habe alles verändert. Vor ihrer Hochzeit hatte Beckham jeden Tag nach dem Training noch weitertrainiert. Damit war es inzwischen vorbei. Kaum war der Pflichtteil zu Ende, machte er sich schnellstmöglich aus dem Staub. Noch etwas stieß Ferguson übel auf: Die Beckhams beklagten sich zwar über das Interesse der Medien, aber auf dem Laufsteg und bei Filmpremieren zogen sie jedes Mal eine Show ab und promoteten sich selbst. Sie genossen es sichtlich, das berühmteste Promipaar Großbritanniens zu sein. „Ich musste mir Gedanken machen, wie ich die Kontrolle über den Verein behalte", erinnerte sich Ferguson.

„David Beckham hielt sich für etwas Besseres als Alex Ferguson. Das wurde ihm zum Verhängnis.“[71]

Die Geburt von Brooklyn Beckham am 4. März 1999 war für beide Elternteile ein wichtiger Einschnitt in ihrem Leben. Ferguson hatte Verständnis für Beckhams Emotionen. Er schlug ihm vor, in London bei seinem Sohn zu bleiben und erst kurz vor dem nächsten Spiel nach Manchester zurückzukehren.[72] Sein Entgegenkommen war jedoch nur von kurzer Dauer. In den folgenden vier Monaten wurde sein Geduldsfaden immer dünner.

Wenn Beckham auf dem Trainingsgelände ankam, dröhnten aus den zwölf Lautsprechern seines Rolls-Royce Hits von Michael Jackson. Damit nicht genug: Der „fußballernde Autonarr“ fuhr abwechselnd im Ferrari (150.000 Pfund), Porsche, Jaguar XK8, BMW, Range Rover oder in seinem 250.000 Pfund schweren blitzblanken Bentley in Old Trafford vor, was seinen Teamkollegen Roy Keane zu der ironischen Bemerkung hinriss: „Auf dem Parkplatz hat er für uns alle die Messlatte ganz schön nach oben geschraubt, das muss man ihm lassen.“ Victoria brachte mehr Begeisterung auf: „David ist ganz verliebt in den Bentley. Ein richtiges Statussymbol.“ Ihre Sprecherin fügte hinzu: „Er strahlt Klasse und Eleganz aus.“ Ferguson ging da nicht mit: „Beckham ist eine Spur zu protzig.“[73]

Der Auslöser für den ersten Showdown war an einem Tag im Juli 1999 Beckhams Entscheidung, von seiner Londoner Villa nicht zum Training nach Manchester zu fahren. Er wollte gerade aufbrechen, als er erfuhr, dass der vier Monate alte Brooklyn krank war. Er wurde zu Hause gebraucht, um sich um das Kind zu kümmern. Ein Foto der London Fashion Week zeigte Victoria am selben Tag beim Shoppen in London. Ferguson war empört. Er war der Meinung, die Familien der Spieler hatten hinter dem Verein zurückzustehen. Der Promizirkus stellte ihn als Kontrollinstanz infrage.

Beckhams Talent leide durch den umtriebigen Lebensstil „dieser Frau“ und durch seine eigene Extravaganz, wütete Ferguson. Victoria wiederum konnte Ferguson nicht verzeihen, dass er ihre Flitterwochen ruiniert hatte. Er hatte ihnen nicht nur zwei zusätzliche Urlaubstage verweigert, sondern Beckham auch dazu verpflichtet, mit den

Reservespielern zu trainieren, während der Rest des Teams vier Tage frei hatte.

Sobald es Brooklyn wieder besser ging, fuhr Beckham nach Manchester. Bei seiner Ankunft war das Training vorbei. Er ging zu Ferguson ins Büro. In der „heftigsten Standpauke, die ich in meiner Karriere je zu hören bekam", machte Ferguson ihm klar, dass der Verein vor der Familie Vorrang habe. „Ich habe nicht klein beigegeben", erklärte Beckham später. Er habe darauf bestanden, dass für ihn die Familie an erster Stelle stehe.[74]

Um seine Autorität zurückzugewinnen, ließ Ferguson Beckham in einem wichtigen Spiel gegen Leeds auf der Bank und verdonnerte ihn zu einer Geldstrafe von 50.000 Pfund, weil er das Training geschwänzt hatte. Zudem tat er nichts, um das Gerücht zu dementieren, Beckham werde möglicherweise für 22 Millionen Pfund verkauft. Er stellte ihm ein Ultimatum: Entweder er zog dauerhaft nach Manchester, um die Pendelei von London – immerhin 640 Kilometer hin und zurück – zu beenden, und gab seinen Showbizlifestyle auf, oder er musste den Verein verlassen.[75]

Fergusons Vorgehen war Beckham völlig unverständlich. Der Manager hatte immer die Karriere seiner Spieler als Ganzes im Blick – also erstens ihren aktuellen Wert und zweitens ihr Potenzial für die Zukunft.[76] Er setzte auf Siegertypen und fragte sich, ob Beckham nicht vielleicht in zwei Jahren schon allmählich abbauen würde. Wenn es sowieso Probleme mit ihm gab, sollte man ihn lieber früher als später verkaufen. Ferguson trennte sich von jedem, der versuchte, sich über ihn zu stellen. „Wer einmal nachgibt, gibt auch ein zweites Mal nach", lautete sein Motto. „Du darfst nie die Kontrolle verlieren."

Fergusons Strafmaßnahme für Beckhams Fernbleiben vom Training – es war das erste Mal in neun Jahren – sorgte landesweit für Aufsehen. Als Vergeltungsaktion schüttete Beckham der *Sun* sein Herz aus. „Die Ereignisse der letzten Tage haben mich geschockt", gestand er. „Schon als kleiner Junge wollte ich immer nur für dieses eine Team spielen, und das möchte ich auch weiterhin."[77]

Selbst die mit allen Wassern gewaschene *Mirror*-Kolumnistin Carole Malone ließ sich davon einwickeln. Beckham sei zwar „übertrieben gehypt, überbewertet und abgehoben", aber dass er landesweit verunglimpft werde, weil er eine Trainingseinheit verpasst habe, sei

„absolut irrwitzig“. Malone führte ins Feld, dass Beckham im Unterschied zu den vielen Fußballern, die sich betranken, Drogen nahmen, Hotelzimmer demolierten und Frauen schlugen, „seine Frau liebt, sie nicht betrügt und einer der wenigen Fußballer mit Anstand ist“.[78] Beckhams einziger unnachgiebiger Kritiker war sein Vater Ted. Ferguson habe recht, sagte dieser seinem Sohn. Sein Platz sei auf dem Spielfeld.[79]

Da ihm niemand etwas anhaben konnte, ermunterte Victoria ihren Mann offenbar, Ferguson erneut zu provozieren. Anfang Februar 2000 erschienen die Beckhams bei einer Charityvorführung des Films *Withnail and I* mehr oder weniger im Partnerlook – gleiche Frisur, im gleichen Farbton gefärbte Haare, gleicher Pony. Zumal die beiden sich auch noch ähnlich gebärdeten und mit ähnlichem Akzent sprachen, hatte man den Eindruck, das Promipaar verschmelze zu einer einzigen Person.[80]

Ein paar Wochen später feierten die Beckhams mit viel Publicity – für die PR-Managerin Caroline McAteer sorgte – Brooklyns ersten Geburtstag in einem Hotel in Cheshire. Die Party verschlang 12.000 Pfund. 125 Gäste, darunter viele Spieler von Manchester United samt Familien, wurden mit einem „opulenten“ Bankett verköstigt, konnten sich auf einer Hüpfburg vergnügen und wurden von Clowns und Zauberern bespaßt. „Diesmal rollen sie den roten Teppich aus“, schrieb McAteer unter der Schlagzeile „Geld macht glücklich. Aber es wird keine schillernde Showbizparty. Es wird im engen Familienkreis gefeiert.“[81] Obwohl das „Superstarpaar“ angeblich großen Wert auf den privaten Charakter der Veranstaltung legte, waren am Tag danach Bilder davon in allen Zeitungen zu sehen, die entsprechend schnell ausverkauft waren. Die Kooperation der Beckhams mit den Medien erreichte einen neuen Höhepunkt. Eines erfuhr man in der Presseberichterstattung nicht: Brooklyn hatte während der gesamten Party geschlafen.

Das Jahr 2000 markierte einen Wendepunkt.

Als für Manchester United in England und Europa das Triple auf dem Spiel stand, schien Beckham mehr an seinem Promileben interessiert zu sein als daran, die Spitzenposition seines Vereins zu verteidigen.

In der gleichen Woche, in der Victoria in der Sendung „Breakfast“ auf Channel 4 enthüllte, dass ihr Mann ihren Stringtanga trage, gab

McAteer der Presse einen Tipp: Beckham würde in einem tahitianisch anmutenden Wickelrock mit geknotetem Taschentuch auf dem Kopf eine Straße in London entlangschlendern.

Beckham animierte die Presse zu fragen, welche Farbe sein Tanga habe. Die Boulevardpresse war entzückt, aber die PR-Aktion ging nach hinten los. „Es ist Zeit, dass David Beckham erwachsen wird", schrieb Neil Custis entnervt.[82] Drei Monate später konnte sich Manchester United nach einer 2:3-Niederlage gegen Real Madrid den Champions-League-Titel abschminken. Beckham machte zwar ein Tor, konnte aber ansonsten nicht überzeugen. Ferguson war mit den Nerven am Ende.

Alle Augen richteten sich jetzt auf die Europameisterschaft 2000, die im Juli in den Niederlanden und Belgien ausgetragen wurde. „England setzt alle Hoffnungen auf David Beckham", schrieb Ex-Nationalspieler Lineker. „Er ist ein echter Weltstar." Nachdem sich der Weltstar bei der *Sun* über deren jüngste Kritik an ihm beschwert hatte, überlegte sich die Zeitung eine Besänftigungsmaßnahme und beauftragte den Fußballer für ein Jahreshonorar von 75.000 Pfund, jede Woche eine Kolumne in der *Sun* zu „schreiben". „England kann die Euro 2000 gewinnen", versicherte Beckham der Leserschaft.[83] Ein wenig gegen seine eigene Überzeugung forderte Steven Howard, *Sun*-Fußballressortchef, alle Fans auf, „David Beckham zu unterstützen". Schließlich stehe England vor dem „wichtigsten Spiel" seit der „herzzerreißenden" WM-Niederlage gegen Argentinien 1998.

Das erste EM-Spiel bestritt England in Eindhoven gegen Portugal. Beckham bereitete mit einer Flanke das zweite Tor vor. Die Chancen standen gut für einen englischen 2:0-Sieg. Dann der Schock: Portugal erzielte drei Treffer in 37 Minuten. „Nach dieser Horrorshow waren sie Gruppenletzter", konstatierte die *Sun*. England sei angeschlagen. Im nächsten Spiel gegen Deutschland gewann England nach einer „nervenaufreibenden Nacht" glücklich mit 1:0. Im dritten Gruppenspiel ging es gegen Rumänien. Bis zwei Minuten vor Abpfiff sah es nach einem Unentschieden aus. Damit hätte sich England für das Viertelfinale qualifiziert. Doch dann verwandelte Rumänien nach einem Foul von Phil Neville den fälligen Elfmeter zum 3:2-Sieg – „der vernichtende Schlag für England".[84]

Die Boulevardpresse fiel erbarmungslos über die englische Mannschaft her und titulierte sie als „verrottete, verkommene, zweitklassige Hinterwäldler“, als „Promimillionäre, die den Ball nicht abgeben können und seit 1966 nichts mehr gewonnen haben“ – und niemand werde so gepampert wie Beckham. Er habe sich von seinen Speichelleckern verhätscheln lassen und wie ein Egomane gespielt. Seine Kolumne in der *Sun* wurde eingestellt.

Ein paar Wochen später erschien die erste Autobiografie des 25-Jährigen. Der Erfolg des Buches musste Ferguson verärgern. Wieder einmal hatte sich der Fußballer selbst an erste Stelle gesetzt. Seine Familie und das Geldscheffeln waren ihm wichtiger als der Verein. Das Leben der Beckhams glich einem Potpourri aus Eitelkeit, Widersprüchen und Heuchelei. Caroline McAteer machte einmal mehr deren „verzweifelten Wunsch“ nach Privatsphäre zum Thema.

„Ich habe nie ein Fotoshooting mit meinen Kindern gemacht, und das werde ich auch nie machen“, schrieb Beckham in seinem Buch. Nur sechs Wochen zuvor hatte er im Old Trafford den einjährigen Brooklyn in die Höhe gehalten, damit Tausende sein Baby in einem Trikot mit der Nummer 7 und der Aufschrift „Daddy“ sehen konnten. „Wir möchten Brooklyn so weit wie möglich vor der Öffentlichkeit abschirmen“, erklärte auch Mutter Victoria. Nach dem Medienrummel um seine Autobiografie verlangte Beckham „etwas Privatsphäre und Respekt“.[85] Das hinderte ihn allerdings nicht daran, für seine Millionen Fans „private Momentaufnahmen mit der Familie“ von Brooklyns zweitem Geburtstag in einem Wacky-Warehouse-Indoorspielplatz zu veröffentlichen.[86]

Davon, dass die Fotos hinter den Kulissen eingefädelt wurden, bekam die Öffentlichkeit nichts mit.

„Ich habe gehört, dass Beckham für Brooklyn bei Harrods einen Golfbuggy zum Mini-Hummer umbauen ließ“, trug ein Journalist an Caroline McAteer heran. Diese dementierte. „Merkwürdig“, meinte der Journalist. „Ich habe hier eine Kopie der Rechnung.“ Nachforschungen ergaben, dass McAteer mit ihrem Dementi falschlag.[87] Die Presse fühlte sich zunehmend gegängelt und bezeichnete Victoria als „machtbesessen“ und McAteer als „diabolische PR-Managerin“. Doch die verstand sich perfekt darauf, offensichtliche Wahrheiten zu leugnen. Zugang zu den Beckhams erhielten nur die Presseleute, die sich an ihre Anweisungen hielten.

„Schicken Sie einen Fotografen ins Trafford Centre“, empfahl McAteer einem leitenden Redakteur des *Sunday Mirror*. „Victoria kauft Babykleidung für Brooklyn.“ Der Fotograf Andy Stenning spürte die Mutter beim Einkaufen auf. „Hi! Sollen wir die Fotos hier machen?“, fragte er sie. „Das ist nicht das, worauf sich Victoria eingestellt hat“, schnauzte McAteer Stenning an. „Es soll spontan wirken. Victoria will sich geschockt zeigen, dass da plötzlich ein Paparazzo auftaucht.“

Deutlich besser lief es, als McAteer den „geheimen Besuch“ der Beckhams in einem Kinderkrebskrankenhaus enthüllte. „Sie wollen keine Publicity“, hatte sie noch zuvor der Krankenhausverwaltung mitgeteilt. Eine Woche später wurden den Zeitungen Zitate zugespielt, in denen Posh und Becks für die generöse Spendenbereitschaft gelobt wurden, die sie anlässlich ihres „Geheimbesuchs“ an den Tag gelegt hatten.[88] Mit einem Besuch wie diesem und ähnlichen Auftritten bei Charityevents in Großbritannien und andernorts wollte das Paar demonstrieren, wie sehr es sich für benachteiligte Menschen engagierte. Kritische Stimmen könnten allerdings einwenden, gemessen an ihrem Vermögen seien die Beckhams nicht großzügig genug.

Einige Monate später stand Elton Johns alljährlicher Ball in der Nähe von Windsor an; der Erlös ging an seine Aidsstiftung. Bevor Victoria auf der Benefizveranstaltung erschien, bestand ihr Team darauf, dass die Fotografen vertraglich verpflichtet wurden, keine Fotos von ihr zu machen. Einer der drei Hünen, die sie begleiteten und über die Einhaltung dieser Vorgabe wachten, plauderte aus, er habe Victoria über die tanzenden russischen Kosaken sagen hören: „Oh, schau mal, spanische Tänzer. Die finde ich toll.“[89]

„Es ist schrecklich, wie die Medien in mein Leben eindringen“, klagte Victoria gegenüber Dominic Mohan von der *Sun*. Mit ernster Miene saß sie zu Hause und kritisierte die Presse, während sie mit ihrer Mutter und ihrer Schwester Louise die eigene Sammlung aus Zeitungsausschnitten und unzähligen Fotos von sich durchblätterte. Jackie und Louise stimmten in den Klagechor ein. „Es gibt so viele Menschen, die uns für Publicityzwecke ausnutzen.“ Mohan wusste nicht, was er sagen sollte, denn eine seiner besten Quellen für Storys über Victoria – „eine regelmäßige Anruferin, die mit Klatsch und Tratsch schnelles Geld macht" – war deren Schwester Louise.[90] Auch dass Victoria einen Ex-Freund kritisierte, weil er seine Story an eine Zeitung verkaufte, hörte sich seltsam an aus dem Mund einer Frau, die die Exklusivrechte an ihrer eigenen Hochzeit für eine Million Pfund an das Magazin *OK!* verkauft hatte.[91]

Am Leben der Beckhams war kaum noch etwas normal. An der Universität von Staffordshire hatten sich Soziologiestudierende in einem zwölfwöchigen Seminar mit dem Titel „Beckham Studies" unter der Leitung von Professor Ellis Cashmore mit der kulturellen Bedeutung der „Ikone der Ikonen" auseinandergesetzt. Cashmore war der Meinung, am Beckham-Phänomen führe „kein Weg vorbei", er sei aber eine „nichtssagende Persönlichkeit". Zehn Jahre zuvor, so Cashmore, wäre dieser einfach nur als guter Fußballer bekannt geworden. Erst durch seine Ehe mit Posh Spice sei er ein Promi geworden. Mit ihrem Interesse an Beckham würden die Leute „die eigene Ohnmacht kompensieren".

In der Wissenschaftszunft gab es aber auch andere Meinungen. John Harris und Ben Clayton sahen in Beckham, den „neuen Mann", den „Inbegriff des Englischseins im 21. Jahrhundert". Linke Akademikerinnen und Akademiker werteten seine „zum Zeitgeist passende Berühmtheit" als Produkt der „neoliberalen Demokratie und des Konsumkapitalismus".

Außenstehende fühlten sich von Becks magisch angezogen. Ferguson aber war klar, dass dieser sich als Fußballer gerade selbst zerstörte. „Ich konnte mitverfolgen, wie er von den Medien oder der PR-Agenda förmlich verschlungen wurde", schrieb er in seiner Autobiografie.

Im März 2000 trieb Beckham seine Nonchalance mal wieder auf die Spitze. Bei einem zweitägigen Training trug er eine Beaniemütze. Als besonderen Knüller wollte er die Mütze am Samstag kurz vor dem Anpfiff gegen Leicester abnehmen und darunter seinen vollständig rasierten Kopf zeigen. Er wusste um die imagestärkende Wirkung seiner Haartracht. Ferguson schöpfte Verdacht und befahl Beckham, die Mütze vom Kopf zu nehmen; er drohte ihm mit Rauswurf aus der Mannschaft. „Ich reagierte in der Regel schnell", erinnerte sich Ferguson, „wenn ich sah, dass ein Spieler einen negativen Einfluss ausübte." Beckham sei „durchgedreht".[92]

„Ich wollte damit keine Aufmerksamkeit erregen", meinte Beckham später. „Die Publicity hat sich nie darauf ausgewirkt, wie ich Fußball spiele."[93]

„Skinhead Beckham" titelte die *Sun*. Die Zeitung veröffentlichte auch „die ersten Exklusivfotos" der Beckham-Familie, auf denen sie ihre trendigen neuen Frisuren präsentierten. Bei einem Spaziergang im Londoner West End nahm „Glatzköpfchen" David Brooklyns Mütze ab, um Dominic Mohan „zu zeigen", dass sein Sohn mit dem kahl geschorenen Kopf „genauso wie sein Vater aussieht". Die nicht minder auf Publicity versessene Victoria ergänzte: „Davids neue Frisur gefällt mir total. Er sieht damit so sexy aus wie noch nie."[94]

Alle gingen davon aus, dies sabotiere seinen Vertrag über vier Millionen Pfund mit Brylcreem. Victoria rief einen Radiosender an: „Ich will ein paar Dinge klarstellen. Sie behaupten, er könne nicht ganz bei Trost sein, wenn er sich die Haare abrasieren lässt und dafür auf vier Millionen Pfund verzichtet. Sie irren sich. Ihm ist kein Penny verloren gegangen." Dann meinte sie noch: „Ich würde ausflippen, wenn er vier Millionen Pfund verlieren würde, nur weil er sich die Haare schneiden lässt." Ein Sprecher von Manchester United schaltete sich ein und stellte klar: „In seinem Vertrag steht nichts darüber, wie lang seine Haare sein müssen." Für Brylcreem war die Falschmeldung ein einträgliches Geschäft. „Wir kamen um 20- bis 30-mal so oft in den Medien vor, ohne dass wir dafür zahlen mussten", freute sich das Brylcreem-Management. Dabei war ihr Vertrag über 200.000 Pfund mit Beckham schon mehr als ein Jahr zuvor ausgelaufen.

Kurz nach Ende der Fußballsaison 1999/2000 machten sich die Beckhams mit Brooklyn auf den Weg in den Familienurlaub – ins Disneyland Los Angeles. Victoria Newton von der *Sun* freute sich, dass sie sie gleich zu Ferienbeginn treffen durfte. Die Beckhams posierten für Fotos, auf denen zu sehen war, wie sie Brooklyn umarmten und küssten. Dabei sprachen sie über ihre Angst vor Kidnapping, Mordanschlägen und aufdringlichen Medien. Unter der Schlagzeile „Sollen wir alles kaufen, Daddy?" wurde in dem Exklusivbericht der Zeitung verraten, dass Brooklyn vom „Shoppingbazillus seiner berühmten Eltern" infiziert sei. Der Einjährige hatte beschlossen, Kleidung von Ralph Lauren zu tragen.

Unweigerlich kam der Verdacht auf, die Beckhams hätten mit der Modemarke eine lukrative Vereinbarung getroffen. [95]

Seltsamerweise rastete das Paar einige Jahre später wegen einer Pressemitteilung von Ralph Lauren aus, in der der Modedesigner damit angab, Brooklyn und sein Bruder Romeo hätten bei der Taufe von Geri Halliwells Tochter Blazer aus seiner Kollektion getragen. „Victoria und David sind sehr darauf bedacht, ihre drei Söhne zu schützen", schrieb Caroline Hadley, die für den *Mirror* als Sprachrohr der Beckhams fungierte. „Ralph Laurens Pressemitteilung hat sie extrem verärgert."[96]

Zu David Beckhams neuen Kritikerinnen gehörte Carole Malone vom *Mirror*. „Ich kann seinem Fake-Leben nichts abgewinnen", schrieb sie. „Immer hat er nur das Endspiel im Kopf. Und Posh glaubt inzwischen ihre eigenen Lügen."[97] Besonders ablehnend reagierte sie, als Beckham mit einer Flasche Moët und einem T-Shirt mit dem Konterfei von Adolf Eichmann vor der Kamera posierte – Eichmann hatte in Nazideutschland maßgeblich an der Organisation des Holocaust mitgewirkt. Beckhams Kommentar: „Habe per Post ein T-Shirt von einem amerikanischen Fan bekommen." Malones Kommentar: „Wahrscheinlich dachte Beckham, Eichmann sei ein Fußballer und Auschwitz eine deutsche Automarke."

6

Revival

Anfang 2001 lief es für Beckham bei Manchester United nicht mehr rund. Ende April schoss er zwar im vorletzten Saisonspiel gegen Middlesbrough noch ein Tor, aber seit dem Manchester-Derby im November des Vorjahres hatte er nur noch ein einziges Mal getroffen und obendrein schwach geflankt. Wiederholt ließ Ferguson den lustlosen Mittelfeldspieler auf der Bank.[98] Als dieser in seinem siebten Superschlitten vor dem Old Trafford vorfuhr, einem 320 km/h schnellen Lamborghini Diablo für schlappe 185.000 Pfund, konnte er den Trainer damit nicht beeindrucken.[99]

Auch Beckhams neuem Irokesenschnitt konnte Ferguson nichts abgewinnen. „Mir geht es nicht darum aufzufallen", stellte Beckham klar. „Das bin einfach ich." Wenig später tauchte in einem Londoner Restaurant der kleine Brooklyn mit exakt demselben Haarschnitt auf. „Er zieht gern mit komischen neuen Frisuren eine Show ab", kommentierte McAteer.[100] Doch schon bald stellte sich heraus, dass die Modezeitschrift *The Face* Beckham dafür bezahlt hatte, sich den Irohaarschnitt zuzulegen und über sein Faible für Duftkerzen zu plaudern. Das Magazin *GQ* ließ sich ein Shooting mit dem Superstar 30.000 Pfund kosten. David, mit eingeöltem Oberkörper, trug eine hautenge Badehose von Dolce & Gabbana und einen weißen Seidenschal.[101] Er hatte sich die Nägel schwarz lackiert und war geschminkt. Kurz nach Erscheinen des Magazins beobachtete ihn ein Sportjournalist dabei, wie er am Flughafen in einem Kiosk die ausliegenden Zeitschriften nach Artikeln über sich selbst durchsuchte. Auf dem Flug echauffierte sich Ferguson über den angeblich bescheidenen

Fußballer, der einerseits auf den Schutz seiner Privatsphäre bedacht sei und andererseits vor seiner Fangemeinde den femininen Exhibitionisten gebe.[102]

Noch schwerer wog für Ferguson, dass es um die Karriere als Fußball-„Star" nicht zum Besten bestellt war. Ferguson hielt Beckham im Vergleich zu Roy Keane, Eric Cantona, Paul Scholes, Ryan Giggs und Ruud van Nistelrooy nicht für einen Ausnahmespieler. Immerhin konnte er noch mit solider, aber nicht sonderlich eleganter Ballführung ab und zu einen spielentscheidenden Pass beitragen oder einen ruhenden Ball außergewöhnlich spektakulär ins Tor befördern. Bei anderen Klubs gab es Spieler, die Ferguson für bessere Spieler hielt, zum Beispiel Paul Gascoigne.

Beckham hatte das große Glück, dass er für die englische Nationalmannschaft spielte. Völlig überraschend hatte Interimstrainer Peter Taylor ihn im November 2000 zum Mannschaftskapitän ernannt. Die störrische Beharrlichkeit, dic Beckham fast zu Fall gebracht hätte, verhalf ihm jetzt zu einem Revival. Er ließ sich eben von Rückschlägen nicht unterkriegen und schaffte es, sich immer wieder mit unerwarteten Höchstleistungen zum spektakulären Matchwinner aufzuschwingen.

Am 6. Oktober 2001 sah es ganz danach aus, dass sich England nicht für die Weltmeisterschaft 2002 in Japan und Südkorea qualifizieren würde. Trotz eines beeindruckenden 5:1-Sieges in Deutschland am 1. September, bei dem Michael Owen einen Hattrick hinlegte, bot England im Oktober im Old Trafford gegen Griechenland eine schwache Leistung – nicht zuletzt, weil sich Owen verletzt hatte. Gegen Ende des Spiels lag England mit 1:2 zurück. Für die Qualifikation musste unbedingt ein Unentschieden her.

In der zweiten Minute der Nachspielzeit gab es Freistoß für England. Beckham hatte in dem Spiel zwar schon sieben Freistöße in den Sand gesetzt, aber als Kapitän ließ er es sich nicht nehmen, auch den letzten auszuführen. „Ich wusste: Jetzt musste ich alles auf eine Karte setzen", äußerte er hinterher.[103] Der griechische Torwart rechnete damit, dass Beckham die rechte Ecke anvisieren würde, aber mit verblüffendem Effet flog der Ball über die Abwehrmauer der griechischen Spieler, düpierte den Torwart und schlug oben links ins Netz ein.

Die Eleganz, mit der Beckham diesen Freistoß offenbar ohne die geringste Anstrengung im Tor versenkte, löste auf den Rängen ohrenbetäubenden Jubel aus. 66.000 begeisterte Fans feierten ihren Helden, der England soeben vor einer Katastrophe bewahrt hatte. Noch aus der Kabine rief Beckham Victoria an. Er kämpfte mit den Tränen. „Es kommt mir so vor, als sei dieser Treffer die Entschädigung für die Rote Karte von damals. Das ist ein irres Jahr für mich."[104] Selbst seine Kritiker feierten ihn als Retter. Dieses eine Tor machte ihn wieder zum Star. Glücklicherweise behielten die meisten Fans seine Erfolge in Erinnerung und vergaßen seine vielen Fehlschüsse. In 115 Spielen für England brachte er es auf gerade einmal 17 Tore, viele davon nach Standardsituationen. Zum Vergleich: Die Manchester-United-Legenden Bobby Charlton und Wayne Rooney schossen in der Nationalmannschaft 49 beziehungsweise 53 Tore für England.

Anders als Ferguson ließ sich der neue englische Nationalcoach Sven-Göran Eriksson von Beckhams Charme verführen. Der 52-jährige Schwede war ein eher mittelmäßiger Fußballer gewesen, bevor er auf die Trainerbank wechselte. Bei Lazio Rom, seiner siebten Station als Coach, hatte er beachtliche Ergebnisse eingefahren. Lazio war Tabellenführer der italienischen Serie A und hatte 1999 – in dem Jahr, in dem dieses Turnier zum letzten Mal ausgetragen wurde – den Europapokal der Pokalsieger gewonnen. Bei der Sportpresse genoss der etwas dröge Eriksson, dem es an Charisma und überhaupt an liebenswerten Eigenschaften mangelte, trotz seiner Erfolge wenig Sympathie.

Beckhams Stil hatte den Schweden vollständig für sich eingenommen. Er besaß genau die Qualitäten, die Eriksson fehlten. Wenn zu Beginn eines Spiels die Münze geworfen wurde, sah Beckham einfach großartig aus. Unvergessen, wie er vor seinen Freistößen über den Rasen stolzierte. Eriksson ließ sich von seinem Kapitän in den Bann ziehen und baute das Team um Beckham herum. Das brachte Probleme. Und auch die Tatsache, dass Beckham darauf bestand, auf der rechten Seite zu spielen, machte das Ganze nicht leichter. Denn nun mussten Spieler, die für diese Position eigentlich besser geeignet waren, dafür kämpfen, überhaupt spielen zu dürfen.

Nach dem Gegentor gegen Griechenland war auch Beckhams Rolle als Kapitän alles andere als einfach. Nur wenige erkannten, dass er für eine Führungsrolle nicht geeignet war. Im Gegensatz zu früheren englischen Mannschaftskapitänen wie Bobby Moore, Bryan Robson und Tony Adams verstand er sich nicht darauf, Autorität aufzubauen. Wenn er seine Mitspieler auf Sieg einschwören sollte, ging er weder strategisch noch offensiv vor. In seiner bestenfalls passiven Art glaubte er, seine geballte Energie allein könne das Team schon dazu inspirieren, seinem Beispiel zu folgen. Kurzum: Die Rolle des Königs auf dem Rasen hat Beckham nie erfüllt.

„Fergie ist durchgedreht, als ich ihn am Gepäckband auf das griechische Tor angesprochen habe", erinnerte sich Neil Custis. „Den schmeiße ich raus", polterte Ferguson. Für ihn zählte das Team, nicht der Einzelne. Das stellte ihn allerdings vor ein Riesendilemma. Beckham war für Manchester ein Störfaktor geworden. Niemand durfte über dem Verein stehen. Beim Merchandisingteam des Klubs war Beckham dagegen äußerst beliebt. Angesichts seines drohenden Weggangs einigte sich Manchester United im Mai 2002 auf einen Vierjahresvertrag im Wert von 16,5 Millionen Pfund. Beckham sollte eine rekordverdächtige Wochengage von 90.000 Pfund und rückwirkend noch 2,5 Millionen Pfund dazu erhalten.[105]

Drei Monate später verlor Manchester United in Ungarn gegen Zalaegerszegi. Beckham wurde von den Fans ausgebuht. 2002 saß er in den letzten Monaten des Jahres bei Spielbeginn regelmäßig auf der Bank. Nach Weihnachten durfte er zum ersten Mal seit acht Wochen wieder von Anfang an spielen. Auf seine unnachahmliche Art schaffte er es, dem Druck standzuhalten, und traf aus 25 Meter Entfernung ins Tor. „Wir hätten viel mehr Treffer erzielen müssen", ließ Ferguson kurz angebunden verlauten.[106] Die Kontrolle über den eigensinnigen Star entglitt ihm zusehends.

Gleich drei miteinander konkurrierende PR-Maschinerien – die des Klubs, die von Alan Edwards und Tony Stephens' Agentur SFX – steigerten Beckhams Selbstvertrauen. Früher hatte er nach eigener Aussage Fergusons Büro „mit zitternden Lippen und trockenem Mund" betreten. Aber die Zeiten hatten sich geändert. „Ich bin erwachsen geworden und glaube, er hat gemerkt, dass er mich nicht mehr einschüchtern kann."[107] Wie Ferguson war auch Beckham ein Kontrollfreak. Wenn er auch später immer wieder darauf bestand, er habe bis ans Ende seiner Karriere bei Manchester United spielen wollen, so begann er doch, über einen Wechsel nachzudenken.

Im Gegensatz zu Beckham, dessen Selbstvertrauen wuchs, hatte Victoria mit Selbstzweifeln zu kämpfen. Als ihr Spice-Girls-Ruhm verblasste, wurde sie immer stärker von Davids Publicity abhängig. Doch Victoria war ehrgeizig und wollte aus eigener Kraft wieder ganz nach oben kommen.

Alle anderen Spice Girls hatten nach der Auflösung der Band im Jahr 2000 eine Solokarriere gestartet. Nur Victoria hatte damit keinen Erfolg. Mel C hatte zwei Alben an der Spitze der Charts platziert. Mel B und Emma Bunton brachten es auf jeweils einen Hit. Am erfolgreichsten war Geri, die im Mai 2001 mit „Raining Men" ihren vierten Nummer-eins-Hit landete.

Victoria hatte mit mehreren Problemen zu kämpfen. Es fing damit an, dass sie keine sonderlich talentierte Sängerin war. Bei Liveauftritten der Spice Girls, so gab sie später zu, schalteten die Produzenten manchmal ihr Mikrofon aus, damit sie nicht die ganze Show vermasselte.[108] Dennoch fieberte Victoria im August 2000 der Veröffentlichung ihrer ersten Single entgegen, „Out of Your Mind". Damit auch ganz sicher ein Nummer-eins-Hit daraus wurde, fütterte McAteer die Medien mit immer neuen Storys und spannenden Details. Victoria sollte ihren Platz ganz oben im Promiranking der Nation behalten.

Es war Teil ihrer Selbstvermarktungsstrategie, dass sie sich dazu bekannte, eigentlich nicht gut genug zu sein. „Im tiefsten Innern fühle ich mich wie ein pickeliger Teenager", gestand sie.[109] Die Ursache für ihren Mangel an Selbstvertrauen sah sie in ihrer Schulzeit und vor allem in ihrer anschließenden Ausbildung als junge Tänzerin an der Laine Theatre Arts, der Hochschule für Musik- und Tanztheater in Epsom, Surrey. Dort herrschte eiserne Disziplin. Unter anderem musste jede Tanzstudentin sich montagmorgens auf die Waage stellen. So wurde kontrolliert, ob sie auch nicht zu viel gegessen hatte. „Wir brauchen einen Kran, der Miss Adams auf die Bühne heben kann", bekam Victoria einmal von ihrer Tanzlehrerin und Hochschulleiterin Betty Laine zu hören. In dieser gehässigen Atmosphäre spielten sich die Mädchen gegeneinander aus. Victoria schloss die Schule mit einem Auftritt ab – die Lippen missmutig zum Schmollmund verzogen, etwas spröde und mit dem brennenden Ehrgeiz, berühmt zu werden. Im Unterschied zu anderen, die unter einem geringen Selbstwertgefühl litten, glaubte sie, dass sich mit Selbstmitleid Platten verkaufen ließen.

Spekulationen über eine Brustvergrößerung, der sie sich angeblich unterzogen hatte, trat Victoria vehement entgegen. „Gegen Brustkorrekturen ist nichts zu sagen", erklärte sie im September 2001 in Michael Parkinsons TV-Show. „Aber ich habe keinen Bedarf." Ihr Tipp: „Ein Push-up-BH und Klebeband können Wunder wirken."

Das Thema kam auf, als sie während der Londoner Fashion Week bei einer Modenschau für Maria Grachvogel im Natural History Museum über den Laufsteg stolzierte. „Ich bin hier die Einzige mit einer ernst zu nehmenden Oberweite", sagte sie zu dem Showproduzenten Rav Singh. „Als ich über den Laufsteg lief, hatte ich Angst, dass meine Brust rausrutscht." Fotografen zeigte sie sich immer wieder barbusig – so auch beim 31. Geburtstag der Spielergattin Sarah Bosnich im Londoner Restaurant Ivy.[110] „Ihr Busen fiel deutlich auf", kommentierte eine Freundin. „Ihre neuen Brüste", schrieb Carole Malone, „sehen aus wie zwei Beachbälle, die man in einen Sack gesteckt hat."[111] Dennoch stritt Victoria zwei Jahre lang jegliche Schönheits-OP hartnäckig ab. „Ich habe einfach sehr große Brüste", vertraute sie der *Sun* an. Auch die BBC ließ sie wissen: „An mir ist alles natürlich. Nur bei den Fingernägeln und meinen Haaren lasse ich ein bisschen nachhelfen."

„Warum glauben die Leute, dass Sie sich einer Brustoperation unterzogen haben?", wurde sie in einem Interview mit ITV gefragt. „Weil ich große Brüste habe", antwortete sie. „Poshs kleine Flunkereien" nannte die Fleet-Street-Presse solche Erklärungen, von denen Victoria eine ganze Reihe auf Lager hatte.[112] Dreizehn Jahre später rekonstruierte die Kolumnistin Alison Boshoff Victorias Seelenleben anhand der Chronologie ihrer unterschiedlichen Brustgrößen – vom Torpedobusen bis zu Flachbrüsten. Die Größe veränderte sich je nach der seelischen Verfassung: Glück wirkte verkleinernd, Unglück vergrößernd.

In ihrem Publicitykonkurrenzkampf mit Promi Jordan alias Katie Price stellte Victoria ihre Rivalin auf der Toilette eines Chinarestaurants zur Rede. Die stets auf ihre Selbstvermarktung bedachte Jordan erinnerte sich kurz darauf in einem Fernsehinterview daran, wie Posh auf ihren Busen zeigte und sie fragte: „Glaubst du, ich brauche eine Brustoperation? David steht auf große Oberweite."[113]

Als Vergeltung für diese angebliche Verletzung ihrer Privatsphäre nannte Victoria Jordan „niederträchtig" und kanzelte sie als „B-Promi" ab. Damit war der Zickenkrieg eingeläutet. Als Jordan die Spielerlounge im Old Trafford betrat, keifte Victoria lautstark: „Who let the dogs out?" In einer ITV-Doku setzte sie noch eins drauf: „Jordan zeigt sich frontal mit nacktem Schritt, und ihre Titten sind zu sehen – und ausgerechnet sie sagt, ich hätte einen schlechten Einfluss, weil ich einen Fake-Lippenring trage." Jordans Retourkutsche fiel eher schwach aus: „Posh ist ein hinterhältiges, kleines Miststück."[114] Carole Malone brachte treffend auf den Punkt, was beide Frauen einte: falsche Brüste, falsche Haare und Unmengen Make-up.

Die ganze Unbill hatte seine Ursache darin, dass sich Victoria verkalkuliert hatte. Sie warf dem Ex-Freund ihrer Schwester Louise vor, er habe Details über ihre Schönheitsoperation durchsickern lassen. „Arme Louise", seufzte Victoria. „Das war so verletzend." Aber weder Louise noch ihr Ex-Freund hatten die intimen Geheimnisse ausgeplaudert. Victoria hatte in ihrer eigenen Autobiografie öffentlich erklärt: „Ich habe keine [Brüste] und hatte nie welche." Der Haken war, dass sie ihre von einer Ghostwriterin verfasste Autobiografie nie gelesen hatte, sodass sie von dieser „Wahrheit" keine Ahnung hatte.[115] Sie wusste auch nicht, dass die *Sun* jemandem von der Belegschaft des Londoner Wellington-Hospitals ein Foto abgekauft hatte, das am 4. September 1999 aufgenommen worden war und deutlich die Spuren von Victorias erster Brustimplantat-OP zeigte. Bis 2001 war für 10.000 Pfund ihre Körbchengröße auf DD angewachsen.[116]

Weniger schüchtern war Victoria, wenn es um ihr Liebesleben ging. Auf die Frage, ob sie noch mehr Kinder wolle, antwortete sie kurz und bündig: „Wir sind beide so beschäftigt. Das heißt nicht, dass wir nicht tollen Sex haben. Es ist fantastisch und war es schon immer. Danke der Nachfrage." Als sie sich vor dem Londoner Restaurant Ivy in einem durchsichtigen Kleid für die Fotografen in Positur warf, wedelte sie mit einer Tasche mit der Aufschrift „Sex". „Ich bin wunschlos glücklich mit meinem Mann", schwärmte sie von ihrem ersten sexuellen Erlebnis. Sie berichtete kichernd, es sei ein paar Stunden nach einem Treffen mit

Prinz Charles passiert. Beckham sei „ein echter Hengst“ im Bett. Sogar Toreschießen sei für ihn „lange nicht so gut wie Sex mit mir“.[117]

Kaum ein Spruch war so genau kalkuliert wie Victorias Geständnis, ihr Spitzname für David sei „Golden Balls“. Es rutschte ihr in einem Fernsehinterview mit Michael Parkinson vermeintlich heraus, während sie andauernd an ihrem tief ausgeschnittenen Kleid herumnestelte, um ihren Busen zu verdecken. Mit einem raffinierten Lächeln spielte sie das durchtriebene Luder, auf das angeblich alle scharf sind.

Beckham saß in dieser Phase des Interviews stumm neben ihr. Er hielt Poshs Hand und konnte sich ein zufriedenes Lächeln nicht verkneifen. Es gefiel ihm, wenn sie ihn „Golden Balls“ nannte. „Das hätte ich nicht sagen sollen“, sagte Victoria und lachte über ihr einstudiertes Bonmot. Sie wusste, was ihr Publikum hören wollte. Sie lebte das Leben, das ihre Fans gerne führen würden, und sagte selten etwas Anstößiges. Die wenigsten neideten Victoria ihr Aussehen, wohl aber ihre Nähe zu Beckham.

Parkinson nickte verständnisvoll, als sich Beckham vor laufender Kamera über die Aufdringlichkeit der Presse gegenüber Brooklyn beschwerte. „Er wird nie in seinem Leben auch nur ein bisschen Privatsphäre haben“, sagte er und verschwieg dabei, dass Victoria dem Team einer Virgin-Website erlaubt hatte, Brooklyn in seinem Schlafzimmer zu filmen.[118] Er ließ auch unerwähnt, dass sie oft mit Jason Fraser kooperierte – dem Paparazzo, der sich mit seinen spektakulären Fotos von Prinzessin Diana während ihrer Mittelmeerromanze mit Dodi Al-Fayed 1997 einen Namen in der Szene gemacht hatte: Auf dem Höhepunkt seines Erfolgs erhielt Fraser 50.000 Pfund für eine einzige Schnappschusssequenz von Diana in ihrem türkisfarbenen Badeanzug. „Davon kann man sich einen Bungalow kaufen“, erklärte der Geschäftsführer der *Sun*, der dem astronomischen Honorar zugestimmt hatte. Für exklusive Beckham-Fotos – zum Beispiel von Victoria, wie sie mit Brooklyn im Paradise Wildlife Park in Broxbourne spielte – bekam Fraser selten mehr als 3000 Pfund.[119]

Beckham bestritt, jemals von den Medien für Fotos bezahlt worden zu sein, aber er hatte auch nichts dagegen, dass Fraser den *Sun*-Bildredakteur Geoff Webster von ihrem Privatjet aus anrief. „Ich fliege gerade mit David und Posh über den Atlantik“, meldete er stolz. Im

Hintergrund war Beckhams Stimme zu hören. Fraser durfte mitfliegen, weil er sein Honorar für Exklusivaufnahmen tatsächlich mit den beiden teilte. Beckham fand, der Fotograf sollte nicht den gesamten Betrag für die Bilder in die eigene Tasche stecken. Michael Parkinson war einer von vielen, die darüber hinwegsahen.[120]

„Dünn & dick" wurden Posh und Becks von einigen Witzbolden genannt. „Wir werden Brooklyn definitiv taufen lassen", versicherte Vater Beckham, „aber wir wissen noch nicht, in welcher Konfession."[121] Die ewige Frage war: Wer von beiden hatte das Sagen? Wer hielt zu Hause die Fäden in der Hand? In der Öffentlichkeit legte David eine bemerkenswerte Selbstbeherrschung an den Tag. Victoria war forsch, aber harmlos.

Manche meinten, sie habe das typisch freche Auftreten eines Mädchens aus Essex. Victoria wurde 1974 in der Stadt Harlow geboren, lebte aber im benachbarten Hertfordshire. Wie wenig sie über diese Grafschaft wusste, zeigte sich, als sie in einer Fernsehsendung gefragt wurde, ob David wirklich eine Insel vor Essex gekauft habe. „In Essex gibt es doch gar keine Küste, oder?", war ihre Antwort. Als sie die ungläubigen Gesichter sah, sagte sie schnippisch: „Jetzt habe ich Riesenblödsinn geredet, oder?"

So unbedarft sie war, so blühend war ihre Fantasie. Auf der Promotiontour für ihre 528 Seiten starke Autobiografie *Learning to Fly*, die reißenden Absatz fand, meinte Victoria lächelnd zu dem Fernsehmoderator Graham Norton: „Das Buch habe ich geschrieben. Inzwischen kann ich auch richtig gut tippen." Das überraschte ihre Ghostwriterin Pepsy Dening, zumal Victoria zugab, sie habe noch nie ein Buch gelesen. Dafür liebe sie Modemagazine, wobei sie bestritt, Artikel über sich selbst zu lesen: „Ehrlich gesagt schauen wir uns nur die Bilder an."

Damit nicht genug. Beckham verriet, dass auch er ihre Autobiografie nicht lese. „Ich bin halb durch", behauptete er wenig überzeugend. Später gestand er: „Ich habe in meinem ganzen Leben noch kein Buch gelesen."[122] An der Chingford High School hatte er Hauswirtschaft gelernt und sich ein paar Grundkenntnisse im Kochen und Zeichnen zugelegt. Und natürlich spielte er Fußball.

Um eine Wahrheit kam Victoria nicht herum. Mit einem Gewicht von 44 Kilo bei einer Größe von 1,64 Metern bewegte sie sich knapp an der Grenze zur Magersucht. Als sie bei der London Fashion Week für Maria Grachvogel in Hotpants und einem engen T-Shirt auf dem Laufsteg zu sehen war, war das Publikum von ihrer Figur schockiert. „Knochengerüst Spice", titelte die Presse und druckte darunter ein erschreckendes Foto von Victoria in rotem Lederkleid ab. Um zu verbergen, wie mager sie war, bestand sie darauf, sich allein umzuziehen. Keine andere Frau durfte sich in demselben Raum aufhalten.[123]

Während eines Familienurlaubs in Mustique wurde Victoria schwindlig. Sie fühlte sich so erschöpft, dass beide Mütter, Jackie und Sandra, ihr rieten, sich Hilfe zu suchen. Als sich Ian Hyland vom *Sunday Mirror* telefonisch nach Victorias Aufenthalt in Mustique erkundigte, stritt McAteer vehement ab, dass sie überhaupt dort sei. Victoria sei in London. Hyland hatte McAteers Gebaren allmählich satt. „Sie sagen, Victoria sei nicht in Mustique", konterte er genervt, „aber ich sehe doch Fotos von ihr, die gestern dort aufgenommen worden sind." Stille am anderen Ende der Leitung. „Ich rufe Sie zurück", antwortete McAteer.

Victoria bestritt, magersüchtig zu sein, und behauptete zunächst, an einer Essstörung aufgrund einer Lebensmittel- und Milchallergie zu leiden. Sie ernähre sich ausschließlich von Gemüse, insbesondere gedünstetem Spinat und Karotten. Sie verwies auch auf ein hormonelles Ungleichgewicht und eine Blutkrankheit, die ein chinesischer Naturheilkundler als Zinkmangel und Hefepilzinfektion diagnostiziert habe. In einer anderen Version warf sie Geri Halliwell vor, sie habe ihr zu einer Diät geraten, um dünner zu werden und ihren Hintern zu verkleinern. Auch Mutter Jackie Adams leugnete Victorias Problem.

„Meine Posh isst wie ein Scheunendrescher", verkündete sie auf einer Party in einer Kunstgalerie und schwenkte ihr Weinglas.[124]

Wenn sie ihre Fantasien ausplauderten, brachte das die Beckhams selten in Verlegenheit. Die Öffentlichkeit und die Medien liebten sie ungeachtet ihrer Fehltritte. Mit den Topthemen Fußball, Popmusik, Mode und Familie standen sie wie kein anderes Paar für den britischen Lifestyle ihrer Zeit. Als der August näher rückte, in dem Victorias Single „Out of Your Mind" erscheinen sollte, war es im Interesse der Imagepflege wichtig, in den Medien permanent präsent zu sein.

Im Rahmen der PR-Kampagne sang Victoria vor 100.000 Zuschauern im Hyde Park ein Solo. „Wenn es nicht klappt", sagte sie im Nachhinein,

„singe ich einfach wieder für mich selbst und hüpfe im Wohnzimmer rum.“ Unglücklicherweise veröffentlichte dieselbe Plattenfirma in derselben Woche, in der ihre Single erschien, den Song „If This Ain't Love“ von Spiller mit den Vocals von Sophie Ellis-Bextor. Die ehemalige Sängerin der Rockband The Audience war nicht so bekannt wie Victoria, trotzdem wurde die Platte ein Hit und verdrängte Posh auf Platz 2. Deren Song verkaufte sich in der ersten Woche immerhin 180.584-mal. Virgin hatte nicht damit gerechnet, dass Spiller Victoria toppen würde. Wochen später startete Victoria einen neuen Werbefeldzug für ihre zweite, 2001 veröffentlichte Single, „Not Such an Innocent Girl“.

Um den Imageschaden auszubügeln, gab McAteer der Presse telefonisch Victorias Erfolgsliste durch. Sie habe für Filmrollen in Hollywood vorgesprochen, sei für eine sechsteilige Fernsehserie über Shopping in Amerika im Gespräch, habe ein Angebot für eine Rolle in Andrew Lloyd Webbers *Starlight Express* und solle Jurorin bei „Pop Idol“ werden – obwohl sie von sich selbst sagte, sie habe die Sendung „noch nie gesehen“. Monate zuvor hatte sie noch behauptet: „Nach dieser Show bin ich absolut süchtig.“ Abgesehen von einem verkrampften und unlustigen Auftritt dort an der Seite von Simon Cowell verliefen all diese „Angebote“ im Sand.[125]

Victoria, immer auf der verzweifelten Suche nach Publicity, überredete David, sich am Red Nose Day mit ihr zusammen von Ali G für Comic Relief interviewen zu lassen. „Wird Brooklyn ein so guter Fußballer wie sein Vater oder eine tolle Sängerin wie Mariah Carey werden?“, fragte Ali G. Ohne mit der Wimper zu zucken, antwortete Victoria: „Er wird so singen wie Mariah Carey.“ In diesem zehnminütigen Talk voller zweideutiger Anspielungen antwortete der kahl rasierte Beckham nur kurz oder lachte verlegen. Als Victoria die Frage „Fängt euer kleiner Junge schon an, vollständige Sätze zu bilden?“ mit „Ja“ beantwortete, fragte Ali G weiter: „Und was ist mit Brooklyn?“ Victoria nahm es gelassen hin, was ihr viele Fans einbrachte.

Beckham wurde von einer unglaublichen Welle der Sympathie getragen. „Alle halten mich für dumm“, sagte er einmal in einer Doku über sich selbst. „Ich habe gelernt, in Interviews lieber nicht zu viel zu sagen.“[126]

„David kann sich keine Ausrutscher leisten", gab sein Sprecher vor einem früheren Showauftritt zu. Zu der Charmeoffensive, die dafür sorgen sollte, dass er aus Victorias Schatten heraustrat,[127] gehörten ein Coaching und Sprechunterricht. David war allseits beliebt. Victoria dagegen wurde immer unverblümter und provozierte entsprechende Gegenreaktionen.

„Ich kann Geri nicht ausstehen", sagte sie über ihre ehemalige beste Freundin von den Spice Girls. „Sie ist eine der illoyalsten Personen, die ich je kennengelernt habe." Victoria trat nach und machte sich sogar darüber lustig, dass Geri mit DJ Chris Evans um die Häuser zog. „Für Publicity wäre sie zu allem bereit. Geri ist es total egal, was sie macht, solange sie damit in die Schlagzeilen kommt." Das war ihre Rache für Geris abfällige Bemerkung, die diese zuvor in der *Vogue* über Victoria hatte fallen lassen: „Posh Spice ist eine billige, gewöhnliche, ungebildete, talentlose, gierige kleine Idiotin. Sorry, ich kann sie nicht ausstehen."[128]

„Not Such an Innocent Girl" kam im September 2001 auf den Markt, kletterte in den Charts auf Platz zehn und verkaufte sich am ersten Tag 9274-mal. Am gleichen Tag brachte es Kylie Minogues „Can't Get You Out of My Head" auf einen Absatz von 77.174. Drei Wochen später rutschte Victorias Song auf Platz 70 ab. Er war nur 20.000-mal verkauft worden. Selbst David, der seine Freunde dazu drängte, Victorias Song zu kaufen, gab zu: „Das ist einfach nicht meine Musik."[129]

Kylie Minogues Schwester Dannii führte Victoria öffentlich vor und enthüllte, sie und Kylie hätten beide auf David „gestanden".

Es war die Zeit, als Beckham eine intensive Affäre mit Sarah Marbeck hatte.

7

Bestürzung

Am 10. April 2002 sorgte ein Mittelfußknochen von Beckham für Schlagzeilen. „Ich wusste gleich, dass er gebrochen war", so der Fußballheld, als er im Old Trafford das Spielfeld verließ. Ein argentinischer Spieler von Deportivo La Coruña hatte in einem Champions-League-Spiel gegen Manchester United mit seinem Foul an Beckham ganz England in eine Krise gestürzt. Würde er bis zur Weltmeisterschaft, die im Juni in Japan und Südkorea anstand, wieder einsatzfähig sein? „England wurde gestern durch die Nachricht aufgeschreckt, dass der Mann, der für dieses Land Nelson, Wellington und Raleigh in einer Person verkörpert, im Kampf verwundet wurde", schrieb ein Journalist reichlich pathetisch.[130] Fachleute sagten voraus, nur ein göttliches Wunder könne den gebrochenen Mittelfußknochen bis zum Eröffnungsspiel gegen Schweden kurieren. Nationaltrainer Eriksson hatte allen Grund, um schnellstmögliche Heilung zu beten, denn andere Schlüsselspieler würden definitiv bis dahin nicht fit genug sein.

Im Hause Beckham in Manchester war das Schicksal des Mittelfußknochens nur das zweitwichtigste Thema. Mehr Raum nahm Victorias neueste Krise ein. McAteer, die um Victorias Fußballdesinteresse wusste, erhielt die Anweisung, die ins Stocken geratene Karriere ihrer Arbeitgeberin wieder anzuschieben. In der Öffentlichkeit wirkte Victoria stets wie die Ruhe selbst, trat makellos gekleidet und geschminkt auf. Privat hatte sie mit starken Stimmungsschwankungen zu kämpfen. Mal war sie zum Plaudern aufgelegt, mal „knallhart", dann wieder hilflos ihren wilden Emotionen ausgeliefert. Sie konnte sich mit großer Ausdauer über eine Rechnung von acht Pfund für ein

Taxi ärgern, das jemand vom Personal auf eigene Faust bestellt hatte. Und sie hatte das Gefühl, massiv unter Druck zu stehen.

Während Kylie Minogue auf der Abschlussfeier der Olympischen Spiele 2000 in Sydney auftrat, eröffnete Victoria für eine Gage von 45.000 Pfund ein unbedeutendes Skiturnier in Österreich. Zu ihrem Verdruss gaben die Veranstalter zu, sie hätten sie nur deshalb ausgesucht, weil ihnen Tom Jones und Cher zu teuer waren. Bei einem Solokonzert in Leicester bewegte sie ihre Lippen nicht synchron zum Playback. Die Fans registrierten das und warfen Zwiebeln und Äpfel auf die Bühne.[131] Da sie nicht mehr live singen konnte, suchte sie verzweifelt nach einem Ausweg.

Vor Beckhams Verletzung hatte sich Victorias neuer Manager John Glover ihrer Forderung nach mehr Engagement gebeugt. Er konnte ein Angebot für einen 40-sekündigen Werbespot für die Kartoffelchips-Edition „Walkers Sensations" an Land ziehen. Das Drehbuch für die Aufnahmen im Blenheim Palace war denkbar simpel. Victoria sollte aus einer Kutsche steigen, durch den Palast eilen und „Ich bin am Verhungern" rufen. Anschließend sollte sie mit einer Packung Sensations in der Hand auf einem Thron sitzen und Chips knuspern. Der Wortwitztext dazu lautete: „Posh crisps from Walkers" („Edle Chips von Walkers"). Wenn Victoria für eine allseits beliebte Chipsmarke Werbung machte, so das Kalkül, und sich dabei selbst ein bisschen auf die Schippe nahm, würde das ihr Image wieder aufpolieren. Da es ihr in erster Linie um Publicity ging, erklärte sich Victoria mit einem Honorar von 200.000 Pfund einverstanden, wobei die Agentur mit sehr viel höheren Ausgaben gerechnet hatte.

Die beiden Drehtage seien „stressig und angespannt" gewesen, erinnerte sich das Produktionsteam. Auch Streit habe es gegeben. Ein Körperdouble, das auf Victorias Drängen in der Szene zum Einsatz kam, wo sie aus der Kutsche steigen und die königlichen Beine in Großaufnahme zeigen sollte, himmelte sie an: „Ich bin ein absoluter Fan von Ihnen."

„Sie sehen mir kein bisschen ähnlich", schnauzte Victoria. Als der Wortwechsel auf *popbitch.com* veröffentlicht wurde, geriet sie außer sich vor Wut. Manager John Glover konnte den Post nicht mehr löschen lassen.

Er beobachtete, dass sich Victoria am Set weigerte, die Chips herunterzuschlucken, und sie stattdessen ausspuckte. Zu guter Letzt lehnte sie es ab, sich in das Gästebuch des Anwesens einzutragen, in dem sich immerhin schon Bill Clinton und Nelson Mandela verewigt hatten. „Sie lässt den Humor vermissen, der ihr Markenzeichen ist", meinte einer der Walkers-Manager nach einem angespannten Dinner im nahe gelegenen Gourmetrestaurant Le Manoir aux Quat'Saisons. Alle speisten die Spezialitäten des Hauses – nur Victoria nicht. Sie bestellte wie üblich gedünsteten Fisch, gedünstetes Gemüse und helle Weintrauben. Während des Abendessens rief Beckham an. Er wollte ihr von einem erfolgreichen Spiel berichten. „Ich rufe dich zurück", schnitt sie ihm das Wort ab.

Die Schuhe, die man ihr für den Dreh zur Verfügung gestellt hatte, wollte sie behalten. Dazu war Walkers aber genauso wenig bereit wie zur Begleichung der von Glover eingereichten Rechnung, auf der unter anderem fettfreie Chips von Marks & Spencer aufgelistet waren. „Was für eine Dreistigkeit!", bekam Glover zu hören. „Das erstatten wir auf keinen Fall."

Wie zu erwarten, wollte Victoria den Dreh wiederholen, nachdem sie den Rohschnitt gesehen hatte. „Ist doch gut geworden", meinte ihre Mutter Jackie beschwichtigend. Alle atmeten erleichtert auf.

Eine abgefilmte Sequenz, in der Victoria beim Chipsverzehr in der Badewanne zu sehen gewesen wäre, wurde am Ende nicht verwendet. „Sie ist extremst empfindlich, wenn sie in der Badewanne gefilmt werden soll", hatte man das Team schon vor den Dreharbeiten gewarnt. Der Zugang zum Badezimmer wurde streng kontrolliert. Beim Sichten der Aufnahmen entschieden die Produzenten, dass Victoria selbst unter dem Seifenschaum noch zu dünn aussah. Die Szene wurde gestrichen.

Victoria fand dennoch, dass sich ihre nächste Single, „A Mind of Its Own", aus ihrem ersten Album um einiges besser vermarkten ließe, wenn sie sich als Frau mit Sexappeal in Szene setzen würde. Für das Cover des Magazins *Arena* posierte sie in einem knappen Bikini in lasziven Posen.[132] Mit der italienischen *Vogue* verständigte sie sich auf ein Shooting zusammen mit David. Er trug einen Push-up-Rock, sie kauerte im Bondage-Outfit in Doggy-Style-Position. „Ich bin kein Sexsymbol", erklärte Victoria in derselben Woche. „Popstars, die sich bei Werbeaufnahmen für ihre Platten halb nackt in Pose werfen, sind primitiv", entrüstete sie sich. „Ich bin Künstlerin."[133] Zwei Tage später, am 11. Februar, erschien „A Mind of Its Own".

„Being Victoria Beckham", eine Primetime-Dokumentation über Poshs persönliche Geschichte auf ITV, sollte den Verkauf ihrer Single ankurbeln. „Mein Leben war eine emotionale Achterbahnfahrt", resümierte sie in der Doku und erinnerte sich an ihre einsame Kindheit, in der sie von anderen Kindern gemieden wurde. Neben anderen altbekannten Geschichten sah man sie in einer Filmsequenz zu Beckham sagen: „Ich bringe einfach unheimlich gerne Kinder auf die Welt."

„Was willst du damit sagen?", fragte er. „Du hattest einen Kaiserschnitt – du hast doch gar nichts mitbekommen."

„Kein Wunder, dass sie dich Blödmann nennen, David", gab Victoria zurück.[134]

In der zeitgleich ausgestrahlten Channel-4-Doku „Victoria's Secrets" unterhielt Posh die Zuschauerschaft mit dem üblichen Mix aus Glamour und Trauergeschichten – und verriet, dass sie gerne bei Sainsbury's einkaufen gehe. Ihr Plan, sich vor laufender Kamera als ganz normale Mutti beim Supermarkteinkauf zu inszenieren, wurde allerdings dadurch zunichtegemacht, dass ihr Bodyguard Mark Niblett kurz im Bild auftauchte (die Beckhams hatten ihn angeheuert, um potenzielle Entführer und Mörder abzuschrecken). Als die Kameras ausgeschaltet waren, schob Niblett Victorias Einkaufswagen.

„A Mind of Its Own" startete auf Platz sechs der Charts und rutschte dann ab. Selbst nachdem David auf Victorias beharrliches Drängen hin mit ihr bei Woolworths in Oldham auftrat, um für den Song zu werben, kam ihre Solokarriere nicht in Schwung. Die Single und das Album floppten. Virgin beschloss, Posh alias „The Queen of Mime" fallen zu lassen. Mit John Glover im Schlepptau stürmte Victoria in das Büro der stellvertretenden Virgin-Geschäftsführerin Nancy Phillips. Sie fiel auf die Knie und flehte mit Tränen in den Augen: „Gebt mir noch eine Chance. Versuchen wir es mit einer neuen Single." Doch selbst als sie offenbarte, sie sei im zweiten Monat schwanger, ließ sich Phillips nicht erweichen. Als einziges Zugeständnis erklärte sie sich bereit, Victorias Rauswurf nicht an die große Glocke zu hängen.

Phillips' Entgegenkommen wurde ihr nicht gedankt. Victorias Pressesprecher Glover konnte einigen Boulevardzeitungen erfolgreich einreden, Victoria habe Phillips gefeuert. Die Version der Regenbogenpresse sah so aus, dass die Sängerin in Phillips' Büro gestürmt sei und ihr vorgeworfen habe: „Warum ist das schiefgelaufen? Ihr habt die falsche Single ausgesucht. Die ganze Promotion war verkehrt aufgezogen. Ich glaube es einfach nicht. So geht es nicht weiter. Das ist grauenhaft." Schuld an dem Flop war nach dieser Version also Phillips.[135] Um den wahren Sachverhalt zu vertuschen, brachte Glover sogar in Umlauf, Virgin habe sich bereit erklärt, eine weitere Single zu veröffentlichen. Das stimmte zwar nicht, aber das Virgin-Management ging nicht mehr darauf ein.

Im privaten Kreis, zu dem ihre Eltern, ihre Schwester Louise und McAteer gehörten, regte sich Victoria darüber auf, wie ungerecht das Leben zu ihr war. Die Realität vermittelte ein anderes Bild: Nach umfangreichen Umbauarbeiten an einem ehemaligen Kinderheim, dem Rowneybury House in Sawbridgeworth, war die Familie in das Anwesen mit sieben Schlafzimmern gezogen, das schon bald den Spitznamen „Beckingham Palace" erhielt: Es lag auf einem 60.000 Quadratmeter großen Grundstück. Die Beckhams hatten es 1999 für 3,14 Millionen Pfund gekauft.

Mit diesem Anwesen dokumentierte das Paar, dass sie es mit Talent und harter Arbeit zu Reichtum im Überfluss gebracht hatten. Hier schwelgten sie nun als glückliche Familie. Die Fans bewunderten das Mädchen aus Essex, ihren Lifestyle, den sie selbst gern hätten, und sahen Victoria als „Royal von nebenan". „Das ist das Boudoir einer Nutte", prahlte Victoria mit ihrem Schlafzimmer samt Spiegeldecke. „Hast du was, dann zeig es auch", sagte sie zu einem Journalisten, den sie durch ihr neues Zuhause führte. Zur Freude ihrer Fans bewiesen die Beckhams, dass man es auch dann zu Reichtum und Privilegien bringen kann, wenn man nicht in ein solches Leben hineingeboren wird.

Victorias Einzug in das neue Lifestyleheim hatte noch eine Nebenwirkung. Ohne Not fing sie einen Streit mit einer Modeboutique am Ort namens Tart an. Sie behauptete, man würde ihre Besuche zur Verkaufsförderung nutzen – und sie verlangte eine Vergütung dafür.

„Posh macht mir Angst", so der Dimitri Stylianides, der Geschäftsführer der Boutique. „Wir sind 25 Jahre lang gut ohne sie ausgekommen."

Die Eigentümerin Brenda Green fand noch deutlichere Worte: „Sie ist so raffgierig. Sie war extrem unfreundlich und hat herumgeflucht.“[136]

Stets darauf bedacht, die Kontrolle über ihr Image zu behalten, strengte Victoria auch noch ein Urheberrechtsverfahren gegen den Fußballverein Peterborough United an, weil er den Spitznamen „Posh“ verwendete. Das tat der Klub allerdings schon seit 1923, sodass das Verfahren eingestellt wurde.[137] Wenig später beschuldigte sie einen Händler im Einkaufszentrum Bluewater, er verkaufe gefälschte David-Beckham-Autogramme. Sie forderte die Kundschaft sogar in seinem Laden lautstark auf, die „Fälschungen“ nicht zu kaufen. Dabei waren die Autogramme echt. Für ihr geschäftsschädigendes Verhalten musste sie 155.000 Pfund an den Ladenbesitzer zahlen.[138]

Leute in Victorias Umfeld hatten den Eindruck, dass sie gar nicht merkte, wie verletzend sie mitunter war. Viele stellten an ihr ein herrisches Auftreten fest, als sie im Mai 2002 die Prominenz im Beckingham Palace empfing.

Am Vorabend des Thronjubiläums der Queen veranstalteten die Beckhams eine Spendenaktion für das UN-Kinderhilfswerk UNICEF, wobei einige glaubten, der Erlös ginge an die Organisation National Society for the Prevention of Cruelty to Children (NSPCC).[139] Auf der Veranstaltung wurden weißer Smoking und Gucci-Diamantschmuck getragen und Sushi gespeist. Victorias PR-Managerin pries die Galaparty, die unter dem Motto „Japan“ stand, als 350.000 Pfund teures Spektakel. Die Räumlichkeiten seien mit 60.000 Orchideen geschmückt worden. Allein der Champagner soll 75.000 Pfund gekostet haben. Unter den 400 Gästen befanden sich zahlreiche Stars – unter anderem Ray Winstone, Mick Hucknall, Joan Collins, Mohamed Al-Fayed, Richard Branson und Natalie Imbruglia.

Wie bei Wohltätigkeitsveranstaltungen üblich, wurden einige Gäste gebeten, ihr Dinner zu bezahlen. Dass sie Vertraulichkeitsvereinbarungen unterschreiben sollten, die es ihnen untersagten, Fotos zu machen oder über die Party zu sprechen, war reichlich ungewöhnlich. Auch Mobiltelefone waren verboten. Was die meisten Gäste nicht wussten: Nicht die Beckhams, sondern die Boulevardmagazine *OK!* und *Hello!* hatten die Party finanziert und sich als Gegenleistung die exklusiven Bildrechte gesichert.[140]

Mit der Unterstützung für UNICEF wollten die Beckhams ihr Engagement für eine bessere Welt bekunden. In einem Festzelt voller gleichgesinnter Promis präsentierten sie sich als einflussreiche Celebritys, mit denen man sich gerne im Rampenlicht sonnt. Niemand störte sich daran, dass sie einen ganzen Stab von PR-Leuten dafür bezahlten, Erfolg und Lebensstil medienwirksam zu vermarkten. Trotzdem konnten sie die wahre Elite nicht überzeugen. Die Beckhams standen für keine moralischen oder politischen Positionen und konnten sich auch zu nichts anderem als über ihre eigenen Lebenserfahrungen äußern. Dadurch standen sie für nichts – außer für sich selbst. Sie waren berühmt, gehörten aber nicht zum Inner Circle des Establishments.

Auf der Party herrschte Vorfreude auf die – für England hoffentlich erfolgreiche – Weltmeisterschaft. Sieben Wochen nach Beckhams Verletzung jubelte die Nation: Er wurde für einsatzfähig erklärt. Die Fans von Manchester United waren ebenfalls erleichtert, weil der Spieler endlich einen neuen Dreijahresvertrag unterschrieb. Dass die Party in gewisser Weise offenbarte, dass Beckham die Aufgabe eines Mannschaftskapitäns gründlich missverstand, bekamen nur die anwesenden Fußballer mit.

Beckhams Teamkollegen saßen im hinteren Teil des Festzeltes neben den Dixi-Klos. Die Stars des Abends saßen vorne. Die Prominenz hatte Vorrang vor dem Fußball. Englands rechter Außenverteidiger Danny Mills war genervt, dass er Beckham nur auf dem Klo aus der Nähe zu sehen bekam. „Hoffentlich pinkelt er nicht auf ihn drauf", dachte Mills, als sein dreijähriger Sohn direkt neben Beckham stand.

Für Mills war das Fest nicht zuletzt deshalb „eine surreale Erfahrung", weil ihm klar wurde, worum es an dem Abend eigentlich ging: um die Promotion der Marke Beckham für den asiatischen Markt.[141]

In Tokio begrüßten hysterische japanische Fans den Kapitän mit „England!"- und „Beckham!"-Rufen. David hatte es geschafft: Er war ein Weltstar.

„Ich habe das Gefühl, das jetzt genau meine Zeit ist", sagte er vor dem ersten Spiel gegen Schweden. „Ich bin Patriot, und dieses Spiel ist für mich etwas ganz Besonderes. Wir wollen Weltmeister werden."[142]

Doch in der zweiten Halbzeit ließ England schwer nach, das Spiel endete mit einem 1:1-Unentschieden. Niemand thematisierte, dass der Kapitän es nicht geschafft hatte, sein Team zu motivieren.

Englands nächster Gegner war Argentinien. An diesem Abend waren die Straßen in Großbritannien wie leergefegt. In der 44. Minute gab es Elfmeter für England, nachdem der argentinische Verteidiger Mauricio Pochettino – später Trainer bei Tottenham Hotspur und Chelsea – Michael Owen gefoult hatte. „Ich musste ein paarmal tief durchatmen“, erinnerte sich Beckham, „als ich auf den Ball zuging. Es war ein absolut emotionaler Moment. Das Spiel war für mich extrem wichtig. Ich hatte Flashbacks von der WM vier Jahre zuvor und sah vor dem inneren Auge, wie damals der Ball im Netz einschlug. Ich spürte, dass alle Last von mir abgefallen war.“ England gewann die Partie mit 1:0.[143]

„Schöner kann es nicht werden“, so Beckham. Nach dem Abpfiff kamen ihm die Tränen. Und auch Victoria zeigte Gefühle: „Als David am Elfmeterpunkt stand, war ich total nervös. Es fühlte sich an, als bekäme ich Wehen.“ Nach einer ausgelassenen Jubelparty spielte England gegen Nigeria nur unentschieden.

Als Nächstes traf die Mannschaft auf den Mitfavoriten Brasilien. In der 23. Minute schoss Owen ein Tor, danach ging es für England bergab. Nachdem Ronaldinho kurz nach der Halbzeit den zweiten Treffer für Brasilien erzielte, wurde er wenig später vom Platz gestellt. Gegen ein brasilianisches Team in Unterzahl war England jetzt wieder im Vorteil. Doch Beckham war erschöpft und konnte den Vorteil nicht nutzen. Nach der verdienten 1:2-Niederlage trat das englische Nationalteam den Rückflug nach Hause an. Die begleitenden Presseleute berichteten, Beckham habe schweigend dagesessen und sich immer wieder bei seiner Mannschaft für sein Versagen entschuldigt.

In Japan fällte der Brasilianer Ronaldo ein vernichtendes Urteil: „Wenn du die Trikots tauschst, dann stinken sie normalerweise und sind schweißgetränkt – erst recht nach einem Spiel bei dieser Hitze. Es war also, um es vorsichtig auszudrücken, recht überraschend, dass Beckhams Trikot nur nach Parfüm roch.“ Aus Angst vor der kritischen Öffentlichkeit schlug Beckham Elton Johns Einladung zu einem White Tie & Tiara Ball in dessen Haus in Windsor aus.[144]

Der englische Fußball war auf dem Boden der Realität gelandet. Im Old Trafford revidierte Ferguson seine Entscheidung, sich vom Fußball zurückzuziehen. Ihn wurmte, dass Manchester United seit

2002 keinen Titel mehr gewonnen hatte. Alles musste umgekrempelt werden. Für den Fall, dass Beckham nicht wieder in Form kam, stand sogar sein Verkauf im Raum.[145]

Anders Geoff Thompson: Der selbstgefällige Vorsitzende des englischen Fußballverbands FA sah nicht ein, dass es ein fataler Fehler gewesen war, das Nationalteam um Beckham herum aufzubauen. Statt die Eriksson-Beckham-Allianz in ihre Schranken zu weisen, wurde die prekäre Situation der Mannschaft praktisch nicht thematisiert.

8

Doppelspiel

Im Juli 2002 hatte John Glover gute Nachrichten für Victoria: Pete Hadfield, Artists and Repertoire Manager bei der seit 20 Jahren erfolgreichen Plattenfirma Telstar, bot ihr einen mit 1,5 Millionen Pfund dotierten Vertrag für fünf Alben an.

Victoria war für das Management des Plattenlabels keine Unbekannte. Sieben Jahre vor dem Erfolg der Spice Girls hatte sie schon einmal mit Telstar zusammengearbeitet. „Jetzt konnte sie uns die Konditionen diktieren", erinnerte sich ein Manager. „Alles lief ganz nach ihrem Kopf ab." In den folgenden sechs Monaten produzierten die besten Songwriter und Produzenten ihre Single „Open Your Eyes", die 2003 veröffentlicht werden sollte. Am Ende waren alle fix und fertig. „Mit Victoria zu produzieren, ist sehr teuer und anstrengend", klagte Hadfield. „Sie ist verdammt nervig." Und dann gab es noch eine böse Überraschung.

Das Telstar-Management hatte Victoria mit dem 32-jährigen Damon Dash bekannt gemacht, einem unberechenbaren Unternehmer aus New York, der für seine forsche Art bekannt war und eine Journalistin der *Daily Mail* gebeten hatte, ihn im Whirlpool seines Hauses in Chelsea zu interviewen. Sie lehnte ab.

Dash kontrollierte ein Firmenimperium und war zusammen mit dem Rapper Jay-Z, seinem Jugendfreund aus Brooklyn, Mitinhaber von Roc-A-Fella Records. Gemeinsam hatten sie auch das Hip-Hop-Modelabel Rocawear gegründet. 2003 war die Beziehung zwischen Dash und Jay-Z angespannt, was nicht zuletzt an Dashs exzessivem Lebensstil und seinen übermäßigen Ausgaben lag. Dash war stets von mindestens 20 Leuten umgeben, darunter sein persönlicher Koch und mehrere Bedienstete, und ließ sich rund um die Uhr von einem Kameramann filmen – sogar, wenn er in seinem großen Privatjet den Atlantik überquerte.

Dash kürte Victoria zum „Gesicht“ von Rocawear. Sie sollte das Schmollimage ablegen, das sie in Designerklamotten von Dolce & Gabbana und mit großen Louis-Vuitton-Taschen in den Magazinen bisher kultiviert hatte, und Dashs Mode-Ikone werden – großformatig abgebildet auf Plakatwänden, vom Times Square bis nach Los Angeles. Zudem sollte sie als Werbeträgerin auftreten, wenn Dash in dem glamourösen Londoner Kaufhaus Selfridges seinen Einstieg in den europäischen Markt zelebrierte. Für Dash „verkörperte“ Victoria „alles, wofür Rocawear auf internationaler Ebene steht, von Mode bis Musik. Sie ist wunderschön. Einfach fantastisch.“ Auf die Frage, ob sie neuerdings Profimodel sei, gab Victoria schnippisch zurück: „Sehe ich so unintelligent aus?“[146]

Steve Grayson, der britische Lizenznehmer für Rocawear in Europa, fand Victorias Launch im Selfridges „grandios“. Dash als Person überzeugte ihn deutlich weniger: „Er war der größte Selbstdarsteller, dem ich je begegnet bin. Er war einfach nur ein Angeber. In Großbritannien wurde gemunkelt, Victoria habe eine besondere Beziehung zu Dash. Aber niemand wusste Genaueres. Auf Partys wahrten sie jedenfalls Distanz zueinander.“

Es war dennoch nicht zu übersehen: Victoria war von Dash hingerissen und flog häufig in der Hoffnung nach New York, das äußerst erfolgreiche Label Roc-A-Fella Records könnte ihre eigene Gesangskarriere wiederbeleben. „Ich kann Victoria hier zum Star machen“, erklärte Dash. Amerikanische Songwriter schrieben auf ihre Kosten Hits. In London wagte es Hadfield nicht, sich einzumischen.

Laut Telstar sollte „Open Your Eyes“ im Juni 2003 erscheinen, doch Victoria bestand darauf, dass Hadfield zuerst ihr Hip-Hop-Album herausbringen sollte. Dieser wusste gar nicht, dass sie überhaupt ein Album aufgenommen hatte, und war verärgert. „Sie ist stur, und das Album ist grottenschlecht. Obendrein weigert sie sich, unsere Single zu promoten.“ Niemand traute sich, Victoria reinen Wein über ihr amerikanisches Album einzuschenken – und erst recht nicht Glover, der jetzt in der Klemme saß.

Anders als Glover gegenüber Victoria war Alex Ferguson gegenüber Beckham entschlossen, sich durchzusetzen. Die ambivalente Haltung des Trainers gegenüber seinem Spieler spitzte sich zu. Er hatte den Eindruck, dass sein Klub Manchester United auf der Prioritätenliste des Fußballers an dritter Stelle stand. An erster Stelle stand Beckham selbst, dann kam die englische Nationalmannschaft und erst dann der Verein. Beckhams bester Freund Gary Neville hatte recht: „Er wollte ein Welt- und Superstar sein. Fußball allein war ihm nicht genug. Er wollte immer noch höher hinaus.“[147] Nach Fergusons Meinung war Beckhams Talent auf der Strecke geblieben, weil er und Victoria unbedingt berühmt werden wollten; die Sehnsucht nach Bewunderung hatte ihm die Motivation genommen, sein Bestes zu geben. Sein Schützling – so Fergusons Schlussfolgerung – würde sein Potenzial niemals voll ausschöpfen. Ein Fußballgenie würde er ganz sicher nicht mehr werden.

Für Ferguson bestand kein Zweifel: Victoria war die eigentliche Quertreiberin. Sie war diejenige, die mit ihrem Geltungsdrang den Medienzirkus befeuerte. Er fragte sich: Wie konnte eine zwanghafte Selbstdarstellerin, deren Karriere als Sängerin sich praktisch erledigt hatte, vergessen, dass Beckhams Erfolg als Marke – für Sonnenbrillen und Haargel – von seinem Ruf als Spitzenfußballer abhing? Nur einer konnte hier noch eingreifen: er selbst, als Beckhams Trainer.

„Zu viele schleimen sich bei Ihrem Sohn ein“, beschwerte sich Ferguson gegenüber Sandra. Er hielt es für falsch, dass Beckham die Einladung der Queen angenommen hatte, mit der englischen Nationalmannschaft den Buckingham Palace zu besuchen, bevor es nach Japan ging. Seine schwache Leistung am 14. Februar 2003 in der fünften Runde des FA Cups – FC Arsenal gegen Manchester United – gab dem Trainer recht. Manchester verlor im eigenen Stadion mit 0:2.

Nach dem Spiel stürmte Ferguson in die Umkleidekabine. Er war stocksauer auf Beckham, weil er das zweite Tor von Arsenal nicht verhindert hatte, und rastete aus. Sein Wutausbruch ging unter dem Stichwort „hairdryer“ (Föhn) in die Fußballgeschichte ein.

„Ich hatte das Gefühl, gemobbt und aus reiner Schikane an den Pranger gestellt zu werden“, erinnerte sich Beckham. „Ich fühlte mich in die Enge getrieben und habe ihn beschimpft.“[148]

Ferguson stellte die Szene so dar: „David fluchte. Ich ging auf ihn zu, und als ich vor ihm stand, kickte ich einen am Boden liegenden Schuh in seine Richtung. Der Schuh traf ihn direkt über dem Auge."

Beckham blutete und schrie: „Verdammte Scheiße! An meinem Kopf ist überall Blut." Ferguson nannte die Aktion einen „freak act of nature" – also quasi höhere Gewalt. Der blutende Beckham stand auf und wollte sich auf den Trainer stürzen. Später verglich Beckham das Ganze mit einer „irren Szene wie in einem Gangsterfilm".

Die Mannschaftskameraden hielten ihn zurück. „Setz dich hin!", fauchte Ferguson. „Du hast dein Team hängen lassen. Flickt ihn halt wieder zusammen."

Beckham verließ „wutentbrannt" das Stadion. Normalerweise sorgte die Omertà, das Schweigegesetz, dafür, dass von einem Vorfall in der Umkleidekabine nichts an die Öffentlichkeit drang. Doch noch am gleichen Abend erzählte ein Spieler von Arsenal der *Sun* brühwarm von der Auseinandersetzung. Die brisante Schlagzeile „Fergie vermöbelt Becks" besiegelte das Schicksal des Spielers.

Am nächsten Tag war er mit einem Haargummi zu sehen, das seine Frisur zusammenhielt. Als er sein Haus in Manchester verließ, warteten dort schon die Fotografen auf ihn. Auf seinem Gesicht waren zwei Pflaster zu erkennen. Beim Training kam es zu keiner Entschuldigung. „Wenn ein Spieler mich herausfordern will", erklärte Ferguson später, „und meine Autorität und Kontrolle infrage stellt, knöpfe ich ihn mir vor." Beckhams Reaktion fiel dann allerdings anders aus als erwartet.

Zwei Wochen lang wuchs die Spannung zwischen Ferguson und Beckham. Zum großen Ärger des Trainers schmiss der Fußballer am Tag vor dem entscheidenden Spiel gegen Leeds eine Party für die Mannschaft.[149] Kurz zuvor hatte Manchester United gegen Liverpool verloren und Ferguson allen Spielern befohlen, nichts zu trinken und um 21 Uhr zu Hause zu sein. Wer sich nicht an die Anordnung halte, müsse sich auf eine Geldstrafe in Höhe eines Wochengehalts einstellen.

Beckham wollte Ferguson noch mehr auf die Palme bringen und ließ sich bei der Auslieferung seines neuen Range Rovers fotografieren. Der Wagen sollte in der Garage neben den zwei Bentleys, dem Ferrari, dem Porsche und unzähligen anderen Luxuskarossen stehen. „David dachte, er stünde über Alex Ferguson“, schrieb der Trainer. „Aber wenn jemand deine Lenkungsfunktion bedroht, musst du ihn sofort loswerden.“ Er ahnte, dass die Fans von Manchester United gegen einen Spielertransfer von Beckham nichts einzuwenden hätten – nach dem Motto: „Dein Herz als Fan schlägt für das Trikot, nicht für den Träger des Trikots.“

Bereits im Januar hatte Ferguson dem Vorstand mitgeteilt, er werde Beckham aus dem Team nehmen, um zu sehen, wie die Mannschaft ohne ihn spiele. Ferguson hatte bereits zugestimmt, dass 2004 das damals erst 17-jährige Ausnahmetalent Cristiano Ronaldo von Lissabon nach Manchester wechselte. Beckham sollte nun verkauft werden.[150] Um den Preis in die Höhe zu treiben – die Zielmarke lag bei 30 Millionen Pfund –, versicherte er jedoch Jorge Valdano, dem Fußballdirektor von Real Madrid, ein Verkauf sei „absolut ausgeschlossen“. „Auf keinen Fall werden wir ihn verkaufen.“[151] So kurz vor einem entscheidenden Spiel lasse er sich ohnehin von nichts und niemandem ablenken.

Am 23. April 2003 saß Ferguson in der Zwickmühle. Zwei Wochen zuvor hatte Manchester United in der Champions League eine demütigende 1:3-Niederlage bei Real Madrid eingesteckt. Die Spanier hatten ein grandioses Spiel hingelegt, Beckham dagegen hatte nicht getroffen. Um nach dem Rückspiel im Old Trafford insgesamt als Sieger dazustehen, musste Manchester den Gegner aus Madrid mit mindestens zwei Toren Unterschied schlagen. Ferguson beschloss, Beckham auf der Bank zu lassen. Statistisch gesehen, erzielte Manchester bessere Ergebnisse, wenn er nicht spielte.[152]

Gedemütigt und hilflos sah Beckham zu, wie der Brasilianer Ronaldo drei sensationelle Tore schoss. In der 63. Minute geriet Ferguson in Panik und schickte Beckham aufs Feld. In dieser kritischen Situation setzte sich das angeborene Überlebensgen des Fußballers durch. Wütend und stolz rannte er auf das Spielfeld „wie ein Mann mit einer Mission von Gott höchstpersönlich“[153]. Er erzielte zwei sehenswerte Tore. Als der Schiedsrichter die Partie abpfiff, stand Ferguson zutiefst enttäuscht am Spielfeldrand. Manchester gewann zwar mit 4:3, aber nach der Niederlage im Hinspiel reichte das in der Summe nicht aus. Real Madrid hatte im Gesamtergebnis mit 6:5 gewonnen, und die Beckham-Fans wussten, warum: Ferguson hatte mit seiner Aversion gegen Beckham das Spiel vermasselt.

40 Minuten nach dem Spiel traf Beckham seinen Agenten Tony Stephens im Hotel Malmaison in Manchester. Victoria stand neben ihm, als er Stephens anwies, einen Vertrag mit Real Madrid abzuschließen. Der profitabelste Verein Europas mit den besten Spielern der Welt war für den ambitionierten Star ganz klar die erste Wahl.[154] Obwohl Beckham stets beteuert hatte, für immer bei Manchester United bleiben zu wollen, hatten Victoria und er beschlossen: Es war Zeit zu gehen.

Im undurchsichtigen Transfergeschäft des Fußballs würde sein Wechsel den Agenten eine Provision von schätzungsweise zwei Millionen Pfund einbringen. Zu den Profiteuren würde auch Fergusons Sohn gehören, denn er war einer von Stephens' Partnern bei der Elite Sports Group und bei SFX. In Anbetracht des kommerziellen Werts seines Klienten trat Stephens also auf die Bremse, als Manchester-United-Geschäftsführer Peter Kenyon ihm mitteilte, der Verein werde Beckham einen neuen Vierjahresvertrag anbieten. Stephens antwortete, er sehe sich nach alternativen Angeboten in Barcelona und Madrid um.[155]

Am 24. Mai nahm Stephens in Nizza Verhandlungen mit Real-Madrid-Geschäftsführer José Ángel Sánchez auf. Er versicherte Sánchez, Beckham habe sich „von ganzem Herzen“ für einen Wechsel nach Madrid entschieden, und erklärte sich damit einverstanden, dass Beckham nicht mehr als andere Spieler verdienen dürfe, nämlich 5,5 Millionen Euro pro Jahr. Parallel führte ein anderer Agent für Beckham Sondierungsgespräche mit dem FC Barcelona.

Es stand also fest: Beckham wurde verkauft. Peter Kenyon konnte es nicht mehr länger verbergen. Doch seine Strategie, auf stur zu schalten und einen hohen Preis herauszuschlagen, wurde durchkreuzt, weil Beckham so entschieden darauf bestand, nur zu Real Madrid zu wechseln. Er musste jetzt nicht mehr so tun, als sei er einzig und auf ewig Manchester United treu ergeben.

Ermutigt von Damon Dash, setzte Victoria zur gleichen Zeit ein PR-Team darauf an, ihr eigenes und Beckhams Profil in den USA zu schärfen. Mitte Mai war sie zu einer Party der *Vogue* nach New York geflogen. Hand in Hand mit Naomi Campbell erschien sie in einem durchschimmernden Kleid von Dolce & Gabbana. Am nächsten Tag teilte Victorias Team den britischen Medien mit, die beiden Frauen würden den Ort besuchen, an dem früher die Twin Towers gestanden hatten.[156] Allerdings verstanden sie sich nicht sonderlich gut.

Drei Jahre zuvor hatte Posh in einer Fernsehshow Naomi als „Schlampe“ und „Vollidiotin“ tituliert. „Wer ist Posh Spice?“, konterte Campbell einige Tage später. Auch Naomis Mutter schaltete sich ein und erklärte, Posh sei eine „talentlose blöde Kuh“ und eine „miese“ Sängerin, die „nicht weiß, wann sie besser ihre Klappe halten sollte“. Sie sei nicht nur „dämlich und strohdumm“, sondern auch „eine Selbstdarstellerin der Extraklasse“.

Aus den New Yorker Medien war zu erfahren, dass Naomi Campbell einmal gefragt hatte: „Warum nennt man dich eigentlich Posh?“ Darauf hatte Victoria zurückgeschossen: „Und warum bezeichnet man dich eigentlich als gutaussehend?“[157]

In ihrer Autobiografie hatte Victoria erklärt, sie wolle „berühmter werden als Persil-Waschpulver“. Wenn sie zu Weltruhm gelangen wollte, konnte sie es sich nicht erlauben, nachtragend zu sein. Sie blieb noch weitere elf Tage in New York, um ihre Karriere in neue Bahnen zu lenken, und stellte dafür Davids Popularität in den Mittelpunkt.

Nach dem Kinostart des Spielfilms *Kick It Like Beckham* war die Beckham-Manie ausgebrochen.[158] Obwohl der Film ohne die Mitwirkung des Stars gedreht worden war, profitierte er von dessen Erfolg. Im Monat zuvor hatte Beckham mit Manchester United in Philadelphia gegen Barcelona gespielt. Innerhalb einer Stunde waren 66.000 Tickets verkauft. Am gleichen Tag wurden in New York 80.000 Tickets für das Spiel von Manchester United gegen Juventus verkauft. Natürlich ließ Victoria diese neue Erfolgswelle nicht ungenutzt. Sie wollte sowohl ein Popstar als auch eine Marke werden, die für Familienwerte steht. Den Durchbruch sollte – so ihre Hoffnung – ihr Konterfei auf dem Cover der *Vogue* bringen. Nach diesem Prestige sehnte sie sich seit Jahren.

Am 27. Mai 2003 stieß David in New York dazu, und die beiden speisten mit der langjährigen *Vogue*-Herausgeberin Anna Wintour zu Abend. Wintour genoss es, Prominente in ihre „Freundesfamilie“ aufzunehmen. Ihr war bewusst, dass Beckham nicht nur ein Sportler war, sondern auch gut aussah und mit seiner Anwesenheit ihrem Magazin zusätzlichen Appeal verlieh. Victoria war in ihren Augen eine harmlose Diva, aus der nie ein Schwergewicht würde, aber zumindest strahlte sie ein attraktives Selbstbewusstsein aus. Für Schlagzeilen rund um Wintours Dinner – zu dem auch David Bowie, Donna Karan und Calvin Klein geladen waren – sorgten mehrere von Victoria beauftragte Agenturen, darunter eine amerikanische PR-Agentur. Bevor sie das Soho House in Manhattan betraten, posierten David und Victoria im Hip-Hop-Style für die Presse: in Streetfashion mit Baggy Jeans, Baseballkappen und Klunkern.

Nach dem Dinner konnte Victoria es nicht lassen, über ihre PR-Agentin Caroline McAteer der *Sun* exklusiv zu verraten, dass der vierjährige Brooklyn in New York eine mit Diamanten besetzte Uhr von Jacob & Co. im Wert von 32.000 Pfund trug. Der Schuss ging allerdings nach hinten los. „Victoria", so spottete ihr ehemaliger Verehrer Dominic Mohan, „ist ein Neureichenkind, das früher mal ein zuckersüßes Spice Girl war. Mit ‚Streetfashion' hat sie nichts zu tun, denn sie ist alles andere als ‚Street'."[159]

Doch diese Anmerkung war vergessen, als Wintour Victorias Streetfashionaufmachung belohnte. Sie beauftragte den renommierten Fotografen Mario Testino, der schon Prinzessin Dianas Lieblingsfotograf war, das Paar auf dem wichtigsten *Vogue*-Cover des Jahres zu verewigen, der September-Ausgabe – für Victoria die absolute Krönung.

Die nächste Station der Beckhams war Los Angeles, wo sie bei der Verleihung der MTV Awards mitwirkten.[160] Wieder ließ Mohan eine Spitze gegen Victoria los. Ihr Ehrgeiz, die neue J.Lo zu werden, sei einfach „lächerlich". Als Künstlerin nehme sie niemand ernst, spottete der desillusionierte Journalist, dem der manipulative Umgang der Beckhams mit den Medien auf die Nerven ging. Statt Talent herrsche bei ihnen „nur Leere". Dass Victoria jetzt offenbar kleinere Brüste habe, sei das einzig Bemerkenswerte an ihr.[161] Davor könne selbst die *Sun* sie nicht schützen.

David Beckham erschien mit Schmuck und strahlend weißem Anzug zur Preisverleihung und erwartete Applaus. Stattdessen herrschte Stille. Während McAteer der Presse in London einredete, das Paar sei in Los Angeles regelrecht „belagert" worden, wertete die *New York Post* unter der Schlagzeile „Don't come back" die dreiwöchige Reise als „Misserfolg". Das Paar kehre „genauso anonym nach Hause zurück, wie es angekommen war". Das einflussreiche Magazin *Sports Illustrated* machte sich darüber lustig, dass die Beckhams die USA nicht ansatzweise für sich erobern konnten. Der Teil der MTV-Awards-Verleihung, bei dem sie ihren Auftritt hatten, wurde in Amerika nicht ausgestrahlt.[162] Victoria schmerzte es, derart ignoriert zu werden. Sie beklagte sich, McAteer habe es nicht geschafft, für genug mediale Aufmerksamkeit zu sorgen.

In England bestritt David seine letzten Spiele im Old Trafford.[163] Seine tränenreichen Abgänge vom Spielfeld endeten in trotzigen Gesten gegen Ferguson. Um den Trainer zur Weißglut zu bringen, lief er eines Tages mit einem Haarreif im Old Trafford auf. Ein anderes Mal kam er mit Brooklyn auf den Rasen. Während sie herumkickten, entdeckte Ferguson Brooklyns Fahrrad in der Spielerkabine. „Was, zum Teufel, ist das?", brüllte er. „Das ist eine Umkleidekabine, kein verdammter Spielplatz. Schafft das Ding hier raus."

Im Zuge der medialen Manöver, die die Beckhams und ihr PR-Team aus dem Hut zauberten, erklärte David gegenüber der *Sun*, er sei „überrascht", dass Ferguson ihn „rausekeln" wolle und Manchester United ihm „in den Rücken falle".[164] Dieser Version schloss sich ein Großteil der Presse an.

Beckham tat sogar so, als wollte er den Verein gar nicht verlassen. Als er von den Dreharbeiten für eine Pepsi-Werbung aus Spanien zurückkam, klagte er: „Das war die schlimmste Erfahrung meines Lebens. Ein Albtraum." Die aggressiven spanischen Medien würden ihn definitiv davon „abhalten, jemals einen Umzug ins Ausland zu erwägen". Sie seien noch „schlimmer als die englischen". Und weiter: „Ich hatte immer ein Problem mit so viel Aufmerksamkeit. Ich habe es satt, mich selbst in der Zeitung zu sehen. Alle denken, ich würde ein Leben auf großem Fuß führen, aber ich bin eigentlich ein ganz normaler Typ."[165]

Beckham hatte gar nicht auf dem Schirm, dass „normale Typen" nicht mit freiem Oberkörper für ein Modeshooting für *GQ* fotografiert werden. „Mein Stil?", lautete seine rhetorische Frage, als er ein Bild von seinem schwitzenden muskulösen Körper betrachtete. „Der ist von einem anderen Planeten. Ich bedaure kein einziges Fotoshooting. Das waren alles großartige Gelegenheiten, mal etwas ganz anderes zu machen. Und davor bin ich noch nie zurückgeschreckt."[166]

Er genoss es, von *GQ*-Redakteur Dylan Jones hofiert zu werden. Wie Wintour verstand sich Jones darauf, Prominente mit einer extravaganten

Aura zu umgeben. Jones stellte Beckham sogar eine Dresserin zur Seite, damit er immer die beste Kleidung trug. Beckham war schließlich kein normaler Fußballer mehr.

Das öffentliche Interesse war so groß, dass Geschäftsführer Kenyon in Erklärungsnot geriet. Er konnte nicht mehr länger damit hinter dem Berg halten, dass Beckham verkauft wurde. Bei den Medien war Kenyon unten durch.

Wenn man Beckham verkaufe, ohne ihn überhaupt zu konsultieren, so kritisierte der Vorsitzende der Spielergewerkschaft PFA, Gordon Taylor, behandle man ihn „wie ein Stück Fleisch". Die *Sun* stieß in dasselbe Horn. Beckham an den Meistbietenden zu verschachern, sei falsch. Ihn wie einen „Putzlappen" zu behandeln, schrieb Mohan, sei „schäbig" von einem Trainer, der zu alt sei, um mit jungen Spielern klarzukommen. Diesen Spieler „ziehen zu lassen, wäre ein katastrophales Eigentor".[167] Doch es gab auch andere Stimmen. Beckham sei weder ein brillanter Fußballer, urteilte der *Mirror*, noch sei Manchester United Europas bester Klub.

Das war Beckham gegenüber nicht ganz fair. Seit er für Manchester spielte, war er an 80 Toren maßgeblich beteiligt gewesen. Das war mehr als bei den meisten anderen Spielern der Premier League. Seinen Torrekord hatte er allerdings 2001 aufgestellt.

Nachdem Barcelona und Mailand aus dem Rennen waren, traf sich Kenyon Anfang Juni 2003 auf Sardinien mit Pedro López und José Ángel Sánchez von Real Madrid. Kenyon wusste, wie nachdrücklich Adidas auf einen Wechsel Beckhams zu Real Madrid drängte. Die Spieler des Vereins trugen Adidas-Trikots, und Adidas-Chef Herbert Hainer äußerte: „Die Menschen in Asien sind verrückt nach Beckham." Wenn der Star in Madrid spielte, würden die Umsätze von Adidas in der gesamten Region durch die Decke gehen.[168]

Sánchez konnte nicht fassen, wie schlecht Kenyon verhandelte. Immer wieder riss er sich zusammen, um den Engländer nicht dessen eigene Dummheit spüren zu lassen. Statt den profitträchtigsten Fußballspieler für über 30 Millionen Pfund zu verkaufen, begnügte sich Kenyon mit 25,6 Millionen Pfund. Und selbst dieser Betrag war noch ein Feigenblatt. Manchester United würde über vier Jahre verteilt gerade einmal 18 Millionen Pfund erhalten; die restlichen 7,6

Millionen Pfund waren an den Erfolg von Real Madrid in der Champions League geknüpft. Sánchez hatte ein Schnäppchen gemacht. „Wir haben ihn zum Schleuderpreis gekauft.“ Luís Figo hatte 60 Millionen Euro, Zidane 70,5 Millionen Euro gekostet. Kenyon hatte rund 25 Millionen Pfund verschenkt. Sánchez ging davon aus, dass er mit Beckham-Trikots und dessen Auftritten 500 Millionen Euro in vier Jahren einnehmen würde. Sein bester Absatzmarkt würde Asien sein.[169]

Parallel dazu handelte Tony Stephens mit Real Madrid einen Vierjahresvertrag über 100.000 Pfund pro Woche aus. Das waren rund 20.000 Pfund weniger als Beckhams Gehalt bei Manchester United.[170] Stephens erkannte den Haken an der Sache. Wie alle Spieler würde Beckham die Hälfte der Einnahmen aus seinen Bildrechten an Real Madrid abführen müssen. Die 50-Prozent-Regel galt jedoch nur für neue Sponsorenverträge, die Real Madrid einbrachte. Beckham konnte also die Einnahmen aus den bestehenden Verträgen und allen Verlängerungen behalten. Auch die 50-Prozent-Regel konnte er umgehen, wenn das Sponsoring an die Beckham Academy gebunden oder Victorias Auftritt Vertragsbestandteil war.

Am 17. Juni 2003 um 20:55 Uhr wurde der Transfervertrag unterzeichnet. „Wir waren froh, ihn los zu sein“, erinnerte sich der Chef von Manchester United und zeigte sich ebenso erleichtert wie Ferguson. „Becks war größenwahnsinnig und Jon Holmes [der Geschäftsführer von SFX] unglaublich penetrant.“

Der Transfer machte landesweit Schlagzeilen. In der Presse war der Abgang das Topthema schlechthin. Auf den Covern der Showbiz- und Klatschpresse wurden die Beckhams entweder in den Himmel gehoben oder genüsslich zerrissen. Ganz hinten auf den jeweils letzten Seiten schrieben die Sportjournalisten, was sie wirklich dachten: Sie begrüßten den Transfer.

An Beckhams letztem Tag gab es keine Abschiedsparty. Die Fans von Manchester United vertrauten darauf, dass Ferguson richtig entschieden hatte. Nur wenige bedauerten das Ende einer Ära. Die meisten dachten, Beckham gehe deswegen, weil der Fußball für ihn nicht mehr an erster Stelle stand. Sein Nachfolger Cristiano Ronaldo würde die Fans als „Schmetterling mit Maschinengewehr“ in seinen Bann ziehen.

Der große Schwachpunkt war, dass es dem Klub an guten Verteidigern mangelte – nicht an Mittelfeldspielern wie Beckham. Später behaupteten seine Fans steif und fest, er sei als Fußballer nie wieder wirklich glücklich geworden – auch deswegen, weil er seine eigentliche Familie, die Kameraden in der Umkleidekabine, ganz sicher vermisste.

Die Wahrheit blieb auf der Strecke. Die Marke benötigte eine geschönte Version von Beckhams Abgang. Tony Stephens arrangierte für den Journalisten David Harrison von *News of the World* ein Interview. Harrison wusste aus Erfahrung: „Posh hat Becks immer klar vorgegeben, was er sagen soll."

Harrison berichtete daraufhin über ein sonntägliches Barbecue im Beckingham Palace am 15. Juni. Nach wochenlangen Verhandlungen mit Real Madrid war der Fußballer von Stephens über das endgültige Angebot informiert worden. „Wir haben 28-mal mit Stephens telefoniert und dann eine Weile überlegt", erzählte Beckham. „Um ein Uhr nachts haben wir uns für Real Madrid entschieden."[171] Victoria beteuerte gegenüber Harrison, sie habe ihren Mann überredet, nach Madrid zu wechseln, und ihm versprochen, mit umzuziehen. Wie Beckham die Sache sah, notierte sich Harrison auch: „Sie wird mir an jeden Ort der Welt folgen, solange es meiner Karriere nützt."[172]

Harrisons Version hatte wenig mit der Version zu tun, die Beckham zwei Jahrzehnte später vor seinem Londoner Publikum zum Besten gab. Er sei überrascht gewesen, als er von seinem Transfer erfahren habe. Zu der Zeit sei er gerade in den USA gewesen. Auch in der Netflix-Serie „Beckham" wird das, was danach in Madrid geschah, nicht korrekt dargestellt. Die Erinnerungen des Paares an eine als „schwer" empfundene Zeit waren verblasst.

Und Victoria hatte nie vor, ihrem Ehemann umgehend nach Madrid zu folgen.

Rebecca Loos sollte jetzt dauerhaft bei den Beckhams arbeiten. Sie kehrte nach Madrid zurück, wo sie heftigen Streitigkeiten zwischen dem Paar beiwohnte. Seine Frau habe nur noch ihre Musikkarriere im Kopf und hänge den ganzen Tag am Handy. Ihn und ihre Kinder lasse sie links liegen. Sie beachte ihn und die Kinder gar nicht mehr, so klagte Beckham gegenüber Loos. Victoria wollte nicht dauerhaft nach Spanien ziehen. Nachdem sie keines der Häuser, die sie zwecks

Anmietung besichtigte, als geeignet empfand, kam sie zum Schluss, dass ihr Spanien nicht gefiel. „Die Straßen von Madrid“, erklärte sie später, „riechen nach Knoblauch, und es war wirklich schwierig, sich als Frau in Spanien zu bewegen, weil die Geschlechter ungleich behandelt werden.“ – „Ich war einsam“, gab sie zu, „und hatte Madrid satt. Ich langweilte mich dort zu Tode.“[173]

Beckhams Offenheit überraschte die intelligente und weltgewandte Loos, auf die Victoria einen verletzbaren Eindruck machte. Loos wollte ihr das Gefühl geben, in Spanien willkommen zu sein. Sie lud die ganze Familie Beckham zum Mittagessen ein, zusammen mit ihrer Mutter und ihrem Vater, einem niederländischen Diplomaten. Victoria hinterließ allerdings keinen guten Eindruck. „Meine Eltern mochten Posh nicht“, erinnerte sich Loos. „Sie schätzten sie als manipulativ und hinterhältig ein.“[174]

Statt in Madrid zu bleiben, pendelte Victoria zwischen London und New York. Bei einer Landung am Flughafen Heathrow stand sie in einem T-Shirt mit dem Aufdruck „Pillow Talk is Extra“ auf 12,5 cm hohen Absätzen im Blitzlichtgewitter und machte vor der versammelten Presse Werbung für ihre geplante neue Solokarriere als Sängerin.[175] Die negativen Meldungen über sie waren vergessen.

Entsetzt über Testinos Bilder von Victoria und überhaupt vom Beckham'schen Publicityflop in den USA strich Anna Wintour das Paar vom Septembercover der Vogue. Victoria sehe ungesund aus, hieß es. Was von Testinos Arbeit übrig blieb, erschien später in einer Beilage für Herrenmode.[176] Victorias Reaktion auf diese Pleite war knallhart: Sie feuerte ihren Manager John Glover. Schon länger hatte sie überlegt, ihn zu ersetzen.

Seit dem Eine-Million-Pfund-Deal mit Richard Desmonds Magazin *OK!* anlässlich ihrer Hochzeit pflegten die Beckhams enge Beziehungen zu dem Medienmagnaten. Sie ließen sich auch von Desmonds vulgärer Art nicht abschrecken und suchten oft sein Büro auf, insbesondere nachdem er im Jahr 2000 die *Express*-Zeitungsgruppe aufgekauft hatte. „Ich kann Euch zur bekanntesten Marke der Welt machen“, prahlte Desmond, während er durch sein mit dem Pornobusiness finanziertes Verlagshaus stolzierte. In seinen Presseorganen wurden die Beckhams über den grünen Klee gelobt, aber irgendwann erkannte

Victoria, dass Desmond ein böses Spiel trieb. Auch wenn er tobte, schlug sie sein Angebot aus und unterschrieb für ihren erhofften Karrieresprung bei Simon Fuller, der sich perfekt auf Selbstvermarktung verstand. „Niemand kann mir besser dabei helfen, meine Träume zu verwirklichen, als Simon Fuller", ließ sie über ihren neuen Manager verlauten.[177]

Der 43-jährige Fuller tat so, als wären die Spice Girls ganz allein sein Werk gewesen. Tatsächlich hatten Chris und Bob Herbert 1994 die erfolgreichste Girlgroup der Welt gegründet. Doch bald schon hielten die fünf Girls die Herberts für nicht mehr geeignet, den Erfolg ihrer Band zu sichern. Sie servierten die beiden ab und wurden in Fullers Büro in Battersea vorstellig. Bevor sie zum Vorsingen antraten, hatte man sich auf einen Namen geeinigt, ihr erstes Album war in Produktion, und die fünf hatten sich auf ihren Slogan festgelegt: Girlpower.[178] Später entstand bei einigen Beobachtern der Eindruck, Fuller sei der alleinige Urheber dieser drei entscheidenden Schritte gewesen. Doch eigentlich sorgte er mit seinem cleveren Management vor allem für den kometenhaften Aufstieg der Spice Girls. Er verstand es, die Medien zu manipulieren und aus der neuen Marke Profit zu schlagen.

1997 standen die Spice Girls auf dem Höhepunkt ihres Erfolgs und zeigten sich wenig dankbar für Fullers Verdienste. Sie feuerten ihn, als er sich gerade von einer Rückenoperation erholte. Angeblich hatte er von ihnen verlangt, ohne Pause durchzuarbeiten, und ihnen nicht einmal eine Woche Auszeit gegönnt. Der eigentliche Grund für den Rauswurf war, dass sie Fuller für eitel und raffgierig hielten. Bei Fotoshootings sah er sich nicht nur gerne als „sechstes Mitglied" neben den Spice Girls stehen, sondern ließ sich auch über seinen PR-Agenten Julian Henry zu ihrem Zampano und zum „genialen Simon" stilisieren. Unvergessen ist der Titel „Todeszwerg", den der Journalist Paul Morley ihm verpasste. Doch Fuller war davon ausgegangen, dass alle Welt seine Selbsteinschätzung als Genie teilte. Dabei wurde ihm sogar vorgeworfen, er habe seinen Reichtum für die „Sunday Times Rich List" maßlos übertrieben. „Meine Kritiker mögen mich wahrscheinlich nicht, weil ich so nett bin", wetterte Fuller. „Ich bin ungemein wortgewandt, nachdenklich und integer und überlege mir genau, was ich tue.“ Die Konkurrenz verhöhnte ihn als „Simon Fullershit“.[179]

„Raus hier!“, schrie Mel B Fuller an, als sie herausfand, dass er mit den abgeschlossenen Verträgen mehr verdiente als jedes der Spice Girls.[180] Ähnlich verfuhr er als Manager der Band S Club 7. Dem Vernehmen nach verdiente Fullers Firma mit der Gruppe rund 50 Millionen Pfund, während für jedes Bandmitglied gerade einmal 590.000 Pfund abfielen.[181]

„Simon hat uns um den Finger gewickelt“, schrieb Victoria in ihrer Autobiografie. „Wenn du überleben willst, musst du skrupellos sein. Da gibt es nur fressen oder gefressen werden.“[182] Kurz nach Fullers Abgang rechnete Victoria mit all jenen ab, die sie verraten und verkauft hatten – insbesondere, wenn sie schmutzige Details aus dem Beckham-Privatleben an die Boulevardpresse verkauft hatten. Doch das war aus ihrer Sicht etwas anderes. Was sie von Fuller mitnahm, war die Erkenntnis, wie das Marketing der Medienwelt funktionierte und welche Strategien und Regeln dort angewandt wurden.[183]

Nach der Auflösung der Spice Girls ging es mit Fuller steil bergauf. 2002 schuf er die erfolgreiche TV-Musikshow „American Idol“, die auf seiner früheren britischen Version „Pop Idol“ aufbaute. Bis 2003 wurde das Format in über 50 Länder verkauft. 2004 stiegen die Jahreseinnahmen seiner 19 Entertainment Group von zwei auf 53 Millionen Pfund. Als Medienmogul von internationalem Rang behauptete Fuller, fünf Häuser zu besitzen, unter anderem in Sussex, Südfrankreich und Los Angeles. Er fuhr einen Mercedes Maybach der Luxusklasse und besaß einen Privatjet.

Zu seinen schärfsten Kritikern gehörte Simon Cowell, Musikproduzent und Star der Show „American Idol“. „Alles dreht sich immer nur um Fuller“, beschwerte sich Cowell gegenüber einem Freund. „Er interessiert sich ausschließlich für sich selbst und hält seine Versprechen nicht.“ Cowell beschuldigte auch Fullers Sprecher Julian Henry, Falschmeldungen über seine Rivalen in Umlauf zu bringen. Es gab noch so einiges mehr, was Cowell an Fuller nicht gefiel.

Victoria war das alles völlig einerlei. Sie brauchte jemanden, der ihre Karriere rettete, und dafür war Fuller genau der Richtige. Getreu ihrem Motto von 1997 – „Wenn du überleben willst, musst du skrupellos sein" – trennte sie sich jetzt auch von ihrem treuen PR-Agenten Alan Edwards, von dem sie 2001 noch gesagt hatte, er habe sie „von Anfang an unterstützt".[184] Nun hatte er ausgedient. Zwar war er gut im Musikbusiness, aber wenn es darum ging, für die Marke die Werbetrommel zu rühren, fehlte ihm der Biss. Caroline McAteer folgte Victorias Beispiel, ließ Edwards fallen und wechselte zu Fullers 19 Management, was für Edwards einen enormen Schaden bedeutete. Ein Investor sagte einen lukrativen Deal ab. Edwards war wütend, aber machtlos. Wie es ihm dabei ging, war Victoria und auch Fuller egal.

Fuller wusste, dass Victorias Karriere auf der Kippe stand. Sie war geradezu besessen von Damon Dash, lag mit den Managern von Telstar im Dauerclinch und suchte bei Werbefachleuten, Modedesignern und Musikmanagern andauernd Rat, wie es mit ihrer Karriere weitergehen sollte. Für Fuller war klar: Ihre Zukunft stand und fiel mit David Beckham.

Fuller stellte gleich zu Beginn seine Absichten klar: Er wollte Tony Stephens verdrängen und auch Davids Manager werden. „Mit dem Namen Beckham, der weltweit für Musik, Mode und Fußball steht, gibt es nichts, was wir nicht gemeinsam erreichen könnten." Fuller wusste um Beckhams finanzielles Potenzial, hatte aber keine Ahnung von Fußball und wusste nur wenig über dessen Privatleben in Madrid. In David Beckhams erster Autobiografie, *My Side*, die im September 2003 erschien, hätte er lesen können, dass David seine Victoria bedingungslos liebte. „Unsere Beziehung ist immer noch sehr stark", hieß es dort.[185]

Noch bevor das Buch veröffentlicht wurde, traf der Herausgeber der *Sun* auf der Toilette eines Nachtklubs in Manchester zufällig auf David Beckham. „Sie kennen mich nicht", sprach David Yelland den Fußballer an, „aber wir haben gerade die Rechte für die Verfilmung Ihrer Autobiografie erworben."

„Welche Autobiografie?", fragte Beckham sichtlich überrascht.

„Ich habe Ihnen soeben 100.000 Pfund dafür gezahlt", antwortete Yelland.

Yelland hielt Beckham für einen anständigen Kerl, als er den Star mit einer Cola in der Hand in einer Ecke sitzen sah. Zum Glück hatte er in den vier Jahren zuvor keine einzige schlechte Story über ihn veröffentlicht und war nicht einmal dem Klatsch über dessen Affären weiter nachgegangen. Auch wenn diese Storys stimmten, hätte das Blatt damit mehr Leserinnen und Leser verloren als gewonnen. Die *Sun* war Beckhams wahrer Freund.

9

Ehekrise

„Ich habe einen heißen Tipp für Sie“, eröffnete eine Anruferin dem Showbizredakteur des *Sunday Mirror*, Ben Todd. „Es geht um die Beckhams.“

Mit viel Charme, zahllosen Überstunden und einem großen Budget hatte Todd viele Stars so lange umgarnt, bis sie ihre eigenen Geheimnisse oder die Geheimnisse anderer Stars preisgaben. Er hatte ein ganzes Netzwerk von Kontaktpersonen gesponnen, die Einblick in deren Privatleben hatten: Fahrer, Haushälterinnen, Friseure, Kosmetikerinnen, Masseure, Barkeeper, Leibwächter und – am wichtigsten – Freundinnen, Freunde und Bekannte, denen die Promis vertrauten. Alle diese Beziehungen waren Gold wert, wenn es darum ging, hinter die Fassade der Celebritys und natürlich auch der Beckhams zu blicken. Als Gegenleistung für seine braunen Umschläge mit vierstelligen Pfundbeträgen erhielt Todd Futter für Klatschgeschichten oder gar eine Titelstory. Gelegentlich wurde ihm auch über die Nachrichtenredaktion eine Geschichte zugespielt, deren Quelle er nicht kannte.

Anfang September 2003 erhielt Todd also den Anruf einer Frau, die sich als Freundin einer Lehrkraft an Brooklyns Schule in Hertfordshire vorstellte. Sie berichtete Todd, Victoria habe einer von Brooklyns Lehrerinnen erzählt: „Ich habe ihm gesagt: ‚Ich gehe garantiert nicht nach Madrid. Kommt gar nicht infrage, verdammt noch mal.‘“

Todd war natürlich wie elektrisiert. Jede Wahrheit, die die offizielle Geschichte der glücklich verheirateten Beckhams durchkreuzte, war Sprengstoff. Er wusste noch nichts von den heftigen Streitereien des Paares, bei denen es um Victorias Weigerung ging, nach Madrid in eine Villa zu ziehen, die David für 32.000 Pfund pro Monat angemietet hatte. Nicht nur dass sie klarstellte, es gehe ihr um ihre eigene Karriere in New York, es schien sie auch nicht sonderlich zu kümmern, welcher Druck auf dem Fußballer lastete, sich mit dem Wechsel jetzt beweisen zu müssen.

Während David im August sein Debüt im Bernabéu-Stadion gab, weilte Victoria mit Damon Dash in einem New Yorker Aufnahmestudio. Ungeachtet der Entfernung war sie äußerst hellhörig. Sie hatte in der Zeitung ein Foto von Rebecca Loos im Stadion neben dem Freund ihres Mannes, Dave Gardner, gesehen und rief sie an. „Es ist nicht deine Aufgabe, zu Davids Spielen zu gehen", wetterte sie. Loos entschuldigte sich und willigte ein, nur noch vom SFX-Büro aus zu arbeiten. Als sie über private Kontakte dafür sorgte, dass Brooklyn auf Anhieb einen Platz auf dem elitären englischsprachigen Runnymede College in Madrid bekam, hatte Victoria natürlich ganz und gar nichts dagegen einzuwenden. Seltsamerweise behauptete Victoria später jedoch, sie habe im ersten Jahr nicht nach Spanien umziehen können, weil es dort keine Schulen für ihre Kinder gegeben habe; dabei war Brooklyn damals erst vier und Romeo ein Jahr alt.[186]

Todd griff zum Telefon und erfuhr über seine Kontaktpersonen, dass Victoria mit Dash darüber gesprochen hatte, Brooklyn und Romeo in einer Werbung für Rocawear auftreten zu lassen. Die Person berichtete, Sandra Beckham habe sich in einem Hotelzimmer in New York um die beiden Jungen gekümmert und dabei die Diskussion mitgehört. Sandra habe ihrem Sohn erzählt, Dash habe „auf dem Bett herumgelümmelt. Das war nicht in Ordnung."

Aus weiteren Telefonaten mit Vertrauten der Beckhams erfuhr Todd, dass Victoria in der Nähe ihrer Eltern und ihrer Schwester bleiben wollte und Brooklyn weiter auf seine englische Schule gehen sollte. Am Ende verlangte sie für alle Flüge nach Madrid einen Privatjet.[187]

Um die sensationelle Neuigkeit zu überprüfen, rief Todd bei Caroline McAteer an. Noch kurz zuvor war die PR-Managerin gefragt worden: „Was passiert, wenn ein Kunde in einen Skandal verwickelt ist und Sie gebeten werden, für ihn zu lügen?"[188]

„In dieser Lage war ich noch nie", hatte McAteer geantwortet. „Und in so eine Lage möchte ich auch nicht kommen."

Als sich Todd bei McAteer erkundigte, ob die Beckhams Eheprobleme hätten, brüllte sie in den Hörer: „Das stimmt nicht!"

Im Büro des *Sunday Mirror* bekam man mit, wie Todd Alan Edwards anrief. Die beiden hatten sich durch das gemeinsame Interesse an Fußball und David-Bowie-Konzerten angefreundet. Der geschasste Promimanager fühlte sich gegenüber den Beckhams nicht mehr zur Loyalität verpflichtet, pflegte aber trotz seiner Entlassung weiterhin gute Beziehungen zu vielen, die dem Paar nahestanden. Dass sie in Schwierigkeiten steckten, konnte er Todd bestätigen. Er hatte von der Ehekrise gehört.

„Ärger im Paradies", witzelte Todd. Unter der Schlagzeile „Stinksauer" enthüllte der *Sunday Mirror* im September 2003 erstmals die Ehestreitigkeiten der Beckhams. Die waren irritiert. Bislang hatten sie die Medien so fest in der Hand, dass selbst kleinste Ansätze von Unglück nicht an die Öffentlichkeit drangen.

Umgehend wiesen die Beckhams ihre Anwälte an, den *Sunday Mirror* wegen Verleumdung zu verklagen. An der Meldung über Probleme sei absolut nichts dran, schrieb Gerrard Tyrrell von Harbottle & Lewis. Der Anwalt rief die Redakteurin Tina Weaver zu Hause an, obwohl sie sich im Mutterschaftsurlaub befand. Er drohte ihr und forderte eine hohe Entschädigung. Außerdem solle der *Sunday Mirror* eine Richtigstellung veröffentlichen und darin zugeben, dass die Story nicht der Wahrheit entspreche. Doch der *Sunday Mirror* wies die Forderungen zurück.

Todds Enthüllung sorgte beim Konkurrenten des *Sunday Mirror*, der *News of the World*, für Aufregung. Für Andy Coulson, Herausgeber der Boulevardzeitung, gab es kaum etwas Wichtigeres, als die allmähliche Schrumpfung der Auflage von vier Millionen Exemplaren zu stoppen. Jeden Sonntag erfreuten sich mindestens zehn Millionen Leserinnen und Leser an den Enthüllungen des Blattes über berühmte Prominente. Coulson war sauer, dass eine Zeitung mit einer Auflage von nur 1,7 Millionen ihm zuvorgekommen war, und beauftragte den bekannten und resoluten Showbizredakteur Rav Singh, mehr herauszufinden als das, was Todd veröffentlicht hatte. Anschließend flog Coulson in den Urlaub nach Portugal.

In einem anderen Bürotrakt von *News of the World* im Londoner Stadtteil Wapping bezahlte einer der Nachrichtenredakteure Hacker dafür, die Handydaten ausgewählter Prominenter zu eruieren, um auf diese Weise an private Geschichten zu kommen. Zu den Zielpersonen der illegalen Operationen gehörten auch die Beckhams.

Singh beteuerte, dass seine Story über das Paar – erschienen in der Woche nach Todds Veröffentlichung am 21. September 2003 – mit legalen Mitteln zustande gekommen sei und von Personen stamme, die den Beckhams nahestünden.

Über seine Quellen erfuhr Singh, dass der Fußballer in dieser Woche mit diversen Frauen und anderen Teamkollegen in einem Madrider Nachtklub gesehen worden war. An Beckhams Seite fiel besonders eine hochgewachsene Frau mit braunen Haaren auf. Wie sie hieß, war nicht zu erfahren. Ein anderer Informant wusste zudem zu berichten, Victoria habe sich in einem Restaurant gegenüber einer Freundin geäußert: „Es ist vorbei." Das roch nach Sensation. Sofort rief Singh McAteer an, die natürlich alles dementierte.

Andy Coulson war sich sicher: Bei den Beckhams hing der Haussegen schief. Also kehrte er umgehend aus seinem Urlaub zurück. Er wollte die Veröffentlichung der Story niemand anderem überlassen. Zuerst rief er seinen alten Freund Alan Edwards an. Coulson pflegte auch enge Beziehungen zu einem der Spice Girls – er war wirklich gut vernetzt.

Er musste jetzt abwägen, ob er die lukrative Zusammenarbeit zwischen den Beckhams, der *Sun* und den *News of the World* wegen dieser Enthüllung aufs Spiel setzen wollte. Die Story der Konkurrenz zu überlassen, würde ihm allerdings nichts bringen – und außerdem würde die Wahrheit ohnehin ans Licht kommen. Deshalb entschied er sich für eine Kehrtwende – als Rache an den Beckham-Anwälten, die ihn einschüchtern wollten, und an den PR-Leuten der Familie Beckham, die Fake News verbreiteten. Seine aufsehenerregende Schlagzeile lautete: „Ehekrise bei Posh und Beckham". Den Zusatz „exklusiv" brauchte es nicht bei diesem Aufmacher, der am Lack der berühmtesten Vorzeigefamilie Englands kratzte.

„Die Ehe von David und Victoria Beckham steckt in der Krise", schrieb Singh. „Das berühmte Paar ist wegen Victorias Karriere und dem neuen Leben in Spanien ziemlich angespannt. ‚Zum ersten Mal', meint ein Freund, ‚gibt es echte Eheprobleme. Die Familie hofft, dass sie sie in den Griff kriegt, bevor alles aus dem Ruder läuft.'"[189]

Um den Ernst der Lage noch zu unterstreichen, schob Coulson einen persönlichen Kommentar nach: „Es macht uns kein Vergnügen, die Spannungen im Hause Beckham aufzudecken. Keine Ehe ist unkompliziert, und berühmt zu sein, macht es trotz des Reichtums nicht unbedingt einfacher. Wir hoffen aufrichtig, dass Großbritanniens Lieblingsfamilie dieses Unwetter übersteht."

Coulson wollte den Coup feiern und lud sein Team in die Met Bar in Mayfair ein. Er wusste genau: Das hier war eine Schicksalswende. Jetzt erntete er die Lorbeeren dafür, dass er 1996 die Marke Beckham mit geschaffen hatte. Und nun konnte er sich rühmen, ihr Abgleiten in Richtung Abgrund aufgedeckt zu haben. Guter Journalismus ist niemandem verpflichtet, nur der Wahrheit. Vor dem Bahnhof King's Cross wurden schon die ersten Exemplare der Zeitung verkauft, als die feiernde Journalistenschar in die Morgendämmerung taumelte.

An jenem Sonntag tat Beckham so, als ließe ihn die Story kalt. Nach seinem spektakulären Tor gegen Málaga sprach er mit dem Sportjournalisten Eric Beauchamp, der für die *Sun* Beckhams Fußballkarriere in Spanien verfolgte. Was da über einen „Bruch in unserer Ehe" geschrieben werde, sei „absoluter Quatsch", meinte Beckham beim Verlassen der Umkleidekabine zu Beauchamp. Es sei ganz normal, dass Victoria und er getrennt lebten. „Ich genieße Spanien in vollen Zügen", versicherte er fröhlich auf dem Weg zum Flughafen, von wo er nach Madrid zurückflog. Am Abend wollte er mit einem engen Freund in eine Bar gehen, und für den nächsten Tag stand Ronaldos Geburtstag an. Der Brasilianer hatte eine Riesensause angekündigt.[190]

Was Beckham gegenüber Beauchamp behauptete, stimmte nicht. „Es ist ernst", sagte er an jenem Sonntag einem Freund im Vertrauen. „Ich weiß nicht, was ich machen soll."[191] Geoffrey Wansell wusste in der *Daily Mail* zu berichten, Augenzeugen hätten Beckham „sich die Seele aus dem Leib schreien" hören, als er seine Frau anflehte, sich nicht mit Dash zu treffen und nach Madrid zu kommen.[192] Doch Victoria war von Dash „hingerissen", wie eine Freundin es nannte. „Er gibt ihr das

Gefühl, etwas Besonderes zu sein, und sie liebt den Glanz, den er ihr verleiht."

Wie auch immer die Wahrheit nun aussah – Beckham verstand seine Frau nicht wirklich. Er war zu sehr mit seiner eigenen Leistung und Performance beschäftigt und machte sich kaum Gedanken über ihre Ängste. Als sie sich vor sieben Jahre kennengelernt hatten, war sie der Weltstar und viel berühmter als er. Jetzt lebte sie in seinem Schatten, war verunsichert und unglücklich. Ihre Strahlkraft war im Schwinden begriffen. Sie haderte mit ihrem Aussehen und erkannte nicht, welche Folgen es hatte, wenn sie mit ihren Versuchen, die eigene Karriere wieder in die Spur zu bringen, ihren Ehemann in den Hintergrund drängte. Sie wollte aus eigener Kraft glänzen.

Am Abend desselben Sonntags veranstaltete Victoria, umringt von vier Bodyguards, eine Party anlässlich der London Fashion Week in Mayfair. Unermüdlich versuchte sie, ihr eigenes Profil zu stärken.[193] Anfang des Monats war sie in einer Umfrage des Magazins *Prima* zum zweiten Mal in Folge zur bestangezogenen Frau der Welt gewählt worden. Auf Anraten von Simon Fuller hatte sie ein Filmteam engagiert, das sie für eine TV-Doku begleiten sollte. Victoria beim Einkaufen, bei Beautybehandlungen in Madrid und auf Reisen mit David in Asien – diese Szenen waren bereits im Kasten. Nun wurde Victoria auf der Party in London gefilmt, wie sie über ihren neuen Musikstil sprach: „Damon steuert den Hip-Hop bei, ich die Popkultur. Zusammen machen wir Hip-Pop."

Noch vor Mitternacht verließ sie mit Dash diesen Klub und machte sich auf den Weg zum angesagten Klub Ministry of Sound. Sie tanzte bis 2:30 Uhr und wirkte so unbeschwert, als würde sie sich über die *News-of-the-World*-Story gar keine Gedanken machen.[194] „Ich lese nicht, was über uns geschrieben wird", betonte sie. „Ich interessiere mich nicht für Klatsch und Tratsch."[195] In Wahrheit hatte sie David an jenem Sonntagmorgen angerufen, nachdem sie das Gerede in der Belegschaft von SFX mitbekommen hatte. In ihrer Autobiografie verriet sie später, was ihr in diesem Moment wirklich zu schaffen machte: dass das, was in den Medien berichtet wurde, stimmte.[196]

„Wer hat diese Geschichten ausgeplaudert?", fragte sie aufgebracht. Die Beckhams verdächtigten PR-Leute, Angestellte, Fullers Team und ihren Freundeskreis. Sie vermuteten auch, dass ihr Telefon abgehört wurde. Ein Journalist der *News of the World* nannte das ein „Katz-und-Maus-Spiel mit dem Ziel, unsere Quellen ausfindig zu machen". Das publicitygierige Paar erwartete tatsächlich, die Leute würden McAteers Dementis glauben. Die Beckhams insistierten: Die Wahrheit müsse unter allen Umständen unter der Decke gehalten werden.

An die Szene, wie David in seinem Madrider Hotelzimmer auf Victorias Anruf an diesem Sonntagmorgen reagierte, erinnerte sich eine Person sehr genau: Rebecca Loos.

„Jetzt ist die Kacke am Dampfen", sagte Beckham zu Loos. „Victoria weiß, was läuft. Wir müssen vorsichtiger sein."

Trotz bester Sicht auf das Geschehen im Hotelzimmer konnte Loos nicht feststellen, dass Beckham irgendeine Art von Reue zeigte. Stattdessen überlegte er in aller Seelenruhe, wie es weitergehen sollte. Er war überzeugt, kein Journalist in London würde je die Wahrheit herausfinden, und ging davon aus, dass die neuesten Zeitungsberichte schon bald vergessen sein würden. Er war nicht der Typ, der sich fragte, wie er mit Rebecca Loos nur im Bett hatte landen können, oder der etwas bereute. „Er hat sich verändert, grübelt mehr, wirkt gehemmter und egomanischer", charakterisierte ihn ein Freund. Der Ruhm und das Single-Dasein in Madrid hatten Beckham verändert. „Er kann tun und lassen, was er will."

Manche, die den Beckhams nahestanden, glaubten, SFX habe Rebecca Loos angeheuert, um Victoria auszubooten. Diese These war allerdings ziemlich umstritten.

Als Loos in Madrid aufschlug, hätte niemand je gedacht, dass sie Beckham attraktiv finden würde. Im Sommer 2003 war sie mit der in London lebenden Fernsehmoderatorin Emma Basden liiert. Auch Victorias Weigerung, in die spanische Hauptstadt zu ziehen, war nicht vorherzusehen gewesen.

In Victorias Abwesenheit war Loos dafür zuständig, sich um die Einrichtung der gemieteten Villa in Madrid zu kümmern. Viele Anweisungen, die sie von Victoria geschickt bekam, verwarf David wieder. „Was soll ich machen?", fragte Loos ihn nach einem Streit über den

Swimmingpool. „Mach es so, wie es dir gefällt“, antwortete er. „Das bleibt unser Geheimnis. Wir müssen es ja niemandem erzählen.“

Manche vermuteten, Beckham habe sich schlicht und einfach gelangweilt. Nach dem morgendlichen Training und dem anschließenden Mittagessen mit dem Team war er für den Rest des Tages – und die Nacht – allein. Zum einen war seine Familie in England, und zum anderen schien sich Victoria für seine Karriere nicht sonderlich zu interessieren. Sie rollte mit den Augen, sobald er über Fußball sprach, und kam offenbar nur zu den Spielen, um dort vor der Presse zu posieren.[197] In Madrid besuchte Beckham zum Zeitvertreib Ronaldo in dessen bewachter Wohnanlage. Der Brasilianer war berühmt für seine lauten Partys, über die ein Kommentator schrieb, um acht Uhr morgens würden aufgedrehte junge Frauen aus den Fenstern fallen. Bei Real war das Freizeitvergnügen nicht Alkohol oder Drogen, sondern Frauen.

Später behauptete Beckham: „Ich hatte mit Partys nichts zu tun.“[198] Die Beweislage ist widersprüchlich. In einem abgelegenen Haus im hügeligen Umland von Madrid trafen sich die Spieler von Real mit jungen Frauen in großer Zahl. Niemand hat je herausgefunden, ob Beckham an diesen Partys teilnahm. Jedenfalls wurde er auf anderen Partys gesehen.

Rebecca Loos selbst sagt, sie habe sich von Beckhams Verletzlichkeit angezogen gefühlt. Natürlich auch von seinem Aussehen. Ein einstündiges Video, das Sam Taylor-Johnson von dem im Hotelzimmer schlafenden Beckham drehte, zeigt einen umwerfenden Adonis. Taylor-Johnson hielt die schlafende Schönheit mit nacktem Oberkörper und wallendem blondem Haar fest – die Ikone, die beschlossen hatte, Loos nachzulaufen. Vergessen schien seine Liebe zu Victoria, über die er noch 18 Tage zuvor bei der Veröffentlichung seiner aktualisierten Autobiografie gesagt hatte: „Ich liebte alles an ihr: ihr Aussehen, ihre Persönlichkeit, ihre Energie.“[199]

Am Donnerstag, 18. September, war es abends noch warm in Madrid. An diesem Abend wurden Loos und Beckham nach ihrem Treffen im Hotel Santo Mauro von dem kubanischen Leibwächter Delfín Fernández zum Restaurant Thai Garden chauffiert. Ein Begleitfahrzeug mit zwei weiteren Leibwächtern folgte. Im Restaurant warteten vier Mitarbeitende von SFX auf ihn.

Beckham war deprimiert. Er bestellte Champagner, und die Gruppe spielte Wahrheit oder Pflicht. Beckham wurde gefragt, ob er jemals Sex in einem Flugzeug hatte. Da wurde er munter. Er bejahte die Frage, tischte aber keine näheren Einzelheiten auf. 40 Minuten lang gab es Gelächter und Geschäker, und Beckham erklärte: „Das ist das erste Mal, seit ich vor zwei Monaten hierhergekommen bin, dass ich wirklich Spaß habe." Um Mitternacht verließen er und Loos das Restaurant durch die Hintertür, um den Paparazzi zu entgehen. Als er zum Nachtklub Ananda fuhr, sah Fernández, wie sich das Paar auf dem Rücksitz küsste. Während sie tanzten, bat Beckham Loos, mit in sein Hotel zu kommen. Es war vier Uhr in der Frühe, als sie zurück ins Santo Mauro kamen.

In der Suite erlebte Loos, dass „David ein sensationeller Liebhaber war – der Sex war extrem intensiv und leidenschaftlich. Davids Ausdauer war phänomenal." Immer wieder sagte er: „Ich weiß: Was wir tun, ist falsch, aber ich kann nicht anders. Es macht mich so glücklich." Loos fügte hinzu: „Er hatte wochenlang keinen Sex gehabt, weil er Posh treu bleiben wollte."[200]

Was sich in der Nacht abgespielt hatte, beeindruckte Loos. „Du bist ein echter Glückspilz", sagte sie. „Du kannst jede haben."

„Nein", antwortete Beckham. „So was habe ich noch nie gemacht."

Am nächsten Abend trafen sie sich erneut in einer Tapasbar in der Altstadt. Loos wartete dort mit einigen Freundinnen. Nach dem Abendessen verließen Beckham und sie die Bar wieder durch eine Hintertür. Bevor sie wegfuhren, gab Beckham noch Autogramme und spielte mit einem Jungen auf der Straße Fußball. Anschließend kehrten sie in seine Hotelsuite zurück. Am Samstagmorgen flog er für ein Spiel nach Málaga. Er ahnte nicht, dass am darauffolgenden Morgen die *News of the World* ihre Enthüllungen veröffentlichen würde.

Nach seiner Rückkehr nach Madrid ging er am Sonntagabend, 21. September, mit einigen Mannschaftskameraden in einen Nachtklub. Dort erwartete sie die 28-jährige Esther Cañadas, blondes Dessousmodel und Schauspielerin, auch bekannt als „Miss Big Lips". Über das Treffen berichtete die spanische Talkshow „Con T de Tarde". Zu diesem

Zeitpunkt war bereits ein Handyvideo aufgetaucht, das Beckham mit Loos im Nachtklub Ananda zeigte. *News of the World* hatte dafür die Exklusivrechte erworben. Aber das war auch alles. „Verdächtig", war in der Szene zu hören. Coulson schien immer noch nicht zu wissen, wie die Frau hieß.

Noch am gleichen Sonntagabend, nachdem er vom Nachtklub in sein Hotel zurückgekehrt war, schickte Beckham Loos eine ganze Reihe von SMS. Obwohl an diesem Tag die Enthüllungsstory der *News of the World* veröffentlicht wurde, zählte er höchst plastisch eine Reihe von Sexpraktiken auf. „Ich will dich schreien hören", schrieb er. Loos speicherte die Textnachrichten auf ihrem Handy.

„Harter Tobak", dachte sie. „Ich war seine Geliebte, seine Zuhälterin und seine Frau", sagte sie später.[201] Beckham sendete die SMS von einem Handy, das er nur für Nachrichten an seine Freundinnen nutzte. Wenn er es gerade nicht brauchte, vertraute er es seiner neuen rechten Hand Andy Bernal an, einem ehemaligen australischen Fußballprofi.[202] Die Nachrichten beinhalteten auch die Verabredung zu einem Date mit Loos für den folgenden Montag, 22. September, auf Ronaldos Geburtstagsparty. Um ihre Affäre zu verbergen, wollten sie getrennt voneinander auf der Party erscheinen. Die Vorsicht war zwecklos. Mindestens ein Dutzend Personen wussten von Loos' Affäre mit Beckham: einige Leute von SFX, vom Hotelpersonal, seine Leibwächter und vor allem Loos' Freundinnen, denen sie die unzweideutigen Textnachrichten gezeigt hatte.

Ronaldos Hauspartys waren ebenso legendär wie seine Liebe zu Frauen. „Ohne Liebe kann ich nicht leben", gestand er dem Manager von Real Madrid, als dieser ihn auf seine unzähligen Affären ansprach. Auf die Frage, wie er Beckham als Neuzugang bei Real beurteile, antwortete Ronaldo: „Toll. Er ist ein großartiger Spieler und ein guter Typ. Außerdem zieht er so viele Frauen an, dass garantiert noch viele für mich übrigbleiben."[203]

Um 22 Uhr betrat Beckham Ronaldos Prunkvilla und wurde nicht enttäuscht. Die Atmosphäre war berauschend. Im Garten tummelten sich glamouröse Frauen und tranken Champagner. Der Koch war ein gefeierter Argentinier. Als Loos eintraf, entdeckte sie David, der sich auf einer Gartenbank „intensiv" mit Esther Cañadas unterhielt. Aus der Ferne beobachtete sie, wie die beiden im Haus verschwanden. In Begleitung eines Bodyguards zogen sie sich in ein Schlafzimmer zurück und schlossen die Tür ab. Drinnen schaltete Beckham sein Handy aus. Der Bodyguard blieb draußen.

Daheim in England drehte Victoria am Rad. Angestellte von SFX hatten ihr gesteckt, dass Beckham und Loos Anfang der Woche in einem Nachtklub gesehen worden waren. Victoria rief ihren Mann an. Da sie ihn nicht erreichen konnte, meldete sie sich gegen ein Uhr nachts bei Loos. Bevor diese das Gespräch annahm, ging sie in einen Nebenraum.

„Ich kann David nicht erreichen", sagte Victoria. „Wo, zum Teufel, steckt er?"

„Das weiß ich nicht", schwindelte Loos.

„Was, zur Hölle, treibst du mit meinem Mann? Es ist nicht dein Job, dich mit ihm in Nachtklubs rumzutreiben. Lass ihn gefälligst in Ruhe."

Zwei Jahre zuvor hatte Victoria beschrieben, wie sie auf eine Kiss-and-tell-Story über ein Mädchen reagierte, das sich mit Beckham getroffen hatte.

„Ich habe rumgeschrien und geflucht und bin hysterisch geworden", erzählte sie in ihrer Autobiografie. „Es war das Schlimmste, was mir je passiert ist." Seitdem sei sie nicht mehr in Panik geraten: „Ich musste daran denken, dass es niemanden gibt, der so treu, liebevoll und fürsorglich ist wie David. Ich war einfach verzogen und dachte, jemand wollte mir etwas wegnehmen, was mir gehört. Er würde nie etwas tun, was unsere Beziehung gefährden könnte."[204]

Jetzt allerdings war sie schwer eifersüchtig – und sehr besorgt.

Um drei Uhr morgens rief Victoria erneut bei Loos an. Sie schrie: „Ich weiß, dass ihr beide auf derselben Party seid! Such ihn gefälligst." Loos ging nach oben und bat den Bodyguard, Beckham aus dem Schlafzimmer zu holen.

„David, ich habe deine Frau am Telefon." Minuten später öffnete Beckham die Tür. Er war vollständig angezogen und nahm den Hörer ab.

Loos sah Cañadas im Bett. „Ich schaute ihn an, sehr gekränkt", erzählte sie später einer Freundin. „Ich dachte, ich wäre die Einzige."

Beckham ging zurück ins Zimmer und schloss die Tür. Nachdem er mit Victoria geredet hatte, machte er die Tür wieder auf. Ohne irgendeine Gefühlsregung gab er Loos das Handy zurück. Um halb vier verließ er die Party. Loos suchte ihn in seinem Hotelzimmer auf und blieb für den Rest der Nacht. „Ich war so betrunken, dass ich mich nicht erinnere, was vor sich ging“, berichtete sie später.[205]

Zwei umwerfende Frauen in einer Nacht – das beeinflusste Beckhams Beziehung zu Victoria enorm. Alles, was in den letzten sieben Jahren gewachsen war, die gegenseitige Abhängigkeit, das Vertrauen und ihre charakterlichen Übereinstimmungen, änderte sich jetzt dramatisch.

Am Dienstag bestieg Victoria bei Tagesanbruch ein Flugzeug und machte sich auf den Weg nach Madrid. Auf den Plan gerufen durch die *News of the World* und den *Sunday Mirror*, hatten alle Boulevardzeitungen Verstärkung nach Madrid geschickt, um Beweise für Beckhams Seitensprünge zu sammeln. Victoria trat gegen sie alle an.

In den Jahren zuvor hatte sie wie kaum eine andere gelernt, mit den Medien umzugehen. Frei nach dem Motto „Weniger ist mehr“ ließ sich ihrer Meinung nach der Beckham-Mythos festigen. Sie beauftragte McAteer, als Beweis ihrer glücklichen Ehe das perfekte Foto zu inszenieren. An einem vereinbarten Ort in Madrid ließ sich Victoria fotografieren, wie sie ihren Mann auf die Wange küsste. Die Botschaft: „Unsere Ehe steckt nicht in der Krise. Wir sind sehr glücklich miteinander.“[206] Auf Ronaldos Party erkundigte sich Rav Singh bei McAteer, was es mit Beckham und Cañadas auf sich habe. „Das ist alles Nonsens. Esthers Anwesenheit war reiner Zufall.“

An jenem Abend ging Victoria allein zu den spanischen *Elle Style Awards*. Ihr sei das „Unwetter“ anzusehen gewesen, meinten einige. Nach der Preisverleihung aß sie mit David im Restaurant Salamanca zu Abend. „Sie wirkten sehr glücklich miteinander“, so McAteer über die zur Schau gestellte Harmonie. Am nächsten Morgen machte sich Beckham nach einem heftigen Streit auf den Weg zum Training. Abends posierten sie beim Dinner wieder gemeinsam. Auch dort betonte McAteer, wie nahe die zwei sich stünden.

Statt Beckham beim Spiel gegen Valencia zuzusehen, flog Victoria am nächsten Morgen zurück nach London, um dort die Verleihung der

Lycra Awards zu moderieren. Dem Publikum im Old Billingsgate Market sagte sie: „David bekommt keinen Preis für die beste Kleidung, sondern dafür, dass er am besten weiß, wie man mich auszieht. David, ich liebe dich, und ich liebe Spanien." Manche im Publikum fragten sich: „Warum ist sie dann zurück?"[207] In Madrid war Beckham außer sich und meinte gegenüber einem Freund: „Ich bin seit 89 Tagen in Madrid. Sie war gerade mal 35 Tage hier."[208]

News of the World war die erste Zeitung, die die Version der Beckhams entlarvte. Ulrika Jonsson sprach in ihrer regelmäßigen Kolumne vielen aus der Seele: „Du sagst immer, dass du gerne zu Hause bist, aber Fakt ist: Du bist nie zu Hause oder bei deinem Mann. In der Schule tauchst du in einem Dolce&Gabbana-Cocktailkleid, mit High Heels und Sonnenbrille auf. Das ist die Arroganz einer Frau, die sich für unentbehrlich hält."[209]

Solange sich Victoria in Madrid aufhielt, hetzte Coulson seine Journaille durch die Stadt mit dem Auftrag, rechtlich wasserdichte Beweise für eine außereheliche Beziehung zu beschaffen. Er wusste, dass die Beckhams eine Klage gegen den *Sunday Mirror* vorbereiteten. Deshalb hütete er sich, Beckham und Loos aufgrund des Videos aus dem Ananda-Klub eine Affäre zu unterstellen. Dennoch sorgte die fünfseitige Story der *News of the World* unter der reißerischen Schlagzeile „Beckham und die Brünette" schon für genügend Stoff: „Sich an den Schultern fassen, flirten – was wohl Posh dazu sagen wird? Es ist 2:30 Uhr morgens. Der einsame englische Fußballstar macht sich in einem Madrider Klub an eine junge Frau ran." Unter dem Videobild des Paares im Klub ploppte die fett gedruckte Bildunterschrift auf: „Bilder, die Victoria unbedingt sehen muss." Natürlich verstand die Leserschaft, was damit gemeint war. „Nachricht an Posh", titelte ein Körperexperte und warnte: „Seien Sie auf der Hut."

Loos war wütend über die Berichterstattung. Aus der Nachbarschaft war zu hören, sie sei wegen der „falschen Anschuldigungen" „in Tränen aufgelöst". Außerdem war sie insgeheim gekränkt, dass Beckham Cañadas und vielleicht noch weitere Frauen anbaggerte. Schließlich hatte er ihr bei ihrer ersten Begegnung erzählt, er sei noch nie untreu gewesen. Vorerst entglitt ihre intime Beziehung zu Beckham ihrer Kontrolle. Victoria war ähnlich verzweifelt, und ihre Verdächtigungen wirkten sich verheerend auf ihr eigenes Leben aus.

Victoria musste sich eingestehen, dass ihr Ruhm zunehmend auf dem Ruhm ihres Mannes gründete. Ohne ihn verblassten ihr Promistatus und ihre Karriere. Doch sie war fest überzeugt: Als Paar hatten sie eine ganz besondere Bindung nicht nur zu weiten Teilen der Öffentlichkeit in Großbritannien, sondern auch zu den Menschen in China und Japan. Wenn sie ihren unangefochtenen Status als das berühmteste britische Prominentenpaar behalten wollten, mussten sie die öffentliche Bewunderung am Leben erhalten und an ihrer gemeinsamen Botschaft „harte Arbeit, Familienwerte und glückliche Ehe" festhalten. Exakt das wollte sie ihrem Mann vermitteln. Die finanziellen Auswirkungen für beide waren enorm.

Beckham schien sich von den neuesten Enthüllungen der *News of the World* nicht aus der Ruhe bringen zu lassen. An jenem Sonntag klangen seine Beteuerungen gegenüber Victoria, er habe sich nichts zuschulden kommen lassen, einigermaßen glaubwürdig. Am folgenden Tag lud er Cañadas in seine Hotelsuite ein. Er ging davon aus, dass ihn die britischen Gesetze vor Verleumdung schützten. Am Dienstagmorgen verließ er das Hotel und begab sich zum Trainingsgelände. Cañadas schlief noch in seinem Bett. Vor dem Zimmer saßen die beiden Leibwächter Delfín Fernández und Arsenio Ruiz. Ein unerwarteter Anruf kündigte Victoria an, die in einem Privatjet auf dem Weg nach Madrid war. „Du hast eine Minute, um deine Sachen zu packen", sagte einer der Bodyguards zu Cañadas.[210]

Am gleichen Abend inszenierten die Beckhams im Madrider Ritz-Hotel ein „romantisches Dinner", wie McAteer es nannte. Der Fotograf der *Sun* erhielt einen Tipp, wo er die beiden beim Händchenhalten vor die Linse bekommen würde. Mit vollendeter Professionalität küssten und umarmten sie sich vor der Kamera.[211]

Kaum war Victoria nach London zurückgekehrt, schrieb Beckham Cañadas eine SMS: „Guten Flug, Baby, zu gerne würde ich jetzt mit dir im Bett liegen."[212] Als Todd sie nach ihrer Beziehung zu Beckham fragte, stritt Cañadas jedes persönliche Engagement ab. „Da ist nichts", sagte sie.[213]

Beckham bereitete sich an diesem Wochenende auf das Spiel gegen Espanyol vor und atmete erleichtert auf. Er ahnte nicht, dass er einem weiteren Skandal entkommen war. Der Enthüllungsjournalist Neville

Thurlbeck von *News of the World* hatte sechs Wochen mit Sarah Marbeck in Australien verbracht. Die Prostituierte hatte sich entschlossen, ihre Geschichte zu verkaufen, und erzählte Thurlbeck alle Details ihrer zweijährigen Affäre mit Beckham. Jetzt musste nur noch bewiesen werden, dass sie die Wahrheit sagte. Während Thurlbeck neben ihr stand, schickte sie Beckham mehrere SMS an seine übliche Nummer. Sie erhielt keine Antwort. Da Beckham gerade gleichzeitig mit Loos und Cañadas liiert war, hatte er kein Interesse an ihr. Ende Oktober 2003 kehrte Thurlbeck mit einer hohen Spesenabrechnung und einer Story nach London zurück, die sich nicht veröffentlichen ließ.[214]

10

Schiffbruch

David hatte sie im Stich gelassen. „Gebrochenen Herzens“ saß Victoria in ihrem Hertfordshirer Anwesen mit der Familie zusammen und weinte.[215] Sie war frustriert, konnte ihrer Wut jedoch keinen Ausdruck verleihen, denn sie fühlte sich gelähmt von all dem Aufruhr. Girlpower spielte zu dieser Zeit für sie keine große Rolle, stattdessen machte sie sich Sorgen über ihre sich selbst zerlegende Karriere.

„Poshs Comeback geht völlig in die Hose“, so eine Führungskraft des britischen Labels Telstar. Victorias Bemühungen, sich als Sängerin neu zu erfinden, waren eine Katastrophe. Nicht nur weigerte sich Telstar, ihr Hip-Hop-Album zu veröffentlichen – sie wiesen auch Dashs finanzielle Forderungen zurück. „Wir werden um das Geld kämpfen“, konterte Dash. Er drohte mit einer Klage.[216]

„Wir haben 500.000 Pfund mit unserem Album verloren“, beschwerte sich Telstar. In ihrem Elend beschloss Victoria, nicht bei einem Konzert des Prince's Trust in der Royal Albert Hall aufzutreten, woraufhin sich der Trust über verlorene Einnahmen beschwerte.[217] Auch Telstar beklagte sich, als Victoria ein Marketingmeeting für ihre Single schwänzte. Zudem warf sie Dash nicht wie versprochen raus.[218]

Regelmäßig wurden sie zusammen in London gesehen – an einem Abend im Nobu, zwei Tage später im Soho House, dann auf einer Party in Covent Garden. „Ich habe diese Woche viel Zeit mit Victoria verbracht“, gurrte Dash. „Sie ist so ein cooles Mädchen.“[219] Sechs Monate später musste er zum ersten Mal eine Affäre mit Victoria abstreiten.[220] Die meisten glaubten ihm, weil Victoria nicht als untreu galt und vor ihrer Ehe nur ernsthafte, langfristige Beziehungen gehabt hatte. Und doch sagte Dash vier Jahre später: „Ich würde es David nicht übelnehmen, wenn er eifersüchtig wäre.“[221]

Diese Einmischung in sein Eheleben beunruhigte David. In Telefongesprächen wirkte seine Frau durcheinander. Am Ende einer Real-Madrid-Pressekonferenz Anfang November platzte er heraus: „All diese Spekulationen über meine Frau und dass sie nicht glücklich ist – das kann so nicht weitergehen. Das ist alles Dreck. Sie ist sehr glücklich hier in Madrid. Wir haben keine Eheprobleme.“[222] Niemand unter den Anwesenden wagte, darauf hinzuweisen, dass Victoria gar nicht in Madrid war. Die Gefahr war zu groß, den Zugang zu Beckham zu verlieren. Auch erwähnte niemand, dass der einjährige Romeo gerade – zum dritten Mal in zwei Monaten – nach einem Sturz mit einer Kopfwunde in ein Madrider Krankenhaus eingeliefert worden war.[223] Victoria war und blieb in New York. Laut ihrer Sprecherin hatte sie nicht vor, ihre Aufnahmesession mit Damon Dash zu unterbrechen. In den letzten sechs Wochen hatte sie kaum 15 Tage in Spanien verbracht.

„Telstar macht mich rasend“, beschwerte sie sich bei der *Sun*, während sie in London die Veröffentlichung ihrer Single und ihres Albums organisierte. Mit der Werbung hatte man bereits im November angefangen, doch das war nicht von Erfolg gekrönt gewesen. „Beckham's Body Parts“, eine ITV-Dokumentation über Victorias Leben, war als „nichtssagend“ verspottet worden.[224] Darin ging es unter anderem um den Brief eines Arztes, der ihrem Mann eine Zwangsstörung diagnostizierte. Dazu passend zeigte eine Aufnahme seines Badezimmers eine riesige Auswahl an Kosmetika, die ordentlich aufgereiht waren – Feuchtigkeitscremes, Haargels, Gesichts-Make-up, Aftershave-Lotionen. Daneben lagen Bürsten und Handtücher – separate Handtücher für Füße, Gesicht und Körper. Doch all das lockte nur ein müdes Lächeln hervor.

Um im Gespräch zu bleiben, hatte Beckham schon öfter zugegeben, unter Zwangsstörungen zu leiden. „Bei mir muss alles gerade in einer Linie stehen“, erklärte er häufig und schloss dabei die Coladosen im Kühlschrank mit ein. Eine weitere Marotte: Er musste jeden Abend das Innere der Kerzenhalter auswischen, damit keine Rauchspuren zu sehen waren. Victoria verriet später, dass ihr Mann auch in geraden Reihen staubsaugte und dabei „eine Schürze trug“.[225] Es gibt noch andere Männer, von denen behauptet wird, sie würden unter Zwangsstörungen leiden, zum Beispiel Steve Jobs, Mitgründer von Apple, oder Elon Musk, Mitgründer von Tesla und Eigentümer von X, ehemals Twitter.

Am folgenden Tag sprach Caroline McAteer mit Victoria Newton, die über die Ergebnisse von Victorias Filmaufnahmen der letzten acht Monate schrieb. „Fernsehsender prügeln sich um die Rechte am Filmmaterial“, so hörte Newton es von einem „Freund“. „Die Aufnahmen sind Dynamit. Es ist so viel klasse Zeug dabei. Das kann man gar nicht auf eine Sendung kürzen.“[226] Aber Insider ließen sich davon nicht täuschen: Victorias Versuche, ein weltweites Publikum zu finden, blieben erfolglos.

Fuller hatte es sich in den Kopf gesetzt, beide Beckhams zu managen. Er überredete Victoria, sich von Telstar zu lösen. Eine Telstar-Führungskraft ließ er nach Nizza einfliegen, um ein Angebot zu machen: Er würde ihnen Victorias Vertrag abkaufen und für die nicht veröffentlichte Single einen Ausgleich zahlen. Zurück in London hieß es dann: „Wir haben sie ohnehin satt. Sie war reine Zeitverschwendung. Fuller hat dem Ganzen den Stachel genommen. Nehmen wir das Geld.“

Victoria kam zur letzten Amtshandlung ins Londoner Telstar-Büro. Fuller bot an, für die Veröffentlichung der Single Ende Dezember zu bezahlen – mit Victorias Geld. Die A-Seite war „Let Your Head Go“, die B-Seite „This Groove“. Dashs Hip-Hop-Album wurde aufgegeben. Oder, wie Fuller es nannte, „begraben“.[227] Das hieß allerdings nicht, dass Victoria und Dash nicht mehr gemeinsam in London gesehen wurden.

Als Beckham nach der 2:3-Niederlage gegen Dänemark am 16. November das Old Trafford verließ, gestand er einem vertrauten Journalisten: „Mir reicht's. Ich liebe meine Frau. Sie liebt mich. Es gab nie Probleme. Die Leute sollten aufhören, sich alberne Geschichten auszudenken.“ Drei Wochen später traf er sich im Madrider Hotel Fenix mit Rebecca Loos.[228]

Am 23. November wurde die Scharade der Beckhams vom *Sunday Mirror* aufgedeckt. Telefonisch hatte Victoria ihrem Mann gesagt, sie komme definitiv nicht nach Madrid und werde stattdessen weiter mit Damon Dash feiern gehen. Beckham solle stattdessen sofort nach England zurückkommen. „It's my way or the fucking highway“ – Du machst, was ich sage, oder es ist vorbei. So beschrieb Todd Victorias Ultimatum.[229] Die Quelle, offenbar eine Freundin, bekam 3000 Pfund in bar.

Victorias Ultimatum zu interpretieren, war schwierig. Die meisten glaubten, dass sie in dieser Ehe die Hosen anhatte. Nur wenige verstanden, dass sich David auch von ihren Eltern bedroht fühlte, die ein großes Maß an Kontrolle über sein Leben hatten. „Sandra regte sich auch sehr, sehr auf", so Rebecca Loos, „wie die Familie Adams sich im Allgemeinen und ihr gegenüber verhielt." Es war ein „Machtkampf", wie Loos es ausdrückte, und Beckham war „wütend, wie seine Mum von den Schwiegereltern behandelt wurde".[230] Zudem machte ihm die Entfremdung von seinem Vater zu schaffen. Noch hatte niemand die Wahrheit über Beckhams Affären zusammengesetzt, und der Großteil seiner Fans glaubte an die märchenhafte Ehe.

Die Schlagzeile auf einer Innenseite des *Sunday Mirror* lautete: „It's my way or the fucking highway". Weil die Beckhams nicht wussten, wer dahintersteckte, baten sie den Topanwalt Gerrard Tyrrell, eine Entschuldigung von der Zeitung zu erzwingen, und McAteer bekam den Auftrag, bei der Press Complaints Commission Beschwerde einzulegen. Beide bestanden darauf, dass der *Sunday Mirror* log. Die Auflage der Zeitung stieg.

An diesem Morgen rief Victoria Ex-Spice-Girl Emma Bunton an. Sie sprachen sehr emotional über die Ehe der Beckhams, und Victoria gab zu: „Vielleicht trennen wir uns. Wir haben eine Fernbeziehung."[231] Sie erklärte auch, dass sie David ein Ultimatum gestellt habe – ihre Ehe sei vorbei, „außer wenn er nach England zurückkommt". Zudem habe sie sich geweigert, ihm beim Spiel gegen Dänemark zuzusehen.[232]

Die Gerüchte mussten begraben werden. Victoria wandte sich an ihren vertrauten Unterstützer Michael Parkinson. Ein Interview mit beiden Beckhams im Fernsehsender der BBC, dachte sie, müsste außerordentlich wertvoll sein. Aufgezeichnet wurde das Gespräch an dem Tag, an dem Beckham von Queen Elizabeth den Order of the British Empire (OBE) erhielt. Victoria wurde als „eine der meistdiskutierten Frauen der Welt" angekündigt. Dann stellte Parkinson die zuvor vereinbarte Frage: „Lasst ihr euch scheiden?"

„Scheint so", sagte sie lachend, während Beckham stumm und gleichgültig neben ihr saß.

„Woher kommen diese Gerüchte?", fragte Parkinson.

„Vielen Leuten gefällt es nicht, dass wir das ‚golden Couple' sind – und sehr glücklich." Sie fügte hinzu: „Die Beckhams sind gewissermaßen öffentliches Gut, aber wir sind eben auch ganz normale Menschen. Wir sind verheiratet und sehr verliebt." Sie fuhr fort: „Alle, die meinen, es gäbe ein Zerwürfnis, sind nur eifersüchtig. Wir haben gerade ein Haus in Spanien gekauft und leben uns dort ein. Uns geht es gut."[233]

Diese Version wurde von „Parky" nicht infrage gestellt. Zu diesem Zeitpunkt hatte Victorias Weigerung, in das gemietete Haus in Madrid einzuziehen, Beckham bereits 432.875 Pfund gekostet. Er übernachtete weiterhin im Hotel Santo Mauro, und auf dessen Rechnung standen zwei Suiten, separate Besuchszimmer für Familienmitglieder und Freunde, eine Garage, ein englischer Koch sowie Essen und Getränke in der Bar und im Restaurant.[234]

Als Parkinson sich nach ihrer Solokarriere als Rapperin erkundigte, antwortete Victoria: „Dass ich rappen könnte, ist ein ziemlich lächerlicher Gedanke."

Für ihr Hip-Hop-Album war eine blitzschnelle Publicitykampagne organisiert worden. Sie sollte bei der „Jonathan Ross Show", bei „Top of the Pops" und in Dutzenden Radiosendern auftreten und eine Rolle in einer Seifenoper übernehmen. Am ersten Weihnachtstag sollte sie bei vier im Voraus aufgenommenen Auftritten zu sehen sein und an Heiligabend in „The Real Beckhams", einer 110 Minuten langen TV-Dokumentation über Davids Umzug nach Madrid – ohne sie. „David, das ist nicht fair", sprach sie vor der Kamera ins Telefon. „Ich bin da. Manchmal ist es wirklich schwer, miteinander zu sprechen." Außerdem gab sie zu, eifersüchtig zu sein, wenn Beckham mit anderen Frauen spreche: „Sie versuchen es ständig. Das gefällt mir nicht."

Um sich eine Schlagzeile zu sichern, berichtete sie von ihren regelmäßigen Brazilian Waxings – „Brazilians sollten Pflicht sein" – und davon, dass sie und Beckham beide Telefonsex mochten. Außerdem erzählte sie, dass sie Weihnachten nach einem Shoppingausflug bei Dolce & Gabbana zusammen in Mayfair im Nobu essen würden. Sie erwähnte jedoch nicht, dass Beckham nur für dieses Dinner einflog und am selben Abend noch im Privatjet nach Madrid zurückkehrte. Voller Vorfreude hatte sie sich fünf Stunden lang in einem Friseursalon im Londoner Stadtteil Chalk Farm neue Extensions machen und bei dieser Gelegenheit auch einige graue Haare verdecken lassen.[235]

Doch all die Mühe war umsonst. Eine Umfrage des *Daily Mirror* am Vorabend ihrer Singleveröffentlichung zeigte, dass Victoria die Liste der unbeliebtesten Celebritys in Großbritannien anführte.[236] Und ihr Song stürzte – zwei Wochen nach Einstieg in die Charts auf Platz drei – ins Bodenlose; er verkaufte sich nicht einmal 10.000-mal.[237]

Um zu zeigen, dass ihr das nichts ausmachte, arrangierte sie eine Fotogelegenheit für die Paparazzi vor dem Nobu. Nachdem sie und David angeblich die Veröffentlichung ihrer Single gefeiert hatten, stiegen sie um ein Uhr nachts in den wartenden Bentley. Doch der Chauffeur fuhr nicht los. Die Paparazzi wurden stattdessen Zeugen einer aggressiven Sexszene, die damit begann, dass Victoria den Gürtel ihres Mannes öffnete und ihm die Jeans auszog. Eine geplante Aktion, um zu zeigen, dass ihre Ehe perfekt war. Der Chauffeur starrte geradeaus.[238]

Es gab zwei Gründe für die Beckhams, sich so zu inszenieren: Angst und Geld. Sehr deutlich hatte Victoria ihrem Mann gesagt, dass er seine Kinder verlieren werde, falls ihre Ehe zerbrechen sollte. Sie werde das alleinige Sorgerecht erhalten und er die Jungs dann nur noch selten sehen. Da der Fußballer seine Kinder von Herzen liebte – sie telefonierten jeden Tag –, war das für ihn undenkbar. Zudem würden Jackie und Tony Adams den Kontakt mit ihm beenden, und auch das ängstigte ihn, denn die Adams waren inzwischen mehr Familie für ihn als Ted und Sandra. All das schweißte ihn an Victoria.

Victoria ihrerseits hatte Angst, ihre Karriere könnte vorbei sein, wenn David sie ins Abseits stellte. Geld vereinte das Paar. Es wäre gut, dachte sie, wenn Fuller ihr neuer Agent würde und Tony Stephens von SFX ersetzte. Fullers Pitch war auch für David verlockend, denn er war inzwischen 28 Jahre alt und wohl auf dem Höhepunkt seiner Fußballkarriere. Langsam musste er überlegen, wie er nach seiner aktiven Spielzeit weiterhin Geld verdienen konnte. SFX hatte ihm rund 15 Millionen Pfund pro Jahr gesichert, aber laut Fuller konnte ihm 19 Entertainment langfristig viel mehr Einkommen generieren. Sein Vorschlag kam zur rechten Zeit, da Stephens nach Beckhams Wechsel nach Madrid ein Sabbatical genommen hatte und Beckhams Verhältnis zu Jon

Holmes, Chief Executive von SFX, schwierig war. Zudem hatte Alex Ferguson seinen Sohn Jason eine Rolle in mehreren lukrativen Manchester-United-Transferdeals übernehmen lassen.[239] Jason und Tony Stephens waren Partner. Dieses Beziehungsgeflecht ging gegen Beckhams Mantra: „Ich behalte stets die Kontrolle über alles, was passiert."[240]

Um seinen Wert zu beweisen, hatte Fuller bereits einen Sponsorenvertrag für Beckham als Gesicht von Gillette ausgehandelt. Gillette suchte gerade nach einer Persönlichkeit, um den neuen „Power Shave" zu bewerben.[241] Die Marke für Rasierprodukte kontrollierte 80 Prozent des europäischen Marktes und wollte nun auch in Asien Fuß fassen. Ursprünglich wollte man nur ein Prozent der Chinesen vom Nassrasieren mit „G Razors" oder „M3 Power"-Rasierklingen überzeugen. Beckham als Galaktischer konnte, da war die Werbeagentur sich sicher, ein „globales Gesicht" für Männlichkeit werden, vor allem in Asien. Nach der Weltmeisterschaft in Japan waren seine Einnahmen in der Region auf rund zehn Millionen Pfund angewachsen – und der Gipfel war noch nicht erreicht. Der Gillette-Slogan lautete seit den 1980ern: „Für das Beste im Mann".

Während der Verhandlungen war oft von Beckhams Anwälten zu hören: „Wir haben mit Victoria gesprochen …" Denn als Victoria von der Gillette-Forderung erfuhr, Davids „Aussehen" dürfe sich nicht verändern, bestand sie eisern darauf, dass sich sein Aussehen je nach seiner Laune ständig ändern dürfe und er als Stilikone „Stilautonomie" brauche.

Die US-Hauptverwaltung von Gillette zögerte die Vertragsunterzeichnung so lange hinaus, bis sich der Film *Kick It Like Beckham* als Kassenschlager erwiesen hatte. Danach mussten noch die Finanzen finalisiert werden. Fuller versicherte Beckham, er könne einen riesigen Betrag erwarten – etwa vier Millionen Pfund im Jahr. Und das sei noch längst nicht alles, wenn er SFX verlasse.

Für Beckham war der Wechsel zu Fuller eine gute Entscheidung: „Ich hatte das Gefühl, dass SFX und ich unterschiedliche Richtungen eingeschlagen hatten. Ich habe mit Victoria gesprochen, und sie war auch der Meinung, dass es Zeit sei, sich wieder auf das Wesentliche zu konzentrieren."[242]

Beckhams Ankündigung Mitte Oktober 2003, SFX zu verlassen, schockierte Holmes. „Wir wurden von diesem Statement sehr überrascht", stotterte er. Tony Stephens hingegen war keineswegs überrascht. Kleinlaut meldete er sich aus seinem Sabbatical: „Sein Vertrag mit SFX läuft noch zwei Jahre." Doch Fuller antwortete: „Der Vertrag ist nicht bindend."[243] Und er fügte hinzu: „Angesichts der anstehenden Europameisterschaft und seiner Aufgaben bei Real Madrid wird sich Beckham komplett auf den Fußball konzentrieren und kurzfristig keine neue Werbung mehr machen."[244] Am selben Tag drehte Beckham in Spanien für Adidas. Eine Hairstylistin und eine Maskenbildnerin standen bereit, während er fünf Stunden lang einen Ball trat.

Vier Wochen später hatte Holmes den Kampf verloren. Beckham zahlte SFX zwei Millionen Pfund für die Vertragsauflösung, behielt Stephens jedoch zur Vertretung seiner Fußballinteressen – zumindest noch für kurze Zeit. Schon bald merkte er, dass Stephens nicht über die Fähigkeiten verfügte, die für die kommende Ära erforderlich waren. So ließ er ohne große Gefühle einen weiteren Freund und Mentor zurück.

Unter dem neuen Regime liefen Beckhams Einkommen über Footwork Productions. Fuller nahm zehn Prozent Provision für jeden neuen Vertrag. Diese einfache Verfahrensweise hielt allerdings nicht lange an, denn der ehemalige Buchhalter Fuller liebte komplexe Unternehmensstrukturen. Für sein eigenes Business agierte er als Controlling Director ganze 76 Firmen in Großbritannien und weitere in den USA. Die Höhe seiner Einnahmen rechtfertigte die Komplexität nicht, aber sie zeigte, wie wichtig ihm legale Steuereinsparungen waren.

Trotz Beckhams Weggang bei SFX und ihrer belasteten Beziehung sollte Rebecca Loos auf Stephens' Bitten weiter für Beckham im Madrider SFX-Büro arbeiten. Es war schwierig, die sich widersprechenden Anweisungen umzusetzen. Nicht nur Fuller war skeptisch – welche Gründe hatte SFX, sie zu behalten?

In einem ersten Schritt vor Veröffentlichung der Loos-Saga suchte sich Fuller einen erfahrenen Publicitymanager, der bereits schwierige Situation gelöst hatte und in der Lage war, ebensolche zu vermeiden. So rief er aus dem Nichts Simon Oliveira an, einen 30-jährigen Pressesprecher aus dem Sportbereich und Arsenal-Fan. Anfangs verstand

Oliveira gar nicht, worauf Fuller in dem vagen Gespräch hinauswollte. Am Ende aber wurde er im Juni 2004 zu Beckhams Sprecher ernannt, während in Portugal die Europameisterschaft ausgetragen wurde.[245]

Victoria behielt McAteer als Assistentin, folgte jedoch Fullers Empfehlung, Loos zu entlassen. Weder Fuller noch Victoria dachten über die Konsequenzen nach. Denn nur vier Monate nachdem Loos aus London gekommen war, fand sie sich nun arbeitslos in Madrid wieder und hatte Angst, auch noch von David verlassen zu werden.

Der Fußballer bat seinen Assistenten Andy Bernal, sich das Handy von Loos zu beschaffen, um alle seine Nachrichten darauf zu löschen.[246] Das gelang nicht. Bernal wurde nur drei Monate später entlassen. Dann kam Sam Rush, Operating Officer bei SFX und Anwalt, nach Madrid. Er verlangte von Loos, eine Vertraulichkeitsvereinbarung zu unterzeichnen. Sie weigerte sich. Außerdem behielt sie alle Textnachrichten von Beckham. Dummerweise bot Rush ihr kein Schweigegeld an. Er bot ihr gar nichts an. Die Beckhams schienen nicht zu erkennen, in welcher Gefahr sie steckten. Dabei hätten sie so gut aus der Vergangenheit lernen können.

Drei Jahre zuvor hatte der Bodyguard Mark Niblett gekündigt, unter anderem weil sein Vater an Krebs erkrankt war. Fünf Wochen später wurde er verhaftet, da er laut Victoria gedroht habe, Brooklyn zu töten. Die Anklage wurde fallen gelassen. Wütend verriet Niblett dem Journalisten Andrew Morton vertrauliche Informationen über sein Leben mit den Beckhams. „Sie kann sehr hart sein“, sagte er über Victoria. Diese Geschichte hätte Warnung genug sein können. Es war keine gute Idee, Mitarbeitende unfair zu behandeln.[247]

Loos wurde von Terry und Jennie Byrne ersetzt. Terry Byrne, eine „gute Seele“, hatte 1998 als Masseur bei Manchester United gearbeitet, und seine Freundschaft mit Beckham hatte begonnen, als der Star im WM-Spiel gegen Argentinien die Rote Karte erhalten und Byrne den enttäuschten Fußballer in der Umkleidekabine getröstet hatte. Seitdem war Beckhams Vertrauen noch gewachsen. Das Ehepaar Byrne zog in ein gemietetes Haus in Madrid.

Victoria blieb in London.

11

Die dunkelste Stunde

Im Februar 2004 hatten die Beckhams gute Gründe zu glauben, das Schlimmste überstanden zu haben, auch wenn David sieben Verletzungen in den letzten Monaten erlitten hatte – ein „Albtraum". Im Jahr davor hatte es zudem zwei schwierige Matches gegen die Türkei gegeben: Im April 2003 war Beckham im Stadium of Light in Sunderland frühzeitig verwarnt worden, konnte aber in der Nachspielzeit einen Elfmeter verwandeln und so helfen, ein 2:0 zu sichern. Das Spiel wurde durch Gewalt unter den Zuschauenden getrübt. Im Oktoberrückspiel in Istanbul hatte Beckham dann in der ersten Halbzeit einen Strafstoß verpatzt, und Alpay Özalan hatte ihm einen Finger ins Gesicht gestoßen. Das Spiel endete 0:0. Dennoch sagte Beckham einer spanischen Zeitung: „Ich könnte nicht glücklicher sein hier in Madrid."[248] Seine Einnahmen 2003 betrugen über 20 Millionen Pfund.[249]

Eines der Highlights war eine unterwürfige Entschuldigung des *Sunday Mirror*. Die Anwälte von Beckham hatten die Zeitung wegen des Artikels mit der Schlagzeile „It's my way or the fucking highway" vom 23. November verklagt. Ben Todd und der stellvertretende Redakteur Richard Wallace wollten nicht nachgeben, Chefredakteur Piers Morgan überstimmte sie jedoch, denn er fand, Todds Artikel sei falsch gewesen. „Das hast du dir doch ausgedacht. Sie waren nie glücklicher", sagte Morgan den beiden Mitarbeitern. Einer von ihnen war von der Vorgehensweise seines Chefs nicht überzeugt: „Er wurde von McAteer verhext und von der Berühmtheit der Beckhams geblendet."

Die Entschuldigung war jedenfalls ausführlich: „Victoria hat nicht gesagt, dass ihre Ehe vorbei sei oder David aus Spanien zurückkommen solle. Ihre Ehe liegt ganz und gar nicht in Trümmern, sondern ist sehr stark, sie sind verliebt wie eh und je. Sie haben nicht über eine Trennung auf Probe gesprochen, und es gab keinen Streit über die Erziehung der Kinder. Zudem wollte der *Sunday Mirror* nicht den Eindruck erwecken, dass sich David und Victoria getrennt hätten."[250]

Um die Entschuldigung zu bekräftigen, erklärte sich Victoria bereit, Richard Wallace zum Lunch im Restaurant von Gary Rhodes in der City zu treffen. Es wurde still, als Victoria den Raum betrat, in dem nur Männer in Anzügen zu sitzen schienen. Als einzige Frau zog sie die Blicke auf sich und erklärte dem Journalisten am Tisch dann in aller Ruhe, wie ihre Beziehung in Zukunft aussehen werde. Sie und David waren davon überzeugt, dass ihre juristische Vertretung sie auf der Grundlage der britischen Gesetze vor weiteren Verleumdungen schützen werde.

Doch die letzten Monate hatten Konsequenzen. Zu Victorias Enttäuschung wurde sie nicht zum Lunch mit der Queen eingeladen, an dem 200 der wohlhabendsten und einflussreichsten Frauen in Großbritannien teilnehmen durften – der Verantwortliche im Buckingham Palace, Sam Cohen, fand Victoria offenbar weder herausragend noch ikonisch genug.[251] Dass sie sich in einem sehr knappen Badeanzug für die Zeitschrift *Pop* als sexy Sechzigerjahre-Kätzchen hatte fotografieren lassen, war wohl auch nicht gerade hilfreich, um seine Meinung zu ändern. Zudem hatte sie bei ihrem Auftritt bei Michael Parkinson im November spöttisch gefragt, warum die Queen bei sich zu Hause eigentlich immer eine Handtasche herumtrage.[252]

Fuller hielt sich nicht lang mit dieser Enttäuschung auf. Er entwarf eine neue Karriere für Victoria. Sie entwickelten gemeinsam eine Methode, sich einen Marktüberblick zu verschaffen und zu überlegen, wen und was sie kopieren konnten – ohne eigene originelle Ideen war das auch die einzige Möglichkeit. In diesem Fall fiel die Entscheidung, sich an Jennifer Lopez zu orientieren. Die Sängerin hatte 2003 durch Merchandise-Branding 100 Millionen Pfund verdient. Mit Fullers Hilfe wollte Victoria nun ebenfalls eine Marke für Kleidung, Kosmetik und Parfüm aufbauen.[253]

Währenddessen machte Beckham in Madrid weiter wie eh und je. „Lehn dich zurück", schrieb er Loos, „und denk daran, was ich mit dir gemacht habe, als du auf dem Bauch lagst."[254] Frida, eine junge Frau aus der Schweiz, berichtete einer schweizerischen Zeitung, sie und ihre Freundin Lenha seien nach Beckhams Spiel in Basel bis acht Uhr früh in seiner Suite geblieben.[255]

Da Coulson, Todd und andere Presseleute keine Beweise vorlegen konnten, die gerichtlich Bestand gehabt hätten, fielen sie Beckham nur weiterhin mit Artikeln auf die Nerven. Ständig musste er bestreiten, dass seine Ehe „am Ende" sei, doch eines Tages brach er mit seinem eigenen Narrativ: In einem Interview betonte er, Victoria habe niemals nach Madrid kommen sollen, weil die spanischen Paparazzi sonst Brooklyn verfolgt hätten. Außerdem bestritt er, Loos gefeuert zu haben. „Ich wusste nicht einmal, dass ich eine Dolmetscherin hatte", sagte er. „Das ist komplett ausgedacht. Warum lügen die Leute ständig?"[256]

In seiner eigenen Welt fühlte sich Beckham sicher. Gleichzeitig führte er eine Liste in einem kleinen, schwarzen Buch mit den Namen derer, die ihn „am meisten geärgert" und kritisiert hatten. „Ich will hier niemanden nennen", sagte er der Zeitschrift *OK!*, „weil es eine Überraschung sein soll, wenn ich mich an ihnen räche. Eines Tages werde ich sie kriegen." Zu Weihnachten 2003 war das Büchlein ziemlich vollgeschrieben.[257]

Im Januar und Februar 2004 trafen sich Beckham und Loos weiterhin gelegentlich. Sie war immer noch verletzt wegen ihrer Kündigung und vor allem sauer auf die scheinheilige Victoria, die als glückliche Mutter und Ehefrau auftrat. „Wir vertrauen uns gegenseitig", hatte Posh kürzlich über David gesagt.[258]

Der Wendepunkt für Loos kam, als sie die falsche Moral der Beckhams endgültig durchblickte: Nach einem Essen für SFX-Mitarbeitende im Hard Rock Café in Madrid hatte Beckham kein Trinkgeld gegeben, und am Tag darauf gab die Kellnerin Loos eine schriftliche Nachricht für ihn mit: Sie lebe von den Trinkgeldern und sei verärgert, dass ein so reicher, berühmter Mann so knauserig sein könne. Nachdem Beckham das Schreiben gelesen hatte, war er alarmiert. „Gib ihr das", sagte er und drückte Loos ein dickes Bündel Euroscheine in die Hand.

Loos war wirklich wütend, dass Beckham mit ihr gespielt und sie angelogen hatte. Sie hatte einen Job verloren, der ihr viel Spaß gemacht hatte, und fühlte sich als Frau von einem Mann betrogen, dem sie vertraut hatte. „Mir geht es schlecht", äußerte sie gegenüber Emma Basden. „Ich habe alles verloren." Die Angelegenheit mit der Kellnerin hatte ihr außerdem gezeigt, welche Angst Beckham vor einem Imageschaden hatte.

Loos witterte ihre Chance, Beckham seinerseits zu verletzen – nicht zuletzt, weil er damals im Bett gesagt hatte, sie sei seine erste heimliche Beziehung. „Ich weiß, dass ich mich damit gegen die mächtigste Familie der Welt stelle", sagte sie Ende Februar zu Basden, „aber die Menschen werden sich freuen, die Wahrheit zu hören." Im Gegensatz dazu, was andere später behaupteten, ging es ihr nicht um Geld oder Aufmerksamkeit, sondern darum, wie sie behandelt worden war.

„Du solltest mit Max Clifford sprechen", riet ihr Basden.

Niemand bei den damaligen Klatschzeitungen konnte einen Anruf von Clifford ignorieren. Er war ein PR-Guru, der gern von Frauen gebucht wurde, die ihre Storys über heimliche Liebschaften mit mächtigen Männern erzählen wollten. Sein Verhandlungsgeschick war einzigartig. Basden erzählte ihm von Loos und deren Bettgeschichte – und Clifford stürzte sich darauf. Am Telefon machte er Loos ein deutliches Angebot: „Wenn du ein nettes, ehrliches Interview mit allen sexuellen Details gibst, zahlen sie dir eine Million Pfund." Loos war sofort einverstanden. Ihre einzige Bedingung: Man durfte sie nicht als Quelle identifizieren können. Ihre Enthüllungen sollten von einer „Freundin" kommen.

Cliffords Markt war jedoch begrenzt. Der *Mirror* hatte sich gerade erst bei den Beckhams entschuldigt, und die *Sun* war ohnehin ihre Cheerleaderin. Blieb die *News of the World*. Andy Coulson sagte sofort zu, wollte aber nur 300.000 Pfund zahlen. Für die Aufzeichnung der Beichte wurde der erfahrene 42-jährige Chefreporter Neville Thurlbeck ausgewählt.

In einem gut geschnittenen Anzug kam Thurlbeck in Madrid an. Er trat als vertrauenswürdiger Gentleman auf und traf Loos in einer Kellerbar. Seine guten Manieren zerstreuten Loos' Bedenken. Im Laufe der nächsten Tage erzählte sie gut gelaunt von ihrer Beziehung mit dem Fußballer und zeigte dem Journalisten auch Beckhams Textnachrichten auf ihrem Handy. Selbst Thurlbeck, der später wegen illegalen Abhörens von Telefonaten verurteilt wurde, war über ihre Enthüllungen verblüfft: „Er hat Dinge mit mir gemacht, um die er seine Frau nie gebeten hätte. David ist ein großartiger Liebhaber. Er stellt sicher, dass er die Frau befriedigt. Und er ist unglaublich ausdauernd.“ Die erotischen Textnachrichten schienen ihre Aussagen zu unterstreichen.[259]

Um den Wahrheitsgehalt der Story überprüfen zu können, brauchte Thurlbeck noch einen neuen Nachrichtenaustausch oder ein Telefonat zwischen Loos und Beckham. Drei Wochen lang wartete er in Madrid, dass Beckham Kontakt mit ihr aufnahm. Nichts geschah. Beckham war vorsichtig und reagierte nicht auf Loos' Anrufe. Später gab Thurlbeck an, er habe unter Loos' Bett eine SFX-Visitenkarte gefunden – und auf der habe in Beckhams Handschrift sein Name und eine Handynummer gestanden. Dieselbe Nummer, die Marbeck genutzt hatte. Das, so Thurlbeck, überzeugte Coulson und die juristische Abteilung der *News of the World*: Loos sagte die Wahrheit.[260]

Bestätigt wurde die Affäre später durch Glenn Mulcaire, der bei der *News of the World* vor allem damit beschäftigt war, die Mobiltelefone der Beckhams abzuhören. Für diese Straftat kam er sechs Monate ins Gefängnis.[261] Thurlbeck erklärte, für seine Reportage über die Loos-Enthüllungen sei Beckhams Telefon nicht abgehört worden.

Bei den Beckhams überlegte man, inwieweit SFX an der Sache Schuld hatte, denn David und Rebecca hatten ihre Handys beide von SFX bekommen. Wenn die Agentur die Rechnungen zahlte, erhielt sie auch eine Übersicht aller getätigten Anrufe. Der neue Beraterstab des Fußballers spekulierte, dass jemand von SFX nach Beckhams Kündigung die Informationen an die Zeitung verkauft hatte.

„Beckhams geheime Affäre“ war die Schlagzeile der *News of the World* am 4. April 2004: „David Beckham hat eine heimliche, glühende Affäre mit einer exotischen Schönheit in Madrid. Die *News of the World* bringt Licht ins Dunkel.“ Unter einem Videobild aus dem Ananda-Nachtklub vom September stand: „Nur 90 Minuten nachdem dieses Video aufgenommen wurde, ging Beckham mit Loos ins Bett.“

Um Loos' Bedingung zu erfüllen, nicht als Quelle genannt zu werden, schrieb Thurlbeck: „Als wir Rebecca darauf ansprachen, sagte sie: ‚Kein Kommentar. Lassen Sie mich in Ruhe.‘“ Und auch dies schrieb er auf ihre Bitte hin: „Sie war nicht in ihn verliebt." Die wöchentlichen Verkäufe der Zeitung lagen durchschnittlich bei 3,9 Millionen, sie stiegen nun um weitere 600.000 Stück an.

Vier Frauen waren besonders wütend über diese Story.

Loos selbst war „entsetzt". „So hatte ich mir das nicht vorgestellt", sagte sie Clifford. „Da stehen schreckliche Sachen über mich drin."

Die zweite Frau war Rebekah Brooks, Redakteurin bei der *Sun*. Obwohl sie seit Langem mit Coulson zusammen war, hatte er ihr nichts von seinem Exklusivinterview erzählt. Die Konkurrenz hatte noch vor ihr von dieser Sensation gehört. „Natürlich habe ich mich darüber nicht gefreut", kommentierte sie.

Die dritte Frau war Tina Weaver, Redakteurin beim *Sunday Mirror*. Sie hatte sich nur sieben Wochen zuvor bei den Beckhams entschuldigen und ein Bußgeld zahlen müssen, obwohl sie, wie sich jetzt herausstellte, die Wahrheit veröffentlicht hatte. „Du bist feige", schrie Ben Todd seinen Chef Piers Morgan an. „Warum hast du McAteer geglaubt und nicht uns?"

Die vierte Frau, die sich noch vor Sonnenaufgang an diesem Sonntagmorgen mit der Demütigung beschäftigen musste, war Victoria Beckham. „Wenn David mich jemals betrügen sollte", hatte sie einmal gesagt, „werde ich wohl an gebrochenem Herzen sterben. Das werde ich bestimmt. Es wird mich umbringen." Die *News of the World* hatte aus ihrer Liebe nun blinde Wut gemacht. Sie war aufgelöst und hysterisch. Bezeugen konnte das Abigail Gibson.

Gibson arbeitete seit August 2003 als Kindermädchen bei den Beckhams. An diesem Sonntag hörte sie, wie Victoria schrie, ihre Ehe sei vorbei, sie würde ihre Anwaltskanzlei anrufen – die Kanzlei übrigens, die auch für Prinzessin Diana gearbeitet hatte. Ihre Mutter Jackie redete ihr eine Scheidung jedoch aus: Es gäbe zu viel zu verlieren. „Ich hasse Spanien, ich will nach Hause", hörte Gibson Posh kreischen. Doch in all ihrer Wut wusste sie, dass sie ohne Beckham nicht überleben würde. Später bestritt Beckhams Sprecher Gibsons Aussage, das Paar hätte sich aufs Übelste beleidigt. Aber wegen Verleumdung verklagt wurde sie auch nicht.[262]

„Du hast mir meinen Geburtstag kaputt gemacht", warf Victoria David am Telefon vor. Viele weitere Vorwürfe folgten. Beckham in

Madrid bestand auf seiner Unschuld. Die beiden einigten sich darauf, McAteer anzurufen. Sie sollte der Öffentlichkeit sagen, Posh glaube Davids Dementi und Loos sei eine Lügnerin.

McAteer machte ein ganzes Szenario auf: Victoria habe Loos nie vertraut, und die Zeitung habe gelogen. Beckham selbst bezeichnete die Textnachrichten als Fälschung. „In den letzten Monaten", sagte er, „habe ich immer mehr lächerliche Geschichten über mein Privatleben gehört. Das, was heute Morgen erschienen ist, ist nur ein Beispiel." Er fügte hinzu, er sei ein glücklich verheirateter Mann.

„Lächerlich" war kein kategorisches Dementi. Noch hatten Beckhams Anwälte der *News of the World* keine Anzeige wegen Verleumdung angedroht, und so entschieden sich die anderen Zeitungen, auf Coulsons Zug aufzuspringen. Beckham erklärte sich „schockiert", dass seinem Dementi nicht geglaubt wurde.[263]

Im weiteren Verlauf dieses Sonntags machte sich Victoria auf nach Heathrow. Sie wollte nach Genf fliegen, um mit ihrer Familie Skiurlaub in Frankreich zu machen. Sie musste die Tränen zurückhalten und schirmte ihre verquollenen Augen mit den Händen ab.

Während des Check-in für den BA-Flug wurde sie keine Sekunde in Ruhe gelassen. Die Paparazzi waren so hektisch, dass Victorias Bruder mit einem Objektiv am Auge verletzt wurde und ins Krankenhaus musste. Ihre Mutter stürzte, und ihr Vater stieß einen Mann von der *Daily Mail* zu Boden. „Bodyguards, Bodyguards, Bodyguards", rief Victoria ihrem Bataillon ehemaliger königlicher Personenschützer, Armeeangehöriger und Polizisten zu, die sie ins Flugzeug geleiteten.

Victoria verkroch sich in dem Luxus-Chalet Atlantique in Courchevel, das sie 22.230 Pfund die Woche kostete. Währenddessen sprach sie mit Vertrauten über eine „Trennung auf Probe".[264] Zu ihrem Schrecken schien David einverstanden zu sein. Schnell überlegte sie es sich anders.

Beckham beschrieb das, was folgte, als „peinlichen Aufzug hässlicher Geschichten ... als ob die Leute versuchen, meine Ehe zu zerstören". Aus seiner Sicht seien allein die Medien an seinem und dem „Herzschmerz" seiner Familie schuld.[265] Aber „Freunde" erzählten dem *Sunday Mirror*, Beckham habe in einem Telefonat gesagt: „Ich habe den größten Fehler meines Lebens begangen."[266] Einem anderen

„Freund“ sagte er: „Mein Leben ist im Arsch. Ich weiß nicht, was ich machen soll. Ich liebe Victoria, aber sie ist wirklich wütend. Ich habe alle im Stich gelassen.“[267]

Er hatte zwei Möglichkeiten: Entweder sofort im Fernsehen auftreten, die Affäre zugeben, die Kritik einstecken und hoffen, dass sich nach einer Woche alles wieder beruhigte. Oder die Medien mit Dementis füttern. Einigen Freunden gegenüber hatte er zugegeben, mit Loos „gespielt“ zu haben, bestand aber darauf, „nicht bis zum Äußersten gegangen“ zu sein.

Victoria war zu stolz, um ihre Demütigung einzugestehen. Sie wollte zurückschlagen. Wenn sie zu David stehen würde, konnte sie den Schaden vielleicht noch begrenzen, und solange sie die Wahrheit bestritt, so lange würden die Zweifel über Loos' Aussagen ihre Ehe schützen. Also wies sie McAteer an, die *News of the World* lächerlich zu machen.

Leider lieferten die beiden Frauen im Folgenden ein Musterbeispiel dafür, wie man aus einem Drama eine Katastrophe macht.[268]

Denn schon am nächsten Tag fand Victoria heraus, dass sie sich auf die Medien nicht verlassen konnte. Zum ersten Mal gelang es ihren aggressiven PR-Leuten, Agentinnen und Anwälten nicht, einen Kuhhandel mit den Zeitungen auszuhandeln. Die *Sun* war wohlwollend, aber der neue Nachrichtenredakteur Chris Pharo war hin- und hergerissen zwischen der Sympathie seiner Zeitung für die Beckhams und den Berichten, die die Paparazzi vorweisen konnten.

Wie andere Zeitungen veröffentlichte auch die *Sun* Beckhams atemlose Textnachrichten an Loos. „Weißt du noch, wie du mich beim letzten Mal überall abgeleckt hast? Ich habe noch nie …“ Das war noch harmlos.[269] Zumindest brachte McAteer mit ihrer üblichen Zuckerbrot-und-Peitsche-Methode die *Sun* dazu zu schreiben, Beckham als „Schutzheiliger der Perfekten“ würde unter dieser Sache bestimmt nicht leiden und Posh würde sicherstellen, dass die Ehe weiterbestand. Auf diese Weise würde die *Sun* das Vertrauen der Beckhams behalten und ein Zitat von Beckham bekommen: „Mir geht es gut, ihr geht es gut, alles ist prima, und wir genießen einen wunderbaren Urlaub.“ Um Loos in Misskredit zu bringen, fand die *Sun* eine lesbische Fitnesstrainerin, die sagte: „Ich kenne keine Frau, die so viel flirtet wie sie.“[270]

Der „dümmliche Ballschubser“, wie die *Times* Beckham plötzlich nannte, spielte an diesem Tag ziemlich schlecht. Real Madrid verlor in der Champions League 1:3 gegen Monaco. Nach dem Match flog Beckham gleich nach Courchevel, denn Victoria hatte entschieden, dass ihr Überleben davon abhing, die Illusion einer perfekten Ehe wiederherzustellen. Diejenigen, die sie noch vor wenigen Wochen als „so verdammt negativ“ verurteilt hatte, wurden wieder einbestellt, um diese aufrichtige Liebe zu bezeugen.[271]

Natürlich wurde Jason Fraser ausgewählt, als Erster Fotos davon zu schießen, wie Posh und Becks durch das verschneite Dorf spazierten. Die Bilder verkaufte er für etwa 20.000 Pfund an die *Sun*. Poshs Worte wurden von McAteer übermittelt: „Wir haben schon viel Schlimmeres erlebt und werden das hier auch durchstehen.“[272] Die Zeitung fügte hinzu: „Posh sagte, sie sei ‚unbeliebter als Saddam Hussein‘, aber sie ist eine hart arbeitende Mutter, die ihre Kinder an erste Stelle setzt. Sie steht für all das Gute in Großbritannien.“

Die Paparazzi, die von der Fotogelegenheit in Courchevel erfuhren, registrierten die übliche Beckham-Gelassenheit. In einer großartigen Vorstellung klammerte sich das Ehepaar aneinander. Dann sprang Victoria ihrem Mann Huckepack auf den Rücken, beide lächelten. Sobald die Show vorbei war, verschwanden sie in ihrem Chalet. McAteer füllte die Leere: Loos sei eine Lügnerin, eine wilde Partylesbe mit „tierischen Instinkten“ und außerdem mit drei berühmten Tennisspielern im Bett gewesen.

Während sie die Menge zerstreute, blickte einer der Journalisten durch ein Fenster des Chalets und sah, wie Posh ihrem Mann hart ins Gesicht schlug. Nicht zum ersten Mal gab sie ihm eine Ohrfeige, dass er blutete.[273] Man konnte sich gut vorstellen, wie sie ihr Ultimatum wiederholte: „It’s my way or the fucking highway.“[274] Beckham, für seinen Jähzorn berühmt, schlug nicht zurück. Vermutlich war er von ihrer Hysterie irritiert. Sein Verhalten in den folgenden Jahren wies jedenfalls immer wieder darauf hin, dass er wenig Mitleid mit seiner Frau verspürte.

In diesem kritischen Moment stellte niemand die Frage, ob die Beckhams eigentlich noch an ihr eigenes Image glaubten. Dachten sie wirklich, sie seien ein glücklich verheiratetes Paar? Und schämte sich

David nicht hinter seiner Grinsefassade? Fühlte er sich schuldig, oder ärgerte er sich nur, dass er erwischt worden war? Verkauften die beiden nur noch eine Fantasie? Promoteten sie ihren eigenen Hype? Oder waren sie einfach vergesslich? Abgesehen von ihrer Jagd nach Ruhm und Selbstbereicherung – konnten sie sich selbst oder anderen erklären, welchen Sinn ihr Leben hatte? Standen sie für irgendetwas Substanzielles, oder waren sie doch nur ein hohles Gefäß, das für ein dankbares Publikum performte? Waren die Beckhams, die ewig Theater für ihre Fans spielten, lediglich Schöpfer ihres eigenen Mythos?

Aus Gründen des Selbsterhalts mussten sie ihre Rollen weiterspielen. Ihr finanzielles Schicksal hing von der Aufrechterhaltung dieser Scharade ab. Die aggressive, kapitalkräftige Publicitymaschine in Person des „Kampfhundes" McAteer musste dementieren, dass die Familie kaputt und das Glück nur noch gespielt war. Wahrscheinlich kannte McAteer die Wahrheit gar nicht, es spielte auch keine Rolle. McAteer wurde für ihren Job bezahlt und war dabei so aggressiv, dass einige aus den Redaktionen die Beckhams immer weniger mochten.

Rav Singh war ziemlich präzise, was das Telefonat der Beckhams zwei Tage später anging. „Ich habe es getan", gab Beckham seiner Frau gegenüber zu. „Es tut mir leid."[275] McAteer bestritt dieses Gespräch, konnte jedoch die Fragen über Beckhams „Familienwerte" nicht zurückhalten.

„Posh hält uns wohl für naiv", schrieb Carole Malone. „Sie hat Angst, durch diese Schmuddeleien alles zu verlieren. Sie posieren auf der Piste, um ihre ‚Zweisamkeit' zu zeigen, um ihre Werbe- und Sponsorenverträge in Höhe mehrerer Millionen Pfund und ihre Marke nicht zu gefährden. Es war immer klar, dass ihre Gier, Kontrollsucht und Machtspielchen sie eines Tages einholen und ihr in den knochigen Hintern beißen würden."[276]

In den Tagen danach erwähnte Beckham erneut, sich an denen zu rächen, die ihn in diese Schwierigkeiten gebracht hatten. Deren Namen stünden weiterhin in seinem kleinen, schwarzen Buch. Später dementierte er diese Aussage.[277]

Während des Medienwahnsinns war Loos in ein Hotel in der Nähe der südspanischen Stadt Sotogrande gebracht worden. Mehr als 600 Kilometer von Madrid entfernt, hatte Thurlbeck dort ein Haus gemietet, damit Loos nicht von anderen Zeitungen gefunden wurde, bevor die *News of the World* am folgenden Sonntag einen zweiten Artikel veröffentlichte. Seine größte Aufgabe bestand darin, die wütende Frau zu beruhigen.

Die Regenbogenpresse hatte Loos als „Schmuddelseñorita“ und „Männerfresserin, die sich den berühmtesten Fußballer der Welt schnappen wollte“ bezeichnet.[278] Dass Loos' Moral bezweifelt wurde, zog die skeptische Öffentlichkeit auf Beckhams Seite. Die meisten wollten nicht glauben, dass der „Heilige David“ Frau und Familie betrogen hatte. Der Appetit nach weiteren Klatschgeschichten war dennoch unersättlich.

Loos rief Clifford an: „So hatte ich das nicht erwartet, und Sie hatten mir etwas anderes versprochen.“

Clifford schrie: „Rufen Sie mich nie wieder an!“

Er war einfach furchtbar, davon war Loos nun überzeugt.

Auf Coulsons Anweisung hin sollte Thurlbeck nun Loos überreden, den nächsten Artikel in ihrem Namen schreiben zu dürfen, nicht in dem einer „Freundin“. Loos stimmte zu, um das ihr versprochene Geld zu bekommen.

Ihre Sexgeschichten-Geständnisse – kombiniert mit Fußball, Popmusik, Promis und Geld – machten aus dem Drama der Beckhams eine weltweite Sensation. Noch eine ganze Woche nach der Veröffentlichung durchforsteten Dutzende Medienleute ganz Großbritannien und Spanien nach weiteren Enthüllungen. Max Clifford genoss ein weiteres Doppelspiel: Nachdem er Loos an die *News of the World* verkauft hatte, fütterte er die Konkurrenz mit obszönen Informationen über seine Klientin – ohne deren Einwilligung. Zudem bot er ihnen zwei weitere Frauen an, die „überzeugende Beweise“ für ihre Affären mit Beckham hatten. Für eine davon wollte der *Mirror* 75.000 Pfund zahlen. Um in der Sprache der Klatschpresse zu bleiben: Der Marke Beckham stand ihre dunkelste Stunde bevor.

Gedemütigt und zerschmettert hatte Victoria die Wahl: kämpfen oder kapitulieren. Von ihren Eltern ermutigt, bat sie McAteer, den Hass auf die Medien zu schüren, die für ihr Drama verantwortlich waren. Als sie an diesem Samstag mit David in ihren Privatjet stieg, stand ihr der Trotz ins Gesicht geschrieben. Sie waren in Madrid angekommen, noch bevor die Sonntagszeitungen ihre neuesten Horrorgeschichten veröffentlichten.

Am Sonntag, 11. April, war in der *News of the World* vom Bettgeflüster zwischen Loos und Beckham zu lesen: Er fühle sich von Victoria nicht mehr angezogen. Sie sei zu dünn. Loos selbst gab zu, bisexuell zu sein und während ihrer Zeit mit Beckham gleichzeitig eine Affäre mit Emma Basden gehabt zu haben. Diese wiederum wollte nun ebenfalls ein Stück vom Kuchen und verkaufte ihre detaillierte Sexgeschichte an den *Sunday Mirror*: Loos sei „witzig, liebevoll, elegant und sehr sexy".[279]

Am selben Tag veröffentlichte die *News of the World* endlich auch die Story von Sarah Marbeck über ihre Affäre mit Beckham, die sie sieben Monate lang zurückgehalten hatte. Unter dem Titel „Ich bin Becks' Geliebte Nr. 2" berichtete Marbeck auf sieben Seiten von Beckhams „Leidenschaft" und seiner sexuellen Besessenheit während ihrer zweijährigen Affäre. McAteer wies die beiden Berichte der Frauen als „absurd und unbegründet" zurück.

Jegliche Zweifel wurden von Delfín Fernández zerstreut. Beckhams Bodyguard sagte im spanischen Fernsehen: „In den sechs Monaten, die ich für ihn gearbeitet habe, habe ich keine Frau getroffen, die Nein zu David Beckham gesagt hätte. Ich kann Ihnen keine Zahl nennen, aber sie wäre hoch." Zu seinen Aufgaben gehörte es, so sagte er, sämtliche Mädchen auf Aufnahmegeräte zu überprüfen, bevor sie in Beckhams Schlafzimmer durften.[280]

12

Allein

Am Abend des 11. April saß Victoria im Bernabéu und sah David zu. Er spielte schlecht – ein Beweis dafür, dass er trotz gegenteiliger Behauptung sein Privatleben nicht vom Fußball trennen konnte. Real Madrid verlor 0:3 gegen Osasuna. Der Verein näherte sich dem Ende einer katastrophalen Spielzeit, die ohne Titel bleiben sollte. Noch peinlicher wurde es, als auf den riesigen Videoleinwänden die Werbung einer Zeitung mit der Story über Beckhams Ehebruch eingeblendet wurde.

In London lag der Fokus auf Victoria. Die *Sun* schwärmte am nächsten Morgen, Posh habe das Spiel „hoch erhobenen Hauptes" angesehen. „Dafür braucht es viel Mut und Nerven wie Stahl." Weiter hieß es: „Wir müssen Posh unterstützen."[281]

Alle Zeitungen – auch die *Sun* – veröffentlichten die letzten „heißen" Textnachrichten zwischen Beckham und Marbeck. Sie mussten über 50 Sternchen setzen, um ihre Leserschaft vor Beckhams expliziten Fantasien zu schützen – vor allem wenn es um seine Vorstellungen ging, Sex auf der Motorhaube seines Ferraris zu haben. Der Wagen war ein Geschenk von Victoria gewesen. McAteer wies die Enthüllungen als „absurd" zurück. Fullers Firma nannte die Nachrichten „unbegründet".

Das Ehepaar war nach dem Match im Privatjet nach London geflogen, um gemeinsam eine besondere Show zu präsentieren: Ausgewählte Medienleute waren in den Beckingham Palace geladen, um aus der Entfernung zusehen zu dürfen, wie Victoria mit ihren Kindern und Eltern ihren 30. Geburtstag feierte. Es wurden Küsse verteilt, es wurde gelacht und im Garten auf einem Quad herumgerast. Die Beckhams und die Adams zeigten ihr großes Schauspieltalent.[282] Im Haus jedoch nahmen sich Tony und Jackie Adams abwechselnd ihren Schwiegersohn vor und warnten ihn vor den schwerwiegenden Folgen einer Scheidung.

Nach zwei Stunden sah das Publikum, wie das lächelnde Paar das Anwesen in einem silbernen Bentley verließ. Ziel war das Claridge's, wo ein feierliches Dinner und mehrere Flaschen Dom Pérignon warteten. Nach einer Stunde, wie McAteer vorausgesagt hatte, kamen beide wieder heraus und posierten lächelnd für Fotos. Beckham hielt Victoria eng an sich gedrückt, während diese ihm kokett ins Ohr flüsterte – jedoch ohne ihre Lippen zu bewegen. „Victoria und David sind selig verliebt", so McAteer. Elf Jahre später wollte Beckham übrigens ein Angebot ablehnen, in einem Film von Guy Ritchie mitzuspielen. Der Grund? „Ich kann nicht schauspielern." Die Paparazzi an diesem Abend vor dem Claridge's hatten einen anderen Eindruck.

Diese Kunststücke führten dennoch nicht dazu, dass die Story verschwand. Fuller schlug eine neue Lösung vor: Victoria und David sollten erneut bei Michael Parkinson auftreten. Der BBC-Moderator erklärte sich bereit, ihnen bei ihrem Angriff auf die *News of the World* zur Seite zu stehen. Indes, der Plan wurde von Loos durchkreuzt. Sie war nach London geflogen, um sich ihr Geld abzuholen – nach Abzug von Cliffords Provision etwa 300.000 Pfund. Auch Thurlbeck war zurückgekehrt, erklärte sich für die Story verantwortlich und reichte eine Spesenabrechnung von 45.285,38 Pfund ein.

Loos wollte sich nicht mehr auf Clifford verlassen und ließ sich – zu seinem Ärger – von Sky TV interviewen. Ihr Honorar, das vom Murdoch-Konzern bezahlt wurde, betrug bislang unerreichte 100.000 Pfund. Gerrard Tyrrell, der Anwalt der Beckhams, versuchte erfolglos, die Ausstrahlung der Sendung zu verhindern.

Loos präsentierte sich als kluge, hochgebildete Frau und beschrieb Beckham einer bislang unerreichten Anzahl an Zuschauenden als „sehr großzügigen Liebhaber", der ihr „ein überwältigendes Erlebnis" beschert habe. Dazu gehörte es auch, im Bett mit Erdbeeren gefüttert zu werden – Früchte, die bekanntermaßen auch Victoria mochte. Falls Posh sie verklagen sollte, sagte Loos, würde sie vor Gericht die Male auf

Beckhams „intimsten Körperregionen" beschreiben, „die nur eine Frau kennen kann, die mit ihm im Bett war". Insider meinten, dabei könne es sich unter anderem um eine Sommersprosse handeln.[283]

Während der Ausstrahlung saß Beckham mit seinen Teamkollegen in Spanien beim Abendessen. Auch Victoria sah sich das Interview nicht an. Sie war ins französischsprachige Verbier geeilt und aß dort demonstrativ in einer Bar eine Pizza. Ein Spaßvogel stellte sich vor, wie sie die Sky-Kabel aus der Wand riss, als Loos auf dem Bildschirm erschien.[284]

Keine Zeitungs- oder Fernsehredaktion bestritt öffentlich, dass Loos die Wahrheit sagte. Im Gegenteil. Tina Weaver konnte sich an Beckham-Anwalt Gerrard Tyrrell rächen, indem sie über 13 Seiten Sex und Drama von Loos' ehemaligem Freund veröffentlichte, der eigentlich nur das wiederholte, was Loos ihm über ihre Beziehung mit Beckham berichtet hatte. Clifford erhielt zu seinem Ärger keine Provision auf die 75.000 Pfund von der Zeitung, ebenso wenig wie für die Story des kubanischen Bodyguards Delfín Fernández oder des Kochs der Beckhams – oder all der anderen ehemaligen Beckham-Angestellten, die nach Veröffentlichung ihrer jeweiligen Erinnerungen großzügig bezahlt wurden.

In all diesem Chaos suchte das Promipaar nach den kleinsten Krumen. Zur Unterstützung von Victoria verurteilte die *Sun* Loos und Marbeck für ihre „geschmacklosen Anschuldigungen". Obwohl die *News of the World* die Stallgefährtin der *Sun* war, schimpfte diese über die „offenkundige Verzweiflung" der zwei Frauen und ihre Gier „nach Geld und Anerkennung".[285]

„Hat sie auch nur einen Funken Moral?", fragte sich Victoria Newton in Bezug auf Loos. „Hat sie kein schlechtes Gewissen? Rebecca Loos muss sagen, warum sie Beckhams Leben zerstören will."[286]

Die *Sun* hatte gute Gründe, die Beckhams weiter zu unterstützen. Marketingumfragen zeigten, dass die Menschen weiterhin von Davids Familienethos überzeugt waren. Noch immer wurde er als sensibel und rücksichtsvoll beschrieben, als liebender Vater, als treuer Gatte, kurzum: als Familienmensch. Sie wollten seinen Dementis glauben, insbesondere, weil auch Victoria sie öffentlich akzeptiert hatte.

Am folgenden Samstagabend wurde Beckham im Madrid-Derby wegen schlechter Leistung gegen Atlético ausgetauscht. Real gewann

2:1. Er flog nach London, wo auch Victoria gerade aus Frankreich angekommen war. In seiner Tasche, so McAteer, versteckte Beckham einen Ring mit einem rosafarbenen Diamanten im Wert von einer Million Pfund. Je größer die Schuld, desto wertvoller das Geschenk.

Beckham wurde gleich von einem weiteren Zeitungsartikel empfangen. In der *Sunday People* erinnerte sich Celina Laurie, eine „Pfarrerstochter" aus Dänemark, an einen späten Abend mit Beckham im August 2002. Beckhams Sicherheitsleute, sagte sie, hätten sie zu seinem Hotelzimmer begleitet und noch Kondome vorbeigebracht. „Seine Küsse waren wunderbar. Und er war so süß. Er hat sich nicht wie ein Mann verhalten, der noch nie seine Frau betrogen hat."[287] Noch peinlicher wurde es, als Laurie erwähnte, dass er sein Schamhaar abrasiert habe. „Ihm gefiel, dass ich Waxing mag."

McAteer beschrieb die Atmosphäre im Beckingham Palace an diesem Sonntag wie folgt: „Sie scheinen sehr glücklich zu sein." Auf die Frage, ob David gestanden habe, antwortete sie: „Warum sollte er etwas gestehen, was er nicht getan hat?" Und als sie gefragt wurde, wie Victoria auf die Enthüllungen der drei Frauen reagiert habe, zitierte McAteer sie mit den Worten: „Ich werde nicht zulassen, dass diese Schlampe meine Ehe ruiniert."[288] Die „Schlampe" Loos erschien am Tag darauf in der Fernsehsendung „Richard & Judy". Ihre Affäre mit Beckham, sagte sie schelmisch, habe die Ehe der beiden vermutlich sogar verbessert. Bevor David an diesem Abend nach Madrid zurückflog, warnte ihn Victoria: „Wenn du mich verlässt, mache ich dir das Leben zur Hölle."

Wenige Tage später wurde Beckham im Bernabéu-Stadion für seine schlechte Leistung ausgebuht. Er schien gar nicht mehr gewinnen zu wollen. Victorias Drohung, ihm im Fall einer Scheidung die Kinder vorzuenthalten, setzte ihm zu. Genauso wie ihre aufrichtige Bitte: „David, verlass mich nicht. Wenn du mich verlässt, werde ich mich zu Tode hungern. Ich werde nichts mehr essen."[289]

Drei Wochen nach der ersten katastrophalen Enthüllung schien Victoria ihren Mann überzeugt zu haben. Endlich erklärte er sich einverstanden, nach England zurückzukehren und für einen Londoner Verein zu spielen. So konnte Victoria in ihrem Haus in Hertfordshire und in der Nähe ihrer Eltern bleiben.

Danielle Heath beobachtete derweil die Überlebenskünste der Beckhams. Victoria hatte die 22-jährige Kosmetikerin in einem Salon in Essex kennengelernt und rief sie nun in den Beckingham Palace. „Als ich ankam", berichtete Heath später, „hätte man nicht glauben können, dass irgendetwas nicht in Ordnung war. Sie küssten sich und kamen gut miteinander aus. Sie wirkten so gelassen."

Victoria wusste, dass sie die Kontrolle wiedergewinnen musste. Sie buchte sogar eine Hypnotherapie, bevor sie wieder einmal öffentlich ihre Liebe bezeugte: Ihre Ehe sei kein Business-Arrangement, sondern eine glückliche Beziehung.

An einem warmen Abend, etwa einen Monat nach Beginn der Krise, fuhr das Paar nach London zu einer Party, die Fuller in der Royal Albert Hall gab. Sie plauschten mit den Gästen und sorgten für eine großartige Performance. Sie sahen makellos aus. Victoria hatte sie aus dem Sumpf gezogen.

„Ich weiß, dass mich mein David niemals betrogen hat", sagte sie. Und: „Bei all dem tut er mir wirklich leid. Sein Name wird durch den Dreck gezogen, und er hat doch nichts falsch gemacht. Ich bin tief im Inneren überzeugt, dass ich den loyalsten Ehemann habe, den ich mir wünschen könnte. Er ist immer treu, und daran hat sich nichts geändert." Als sie erneut gefragt wurde, gab sie zu, verletzt zu sein: „Ich kenne die Wahrheit, und meine Familie kennt die Wahrheit. Wir machen einfach weiter. David sieht das genauso wie ich. Wir ziehen einen Schlussstrich, weil es das ist, was wir wollen." Drei Jahre später gab sie zu: „Ich werde nicht lügen – es war wirklich eine schwere Zeit."[290]

Peter Kenyon, ehemaliger Geschäftsführer bei Manchester United und nun Geschäftsführer bei Chelsea, bot Beckham am folgenden Wochenende rund 20 Millionen Pfund pro Jahr für einen Transfer an.

Auf Anweisung von Victoria bat Beckham den Eigentümer des Vereins, Roman Abramowitsch, zum Lunch nach Madrid, um den Deal zu beschließen.[291] Der russische Oligarch und Milliardär sah sich allerdings gleich drei Hindernissen gegenüber. Erstens verlangte Real Madrid für den Transfer 180 Millionen Euro – das war selbst ihm zu viel. Zweitens war da der Nervenkitzel, Beckham neben dem Brasilianer Ronaldo und dem großartigen französischen Spieler Zinédine Zidane zu sehen – darauf wollte er ungern verzichten. Obwohl Beckham glaubte, dass Real Madrid wegen seiner schlechten Leistung kein Interesse mehr an ihm hatte, war die Stimmung positiv.

„Stimmt es", fragte er Florentino Pérez mit feuchten Augen, „dass ihr mich verkaufen wollt?" Pérez antwortete emotional: „David, hör zu. Ich würde das Stadion verkaufen, ich würde das Bernabéu verkaufen, bevor ich dich verkaufe."[292]

Abramowitschs drittes Hindernis war erneut Geld. Und zwar nicht sein Angebot für Beckham, sondern das zukünftige Einkommen des Fußballers. Ganz oben in Beckhams Kalkulation standen Sponsorenverträge, Steuersparmodelle und seine Karriere nach dem Fußball.

Fuller hatte sich bereits schlauer angestellt als Stephens. Es war dumm gewesen, die Hälfte von Beckhams Einnahmen für alle neuen Sponsorendeals an Real Madrid abzutreten. Zudem hatte Stephens keine Vision von Beckhams Zukunft gehabt. Fuller hingegen war sich sicher, dass die Zukunft seines Klienten nicht in Europa, sondern in den USA lag. Diesen riesigen Markt zu besetzen, würde wesentlich für Davids Vermögen sein – und natürlich für sein eigenes. McAteers Promotionprogramm in New York und Los Angeles im Jahr zuvor war regelrecht amateurhaft gewesen.

Der große Erfolg von *Kick It Like Beckham* an den Kinokassen hatte ihnen eine neue Chance eröffnet. Die Verkäufe der von Beckham entworfenen Police-Sonnenbrillen waren in die Höhe geschossen. Außerdem überzeugte der Film die *Vanity Fair* davon, Beckham aufs Titelbild zu setzen – eine Ehre, nach der sich Tausende Möchtegernstars in Hollywood sehnten.

Während Fuller also daran arbeitete, die Bekanntheit des Fußballers in den USA zu stärken, bewies er auch anderweitig seinen Wert: Er rettete den Gillette-Deal. Denn der Vertrag war gerade fertig zum Unterzeichnen gewesen, als die Loos-Story ihren Anfang nahm. Die US-Führung von Gillette befürchtete, dass eine Zusammenarbeit mit Beckham der Marke schaden könnte. Er hatte in ihren Augen mit diesem Skandal gegen die „Benimmregel" verstoßen. Doch zu ihrer Überraschung berichteten die Marketingteams, die Geschichte habe Beckhams Standing sogar noch verbessert: Die Männer gaben Victoria die Schuld und bewunderten Beckhams Glück bei schönen Frauen.

Nachdem der Gillette-Deal also unterzeichnet war, wurde ein Fotograf für den Launch des neuen Rasierers ausgewählt. Victoria war mit den Vorschlägen des Unternehmens nicht einverstanden und bestand darauf, dass die Schwarz-Weiß-Fotos ihren Mann als ikonischen Helden darstellten. Schließlich genehmigte sie Jason Bell aus Camden Town in Nordlondon. Bell konnte ein verführerisches, maskulines Bild des Fußballspielers schaffen, und er war – wie auch das Gillette-Filmteam – von Beckham begeistert. Der Fußballer war einfach abzulichten, sah durch das Objektiv stets begehrenswert aus und blieb fröhlich und nahbar. Auch die Einladung zu den Beckhams nach Hause wusste die Crew zu schätzen. Beckham kochte für alle Spaghetti bolognese.

Gemäß dem Gillette-Vertrag erhielt Beckham drei Jahre lang drei Millionen Pfund jährlich sowie einen Teil der durch die Anzeigen erzielten Gewinne. Das war unüblich, aber ein Trumpf, ganz nach dem Vorbild von Nike. Das Unternehmen hatte in den 1980er-Jahren wirtschaftliche Probleme gehabt und konnte durch einen solchen Bonus Michael Jordan überzeugen, zu ihnen statt zu Adidas zu kommen. Fuller ließ verlautbaren, der Gesamtdeal bringe 40 Millionen Pfund ein, was im Nachhinein, wie Beckham erfahren musste, übertrieben war. Damit Real Madrid nicht die Hälfte der Einnahmen beanspruchen konnte, verband Fuller den Vertrag mit einer Beckham-Fußballakademie.

2004 gelang es Fuller, David Beckham Schritt für Schritt in den USA zu etablieren. Über Popmusik und die TV-Show „American Idol" hatte Fuller Kontakt zu Tim Leiweke aufgebaut, den Präsidenten der Anschutz Entertainment Group (AEG). Der war Fußballfan und agierte für Philip Anschutz, einen öffentlichkeitsscheuen Milliardär, der sein Vermögen mit Öl, Telekommunikation, Eisenbahnen und Entertainment gemacht hatte. Leiweke und Anschutz waren bemüht, Fußball als wichtigen Sport in den USA zu etablieren. Sie hatten Beckham als Repräsentanten für ihr Ziel erwählt, die Fußballmeisterschaft der Major League Soccer (MLS) vor dem Untergang zu bewahren. Leiweke hatte den Eindruck, sich von Fuller ein langfristiges Engagement gesichert zu haben: Irgendwann würde Beckham für LA Galaxy spielen, Anschutz' Fußballteam in Los Angeles.

Leiwekes Beziehung zu Beckham war bei einem Dinner im Beckingham Palace besiegelt worden – noch bevor der Loos-Skandal öffentlich geworden war. Leiweke hatte David, Fuller und Beckhams Berater in Madrid, Terry Byrne, geschildert, welcher Ruhm Beckham bei Galaxy erwarten würde.[293] Er hatte ihm außerdem die Unterstützung des riesigen Unternehmens für seine erste Fußballakademie zugesichert, die in Greenwich in der Nähe des Millennium Dome an der Themse angesiedelt werden sollte. Die AEG wollte teilweise die Finanzierung für zwei Indoorfußballfelder in voller Größe übernehmen, sodass im ersten Jahr 10.000 Kinder an der Akademie teilnehmen konnten, und eine weitere David Beckham Academy in Los Angeles bauen, gleich neben dem Home Depot Center – der Heimspielstätte von LA Galaxy.[294] Zu guter Letzt erwähnte er noch die Steuervorteile, die Beckham in den USA genießen würde.

Fuller war ein Meister der legalen Steuereinsparungen. 1997 hatte er dafür gesorgt, dass die Spice Girls ab September ein Jahr lang offiziell in Irland lebten, damit sie keine Einkommensteuer auf das zahlen mussten, was sie außerhalb des Vereinigten Königreichs verdient hatten.[295] Nachdem er dort gegangen war, hatte er sich ein Jahr freigenommen, um selbst Steuern zu sparen. Auch Beckham gefiel der Gedanke, nicht so viel von seinem Vermögen abgeben zu müssen. Als Steuerausländer in Spanien zahlte er keine britischen Steuern auf Einnahmen, die er außerhalb von Großbritannien erwirtschaftete, und sparte sich die staatlichen Sozialversicherungsbeiträge. Die Öffentlichkeit wusste davon nichts; man war überzeugt, dass der global erfolgreiche Fußballer brav zu Hause seine Steuern zahlte. Das lag auch daran, dass man ihn regelmäßig in London sah. Rechtlich gesehen konnte er sich als Steuerausländer 90 Tage in Großbritannien aufhalten. Nach fünf Jahren wurde diese Regel auf 120 Tage ausgeweitet. All das überzeugte ihn davon, dass es teuer und kurzsichtig wäre, für Chelsea zu spielen. Also bekam Kenyon die Nachricht, der Fußballer werde nicht nach Großbritannien zurückkehren.

Um Beckhams Konten kümmerte sich inzwischen Charles Bradbrook von Deloitte. Bradbrook war Partner bei dem großen, internationalen Consultingunternehmen und prahlte damit, sich mit größter Verschwiegenheit um die Einnahmen seiner berühmten Klienten und Klientinnen zu kümmern. Auch er überlegte nun, wie sich Beckhams Steuerlast auf legale Weise minimieren ließe.

Patrick McKenna hatte ebenfalls bei Deloitte gearbeitet, war aber inzwischen Filmproduzent und Geschäftsführer von Ingenious Media. Er galt als aufsteigender Stern, war gut mit Bradbrook bekannt und hatte schon früh in Simon Fullers Unternehmen 19 Management investiert. Sein Vorschlag war es, in Filme zu investieren und so auf legalem Wege Steuern zu sparen. Bradbrook nahm dieses Angebot an und wurde Regisseur in einer der vielen Filmfirmen von Ingenious Media. Er riet Beckham, ebenfalls in McKennas Unternehmen – Inside Track Productions, Ingenious Film Partners und Ingenious Film Partners 2 – zu investieren. Grundlage war ein Programm, das Finanzminister Gordon Brown zur Förderung von Kinofilmen entwickelt hatte. Hunderte andere Reiche taten das Gleiche. Niemand meldete wegen des Plans, Steuern zu vermeiden, Bedenken an.[296]

13

Letzte Chance

Nur fünf Wochen nach Rebecca Loos' Enthüllungen ließ Victoria die beiden Söhne bei ihren Eltern in England zurück und flog nach Los Angeles. Dass sie immer noch auf diese Sache angesprochen wurde, war untragbar. Sie brauchte einen Relaunch. Während ihre Beliebtheit in Großbritannien sank, konnte sie sich damit trösten, dass sie in Asien noch Fans hatte: „Let Your Head Go" war ein Nummer-eins-Hit in Thailand.

Um sich zu beweisen, dass sie selbst noch Geld verdienen konnte, hatte sie darauf bestanden, gemeinsam mit Beckham in einer indischen Werbung für TBC Unisex Salons aufzutreten. Das Video war noch vor den Loos-Enthüllungen in Großbritannien gedreht worden und zeigte, wie Beckham mit einem Korb voller Fußbälle ein Badezimmer betrat. Victoria lag in der Wanne, und er ließ die Bälle ins Wasser fallen. Die letzte Aufnahme zeigte beide im Wasser, während sie in die Kamera sprachen: „Just Beauty TBC." Glücklicherweise wurde diese billige Werbung weder in Großbritannien noch in den USA gezeigt.

Fuller hatte die Veröffentlichung von Victorias Album „My Love Is For Real" in den USA arrangiert. Die Vermarktung war eine Herausforderung. Zuerst trat sie bei „American Idol" auf.[297] Der Star der Show war Simon Cowell, er hatte sich 1995 als Manager der Spice Girls beworben, war aber von Fuller ausgestochen worden.

Nun waren neun Jahre vergangen, und Cowell war kurz davor, „American Idol" zu verlassen und die konkurrierende Show „The X Factor" zu starten. Er hatte überhaupt keine Lust, Fuller zu unterstützen, und fand es schon lächerlich, dass dieser unbedingt in den Ritterstand erhoben werden und ganz oben auf der „Sunday Times Rich List" stehen wollte. Aber vor allem ärgerte es ihn, dass sich Fuller bei Vertragsverhandlungen immerzu unverschämte Vorteile zu sichern versuchte. Und mit Fullers Publicitymanager Julian Henry kam er auch nicht zurecht.

Am Ende der Folge von „American Idol" riet er Victoria, ihre Popkarriere aufzugeben oder sich zumindest gute Leute fürs Songwriting zu suchen. Sie könne einfach nicht gut singen. „Ich verstehe nicht, warum du diesem Traum hinterherjagst", sagte er.[298] Cowells Ehrlichkeit brachte Fuller auf die Palme, und der bissige Juror musste sich schließlich einverstanden erklären, öffentlich Folgendes zu sagen: „Sie ist eine der nettesten Personen, die ich je kennengelernt habe. Sie kann über sich selbst lachen und nimmt sich nicht allzu ernst." Im Privaten sagte er, ihre einzige Hoffnung bestehe darin, in die USA zu ziehen und in Fernsehshows eingeladen zu werden.[299]

Selbst Victoria Newton machte sich über Victorias Solokarriere lustig. „Posh droht mit der Veröffentlichung einer weiteren Schrottsingle, obwohl ihre bisherigen Versuche lächerlich waren", schrieb sie. Victoria fügte sich ins Unvermeidliche: Ihre Karriere als Sängerin war vorbei. „Mir ist es recht, ab sofort in den Hintergrund zu treten", äußerte sie.[300] Dass die Spice Girls einmal wieder zusammenfinden würden, wusste sie damals noch nicht.

Fuller verzögerte die Veröffentlichung ihres Albums und organisierte stattdessen eine Reise ins peruanische Lima, wo Victoria in der üblichen Form als Wohltätigkeitsbotschafterin auftreten wollte. In einer „Topsecretmission" für Sports Relief flog sie aus Los Angeles ein und sollte drei Tage bei ganz armen Familien verbringen, die zwischen Müllbergen in ihren Hütten lebten. Sobald die Filmcrew und der BBC-Regisseur genug Material zusammenhatten, flüchtete sie in ihrem klimatisierten SUV ins Fünfsternehotel Del Prado.[301] Dieser Besuch war kein Erfolg. „Posh hat ein Problem", meinte ein Augenzeuge. „Sie kommt einfach nicht mit normalen Menschen zurecht." Am Ende des Trips sagte jemand aus ihrem Beraterkreis: „Zieh nach Madrid und iss mehr."

Widerstrebend erklärte sich Victoria tatsächlich bereit, dauerhaft in Madrid zu leben. Ihre Mutter Jackie war zwar gerade wütend auf

David, weil der sie während der Feier zu seinem 29. Geburtstag in Hertfordshire ignoriert hatte, aber beide Adams-Eltern wussten, dass Victorias Zukunft von ihm abhing. Sie musste die Marke Beckham retten.

Währenddessen hatte sich David die zweite Rote Karte der Saison geholt. Nachdem er einen Linienrichter auf Spanisch als „Hurensohn" bezeichnet hatte, war er vom Feld geschickt worden. Sein impulsiver Ausbruch kostete Real Madrid das Match. Er war müde, frustriert und wütend und konnte niemand anderem die Schuld geben als sich selbst.[302]

Als er nach Hertfordshire zurückkam, war Victoria noch in Peru. Er ließ Dannielle Heath, die Victoria in dem Schönheitssalon in Essex getroffen hatte, für ein Spray-Tanning kommen. Heath erinnerte ihn an die Mädchen aus seiner Schulzeit, und sie erinnerte sich, dass er mit ihr flirtete.[303]

Zudem rief er Louis Molloy zu sich. Molloy war Tätowierer und besaß das Middleton Tattoo Studio in Manchester. Das erste Mal war Beckham nach Brooklyns Geburt bei ihm gewesen. Sein Vater Ted hatte mehrere Tattoos, und Beckham wollte auch eins, seit er mit dem afroniederländischen Schauspieler Jimmy Gulzar gesprochen hatte, der kurz mit Mel B verheiratet war.[304] Jedes Tattoo sollte für seine Familie stehen oder eine Stimmung ausdrücken. Im Herbst 2004 bat Beckham Molloy um „etwas, das mir etwas bedeutet". Über drei Stunden war Molloy damit beschäftigt, Beckham ein etwa 10 x 15 Zentimeter großes fliegendes Kreuz auf den Rücken zu stechen – er musste seinen berühmten Kunden überreden, dass es dort besser aufgehoben war als am Hals. „Er ist zäh wie ein Steak", so Molloy. „Auf einer Schmerzskala von 1 bis 10 war sein Tattoo eine 9,9. Er hat nicht einmal gezuckt. Niemand auf der Welt kann behaupten, dass ein Tattoo nicht wehtut. Ich ziehe meinen Hut vor David. Er hat nicht gejammert."

„Ich mag den Schmerz sogar", äußerte sich Beckham über seine Tattoos. „Sie machen süchtig."[305]

Wie üblich erhielt Molly nur 200 Pfund für seine Arbeit und war zu Recht beleidigt. Als Beckhams Tattoo fotografiert wurde, bot ihm ein japanischer Tätowierer 500.000 Pfund für das Copyright auf den Entwurf. Beckham drohte Molloy jedoch eine Klage an, sollte der irgendetwas, das mit Beckham zu tun hatte, zu verkaufen versuchen. Zum Ausgleich bot er ihm zwar eine Copyrightgebühr an, aber „die war lächerlich", beschwerte sich Molloy.[306] Er war nicht der Letzte, der unter der fehlenden Großzügigkeit des Stars litt. In Kontakt blieben sie trotzdem.

Simon Fuller war ebenfalls wütend. In den USA galten Tätowierte als Hinterwäldler aus der Unterschicht. Und Gillette hatte für die letzte Werbung für den M3-Power-Rasierer alle Tätowierungen digital von Beckhams nackter Brust entfernt.[307] Fuller wandte sich an den PR-Mann Paul Bloch, der Beckhams Launch in den USA unterstützen sollte. Selbst Victoria hatte David gebeten, mit den Tätowierungen aufzuhören. „Du bist ein richtiger Essex-Rüpel!", schrie sie, als er sich weigerte. Dieses Paradestück von einem Streit wurde von einer Person aus dem Umfeld der Beckhams gegen ein dickes Bündel Banknoten weitererzählt.[308]

Die toxischen Geschichten in der Regenbogenpresse nahmen kein Ende, und Fuller kam zu dem Schluss, dass die Marke ernsthaften Schaden nehmen würde, wenn er nicht die PR und ihre Botschaft austauschte. Die „Rottweilerhündin" McAteer war sein erstes Ziel, denn dass sie die Affäre mit Loos so vehement bestritten hatte, hatte ihrer Glaubwürdigkeit geschadet. Der treue Kampfhund war von der Kündigung schockiert. Nachdem sie mehr als fünf Jahre lang ihren eigenen Ruf für die Beckhams aufs Spiel gesetzt hatte, ging ihr diese Untreue nahe. Unermüdlich hatte sie für die Beckhams gearbeitet und bekam nun keinen Dank dafür.

Die Publicity wurde aufgeteilt: Simon Oliveira blieb Davids Sprecher, Victoria sollte ab sofort von Julian Henry und Charlotte Hickson betreut werden, natürlich unter Fullers Kontrolle. Um ihre Beziehung mit der Klatschpresse neu zu starten, begann das neue Team damit, die Kritiker und Kritikerinnen im Londoner Hotel Charlotte Street zu entertainen.

Ihre Arbeit wurde dadurch verkompliziert, dass Beckham nicht zugeben wollte, etwas falsch gemacht zu haben. Die Schuld gab er den Medien – die er doch wieder und wieder genutzt hatte, um sein Vermögen zu mehren. „Wie mir und meiner Familie mitgespielt wurde", sagte er vor Fußballjournalisten, „ist eine Schande. Ich bin ein netter Mensch und ein liebevoller Ehemann und Vater. Die boshafte Berichterstattung hat uns alle verletzt."[309]

Am Vorabend des Europameisterschaft-Finales in Portugal im Juni 2004 konnte man sehen, wie „verletzt“ der Kapitän der Mannschaft wirklich war – seine Leistung in Madrid war unterirdisch. Viele fragten sich, ob er vielleicht die Wahrheit sagte.

„Ich habe mich noch nie so fit gefühlt“, sagte er zu Neil Custis, dem Beckham-Spezialisten der *Sun* aus Manchester. „Ich habe alles unter Kontrolle.“[310]

Custis und die anderen Reporter auf dem Trainingsgelände der englischen Nationalmannschaft in Sardinien sahen jedoch, dass Beckham alles andere als fit war. Sie wussten auch, dass Sven-Göran Eriksson das sah. Beckham konnte beim Tempo vieler seiner Rivalen einfach nicht mithalten. Aber Eriksson hielt an ihm fest.

In den Wochen vor der Europameisterschaft 2004 hatten die englischen Zeitungen ihrer Leserschaft natürlich den Eindruck vermittelt, dass das Team den Pokal gewinnen werde. In einem so unvorhersehbaren Spiel wie Fußball klammerten sich selbst die Zynischsten an Hoffnungen und Träume. Während alle nach Sardinien reisten, um der Mannschaft vor ihrem Flug nach Lissabon beim Training zuzusehen, wurde die traurige Wahrheit über das englische Team und seinen Kapitän kaum erwähnt.

Beckhams Fans waren der Überzeugung, seine schlechte Leistung würde durch sein Engagement, seinen Charme und seine Persönlichkeit wettgemacht. All diese Eigenschaften waren wichtig, um aus den Spielern ein Team zu formen. Skeptischere spotteten, Eriksson und die Führungskräfte der FA würden sich von Beckhams Promiglanz verführen lassen. Denn auch wenn die Ehre und die Begeisterung, für die englische Mannschaft spielen zu dürfen, in den letzten Jahren einen Dämpfer erhalten hatten, sorgte Beckham noch immer für Glamour und Umsatz.

Nur wenige in Sardinien – außer Beckham selbst und die FA-Führungsriege – vertrauten Eriksson noch. Obwohl er fünf Millionen Pfund pro Jahr erhielt und damit viel mehr als andere internationale Trainer, war seine fehlende Loyalität atemberaubend. Zum Beispiel hatte er sich heimlich nach anderen Jobs bei Premier-League-Vereinen umgesehen, unter anderem bei Chelsea. Als die FA davon erfuhr, stand sie unter dem Druck, ihn feuern zu müssen. Doch Beckham setzte sich für ihn ein: „Er ist unsere beste Chance, einen großen Pokal zu gewinnen."[311]

Auch seinen Freundinnen war Eriksson nicht treu. Während der Europameisterschaft 2004 lebte er eigentlich mit der Italienerin Nancy Dell'Olio zusammen, hatte aber seine Assistentin Faria Alam nach Lissabon eingeladen. Keine der beiden Frauen wusste, dass er zudem eine Beziehung mit der schwedisch-britischen Ulrika Jonsson eingegangen war, die als Fernsehmoderatorin und Model arbeitete. Später beschrieb sie ihr Sexleben als „so aufregend wie den Zusammenbau eines IKEA-Bücherregals". Mitleid für Erikssons Schwindeleien hatte sie nicht, und er war verständlicherweise erschöpft davon, die drei Frauen zu managen. Was er wiederum nicht wusste: dass Alam gleichzeitig mit dem FA-Geschäftsführer Mark Palios ausging.

Sowohl Geoff Thompson, der unfähige Vorsitzende der FA, als auch Mark Palios, ihr unscheinbarer Geschäftsführer, hatten kein Auge für den schlechten Zustand der englischen Mannschaft. Keiner von beiden war willens zu begreifen, warum man Eriksson in Italien „perdente di successo" nannte, den „erfolgreichen Verlierer". Die Medienleute, die den Engländern beim Training in Sardinien zusahen, verstanden jedoch genau, was damit gemeint war. Erikssons Methoden und Strategien waren völlig unverständlich. Keine seiner Entscheidungen ergaben einen Sinn. Was Beckham und den Trainer verband, war offensichtlich: Geheimnisse, Untreue und Verblendung.

Weder Eriksson noch Beckham verstanden, dass dem englischen Team Zusammengehörigkeitsgefühl fehlte. Beim Essen und nach dem Training sprachen die Spieler jeweils nur mit den Mitgliedern ihres eigenen Vereins. Als Kapitän hätte Beckham die Aufgabe gehabt, diese Grüppchenbildung aufzulösen und den Mannschaftsgeist zu fördern. Er hätte seinen Einfluss über das Match hinaus geltend machen müssen. Doch es gelang ihm nicht, wie Steven Howard, der wichtigste Fußballjournalist bei der *Sun*, schrieb, „die richtige Atmosphäre zu schaffen. Dafür fehlten ihm die Zauberkräfte."

Nicht nur als Kapitän gelang ihm wenig – auch die Beziehung mit Victoria war noch lang nicht repariert. Sie hatte viele gute Gründe, nicht nach Sardinien zu kommen. Einer davon: Die anderen Spielerfrauen würden sie wegen der Loos-Angelegenheit verspotten. Ihre

Lösung: Sie mietete eine Villa. Beckham war stinksauer, denn als Kapitän musste er natürlich im Teamhotel bleiben. Und sie deshalb auch.

Es gab noch einen Grund, sich von dort fernzuhalten. Aus bitterer Erfahrung wusste sie, dass die Spielerfrauen und die Mitarbeitenden der Mannschaft, aber auch Portiers, Sicherheitsbedienstete, Kellner, das Putz- und Fahrpersonal von den Zeitungen große Mengen Bargeld geboten bekamen, um Geheimnisse auszuplaudern. Nur wenige Tage nachdem die Beckhams im Hotel außerhalb von Lissabon angekommen waren, wurde von „lautstarken Auseinandersetzungen" berichtet. Die Lauschenden vor der Tür berichteten dem *Mirror*, Victoria habe geschrien: „Du langweilst mich so, Fußball langweilt mich, und ich will nicht den Rest meines Lebens in deinem Schatten stehen."[312]

In der Öffentlichkeit versuchte Victoria, die perfekte Ehefrau zu spielen. Am Vorabend des ersten Matches gegen Frankreich lud sie etwa 15 der Spielerfrauen zu einem Dinner ein. In einem Kleid von Dolce & Gabbana, mit einer diamantenbesetzten Armbanduhr und ihrem Verlobungsring im Wert von 80.000 Pfund am Finger knabberte sie an einer Erdbeere und trank Mineralwasser. Wie eine Bienenkönigin schien sie den anderen. Ihre Gäste – auch die, die sie ignorierte – durften keine Sekunde vergessen, dass das ehemalige Spice Girl eine Million Pfund für die Berichterstattung zu ihrer Hochzeit bekommen hatte.[313] Anders als die anderen, das machte sie ihnen auf diese Weise klar, war sie allein durch ihr Talent berühmt geworden.

Am Morgen des Spiels England gegen Frankreich zeigten sich die englischen Zeitungen überzeugt, dass die Mannschaft gewinnen werde. Das war das, was die Fans lesen wollten. Doch noch vor Ende der ersten Halbzeit erwiesen sich diese Vorhersagen als falsch. Aus unerklärlichen Gründen holte Eriksson den wahrscheinlichsten Torschützen Wayne Rooney vom Rasen, und dann traf nicht einmal Beckham beim Elfmeter. Nach 90 Minuten stand es 1:0, und in der Nachspielzeit wurde daraus ein 1:2 – England hatte verloren. „Beckham muss viel besser spielen", kommentierte der *Sunday Mirror*. „In letzter Zeit fällt er mehr hin, als wirklich zu spielen."[314] Beckham selbst kämpfte mit den Tränen. Er hatte seine Aufgaben als Kapitän nicht erfüllt. „Das ist ein Tiefpunkt meiner Karriere", sagte er der *Sun* und versprach: „Es gibt keine andere Möglichkeit. Wenn man fällt, steht man sofort wieder auf."

Zehn Tage später sorgten Wayne Rooney und Frank Lampard mit ihren Toren für zwei überzeugende Siege gegen die Schweiz und Kroatien. In beiden Matches war Beckham quasi unsichtbar – schwach und emotional abwesend. Nun musste England gegen Portugal gewinnen, um ins Viertelfinale einziehen zu können. Aus dem Umfeld berichtete jemand am Vorabend: „David ist zerschmettert, zerbrochen, ein besiegter Mann." An Victorias Verhalten hatte sich nichts geändert. „Denk an eure Familienwerte", mahnte Jackie Adams, kehrte jedoch selbst mit ihrem Mann nach England zurück, statt sich das Spiel anzusehen. Sie waren zu Elton Johns White Tie & Tiara Ball in Windsor eingeladen.

Die englischen Fans auf den Tribünen waren optimistisch. Der 18-jährige Rooney hatte zwei beeindruckende Tore geschossen, und Beckham versicherte Neil Custis: „Ich bin mit meiner Fitness zufrieden."[315] Die Realität sah anders aus.

Nachdem ein Tor der Engländer fälschlicherweise für ungültig erklärt worden war, verdrehte sich Rooney in der 26. Minute den Knöchel. In nur wenigen Minuten fiel die gesamte Mannschaft in sich zusammen. Ihr Feuer war erloschen, und Beckham führte ein lahmes, defensives Spiel an. Die meiste Zeit verbrachte er am Rand, statt seine Männer nach vorn zu treiben. Ihm selbst gelang keine einzige bemerkenswerte Flanke. Da war es fast ein Wunder, dass es dank der Tore von Michael Owen und Lampard zu einem 2:2-Ausgleich kam. Nach der Nachspielzeit kam es zum Elfmeterschießen: Den ersten schoss Beckham weit am Tor vorbei – der gleiche Fehler wie gegen Frankreich und die Türkei. England verlor 5:6. „Nur noch ein Schatten seiner ehemaligen Brillanz", so der *Sun*-Kommentator Derek McGregor. „Weit und breit kein Funken. Er sah müde aus."[316]

In den Interviews nach dem Match zeigte sich Beckham verärgert. „Ich kann immer noch in den Spiegel sehen, weil ich mein Bestes gegeben habe. Und das ist genug für mich." Er gab sich selbst eine 7 von 10 für seinen „Einsatz" im Turnier: „Wenn das für einige nicht gut genug ist, dann ist das wohl so. Aber ich glaube an meine Fähigkeiten. Ich bedauere nichts." Als er gefragt wurde, ob er als Kapitän zurücktreten sollte, antwortete er: „Solche Fragen finde ich beleidigend. Viele erkennen gar nicht, wie stark ich als Mensch bin. Auch wenn sie mich abschreiben wollen, komme ich immer wieder zurück, bis ich gewonnen habe."[317]

Die Fußballmedien waren empört und schrieben gnadenlos über Englands „Albtraum" und Beckhams „erbärmliche" Leistung. Er sei eine Belastung und leide unter Selbsttäuschung. Seit seinem Ausgleichstor gegen Griechenland 2001 sei sein Spiel immer schlechter geworden.[318]

Victoria saß an diesem Abend in der Hotelbar, rauchte eine Zigarre und trank Champagner und Tequila. Sie wurde als launisch und unhöflich beschrieben, und tatsächlich konnte sie ihr persönliches Unglück nicht verstecken – eines, das nichts mit Englands Niederlage zu tun hatte. Stattdessen hatte sie von Fuller gehört, dass der Launch von „My Love Is For Real" in den USA abgesagt worden war, und auch der Auftritt in der Talkshow von Jay Leno in New York würde nicht stattfinden.[319]

Nachdem Beckham am folgenden Tag die negativen Medienberichte gelesen hatte, riet sein neuer Berater Simon Oliveira ihm, seine Verteidigung abzuändern. „Ich fühle mich einfach nicht richtig fit", gab Beckham nun zu und schob die Schuld auf das laxe Training bei Real Madrid.[320] Dort spotteten die Vereinstrainer jedoch gleich: „Beckham hat immer eine Ausrede." Statt zu trainieren, war er schließlich ständig nach England geflogen, um seine Ehe zu retten.[321]

Beckham schämte sich für diesen Vorwurf und redete sich als Nächstes mit den „unhaltbaren" Lebensbedingungen in Madrid heraus. Wenn er ausging, würde er ständig belästigt und habe viel Zeit aufwenden müssen, um „meine Kinder zu schützen", die auf dem Schulhof fotografiert wurden. Dem *Sunday Mirror* sagte er tatsächlich: „Ich würde mich nie mit meinen Kindern fotografieren lassen."

Dann verriet er das Geheimnis, wie er immer wieder überlebte: Er sagte einem Journalisten, er werde die peinliche Niederlage einfach vergessen. Wenn es keinen Anlass gab, einen unglücklichen Moment wieder hervorzuholen – wie er es in der 2023er-Netflix-Serie mit der Loos-Affäre tat –, schützte ihn das Vergessen vor Selbstvorwürfen. Im Gegensatz zu anderen Spielern, die dem Druck nicht standhielten, war Beckhams Disziplin und Selbstkontrolle etwas, gegen das die Kritik nicht ankam. Diese Verbissenheit machte ihn so besonders.

Um zu zeigen, wie wenig den Beckhams die ständige Nörgelei etwas anhaben konnte, präsentierten sie sich mit Elton John in Südfrankreich als verliebtes Ehepaar. Nur Tage später genossen sie gemeinsam mit der Innenarchitektin Kelly Hoppen einen Tag auf einer Jacht. Einige Fans waren wütend. Hatte der Kapitän der englischen Mannschaft nicht behauptet, er führe kein Showbizleben? Er war nicht einmal traurig, dass sie verloren hatten. Auch David Davies, FA-Funktionär, zeigte sich seltsam unbeeindruckt: „Wir sind glücklich, Sven zu haben, und auf Becks sind wir extrem stolz."[322]

Es wurde nach einem Sündenbock gesucht, und dafür eignete sich Eriksson. Er sei überschätzt und überbezahlt und habe Anweisungen von Beckham entgegengenommen.[323] Nun versuchte die *News of the World* zusätzlich, dem Coach einen Sexskandal anzudichten, und sah sich seine Affäre mit der 38-jährigen Faria Alam genauer an.

Victoria war an der ganzen Furore um die englische Mannschaft nicht interessiert. Im Sommer hatte sie Beckham überredet, eine Villa aus dem 19. Jahrhundert in Bargemon in der Nähe von Nizza zu kaufen. Das Haus mit 600 Quadratmeter Wohnfläche stand auf einem Grundstück mit über 600.000 Quadratmetern und kostete 1,9 Millionen US-Dollar.[324] Geschätzte weitere sechs Millionen US-Dollar kosteten die Renovierungen, die Vater Tony überwachte. Zudem überredete sie David, an ihrem fünften Hochzeitstag – dem 4. Juli 2004 – ihre Eheversprechen in Marrakesch zu erneuern.[325]

Nach einem Hinweis flog Neil Syson von der *Sun* ihnen nach. Obwohl er jedes Boutiquehotel in der Stadt durchsuchte, konnte er das Pärchen nicht finden. Sie hatten im luxuriösen Amanjena eingecheckt, zeigten sich jedoch nicht. Vier Tage später beschrieb Victoria Newton die „heimliche Überraschung" am Hotelpool.

Die beiden, so schrieb sie, „verhielten sich wie ein verknalltes Teenagerpärchen, umarmten sich wiederholt, tauschten zärtliche Küsse und flüsterten sich intime Witze ins Ohr". Newton berichtete über die Gartenzeremonie, mit der ein Jahr „der Skandale und des Herzschmerzes" geheilt werden sollte: Victoria habe David umarmt und dann Spatzen mit Brot gefüttert, während die Bodyguards, das Servicepersonal und andere Mitarbeitende „kicherten". Jemand aus dem Hotelmanagement wurde wie folgt zitiert: „So, wie Victoria und David sich geben, sind sie wirklich verliebt." Um zu zeigen, wie viel sie über die Beckhams wusste, fügte Newton hinzu, das Paar versuche, ein weiteres Baby zu bekommen. Und genauso wichtig sei es, dass die englischen Fans Victoria dankbar sein sollten, denn sie rette David vor der Selbstzerstörung. „Ich kann nicht mehr", hatte er seiner Frau nach dem Turnier in Portugal gestanden. „Ich höre auf. Mir reicht es." Aber die „großartige" Victoria, so Newton, „konnte ihn zum Glück umstimmen". Posh habe zu Becks gesagt: „Ich bin stolz auf dich. Du gehst da wieder raus und zeigst den Leuten, aus welchem Holz du geschnitzt bist."[326]

„Neil Syson in Marrakesch" lautete die Verfasserzeile des Artikels, was suggerierte, dass Syson selbst mit den Hotelmitarbeitenden gesprochen hatte. In Wahrheit hatte er kein einziges Komma dazu beigetragen, weil er das Hotel der Beckhams ja nicht gefunden und dementsprechend mit niemandem geredet hatte. Der komplette Inhalt war vom PR-Team der Beckhams diktiert worden. Die Erneuerung des Eheversprechens schien ein Werbegag gewesen zu sein. Die Beckhams selbst sagten später, die Zeremonie habe gar nicht stattgefunden, weil jemand der *Sun* Bescheid gesagt habe.[327]

Victoria kehrte nach London zurück, entschlossen, ihre Ehe zu retten, auch wenn sie immer noch wütend wegen Davids Affären war. So kam sie zu dem Schluss, endlich dauerhaft nach Spanien zu ziehen.[328] Ihr Vater Tony bekam die Aufgabe, die Renovierung auch dieses neuen Anwesens zu überwachen – ein Fünf-Millionen-Pfund-Haus im andalusischen Stil auf über 8000 Quadratmetern in La Moraleja, einem Vorort von Madrid.

Beckham war aus Marokko direkt nach Madrid zurückgeflogen. Nur wenige Stunden nach der Landung mahnte ihn der neue Trainer von Real Madrid, José Antonio Camacho, dass seine Leistung unbedingt besser werden müsse – oder sein Platz im Team sei gefährdet.[329]

14

Sexskandale

David Beckhams Stern leuchtete schwächer, und so geriet auch Eriksson in Gefahr. Mitte Juli drohte Nancy Dell'Olio, ihn „umzubringen", wenn die Gerüchte über seine Beziehung mit Faria Alam wahr seien. Dann verließ sie ihn. Umgehend sendete Alams Anwaltskanzlei Drohbriefe an die Zeitungen: Die Anschuldigungen einer Affäre seien völlig falsch und verletzten Alams Privatsphäre.[330] So beschützt ging sie zu Max Clifford, der ihre Story für 400.000 Pfund an die *News of the World* verkaufte. „Ich war mit Sven und seinem Boss im Bett", lautete die Schlagzeile am 25. Juli 2004. Trotzdem bat Dell'Olio ihren Ex, zu ihr zurückzukommen.

Auftritt Ulrika Jonsson – bereit, die Geschichte ihrer eigenen stürmischen Affäre mit dem schwedischen „Fremdgeher" zu verkaufen. Zunächst erschienen aber Anfang August noch Farias Enthüllungen in verschiedensten Zeitungen. Ihr sexueller Appetit auf Männer – insbesondere Angestellte bei der Football Association – wurde als „unersättlich" beschrieben.

Chaotisch, hinterhältig, inkompetent, so erschien die FA mit einem Mal und wurde nun zwangsläufig für die Niederlage Englands in Portugal verantwortlich gemacht. Weder Eriksson noch Beckham wurden entlassen, und die ohnehin enttäuschten Fans waren entsetzt. Weil sie sich nach einem anderen Helden sehnten, wählten sie den scheinbar makellosen Teenager Wayne Rooney aus. In den meisten Zeitungen erschienen Fotos, auf denen er seine Verlobte Coleen anhimmelte. Wenige Wochen später schrieben dieselben Zeitungen von seiner Beziehung zu einer Prostituierten.[331]

Genau zu dem Zeitpunkt, in dem im August die Sexskandale im englischen Fußball ihren Höhepunkt erreichten, veröffentlichte die *Vanity Fair* einen großen Artikel über Beckham.[332] „Brand It Like Beckham" wurde von Annie Leibovitz' Macho-Shots des Fußballstars begleitet und war eine typische Beckham-Produktion. In überschaubaren Interviewsituationen wusste er viel besser, was zu tun war: Er und Victoria würden „für immer zusammen" sein, sagte er. Zwar hatte der Autor Steven Daly noch versucht, etwas Interessantes über ihre Ehe herauszufinden, aber Beckham machte sich lieber über die Medien und deren Berichterstattung lustig. Was er jedoch nicht tat: seine Beziehung mit Loos dementieren.

Unerwartet mischte sich Victoria in das Interview ein. „Wir haben große Pläne für Amerika – wir beide", kündigte sie an. Das kam aus Fullers Pitch. Beckhams Tage in Madrid waren damit gezählt.

Der Autor wusste das jedoch nicht. Genauso wenig wie die Tatsache, dass Beckham in dieser Zeit noch einmal die 22-jährige Kosmetikerin Dannielle Heath für ein Spray-Tanning zu sich nach Hause eingeladen hatte. Die Bitte kam über Abigail Gibson, das Kindermädchen der Beckhams.

Dannielle kam Ende August zu diesem zweiten Besuch nach Madrid und erfuhr, dass Victoria, die gerade eine weitere Schwangerschaft publik gemacht hatte, nach England zurückgekehrt war, um eine Party für Romeos zweiten Geburtstag vorzubereiten. Nur Beckham war im Haus und musste am folgenden Tag wieder Fußball spielen. „Wir lagen auf den Liegestühlen am Pool und haben uns unterhalten", so erinnerte sich Dannielle später. „Da sagte David: ‚Macht es dir etwas aus, wenn ich mich nur in Hosen in die Sonne lege?' Mir war die ganze Zeit schon bewusst, dass er eine Erektion hatte."[333] Er schlug vor, nach oben zu gehen, wo sie sich auf einem Sofa „ziemlich leidenschaftlich küssten". Dannielle flog am nächsten Tag gemeinsam mit Beckham in einem Privatjet zurück nach London.

Eine Woche später hörte die *News of the World* aus mehreren Quellen von heftigen Streitgesprächen zwischen den Beckhams. Coulson ärgerte sich, dass die beiden immer noch das Bild ihrer glücklichen Ehe zu verkaufen versuchten. Aber es wurde noch schlimmer.

Die Spannungen zwischen Beckham und seinen Kritikern erreichte einen neuen Höhepunkt, als England am 8. September 2004 gegen

Polen 2:1 gewann. Beckham war immer noch sauer auf die Medien, weil die seinen Seitensprung ausgekostet hatten, und verweigerte der FA die Bitte, als Teamkapitän mit der Presse zu sprechen. Seine Security bat er, die Leute fernzuhalten. Für Coulson war das nur ein weiterer Grund, den wahren Beckham zu exponieren.

Unter der Schlagzeile „Posh und Beckham in der Krise" berichtete die Zeitung: „Sie hasst sein Aussehen, die Tattoos auf seinem Körper und wie er ständig flucht und sich aufregt." Das Ehepaar plane eine vorläufige Trennung.[334] Auf Victorias Anweisung hin verklagte David die *News of the World*. Anderen Zeitungen war das egal, da sie richtigerweise annahmen, dass die Klage nicht durchging.[335] Tatsächlich musste Beckham aufgeben und der Zeitung 250.000 Pfund Anwaltsgebühren zahlen.[336]

Der *Sunday Mirror* war der Spur gefolgt. „Nachdem David bei einem besonders bitteren Streit gedroht hatte, seine Frau zu verlassen", so berichtete Journalist Ben Todd aufgrund der Aussage einer ungenannten Person, „bettelte Posh ihn an, zu bleiben." Todd habe außerdem gehört, dass „David mehrfach gesagt hat: ‚Es ist vorbei.' Er hat sie um eine Trennung gebeten. Sie weint sehr viel. Ihr Verhalten wechselt zwischen divenhaft und hysterisch."[337]

Kindermädchen Gibson bestätigte das. „Ich liebe Victoria einfach nicht", hatte David ihr nach seiner kurzen Affäre mit Dannielle Heath gestanden.[338] Beckham hatte versehentlich eine explizite Textnachricht an Gibson geschickt, die eigentlich an Esther Cañadas gehen sollte. Gibson schrieb nur zurück: „Sorry, falsche Frau." „Oh Scheiße", antwortete Beckham. Auf Heaths Bitte hin hatte Gibson in Spanien mit der Kosmetikerin in einem Zimmer geschlafen, damit sich Beckham nicht zu ihr schleichen könne. Laut Gibson habe Victoria die Schränke ihres Mannes durchwühlt, um Beweise für seine Affären zu finden. Damit er nicht noch mehr Unsinn anstellen konnte, hatte sie darauf bestanden, ihn zu den Shepperton-Filmstudios zu begleiten, wo er für eine Pepsi-Werbung vor der Kamera stand. Ebenfalls anwesend waren J.Lo und Beyoncé, die den gleichen Commercial drehen sollten. Victoria versuchte, sich so darzustellen, als ob sie das Ganze anleitete.[339]

Gibson berichtete, Victoria habe Angst vor einer weiteren Affäre Beckhams und ihm heimlich beim Telefonieren zugehört, als er kurz vor Mitternacht einen Termin im Metropolitano für ein weiteres Spray-Tanning buchte. Nachdem er gegangen war, sah Gibson, wie Victoria trotz ihrer Schwangerschaft im Pyjama in seinen Lamborghini sprang und ihm folgte. Seine Bodyguards fuhren in einem dritten Wagen hinterher. Vor dem Hotel bestand Beckham wütend darauf, allein hineinzugehen. Dreißig Minuten später kam er wieder heraus. Das Paar kehrte nach Hause zurück und stritt sich die ganze Nacht, laut Gibson.[340]

Simon Oliveira war währenddessen damit beschäftigt, den Schaden am Image der Beckhams zu reparieren. Zuerst arrangierte er ein Interview mit der Zeitschrift *V Man*. Die freute sich über die Gelegenheit und ließ Beckham gern – und ohne ihn zu hinterfragen – behaupten, dass es in seiner Ehe keine Schwierigkeiten gebe: „Es ist völlig undenkbar, dass wir uns jemals trennen sollten."[341]

Noch wichtiger war der *Victoria and David Beckham Charitable Trust* für Kinder, den Oliveira einrichtete. Victoria sollte dafür Waisen in China besuchen. In diesem Zusammenhang verriet die Multimillionärin, dass sie bereits gebrauchte Spielsachen, Davids alte Hemden und 65.000 Pfund gespendet hätten. Um sich die Kosten für den Flug zu sparen, sollte Victorias Besuch in China mit einem Flug nach Japan kombiniert werden, wo Fuller ihr einen Werbevertrag über 250.000 Pfund für die neuen Rock&Republic-Jeans besorgt hatte.[342]

Diese vom Kalifornier Michael Ball gegründete, hochpreisige Designermarke war seit 2002 erfolgreich auf dem Markt und hatte auf der Fashion Week in Los Angeles die Celebritys angezogen. Seit 2005 wurden die Jeans in über 1000 Läden verkauft. Victoria wollte gern eine eigene Denimkollektion entwerfen, sodass Fuller sie Ball als potenzielle Partnerin vorstellte. Von ihren Ideen übernahm Ball das Bild einer Krone auf den Gesäßtaschen. Im ersten Jahr wurden die Victoria-Beckham-Jeans nur in London verkauft, insbesondere in Notting Hill.

Der Erfolg ihres ersten Businessversuchs wurde durch Medienauftritte von Oliveira und Hickson verstärkt, die die Beckhams als glückliche Familie präsentierten. In einer Reihe von Interviews mit spanischen Zeitschriften sprach Victoria über ihre neue Liebe zu Spanien, ein „positives Land". David bewundere ihre spanischen Omeletts. Zudem erwähnte sie, dass Beckham nicht tanzen könne, sie sich gegenseitig mit Gesichtscreme einrieben und viele Abende gemeinsam im Bett billige Fernsehserien sahen. Die wichtigste Neuigkeit: Ihr nächstes Baby sei ein Junge.[343] „David hat mir gesagt“, so gestand sie in einem weiteren Interview mit Ben Todd vom *Sunday Mirror*, „dass ich vorsichtiger sein muss, was ich sage, weil mein Mund eine Massenvernichtungswaffe ist. Ich sage immer gleich alles, was mir in den Kopf kommt.“[344]

Doch all der PR-Aufwand war eine Woche nach dem Todd-Interview schon wieder nichtig. Tina Weaver, die Redakteurin der Zeitung, rief Beckhams Kontakt an und hatte eine einfache Nachricht: Sie habe Dannielle Heath 40.000 Pfund für die Enthüllungen über ihr „Rumgemache“ mit Beckham vor neun Wochen bezahlt.[345] Beckham hatte Heath keine Vertraulichkeitsvereinbarung unterzeichnen lassen. Das Ergebnis war hochpeinlich.

„Wir waren auf dem Sofa. Er meinte: ‚Ich will dich schmecken.‘ Er schob seine Hände unter mein Bikinihöschen, zog es herunter und fing an, mich zu streicheln. Er küsste meine Brüste. Er schien genau zu wissen, was er tat, und befriedigte mich oral. Ich habe auch ein bisschen mit ihm gespielt, war aber überrascht, dass er keine Haare auf seinen Eiern hatte. Sein Pimmel ist allerdings groß – gut zwanzig Zentimeter. Und fürs Protokoll: Er ist nicht beschnitten.“

„Das stimmt nicht“, krächzte Beckham. Oliveira war ratlos. Charlotte Hickson überbrachte Victoria die Neuigkeit. Sie war erschüttert. „Ich werde diese hässliche, lügende *** zerstören für das, was sie mir und meiner Familie angetan hat“, sagte sie der *Sun*. Sie werde den *Mirror* und Dannielle verklagen. „Es reicht mir mit diesen Leuten, die mit uns Geld machen wollen.“

Victoria Newton sah das genauso. „Dannielle“, schrieb sie, „hat sich damit übernommen, das Nummer-eins-Pärchen Englands zu Fall zu bringen. Ich kann garantieren, Victoria ist zu 100 Prozent entschlossen, dass Schlampen wie Dannielle ihre Ehe nicht zerstören.“

Wieder einmal rief Beckham-Anwalt Gerrard Tyrrell Tina Weaver an. In seiner typischen „Rabaukenmanier“, wie sie es ihrem Vorsitzenden gegenüber beschrieb, habe er Heaths Geschichte dementiert und jegliche Schwierigkeiten in der Beckham-Ehe bestritten. Doch die Beckhams klagten nicht.[346]

„Sandra gab Posh die Schuld, kontrollsüchtig zu sein und David herumzukommandieren“, sagte ein „Freund“ der *News of the World*. „Er ist stur und ist gegangen“, so Sandra zu besagtem „Freund“.[347] Zudem gab sie auch Victorias Eltern die Schuld an den Problemen: Die Adams bestimmten Davids und Victorias Leben.[348]

Victoria ignorierte das ganze Chaos. Sie hatte auch keine andere Wahl, denn die Alternative war eine schwierige Zukunft mit weniger Geld und Ruhm. „Mir ist es scheißegal“, hatte sie mal über die Zeitungen gesagt, „wenn sie über mich herziehen.“[349] Aber das hatte sich geändert.

Nach dem Paukenschlag des *Sunday Mirror* riet man Beckham, sich vor seinen nächsten sexuellen Begegnungen eine Vertraulichkeitsvereinbarung unterzeichnen zu lassen. Er erhielt einen ganzen Stapel mit vorgedruckten Formularen. Doch bevor er die nutzen konnte, wurden die Heath-Enthüllungen von einer weiteren Krise überschattet.

„Der englische Kapitän“, schrieb Steven Howard, Fußballkommentator der *Sun*, Mitte Oktober 2004, „steht für die moralisch bankrotte Welt des Profifußballs.“[350]

England hatte gerade in einem Qualifikationsspiel für die Weltmeisterschaft 2:0 gegen Wales gewonnen, aber Beckham war wegen eines Fouls gegen den walisischen Verteidiger Ben Thatcher verwarnt worden. Die Presse war überrascht von dem Foul, das direkt auf ein spektakuläres Tor folgte.

Nur wenige kannten die Wahrheit: Beckham hatte bereits eine Gelbe Karte bekommen, und mit dieser zweiten würde er nun beim nächsten Spiel nicht dabei sein. Damit ihn diese Strafe nicht für ein internationales Match traf und weil er sich ohnehin gerade eine Rippe gebrochen hatte und einige Wochen nicht würde spielen können, foulte er Thatcher absichtlich. So musste er ein Spiel aussetzen, an dem er ohnehin nicht hätte teilnehmen können.

All das hätte niemand mitbekommen, wenn nicht Oliveira ein Beckham-Interview mit Henry Winter zugesagt hätte, dem Fußballjournalisten der *Times*. Dieses Gespräch wurde aufgezeichnet, und Beckham sagte: „Das war mit Absicht. Ich wusste von meiner Verletzung. Also habe ich Thatcher gefoult. Bestimmt denken einige, dass ich dafür nicht schlau genug bin, aber ich bin schlau genug.“

Beckham habe „das Land in Misskredit gebracht", so regte sich die *Sun* auf. Auf der ersten und letzten Seite der Zeitung war nun das Gleiche zu lesen: negative Storys über die Beckhams. „Das Vorbild für Kinder", hieß es in einer Kolumne, „ein Botschafter für den Fußball und ein strahlendes Beispiel für die perfekte Kombination aus Ehemann, Vater und Sportsuperstar" habe sich als „kahlköpfiger, tätowierter Rowdy" erwiesen.[351]

„Ich habe einen Fehler gemacht. Es war falsch", äußerte Beckham. Nach diesen Angriffen und der daraus entstehenden Hysterie befand er sich nicht in seinem bevorzugten „Zen-Zustand", sondern mitten in der Kampfzone.

In einem besonders dunklen Moment verließ er sich dennoch darauf, dass sich die Öffentlichkeit weiterhin von seinen Werten überzeugen ließ, die da hießen: Patriotismus, Familie und Sport.

Beckham hatte Angst, aus der englischen Mannschaft zu fliegen. Doch Eriksson kam ihm zu Hilfe. Er könne als Trainer nur bleiben, sagte er der FA, wenn Beckham Kapitän bleibe. Die Werbeabteilung der Football Association tutete ins gleiche Horn. Beckham habe einzigartigen Starappeal und sei somit wichtig für die Finanzen. Und so wurde Beckham gerettet. „Er hat so viel Gutes für uns getan", sagte eine der Führungskräfte. „Da mussten wir nachsichtig mit ihm sein." Die offizielle Untersuchung der FA schloss mit den Worten: „Es gibt nicht genug Beweise für ein Disziplinarverfahren." Dabei hatte er doch selbst sein Fehlverhalten zugegeben. Für den englischen Kapitän galten die Regeln offenbar nicht.[352]

Beckhams Verhalten wirkte sich auf die ganze Mannschaft aus. „England hat sich blamiert", schrieb Steven Howard in der *Sun* und nahm damit einen Eindruck auf, den viele von dem nächsten Match gegen Spanien im Bernabéu hatten. „Ein undisziplinierter Haufen, der einem Bataillon Zinnsoldaten ähnelt", schrieb Howard. Beckhams bisher „schlimmste Vorführung" – er hatte kaum einen Ball kontrollieren können. Er habe „die Orientierung verloren". Noch schlimmer war eine Reihe böser Fouls der englischen Spieler. Rooney stellte sich als „ungehobelter Bengel und Fiesling heraus, der alle verärgerte". England verlor 0:1, und Howard kam zu dem Schluss, dass Eriksson eine echte Gefahr für die Zukunft der Mannschaft sei.[353]

Doch wieder einmal wollte die FA Eriksson nicht feuern oder Beckham degradieren. „Die Auswahl im Team war klein", erinnerte sich ein FA-Funktionär. „Die Alternativen zu Beckham waren allesamt unattraktiv." Das einzig Gute, was die zweite Gelbe Karte gebracht hatte? Dass Dannielle Heaths Enthüllungen schnell begraben wurden. „Ein Sturm im Wasserglas", so Beckham.

Vier Tage später wurde er mitverantwortlich gemacht für die Niederlage von Real Madrid gegen Barcelona im El Clásico. Er wurde nach 54 Minuten ausgewechselt, und Real Madrid verlor 0:3.[354] Beckhams schlechte Leistung wiederholte sich gegen Sevilla – Real Madrid verlor 0:1. Und auch ein klassisches Beckham-Tor aus fast 30 Meter Entfernung gegen Levante konnte seinen Ruf nicht retten.[355] Besonders zynische Stimmen waren davon überzeugt, dass er sich überhaupt nur Mühe gegeben hatte, weil Eriksson zugesehen hatte. Das war Beckhams außergewöhnliche Fähigkeit: Trotz all der überwältigenden Schwierigkeiten widersetzte er sich stur jeder Kritik.

Fußballfachleute erkannten Beckhams Dilemma. Nach acht Jahren an der Spitze war das Gehirn des 29-Jährigen noch immer darauf programmiert, als Champion aufs Spielfeld zu gehen. Nichts bereitete ihm mehr Freude, als in einem voll besetzten Stadion zu spielen. Aber seine älter werdenden Beine machten ihm einen Strich durch die Rechnung. Sie gehorchten ihm nicht mehr, wie er wollte. Aufgeben war keine Option, dabei wusste er selbst, dass er im Vergleich zu den Galaktischen nur noch zweite Klasse war und gegen Zidane oder Ronaldo nichts zu bieten hatte. Wenn er nicht in seiner üblichen Position im rechten Mittelfeld spielte, war er nur noch ein Arbeitstier, dem ab und zu ein guter Schuss gelang. Als guter Schauspieler brachte er sein Publikum zum Jubeln. Ständig versuchte er, sein Leben als Celebrity und als Fußballer in Balance zu halten. Das machte ihn unglaubwürdig.

Wieder einmal mussten die Beckhams beweisen, dass ihre romantische Beziehung echt war. Dieses Mal entschieden sie sich für ein Dinner im Londoner Restaurant Cipriani. Ihre PR-Leute leugneten nicht, dass sich die beiden während des gesamten Essens anschwiegen.[356] Vor dem Restaurant warteten die gerufenen Paparazzi. Victoria klammerte sich an

Beckhams Hand – was sie so gut wie immer tat, wenn man die beiden zusammen sah.

Im Beckingham Palace liefen die Dinge stressiger. John und Nicky Giles-Larkin arbeiteten bereits seit Juli 2002 im Haushalt der Beckhams. John Giles-Larkin war zuvor bei Queen Mother angestellt gewesen und empfand die Atmosphäre bei dem Promipaar als unangenehm. Posh schreie ihn ständig an und habe unvernünftige Wünsche.[357] Und obwohl Beckham dieses Verhalten auch nicht akzeptabel fand, war er zu schwach, um einzugreifen. Wie immer in solchen Krisen sah er weg und verließ den Raum. Jackie Adams musste sich darum kümmern und das angestellte Ehepaar beruhigen.

So schlecht es auch lief – die Beckhams gaben nie auf. So tief sie auch sanken – beide kamen erfolgreich wieder an die Oberfläche. Auch wenn sie gedemütigt und kontrovers diskutiert wurden, wollten sie nicht unterliegen. Wenig war ihnen wichtiger als Glamour, und so konnten sie niemals aus ihrem gesegneten Leben zu den Normalsterblichen zurückkehren.

Um sich aus dem Treibsand zu ziehen, wollten sie sich dieses Mal auf talentierte Menschen verlassen, mit denen sie ursprünglich an die Öffentlichkeit getreten waren, und baten Simon Oliveira um Hilfe.

Zuerst musste er sich mit wenigen Brosamen begnügen. Vodafone hatte Beckham einen Einjahresvertrag angeboten. Natürlich war die Summe von sechs Millionen Pfund, die an die Öffentlichkeit weitergegeben wurde, übertrieben, aber zumindest zeigte der Deal, dass Beckhams Verhalten seinen Werbewert nicht beeinträchtigt hatte.[358]

Danach verkündete Oliveira, Tom Cruise habe Beckham in Madrid besucht. Nach dem Spiel seien die beiden zusammen essen gegangen. „Du bist mein Held“, soll Cruise zu Beckham gesagt und ihn und seine Familie nach Los Angeles eingeladen haben. Victoria gestand ihm schnell, dass sie ohnehin nach Los Angeles ziehen würden, sobald David kein Fußball mehr spielte.[359] Privat war sie begeistert, wie sehr dieser Schauspieler von einem ganz anderen Planeten ihren Mann verehrte. „Er redet die ganze Zeit über David“, sagte sie. Ob es dafür einen besonderen Grund gab, darüber dachte sie nicht nach.

Der größte Deal, den Oliveira abschloss, um Beckhams Reputation wiederherzustellen, war dessen Berufung zum UNICEF-Botschafter.

Alison Tilbe von UNICEF freute sich sehr, dass der Starfußballer an einer Kampagne für Kinder in Afrika teilnehmen und sich insbesondere für aidskranke Frauen in Südafrika engagieren wollte.[360] Als Vorsitzende des Goodwill-Ambassador-Programms war sie überzeugt, gerade Beckham sei besonders wirksam, wenn er die Reichen bitten würde, Geld zu spenden. Allerdings sollten die Beiträge direkt an UNICEF fließen, damit niemand den Eindruck bekam, Beckham selbst bräuchte Geld.

Gleichzeitig bekam auch Victoria einen Relaunch. Wieder einmal. Hickson kündigte an, auf den Erfolg von *The Real Beckhams* aufzusetzen und eine Fernsehserie über ihr Alltagsleben zu drehen. Das Publikum solle zwei „normale Menschen" kennenlernen, die sich sehr lieben. Das letzte Wort vor der Veröffentlichung sollten die Beckhams haben. Gleichzeitig wurde Damon Dash überzeugt, das Video, das er für eine Dokumentation über seine Beziehung mit Victoria gedreht hatte, nicht zu nutzen.[361]

Victoria kündete also einen neuen Twist in ihrem beruflichen Leben an. Ihre Karriere als Sängerin habe sie an den Nagel gehängt – nun werde sie Modedesignerin. Mode sei ihre „Leidenschaft". Allerdings war es Fuller, der die Einrichtung ihres von Beckham finanzierten Ateliers organisierte. „Zum ersten Mal benutze ich mein Hirn, und das macht mir Spaß", sagte sie trotzdem.[362] „Ach, echt?", ätzte Mark Bolland, alias ‚Blackadder'. „Das dürre Ex-Spice-Girl hat nur zwei Looks – schäbig und billig. Ihre Haare und Brüste sind unecht und sie lächelt fast nie. Wer will schon so aussehen? Bleib lieber bei dem, was du am besten kannst, Posh. Obwohl ich nicht weiß, was das ist."[363]

Solche Kommentare verbesserten die Stimmung in Sawbridgeworth nicht gerade. Jackie und Tony Adams waren zu Weihnachten eingeladen worden, aber Ted und Sandra fehlten.[364] Immerhin schenkte Beckham seinem Vater einen Sportwagen: einen Jaguar S-Type aus zweiter Hand für 20.000 Pfund. Tony Adams hingegen hatte erst kürzlich einen neuen Range Rover und einen Porsche im Wert von 125.000 Pfund bekommen.[365] Immerhin durfte Ted den sechsjährigen Brooklyn zum Angeln und für einen Tag nach London mitnehmen.

Beckham wusste, dass sein Vater immer noch stundenlang die Aufzeichnungen seines Fußball spielenden Sohns ansah, und hatte ihm ein Ticket für das nächste Spiel in Madrid am 22. Dezember geschenkt.[366]

Ted kam mit easyJet und kehrte noch am selben Abend im Privatjet seines Sohns zurück, damit er am folgenden Tag bei der Tauffeier seines Enkels Romeo dabei sein konnte.

120 Gäste waren zu dieser extravaganten Party geladen, die 500.000 Pfund kostete. Für John und Nicky Giles-Larkin war sie allerdings der Tropfen, der das Fass zum Überlaufen brachte. Die ständig streitenden Beckhams und Victorias Wünsche stressten so, dass die beiden gingen. Und zwar noch bevor die Feier anfing.[367] John Giles-Larkin bestritt später, dass er seine Memoiren über diese Zeit schreibe, nicht zuletzt wegen der drakonischen Vertraulichkeitsvereinbarungen, die die Beckhams ihn hatten unterzeichnen lassen.[368]

Kindermädchen Abigail Gibson bekam mit, wie sich die Beckhams in der Woche vor Weihnachten mehrfach stritten. Um zwei Uhr nachts hörte sie David brüllen: „Verdammte Schlampe!" Er drohte, Victoria zu verlassen. „Er weiß genau, was er sagen muss", erinnerte sich Gibson, „damit sie glaubt, dass alles ihr Fehler ist."

Gibson hörte, wie Victoria eine Freundin anrief: „Ich fürchte, David liebt mich nicht mehr. Ich glaube, er wird mich verlassen." Am folgenden Morgen musste Victoria mit jemandem sprechen und wandte sich an Gibson: „Ich weiß nicht, was ich machen soll. Er denkt darüber nach, sich zu trennen. Ich weiß nicht, ob er mich noch liebt. Ich darf auf keinen Fall einen neuen Streit auslösen. Ich habe ihn gebeten zu bleiben, bis das Baby geboren ist. Ich habe solche Angst, ihn zu verlieren."[369]

Davon bekamen die Gäste auf der Tauffeier am 23. Dezember nichts mit. Victoria wollte unbedingt zeigen, dass die Marke Beckham so erfolgreich war wie eh und je, und die Taufe, die auf Vorschlag von Jackie und Tony Adams organisiert worden war, war dafür besonders wichtig. Umgeben von Blumenschmuck, der angeblich 75.000 Pfund gekostet hatte, erzählte Victoria: „David und ich sind stärker als je zuvor. Ich will, dass die Welt das für das Jahr 2005 weiß." Der angeschlagene Beckham schwor seinen Gästen, 2005 werde er „auf dem Pfad der Tugend bleiben". Mit Bezug auf das zu Ende gehende Jahr sagte Victoria gegenüber Vertrauten: „Ich kann es kaum erwarten, dass 2004 vorbei ist."

Die Spannungen zwischen den Adams- und den Beckham-Eltern wurden nicht dadurch besser, dass sich Ted und Sandra 2002 getrennt hatten und seitdem auseinandergehalten werden mussten. Außerdem war Mel B nicht gekommen – weil Geri da war. Geri wiederum stritt sich mit Mel C.

Simon Fuller seinerseits hatte allen Grund zu strahlen. Er war kurz davor, 19 Entertainment an CKX (später Sony Entertainment) zu verkaufen. 19 Entertainment war Eigentümer von „American Idol" und geschätzte 50 Millionen Pfund wert. Zum ersten Mal, seit die Spice Girls ihn 1997 gefeuert hatten, traf er nun Geri, Mel C und Victoria zusammen wieder. Dass die willensstarken jungen Mädchen ihm damals nicht nachgegeben hatten, hatte er ihnen inzwischen verziehen. „Fuller ist derzeit unerträglich eingebildet", sagte eine ihn beobachtende Person.[370] Denn alle fünf Frauen waren wieder auf ihn zugekommen, in der Hoffnung, dass er ihre Karrieren neu belebte.

Romeos Paten waren Elton John und Liz Hurley. Dass nicht alles so harmonisch war, wie es auf den ersten Blick aussah, bemerkten sie genau. Hurley sorgte für zusätzliche Spannung, weil sie zwar Victorias Bitte an alle weiblichen Gäste, weiße und cremefarbene Kleidung zu tragen, nachgekommen war, sich aber – in der Erwartung, dass Victoria etwas ganz anderes trug, was sich dann auch als schwarzes Kleid von Dolce & Gabbana herausstellte – für ein sehr freizügiges Dekolleté entschieden hatte. Um Hurley in den Schatten zu stellen, führte Victoria ihren neuen eine Million Pfund teuren Diamantring von David aus. Die Feier, so sagte sie am Ende, „hat sich wirklich bezahlt gemacht". Auch weil die Spice Girls wieder zusammengekommen waren. Dass Romeo, der eigentliche Star des Abends, während der Segnung durch den Vikar einen Wutanfall hatte, erwähnte niemand.[371]

Victorias Wunsch, einen Strich unter das Horrorjahr 2004 zu ziehen, war eine Antiklimax – unter den Umständen eine regelrechte Erleichterung.

15

Schande

Max Clifford beschrieb Victoria als „weitgehend ungeliebt von der britischen Öffentlichkeit“, was Simon Fuller dazu brachte, frühere Taktiken fallen zu lassen. Nachdem er sich einen Überblick über die Trümmer verschafft hatte, die nach Dannielle Heaths Enthüllungen zurückgeblieben waren, und er ahnte, dass es durchaus zu weiteren solchen Geschichten kommen könnte, entschied er, nicht mehr gegen die Klatschzeitungen anzukämpfen.

So oft der Beckham-Anwalt Gerrard Tyrrell den Zeitungsredaktionen auch gedroht und gerichtliche Verfügungen hatte zukommen lassen – die Flut der peinlichen Offenbarungen hatte das nicht gestoppt. Gleichermaßen hatte es nicht funktioniert, der Journaille Zugang zu den Beckhams zu gewähren, damit sie unkritisch über das Paar berichtete. Die PR-Leute hatten versucht, den Zeitungen zu drohen: Wenn ihr den Forderungen der Beckhams nicht nachkommt, gibt es gar keine Informationen mehr. Es waren einfach immer und immer wieder peinliche Geschichten erschienen. Nun half nur noch eins: Fuller wollte einen neuen Pakt mit dem Teufel eingehen.

Sie würden den Medien Honig ums Maul schmieren und damit deren Zuneigung gewinnen. Das erste Opfer war Charlotte Hickson, Victorias PR-Leiterin. Sie wurde von Jo Milloy ersetzt, der ehemaligen Verlobten von Andy Coulson. Die 34-Jährige war ruhig und intelligent, hatte bei Channel 4 und mit Fuller zusammen für „Pop Idol“ gearbeitet. Ihr war es von Anfang an wichtig, nicht lügen oder drohen zu müssen – das genaue Gegenteil von McAteer also. „Ich werde offener und ehrlicher sein“, sagte sie der *PR Week*.[372] Von den Beckhams erhielt sie die

Anweisung, alles Gift zu neutralisieren und sich mit der Presse anzufreunden. Unterstützung erhielt sie von der Strategie- und Markenberaterin Natalie Lewis. Sie kümmerte sich vor allem um das „persönliche Profil“ von Victoria und um die Mode-PR.

Milloys Priorität: Victoria retten. Als sie in Madrid ankam, fand sie ihre im achten Monat schwangere Klientin zu Hause auf dem Boden sitzen und weinend Plastiklabel an ihre Hosen nähen. Milloy holte eine Flasche Champagner und setzte sich neben die aufgelöste Frau. Diese schluchzte: „Alle hassen mich, und ich liebe ihn doch. Man hat mir so wehgetan. Und ich bekomme bald ein Baby.“

Unter strengen Sicherheitsvorkehrungen wurde Cruz Beckham am 20. Februar 2005 in Madrid im Ruber International Hospital geboren. Aus Angst vor der Presse war der Kaiserschnitt vorverlegt worden. Benannt war Victorias dritter Sohn nach Tom Cruise.[373]

Am folgenden Tag versammelte sich die Adams-Familie im Krankenhaus. Während Beckham Sandwiches aß und Coca-Cola trank (obwohl er doch bezahlte Werbung für Pepsi machte), lauschten die Adams Victorias Klagen. „Ich kann hier nicht leben“, sagte sie. In Madrid hatte sie weder Freundinnen noch Arbeit. Sie wollte zurück zu ihrer Familie nach London. Sieben Tage später sagte Beckham in einem Interview: „Wir sind sehr glücklich in Spanien.“[374]

Beckhams Ruf hatte sich wieder verbessert. In einem Spiel gegen Numancia hatte er mit einem Freistoß in eines seiner typischen Tore erzielt. Dass er besser spielte, habe viel mit der neuen Stabilität bei Real Madrid zu tun, sagte er. In den letzten zwei Jahren hatte der Verein dreimal einen neuen Trainer bekommen. Zuletzt war Mariano García Remón entlassen und durch den brasilianischen Trainer Vanderlei Luxemburgo ersetzt worden. Der habe geholfen, seine Leistung zu steigern, so Beckham.

Real Madrids Präsident Sánchez sah das genauso. Nicht nur spielte Beckham besser – auch die Merchandise-Einnahmen des Vereins waren deutlich gestiegen: im ersten Jahr um 29 Millionen Pfund, im zweiten noch einmal um 23 Prozent. Vier von fünf verkauften Real-Madrid-Trikots trugen die Nummer 23. Ebenfalls dank Beckham hatte Adidas seinen Vertrag mit Real Madrid bis 2012 verlängert. „Er ist eine Ikone des modernen Fußballs“, so Sánchez. Beckhams Anziehungskraft war riesig und führte auch zu einer Real-Madrid-Tour durch Amerika, Japan und China. Die Verträge dafür in Höhe von 14 Millionen Pfund sollten allerdings halbiert werden, falls Beckham nicht spielte.[375]

David Beckhams eigener Vertrag mit Real Madrid lief noch zwei Jahre. Er bekam ein neues Angebot für weitere vier Jahre zu 11,6 Millionen Pfund pro Jahr – ein Gehalt von 4,6 Millionen Pfund plus sieben Millionen Pfund durch Trikotverkäufe. Fuller übertrieb wie üblich und sprach von einem Vertragsgesamtwert von 100 Millionen Pfund.[376]

Mit solchen Summen in Aussicht wurde 2005 Beckhams Finanzberatung ausgetauscht. Nicht weil das neue Team mehr Erfahrung gehabt hätte, sondern weil es die Bilanzen besser aufhübschen konnte. Charles Bradbrook von Deloitte blieb weiterhin Buchhalter, doch die Kontenprüfung für die Steuerbehörden erledigte nun Lakin Rose, ein kleines Unternehmen in Cambridge und ehemaliger Deloitte-Partner. So vermied man den Eindruck eines Interessenskonflikts – vermutlich hatte die Aktion etwas mit Beckhams Partnerschaft mit Ingenious Films zu tun. Üblicherweise übernahmen nämlich Familienfirmen wie Lakin Rose keine so komplizierten Angelegenheiten.

Die Frage kam auf, ob sich Beckham durch seinen permanenten Aufenthalt in Spanien davor gedrückt hatte, in Großbritannien Steuern auf seine dort erzielten Einnahmen zu zahlen. Seine Buchhalter hatten zudem das Steuerjahr 2003 für Footwork Productions Ltd. auf acht Monate gekürzt und somit auf legalem Weg seine Einnahmen verringert, bevor er nach Spanien gegangen war. Angeblich sollte damit lediglich das Footwork-Steuerjahr an das Steuerjahr in Spanien angeglichen werden. Beckhams negative Rücklagen wuchsen zudem von 27.000 auf 3,2 Millionen Pfund an. Der Grund dafür blieb unklar.

Auch die Bilanzierungspolitik hinsichtlich der Footwork-Einnahmen wurde geändert. So konnten sie den Betrag von 3.181.000 Pfund aufschieben, wodurch Beckham 954.000 Pfund Körperschaftssteuer in Großbritannien sparte.

Im Jahr 2004 wurde das Steuerjahr erneut geändert, sodass seine Umsätze verringert und seine Einnahmen in Spanien anwuchsen. Die Konten zeigten, dass er für seine Fußballeinnahmen keine britischen Einkommenssteuern zahlte und bei Footwork Productions Spain SL, also einer spanischen Firma, angestellt war. Sein hauptsächliches spanisches Handelsunternehmen profitierte von dem „Beckham-Gesetz“, laut dem sich die Einkommenssteuer für in Spanien lebende ausländische Stars auf 24 Prozent verringerte.

Aus Steuergründen stellte die spanische Footwork-Firma der britischen Footwork-Firma 821.000 Pfund in Rechnung – „für die Bereitstellung von Diensten David Beckhams“. Das Geld wurde aus Großbritannien transferiert, sodass keine höheren britischen Steuern gezahlt werden mussten. Beckhams Footwork-Einnahmen im Jahr 2004 betrugen 17,3 Millionen Pfund, bei einer massiv gestiegenen Bareinlage – von 134.000 auf 12.798.000 Pfund. Als Steuerausländer in Spanien zahlte er weder britische Steuern auf Geld, das in der spanischen Firma verblieb, noch zahlte er Einkommensteuer in Großbritannien.

Seine Konten waren so organisiert, dass er einen Deckmantel über die Besteuerung seiner 7,9 Millionen Pfund Gehalt und seiner 1,25 Millionen Pfund in Aktiendividenden für die acht Monate bis zum 31. Dezember 2003 legen konnte. Sein Beitrag zur staatlichen Sozialversicherung betrug nur 157.000 statt 1.014.000 Pfund – die er hätte bezahlen müssen, wenn er nach Juni 2003 weiter in Großbritannien gelebt hätte.

Beckham zahlte viel für diese Steueroptimierung. Die Beratungsgebühren von Deloitte für Footwork Productions Ltd. betrugen 203.000 Pfund plus 543.000 Pfund Anwaltskosten für Lee & Thompson. Dazu kamen 324.000 Pfund für nicht abzugsfähige Ausgaben. Ein Ergebnis all dessen war die Änderung der Footwork-Bilanzierungspolitik im Jahr 2004.

2005 wurden die Konten noch undurchsichtiger. Der Umsatz von Footwork lag bei 15,5 Millionen Pfund, ein Rückgang im Vergleich zu den 17,3 Millionen Pfund im Jahr zuvor. Aber die Verwaltungs- oder „Betriebsausgaben“ stiegen auf 23 Millionen Pfund im Vergleich zu nur 3,9 Millionen Pfund im Jahr 2004. Das Ergebnis war extrem vorteilhaft: Das Unternehmen hatte keine Einnahmen, bezahlte keine britischen Steuern und erhielt sogar eine Steuerrückzahlung von 2,1 Millionen Pfund. Beckham bekam nun, was unüblich war, ein Gehalt statt Dividenden. Nicht weniger als 19,5 Millionen Pfund. Eine Erklärung dazu gab es in den Konten nicht.

Um von der besonderen Steuergesetzgebung in Spanien zu profitieren, wurde ihm das Geld nicht in Großbritannien ausgezahlt. Stattdessen wurde es in dem britischen Unternehmenskonto als Schulden gegenüber einer „nahestehenden Person“ ausgewiesen.

Im Jahr 2006 nahm Footwork 11,1 Millionen Pfund ein, doch nachdem das Unternehmen Beckham 11,8 Millionen Pfund ausgezahlt und weitere Ausgaben verbucht hatte, ergab das einen Betriebsverlust von 2,2 Millionen Pfund. Noch einmal war der Steuereffekt eine gute Sache für Beckham. Footwork erhielt in Großbritannien eine Körperschaftssteuererstattung von 5,6 Millionen Pfund. Und trotz dieses Verlusts zahlte ihm das Unternehmen eine Dividende in Höhe von 1,75 Millionen Pfund aus – dabei verfügte es nicht einmal über so viele Reserven. Das funktionierte wegen einer unüblichen Buchung: Das Unternehmen erhielt vier Millionen Pfund vom britischen Finanzamt als Körperschaftssteuererstattung, nutzte dieses Geld jedoch nicht für die Begleichung von Schulden über 5,6 Millionen Pfund. Technisch war Footwork insolvent. Beckhams Beraterteam wies das zurück. Footwork, so erklärten sie, „handle mit aktiven, langfristigen Verträgen und verschobenen Einnahmen und werde so im kommenden Zeitraum profitabel sein“. Eine derartige Entscheidung – ein Unternehmen im Defizit zu belassen – wurde vermutlich nur getroffen, weil sich dadurch große Steuerbeträge sparen ließen.

In Großbritannien aber setzte sich niemand mit Beckhams Konten auseinander. Die Medien beschrieben den weltweit bestbezahlten Fußballer nur positiv. Der britische Held bekam zu dieser Zeit nichts als Applaus. Zum Start der Soccer Academy in Los Angeles konnte Simon Oliveira die Zeitungen überzeugen, dass Beckhams Schwierigkeiten der Vergangenheit angehörten. „Ich will meine Karriere bei Real Madrid beenden“, so der Spieler.

Das einzige Handicap war Victoria. Obwohl sie ihm versprochen hatte, in Madrid zu bleiben, war sie mit Cruz nach England zurückgekehrt, wo sie bei ihren Eltern und im Beckingham Palace in Sawbridgeworth wohnte. Selbst als David in Newcastle für England spielte und ein großartiges Tor gegen Aserbaidschan schoss, kam sie nicht ins Stadion. Sie blieb zu Hause, während er mit seinen zwei älteren Söhnen zurück nach Madrid flog.

Und dann machte sie einen Fehler.[377]

Am Samstagabend beobachtete ihre Schwester Louise, wie sich im Club 195 in Epping, Essex, das Kindermädchen Abigail Gibson mit Dannielle Heath unterhielt. Victoria schrie Gibson wütend an, sie sei illoyal. Gibson, die ohnehin unzufrieden war, weil sie trotz eines weiteren Babys nicht mehr Gehalt bekam, kündigte. Zwei Jahre hatte sie für die Beckhams gearbeitet,[378] jetzt machte sie sich auf den Weg zu Max Clifford, der ihr einen Deal mit der *News of the World* über 125.000 Pfund aushandelte.

Victorias PR-Frau wurde von einem wohlwollenden Journalisten auf die tickende Bombe hingewiesen und organisierte Paparazzi, die sich am 17. April zu Victorias 31. Geburtstag vor dem Ritz in Paris einfanden. Die Beckhams unterbrachen ihren „romantischen Geburtstagstrip“, um auf der Place Vendôme öffentlich zu zeigen, wie glücklich sie waren. Victoria klammerte sich an Davids Hand.[379]

Schnell folgte eine organisierte Publicitywelle. Auf zehn Seiten der Zeitschrift *OK!* mit der Überschrift „Wie glücklich wir sind“ betonte David: „Ich wurde dazu erzogen, Frauen respektvoll zu behandeln.“[380] Gleichzeitig berichteten „Freunde“ der *Sun*, die Liebe der Beckhams sei nach Cruz’ Geburt „wieder auf dem richtigen Weg“. „Nach den schweren Zeiten, die sie durchlebt haben, und dem schönen gemeinsamen Aufenthalt in Paris lieben sie einander immer noch. Sie werden sich nicht trennen.“[381] Danach flogen die beiden nach Venedig, um seinen 30. Geburtstag zu feiern – wieder vor einer Horde Paparazzi. Victoria kündigte an, für Beckham eine Geburtstagsfeier in der Buddha Bar in Madrid zu organisieren, die eine halbe Million Pfund kosten sollte. Auf der Gästeliste standen erneut Elton John und Liz Hurley.[382] Die vielen Auftritte und Neuigkeiten sollten von den Schwierigkeiten ablenken.

Während der gesamten Woche war das Anwaltsteam der Beckhams vor dem Obersten Gerichtshof damit beschäftigt, die Veröffentlichungen in der *News of the World* mit Gibsons Schilderungen zu verhindern. Nicht nur würde die Privatsphäre der Beckhams dadurch verletzt – Gibson habe auch eine Vertraulichkeitsvereinbarung unterzeichnet, sodass sie gar nichts erzählen dürfe. Während der Anhörung gab der Beckham-Anwalt zu, dass David in einem Streit gedroht habe, Victoria zu verlassen, doch das sei „im Eifer des Gefechts“ geschehen. Das Ehepaar sei „glücklich verheiratet“.[383]

Der Anwalt der *News of the World* konterte, die Beckhams seien nur noch „zynisch und aufgesetzt" miteinander, um aus finanziellen Gründen „die Öffentlichkeit zu überzeugen, sie seien weiterhin glücklich verheiratet".[384]

Der Richter genehmigte die Veröffentlichung. In seinem Urteil verwies er darauf, wie sich die Beckhams in ihren Autobiografien und aktuellen Fernsehserien als liebendes Ehepaar darstellten. Gibson decke diese Scheinheiligkeit auf, das sei im Interesse der Öffentlichkeit.[385]

Sprecher für die Beckhams behaupteten, der Richter – ein Experte für Grundstücksrecht – habe die Mediengesetze nicht richtig verstanden. Als in der folgenden Woche ein erster Artikel veröffentlich wurde, kehrten die Beckhams ins Gericht zurück und sprachen mit einem anderen Richter. Gibson solle untersagt werden, weitere Enthüllungen aus ihrem detaillierten Tagebuch publik zu machen. Dieses Mal gewannen sie. Das Gericht verurteilte Gibson zum Schweigen. Vier Jahre später entschuldigte sie sich bei den Beckhams, gegen die vier unterzeichneten Vertraulichkeitsvereinbarungen verstoßen zu haben.[386]

Victoria hatte Angst vor weiteren Peinlichkeiten und wollte Einigkeit demonstrieren. Dafür flog sie nach Madrid. Am Vorabend der Veröffentlichung in der *News of the World* äußerte David kein einziges Mal, dass Gibson lüge. „Ich wurde dazu erzogen, Frauen gut zu behandeln und sie zu respektieren", wiederholte er. Dass Gibson ihr Vertrauen missbraucht hatte, kommentierte er wie folgt: „Ich finde es erstaunlich, ziemlich unglaublich."[387]

Die Schlagzeile der *News of the World* lautete: „Becks lügt und betrügt einfach nur – ‚Nannygate – exklusiv'" und „Abbie schlägt zurück, nachdem der Fremdgeher behauptet, Frauen zu respektieren". Gibson hatte der Journalistin Jane Atkinson erzählt, Beckham habe im Obergeschoss Sex mit Dannielle Heath gehabt, während sie und Sandra unten gewesen wären: „David glaubt, dass er unglaublich wichtig ist und mit allem davonkommt. Er benutzt die Menschen. In der Zeit, als ich bei ihnen gearbeitet habe, habe ich seine Lügen unterstützt und fühle mich deshalb schrecklich. David ist ein Lügner. Er hat mich überhaupt nicht respektiert, als ich ihm helfen sollte, seinen Fehltritt zu vertuschen."

Außerdem habe er, nachdem er die schwangere Victoria betrogen habe, diese als „verdammte Schlampe" bezeichnet. Nach ihren Streits schliefen sie in getrennten Schlafzimmern. Als wäre all das noch nicht blamabel genug, reichte Gibson auch noch die Sextingnachrichten weiter, die Beckham ihr statt Esther Cañadas 2003 versehentlich geschickt hatte.

Victoria war wegen Gibsons Treulosigkeit „am Boden zerstört" und beschwerte sich bei einer Freundin: „Ich habe aus Abbie das bestgekleidete Kindermädchen der Welt gemacht." Gibson wurde im Übrigen später unter anderen Umständen als unzuverlässig bezeichnet.[388]

Um die Beckhams vor den Paparazzi vor ihrem Haus zu schützen, flog Sandra nach Madrid und kümmerte sich um die Kinder. Die Beckhams blieben drinnen. Die Medien sollten auf eine falsche Fährte gelockt werden, und so streute jemand von der PR das Gerücht, dass „sich Posh mit Beckham zwei Tage in eine Villa zurückzieht, um vor dieser Höllenwoche zu fliehen". Doch die Horde auf der Straße blieb, wo sie war.

Eine andere Taktik musste her. Ein wohlwollend eingestellter Journalist bekam den Tipp, Victoria würde mit dem zweijährigen Romeo in einem Madrider Park spielen. Wie geplant, fand er die beiden dort. Victoria war perfekt geschminkt, perfekt frisiert und trug Designerkleidung. Ihre Botschaft war klar: Ihre Ehe war stabil, und sie brauchten kein Kindermädchen. Danach wurde ein Fotograf zu ihnen nach Hause eingeladen. Ihre Pose war inzwischen vertraut: Victoria klammerte sich mit beiden Armen an David und machte einen Schmollmund, während er gleichgültig lächelte.

Die meisten Zeitungen nahmen Gibsons anschauliche Schilderungen gern auf – mit Ausnahme der *Sun*. Die Kolumnistin Jane Moore beschuldigte Gibson und die *News of the World*, die Gefühle der Beckhams „herzlos zu missachten". Die Beckhams, klagte Moore, seien nur die neuesten Opfer „ständiger öffentlicher Vertrauensbrüche". Es sei „beachtlich", wie sie unter diesem Druck überlebten. Beckham habe richtig gehandelt und „Posh nach Venedig entführt" und in Paris „erst letzte Woche Rosenblüten auf ihrem Bett verstreut". „Ist es nicht Zeit", fragte Moore zum Schluss, „dass wir ein wenig nachsichtiger mit ihnen werden?"[389]

Andere waren nicht so freundlich. Die Beckhams hätten „die Presse schamlos ausgenutzt", schrieb Kolumnistin Lorraine Kelly, nur um allen ihr Märchen einer glücklichen Ehe zu verkaufen. Jetzt sei aus ihrem Traum vom Ruhm ein Albtraum geworden.[390]

Die Beckhams selbst waren von dieser Flut an Enthüllungen so erschöpft, dass sie die letzte Geschichte einfach ignorierten: Die Radiomoderatorin Gaynor Morgan beschrieb, wie sie David Beckham 2001 auf einer Weihnachtsfeier kennengelernt habe: „Beckham hat seine Hand meinen Oberschenkel hinaufgeschoben und gesagt: ‚Ich schwärme schon seit Jahren für dich.' Was dann passierte, wird für immer unser Geheimnis bleiben." Selbst Max Cliffords Ankündigung, dass zwei weitere Frauen ihre Erinnerungen an eine Affäre mit Beckham verkaufen wollten, wurde kaum beachtet. Nicht von den Beckhams und noch nicht einmal von den Zeitungsredaktionen. Der Appetit der Leserschaft schien gestillt zu sein,[391] insbesondere als herauskam, dass Beckhams Schwester Joanne eine Affäre mit dem Partner einer Freundin gehabt hatte. Später erfuhr man, dass dieser Mann sogar der Vater ihrer kleinen Tochter war.[392]

All diese Geschichten über Ehebruch, Täuschung und Trennung in der Familie Beckham bedeuteten sehr viel Arbeit für das PR-Team. Immerhin durfte Gibson ihr Tagebuch nicht mehr veröffentlichen. Zu dem Geld, das sie für die Veröffentlichung der Geheimnisse erhalten hatte, kamen weitere 15.000 Pfund Entschädigung, weil der *Mirror* ihr Telefon angezapft hatte.[393]

Um den schönen Schein zu wahren, wurde Beckhams geplante Geburtstagsfeier nicht abgesagt; sie kostete aber wohl nur noch 250.000 Pfund. Elton John kam zwar nicht, dafür das Model Elle Macpherson. Nur wenige Zeitungen veröffentlichten eines der vielen Fotos, die ihnen angeboten wurden.[394]

Die nächste Demütigung: Victoria wurde in einer Umfrage einer Zeitschrift zur „sinnlosesten Prominenten" gekürt.[395] Es schien jetzt nur noch eine Lösung zu geben. Sie zog endlich dauerhaft nach Spanien und gab auf ganzen sieben Seiten in der Zeitschrift *OK!* zu: „Ich will einfach im Hintergrund bleiben und mich um meine Kinder kümmern."[396] Auch würde sie David keine Vorhaltungen mehr machen und stattdessen einige unangenehme Wahrheiten über seine Gewohnheiten akzeptieren.

„Es ist nicht einfach", gab sie einer anderen Zeitschrift gegenüber zu, „aber ich will kein Mitleid. Unsere Ehe ist stärker als je zuvor." Als wäre es geprobt, fügte sie hinzu: „Ich bin so stolz auf David. Er ist für mich immer noch Golden Balls. Schaut ihn euch an – er ist verdammt perfekt." Und: „Ich bin nicht eifersüchtig auf andere Frauen. Wenn die Leute ihn ansehen, dann weil er so gut ist."[397] Beckham stimmte brav zu. „Unsere Ehe ist stärker denn je zuvor", sagte er und stellte sich als Opfer der britischen Medien dar. „Sie stellen dich da oben hin und versuchen dann, dich wieder runterzuzerren. Und wenn du unten bist, versuchen sie, dich noch weiter runterzukriegen."[398]

Milloy und Oliveira entschlossen sich, die wichtigsten Journalisten samt Ehefrauen nach Spanien einzuladen, damit sie die glücklichen Beckhams treffen konnten. Ein Dinner im besten Restaurant von Madrid würde auch den Zynischsten unter ihnen gefallen. Als die Beckhams das Restaurant betraten, wurde es atmosphärisch merklich wärmer, und als David ein paar Worte auf Spanisch sagte, war sein Publikum überzeugt, er spreche die Sprache fließend. Genau so war er: Sein zurückhaltender, natürlicher Charme verbarg seinen eisernen Willen. Er schauspielerte so gut, dass seine Gäste überzeugt waren, er sei wirklich etwas Besonderes. Ein Überlebenskämpfer. Er zeigte selten, wenn es ihm schlecht ging.

Seine Gäste in Madrid wussten, dass es immer noch Millionen Menschen gab, die den Selfmademan aus Ostlondon trotz der ständigen peinlichen Geschichten verehrten. Viele männliche Fußballfans liebten ihn, viele Frauen schwärmten für ihn, und wieder andere fanden ihn einfach interessant. Überall auf der Welt sahen seine Fans seinen Ehebruch entweder als unwichtig an – oder sie beneideten ihn darum. Welcher Mann hätte Rebecca Loos oder Esther Cañadas schon abgewiesen?

Ein Foto der glatten, glänzenden Beckham-Brust steigerte den Verkauf von Home-Waxing-Sets. Ein Foto von ihm in einem Nachtklub in Saint-Tropez, auf dem ihm eine Champagnerflasche im Wert von 20.000 Pfund geöffnet wurde, sorgte für Bewunderung.[399]

Vodafone verlängerte den Sponsorenvertrag zwar nicht – vermutlich wegen der Sextingnachrichten –, aber sogar der Politikbetrieb wusste, dass kein anderer Sportler über diese Magie verfügte. Beckham war nicht irgendein Fußballer. Als Großbritannien sich um die Olympischen Sommerspiele 2012 bewarb, ernannte Premierminister

Tony Blair ihn zum Botschafter. Dass er im Juli 2005 für die entscheidende Abstimmung nach Singapur gekommen war, mochte tatsächlich den Ausschlag für die Entscheidung gegeben haben. All die Lügen, die er über sein Privatleben erzählt hatte, waren vergeben und vergessen – oder aber geglaubt und ignoriert.

Selbst, als er im Restaurant auf die Toilette ging, wurde er von Fans verfolgt. „Ich musste in eine Kabine gehen“, sagte er danach lachend. Sein Blick richtete sich auf ein hübsches Mädchen, das am Tisch vorbeiging, und sofort veränderte sich die Stimmung. Victoria trat ihm unter dem Tisch gegen das Bein. „Sie trägt eine von deinen Jeans“, sagte er. „Lustig, dass du das bemerkt hast“, gab sie zurück. „Glotz sie nicht an.“ Ein weiteres Highlight des Wochenendes waren die Jeans, die Victoria den Frauen der Journalisten schenkte.

Damit Friede und Ruhe in das neu renovierte Haus in Madrid (mit einer Garage für einen Ferrari, einen Bentley, einen Aston Martin, einen Range Rover, einen Mercedes und einen Lamborghini) einzog, zahlten die Beckhams 350.000 Pfund für eine Feng-Shui-Beratung. Die Atmosphäre wurde auch besser, als Beckhams Freund und Berater Terry Byrne und dessen Frau als Haushälterpaar einzogen. Um das neue Übereinkommen des Promipaars zu stärken, kam Louis Molloy nach Madrid, um ihnen das gleiche Tattoo – den 8. Mai in römischen Ziffern – auf das Handgelenk zu stechen. An diesem Datum hatten sie 1997 zum ersten Mal miteinander Sex gehabt. Molloy tätowierte David zudem einen auf Wolken ruhenden Engel auf die Schulter.[400]

Dann reiste der Künstler zufrieden wieder ab. 20 Prozent von Beckhams Körper waren noch tattoofrei.

Im Sommer 2005 zeigte sich, wie schlecht es um den englischen Fußball bestellt war. Ein Jahr vor der Weltmeisterschaft in Deutschland waren die Fans überzeugt, dass England das Turnier gewinnen könnte – nicht zuletzt, weil sich Eriksson und Beckham so optimistisch gaben.

Vor einem Freundschaftsspiel gegen Dänemark bezeichnete der Trainer seine Mannschaft als die beste, die er je gecoacht habe. Beckham wiederholte seine Worte. Es sei unbestreitbar, dass die Spieler, die für Deutschland ausgewählt worden waren, das beste Team seit 1966 seien.

England verlor gegen Dänemark 1:4. Besonders schlecht fühlte es sich dabei an, dass die Dänen drei Tore in nur sieben Minuten schossen. „Wir haben uns ein wenig den Faden verloren“, gab Beckham danach zu. Die Fans machten sich über den Kapitän lustig und bezeichneten den Trainer als Clown.[401] Es sei wohl klar, dass Eriksson und Beckham nicht über die Kompetenzen verfügten, ihre Mannschaft hinter sich zu vereinen. Keiner von beiden habe versucht, die Cliquen innerhalb des Teams aufzubrechen. Es gelang ihnen nicht einmal, dass beim Essen alle zusammensaßen.

Einen Monat später verschlechterte sich die Lage für England noch. Gegen Nordirland, Platz 116 in der Weltrangliste, verlor die Mannschaft 0:1 zum ersten Mal seit 1927. Beckham wurde unverhohlen verantwortlich gemacht. Vor dem Match war er noch bei der Maniküre gewesen, er sei eine Diva in einem verwöhnten Team aus Multimillionären.[402] Während des Spiels habe kein Ballkontakt zum Ziel geführt, und als Kapitän habe er wieder einmal seine Leute nicht motivieren können. „Ich habe volles Vertrauen in den Trainer“, sagte er nach dem Match. Sie hätten sich alle an Erikssons Anweisungen gehalten.

Die Verantwortung für die Niederlage wurde beiden Männern gleichermaßen zugeschrieben, aber die Ursache war fraglich. Manche meinten, der stümperhafte Eriksson habe zu viel Angst, den unbeweglichen Beckham loszuwerden. Andere beschuldigten Beckham, den wohlmeinenden Trainer zu manipulieren.

Einen Monat später gab es ein weiteres schlechtes Spiel. Österreich stand auf der FIFA-Liste etwa auf Platz 30, und doch gewann England nur ganz knapp mit 1:0. Beckham bekam eine Rote Karte. Zum ersten Mal war ein englischer Kapitän vom Feld geschickt worden. Und zum ersten Mal war ein Spieler zweimal während eines Spiels für England gesperrt worden. Eriksson bezeichnete das Ergebnis als „großartig“. Als er nach den vorherigen vier Niederlagen gefragt wurde, antwortete er: „Das war ein großer, großer guter Schritt in die richtige Richtung.“[403] Er war, in den Worten eines Realisten bei der FA, „definitiv kein Churchill“.

Bei Real Madrid lieferte Beckham auch keine bessere Leistung. Wiederholt bekam er Gelbe und Rote Karten, und seine Unbeherrschtheiten trugen dazu bei, dass „die Königlichen“ zum ersten Mal seit

1954 über drei Saisons keinen einzigen Pokal gewannen. Als die Mannschaft in der Champions League von Arsenal besiegt wurde, musste Florentino Pérez zurücktreten. Viele lachten nur, wenn Beckham von seinen „Rückenschmerzen“ und den schmerzstillenden Spritzen sprach, weil eines seiner Beine kürzer war als das andere.

Dann verblüffte er alle auf bereits bekannte Weise: Gegen Cádiz schoss er ein beeindruckendes Tor und gegen Sevilla gleich zwei – eines ein Freistoß aus 32 Metern, der direkt im Netz landete. Nun zeigte sich Sánchez wieder interessiert, Beckhams Vertrag zu verlängern.

Zu dem Zeitpunkt, da der englische Fußball kaum noch schlechter werden konnte, entlarvte ein Artikel der *News of the World* Eriksson endgültig. Er wurde nach Dubai geflogen, wo man ihm viel Geld dafür bot, den Job in England noch vor der Weltmeisterschaft zu verlassen und Trainer bei Aston Villa zu werden. Eriksson nahm das Angebot an, ohne zu erkennen, dass sein arabischer Gastgeber ein „Fake Sheikh“ war – ein Undercoverreporter. Eriksson versprach auch, dass Beckham Real Madrid verlassen und ebenfalls zu Aston Villa wechseln würde. Er redete über alle seine Spieler schlecht und bezeichnete den englischen Fußball als korrupt.[404]

Der „falsche Scheich“ hatte Erikssons Verrat auf Band und konnte damit die letzten positiven Mythen über die englische Mannschaft und die Redlichkeit der FA zerschmettern. Und doch ignorierten FA-Boss Geoff Thompson und der Vorstand Erikssons Gier. Sie behaupteten sogar, sie hätten Vertrauen in ihren Trainer. „Wir müssen zusammenhalten und vergessen, was passiert ist“, so Beckham. „Es ist Zeit, die Vergangenheit zu vergessen und uns darauf zu konzentrieren, die Weltmeisterschaft zu gewinnen.“[405]

Auch Victoria versuchte, die Vergangenheit zu begraben. Beckhams Untreue schmerzte sie noch immer, aber ihre Zukunft war nun einmal davon abhängig, das Image als glückliche Ehefrau und Mutter aufrechtzuerhalten. Nein, nicht einmal das reichte. Psychologisch konnte sie nur überleben, wenn sie sich ihre eigene Unabhängigkeit, ihren eigenen Erfolg sicherte. Auf der Suche nach Erlösung arrangierte Fuller ihren Weg in die große Modewelt.

In einer Branche, in der unerträgliche Egoisten, elegante Selbstdarstellerinnen, laute Narzissten, lächelnde Betrügerinnen sowie atemberaubende Unehrlichkeit und Schönheit regieren, sind nur die Wenigen erfolgreich, die mit Originalität, Geistesgröße, harter Arbeit und tiefen Taschen voller Bargeld punkten können. Victoria stand vor der Herausforderung, ihre Unzulänglichkeiten zu besiegen. Sie war nie die Schönste, nie die Talentierteste und auch nie die Beste gewesen, merkte nun aber, dass sie gut darin war, die Mächtigen der Modewelt auf ihre Seite zu ziehen. Dabei half ihr wohl die Tatsache, dass sie keine Bedrohung darstellte.

Robert Cavalli, ein welkender 65-jähriger Designer aus Italien, war ihr erster Fang. In der Mode, so predigte er, gehe es nicht nur um Kleidung, sondern auch um ein öffentliches Statement, eine Reflexion der Kultur und die Fähigkeit, die Welt zu beeindrucken. Ein erfahrener Modeexperte fand an Cavalli allerdings nichts Besonderes – er sei nur einer der Typen, der Mädchen hinterherjage.

Cavalli war tatsächlich durch Victorias Aufmerksamkeit geschmeichelt und nutzte die Gelegenheit, gemeinsam mit Beckham gesehen zu werden. Er gab Victoria eine Bühne für ihre ersten Schritte. In Begleitung von Cavalli erschien sie im Oktober in einem fantastischen Kleid auf der Monte Carlo Show. „Auf der Wohltätigkeitsveranstaltung Fashion Rocks ließ Victoria Beckham das Publikum gestern sprachlos zurück", schrieb die *Sun*.[406] Cavalli bezeichnete seine Veranstaltung selbst als Erfolg. Drei Monate später trug Victoria auf dem Mailänder Laufsteg für Cavalli einen weißen Faltenrock aus Seide. „Die dreifache Mutter sah sensationell aus", berichtete eine Zeitung. Kurz danach lief sie für Chanel in Paris.[407] Victoria riet ihren Fans: „Sei davon überzeugt, dass du die schönste Frau im Raum bist, und vergiss das niemals."

Victorias PR-Expertin Natalie Lewis machte Überstunden, um das Image ihrer Chefin als Mode-Ikone zu entwickeln. Sie stach an die Medien durch, dass das Unternehmen Asprey Victoria gebeten habe, eine Schmuckkollektion zu entwerfen. Victoria werde Sonnenbrillen designen. Ihre „Rock&Republic-Jeans seien den Geschäften aus der Hand gerissen worden".[408] Um sich als Kultfigur neu zu erfinden, hielt sich Victoria an die Hohepriesterin Anna Wintour: So dünn wie immer und mit dem typischen Schmollmund trug sie nun stets eine Sonnenbrille.

Jo Elvin, Redakteurin bei der *Glamour*, wurde geworben, um über Victoria zu schwärmen, und Elvin nahm die Gelegenheit gern wahr, ihre Zeitschrift durch diese Berühmtheit aufzuwerten. Wie auch andere Redakteurinnen von Celebrity- und Modemagazinen machte sich Elvin keine Gedanken über die Beckham-Kontroversen. Sie wollte ihre Zeitschrift verkaufen und druckte Victorias Gesicht auf dem Cover.

Im Inneren fanden die Leserinnen dann Victorias „Zehn Gebote des guten Stils", etwa: Kauft überall auf der Welt, tragt Sonnenbrille und zeigt nicht zu viel Haut.[409] Dementsprechend wurde keines der vielen, vielen Fotos abgedruckt, auf denen Victoria in sehr wenig Stoff zu sehen war.

Ihre Glaubwürdigkeit als Fashionista musste weiter gestärkt werden. Simon Fuller engagierte Hadley Freeman vom *Guardian*, um als Ghostwriterin für ein Modebuch zur Seite zu stehen. Sechs Wochen Zeit hatte Freeman für diese Aufgabe. Fuller verhandelte zudem mit einem Parfümhersteller, Düfte mit Victorias Namen zu verkaufen.[410]

Die meisten nahmen ihr die neue Marke als Mode-Ikone allerdings nicht ab. Es war schwierig, Vergangenes loszuwerden, und die Medien interessierten sich immer noch mehr für ihre Ehe, ihr Aussehen und das Geld, das sie ausgab. Die Paparazzi, sagte sie, seien ihre Feinde. Bei einem Besuch im Londoner Restaurant Cipriani machten sie sich über ihr pinkes Kleid mit dem Rückenaufdruck „Schokolade, Champagner und Alkohol" lustig. Jemand anderes berichtete, Victoria sei verbal auf eine spanische Fernsehmoderatorin namens Ana Obregón losgegangen, weil die versucht habe, sich an David heranzumachen. „Du bist zu alt", habe Victoria hinter einer Wand aus Bodyguards geschrien.[411]

Doch ihr Werbeteam ignorierte das alles und machte einfach weiter. Milloy rief die Klatschpresse an, um zu verraten, dass Victoria bei einem Bummel in New York bei Jacob & Co. 60.000 Pfund für Schmuck ausgegeben habe, unter anderem für eine 43.000 Pfund teure Armbanduhr mit weißen 18-Karat-Diamanten. Darauf folgte ein Shopping in Paris und ein Geschenk für David: ein Rolls-Royce Phantom im Wert von 300.000 Pfund. All das war quasi nur das Vorspiel für ihren 32. Geburtstag in Madrid. Die Zeitungen erfuhren, dass David Tausende Pfund für Blumen ausgegeben und eigenhändig 32 weiße Rosen ausgesucht habe.

Außerdem wurde ihr Lieblingsrestaurant Nobu beauftragt, aus London das Catering für 100 Gäste à 200 Pfund zu übernehmen.[412]

Ob sie durch all diese Ausgaben glücklicher wurden, bleibt dahingestellt. Alle wussten, dass die Beckhams Probleme hatten. David selbst griff mehrfach verbal Paparazzi auf der Straße an und wies Brooklyns Schule an, das Gesicht seines Sohns auf Klassenfotos unkenntlich zu machen. Dennoch teilte er sich mit Jason Fraser weiter die Umsätze von Werbefotos, die zum Beispiel seine Kinder beim Skifahren mit Chanel- und Dior-Sonnenbrillen zeigten.[413]

Als ihn jemand beim Kauf von Frauenunterwäsche erwischte, wurde er gefragt, ob es ein Geschenk für Victoria sei. „Jetzt ja“, antwortete er wütend.[414]

16

Absturz

Es regnete in Strömen. Rund 300 Gäste drängten sich unter einem Zelt hinter dem Beckingham Palace, wo eine weitere Auftaktparty zur Weltmeisterschaft gefeiert wurde. Mehrere Spieler aus der „goldenen Generation" der englischen Mannschaft waren anwesend. Jeder Gast hatte 2000 Pfund für ein Ticket bezahlt, denn es handelte sich um eine Spendengala für UNICEF. Beckham servierte warmen lieblichen Wein, der im Supermarkt für 2,99 Pfund zu haben gewesen wäre.[415] Schlechter Wein, ein durchweichter Garten, feuchte Luft – all das war geradezu symbolisch für den Niedergang des englischen Fußballs.

Das Schicksal Englands hing an Sven-Göran Eriksson. Auch der stand, mit Nancy Dell'Olio, unter dem Zelt. Kaum jemand verstand die Beziehung zwischen dem Schweden und Beckham. Im Laufe der letzten Monate hatte Beckham so schlecht gespielt, dass er aus dem Team hätte fliegen müssen, aber der Nationaltrainer bewunderte ihn und ließ ihn nicht gehen.

Die in die englischen Spieler gesetzten hohen Erwartungen wurden nur noch von deren Angebereien übertroffen. Wayne Rooneys PR-Leute zum Beispiel erzählten den Zeitungen, dass seine Verlobte Coleen eine Kette im Wert von 200.000 Pfund trug. Weil sich Victoria nicht abhängen lassen wollte, sagten ihre Sprecherinnen, sie würde ein von Asprey geliehenes Diamantencollier im Wert von einer Million Pfund tragen. Diese Rivalität zeigte gut, wie negativ sich die Marke Beckham auf den Fußball auswirkte. David wollte unbedingt für England spielen, doch statt sich aufs Gewinnen zu konzentrieren, dachte er vor allem über seine Sponsorenverträge nach.

Fuller nutzte die Gelegenheit erst einmal für sich selbst und rang der FA einen Vierjahresvertrag ab, um die Werbeinteressen der englischen Mannschaft zu vertreten. Sein Erfolg war nun von Englands Erfolg in Deutschland abhängig. Der bisherige langjährige Vertragspartner der FA schob den Verlust seines Geschäfts auf Fullers Beziehung zu Beckham. Dabei war Fuller gar nicht klar gewesen, dass alle Spieler ihre eigenen Werberechte behielten – selbst wenn England die Weltmeisterschaft gewänne, würden seine Profite also gering bleiben.

Mehrere geladene Gäste waren nicht gekommen, unter anderem Tory-Chef David Cameron, Sarah Ferguson, Prinz Harry und Prinz William, Liz Hurley und Elton John.[416]

Ted Beckham war bewusst gar nicht erst eingeladen worden. Ohne Wissen seines Sohnes hatte er einen Bildband über dessen Karriere veröffentlicht. „Ich bin echt begeistert davon", sagte er.[417] Victoria war stinksauer. Wie konnte es jemand – ohne ihr Einverständnis – wagen, Geld aus ihrem Ruhm zu machen? Deswegen sollte ihr Schwiegervater bestraft werden. Dabei war doch hauptsächlich er für Davids Erfolg verantwortlich.

Beckham erklärte: „Wir sind zuversichtlich, dass wir nächsten Monat mit dem Weltmeisterpokal zurückkehren." Die FA plante bereits eine Siegesparade. Sie erwartete zwei Millionen Menschen auf den Straßen von London.[418]

Diese Hybris ermutigte auch Victoria, dem 17-jährigen Theo Walcott von Arsenal einen guten Rat zu geben. Eriksson hatte ihn ausgewählt, auch wenn er ihn noch nie in einem Premier-League-Match spielen gesehen hatte – denn Walcott war noch nie für ein Premier-League-Spiel aufgestellt worden. „Lass dir den Ruhm nicht zu Kopf steigen", riet ihm Victoria. „Bleib bescheiden." Seiner ebenfalls minderjährigen Freundin sagte Victoria laut ihrer PR-Expertin: „Mach dich hübsch, sieh glaubwürdig aus und ignoriere den Klatsch und Tratsch."[419]

40.000 Englandfans reisten nach Deutschland – überzeugt von Erikssons Versprechen, das Turnier zu gewinnen. „England ist bereit für den Ruhm", behauptete er. „England verdient es." Beckham stimmte zu und wiederholte, was er zwei Jahre zuvor in Portugal gesagt hatte: „Diese englische Mannschaft ist die beste seit 1966." Das Turnier sollte in Frankfurt am Main beginnen, und die ersten drei Gegner waren für die Engländer nicht allzu schwer.

Die Mannschaft war in einem Hotel im Schwarzwald untergebracht, von wo aus sie am 10. Juni zum ersten Spiel gegen Paraguay nach Frankfurt kam. Nach einem vielversprechenden Anfang mit einem Freistoß von Beckham, der zu einem Eigentor für Paraguay in der dritten Minute führte, gewann England schließlich nur mit 1:0.

Den Spielerfrauen war die schwache Leistung der Mannschaft herzlich egal. Sie wohnten im Brenners Park-Hotel im schönen Baden-Baden, nicht allzu weit von der Unterkunft der Männer entfernt. Ihre Partys begannen bereits kurz nach Mittag am Pool.

Silbertabletts mit Dutzenden zuckerbesetzten Champagnerkelchen wurden gereicht, dazu endlos Schnäpse und Biere. Die Frauen kreischten und sangen, bis sie in einen Nachtklub wechselten, um dort auf den Tischen zu tanzen und noch mehr Champagner zu trinken. Vor dem Klub auf der Straße warteten gierig die Paparazzi.

Eine ganze Fotografenarmee war dabei, als die Spielerfrauen in den nächsten Tagen bummeln gingen, Tausende Pfund für Designerkleidung, Schuhe und Sonnenbrillen ausgaben und ins Hotel zurückkehrten, um sich Maniküren, Gesichtsbehandlungen und Massagen zu gönnen. Die laute Gruppe juwelenbesetzter Frauen brachte das konservative Baden-Baden durcheinander und führte in den deutschen Zeitungen zu großen Schlagzeilen und der Frage, ob diese Wesen überhaupt zur Gattung Mensch gehörten. Anfangs war Victoria bei den Ausflügen in die Nachtklubs nicht dabei.

Sie kam im Privatjet aus Madrid und wurde am Swimmingpool des Hotels gesehen – in hochhackigen Schuhen und geschminkt, damit die Kameras sie jederzeit einfangen konnten. Doch sie und ihre Familie waren den feindlichen Medien schutzlos ausgeliefert. Ein Foto in der *Bild* zeigte die Dellen in ihren Oberschenkeln. Ein anderes deutsches Boulevardblatt meinte, Beckhams Mutter Sandra sehe aus wie eine „Bäuerin", Schwester Joanne sei „fett", und die drei Beckham-Kinder, die sich am Pool vergnügten, wurden als „Gnome" bezeichnet.

„Die englische Mannschaft ist ein Problem", schrieb Alan Shearer, „sie sind zu sehr mit ihren Frauen beschäftigt. Sie müssen sich auf das Spiel konzentrieren."

Die Beckham-Manie erhielt einen Dämpfer, als England im zweiten Match auf Trinidad und Tobago traf, eine Mannschaft, die in der FIFA-Rangliste auf Nummer 91 stand. Trotz des schrecklichen Spiels errangen die Engländer durch zwei späte Tore – und ein ungesehenes Foul – einen Sieg. Beckham wurde kritisiert, kaum sichtbar gewesen zu sein. Niemand konnte erklären, warum Eriksson immer noch auf ihn setzte. Ob die FA dem Trainer gesagt hatte, Beckham sei unberührbar? Erikssons Antwort: „Ich bin nicht mit David Beckham verheiratet."[420]

Während der Mythos der „goldenen Generation" in sich zusammenfiel, verlagerte sich die Aufmerksamkeit wieder auf Victoria, die als Anführerin der weiblichen Meute gesehen wurde. Auch sie selbst gefiel sich in dieser Position. Sie ordnete an, dass das Verlassen des Hotels in aufsteigender Reihenfolge gemäß der Bedeutsamkeit erfolgen sollte. Sie war natürlich die Letzte. Alle mussten warten, während ihr Make-up- und Friseurteam in der Lobby noch letzte Details erledigten. Die wartenden Paparazzi sollten die reinste „Perfektion" zu Gesicht bekommen. Die Belohnung? Am nächsten Tag spotteten die Zeitungen über ihre Streichholzbeine und die übergroße Sonnenbrille.[421] Sol Campbells Freundin Fiona Barratt war über das Theater verärgert. Posh, so sagte sie wütend, sei „ein Albtraum, der sich als Primadonna gebärdet".

Während Brooklyn von seinem Bodyguard die Erlaubnis erhielt, im Rezeptionsbereich des Hotels Fußball zu spielen, empfand seine Mutter den Druck unerträglich, sich mit den quicklebendigen, jüngeren Frauen – von denen viele besser aussahen als sie – abgeben zu müssen. Vor dem nächsten Spiel gegen Schweden brauchte sie eine Auszeit und flog nach Kanada, um einen Jeanshersteller zu besuchen.

Victorias Beziehung zu Michael Ball von Rock & Republic hatte sich verschlechtert. Nachdem sie mehrere Ideen beigetragen und eine neue Reihe von Designs beaufsichtigt hatte, hatte Ball auf der aktuellen Modenschau in Los Angeles nur eine ihrer Jeans gezeigt. Victoria war wütend. Sie beendete ihre Beziehung zu dem egomanen Businessmann, der einmal in einer Zeit des wirtschaftlichen Abschwungs gesagt hatte: „Wieso Rezession? Ich habe jetzt fünf Freundinnen statt zwei." Victoria verklagte Ball auf 100 Millionen Pfund unbezahlter Lizenzgebühren.

„Wir schulden Victoria gar nichts", so der Chief Executive der Firma. „Das ist lächerlich." Schließlich musste Victoria die Klage zurückziehen, ohne einen Penny gesehen zu haben.[422]

Anfang 2006 war sie durch Kitson geschlendert, einen teuren Modeladen auf dem Robertson Boulevard in Los Angeles. „Genau so etwas gefällt mir", sagte sie dem Eigentümer Fraser Ross. Sie hielt ein Paar Jeans hoch und fragte: „Wer macht diese 1921er?" Die Antwort lautete: Michael Silver in Winnipeg. Den traf sie zwei Wochen später zum Lunch im Hotel Bel-Air.

Mit einem Teller gedämpften Gemüses vor sich verlangte Victoria von Silver, dass er ihre eigene Jeans unter dem Markennamen dVb produzieren solle. „Wir machen keine Celebrityjeans", antwortete Silver. „Wir arbeiten mit Volumen." Sein Familienunternehmen stellte pro Jahr sieben Millionen Jeans her. „Celebrityjeans lohnen sich für uns nicht. Wir brauchen mehr Umsatz." Doch Victoria ließ sich nicht abwimmeln. Nach dem Essen telefonierte sie noch einmal mit Silver und bot ihm so lange eine Partnerschaft an, bis er schließlich zusagte.

Einige Exemplare ihrer Ultra-Skinny-Jeans waren bereits produziert. Sie hätte jederzeit nach Winnipeg fliegen und sie sich ansehen können, aber nun musste es ausgerechnet während der Weltmeisterschaft sein. Sie mochte keinen Fußball, die Spielerfrauen konnte sie auch nicht leiden, außerdem wollte sie nicht in Davids Schatten stehen. Die Medien würden ihre Abwesenheit bemerken. Nach Kanada fliegen und ein Geschäft abschließen – das würde ihr Glaubwürdigkeit verleihen.

„Gefällt mir nicht", sagte sie, als sie nach 16 Stunden bei Silver ankam. Mit einem Paar der speziell für sie angefertigten Jeans in der Hand erklärte sie, welche Anforderungen sie an eine „Kunst"-Jeans habe, die ihr passte. Silver hörte höflich zu und sagte dann taktvoll: „Nur wenige Frauen haben Ihre Figur. So enge Hosen sind nicht angenehm zu tragen." Doch, sagte sie, Hollywoodstars und andere Fashionistas seien genauso dünn wie sie, und diese Elitefrauen würden sie nachahmen. Stur bestand sie darauf, dass Silver ihre Jeans für dünne Frauen produzierte. Dem wurde klar, dass Victoria keine Ahnung hatte, wie Jeans hergestellt wurden – und garantiert verstand sie auch nicht, wie man Umsatz machte. Eine Jeans nur für eine „Elite" zu machen, damit verlor man Geld. Und doch gab er ihr – der „Schlaftablette", wie er sie nannte – nach. Er ließ sich davon blenden, dass sie wie Jennifer Lopez eine VIP mit großer Gefolgschaft zu sein schien. Triumphierend flog Victoria zurück nach Deutschland. Englands Spiel gegen Schweden hatte sie verpasst.

Beckham hatte zum Halbzeitstand von 2:0 nichts beigetragen. Nahezu unbeweglich sah er zu, wie die englische Mannschaft in der zweiten Hälfte wegen diverser Verletzungen auseinanderfiel. Die 90 Minuten waren für ein schlecht diszipliniertes Team einfach zu lang. Eine Zeitung nannte sie die „Valium-Elf". Wieder einmal zeigte sich, dass auch der Trainer nichts taugte – seine Taktik war falsch, seine Aufstellung bizarr. Theo Walcott zum Beispiel spielte in Deutschland kein einziges Mal. Am Schluss hatte England Glück. Das Spiel endete 2:2.[423]

Bei Victoria kündigte sich ein neuer Notfall an. Zurück in Deutschland sah sie ein Foto von sich, das in Kanada veröffentlicht worden war und eine kahle Stelle auf ihrem Kopf zeigte – vermutlich ein Zeichen dafür, dass sie zu wenig aß. Sofort buchte sie sich einen Flug nach London-Stansted, um in Chalk Farm bei Connect Hair System den Schaden beheben zu lassen. Die Sitzung dauerte fünf Stunden. Für 1500 Pfund kümmerte sich der zuverlässige Experte Angelo Georghiou um neue Extensions.[424]

Währenddessen hatten die Spielerfrauen in Deutschland eine weitere Nacht durchgefeiert – mit 19 Flaschen Champagner für 19 Frauen. Erst um vier Uhr früh waren sie schlafen gegangen.[425] Victoria war gerade rechtzeitig zurück, um sich das Spiel England gegen Ecuador anzusehen. England musste gegen die Nummer 23 auf der Weltrangliste gewinnen, um weiterzukommen.

In Großbritannien sahen 31 Millionen Menschen das Spiel. Und sie schliefen fast ein. In der 60. Minute rettete Beckham die Mannschaft mit einem seiner typischen Freistöße. Die Quoten in den Wettbüros hatte bei 14:1 gelegen, dass Beckham nicht das erste Tor schießen würde, doch nun jubelten die Fans über sein erstes Tor in einem Länderspiel seit 15 Monaten. Der Held übergab sich auf dem Spielfeld – ein untrügliches Zeichen für den Druck, unter dem er stand.

Aber England hatte das Viertelfinale erreicht und spielte als Nächstes gegen Portugal. Simon Barnes schrieb in der *Times*: „England stolpert sich nach vorn, wie im Zirkus das Clownauto mit ovalen Rädern und schiefer Karosserie, das unter lauten Explosionen ständig Einzelteile verliert." Henry Winter lobte Beckhams meisterlichen Freistoß, „eine Waffe, die schon eingemottet zu sein schien".

Eine Woche später – am 1. Juli in Gelsenkirchen – schlug für Eriksson und Beckham die Stunde der Wahrheit. „Vertraut mir, wir werden gewinnen", so Eriksson.[426]

Die portugiesische Mannschaft war schwach, doch England traf das Tor nicht und verpatzte eine Chance nach der anderen. Beckham schoss einen Freistoß in die Mauer, sodass der Keeper sich nicht einmal bewegen musste. Dann wurde Rooney vom argentinischen Schiedsrichter des Feldes verwiesen, weil er offensichtlich den Verteidiger Ricardo Carvalho gefoult hatte. Dass Beckhams Verschwinden in der 52. Minute wegen einer gerissenen Achillessehne kaum auffiel, war vielsagend. In der Nachspielzeit war die Partie torlos geblieben. Beim darauffolgenden Elfmeterschießen waren Erikssons Fehlentscheidungen nicht mehr zu übersehen: Die Mannschaft hatte für diese Situation zu wenig trainiert. Das Ergebnis war für England ein peinliches 1:3. „Die passive, blinzelnde, unbedeutende Figur sah seiner fehlbesetzten Mannschaft von der Bank aus zu", hieß es.[427]

„Ich werde nicht gehen." Beckham hatte Tränen in den Augen, als er direkt nach dem Spiel mit Dave Harrison von der *News of the World* redete, seinem willigen Sprachrohr.[428] Doch die Meinung der Zeitung war klar: „Beckhams Zeit ist abgelaufen. Er ist Dead Balls. Die Einzige, die auf der Tribüne jubelte, war Posh."

Gegen die Zahlen kam Beckham nicht mit Argumenten an. Sein Mittelfeldkollege Frank Lampard schoss 29 Tore für England und 268 im Laufe seiner Karriere. Beckham schoss in 115 Spielen nur 17 Tore für England, obwohl er die meisten Freistöße und Elfmeter übernahm. Für seine Klubs gelangen ihm 127 Tore und damit insgesamt auf 144, darin enthalten 65 Freistöße.

Auf der Pressekonferenz nach dem Match entschuldigte sich Eriksson ganze neun Mal. „Es war eine Wahnvorstellung", sagte er über seinen Wunsch, dass England die Weltmeisterschaft gewinnen könnte.[429]

Das Urteil war verheerend. Steven Howard von der *Sun* empörte sich über diese Katastrophe, die 25 Millionen Pfund verschlungen hatte. „Sven hat uns im Verlauf seiner schwachen, uninspirierten Regentschaft alle an der Nase herumgeführt." Jeff Powell von der *Daily Mail* schrieb in Vertretung vieler anderer: „Noch nie war eine englische Mannschaft für eine Weltmeisterschaft so schlecht vorbereitet. Der Trainer war ein geldgieriger Scharlatan, der Kapitän ein Narzisst, der so sehr mit sich selbst beschäftigt ist, dass er nach der unvermeidlichen Demütigung nur um sich selbst weinte, aber nicht um sein Land."[430]

Bei der Suche nach einem Nachfolger für Eriksson zeigte sich, wie wenig die Führungskräfte bei der FA dazu imstande waren. Die Kandidaten wurden per Hubschrauber in ein Landhaus geflogen, dessen Fenster abgedunkelt waren. Favorit war Felipão („Big Phil") Scolari, der 2002 die brasilianische Weltmeistermannschaft trainiert hatte, aber der lehnte ab. Blieb am Ende Steve McClaren, Erikssons Stellvertreter.

Er telefonierte mit Beckham am Montag, 7. August. Die Botschaft war klar: Wenn McClaren die Mannschaft aus dem Nirgendwo zurückholen und sie auf die Europameisterschaft 2008 vorbereiten wollte, gab es für Beckham im Team keinen Platz mehr. Er müsse seinen Posten als Kapitän und aktiver Spieler räumen. Beckham bat ihn, bleiben zu dürfen, bis er seine 100 Länderspiele voll habe. McClaren lehnte ab. Er war überzeugt, besser dazustehen, wenn er Beckham fallen ließ – ein klarer Bruch mit der Eriksson-Ära. „Ich habe es nicht kommen sehen", gab Beckham danach zu. „Ein furchtbares Gefühl, absolut herzzerreißend. Da fühlt man sich hilflos, weil man nichts machen kann."[431]

Am folgenden Tag hatte sich Beckhams Version der Ereignisse bereits geändert. Der Welt wurde erzählt, er habe großzügig seinen Rücktritt angekündigt. Oliveira beschrieb, wie Beckham in der Nacht – mit Victorias telefonischer Hilfe – seine Rücktrittsrede verfasst habe. „Ich habe davor und danach geweint", so David.[432]

In dieser dunklen Stunde klagte er Terry Byrne sein Leid: Er sei zum Sündenbock gemacht worden. „An meinem Spiel war nichts verkehrt", wiederholte er. McClaren habe ihn nur gefeuert, um eigene Fehler und die von Eriksson zu vertuschen. Byrne musste sich anstrengen, seinen Arbeitgeber bei Verstand und außer Sichtweite zu halten.

In ruhigeren Momenten hoffte Beckham, dass seine 95 Spiele für England – darunter 58 als Kapitän – ausreichten, um Lob für seine Gesamtleistung zu bekommen. Aber Steven Howard machte diese Hoffnung zunichte. Beckham, so schrieb er, habe die Erwartungen nicht erfüllt. „Am Ende der Beckham-Ära steht er da mit tönernen Beinen, die sich durch das Turnier gestümpert haben."

Tatsächlich waren Beckhams Beine älter und müder geworden, und er übernahm Elfmeter, die er nicht verwandeln konnte. Vermissen würde ihn wohl nur die FA – wegen seines Talents, Geld zu scheffeln.[433] Beckham schrieb sich sein eigenes Zeugnis. „England hat nicht gut abgeschnitten", sagte er, „weil sie nicht gut genug gespielt haben."[434] Sofort stellte sich seine PR verteidigungsbereit auf.

„Die ganze Familie leidet mit David mit", so Milloy zu Victoria Newton. „Victoria ist schockiert und wütend."[435] Sein Status als Superstar war schließlich wichtig für ihr Überleben. Erst einmal glaubten sie jedoch Fuller, der ihnen versicherte, dass die Einnahmen nicht darunter leiden würden. Es gab die Sponsorenverträge mit Pepsi, Gillette und Adidas, und erst kürzlich hatte er einen neuen Dreijahresvertrag mit Motorola abgeschlossen, der sich auf 7,5 Millionen Pfund belief. Nur der Sonnenbrillenvertrag mit Police für eine Million Pfund wurde nicht verlängert. Beckhams Stimme und Irokesenschnitt waren offenbar bei Weitem nicht so sexy wie sein Nachfolger George Clooney.[436]

In einem heimlichen Versuch, Beckham aus Spanien wegzubekommen, sagte Fuller dem neuen Trainer von Real Madrid, Fabio Capello, Beckham würde den nächsten Dreijahresvertrag nur unterzeichnen, wenn er 80 Prozent seiner neuen Sponsorenverträge bekäme, die er nur noch mit globalen Marken abschließen werde. Fuller war es egal, ob das für Capello ein Dealbreaker war. Beckhams Reichtum war gesichert, wenn er in die USA ging – davon war er überzeugt.[437]

Aber Beckham hatte kein Interesse an den USA. Er spielte gern Fußball bei den besten Vereinen, und ein Vertrag mit LA Galaxy wäre ein Abstieg. „Ich gehöre noch nicht zum alten Eisen", sagte er Mitte August zu Eric Beauchamp von der *Sun*, als er gerade für Real Madrid in den USA spielte. „Du kannst schreiben, dass ich das Leben noch einmal anpacke – meine Wut ist mein Motor." Beauchamp kam zu dem Schluss, dass der 31-Jährige „noch einmal zurückkommt, wie er das immer tut".

Ihm wurde zudem gesagt, dass Beckham nach seiner Rückkehr nach Madrid einen Dreijahresvertrag unterschreiben werde.[438]

Die Diskussionen um Beckham rissen nicht ab. Die Meinungen über seine Fähigkeiten waren geteilt. Nostalgische Fans sahen ihn als herausragenden Spieler, andere als talentierten Opportunisten. Irgendwo dazwischen stand der realistische Fabio Capello.

Wieder einmal kehrte Beckham zu spät aus London nach Madrid zurück. Er bekam eine Strafe von 1500 Pfund aufgebrummt. Capello war bekanntermaßen streng und hatte einmal einem Spieler gesagt: „Ich würde dir in den Arsch treten, wenn ich nicht wüsste, wie sehr dir das gefällt." Wie schon Ferguson sah Capello, dass Beckham physisch und psychisch nicht fit war. Er hatte Eheprobleme, musste dauernd zu Werbeshootings und war enttäuscht, dass er aus der Nationalmannschaft geflogen war. Auf dem Spielfeld war er eine Belastung. Wie bei der Weltmeisterschaft konnte er auch bei Real Madrid einfach nicht mithalten. Nicht nur wies der Verein daher Fullers Forderungen für eine Vertragsverlängerung zurück – Capello ließ Beckham auch ganze sechs aufeinanderfolgende Spiele auf der Bank sitzen. Ein Versprechen, ihn in Zukunft wieder spielen zu lassen, wollte er nicht geben.

„Ich bin jeden Tag traurig und frustriert", gab Beckham zu, „dass ich weder für meinen Verein noch für mein Land spielen darf."[439] Die Schuld für seine schlechte Leistung gab er dem ständigen Wechsel an Trainern und Vorsitzenden. Außerdem habe er dreimal umziehen müssen und werde ständig von Paparazzi belästigt, seine Kinder ebenso. Doch niemand hatte Mitleid mit ihm. Schließlich hatte er ständig versichert, sein Celebrity-Lifestyle würde sich nicht auf sein Spiel auswirken.[440]

„Ich bin jeden Tag unglücklich", wiederholte er. Als seine Söhne ihn fragten, warum er nicht Fußball spiele, wich er aus: „Ich will mehr Zeit mit euch verbringen."[441]

Beckham litt. Um Druck auf den Trainer auszuüben, wurde Eric Beauchamp von der *Sun* von Beckhams PR-Team ermutigt zu schreiben, dass David am Ende der Saison Real Madrid verlassen und zu LA Galaxy wechseln könnte.[442] Allerdings verkündete Victoria dem britischen Fernsehpublikum: „David ist glücklich mit seinem Fußball in Madrid."[443] Ihr eigenes Schicksal, das wusste sie, war von Fullers USA-Plänen abhängig.

Die 32-Jährige lief auf neuen 15-Zentimeter-Absätzen und in einer offenen Bluse die Londoner Bond Street entlang, um sich fotografieren zu lassen. Hinter geschlossenen Türen sagte sie jedoch: „Wenn ich in den Spiegel sehe, hasse ich mein Aussehen. Ich habe keinen Po. Mein Bauch hängt. Nackt sehe ich schrecklich aus."[444] Es wurde Zeit für einen Besuch bei dem führenden Schönheitschirurgen Madrids, Dr. José Maria Diaz Torres.

Doch auch danach war sie nicht zufrieden und schien sogar verwirrt. Einmal sagte sie: „Ob ich mir wünsche, unbekannt zu sein? Natürlich. Ich muss mein Ego auf diese Weise nicht mehr füttern." Ein anderes Mal: „Weder David noch ich haben uns jemals von unserem Ruhm beeindrucken lassen. Ich glaube wirklich, dass wir immer noch authentisch und echt sind." In einem dritten Interview behauptete sie, sie werde nicht gern fotografiert.[445] „Als ich geheiratet habe", äußerte sie gegenüber einer spanischen Zeitschrift, „habe ich mit dem Singen aufgehört, um Mutter zu sein."[446] Dabei hatte sie wohl vergessen, dass sie 2003 auf einer Promotour für ihre Sängerinnenkarriere ihre Kinder in London und ihren Mann in Madrid zurückgelassen hatte, um nach New York zu fliegen. Ein realistisches Selbstbild war noch nie Victorias Stärke gewesen.

Ihr Leben in Madrid war einsam und unglücklich. Sie konnte sich alles kaufen, was sie sich wünschte, aber sie hatte kaum Freundinnen und wollte auch kein Spanisch lernen. Ihre Ängste offenbarten sich an ihren Essgewohnheiten und dem straffen Sportprogramm. Sie rauchte Kette. Die Wunden, die Beckhams Affären gerissen hatten, waren noch nicht vernarbt. Selbst wenn sie bei Celebrityanlässen dabei war, flirtete er mit schönen Frauen und tätschelte ihnen den Rücken. „Er versucht es immer wieder", sagte ein „Freund". Einer Schauspielerin fiel während eines Dinners auf, dass Beckham sie ansah, während sich Victoria gerade um ihn wickelte. Als sie selbst auf der Toilette die Kabine verließ, stand er vor ihr. Sie war überrascht und ging ihm aus dem Weg.

Victoria war wütend, dass die Klatschpresse diese Affären immer wieder erwähnte, aber niemals darüber schrieb, dass auch sie für andere Männer attraktiv war. Der Ruhm als Spice Girl hatte sie glücklich gemacht – jetzt war sie nur noch dafür bekannt, dünn und die Frau von jemandem zu sein. So konnte sie nicht gewinnen.

Damit sie auch einmal auf der Titelseite der Zeitungen stand, rief ihre PR-Sprecherin in der Nachrichtenredaktion des *Mirror* an: „Schickt einen Fotografen. Vic hat eine neue Frisur." Eine Viertelstunde später meldete sie sich erneut: „Wo bleibt er? Victoria wird ungeduldig." Auf die Titelseite kam sie dann mit ihrem neuen Bob doch noch. Man munkelte, die Haare sollten von ihrer letzten Nasenoperation ablenken.

Um sich zu entspannen, stürzte sie sich in Shoppingabenteuer, ob bei Prada, Gucci, Versace oder anderen Luxusboutiquen. Meist war sie dabei allein. Gucci gab ihr als Dank dafür, dass sie die Kleider der Marke trug, einen Rabatt von 30 Prozent.[447] Auch bei Net-a-Porter war sie eine gute Kundin. Zu Hause sah sie sich all die Kleider im Schrank an. Milloy wiederholte ständig, „Familie ist alles" für Victoria, dabei gab es Kindermädchen und ihre Eltern, während sie einsam im Haus herumklapperte.[448] Nur ein Mensch konnte ihr noch eine Zukunft bieten: Fuller.

Mit seiner Hilfe lancierte sie „Intimately", ihre eigene Parfümmarke, hergestellt von Coty. Auf einem retuschierten Foto zeigte sie sich in Venedig mit Schmolllippen neben einem genervten Beckham, der sein Aftershave „Instinct" bewarb. Sie waren beide überzeugt, dass ihr Launch erfolgreich war. Doch die Konkurrenz war erfolgreicher. „Alle lieben Kylies ‚Darling'-Duft" (gemeint ist Popstar Kylie Minogue, d.Red.), so die Einkaufsabteilung der Drogeriekette Superdrug in New York.[449] Victoria behauptete fälschlicherweise, ihre Zusammenarbeit mit dem Kosmetikunternehmen Coty habe „einen der ersten Celebritydüfte überhaupt" hervorgebracht.[450]

Fuller verstärkte ihre Fehler noch. Victoria habe „in den letzten zwei Jahren Dutzende Angebote von US-Sendern bekommen". Das stimmte zwar nicht, doch er beschrieb seine Klientin als „Fashionexpertin, die über die Modewelt genauso viel, wenn nicht gar mehr weiß als andere". Sie werde, schwärmte Fuller, in ihrer eigenen US-amerikanischen Reality-Modeshow auftreten.[451] Sollte diese Sendung überhaupt jemals produziert worden sein, ist heute davon jedenfalls nichts mehr zu finden.

In Wahrheit hatte sie die Modewelt ja gerade erst betreten. Mit Fullers Hilfe hatte sie sich mit Marc Jacobs getroffen, einem Stardesigner aus New York. Auf seiner Modenschau war sie drei Stunden lang in drei seiner Outfits gelaufen.[452] Fashion-Queen Anna Wintour war der dünnen Victoria nicht abgeneigt, auch weil diese sich oft über sich selbst lustig machte. Doch sie gab ihr einen klaren Ratschlag: Brust-OPs und Hotpants mochten in Essex gut ankommen, auf der New Yorker East Side nicht. Wenn sie sich ein neues Image zulegen wollte, musste sie sich zuerst um ihre Implantate kümmern.

„Mit der Musik bin ich durch", sagte Victoria. „Und ich bin keine Spielerfrau." Mode sei ihr neues Karriereziel. „Ich war immer das Mädchen von nebenan, das Glück gehabt hat", sagte sie lachend, aber sie wusste, wie schwer es war, Erfolg zu haben. Einmal „Lady Beckham" zu werden, gab sie zu, wäre „großartig".[453]

Um Victoria nun wirklich als Fashionexpertin zu positionieren, wurde das Buch veröffentlicht, das Hadley Freeman für sie verfasst hatte. Unter dem Titel *That Extra Half an Inch* stellte Victoria es im Nobelkaufhaus Selfridges vor. Niemand glaubte, dass sie ihr „eigenes" Buch überhaupt gelesen hatte. Damit Victoria ungefähr Bescheid wusste, was sie während der Lesung tun sollte, war jemand engagiert worden, um ihr Seite für Seite vorzulesen. Das half. Am ersten Tag wurden im Kaufhaus 800 Bücher verkauft, Tausende weitere bei ihrer neuntägigen Tour durch Großbritannien.[454]

Inspiriert hätten sie drei Frauen: Grace Kelly, Jackie Kennedy und Audrey Hepburn. Zwar sei keine von ihnen Modedesignerin gewesen, aber sie bewundere diese Frauen für ihre Eleganz.

Victoria begriff nicht, dass originelle Entwürfe nur durch ein tiefes Verständnis des eigenen Zeitalters entstehen. Aufstrebende Designerinnen studieren Coco Chanel, Karl Lagerfeld, Christian Dior und Dutzende andere Mode-Ikonen. Dazu kommen emotionale Intelligenz und intellektuelle Neugier als Grundlage, um einen eigenen Stil zu finden, um ein zukunftsweisendes Modebewusstsein zu formen und Emotionen zu wecken. Victoria hingegen verließ sich lediglich auf ihren eigenen Geschmack; über den Tellerrand konnte sie nicht hinausblicken. „Ich will niemanden kopieren. Ich will mir selbst treu bleiben."[455]

Fuller waren diese Denkfehler egal. Seine Priorität war es, die Beckhams zusammenzuhalten, und Victorias neue Karriere sollte dazu beitragen. Sie würden ihr ein Atelier aufbauen, sobald sie als Familie in die USA umgesiedelt waren.

Entsprechend ermutigt flog Victoria Anfang Dezember nach Los Angeles. Den Zeitungen wurde gesagt, sie sei „auf der Suche nach einem Haus“. Zurück in London wurde sie eines Nachmittags bei Claridge’s „gesehen“, wo sie mit einer Gruppe von Frauen acht Flaschen Krug-Champagner genoss. Noch vor dem Dinner wurde sie von einem Fotografen der *Sun* erwischt, wie sie aus dem Luxushotel und in ihren Wagen mit Chauffeur stolperte.[456]

Fuller hatte eine Nachricht an Real Madrid gesendet. Den Beckhams würde es in den USA deutlich besser gehen.

17
Rettung

„Das ist die schlimmste Zeit meines Lebens – aber ich werde mich durchbeißen“, sagte David, während Victoria wieder einmal unterwegs nach Los Angeles war. Den Großteil der Saison verbrachte er auf der Bank. Er hatte in nur sieben der letzten 25 Matches gespielt. Capellos Vertrauen hatte er noch nicht zurückgewonnen. „Der Gedanke, dass ich nie mehr für Madrid spielen könnte, tut mir weh“, gab er zu. „Ich arbeite hart und werde zurückkommen.“ Gegen Sevilla verwandelte er zwar einen Freistoß, aber das reichte nicht.[457]

Da war es doch viel schöner, nach Rom zu fliegen, um an der Hochzeit von Tom Cruise und Katie Holmes teilzunehmen. Zu den 150 Gästen gehörten Brooke Shields, Jennifer Lopez und Will Smith. Obwohl Beckham am Knie verletzt war und an diesem Wochenende gar nicht spielen konnte, bestand Capello darauf, dass er für das Samstagsspiel wieder in Madrid war. So nahm er nur an dem kombinierten Junggesellen-/Junggesellinnenabschied in der Villa Aureli teil und flog zurück nach Spanien. Victoria blieb für die Hochzeit, die in Bracciano im Castello Orsini-Odescalchi aus dem 15. Jahrhundert stattfand. Tausende Schaulustige begrüßten die ankommende Prominenz. Victoria trug ein gewagtes Kleid von Valentino. Nach der Zeremonie im Ritus von Scientology gab es nur wenige Erfrischungen, sodass einige der Gäste überraschend hungrig nach Rom zurückkehrten, sich Pizza aufs Hotelzimmer liefern ließen und zu dem Schluss kamen, dass die Hochzeit wohl vor allem Publicity für Scientology gewesen war. Tom Cruises Trauzeuge war der Leiter der Sekte, David Miscavige.[458]

Cruise mochte Beckham. Nicht nur wegen seines guten Aussehens, sondern weil dieser ebenfalls Spaß an schnellen Autos und Motorrädern hatte. Manche glaubten, dass er ihn auch für Scientology gewinnen wollte. Es gelang Cruise sogar, Victoria zu Fotos in Los Angeles zu überreden, auf denen sie das Scientology-Buch *Assists for Illnesses and Injuries* „las". Aber Cruises Taktik hatte einen Schönheitsfehler: Ihm war nicht bewusst, wie wichtig Geld für die Beckhams war. Die Sekte erwartete von ihren Mitgliedern einen großen Teil ihrer Einnahmen und Vermögen – und die Beckhams klammerten sich an ihr Geld. David war immerhin so großzügig, dass er seinen Mannschaftskollegen bei Real Madrid eine Flasche seines neuesten Aftershaves „Instinct" schenkte. Nicht alle waren davon begeistert.[459]

Über Weihnachten versuchte Fuller erneut, Beckham zu einem Transfer zu LA Galaxy zu überreden. Der Vertrag mit Real Madrid lief im Sommer 2007 aus. Die Marke Beckham werde danach – und nach seinem Ausschluss aus der Nationalmannschaft – schnell an Bedeutung verlieren. Auch Victorias Image werde leiden, wenn sie ihr Bild als Spielerfrau nicht loswurde. Um die Marke zu schützen, drängte Fuller, müssten sie beide in Los Angeles ihre Karrieren neu starten. Rettend zur Seite stehen werde ihnen dabei einer der reichsten Investoren der USA: Philip Anschutz.

Als Pate des Major League Soccer (MLS) war Anschutz leidenschaftlich damit beschäftigt, Fußball als wichtigen Sport in den USA zu entwickeln. Wenn nun Beckham als weltweit berühmtester Spieler bei Galaxy unterschrieb, wäre das ein entscheidender Wendepunkt. Und damit das passierte, war Anschutz bereit, die Regeln zu brechen, ein Vermögen auszugeben und die finanziellen Grenzen des MLS zu überschreiten.

Die Gerüchteküche brodelte: Dachte Beckham über einen Wechsel nach Amerika nach? Englische Fußballtrainer und -experten trauerten bereits. Sie fanden, da könne er doch gleich ins Altersheim gehen. Mit 32 Jahren. Warum sollte er sich auf diesen Nebenschauplatz einlassen, wenn er seine Karriere auf dem Höhepunkt beenden konnte? Falls er wirklich für einen minderwertigen Verein spielte, schloss er sich praktisch selbst aus der Nationalmannschaft aus. Mehrere Premier-League-Vereine wie Tottenham Hotspur und West Ham waren an einer Verpflichtung interessiert.

Fuller blieb bei seiner Argumentation: In den USA werde Beckham nicht nur mehr Sponsorenverträge an Land ziehen, auch die Besteuerung war sehr günstig – er könnte seinen Status als Steuerausländer in Großbritannien behalten und müsste noch weniger Abgaben als in Spanien zahlen. Beckham war so interessiert am Geld, dass er die Offerten der englischen Vereine ablehnte. Aus anderen europäischen Ländern kamen keine Angebote. „Wir sind nicht an ihm interessiert“, hieß es bei Inter Mailand.[460]

In den ersten Januartagen 2007 verstrich offiziell der Termin für einseitige Transferverhandlungen mit Real Madrid. Sportdirektor Predrag Mijatović erklärte, Beckhams Leute hätten ihn nicht angesprochen. Es stand ein Zweijahresvertrag im Raum, aber ohne die 80 Prozent aus den Sponsorenverträgen. Dass Real Madrid durch zusätzliches Merchandising 1,2 Milliarden US-Dollar Gewinn machte, der zum Teil Beckham zu verdanken war, schien Mijatović nicht zu bedenken.[461] Nachdem er sich am 10. Januar mit Terry Byrne zusammengesetzt hatte, kündigte er im Fernsehen an, dass Beckhams Vertrag mit Real Madrid nicht verlängert werde.[462] Im Sommer sei Schluss. Tags darauf unterzeichnete Beckham bei LA Galaxy.

In den USA hingen überall riesige Plakate, sie kündigten die Ankunft des Stars an. Fuller sonnte sich im Scheinwerferlicht und sprach von einem unglaublichen Deal: Neben einem wöchentlichen Gehalt von 100.000 Pfund für die nächsten fünf Jahre würde der Fußballer seine jährlichen Werbeeinnahmen – mindestens 17 Millionen Pfund – zu 100 Prozent behalten dürfen sowie Leistungsboni und Anteile von den Erlösen aus Vereinsmerchandise, Fernsehübertragungen und Ticketverkäufen erhalten. Beckham würde im Laufe der nächsten fünf Jahre mindestens 250 Millionen US-Dollar verdienen, wahrscheinlich sogar 500 Millionen – also unendlich viel mehr als das, was Real Madrid geboten hatte. „Ich wollte immer mit dem größten Sportdeal der Welt Geschichte schreiben“, sagte Fuller, „und David Beckham ist der einzige Sportler, mit dem das möglich ist.“ Allerdings hatte er diesen Deal gar nicht allein verhandelt, sondern gemeinsam mit Jeff Frasco, einem „Pitbull“ von Creative Artists Agency (CAA).

Allzu beeindruckend war der tatsächliche Deal für Beckham gar nicht. Sein Vertrag mit LA Galaxy war 32,5 Millionen US-Dollar über fünf Jahre wert – also nur 6,5 Millionen US-Dollar im Jahr, dazu Provision von den Ticket- und Trikotverkäufen.

Beckhams PR-Team schuf das passende Narrativ. „Die Leute sagen bestimmt, dass ich wegen des Geldes hingehe, aber das stimmt nicht", sagte Beckham dazu. „Ich muss mich zu neuen Ufern aufmachen. Ich brauche eine neue Herausforderung. Ich werde Fußball spielen und etwas bewegen." Nur wenige überzeugte das. Der einzige Grund, nicht für einen großen europäischen Verein zu spielen, war für jemanden mit seinem Grad an Berühmtheit eben doch das Geld. Lange Gespräche mit Victoria über das wundervolle Hollywood und mit Tom Cruise – der an Wiedergeburt glaubte – zerstreuten alle Zweifel.

Die „Nachrufe" auf Beckhams Karriere waren unemotional. Im *Mirror* schrieb Oliver Holt über ihn als Angeber, der das Image des Fußballs und der Spieler verändert habe. In seinen letzten Jahren habe er seine Meisterschaft als bester Flanken- und Freistoßkünstler verloren: „Diese Zeit ist vorbei. Seine Karriere in England ist vorbei." Die Zahlen gaben ihm recht: Hatte Beckham bislang im *Theatre of Dreams* von Manchester United mit 74.000 Plätzen und im Bernabéu mit 81.000 Plätzen gespielt, wechselte er nun ins Stadion von LA Galaxy, in dem gerade einmal 27.000 Menschen Platz fanden.[463]

Die Fans von Real Madrid trauerten ihm nicht nach. Sie hatten Beckham zwar gern nach Autogrammen gefragt und mit ihm Selfies gemacht, aber auf dem Rasen war er ein Loser. Im Vorstand war man vor allem wütend, dass Fuller die Verhandlungen mit LA Galaxy schon vor dem rechtlich zulässigen Datum begonnen hatte. Beckham sei genauso wenig vertrauenswürdig gewesen.[464] Jetzt wusste niemand, was in den letzten sechs Monaten Vertragsdauer passieren sollte. LA Galaxy erwartete ihn im April – zwei Monate vor Vertragsende in Madrid.

„Für mich wird er nie wieder spielen", meinte Trainer Fabio Capello. „Er kann den Rest der Saison auf der Bank versauern." Der Italiener weigerte sich sogar, mit Beckham zu sprechen; er wollte ihn so schnell wie möglich loswerden. „Seine Freistöße sind nur noch Schrott", spottete er.[465] Vereinspräsident Ramón Calderón blies ins gleiche Horn, nannte Beckham „zweite Klasse" und schwor, dass dieser am „Ende seiner Fußballkarriere" ohne Zeremonie und Dank verabschiedet werde. Davon berichtete Eric Beauchamp in seiner

Zeitung und verärgerte damit wiederum Simon Oliveira. „Wir sind von dir enttäuscht."

Beckham weigerte sich zu gehen, bevor er nicht die ausstehenden zwei Millionen Pfund Gehalt plus drei Millionen Pfund Boni von Real Madrid bekam.[466] Doch um nicht wieder als Gierschlund dazustehen, wollte er vor seinem Abschied unbedingt noch einen Pokal gewinnen. Calderón glaubte ihm kein Wort. Beckham sei „einer dieser durchschnittlichen Schauspieler in Hollywood", der Real Madrid nur geholfen habe, in seiner ersten Saison zwei Millionen Trikots zu verkaufen.[467] Welcher andere Fußballer würde sonst bei einer Preisverleihung in London seine Schwester anrufen und ihr befehlen, sofort zu kommen, weil sein Haar „zu platt" aussah?[468] „Ihr lügt alle", gab Beckham zurück. „Ihr habt mich nie respektiert." Damit versuchte Beckham es immer wieder – Kritik an ihm sei unfair. „Das hat mir mein Selbstvertrauen genommen", beschwerte er sich.[469]

Inzwischen wurden die Beckhams in Los Angeles mit Freuden erwartet: Victoria zeigte sich dort, bereits einen Tag nachdem Beckham den Vertrag unterzeichnet hatte. Die PR-Abteilung von LA Galaxy machte Überstunden und berichtete ausführlich, welche Stars – darunter Tom Cruise, Steven Spielberg, Rod Stewart und Jennifer Lopez – sich bereits Tickets für die Spiele der nächsten Saison besorgt hätten. Sie alle hatten 50 statt 20 Pfund pro Ticket bezahlt. Victorias PR-Team beschrieb ihre Suche nach einer Bleibe, bei der sie von drei bewaffneten Bodyguards begleitet werde. Ihr Kalender sei voll mit geplanten Treffen mit Hollywoodgrößen.[470] Dann eilte sie zurück nach Europa.

Sie liebte die positive Publicity, posierte bei einer Modenschau in Paris gemeinsam mit Schauspielerin Katie Holmes und behauptete, sie sei auf dem Weg zu Karl Lagerfeld und einem Treffen mit Führungskräften von Coty, dem Hersteller ihres Parfüms. „Posh glitzerte und funkelte, als sie das Hotel verließ", berichtete die *Sun*.[471] Die Fotos kamen von Jason Fraser, der zuvor Bilder von David auf seinem Motorrad und von dem Paar in Silverstone vor dem jährlichen Formel-1-Rennen geschossen hatte sowie von Posh in verschiedenen, extravaganten Outfits. Frasers Fotos waren der Beweis für die Sucht der Beckhams nach öffentlicher Aufmerksamkeit. Und was machte Vic bei Lagerfeld? Nun, alle wussten, dass der intellektuelle Workaholic und Buchliebhaber besonders nett zu denen war, die keine Bedrohung für ihn darstellten.

Victoria konnte es kaum erwarten, Madrid hinter sich zu lassen. Kalifornien würde gut für ihr Selbstbewusstsein sein. „Wir können all das Negative aus vier Jahren Spanien hinter uns lassen“, sagte sie[472] und kümmerte sich nicht um die zynischen Berichte: „Er wurde von seiner berühmtheitsverliebten Frau ins La-La-Land verschleppt, damit sie sich unter die A-Promis in Hollywood mischen und ihre Karriere ins Rollen bringen kann.“[473]

Um zu zeigen, dass Victoria ebenfalls einen hohen Wert hatte, sicherte Fuller ihr einen Zehn-Millionen-Dollar-Vertrag mit NBC für eine Fernsehserie. „Das wird eine ganz andere Show, die bestimmt viele Leute überraschen wird“, erklärte sie.[474]

Das Einzige, was sie ärgerte: David war immer noch in Madrid. Dort zeigte er sich als Mann der leisen Töne, scheinbar freundlich und sensibel – er versuchte auf diese Weise, seinen Kritikern in die Parade zu fahren, die ihn als lahme Ente darstellten. Mit stumpfer Selbstdisziplin und seiner Weigerung, sich ebenfalls zu Verunglimpfungen herabzulassen, sorgte er dafür, dass Capellos Wut versiegte. Nach schlechten Spielergebnissen sah dieser sich am 10. Februar gegen Real Sociedad gezwungen, Beckham wieder aufs Feld zu holen. Dem gelang gleich mit einem seiner klassischen Freistöße ein Tor, beim 2:1-Sieg.[475]

Zehn Tage später bereitete er alle drei Tore gegen Bayern München vor, sodass Real Madrid 3:2 gewann. Die Verblüffung war groß. Waren Beckhams verwandelte Freistöße aus großen Distanzen Zufall, oder war er doch so brillant? Sein Platz in der Mannschaft war ihm damit jedenfalls wieder sicher.

Auch Steve McClaren war Beckham gegenüber nicht mehr so negativ eingestellt. Als England im Oktober 2006 mit einem 0:2 gegen Kroatien verlor, wurde die Mannschaft in der *Sun* als ein „Haufen Säufer, Halbstarker und fauler Nichtsnutze“ beschimpft, die „sich als professionelle Fußballer ausgaben“. Diese „furchtbaren“ zweitklassigen Männer, die 100.000 Pfund pro Woche verdienten, seien „völlig von der Rolle“. Insbesondere John Terry und Rio Ferdinand wurden vorgeführt. Die Zeitung schrieb: „Wenn diese Spieler stolzer auf ihre

Arbeit wären und weniger stolz darauf, sich zu besaufen und vor Prostituierten anzugeben, könnte man die Niederlage in Kroatien vielleicht noch entschuldigen."[476]

Anfang Februar 2007 hatte England bereits vier Spiele verloren und dabei nur ein einziges Tor geschossen. Damit war die Qualifikation für die EM 2008 in Gefahr. McClaren wurde in allen Medien als „nutzloser Trainer" bezeichnet. Vor dem entscheidenden Spiel gegen Israel war er verzweifelt. Das ganze Land diskutierte über seine Mannschaft, und sogar Tony Blair, dessen Zeit als Premierminister sich dem Ende zuneigte, riet dem Nationaltrainer, Beckham nicht spielen zu lassen. McClaren wollte nicht schwach wirken und zögerte. Er habe „nicht geplant", sich Beckham anzusehen. Dann sichtete er allerdings doch die Aufzeichnungen des Spiels gegen Bayern München und drei weiterer Spiele – und sah sich endlich in der Lage, eine Entscheidung zu treffen.

Währenddessen sprach Beckham mit Neil Custis von der *Sun*. „Die Leute glauben, dass meine Karriere in England vorbei ist. Ich will ihnen zeigen, dass das nicht stimmt. Wenn die Leute an mir zweifeln, will ich ihnen immer zeigen, dass sie unrecht haben. Ich habe noch drei oder vier Jahre als Topspieler. Jedes Mal, wenn die Aufstellung bekannt gegeben wird und ich nicht dabei bin, bin ich enttäuscht."[477]

Ende März gewann England gegen Andorra 3:0. Auf der FIFA-Rangliste stand Andorra auf Platz 175. McClaren schämte sich für den Spielstand und hielt seine eigene Pressekonferenz nur 115 Sekunden durch, bevor er vor der Öffentlichkeit floh. Kurz darauf kam es zu einem Unentschieden gegen Israel, Nummer 28 der Rangliste. England stand auf Platz 11.

Ende Mai – zehn Monate nachdem er Beckham fallen gelassen hatte – sah sich McClaren einem entscheidenden Match gegen Estland gegenüber. Wenn England nicht gewann, würde man ihn feuern. Um seinen eigenen Hals zu retten, holte er Beckham zurück in die Mannschaft. „Das hat nichts mit Panik zu tun", erklärte er. „Er soll mir helfen, das Spiel zu gewinnen – das ist alles."[478]

„Wenn Steve McClaren wirklich glaubt, dass seine Mannschaft ohne David Beckham nicht gegen Estland gewinnen kann", kommentierte Kolumnist Martin Samuel, „bleibt nur eine Schlussfolgerung: Er ist nicht der Richtige für den Job." Mit dieser „Tür in die Vergangenheit" habe McClaren eine „panische, kurzfristige" Entscheidung getroffen, mit der nun das Ende bevorstehe.[479]

Oliver Holt, der nur vier Monate zuvor Beckham scharf kritisiert hatte, änderte wieder einmal dramatisch seine Meinung. Nachdem er Beckhams herausragende Leistung für Real Madrid gegen Deportivo La Coruña gesehen hatte, sagte er: „Sein Passspiel war atemberaubend." Es habe zum 3:1-Sieg von Real Madrid beigetragen. Es sei „absurd, lächerlich", schrieb Holt, nicht zuzugeben, dass Beckham es verdiente, wieder nominiert zu werden. Die chaotischen Engländer bräuchten seine Klasse und Erfahrung. Dass Beckham zwei Torchancen vergeben hatte, erwähnte der Journalist nicht.[480]

Holts Hin und Her hatte wohl, so vermutete die Konkurrenz, etwas mit seinem Chefredakteur Piers Morgan zu tun. Der war nämlich vom anstehenden Umzug der Beckhams nach Hollywood aufgerüttelt worden. Damit das Glamourpaar ihm genauso wohlgesinnt war wie der *Sun*, versuchte er, es auf seine Seite zu ziehen.

Beckhams 22-Meter-Freistoß im Freundschaftsspiel Englands gegen Brasilien in Wembley zeigte, dass er die Unterstützung von Morgan und McClaren durchaus verdiente. Mit der ihm eigenen Geste wischte sich Beckham beide Hände an der Hose ab, blickte auf die brasilianische Mauer und schlug eine gefährliche Flanke auf John Terry, der den Ball mit dem Kopf ins Tor beförderte. „Ich habe Beckham zurückgeholt, damit er für uns Spiele gewinnt", sagte McClaren. „Ich hatte Gänsehaut", äußerte sich Beckham. „Fast hätte ich geweint."[481] Seine Rückkehr war die glorreiche Rettung seiner Ehre, und er war unheimlich stolz darauf, es allen gezeigt zu haben.

Victoria hatte keine Zeit für seine Tränen. Am Ende des Matches überprüfte sie noch einmal ihre Maniküre und eilte dann nach Heathrow. Sie sollte in Los Angeles die MTV Movie Awards moderieren. Anschließend ging es zurück nach London, um als Ehrengast von Jo Elvin an den Women of the Year Awards von *Glamour* teilzunehmen. Ihr bevorstehender Umzug in die USA hatte ihr Verhältnis zur Klatschpresse angeheizt.[482]

Piers Morgan hatte einen Trick gefunden, die *Sun* zu schlagen und Zugang zu den Beckhams zu erhalten: Man veröffentlichte nur noch positive Berichte über sie. Dafür hatte er Caroline Hedley nach Los Angeles geschickt, wo sie sich bei Victoria lieb Kind machen sollte.

Hedley begann verklärt: „Ihre Modeprojekte sind in Europa ein Riesenerfolg." Damit zitierte sie Informationen von Milloy und Lewis. Victorias Schuhe und Handtaschen, so sagte Hedley es voraus, würden schon bald überall in den USA verkauft werden. „Victorias berühmte Freunde und Freundinnen werden in ihren Designs zu sehen sein." Der Artikel enthielt genauso viel Fantasie wie der Bericht des *Sunday Mirror* über Victorias „riesige" Parfüm- und Sonnenbrillenverkäufe in Kanada oder die Aussage, dass ihre Accessoires in Japan „schnell sehr, sehr erfolgreich" und „sehr, sehr lukrativ" geworden seien. Hedley jubelte weiter: „Dass sie hier so einen großen Deal abgeschlossen hat, noch bevor die Familie überhaupt hergezogen ist, ist beeindruckend."[483]

Der „große Deal" waren die von Michael Silver in Winnipeg hergestellten dVb-Jeans mit ihrem Logo. Silver hatte sich von Victorias Glanz blenden lassen, statt seinem eigenen Urteil zu vertrauen. Nach vielen Diskussionen wurden nun 200.000 Skinny-Jeans zu einem Stückpreis von 250 US-Dollar in den USA, Großbritannien und Japan verkauft. Silvers guter Ruf sorgte dafür, dass sie in den USA in den besten Läden lagen. Der Erfolg war jedoch davon abhängig, dass sie auch von jenen Celebritys und Fashionistas gekauft wurden, die sich wie Victoria kleiden wollten.

Victorias Traum war es, sich unter die bekanntesten Hollywoodstars zu mischen. Um ihr zu schmeicheln, druckte der *Mirror* sie groß ab – auf Elton Johns Oscarparty, mit Diamanten im Wert von einer Million US-Dollar am Körper. „Sie sieht einfach aus wie für Hollywood gemacht", schwärmte Hedley. Madonna, Meryl Streep, Nicole Kidman, John Travolta, Daniel Craig – sie alle nahmen sie wohlwollend auf, und Victoria war „nervös, aber erregte Aufsehen". Als Tom Hanks sie begrüßte und ihr versprach, ein Ticket für LA Galaxy zu kaufen, gluckste Victoria: „Er kennt mich."[484] Regelmäßiges Namedropping, so glaubte sie, steigere ihre Glaubwürdigkeit. „Penélope ist so ein Schatz und immer für andere Mädels da", meinte sie, nachdem sie mit Penélope Cruz Domino gespielt hatte.

Sie hatte gehört, dass Bescheidenheit und das Herunterspielen der eigenen Berühmtheit sie sympathisch wirken ließen, daher erklärte sie:

„Ich gehe wirklich nicht viel aus. Normalerweise bin ich bei David und den Jungs. Die Kinder sind nicht verwöhnt. Wir haben ein relativ einfaches Leben zu Hause.“ Es half auch, den Namen ihres Mannes zu nennen, und so gestand sie, hemmungslos zu weinen, wenn er nicht daheim war. Wenn er dann aber zu Hause sei, würden sie gemeinsam abends Realityshows im Fernsehen ansehen. Besonders gefalle ihnen „Prison Break“.[485] Solche Details, die über Milloy weitergegeben wurden, waren meist ein Garant für kostenlose Publicity.

Bevor sie nach London zurückkehrte, informierte sie Hedley, ihr Londoner Friseur Ben Cooke sei nach Los Angeles eingeflogen worden. Sie wollte blond werden, um „David verrückt zu machen“.[486] Als sie in Heathrow aus dem Flugzeug stieg, rief sie Victoria Newton an, die auch von der neuen Haarfarbe berichten sollte – und dass Victoria den Atlantik gemeinsam mit Spiderman-Darsteller Tobey Maguire überquert habe und einen Relaunch ihrer Parfüms plane. Eine Stunde später geriet Vic in Panik: Virgin Atlantic hatte ihr gesamtes Gepäck in New York im Regen stehen lassen. Alle Kleider waren ruiniert. „Victoria ist am Boden zerstört“, bestätigte Milloy.[487]

Der Stress wurde noch größer, denn wie Victoria ständig beklagte, war die Wohnungssuche in Los Angeles ein „Albtraum”, der durch die „extrem schwierige” Suche nach Schulen noch verschlimmert wurde. Bei jedem Schulbesuch „musste ich versprechen, Cupcakes zu backen, den neuen Spielplatz zu streichen und mit den Müttern zu Mittag zu essen. Ich stand auf dem Prüfstand.“[488] Positiver war ein gestellter Schnappschuss, auf dem man sie bei einer Modenschau das Buch *Skinny Bitch* lesen sah, in dem es „unverblümt, ungehemmt und knallhart“ um einen „schlanken Lifestyle“ geht. Das Buch stieg in den Amazon-Charts von Platz 77.939 auf 209.[489] Und noch etwas Positives: David schien sich wieder auf seine Karriere zu konzentrieren, statt Frauen hinterherzujagen.

Als Überraschungsgeschenk zu ihrem 33. Geburtstag hatte er sie im Privatjet nach Paris einfliegen lassen. Die Suite im Ritz quoll über vor Rosen, und den Tag verbrachten sie mit Shoppen. Er kaufte ihr Designerkleider und Louboutin-Schuhe, die sich gut neben den 200 anderen Paaren in ihrem Schrank machten.[490] Endlich sah es gut für sie aus.

Aus Paris flog sie nach New York, um im Kaufhaus Saks auf der Fifth Avenue ihre dVb-Jeans zu launchen. In einer weißen Jeans mit einem großen gestickten Stern auf der Gesäßtasche präsentierte sie sich strahlend einer Armee aus Fotografen, Kameraleuten und Journalisten. Dutzende Fans baten sie, Exemplare ihres Modebuchs zu signieren. Negative Stimmen gab es natürlich auch: „Ich glaube, es ist einfach für diese Prominenten, ihre eigenen Brands auf den Markt zu bringen, weil sie von ihrer Beliebtheit profitieren. Die wirkliche Bewährungsprobe kommt erst ein Jahr nach dem Launch, wenn das Interesse nachlässt und die Jeans sich bewähren müssen." Frank Griffin von der Fotoagentur Bauer-Griffin wurde noch deutlicher: „Das Problem: Es interessiert keinen Schwanz. Sie wird nicht den Promivorteil kriegen, den sie zu verdienen glaubt. Sie werden sie zerreißen."[491]

Aber solche Stimmen waren den Beckhams egal. Sie waren zurück!

David fühlte sich wie wiedergeboren. Drei Tage nach dem Spiel gegen Brasilien gelangen ihm zwei perfekte Flanken, die zum englischen 3:0-Sieg gegen Estland beitrugen. „Ich glaube, ich kann noch viele, viele Jahre spielen."[492] Das Ergebnis war auch gut für McClaren, der nun weniger unter Druck stand – auch wenn die Mannschaft noch immer dieselbe war, die die Weltmeisterschaft in Deutschland mit Schimpf und Schande hatte verlassen müssen.

Beckham kam mit einer Knöchelverletzung nach Madrid zurück, die er sich im Spiel gegen Estland zugezogen hatte. Fabio Capello sah sich nun in einem Dilemma, denn es stand ein entscheidendes Spiel gegen Real Mallorca bevor, mit dem sie die spanische La Liga gewinnen konnten. Seit 2003 war Real Madrid das nicht mehr geglückt. Er brauchte einen guten Mittelfeldspieler und wählte Beckham. Bis zu diesem Zeitpunkt hatte sich Capello sich in der Öffentlichkeit zurückgehalten, doch nach dem Match gegen Estland gab er zu: „Es ist schade, dass wir Beckham gehen lassen. Das war ein Fehler." So sah es nun auch Predrag Mijatović: „Es war falsch, dass wir nicht mit Beckham über eine Zweijahresverlängerung gesprochen haben."[493]

Die Atmosphäre nach dem Match am 17. Juni war aufgeladen. Real Madrid musste gegen Real Mallorca gewinnen, um den großen Rivalen Barcelona den Titel wegzuschnappen. Tom Cruise und 81.000 Fans waren zugegen, als Beckham das Feld betrat. Entgegen allen Erwartungen gehörte er zur Startelf im wichtigsten Spiel Reals. Bei einem Freistoß traf er den Pfosten, seine Pässe gingen ins Leere. Nach drei Spritzen in den linken Knöchel wurde er gegen José Antonio Reyes ausgewechselt. Es stand 1:1, und nur noch 24 Minuten waren zu spielen. Von der Bank aus sah Beckham, wie Reyes die zwei entscheidenden Tore schoss, das zweite ein absoluter „Kracher".

Die britischen Medien feierten Beckham. Er habe den Befürchtungen getrotzt. Doch eigentlich hatte er fast nichts zum 3:1-Sieg beigetragen. Nach dem Spiel, als das Stadion schon leer war, kam er mit einem Fotografen zurück aufs Feld. In die Sankt-Georg-Fahne gewickelt küsste er glücklich den Rasen. „Das war die schwerste Saison meiner Karriere, auf dem Spielfeld und überhaupt. Ich habe so viel durchgemacht, wie ich es nie für möglich gehalten hätte."[494]

In 158 Spielen hatte er für Real Madrid 20 Tore geschossen. Im selben Zeitraum hatte der Brasilianer Ronaldo – zugegebenermaßen ein Stürmer – in 177 Spielen 104 Tore geschossen.

José Sánchez war die Anzahl der Tore egal. Er freute sich, dass Beckham rund 315 Millionen Pfund zu den Merchandiseverkäufen beigetragen hatte. Die 270.000 Pfund Bonus, den die Spieler für den La-Liga-Sieg bekam, waren Peanuts. Eine Abschiedsfeier für Beckham organisierte Sánchez trotzdem nicht. Einige der Spieler feierten im Los Molinos, einem Restaurant außerhalb von Madrid. Auf einem Schokoladenkuchen stand geschrieben „You'll Never Walk Alone". Unter Tränen sprach Beckham: „Ich werde euch niemals vergessen."

Ein Gefühl, das Victoria irritierte. Sie war froh, Madrid endlich hinter sich lassen zu können. Die unerwarteten Wendungen in Davids Karriere interessierten sie nicht.[495] Obwohl er in diesen Tagen wiederholt äußerte, dass er noch drei weitere Saisons für Madrid hätte spielen können – was ziemlich unwahrscheinlich war –, bereute er seinen Umzug in die USA nicht. Das Geld, das Fuller ihm versprach, war wichtiger als alles andere. Solange er global präsent blieb und weiter für England spielte, konnte er eine Menge Steuern sparen und Sponsorenverträge abschließen.

„Von Los Angeles aus ist die Anreise kein Problem", sagte er, als es darum ging, dass er mit der englischen Mannschaft trainieren sollte. Allerdings musste er den Atlantik in Linienflugzeugen überqueren. Und weil er in den kommenden drei Monaten für seinen neuen Verein in den USA und gleichzeitig für die englische Nationalmannschaft auflief, verbrachte er 115 Stunden in der Luft und kam auf ganze 57.678 Meilen. Insbesondere für seinen Knöchel, seine Muskeln und Sehnen war das gar nicht gut. „Ich bin topfit", erklärte er.[496] Aber damit überzeugte er nur wenige. Zudem war es fraglich, ob er die Menschen in den USA dazu bringen konnte, sich für Profifußball zu begeistern.

Fuller zeigte sich unbeeindruckt von den Andeutungen, dass Beckham heimlich Zweifel an seinem Wechsel nach Los Angeles habe. Er hatte einen doppelten Volltreffer gelandet. Bei einem Meeting mit allen fünf Spice Girls in seinem Haus in Sussex schlug er ihnen eine Revivaltournee vor. Nach der Trennung hatten sie sich damals alle miteinander zerstritten, sodass erst einmal eine gute Dosis geschickter Diplomatie gefragt war. Er schmeichelte ihnen – die Welt habe sie vergessen, dabei verdienten sie doch endlosen Applaus dafür, dass sie die gesamte Popszene verändert hätten. Sie hätten eine Revolution angestoßen. Jetzt sei der Moment gekommen, ihre Streitigkeiten zu vergessen.

Das tat seine Wirkung. Die immer bedürftige Geri, die unter Essstörungen und Einsamkeit litt, hatte trotz ihrer Hitsingles 1999 und 2001 keine Ahnung, wo es weiter hingehen sollte. Das letzte Album von Mel B war in der ersten Woche nur 670-mal verkauft worden und hatte Platz 452 in den Charts erreicht. Mel C hatte solo anfangs deutlich mehr Erfolg gehabt, aber ihre letzte Single war ebenfalls ein Flop gewesen. Baby Spice Emma Bunton hatte ihr Geld sorgsam zusammengehalten, aber ihr drittes Album war ein absoluter Reinfall gewesen. Und wie alle wussten, war auch Posh als Solokünstlerin nicht weit gekommen. Dabei wollte sie so gern selbst berühmt und nicht nur David Beckhams Frau sein.[497]

Fuller versprach ihnen neuen Ruhm – und Geld. Zehn Millionen Pfund für jede. „Aber sprecht nicht über das Geld." Woran sie sich nicht hielten.[498] Ihre Welttournee sollte im Dezember starten und elf Städte umfassen. Öffentlich feierten sie ihre Reunion im Hotel Four Seasons in den Londoner Docklands. Fuller schenkte den Frauen je eine Halskette, und Geri schenkte den anderen je einen Goldring.

Fullers Erfolg wurde an Beckhams 32. Geburtstag im Londoner Restaurant Cipriani mitgefeiert. Beckham dankte ihm, dass er ihm damals Victoria vorgestellt habe, und ihr dankte er für einen „unglaublichen Tag".

Alle Spice Girls kamen zu dieser Feier. Inzwischen waren sie Spice Women, und um der Kritik zu zeigen, dass sie – alle über 30 – noch nicht zum alten Eisen gehörten, tanzten sie den ganzen Abend über betrunken auf den Tischen. „Es ist ein bisschen wie nach einer Scheidung, wenn man wieder mit dem Ex zusammenkommt", scherzte Victoria.[499]

Ende Juni organisierte Fuller über 400 Presseleute für den offiziellen Startschuss im Dome in Greenwich. Der große PR-Manager Fuller behauptete, zwei Millionen Fans hätten wegen Tickets angefragt und die Tour werde daher in 14 weiteren Städten laufen.[500]

„Ich will, dass meine Kinder mich auf der Bühne sehen", erklärte Victoria der Welt, „weil bis jetzt nur ihr Daddy der Held war."

Welches Image sie hatte, war ihr nicht klar. Sie wog weniger als 50 Kilogramm und hatte sich mit Paranussbutter-Creme eine falsche Bräune verschafft. Sie trug ein Korsett, sodass einem, wie der *Mirror* zynisch schrieb, ihre Bazookas „ins Auge sprangen".[501] Sie würde wieder auf der Bühne stehen und performen. Unwiderstehlich. Glücklich im Mittelpunkt der Aufmerksamkeit.

Der Abschied aus Spanien hatte für David vor allem einen Grund: Geld. Bei seinen Wirtschaftsprüfern von Lakin Rose führte das zu einigen unüblichen Aktivitäten. Das Business der Beckhams musste neu ausgerichtet werden, um die finanziellen Vorteile auch wirklich auszunutzen.

Im letzten Zeitraum 2005/06 hatte Footwork Beckham 19 Millionen Pfund gezahlt. Dazu kamen sechs Millionen Pfund von Real Madrid und die Einkünfte durch die Marke Beckham.[502] Doch für das Jahr 2006/07, in dem er Spanien verließ, zeigten die geprüften Konten, dass Beckham kein Einkommen erzielt hatte. Dennoch betrug der Umsatz von Footwork 11,1 Millionen Pfund, und die Marke Beckham hatte 5,1 Millionen Pfund Bruttoverdienste. Zwar verzeichneten die Wirtschaftsprüfer 10,1 Millionen Pfund an Einnahmen der Marke Beckham, aber dagegen standen „Betriebsausgaben" von 13,3 Millionen Pfund. Offensichtlich aus Steuergründen nahm Beckham einen Einjahreskredit im Wert von fünf Millionen Pfund auf.

Entsprechend verdiente die britische Beckham-Firma im Jahr 2006/07 gar nichts, und so musste sie auch keine britischen Steuern zahlen. Welches Einkommen in Spanien angegeben wurde und wie viele Steuern Beckham dort zahlte, ist unbekannt, da seine spanische

Firma nach seinem Weggang geschlossen wurde. Der Verkauf des Hauses in La Moraleja wurde verschoben, weil die Immobilienpreise in Spanien eingebrochen waren. Erst acht Jahre später wurde das Anwesen für 5,2 Millionen Pfund veräußert.

Und es gab noch weitere Probleme.

Nachdem Beckham bei der Europameisterschaft 2008 schlecht gespielt hatte und als Kapitän abgesetzt worden war, hatte Gillette den Vertrag nicht verlängert. In einem „sehr kurzen Gespräch", wie es bei Gillette hieß, hatten sie Beckham angeboten, sich die Werbung in der „Champions Campaign" mit Thierry Henry, Tiger Woods und Roger Federer zu teilen. Fuller hatte das jedoch abgelehnt und einen neuen Deal mit Gewinnbeteiligung gefordert. „Träumt weiter", hatte Gillette dazu nur gesagt.[503]

Es blieben Pepsi, Motorola, Volkswagen und Adidas. Fuller hoffte auf weitere Sponsoren und setzte auf einen riskanten Move.

2007 hatte Beckham Kontakt zu zwei reichen Brüdern aus Norwegen, die die Societyleiter erklimmen wollten: Geir und Torben Frantzen. Die beiden waren nach London gekommen, um ein Vermögen zu machen. Geir wurde von der Klatschpresse als „Jetsetplayboy" bezeichnet. Er hatte sich an Sarah Ferguson, die Duchess of York, gehängt. 2005 hatte er ihr einen Bentley Continental für 150.000 Pfund gekauft. „Sie ist nur eine Freundin der Familie", erklärte Fergusons Sprecherin, als diese mit Torben ausging.

2006 hatte Geir Frantzen gemeinsam mit anderen Investoren acht Millionen US-Dollar in Hartmoor gesteckt, ein Unternehmen in New York, das hauptsächlich Ferguson gehörte. Hartmoor sollte aus der Duchess eine allgemein bekannte Marke machen, indem ihr Name für Produkte wie Nahrungsergänzungsmittel, Kleidung, Kerzen mit ihrem Monogramm und Schmuckstücke lizenziert wurde. Ihre Einnahmen aus Fernsehauftritten, Reden auf Events und Büchern liefen ebenfalls über Hartmoor. Doch Mitte 2007 geriet das Unternehmen in Schwierigkeiten. Hohe Fixkosten und Schulden standen geringen Einnahmen gegenüber – Ferguson stand kurz vor dem Bankrott. Sie hatte so wenig Geld, dass sie sogar den Bentley verkaufen musste.[504]

Trotz dieser zweifelhaften Aktivitäten ließ sich Beckham auf die Frantzens ein. Geir hatte den Fischstäbchenhersteller Findus gekauft.

Um näher an Beckham heranzukommen, sponserte er zudem die Beckham-Fußballakademie in Greenwich und fragte an, ob der Sportstar Findus-Fischstäbchen und ein neues Omega-3-Nahrungsergänzungsmittel bewerben wolle, das junge Fußballer und Fußballerinnen für ein gesundes Leben bräuchten. Um die britischen Steuern zu umgehen, hatte Frantzen die Omega-3-Firma auf der Kanalinsel Guernsey registriert.[505] Die Vereinbarung wurde von Fullers Team verhandelt, Unterstützung bekam es von Rogery & Cowan, einer von Fuller ausgewählten Publicityagentur aus Los Angeles.

Mit dem Slogan „Dein Erfolg auf dem Teller" zeigte Frantzens erste Zwei-Millionen-Pfund-Videokampagne einen David Beckham beim Fußballspielen mit Kindern auf Hawaii. Beckham machte Werbung für die zwölf gesunden Mahlzeiten des Unternehmens und dessen Investitionen in Sport und Teamausrüstung.[506] Als Kind, so hieß es, habe Beckham auch Fischstäbchen gegessen. Ob das stimmte, war unklar. Weder Beckham selbst noch seine Mutter hatten etwas Entsprechendes geäußert.

Das Verhältnis zwischen Beckham und Geir Frantzen verschlechterte sich bald. Es wurden nicht genug Fischstäbchen verkauft, und Findus geriet in finanzielle Schwierigkeiten. Auf einer Werbeveranstaltung beim Fußballverein Grimsby Town war Beckham mit der Organisation unzufrieden. „Nächstes Mal lese ich das Kleingedruckte", sagte er in Bezug auf den Vertrag. Während sich Findus damit brüstete, dass „das Produkt in den ersten sechs Wochen alle Erwartungen übertroffen" habe, zeigten die Zahlen von Findus und Omega-3 etwas anderes. Die Schulden beliefen sich bereits auf fast 700 Millionen Pfund.

Gleichzeitig begann Geir mit Verhandlungen, um seinen Teil der Firma zu verkaufen. Beckham mochte den Lifestyle der Brüder.[507] Fuller hingegen war auf die neuen Karrieren des Beckham-Paares fokussiert.

18

Heuchelei

„In Los Angeles müssen sie wie Stars ankommen", verlangte Simon Fuller. „Das muss ein unvergesslicher Augenblick werden. Wie ein Urknall, der die ganze Stadt in seinen Bann zieht."

Für die Öffentlichkeit bauschte Fuller Beckhams 32,5 Millionen US-Dollar schweren Fünfjahresvertrag bei LA Galaxy auf 250 Millionen US-Dollar auf. „Ich wollte schon immer Geschichte schreiben – mit dem größten Sportvertrag aller Zeiten." Noch bevor die Beckhams eintrafen, wurden die Weichen für den großen Moment gestellt.

In einem Steinbruch 100 Kilometer von Madrid entfernt setzte Victoria alles daran, atemberaubend sexy zu wirken. Statt würdevoll gab sie sich übertrieben wollüstig. „Ich war ziemlich schüchtern und zurückhaltend", hatte sie einst gesagt. Das war vorbei.[508]

Spärlich bekleidet und eingeölt lag sie in hohen Lederstiefeln auf der Motorhaube eines 80er-Jahre Oldsmobile – auf manchen Bildern mit gespreizten Beinen und hervorquellenden, künstlich optimierten Brüsten. Neben ihr stand mit nacktem Oberkörper David, auf dessen Muskeln ebenfalls eine dicke Ölschicht schimmerte. Die metrosexuelle Schwulenikone schien zu allem bereit. „Hinter verschlossenen Türen laufen wir gerne nackt herum", hatte Beckham erzählt.[509] Genau so, als narzisstische, experimentierfreudige Stars, wollte Fuller die Beckhams präsentieren, ehe sie im Galaxy-Stadion Einzug hielten.

Das Fotoshooting fand für die in Hollywood und Manhattan populäre Zeitschrift *W* statt. Seltsamerweise verkündete Beckham zeitgleich in einem Interview: „Mir ist wichtig, dass unser Leben so normal wie möglich bleibt. Um Victoria und mich wird so viel Wirbel gemacht."[510] Simon Oliveira hatte nicht nur die Titelgeschichte in *W* an Land gezogen, sondern auch eine große Reportage in *Sports Illustrated*. In Amerikas größter Sportzeitschrift mit einer Auflage von 3,1 Millionen war Fußball sonst nur selten Thema. „David Beckham: Wird er das Schicksal des amerikanischen Fußballs verändern?", titelte das Blatt, das zum ersten Mal einen MLS-Spieler auf dem Cover zeigte. Oliveira war sehr stolz auf diesen Coup. Darüber hinaus hatte Fuller mit dem TV-Sportsender ESPN die Summe von 4,5 Millionen US-Dollar für eine Fernsehdokumentation ausgehandelt, die den Titel „New Beginnings" tragen und von Beckham redaktionell kontrolliert werden sollte.

Das Fotoshooting im Steinbruch wurde für eine sechsteilige, zehn Millionen US-Dollar teure Dokuserie des Senders NBC gefilmt, die Victorias Umzug nach Amerika begleitete. Das ebenfalls aufgenommene Interview für *W* weckte Zweifel an ihrer Glaubwürdigkeit.

„Wir haben nicht die Absicht, die berühmtesten Menschen in Amerika zu werden", erklärte sie dem Reporter der Zeitschrift, James Reginato. „Der Umzug soll nicht dazu dienen, die Marke zu fördern." Offenbar vergaß sie sofort, was sie gerade gesagt hatte, und beschrieb ihre Ziele in den USA: „Ich werde ein Jeanssortiment, eine Sonnenbrillenkollektion und zwei Parfüms herausbringen." Die Produkte sollten bei Saks Fifth Avenue und in anderen Geschäften verkauft werden. „Kurz gesagt", so der Autor, „die Marke Beckham ist im Begriff, Amerika zu erobern."

Erwartungsgemäß zitierte Reginato nicht, wie der US-Modeexperte Robert de Keyser über Victorias neue Jeansmarke urteilte – er nannte sie „völlig überteuert für eine Kollektion aus billigem Stoff".[511]

Warum, lautete eine Frage, schaue sie Fotografen immer so böse an? „Wenn man in der Öffentlichkeit steht, wird ständig versucht, Fotos unter die Bluse oder von oben ins Top zu machen." Allerdings vergaß Victoria dabei, wie oft sie auf Anraten ihres PR-Teams für die Kameras bis zum Bauchnabel geschlitzte Kleider trug, die ihre Brüste besonders zur Geltung brachten. Bei den Glamour Awards auf dem Londoner Berkeley Square erschien sie in winzigen paillettenbesetzten Hotpants und einem tief ausgeschnittenen Bustier. Während Victoria den Kameras ihren Schmollmund zeigte, verriet ihre PR-Beraterin, dass sie auf Extensions verzichtet habe, um nicht wie eine Spielerfrau zu wirken.[512]

Victoria erzählte Reginato, sie sei in Los Angeles nach einem unerlaubten Abbiegemanöver „peinlicherweise“ von der Polizei angehalten worden. In seinem Beitrag schrieb der Reporter, Victoria habe bei der Kontrolle keinen gültigen kalifornischen Führerschein vorweisen können. „Der Polizist war umwerfend“, gurrte Victoria. „Und er fand meine Schuhe toll.“ Ihr PR-Team erklärte Reginato später: „Das ist alles etwas peinlich, zum Glück kam es nicht zur Anzeige.“[513] Was Victoria verschwiegen hatte: Der Polizist war ein Schauspieler gewesen, den Fullers Produktionsfirma für eine Episode in der NBC-Serie engagiert hatte. Der „Führerschein“-Vorfall war komplett inszeniert.

Die Dreharbeiten für die sechsteilige Realityshow „Victoria Beckham: Coming to America“ starteten Anfang Mai 2007. Für das Zehn-Millionen-Dollar-Projekt, das von Simon Fuller konzipiert und von seinem Bruder Kim geleitet wurde, waren 32 Drehtage im Raum Los Angeles vorgesehen. Fuller hatte den Ehrgeiz, dabei alle Beckhams zusammenzubringen.

Aus Sicherheitsgründen wurde Victorias Name in der Disposition nicht aufgeführt. Stattdessen stand dort „MT“ – Major Talent, also „großes Talent“. Die Dreharbeiten sollten um neun Uhr morgens beginnen, doch am ersten Tag musste die über 40-köpfige Betreuungs- und Produktionscrew feststellen, dass das große Talent nicht vor zehn Uhr aufstand. Die ersten Aufnahmen starteten nach Mittag, als Friseur und Maske fertig waren.

Die Episode im Auto, die am ersten Tag gedreht wurde, erforderte aufwendige Vorbereitungen. Die Handlung – ein Polizist hält Victoria an, weil sie verbotenerweise abbiegt und dann feststellt, dass sie nur einen ungültigen spanischen Führerschein besitzt – war nicht leicht zu filmen. Die Kamera sollte sie begleiten, während sie sich bei einer Behörde einen neuen Führerschein ausstellen ließ. Allerdings war Victoria nicht bereit, das mit Kameras ausgestattete Auto zu fahren. „Sie ist völlig weltfremd“, klagte ein Produktionsmitarbeiter. „Macht, was sie will.“ Also wurde ein anderes SUV herbeigeschafft, und auch die Szenen in der Führerscheinstelle wurden auf ihr Drängen abgeändert. „Es ist sehr anstrengend, fantastisch zu sein“, sagte sie als Stimme aus dem Off. Die gescriptete Episode wurde mehrmals neu gedreht.

Der zweite Tag stellte die Geduld des Produktionsteams erneut auf die Probe. Victoria sollte die Boutique Kitsom am Robertson Boulevard besuchen. Inhaber Fraser Ross erinnerte sich, dass Victoria in seinem Laden die Michael-Silver-Jeans 1921 entdeckt hatte. Als dann die dVb-Marke auf den Markt kam, hatte Ross die Jeans zu Preisen zwischen 290 und 486 US-Dollar zum Verkauf angeboten, doch der Absatz war lächerlich. Da er jedoch stets auf Publicity aus war, erklärte sich Ross bereit, die Jeans wieder ins Schaufenster zu stellen, wenn er im Gegenzug in der Doku auftreten durfte.

Bei Victorias Besuch kam es zum Streit. Ross warf ihr vor, sie habe nicht genug Werbung für die Marke gemacht. „Niemand in Los Angeles hat davon gehört“, sagte er vor laufender Kamera. Anschließend verlangte Victoria empört, die Crew solle auch ihren Besuch bei Lisa Kline, einer konkurrierenden Boutique auf der anderen Straßenseite, filmen. Ross war „außer sich vor Wut“ und nahm ihre Jeans aus dem Schaufenster.[514]

Auch das Produktionsteam war „super sauer“. Der Robertson Boulevard bildet die Grenze zwischen den Bezirken Los Angeles und Beverly Hills – für Lisa Kline war damit eine andere Drehgenehmigung erforderlich. „Sie hält den ganzen Betrieb auf“, so ein Produzent, der mitansehen musste, wie sich das „Major Talent“ die Zeit mit Champagner und Edamame vertrieb. „Ihre Eskapaden kosten jede Menge Zeit und Geld“, pflichtete ein anderer bei. „Sie macht einfach, was sie will. Sie muss ständig Ja-Sager um sich haben.“

Victoria hatte dabei ein ganz grundsätzliches Problem: Ihr fehlte offenbar jegliche Vorstellung davon, was ein Dokumentarfilm kostet. Viele Drehbuchideen, denen sie vor der Abreise aus Europa zugestimmt hatte, verwarf sie im letzten Moment. „Auf menschlicher Ebene“, klagte ein Produzent, „schien es ihr vollkommen gleichgültig zu sein, ob unsere Arbeit und Mühe umsonst waren.“

Am dritten Drehtag wurde Victoria, nachdem sie sich in High Heels mit „Freunden“ – Visagistin Marie-Louise und Friseur Ben – gesonnt hatte, dabei gefilmt, wie sie ihre neue Assistentin Renee einstellte. Die Aufnahmen zeigen, wie die Assistentin, die sie in der Serie auf Schritt und Tritt begleitet, alle Ansprüche und Launen mit Humor nimmt – allerdings erinnerte Renee an Betty aus der Comedyserie „Alles Betty“ und war eine Schauspielerin aus Chicago. Sämtliche ihrer Sprüche stammten aus der Feder eines „hochklassigen“ Autorenteams.

Als Victoria in ihrem „neuen Zuhause“ in der Beverly Ranch Road gefilmt wurde, das man für eine Woche angemietet hatte, „entdeckte“ sie unter anderem ein Erdbeben-Survivalset. Gemäß Drehbuch schaute sie „verdutzt“. Die Lebensmittelvorräte waren für zwei Personen und 72 Stunden bemessen. „Für Victoria würde das zwei Monate reichen“, kommentierte ein Tontechniker.

Bei einem Telefonat mit David und Brooklyn in Madrid sprach Victoria in die Kamera: „Er hat gerade eine neue Freundin geküsst.“ Ob damit David oder Brooklyn gemeint war, verriet sie nicht. Ursprünglich sollte die Serie zeigen, wie die ganze Familie nach Amerika umzog, doch David hatte sich geweigert, darin mitzuwirken, und darauf bestanden, dass auch die Kinder außen vor blieben. Offenbar hatte er nun doch kein Interesse mehr daran, seine Frau bei der Rettung ihrer Karriere zu unterstützen.

Bei den Dreharbeiten am nächsten Tag lehnte es Victoria ab, wie im Drehbuch vorgesehen zur Pediküre in ein Kosmetikstudio zu gehen. „Meine Nägel sind schon gemacht“, verkündete sie. Die Zeit- und Geldverschwendung kümmerte Victoria nicht – sie ließ sich direkt zu einem Grillfest in ihrem „neuen Haus“ fahren. Da es ihr nicht gelungen war, bekannte Hollywoodstars für ihre Show zu gewinnen, hatte das Produktionsteam 20 Personen aus dem eigenen Bekanntenkreis eingeladen, die sich als Promis ausgeben sollten, darunter die Hip-Hop-Gruppe Three 6 Mafia. Für die Auffahrt hatte man zwei Porsches und andere teure Sportwagen gemietet, auf den Tischen lagen Lebensmittel im Wert von 1000 US-Dollar. Kaum war sie angekommen, begutachtete Victoria das Szenario und verkündete: „Nein.“ Die Party wurde ohne Erklärung abgesagt. Das Essen wanderte in den Müll, die Gäste sollten gehen. Victoria weigerte sich strikt, mit der Hip-Hop-Gruppe gezeigt zu werden. Als die Crew daraufhin einen Song der Spice Girls anstimmte, „Tell me what you want, what you really, really want", hob Victoria lächelnd das Champagnerglas und stieß eine Beleidigung aus.

Auch die Sicherheitsparanoia nahm überhand. Nicht nur dass alle Produktionsunterlagen systematisch geschreddert wurden, die Müllsäcke sollten zusätzlich aufbewahrt werden – um zu verhindern, dass sie von herumstromernden Paparazzi gestohlen wurden. Schon am vierten Tag waren die Büros voll mit den Säcken. „Das ist extrem", so ein Verantwortlicher seufzend.

Als Nächstes sah das Drehbuch vor, dass Victoria einen Sexshop aufsuchte. „Ich wünschte, ich könnte mich frei bewegen, ohne von Paparazzi gejagt zu werden", zitierte sie den auswendig gelernten Text. „Ich muss mir etwas einfallen lassen." Der verworrene Plan bestand darin, dass sie eine lebensgroße Puppe kaufte, die in einem Cabrio die Paparazzi auf sich lenkte, während Victoria unbemerkt entkommen konnte. „Die Paparazzi sind den ganzen Tag der Puppe gefolgt", freute sie sich. In Wahrheit hörten die „Horden" von Knipsern die Funkgeräte der Produzenten ab. „Wenn du der Presse aus dem Weg gehen willst", schimpfte ein Kameramann, „dann ruf sie nicht an." Später sollte Victoria einräumen: „In Los Angeles lassen uns die Paparazzi in Ruhe. Hier interessiert sich niemand wirklich für uns." „Das erklärt, warum sie nach London kommt", so eine britische Kritikerin.[515]

Der NBC-Programmleiter, der den Vertrag mit Simon Fuller unterzeichnet hatte, wurde am 1. Juni entlassen. Auch die Hälfte des Produktionsteams wurde „freigestellt". Simons Bruder Kim, Regisseur der Serie, war nun auf sich gestellt. „Filme, was du kriegen kannst", lautete die Anweisung. Wenig begeistert ließ er sich darauf ein: „Ihr Leben ist so langweilig, dass wir etwas konstruieren müssen." Noch am selben Tag ordnete der neue NBC-Chef an, die sechsteilige Serie auf eine Stunde zu kürzen. „Victoria Comes to America" wurde als „Highlight im Herbstprogramm von NBC" angekündigt. Der Schnitt erwies sich als schwierig.

Caroline Hedley vom *Mirror* läutete die Werbung für die Dokumentation mit einem Zitat von Kevin Reilly ein, Leiter der Unterhaltungssparte von NBC: „Die Serie wird dem Publikum vermitteln, warum Victoria so beliebt ist und als eine der glamourösesten Frauen der Welt bewundert wird."[516]

In der NBC-Werbung hieß es weiter: „Paparazzi begleiten Victoria auf Schritt und Tritt, doch nur unsere Kameras hatten Einblick in das wahre Leben der Victoria Beckham." Simon Fuller wurde mit den Worten zitiert: „Vor allen Dingen witzig. In der Öffentlichkeit herrscht großes Interesse an Victorias tatsächlichem Leben. Nach reiflicher Überlegung haben wir uns entschlossen, es zu zeigen. Sie hat die Welt erobert, doch jetzt wartet die bislang größte Herausforderung: der Umzug nach Los Angeles." Das letzte Wort hatte Victoria: „Ich glaube, die Leute werden sehen, wie ich wirklich bin."

In einer Anzeige für die britische Boulevardpresse sagte sie über die „sensationelle Fly-on-the-wall-Dokumentation": „Es geht nur um mich. Diese Show ist wirklich etwas Besonderes. So etwas gab es noch nie."[517]

Obwohl die Fernsehsparte des *Mirror* verriet, dass „keine Vorabversionen zur Verfügung gestellt wurden", verkündete Hedley in einem Nachrichtenbeitrag, der Sender habe „vor der heutigen Ausstrahlung so begeisterte Kritiken bekommen. NBC bettelt um eine Fortsetzung." Sie zitierte Victoria mit den Worten: „Das ist so schmeichelhaft", und weiter: „Promis stehen Schlange, um Victorias Denimdesigns aus ihrer begehrten dVb-Linie zu ergattern."[518] Hedleys Begeisterung kannte keine Grenzen.

„Einige Szenen wurden aus dramaturgischen Gründen nachgestellt", war auf dem Bildschirm zu lesen, dann folgte Victorias Eröffnungssatz: „Alle sagen immer: ‚David ist so attraktiv und so toll, und sie ist so witzig.' Im Grunde bin ich also ein Schwein mit Humor." Im Laufe der einstündigen Sendung ging diese Selbstironie nach hinten los.

„Eine Orgie der Selbstverliebtheit", urteilte die *New York Post*, die dem Film null Sterne gab. Die *New York Times* beschrieb Victoria als „schal und herablassend. Sie trinkt Tee mit goldhaarigen, vollbusigen Botoxmatronen und passt perfekt in die Runde." Bei den Einschaltquoten erreichte die Sendung nur Platz vier, hinter einer Wiederholung von „Wife Swap", der US-Version von „Frauentausch". „Sperrt das Klappergestell in das 3000-Quadratmeter-Haus und lasst uns in Ruhe", so ein US-Kommentar.

„Das überschätzteste Paar der Welt", lautete der letzte Tiefschlag, bei dem Victoria die Tränen kamen. Nach dieser bitteren Lektion über die Realität in Los Angeles sah man sie abends in der Hotelbar trinken.[519]

In Großbritannien fiel die Kritik noch heftiger aus. „Charmeoffensive ohne jeglichen Charme“, schrieb die *Sun*. Der Sendung, die ein „augenzwinkerndes, ironisches Porträt ihres Promilebens“ werden sollte, habe in jeder Hinsicht „Ironie, Ehrlichkeit oder Humor“ gefehlt.[520] *News of the World* verglich die Art und Weise, wie Victoria ihre Brüste zur Schau stellte, mit der Routine einer „alternden Stripperin“. Der *Sunday Mirror* sah eine Show „voller Unaufrichtigkeit“, die eher den Titel „Victoria Beckham Conning America“ („Victoria Beckham verarscht Amerika“) verdient hätte.[521] Der *Guardian* war nicht gnädiger: „Die Sendung und ihre Hauptdarstellerin waren grenzenloser Mist – langweilig, verlogen und so uneingeschränkt öde, dass es dafür kein passendes Wort gibt.“[522]

„New Beginnings“, Simon Fullers zeitgleich produziertes einstündiges Fernsehformat über David Beckham, wurde wohlwollender aufgenommen. „Ich bin ein richtiger Kerl“, sagte er dem Publikum, „aber ich achte auch auf mich. Ich benutze Cremes – Gesichts- und Körpercremes.“ Zu seinen Enthüllungen gehörte: „Ich gehe ständig aufs Klo“, und: „Es ist schön, mit Victoria verheiratet zu sein, weil sie alles hat. Wenn es heißt: ‚Victoria hat die Hosen an‘, stört mich das nicht.“ Während sein Badezimmer immer perfekt aufgeräumt sei, herrsche in ihrem ständig Chaos. „Sie lässt die Schubladen offen und schraubt auch die Zahnpastatube nicht zu. Aber das Chaos ist ihre Sache.“[523]

Die schlechten Kritiken machten Victoria sehr zu schaffen. Sie schoss zurück: „Negative Kommentare kümmern mich nicht. Ansonsten hätte ich mir schon vor Jahren die Pulsadern aufgeschnitten. Ich bin nicht hier, um Amerika zu erobern. Ich bin hässlich. Ich bin nicht hübsch. Ich bin kein Model.“[524]

Während die Beckham-Familie über den Atlantik flog und dazu die gesamte Erste-Klasse-Kabine von British Airways belegte, konnte Victoria den „Schmerz“ über die Kritiken nicht verwinden. „Direkt nach der Ankunft mag es etwas wild zugehen, aber dann wird man merken, dass ich ziemlich langweilig bin.“ Auf die spöttischen Kommentare, sie würde nur shoppen und schmollen, entgegnete sie: „Das ist mein natürlicher Gesichtsausdruck.“[525] Sie war süchtig nach Medienrummel, hatte aber nichts Neues zu sagen und wiederholte deshalb: „Tatsache ist, dass David und ich sehr langweilige Menschen sind.“

Aus der Angst heraus, nur berühmt zu sein, weil sie berühmt war, sehnte sie sich nach Aufmerksamkeit. In einem Telefonat mit der Sun vor dem Abflug hatte sie eine Sexszene erfunden: Während des Fotoshootings für das W-Magazine in Spanien seien sie und David „so heiß aufeinander gewesen, dass sie eine Pause einlegen und sich für eine heiße Runde zurückziehen mussten".[526] Die *Sun* veröffentlichte dieses „Geständnis". In ihrer unüberlegten Eitelkeit hatte sie unterschätzt, wie berühmt David war.

Schon vor der Landung hatten begeisterte Fans das internationale Terminal des Flughafens von Los Angeles lahmgelegt. Ältere verglichen den Tumult mit der Beatlemania von 1964. Mehr als 100 Medienleute zeichneten auf, wie sich das schwarz gekleidete Paar an einem heißen Julinachmittag seinen Weg durch das Geschrei und das Chaos im Flughafengebäude bahnte. Vom Bürgersteig winkte Victoria majestätisch, das Gesicht hinter einer großen Sonnenbrille gut versteckt. Beckham strahlte. Der gefeierte „Retter des US-Fußballs" hatte während des gesamten Fluges unter seinem geschwollenen Knöchel gelitten, doch als geübter Schauspieler ließ er sich die Verletzung nicht anmerken und erklärte der wartenden Presse: „Ich bin jetzt 32 und so fit wie mit 22." Mit dem Wechsel nach Amerika werde „ein Traum wahr". Weiter sagte er: „Ich ziehe wegen des Fußballs nach Amerika. Es geht nicht um die große Marke."[527] Damit hielt er sich wortgetreu an das vorbereitete Skript.

Natürlich wollte sich auch Victoria äußern. „Ich liebe Amerika. Es gibt keinen besseren Ort, um Kinder großzuziehen", sagte sie und deutete an, sie würden den Rest ihres Lebens in Los Angeles verbringen, weil „das Wetter auf jeden Fall besser ist. Die Leute lächeln hier mehr."

Hubschrauber schwebten über der Autokolonne, die von der Polizei nach Beverly Hills eskortiert wurde. Nun sollte Beckham erstmals sein neues Heim am San Ysidro Drive sehen. Das 1000-Quadratmeter-Haus mit sechs Schlafzimmern und einem 5000 Quadratmeter großen Grundstück hatte 9,1 Millionen Pfund gekostet, etwa zwei Millionen Pfund weniger als Angebotspreis (2018 wurde es für über 20 Millionen Pfund verkauft). „Wir wollten etwas Gemütliches", so Victoria auf die Frage, warum sie sich gegen eine weitläufige Villa entschieden hatte. Kelly Hopper hatte das „bescheidene" Haus, das mal als „spanischer", mal als „italienischer“ Stil beschrieben wurde, mit beigefarbenen Wänden und cremeweißen Teppichen neugestaltet.[528] In der Garage standen bereits mehrere Autos der Beckhams, die man aus Madrid eingeschifft hatte, darunter sein Cadillac und ihr Bentley-Cabrio, in dessen Alufelgen „VB“ eingraviert war. Bald darauf kaufte sich Victoria einen weißen Porsche mit VB-Zeichen auf den Felgen. Für den Weg zur Arbeit erstand Beckham ein großes schwarzes Escalade-SUV.[529]

Im Haus warteten Victorias Eltern, außerdem zwei Kindermädchen, die jeweils 6000 US-Dollar im Monat verdienten. Tony Adams hatte die Schutzmaßnahmen rund um das Anwesen beaufsichtigt. Nach nur wenigen Wochen beschäftigte das Paar mehr als zehn Leute.[530]

Am nächsten Tag führten sie ihre drei Söhne bei Toys “R” Us einem Heer von Fotografen vor, dann aßen die Beckhams abends im Chateau Marmont, einem der berühmtesten Hotels von Los Angeles. Sie bekamen den besten Tisch und saßen bis zwei Uhr nachts beziehungsweise 22 Uhr Londoner Zeit mit Fuller zusammen. Das Restaurant hatte jedoch bald genug von den Besuchen, da Victoria regelmäßig der Presse steckte, wann sie kommen würde.[531] Sechs Stunden später fuhren David und Victoria zu seinem Debüt ins Home Depot Center, das Stadion lag drei Kilometer den Freeway 405 hinunter.

19

Verzweiflung

Als die Beckhams ins Stadion kamen, wurden sie mit Konfetti, Feuerwerk, Musik und Jubelschreien begrüßt. David, der ins Scheinwerferlicht humpelte, war geradezu überwältigt. Er, der als unverwüstlicher Athlet vorgestellt wurde, als Welteroberer, wirkte angesichts der „Beckham"-Rufe verblüfft. Während die Fans T-Shirts mit dem Aufdruck „Bend It Like Golden Balls" trugen, reckte er sein Trikot mit der Nummer 23 in die Höhe. Bei Temperaturen von über 30 Grad in der Sonne winkte er auch den mehr als 500 Presseleuten und 65 Fernsehkameras. Posh, die ein hautenges rosa Kleid und Balenciagas mit Zwölf-Zentimeter-Absätzen trug, rief: „Ich hatte keine Ahnung, dass ich so beliebt bin!"

Den Veranstaltern zufolge waren 11.000 Fans in das 27.000 Zuschauer fassende Stadion gekommen, während andere Berichte eher von 8600 Begeisterten sprachen. Laut einer Kolumne, die am nächsten Tag in der *New York Times* erschien, waren es 2500: „Er kommt nicht als Sportler, sondern als Promi. Aber es beschleicht mich das Gefühl, dass Los Angeles sich nicht dafür interessiert."[532]

Doch eine Woche lang widmete die *Los Angeles Times* den Beckhams täglich zwei Seiten. Man befragte sogar einige Krankenschwestern von der Entbindungsstation des Whipps Cross Hospital in London, wo Beckham 1975 das Licht der Welt erblickt hatte, obwohl keine von ihnen damals dabei gewesen war.

Andere Zeitungen interviewten Frauen in Hollywood. „Er ist einfach umwerfend und stinkreich", äußerte sich ein *Playboy*-Model. „Alle werden ein Auge auf ihn haben. Die Mädels hier wissen, wie es läuft. Sie werden ihm ihre Nummern zustecken, selbst wenn Posh direkt neben ihm steht."[533]

Tim Leiweke, Vorstandsvorsitzender der Anschutz Entertainment Group, und Alexi Lalas, Präsident des Fußballvereins LA Galaxy, waren begeistert, allerdings aus unterschiedlichen Gründen. Im Verein war die Stimmung auf dem Tiefpunkt. Die jüngste Niederlage gegen die Richmond Kickers hatten gerade einmal 5000 Leute verfolgt, die Einschaltquoten bei Fernsehübertragungen gingen gegen null. Das Interesse an Beckham, so Lalas, „übertrifft alles. Einen Sportler mit derartiger internationaler Ausstrahlung hat es in den USA noch nie gegeben."[534] Das ausverkaufte Spiel gegen Chelsea im Home Depot Center untermauerte diese Zugkraft. Die Aussicht auf wirtschaftlichen Erfolg freute Lalas und Leiweke gleichermaßen. Während der Begrüßung im Stadion forderte Lalas die Fans auf, Beckhams Trikot mit der Nummer 23 für 80 US-Dollar zu kaufen. Man hatte im Vorfeld 250.000 Stück herstellen lassen und zudem die Fernsehrechte für die Galaxy-Spiele in 100 Länder verkauft. „Beckham kommt nicht als Spieler zu Galaxy", so der Journalist Bill Plaschke von der *Los Angeles Times*, „sondern als Werbekampagne. Ein wandelnder Superbowl-Spot, ein Plakat mit wilder Mähne."

Um diesen Eindruck zu entkräften, sagte Beckham den jubelnden Fans: „Ich bin so hungrig wie eh und je und brenne darauf, den Fußball in Amerika einen großen Schritt weiterzubringen." Als er die lange Reihe von Kameras im Stadion entlangging, um jedem Fernsehsender einen O-Ton zu liefern, wiederholte er immer wieder: „Es fühlt sich an wie am ersten Schultag", und: „Ich bin noch so fit wie mit 22."

Tom Cruise veranstaltete eine „kleine Willkommensparty" im Museum of Contemporary Art. Die *Los Angeles Times* meldete: „Hollywoods Aristokratie sucht die Nähe der Beckhams; 600 Gäste – darunter Will Smith, Demi Moore, Bruce Willis, Jennifer Lopez, Jada Pinkett Smith, Eva Longoria und Stevie Wonder – fanden sich zu dem Empfang ein, den sich Tom Cruise und Katie Holmes 500.000 Pfund kosten ließen. Cruise war eigens für diese Party von Dreharbeiten aus Deutschland zurückgekehrt. Förderlich war dabei, dass die Creative Artists Agency, Hollywoods mächtigste Influencer, die Veranstaltung organisierte und die von ihr vertretenen Stars dazu anhielt, Cruises Einladung anzunehmen. „Das ist die exklusivste Party überhaupt", so Beckhams Agentur in Los Angeles, Rogers & Cowan. „Nur die Topriege. Und keine Presse." Obwohl es nicht offen geäußert wurde, zweifelte kaum jemand daran, dass Cruise die Beckhams für Scientology zu gewinnen suchte. Beckham stritt den Verdacht höflich ab. „Tinseltown" (ein Spitzname für Hollywood) feierte einen Weltfußballer, so wollte er jedenfalls glauben.

Victoria nahm alle Einladungen zu Fernsehinterviews an. „Es sind wirklich so nette, aufrichtige Leute", sagte sie gegenüber NBC über die Cruises, ihre neuen Nachbarn. Wegen der Massen am Flughafen beteuerte sie beim Late-Night-Talker Jay Leno: „Wir sind aus allen Wolken gefallen, dass überhaupt jemand wusste, dass wir kommen." In einem anderen Interview beschrieb sie, David sei in der Ehe für die Optik verantwortlich, sie dagegen für den Humor.[535] „Wir bleiben gerne für uns", erklärte sie in einem weiteren Gespräch, ließ dann jedoch fallen, dass sie „zum Abendessen mit Ashton Kutcher und Penélope Cruz bei Demi Moore zu Hause waren".[536]

In der Kabine von LA Galaxy übernahm Mannschaftskapitän Landon Donovan die Begrüßung. Der 25-Jährige, der als Ausnahmefußballer und bester US-Torschütze galt, verdiente jährlich 900.000 US-Dollar, während die vier am schlechtesten bezahlten Spieler im Team gerade mal 12.900 US-Dollar pro Jahr bekamen, also die Hälfte von dem, was Beckham pro Tag einstrich.

Obwohl Beckham sieben Jahre älter als Donovan war, hatten die beiden vieles gemeinsam. Beide stammten aus bescheidenen Verhältnissen, beide waren mit ehrgeizigen Vätern aufgewachsen, und beide waren in ihren Heimatländern berühmte Fußballer. Im Jahr 2002 hatten beide auch das WM-Viertelfinale erreicht. Ihre Persönlichkeiten waren jedoch grundverschieden. Anders als Beckham mit seinem überwältigenden, unerschütterlichen Selbstvertrauen war Donovan selbstkritisch und manchmal unsicher.

Nachdem er bei LA Galaxy anfangs im Rampenlicht gestanden hatte, wurde Donovan von Beckham unweigerlich in den Schatten gestellt. Noch gravierender war, dass Lalas von Berater Terry Byrne erfuhr, Beckham erwarte, an Donovans Stelle Kapitän zu werden. Das passte den beiden Amerikanern überhaupt nicht.[537] Zu den Irritationen in der Kabine kam hinzu, dass Beckham von der ungesunden

Verpflegung in der staubigen Cafeteria des Vereins sichtlich erschüttert war. „Das wirft ihn völlig aus der Bahn", so Byrne. Die heruntergekommene Ausstattung spiegelte die schlechte finanzielle Lage der MLS. Die Liga wurde so miserabel gemanagt, dass sie nur bestehen konnte, weil milliardenschwere Klubbesitzer ihr regelmäßig Finanzspritzen in Millionenhöhe verpassten. Im Vergleich zu Real Madrid war LA Galaxy ein Armenhaus.

Bei Beckhams erstem Spiel gegen Tigras mussten die 5000 Fans entsetzt mitansehen, wie der Star mit Lalas in die VIP-Loge humpelte. In den darauffolgenden zwei Stunden hielt Terry Byrne dem bestbezahlten Spieler der Mannschaft Eisbeutel an den Knöchel. Beckham beobachtete mit finsterer Miene, wie es der Rumpeltruppe von Galaxy nicht gelang, richtig zu tackeln, zu passen oder ihre Positionen zu halten. Nach der 0:3-Niederlage wurde das Team ausgepfiffen. „Eine jämmerliche Leistung", gestand Lalas. Die britische Presse war weniger gnädig. „LA Galaxy", schrieb der *Mirror*, sei „nicht besser als eine Thekenmannschaft."[538]

Drei Tage später fand das ausverkaufte Spiel gegen Chelsea statt, das unter anderem das Quintett Arnold Schwarzenegger, Ray Winstone, John Hurt und Ant & Dec angelockt hatte. Die Fans johlten, als Beckham in der 78. Minute aufs Feld kam. Chelsea gewann 1:0. „Fantastisch, unglaublich", kommentierte Beckham den großen Nachhall in der Öffentlichkeit. *Sports Illustrated* bezeichnete seinen Auftritt als „unvergleichlich elektrisierend und mitreißend".[539] Die Zuschauerzahlen der ESPN-Übertragung waren zwar ungewöhnlich hoch, lagen jedoch immer noch unter einer Million, sodass die Einschaltquote nicht einmal ein Prozent erreichte.

Obwohl der Flug seinem Knöchel nicht guttun würde, reiste Beckham mit dem Team rund 3300 Kilometer nach Denver und zurück, kam jedoch nicht zum Einsatz. Kurz darauf flog er nach Dallas. Kritiker schwenkten ein Plakat: „David, willkommen in Amerika, wo Leute wie du fürs Nichtstun bezahlt werden." Fünf Tage später buhten die Fans in Toronto, als Beckham zwar auf der Großleinwand, aber nicht auf dem Spielfeld zu sehen war.

Vier Wochen nach der überschwänglichen Begrüßung zeigte eine intensive Knöchelbehandlung endlich Wirkung. Beckham spielte

63 Minuten lang und erzielte ein Freistoßtor. Dann folgte der Triumph im Stadion der New York Giants. 66.237 Zuschauer – sechsmal mehr als üblich – waren gekommen, um den vergötterten Fußballer zu sehen. Mit seinen Pässen war er an drei Toren beteiligt, obwohl sich Galaxy den Red Bulls letztlich mit 4:5 geschlagen geben musste.[540]

Stunden nach dem Spiel flog Beckham nach London zum Freundschaftsspiel England gegen Deutschland, das im neuen Wembley-Stadion stattfand. Seit dem letzten Saisonspiel in Spanien zwei Monate zuvor hatte er kein hochklassiges Match mehr bestritten und war damit für ein Länderspiel nicht fit genug. McClaren war verzweifelt. Deutschland gewann 2:1.

Anschließend flog Beckham zurück nach Los Angeles. Fünf Tage nach dem Spiel in New York mühte er sich auf dem Rasen, um gegen den Lokalrivalen Chivas USA zu spielen. Chivas gewann 3:0. Beckham war erschöpft und angeschlagen. Im folgenden Spiel gegen Colorado zog er sich eine Bänderverletzung im Knie zu. Als er vom Spielfeld humpelte und auf der Bank das Gesicht in den Händen vergrub, hörte er, wie die Fans ihn auspfiffen. Beckham sollte mindestens sechs Wochen lang nicht spielen können und verpasste damit die entscheidenden Qualifikationsspiele für die Euro 2008, die England gegen Israel und Russland bestritt. Seine Aura der Unbesiegbarkeit war angekratzt. Zu allem Überfluss wurde bekannt, dass sich Victoria darüber beschwerte, wie selten er zu Hause sei.[541]

In seiner ersten Saison bei Galaxy lief Beckham fünfmal auf und musste zwölf Spiele aussetzen. LA Galaxy stand ganz unten in der MLS-Tabelle und hatte es nicht in die Play-offs geschafft. Im Oktober war die Saison für das Team abrupt beendet.[542] „Man kann sich kaum erklären, was mit Galaxy los ist“, äußerte sich Jesse Marsch, Chivas-Spieler (später u. a. Trainer in Leipzig und Salzburg), über Beckham. Dieser sah seinen Wechsel nach Amerika ungetrübt: „Bisher war es toll, sehr positiv und angenehm. Abgesehen von den Ergebnissen.“[543]

Kapitän Donovan und seine Mannschaftskameraden wunderten sich. Bei Mannschaftsessen erwies sich der Neue als geizig. Der Besitzer eines Rolls-Royce Phantom war nicht bereit, die Rechnung zu übernehmen, sondern erwartete, dass alle, auch die vier Spieler, die nur 12.900 US-Dollar im Jahr verdienten, den gleichen Anteil zahlten wie er selbst.[544] Donovans Unmut wurde dadurch zum Schweigen gebracht, dass es plötzlich kostenlose Fünfsternehotels, erstklassige Restaurants und Charterflüge für die gesamte Mannschaft gab. Beckham hatte LA Galaxy eine neue Welt eröffnet. Freundschaftlich war das Verhältnis jedoch nicht. Die Beckhams luden die Teamkollegen nie zum Grillen zu sich nach Hause ein. „Die sind ein ganz anderer Menschenschlag“, meinte Donovan über das Paar, das sehr für sich blieb.[545] Beckham brachte viele Unannehmlichkeiten mit sich. Wenn er mit dem Team unterwegs war, folgte ihm stets die ganze Medienmeute. Fehlte er aufgrund seiner Verletzungen, kehrte wieder Normalität ein.

Tim Leiweke bestritt jegliche Reibereien. Er war vielmehr begeistert, dass die Zuschauerzahlen bei den Spielen von LA Galaxy um mehr als die Hälfte stiegen und über 300.000 Trikots verkauft wurden – 700-mal mehr, als Galaxy im Jahr 2006 abgesetzt hatte. Doch selbst Beckham räumte nach der Saison ein: „Ehrlich gesagt war es ein Albtraum.“[546] Damit meinte er den Fußball, nicht sein Privatleben. Oft sah man ihn bis spät in die Nacht mit Hollywoodstars und deren Freundinnen in den Klubs von L. A. Victoria und seine Agentur glaubten ihm, dass er den Kontakt zu seinen Galaxy-Teamkollegen pflegte.[547]

Im Restaurant Wolseley in London saß derweil Jo Milloy bei einem Festmahl zu Ehren eines Boulevardjournalisten. Als neue Flaschen herbeigeschafft wurden, kam Milloy aus der Deckung und gestand, dass Beckham in Los Angeles enge Beziehungen zu Victorias neuem Freundeskreis und anderen Leuten knüpfte. Von den Hollywoodstars lasse er sich leicht verführen. Bestimmte Namen fielen, der Journalist wurde hellhörig. Doch die Chance, irgendwelche intimen Geständnisse zu veröffentlichen, ging gegen null, das wussten Milloy und der Journalist nur zu gut. Selbst wenn die Geschichten wahr sein sollten, erschwerten die geänderten britischen Datenschutzgesetze neuerdings Enthüllungen wie im Fall Rebecca Loos.

Während David unter der ambivalenten Publicity litt, hatte Victoria mehr Glück – das war dem Unglück eines begabten französischen Modedesigners zu verdanken. Im Vorjahr hatte man Roland Mouret in New York und Hollywood noch für sein figurbetontes Galaxy-Kleid gefeiert, das bei Filmstars großen Anklang fand. Ende 2006 ging es mit der Karriere des 46-Jährigen jedoch bergab. Nach dem Bruch mit seinen Geldgebern wurde er aus seinem eigenen Unternehmen gedrängt.

Im Jahr zuvor hatte Fuller nach einer Möglichkeit gesucht, in der Modebranche Fuß zu fassen. Wie viele erfolgreiche Pop-Promoter sprach er von „crossmedialen Plattformen“. Fullers Freundin Natalie trug Mourets Mode. Der Franzose war der ideale Partner. Mit Victoria im Hinterkopf finanzierte Simon Fuller Mourets neues Label 19RM. Der Deal war sehr simpel: Während Mouret mit Fullers Hilfe sein Geschäft wieder aufbaute, sollte er Victoria mit einem Team von Modestylisten in Kontakt bringen, um ihr die Grundlagen des Designs zu vermitteln. „Ich war ihr Mentor“, sagte Mouret später. Die Finanzierung – anfangs rund zwei Millionen Pfund – sollte David Beckham übernehmen. Einige der Beteiligten hatten den Verdacht, dass dieser gar nicht ahnte, welche Investition er da tätigte, und sie fragten sich auch, ob er richtig begriff, dass Fuller seine Provision von zehn auf 30 Prozent erhöht hatte. Fuller behauptete, er habe deutlich geäußert, dass es keine klaren Abmachungen mehr gab, und sah sich eher als Partner denn als Mittelsmann.

Versteckt in der Wall Street in New York – für die Modebranche im Vergleich zu Paris und Mailand tiefste Provinz – richtete der Franzose ein Atelier ein. Von Mouret lernte Victoria, Kleider zuzuschneiden und zu gestalten sowie Materialien für gelungene Kreationen zu beschaffen.

Doch auf dem Laufsteg machten ihr mehr als 30 erfahrene Designlabel Konkurrenz, der Markt war bereits übersättigt. Damit war es eine gewaltige Herausforderung, die an Dior, Chanel, Versace und Valentino gewöhnten Promis davon zu überzeugen, sich nicht von weltberühmten Couturiers, sondern von einer ehemaligen Sängerin einkleiden zu lassen. Das rosa Kleid, das Victoria bei der Vorstellung im Stadion von LA Galaxy getragen hatte, war ein Entwurf von Mouret aus dem Jahr 2005 gewesen. Germaine Greer hatte es als „geniales Werk“ gepriesen. Sie bezeichnete Victoria als „unangefochtene Meisterin der Eleganz für berufstätige junge Frauen“. Nicht alle Modefachleute teilten Greers Meinung.[548]

Falls die Öffentlichkeit davon ausging, Victoria würde alles daransetzen, ihr Handwerk gründlich zu lernen, so irrte man sich gewaltig. Stattdessen beschäftigte sie sich lieber stundenlang am Schreibtisch, reiste kreuz und quer durch Amerika, sauste nach Japan und legte unterwegs einen Zwischenstopp in London ein, um für ihre aufstrebende Marke zu werben. Ein Auftritt auf der New York Fashion Week 2007 entlockte Amber Morales vom *Mirror* ein überschwängliches Lob: „Posh bringt den Wow-Faktor zur New York Fashion Week." Weiter schrieb sie: „Bei Marc Jacobs' Show ruhten alle Blicke auf Victoria, und sie wusste es." Eine „Expertin" vertraute dem *Mirror* an, Victoria habe schlichtweg allen die Show gestohlen.[549] Insider dagegen kannten eine andere Version. Victoria wurde als „Trendkillerin" geschmäht, von Alexander McQueen verspottet, von John Galliano von seinen Shows verbannt und von Kate Moss gemieden.

Das ständige Reisen war teuer und forderte seinen Tribut. Zwei Kindermädchen, die sich um die drei Kinder kümmerten, kündigten und begründeten das mit Victorias Arroganz und den Ansprüchen von Oma Jackie. Zum großen Knall kam es offenbar, als eine der Nannys eine Toilette benutzte, die für die Kinder reserviert war. „Für Posh zu arbeiten", sagte eine der Frauen, sei ein „Albtraum".[550]

Dem pflichteten auch June und Eric Emmett bei, die sich zehn Jahre lang um den Beckingham Palace gekümmert hatten. Das Beschäftigungsverhältnis endete, als die beiden unverhofft aufgrund eines Diebstahlverdachts verhaftet worden waren. Die Anschuldigungen erwiesen sich als unbegründet und wurden fallen gelassen. Eine Entschuldigung der Beckhams hörten sie nicht.[551]

Das lag zum Teil am hektischen Leben des Promipaares. Noch dazu erlitt Ted Beckham Ende September einen schweren Herzinfarkt. Er führte ihn auf die Überstunden zurück, die er machen musste, um über die Runden zu kommen. Beide Beckhams flogen nach London, um ihm beizustehen – Victoria aus dem Fernen Osten und Beckham aus Amerika. Während sie sich am Krankenbett aussöhnten, lehnte Victoria laut Augenzeugenberichten eine Tasse Krankenhauskaffee ab, weil er nicht mit Wasser aus Flaschen zubereitet war.[552]

Mager wie eh und je flog sie von London über Los Angeles (um ihre Kinder zu sehen) weiter nach Paris zu einem Modeshooting. Sie hatte nicht nur den blonden Bob aufgegeben, sondern sich auch kostenlose Werbung gesichert, indem sie einwilligte, in der Zeitschrift *Elle* „unerhörte Outfits" zu präsentieren. Während ihres Aufenthalts im Pariser

Ritz packte sie eine unverhoffte Gelegenheit am Schopf: Vor dem Hotel auf der Place Vendôme, so hatte sie erfahren, warteten Fotografen auf die englischen Geschworenen und Anwälte, die im Zuge des Ermittlungsverfahrens um Lady Dianas tödlichen Unfall von 1997 die Fahrtroute und den Ort des Geschehens in Augenschein nehmen sollten. Victoria nahm nicht den Hinterausgang, sondern wollte gesehen werden. Sie ging geradewegs hinaus auf die Place Vendôme. Natürlich genoss sie es, fotografiert zu werden, doch leider fiel die Schlagzeile der Boulevardpresse – „Spotty Spice („Spice voller Pickel")"[553] – am nächsten Tag wenig vorteilhaft aus.

Nicht nur Victoria konnte sich über neue Erfolge freuen, sondern auch ihr Mann. Beckhams Fußballkarriere kam wieder in die Gänge.

Im November 2007 hing Steve McClarens Schicksal davon ab, ob England Kroatien besiegen und sich für die Europameisterschaft 2008 qualifizieren würde. Damit war der Nationaltrainer in einer ähnlichen Lage wie der angezählte britische Premierminister. Gordon Brown hatte die Chance versäumt, seine Position durch Neuwahlen zu festigen. Stattdessen steuerte der selbst ernannte eiserne Kanzler das Land in eine Finanzkrise. Die Ähnlichkeiten zwischen Browns und McClarens Weg ins Verderben waren verblüffend. Beckhams Aussichten wirkten ähnlich düster, doch im Gegensatz zu den beiden anderen Männern gelang es ihm, nach enttäuschenden Leistungen wieder auf die Beine zu kommen.

Terry Byrne wandte sich im Vertrauen an McClarens Funktionäre und deutete an, Beckham könnte Englands Rettung sein. Dabei ließ er nicht unerwähnt, dass Beckham den geschmähten Trainer stets unterstützt habe. McClaren berief Beckham überraschend wieder in die englische Nationalmannschaft.

Zur Vorbereitung auf die Partie gegen Kroatien bestritt England ein Freundschaftsspiel gegen Österreich. Beckhams Ecke führte zum Tor. Damit bewies er wieder einmal seine Stärke bei Standards, doch nach einer Stunde war er erschöpft. Mit seiner schwachen Kondition wirkte er auf einen Fußballjournalisten, als würde er „durch Sirup waten".[554] Dennoch war sein 98. Länderspiel kommerziell unglaublich erfolgreich. Denn seine Umsätze waren nur gesichert, wenn er sich auf der Weltbühne zeigte.

Um sich zu vergewissern, ob Beckham für das Kroatien-Spiel fit sein würde, flog McClaren nach Los Angeles. Allerdings hatte er sich vor

Zwischen dem Spice Girl Victoria ...

... und David Beckham, dem Star von Manchester United, war es »Liebe auf den ersten Blick«, wie beide unisono erklärten. Es gab aber noch einen anderen Grund für die wechselseitige Anziehungskraft: Beide sind Trophäenjäger.

Very Posh: Victoria in Cannes, 22. Mai 1997. Für einen Werbespot sollte David den Satz einsprechen: »Ich benutze Brylcreem seit meiner Kindheit.« Die Aufnahmeleiter waren allerdings entsetzt von seiner hohen Stimme. Victoria beschwerte sich derweil, dass ihr Freund nur 200.000 Pfund für seinen Werbevertrag mit der Haarstylingmarke erhalte.

Chester, 25. Januar 1998: Victoria und David bei ihrer Verlobung. Sie trägt einen 40.000 Pfund teuren Solitärring, der Diamantring an seinem Finger ist noch mal 10.000 Pfund teurer.

WM-Achtelfinale am 30. Juni 1998. In der 47. Minute kassiert David Beckham wegen Nachtretens gegen den Argentinier Diego Simeone Rot. Mit zehn Mann scheiterte England schließlich im Elfmeterschießen und schied aus. Beckham war der Buhmann der Nation.

Mit seinem Sohn Brooklyn auf dem Arm feiert David Beckham am 6. Mai 2000 im Old Trafford den Gewinn der englischen Meisterschaft. United-Coach Ferguson gegenüber hatte er darauf bestanden (und durchgesetzt), dass die Familie für ihn an erster Stelle stehe.

Tokio, 20. Juni 2003. Überraschungsbesuch in einer Schule der japanischen Metropole. Die begeisterte Masse reagierte mit »England!«- und »Beckham!«-Rufen. David hatte es geschafft: Er war ein Weltstar.

Nach Beckhams offizieller Vorstellung bei Real Madrid im Juli 2003 explodierte der Absatz der Trikotverkäufe. Weltweit wurden über eine Million Beckham-Shirts verkauft.

September 2003: Damon Dash, zusammen mit dem Rapper Jay-Z Gründer des Modelabels Rocawear, kürte Victoria Beckham zum neuen Gesicht der Marke: »Sie ist wunderschön.« Auf die Frage eines Journalisten, ob sie nun Profimodel sei, antwortete Victoria: »Sehe ich so unintelligent aus?«

Victoria Beckham mit ihrem Sohn Romeo und Davids Schwester Joanne (rechts) im Stadion. Victoria überlegte, ihre Kinder Brooklyn und Romeo in einer Werbung für Rocawear auftreten zu lassen.

David Beckham und Ronaldo Fenômeno bei Real Madrid im September 2003: Der Brasilianer war berüchtigt für seine Partys. Dort ging es weniger um Alkohol und Drogen als vielmehr um Frauen. Ganze Busladungen, so ein ehemaliger Mitspieler, habe der Stürmer sich zu seinen Partys ankarren lassen.

Sarah Marbeck am Flughafen von Cairns, 20. April 2004: Nachdem sie länger geschwiegen hatte, veröffentlichte sie ihre Geschichte in *News of the World* unter der Überschrift: »Ich bin Becks' Geliebte Nr. 2.« Auf sieben Seiten berichtete sie en détail von Beckhams »Leidenschaft« und seiner »sexuellen Besessenheit«.

Romeo und Sandra Beckham nebst Nanny Abigal Gibson (rechts) beim Besuch eines Zoos im November 2003: Gibson war dabei, als Victoria das Ende ihrer Ehe mit David verkündete. Victorias Mutter Jackie habe sich jedoch gegen eine Scheidung ausgesprochen: Es gebe dabei zu viel zu verlieren.

Der Coach und sein Captain: Der nicht sonderlich beliebte englische Nationaltrainer Sven-Göran Eriksson (verstorben 2024) baute sein Team um den strahlenden Star herum auf. Das brachte so manche Probleme innerhalb der Mannschaft mit sich.

Oben: Englands Ex-Nationalspieler Tony Adams mit Frau Jackie und Tochter Louise auf David Beckhams Geburtstagsparty am 9. Mai 2005 in Madrid. Victoria drohte, sie werde David die Kinder entziehen, zudem würden die Adams, die David als Teil seiner Familie betrachtete, den Kontakt mit ihm beenden.

Links: Nach einer neuerlichen Niederlage Englands gegen Dänemark am 16. November 2005 reagierte Beckham auf Fragen nach seiner Ehe schwer genervt: »Mir reicht's. Ich liebe meine Frau. Sie liebt mich. Es gab nie Probleme.«

Gelsenkirchen, 1. Juli 2006: Vanessa Perroncel, Carly Zucker, Cheryl Tweedy und Victoria Beckham beim WM-Viertelfinale zwischen England und Portugal. Beckham wurde in der 52. Minute ausgewechselt, noch schlimmer: Seine Achillessehne war gerissen. Am allerschlimmsten: Seine Auswechslung fiel kaum jemandem auf.

Links: Victoria Beckham auf der New York Fashion Week. Insider bezeichneten sie als »Trendkillerin«, Stardesigner Alexander McQueen machte sich lustig über sie, sein Kollege John Galliano mochte sie nicht als Gast auf seinen Shows sehen. Model Kate Moss schnitt Victoria. **Mitte:** Als England-Trainer Steve McClaren Beckham für die EM-Qualifikation ins Nationalteam zurückholte, sagte der Star: »Fast hätte ich geweint.« Victora hatte kaum Zeit für die Tränen des Gatten. Nach einem Match gegen Brasilien eilte sie zu den MTV Movie Awards 2007 in Los Angeles. **Rechts:** Zickenkrieg statt »Wannabe«: Nach siebenjähriger Pause gingen die Spice Girls wieder gemeinsam auf Tournee (hier bei einem Auftritt in Boston, USA). Diese wurde jedoch vorzeitig abgebrochen. Hinter den Kulissen rumorte es.

Offizielle Vorstellung von David Beckham beim US-Klub Los Angeles Galaxy, Januar 2007. Sein Fünfjahresvertrag bescherte ihm ein – gemessen am Einkommen bei Real Madrid – bescheidenes Gehalt von 32,5 Millionen US-Dollar über fünf Jahre, dazu Provisionen von Ticket- und Trikotverkäufen. Beckhams PR-Team schuf das passende Narrativ: »Ich brauche eine neue Herausforderung.«

»Victoria Beckham: Coming to America«: Die sechsteilige, 10 Millionen Dollar teure Realityshow zeigt Posh beim Schlagtraining vor einem Baseballspiel der LA-Dodgers.

»Hollywoods Aristokratie sucht die Nähe der Beckhams«: Auf der von Tom Cruise veranstalteten »kleinen Willkommensparty« im Museum of Contemporary Art erschienen am 22. Juli 2007 gut 600 Gäste, über 500.000 Dollar ließ sich der Schauspieler das Fest kosten.

Der LA-Galaxy-Star Landon Donovan (ehemals Bayer Leverkusen) wurde von Beckham bei dessen Ankunft im Klub nicht nur überstrahlt. Der Amerikaner sollte dem Engländer auch die Kapitänsbinde übergeben.

18. Juni 2008: Für Fußball interessieren sich nicht sehr viele Amerikaner. Als Unterhosenmodel für das Modelabel Armani erlangte Beckham in den USA weit größere Berühmtheit. Enthüllung eines Werbeplakats in San Francisco.

Markteinführung seines Parfüms »Intimately Beckham« in New York 2008: Der Duft floppte gewaltig.

Im Bett mit Armani: Das Plakatmotiv mit David in einem knappen weißen Slip und Victoria in einem gepunkteten Push-up-BH kommentierte die italienische TV-Moderatorin Elena Di Cioccio so: »Alles Lug und Trug. Was hast du benutzt? Watte?«

Nach seinem 115. Länderspiel am 14. Oktober 2009 in Wembley gegen Weißrussland berief England-Coach Fabio Capello Beckham doch noch in den WM-Kader. Beckham feierte seine Nominierung bis drei Uhr morgens. Doch er sollte nie wieder im England-Trikot auflaufen ...

Die FIFA-Bruderschaft: Als offizieller Botschafter für Englands Bewerbung um die Fußball-WM 2018 traf Beckham FIFA-Präsident Sepp Blatter und dessen Vize Jack Warner. Hätte Beckham die Korruption innerhalb des Weltfußballverbandes angeprangert, wäre er nicht nur als Sport- und Fashionikone in die Annalen eingegangen.

Beckham mit Dave Gardner, der einen Deal über mehrere Millionen Pfund mit Nasser Al-Khelaifi abgeschlossen hatte: Der Vorsitzende von Qatar Sports Investments engagierte Beckham als Gesicht für die Fußballweltmeisterschaft 2022 in Katar.

Ein Foto, das er vermeiden wollte: David und Victoria sehen Ed Sheerans Auftritt beim Glastonbury-Festival im Juni 2017. Rechts daneben ist Lady Mary Charteris zu erkennen. Auf die Frau, die als Model, DJane und Musikerin bekannt geworden war, hatte Beckham längst ein Auge geworfen.

Manifestation des Ruhms: Victoria und David Beckham posierten am 2. März 2019 mit Davids Eltern vor der Statue am LA-Galaxy-Stadion, die dem Fußballer zu Ehren errichtet wurde.

Los Angeles, 16. April 2015: Die Beckhams (Brooklyn, Cruz, Victoria, Romeo, Harper, David) wohnen einer Modenshow von Victoria bei. Da Victoria weder zeichnen, noch zuschneiden oder nähen, geschweige denn ein Design entwerfen konnte, war sie für ihr Fashion-Business auf Davids Geld angewiesen. Ihm hatte sie es auch zu verdanken, dass sich Anna Wintour, Chefredakteurin der *Vogue* (zweite von rechts), öffentlichkeitswirksam zu ihr in die erste Reihe setzte.

2018 wurde David Beckham Miteigentümer des neu gegründeten US-Fußballklubs Inter Miami. Er wirkte weder wie ein Geschäftsmann noch wie ein Klubmanager, der seine Angestellten im Griff hat. »Er hat eine Marke ins Leben gerufen, keinen Fußballverein«, spottete ein Kommentator.

New York 2018: Nächster Parfümfail: Auch die von L'Oréal aus vier Düften bestehende Beckham-Kollektion, die David persönlich promotete, wurde ein Reinfall. Weder er noch seine Frau konnten im Parfümbusiness reüssieren.

»Komplexes Porträt« (*Daily Telegraph*) oder »aalglatte Heiligensaga« (*Daily Mail*)? Zur Premiere der von ihr produzierten vierteiligen Netflix-Serie »Beckham« ist die Familie Anfang Oktober 2023 in London: Mia Regan, Romeo, Cruz, Harper, David, Victoria und Brooklyn Beckham, Nicola Peltz (v. l. n. r.).

Cruz, Nicola Peltz Beckham, Victoria und Brooklyn bei der Premiere von *Lola*, Nicolas Regiedebüt, im Februar 2024. Für das Gros der Öffentlichkeit sind die Beckhams nach wie vor der Inbegriff einfacher Leute, die es aus eigener Kraft zu etwas gebracht haben und die Werte der Familie hochhalten.

seiner Abreise nicht erkundigt, ob LA Galaxy überhaupt Spiele bestritt. Dem war nicht so. „Ich wollte sehen, wie er lebt", erklärte McClaren später.[555] Das kurze Wiedersehen reichte Beckham, um McClaren genauso für sich zu gewinnen, wie es ihm bei Eriksson gelungen war. Schwache Trainer konnten Beckhams Charme und seinen Treueschwüren nur selten widerstehen.

Kurz nach dem Treffen reiste Beckham mit LA Galaxy nach Sydney. Für das Match im Telstra Stadium waren 74.000 Tickets verkauft worden, und Galaxy waren Einnahmen garantiert, sofern Beckham mindestens 55 Minuten lang spielte. Sollte er nicht spielen können, würde das Spiel abgesagt werden – ein erstaunlicher Beweis für die Zugkraft des Spielers.[556]

Allerdings flog Beckham über Peking nach Australien. Nach dem 13-stündigen Flug wurde er von aufgeregten chinesischen Teenagern bedrängt, während er ein neues Handy vorstellte. Einen Tag später flog er weitere zwölf Stunden nach Sydney. Tausende von Fans warteten am Flughafen. Das Spiel dort begann gut, Beckham erzielte mit seiner unverwechselbaren Freistoßtechnik ein Tor. Dann die Katastrophe: Sein Knöchel versagte, und er humpelte vom Feld. LA Galaxy verlor 3:5, aber die Einnahmen für den Verein und Beckham waren die Reise wert gewesen. Nach einem dritten Flug kam er 22 Stunden später in Heathrow an.[557]

Das Ansehen der englischen Nationalmannschaft hatte einen neuen Tiefpunkt erreicht. McClaren hatte erfahren, dass sein verletzter Kapitän John Terry sich bis vier Uhr morgens im Londoner Stadtteil Soho mit Stripperinnen betrunken hatte. Dabei hatte der Spieler sogar auf den Boden des Nachtklubs uriniert.[558] Mit dieser Skandalgeschichte ging England in das entscheidende Spiel gegen Kroatien.

Der Rasen in Wembley war von sintflutartigen Regenfällen aufgeweicht. Beckham saß mit lädiertem Knöchel auf der Bank. An seiner Stelle setzte McClaren auf Shaun Wright-Phillips, für den Beckham zur Halbzeit eingewechselt wurde, als England bereits 0:2 zurücklag. Torwart war der international unerfahrene Scott Carson. Ein Elfmeter von Frank Lampard und ein Pass von Beckham führten zum Ausgleich. Aus den Buhrufen wurden Jubelschreie – doch dann kam die große Ernüchterung.

Im strömenden Regen stand McClaren unter einem Schirm an der Seitenlinie und musste mitansehen, wie England auseinanderfiel und Kroatien ein drittes Tor erzielte. Die „Three Lions" hatten die Qualifikation für die EM 2008 verpasst. „Der Trottel mit dem Schirm", lautete die unbarmherzige Schlagzeile über McClaren, der als „Flop, peinliches Leichtgewicht und lahme Ente" verschrien und für das „glücklose, hoffnungslose, inkompetente Chaos" verantwortlich gemacht wurde. Die Berichterstattung war gnadenlos. „Nach einer qualvollen Horrorshow ist der englische Fußball gestern in der Gosse gelandet", schloss die *Sun* und betonte dabei Beckhams mangelnde Fitness. „Unerträglich peinlich", urteilte der *Mirror*. „Das gesamte überbezahlte Team hat eine verheerend schlechte Leistung gezeigt. Der Inbegriff von Überheblichkeit und Selbstüberschätzung."[559]

Nach dem Debakel war McClaren nicht zum Rücktritt bereit und wurde vom Vorstand der FA gefeuert. Die Leitung des englischen Verbands, so lautete die Kritik, habe McClaren zwar ernannt, sei aber nicht imstande, Verantwortung zu übernehmen. Die Führungskräfte der FA hätten sich in ein Netz aus gierigem Eigeninteresse und Inkompetenz verstrickt und seien das Gift, das die Mannschaft zerstört habe.[560]

Beckham machte sich keine Illusionen. Ihm war klar, dass die Fußballfans enttäuscht waren, weil er England nicht die Chance auf die Teilnahme an der Euro 2008 gesichert hatte. Einige waren der Ansicht, Fußball sei für Beckham mittlerweile nur noch ein Mittel zum Zweck, um seinen Reichtum und Ruhm zu mehren. Er stand für die verlorene Generation Englands. Alle, die an Beckhams Vorbildfunktion zweifelten, schmähten ihn als „Boyzilian" – als einen Mann also, der sich sämtliche Körperbehaarung entfernen lässt. Die gute Nachricht, schrieb der *Mirror*, „lautet, dass Beckhams England-Karriere vorbei ist".[561]

Die Kritik weckte Beckhams Trotz. Dabei ging es ihm nur um seine eigenen Interessen: Er brauchte sein 100. Länderspiel. Ein Freundschaftsspiel gegen die Schweiz war angesetzt, und er hoffte, dass McClarens Nachfolger ihm gnädig sein würde. Für die Wette, dass Beckham keine 100 Länderspiele machen würde, lag die Quote des Buchmachers William Hill bei 9:2.

Nun kam die Beckham-Werbemaschine in Gang. Einige Wochen nach der Niederlage auf dem Rasen war er Stargast der letzten TV-Sendung von Talkshow-Legende Michael Parkinson. Der Auftritt wurde als historisches Ereignis angepriesen, doch nicht jeder zeigte sich beeindruckt. „Warum glaubt der kriecherische Parky", fragte Kevin O'Sullivan im *Sunday Mirror*, „es sei der Höhepunkt seiner Karriere gewesen, den dummen, langweiligen David Beckham zu befragen? Mit seiner quäkenden Stimme sollte Beckham das Reden lieber seinen Fußballschuhen überlassen."[562]

Genau das war jedoch die große Stärke: Seine schlechten sportlichen Leistungen taten seiner Beliebtheit bei den Fans keinen Abbruch. Wer sein Image und seinen Körper bewunderte, interessierte sich zu seinem Glück meist wenig für den Erfolg auf dem Spielfeld. Für die meisten war er immer noch ein loyaler Held, der seine Familie liebte, und trotzdem sexy war. Und quasi als Belohnung lieferte Fuller ihm einen Werbevertrag für Armani-Unterwäsche, der in drei Jahren 15 Millionen Pfund bringen würde. Mit der Unterzeichnung hatte er bewusst gewartet, damit Real Madrid vertragsgemäß nicht 50 Prozent der Einnahmen kassierte.

In einem aufgezeichneten Interview mit dem TV-Sender ITV sorgte Beckham für entsprechende Werbung, indem er über seine Unterwäschevorlieben sprach: „Früher waren es Boxershorts, jetzt sind mir Y-Fronts lieber." Und wie immer gab er sich bescheiden. Auf die Frage nach seinem Leben in Los Angeles erwiderte er: „Ich bin immer ganz ehrfürchtig, wenn ich berühmten Leuten begegne."[563]

Am Tag der Ausstrahlung flog er für ein Promospiel mit Galaxy nach Neuseeland – eine 24-stündige Reise. Bei der Ankunft war sein Knöchel geschwollen. Während des Spiels brach er sich eine Rippe und fiel aus.

Nach dem Spiel verbrachte er bei einem Empfang 45 Minuten mit dem Sohn des künftigen neuseeländischen Premierministers John Key. Als Keys Sohn sich erkundigte, ob Beckhams Leistung eher „volatil" sei, erwiderte dieser: „Na ja, ich kann Mitte und rechts, unter Umständen auch links spielen." Der Fußballer, so Key, sei „dumm wie Bohnenstroh".[564]

Von Neuseeland aus flog Beckham 16 Stunden nach Vancouver zur Auftaktshow der neuen Spice-Girls-Welttournee. Er und Victoria waren über drei Wochen lang getrennt gewesen – sogar auf unterschiedlichen Kontinenten.[565]

Zehn Wochen hatten die Spice Girls in Los Angeles geprobt, dann fand in Hollywood ein Testkonzert statt. Nach siebenjähriger Pause boten sie den 1000 Gästen auf der Probeveranstaltung eher Lippenbewegungen zu den alten Songs als echten Gesang. Die Show wurde als Erfolg gewertet, und ein Heer von Kindern, Nannys, Betreuungs- und Technikpersonal aus dem Gefolge der Spice Girls machte sich mit der „Spice Force One" auf den Weg nach Kanada. Fuller behauptete, eine Million Menschen hätten sich um Karten für die Welttournee bemüht. In nur 38 Sekunden sei sie ausverkauft gewesen. Merkwürdigerweise hatte sich die neue Single der Spice Girls weniger als 5000-mal verkauft und wurde vom Markt genommen.[566] Es war kein Zufall, dass die meisten Veranstaltungsorte der Tournee dem Unternehmen AEG des LA-Galaxy-Besitzers Philip Anschutz gehörten.

In Vancouver stellte Beckham fest, dass in der Girlgroup ein bissiger Zickenkrieg herrschte. Alle fünf Frauen lagen im Clinch und standen kurz davor, sich eigene Hotels zu suchen und die Weiterflüge auf andere Airlines umzubuchen. Zynikern kam dabei ein Spice-Girls-Hit in den Sinn – „Headlines (Friendship Never Ends)". Victoria machte extravagante Ansprüche geltend und hatte ein riesiges Gefolge im Schlepptau. Ein Leibwächter hatte den Auftrag, ihr Obst und eine Flasche Champagner hinterherzutragen, während ein anderer gelegentlich darauf hinwies, Victoria dürfe nicht angesprochen werden, weil sie „müde" sei. Das Singen und Tanzen war ihr von Anfang an schwergefallen.[567]

Es kam eine riesige PR-Lawine ins Rollen, die David Beckham nach den sportlichen Misserfolgen Auftrieb geben sollte. Am Abend der ersten Spice-Girls-Show verriet seine Agentur, er habe jeder der Frauen ein Diamantarmband im Wert von 50.000 Pfund geschenkt. Dann wurde er zum offiziellen Tourfotografen ernannt. Um seinen Namen in den Medien zu halten, wurde publik gemacht, dass Beckham dem Schauspieler Rupert Friend 25.000 Pfund dafür gezahlt habe, an Heiligabend in Hertfordshire den Weihnachtsmann zu spielen. Außerdem wolle er Beckingham Palace für Tausende von Pfund in ein Winterwunderland verwandeln.[568] Ganz nebenbei deutete sein Presseteam an, Beckham würde Posh zu Weihnachten möglicherweise eine Bulgari-Halskette für 5,5 Millionen Pfund kaufen.

Zu guter Letzt erfuhr Caroline Hedley von einem PR-Sprecher, was Beckham beauftragt hatte, ehe er in einen Privatjet stieg. Die Ledersitze mussten mit einem bestimmten Balsam eingerieben werden, vor dem Einladen mussten seine Koffer nach Größe geordnet zur Begutachtung aufgestellt werden. An Bord mussten die Zeitungen akkurat in einer Reihe ausgelegt sein. Bei den Mahlzeiten wurden Gläser verschiedener Größe in einer bestimmten Reihenfolge aufgestellt, und Teller, Besteck sowie Salz und Pfeffer mussten genau so angeordnet werden, wie er es verlangte. Bewusst unerwähnt blieb sein früheres Geständnis, aufgrund seiner Zwangsstörung kaufe er alle zwei Wochen 30 Calvin-Klein-Unterhosen.[569]

Als Ende 2007 riesige Plakatwände mit Beckham in New York und San Francisco enthüllt wurden, verblüffte die öffentliche Begeisterung selbst die Vertriebschefs von Armani. Im knappen Unterhöschen und mit gespreizten Beinen präsentierte er seinen geölten, enthaarten Körper auf einem Seidentuch und verschlug damit Männern wie Frauen den Atem. Auf Schwule wirkte der heiße Beckham besonders attraktiv. Seit er für das Schwulenmagazin *Attitude* posiert hatte, war er in diesen Kreisen eine Ikone. Es gab ihn sogar als Bildschirmschoner. Ein scherzhafter Kommentar lautete: Näher würde ihm niemand kommen.

Beim Anblick der Plakate richtete sich die Aufmerksamkeit sofort auf die „Hauptsache“. Hatte Beckham seine Unterhose „ausgepolstert“, war die große Frage. War das Plakat an der Stelle retuschiert? Wie groß war sein „bestes Stück“ wirklich? Victoria Beckhams Presseteam, das vor Vulgarität nie zurückschreckte, ließ verlauten, was seine Frau dazu zu sagen hatte: „Er hat wirklich einen sehr großen. Das sieht man in der Werbung. Das ist alles echt.“ Sie erklärte weiter: „Es macht mich stolz, seinen Penis auf sieben Metern zu sehen. Er ist riesig. Ganz enorm. Gewaltig.“ Und weiter: „Ich bin stolz darauf, dass David und ich immer noch ein wirklich gutes Sexleben haben.“ Sie genoss es, wie sich die Welt mit der Größe von Beckhams Männlichkeit beschäftigte. Dann verkündete sie: „In mir steckt ein Schwuler, der sich outen will.“ Und: „Alle Männer, die mich mögen, sind schwul.“

Ihre Statements unterstrichen Beckhams Erfolg. Armani gab bekannt, der Umsatz mit den 15 Pfund teuren Unterhosen sei um 260 Prozent gestiegen.[570] Zur Freude ihrer eigenen Fans lobte Victoria ihre Heimat über den grünen Klee. In Essex, so sagte sie, feiere man ein Traumpaar, das sich „wie die Karnickel" vergnügt. Kritische Stimmen hatten eine andere Erklärung dafür, dass Victoria so schamlos über Sex sprach.

Davids PR-Team machte sich allmählich Sorgen. Victoria übertrieb es mit ihrem vulgären Humor, um sich Aufmerksamkeit zu sichern, sodass man fürchtete, dadurch könne die Marke Beckham an Glaubwürdigkeit verlieren. Da Victoria nicht bereit war, ihre Eigenwerbung zurückzuschrauben, sprach sich schließlich auch Fuller dafür aus, Milloys Tätigkeit für Victoria komplett von Oliveiras Aktivitäten zu trennen.

20

Hundert

Nach seiner Rückkehr nach Los Angeles hatte es Beckham bei LA Galaxy mit der nächsten Krise zu tun. Der Klub stand im Tabellenkeller. Eine radikale Lösung musste her, das glaubte auch Tim Leiweke. Beckham war sich sicher, dass er die Lösung für Galaxy sein könnte.

Mit Leiwekes Zustimmung übernahm Terry Byrne die Leitung des Teams; Alexi Lalas wurde ins Abseits gedrängt. Beckham und Byrne überzeugten Leiweke außerdem davon, dem ehemaligen niederländischen Fußballspieler und Chelsea-Trainer Ruud Gullit den Posten des Cheftrainers zu geben. Byrne, Beckhams Consigliere und Manager von Footwork, führte die Verhandlungen. Fuller brüstete sich anschließend damit, Gullit angeheuert zu haben. Zur Verwunderung der amerikanischen Mannschaft stand er vor einem Logo der Produktionsfirma 19 Entertainment, als er die Medien über die Verpflichtung unterrichtete. Es sah so aus, als habe Fuller die Vereinsführung übernommen. Beckham verneinte entschieden, Einfluss auf Gullits Einstellung genommen zu haben.[571]

In den 1980er- und frühen 1990er-Jahren war Gullit unbestritten ein herausragender Spieler gewesen, doch seit seinem Weggang vom FC Chelsea im Frühjahr 1998 war er als Trainer und Coach wiederholt gescheitert. In Los Angeles zeigte sich schon nach kurzer Zeit, wieso Gullit in den letzten zehn Jahren immer wieder entlassen worden war. Er war oft launisch und nachtragend, und die Spieler konnten seine Entscheidungen nicht nachvollziehen. In der Mannschaft machte sich Verbitterung breit. Anfang 2008 verschärfte sich diese Unzufriedenheit durch eine weitere Entscheidung, die Beckham zuliebe getroffen wurde. Nachdem Fuller und Byrne ein paar Strippen gezogen hatten, wurde Mannschaftskapitän Donovan ausgebootet und durch Beckham ersetzt. Erneut stritt Becks jedes Mitwirken an dieser Entscheidung ab.

Sein Verhalten in den folgenden Wochen erinnerte die England-Fans daran, wieso er auch im Nationalteam als Mannschaftskapitän gescheitert war.[572] Er war unkommunikativ, zurückhaltend und kleinmütig. Das Ergebnis war wenig überraschend: Er führte die Spieler in eine Reihe von Niederlagen. Eine Zeitung taufte LA Galaxy in „Dysfunction Junction" („nichtfunktionierende Verbindung") um. Trotz seiner offenkundigen Unzulänglichkeiten hatte die Mannschaft nicht den Eindruck, dass sich David für die Rückschläge verantwortlich fühlte. Falls er sich wirklich Sorgen machte, wurden diese durch das Geld gelindert, mit dem die Sponsoren winkten. Die Frantzen-Brüder Torben und Geir etwa lockten Beckham mit mehreren Millionen Pfund.

Nachdem Fullers Geschäftsführer versichert hatte, Torben Frantzen sei genauso erfolgreich wie Bruder Geir, landete Beckham am 28. Januar 2008 in einem Privatjet in der Stadt Natal, 2000 Kilometer nördlich von Rio de Janeiro. Mit Polizeieskorte fuhren David und Torben zum Kap São Roque, einem Badeort in einer Kokosnussplantage. Beckhams Gepäck wurde in die 164 Quadratmeter große Präsidentensuite des Grandhotels gebracht, dann flog Frantzen mit seinem Gast im Hubschrauber über 1400 Hektar unberührtes Land. In den folgenden drei Tagen erläuterte der Norweger seine Pläne: Er wollte 1350 Privathäuser, drei Luxushotels, Schwimmbäder und vor allem „David Beckham's World of Sport" mit acht Fußballplätzen und einem Stadion für 10.000 Personen errichten. Beckham sollte der Politik vor Ort erklären: „Ich möchte Kindern einen sicheren Raum bieten, wo sie ihre Fähigkeiten entwickeln können." Auf dem kargen Baugelände erklärte der Fußballer, dem Frantzen eine hohe Summe in Aussicht gestellt hatte: „Ich möchte hier ein Strandhaus haben und mit meiner Frau und meinen Kindern Urlaub machen. Das wird ihnen sicher gefallen."

Die 31-jährige Masseurin Fabiana Ferreira da Costa war sich sicher, dass Beckham zurückkommen werde. „Auf Portugiesisch sagte er mir, er wird mich anrufen, wenn er wieder nach Natal kommt", erinnerte sie sich.

Beckham reiste nie wieder nach Natal. Torben Frantzens Projekt kam nie zustande.

Während die beiden noch in Brasilien weilten, brachte Geir Frantzen in Amerika ein Nahrungsergänzungsmittel mit Omega-3-Fettsäuren auf den Markt. Auf der Packung prangte das Konterfei des Fußballers mit Unterschrift. In den Folgemonaten geriet der Absatz ins Stocken; der Marketingberater des Unternehmens hielt Beckham nicht für den geeigneten Werbeträger. „Omega-3", so der Insider, „steht für die Entwicklung des Gehirns und Konzentrationsvermögen, und Beckham ist eher für seine sportlichen Leistungen als für seine intellektuellen Fähigkeiten bekannt." Der Umsatz von Omega-3 sank in einem Monat auf 633 Pfund.[573]

Während Beckham am Strand von Kap São Roque mit dem Ball jonglierte, dachte er wehmütig darüber nach, was es für seine Karriere wohl bedeutete, dass Fabio Capello Englands neuer Nationaltrainer geworden war. In Madrid hatten sich die Wege der beiden nicht gerade freundschaftlich getrennt.

Dass die FA Capello für ein Jahresgehalt von sechs Millionen Pfund ernannt hatte, geschah vor allem aus Angst. „Die Medien waren ein Albtraum", gestand ein FA-Funktionär. „Wir wollten Kritik vonseiten der Boulevardpresse vermeiden." Capellos Vertrag über viereinhalb Jahre war etwa dreimal so hoch dotiert wie der jedes anderen europäischen Nationaltrainers. In dieser surrealen Welt handelte Terry Byrne mit Finanzdirektor Jonathan Hill für die englischen Spieler eine höhere Vergütung aus. Aus Angst vor den Medien – falls es nicht gelingen sollte, die Spieler für sich zu gewinnen – stimmte Hill den großzügigen Zahlungen zu. Die FA-Funktionäre hofften, damit Ärger aus dem Weg zu gehen.

Eine der ersten Entscheidungen des italienischen Trainers bestand darin, Beckham nicht für das Spiel gegen die Schweiz zu nominieren. Noch ehe dieser Brasilien in Richtung London verließ, lobte der *Mirror* Capello dafür, dass er das „Zirkuspferd der Nationalmannschaft auf die Weide gestellt" hatte. Die Nationalelf war Geschichte. Die Zeitung prophezeite, dass Beckham eher ein 100. Tattoo als ein 100. Länderspiel bekommen werde.[574]

In einem Telefongespräch gab dieser sich unbeeindruckt. „Der Gedanke an einen Rücktritt kommt mir gar nicht in den Sinn", sagte er

Oliver Holt vom *Mirror*. „Ich bin weder verbittert noch aufgebracht." Allerdings gab er zu, er sei tief in seinem Inneren davon ausgegangen, „niemals wieder für England zu spielen", als McClaren ihn aussortierte. Im Gespräch klang er vernünftig: „Ich habe keine Angst vor einem Leben ohne Fußball, aber ich möchte immer noch spielen. Ich möchte Teil der Mannschaft sein. Ich möchte unter Capello wieder spielen."[575] Um sich einen Platz zu sichern, hatte er sogar einige Wochen mit dem Team von Arsenal Lonon trainiert.

Obwohl sich Beckham gegenüber Holt vernünftig gab, war er insgeheim wütend. Statt nach London zurückzukehren, um im Hotel Dorchester eine Wohltätigkeitsveranstaltung für Kinder zu moderieren, flog er nach Los Angeles.[576] Er grollte. Für die Marke Beckham brauchte er weitere Länderspiele und einen Platz in den Rekordbüchern, um Englands legendäres WM-Siegerduo Bobby Charlton und Bobby Moore zu übertrumpfen. Beckham wusste noch aus seiner Zeit in Madrid, dass Capello nie einen Spieler aufstellen würde, der monatelang kein Topspiel bestritten hatte.

Für den Italiener mit dem reizbaren Temperament und den geringen Englischkenntnissen war es keine leichte Aufgabe, das englische Team wieder aufzubauen. Auf einen Platz in der Nationalelf durfte Beckham nur hoffen, wenn FA-Funktionäre den Trainer unter Druck setzten. Damit war nicht zu rechnen. Doch dann geschah das Unerwartete.

FIFA-Vizepräsident Jack Warner aus Trinidad, der drei der 24 Stimmen für die Vergabe der Weltmeisterschaft 2018 kontrollierte, sagte seine Unterstützung für die Bewerbung Englands unter der Bedingung zu, dass Beckham in Trinidad ein Spiel bestritt.

Im Januar 2008 traf sich Beckham in der Downing Street mit Gordon Brown. Der Premierminister war fest entschlossen, den Erfolg seines Vorgängers Tony Blair zu wiederholen. Dieser hatte London die Olympischen Spiele gesichert. Brown wollte nun in England die Fußballweltmeisterschaft 2018 ausrichten. In seinen Augen war Beckham als nationaler Botschafter unverzichtbar. Die Vereinbarung war simpel: Beckham sollte ins Bewerbungsteam der FA aufgenommen werden, und man würde sich gegenseitig unterstützen.

Nach seinem Besuch in der Downing Street sagte Beckham: „Er ist ein sehr guter Mann, ein Mann, der für unser Land sorgt, und zwar sehr gut. Ich bin sehr stolz darauf, heute Abend hier zu sein."[577] Im Gegenzug besuchte Brown zwei Tage später die David Beckham Academy in Greenwich. Brown nannte Beckham ein „Vorbild für junge Menschen" und lobte ihn für seine wohltätige Arbeit und seine Unterstützung der Regierung bei dem Ziel, Kindern fünf Stunden Sport pro Woche zu ermöglichen. Beckham erwiderte, er plane die Eröffnung von Fußballakademien in Manchester, Schottland und im Nordosten Englands.

Wie geplant beugte sich Capello der FA und dem Premierminister. Beckham wurde für ein „Freundschaftsspiel" gegen Frankreich berufen. Es war klar, dass er nichts zu bieten hatte. Für einen Länderspieleinsatz fehlten ihm sowohl Fitness als auch Vorbereitung, denn in den vergangenen Monaten hatte er für LA Galaxy lediglich in Hongkong, Dallas und Sydney gespielt. Die Entscheidung der FA, schrieb Steven Howard in der *Sun*, zeige deutlich, dass Beckhams Ego gesiegt habe. Er denke nur an sich und seine Marke und werde nun also am 26. März im Pariser Stade de France sein 100. Länderspiel bestreiten.[578]

Als die Nummer 7 in extra angefertigten goldenen Schuhen das Spielfeld betrat, ertönte von den halb leeren Rängen laut manchen Quellen „gewaltiger" Jubel, anderen zufolge eher „höflicher Beifall". Victoria, ihre drei Söhne und Beckhams Eltern saßen im Publikum. Nach zwei eindrucksvollen Flanken sah Beckham für ein Foul seine 16. Gelbe Karte und hatte damit mehr Verwarnungen kassiert als jeder andere Spieler in der Geschichte der englischen Nationalmannschaft. In der 64. Minute eines „erbärmlichen Spiels ohne Tempo und Inspiration" wurde er erschöpft ausgewechselt. Selbst eine zweitklassige französische Mannschaft schlug England 1:0. Beckham, so folgerte die *Sun*, sei ein „Symbol der Vergangenheit mit einem überbewerteten Ruf".[579]

Die Auszeichnung für den 100. Einsatz sollte Wochen später von Bobby Charlton vor dem Anpfiff im Wembley-Stadion überreicht werden, wo England ein jämmerliches Match gegen die USA zeigte. Beckham wurde erneut ausgewechselt.

Wenige Stunden nach dem Spiel in Paris flog er nach Peking. Galaxy hatte eine kurze Tour organisiert, um von der Popularität zu profitieren, die Beckham auf seinen letzten China-Reisen erzeugt hatte. Zu Leiwekes Enttäuschung kam nur eine Handvoll Fans, um den Star zu begrüßen. LA Galaxy war nicht Real Madrid. Beckhams Anziehungskraft schien zu schwinden.[580]

Nach der Rückkehr nach Los Angeles kassierte Galaxy eine 0:4-Niederlage gegen die Colorado Rapids. „Ich war vielleicht nicht in Topform“, räumte Beckham ein und schob das auf die ständigen Flugreisen.[581] Einige Tage später revanchierte er sich gegen Real Salt Lake mit zwei Toren (Elfmeter und Freistoß), konnte damit jedoch nur wenig Eindruck schinden.[582]

Während David immer erfolgloser um die Welt tingelte, misslang auch Victorias Versuch, ihre Popkarriere wiederaufleben zu lassen.

Nach einem heftigen Streit zwischen den beiden Mels wurde Ende Januar verkündet, dass die „100 Millionen Pfund“-Tournee Ende Februar in Toronto vorzeitig enden werde. Das schlug weltweit hohe Wellen. In Europa und Amerika hatten 500.000 Menschen die Spice-Girls-Show gesehen, weitere Zehntausende hatten Tickets für Asien und Südamerika gekauft. Einige gaben dem Terminplan die Schuld, andere behaupteten, die beiden Mels wollten weiter an ihren Solokarrieren arbeiten. Die fünf Frauen rechtfertigten sich damit, dass sie ihre Kinder und Ehemänner vermissten.

Während die Verbitterung Wellen schlug, beharrte Victoria darauf, die Tournee sei abgebrochen worden, weil sie nicht mehr weitermachen wolle. Sie habe den Konzerten nur zugestimmt, um ihren Söhnen zu zeigen, dass sie früher Popstar gewesen sei. „Unsere Kinder müssen jetzt wieder zur Schule“, sagte sie. Später räumte sie wahrheitsgemäßer ein: „Nach den ersten Wochen konnte ich mich nicht mehr richtig für die Shows begeistern.“ Der Spaß an Make-up, Extensions, Trubel und Hektik war verflogen. Für all das war sie mittlerweile zu alt. Neben den Strapazen hatte sie sich auch noch mit Mel C gestritten und darüber hinaus festgestellt, dass die Ticketverkäufe für die noch ausstehenden Shows zurückgingen. Victoria kam zu dem Schluss, es sei an der Zeit, die Musik endgültig an den Nagel zu hängen und ganz auf die Mode zu setzen. Für das Folgejahr erwartete sie für ihr Modebusiness einen Gewinn von 15 Millionen Pfund.[583]

Als die Tournee der Spice Girls in Toronto endete, sah man David in Seoul um vier Uhr früh im Nachtklub Circle mit einer jungen Frau, die ihm die Arme um den Hals legte. Er war in Südkorea, um Werbung für eine Hotelkette zu machen.[584]

Um den Fremdgehgerüchten entgegenzuwirken, ließen sich die beiden Beckhams nach ihrer Rückkehr nach Los Angeles von „Augenzeugen“ dabei beobachten, wie sie in einem Sexshop in Hollywood lautstark Spielzeug und Kleidung bestellten. Nichts durfte dem Zufall überlassen bleiben.[585]

„Ich vertraue meinem Mann uneingeschränkt“, so Victoria. „Meine Aufgabe ist es, die Familie zu schützen. Wenn etwas nicht positiv und schön ist, möchte ich davon nichts wissen.“ Sie gab zwar zu, dass die Loos-Affäre ihr „ordentlich Kummer“ bereitet hatte, mittlerweile habe sich aber viel geändert. „Ich weiß, dass manche Leute das nicht glauben wollen, aber wir sind wirklich glücklich. Alles in meinem Leben ist gut.“[586]

Die beste Nachricht war, dass Alexandra Shulman, die Herausgeberin der britischen *Vogue*, Interesse an Victorias Karriere-Ambitionen zeigte. Die beiden hatten sich während der Spice-Girls-Tour in London über die PR-Managerin Natalie Lewis bei einem Mittagessen kennengelernt. Das, was Victoria zu bieten hatte, sprach Shulman an.

Anders als viele andere in der Modewelt wusste Victoria, wie sie Shulman für sich gewinnen konnte, etwa durch Selbstironie und Small Talk, aber auch durch Interessensbekundungen an Shulmans Familie. Sie gab offen zu: „Es ist nicht gerade leicht, mit mir zu arbeiten. Ich bin ein absoluter Kontrollfreak. Es stört mich nicht, wenn ich Fehler mache, aber die Fehler anderer kann ich nicht ertragen.“[587] Noch seltsamer war die Aussage, dass „David meine Kleider nicht mag“. Shulman war beeindruckt von Victorias Outfit an jenem Tag: „Eine enge Corsage, die ihre Taille und ihren Po betonte, mit einem kleinen schwarzen Nerzjäckchen.“

Nichts wünschte sich Victoria mehr, als von der Modebibel *Vogue* akzeptiert zu werden. Sie wollte zuhören und lernen und die besten Leute anheuern, um dieses Ziel zu verwirklichen. So zum Beispiel Joe McKenna, der für die Organisation von Modenschauen bekannt war. Ihre Kleider, so Victoria, seien für Frauen gedacht, die sich eine „eher kurvenreiche Passform“ wünschten, die sexy, aber konventionell wirken wollten, die nicht auf High Fashion aus waren, sich aber gerne stark fühlten. Einer Redakteurin hatte Victoria etwas Einzigartiges zu bieten – die perfekte Mischung aus Prominenz und Fashion. Nach diesem Mittagessen stand für Shulman fest, dass sie Victoria auf die Titelseite ihrer Zeitschrift bringen wollte. Allerdings musste sie noch das *Vogue*-Team davon überzeugen, dass Victoria mehr war als ein einfaches Mädchen aus Essex und tatsächlich ein kulturelles Phänomen werden könnte.

In der Stylingabteilung der *Vogue* war man sich einig, dass Victoria – wie ihre Lieblingsschauspielerin Audrey Hepburn – als Eliza Doolittle in *My Fair Lady* aufgemacht werden sollte. Darüber hinaus sollte sie sich mit Chopard-Diamanten behängen – Geschenke von David. Ruhm verkauft sich gut. Die Auflage des Magazins stieg. Zum Dank für die Ehre schickte Victoria der Herausgeberin und den Beschäftigten Blumen. Das taten nur die wenigsten Covermodels, und so sicherte sie sich weitere Pluspunkte. Von da an wurde es ihr großes Ziel, noch einmal das Cover der *Vogue* zu zieren.

Die Anerkennung durch die *Vogue* förderte Victorias Status. Als sie bei der Pariser Modewoche Kleider von Roland Mouret trug, war für den *Mirror* „Posh die Königin der Laufstegshows“. Sie habe Claudia Schiffer und Wonderbra-Model Dita Von Teese mühelos in den Schatten gestellt: „Victoria sah umwerfend aus“, die anderen beiden dagegen „wie von gestern“.[588]

Die Vielzahl an Modenschauen, Partys und Begegnungen mit Berühmtheiten hatte Victorias Umzug nach Amerika mehr als gerechtfertigt. Während in San Francisco unter dem wilden Jubel Hunderter Fans das nächste Riesenplakat von David im knappen Armani-Slip entrollt wurde, flog das Paar mit George Clooney in Giorgio Armanis Privatjet von London aus zu einer Modenschau im Metropolitan Museum in New York. „Eine himmlische Superstarfreundschaft“, schwärmte Milloy. Um den Kitzel auf die Spitze zu treiben, enthüllte Armanis PR-Abteilung, dass Beckham knappe Slips trug, wenn er für Galaxy spielte. Den meisten Amerikanern blieb er als Fußballstar ein Unbekannter, doch als Unterhosenmodel wurde er berühmt.

Der Armani-Ausflug sicherte Victoria ihren eigenen Einjahresvertrag als Dessousmodel.[589] Auf den Fotos lag sie im ungemachten Bett, und Giorgio Armani bezeichnete sie als „stilvolle, faszinierende Frau“.

Die Fachpresse nannte das digital nachbearbeitete Foto von ihr „hochglanzpoliert, sattfarben und hyperrealistisch". Fotograf Mert Alas sagte über sein Werk: „Ich liebe es, aus nichts etwas Großes zu erschaffen." Victoria bekam nach eigenen Angaben für ein Jahr Arbeit zwölf Millionen Pfund, während Beckham für seinen Dreijahresvertrag rund acht Millionen einstrich. Die Konkurrenz innerhalb der Familie blieb unbemerkt.

Poshs Auftritt auf dem Met-Ball sorgte zwar für spöttische Kommentare – „aufgedonnert und aufgetakelt" –, doch fast alle nahmen davon Notiz, wie sie von Cristal-Champagner schwärmte, ihr Treffen mit Julia Roberts beschrieb – „Unglaublich, sie kannte David und mich" – und mit Giorgio Armani persönlich zu Abend aß, ehe sie im Klub *Bungalow 8* feiern ging. Dank Fullers Unterstützung hatte der Umzug nach Amerika ihr Leben verändert.[590] Alles war bereit für ihr Debüt als Modedesignerin.

Im New Yorker Hotel Waldorf wurden zehn ihrer Kleider vor einer Handvoll Journalistinnen und Journalisten präsentiert. Alle Designs erinnerten stark an den figurbetonten „Cling"-Schnitt von Mouret, und auch seine Stoffe, Näherinnen und Schnittmacherinnen waren zum Einsatz gekommen.[591]

Anders als große Modehäuser konnte Victoria keine Marketingkampagne für Hunderte Millionen US-Dollar finanzieren, sondern musste sich für ihr neues Label namens „Victoria Beckham" auf kostenlose Werbung verlassen. Ihr PR-Team hatte die Aufgabe, befreundete Presseleute und die Redaktionen bei Laune zu halten und sie mit interessanten Häppchen und hin und wieder auch mit skandalösen Geständnissen zu versorgen. Wie immer wurden Fotografen an Flughäfen und in Restaurants so manipuliert, dass es schlagzeilentaugliche Bilder gab. Die Zeitschriften ließen sich leicht zufriedenstellen. In Interviews setzte Victoria auf die bewährte Routine – immer wieder „gestand" sie ihre Unsicherheit, präsentierte sich als hingebungsvolle Mutter, betonte ihre Liebe zu David, ihre harte Arbeit und ihre unermüdliche Fitnessroutine, all das abgerundet mit einer Prise selbstironischen Humors.

Bei der neuen Marke ging es nicht nur um ihre Designs, sondern um sie selbst. Jede Frau, da war sie sicher, wollte ein Kleid für 3000 Pfund von einem „Girl's Girl" aus Essex haben.

In einer Welt, die so sehr vom Urteil der Modejournale und -kommentare abhängt, hatte Victoria den großen Vorteil, dass Anna Wintour sie als Landsfrau bei ihrer ersten Show 2007 unterstützte. „Für das erste Mal", schrieb Lisa Armstrong von der *Times*, „ist das sehr gut."[592]

Professionelle Fashionistas zeigten sich weniger begeistert. „Ich dachte, sie hätte aufgegeben", kommentierte eine Modereporterin und kritisierte Victorias fantasielose Entwürfe, denen es an Originalität, Geheimnis, Raffinesse und Romantik fehle. „Aber sie macht ihr Ding einfach weiter." Jahre später räumte Victoria ein, dass die Fachwelt von ihrer ersten Kollektion zu Recht enttäuscht war. „Ich fand es gut, dass ich so unbedarft war."[593]

Wer wenig später zur Sommerkollektion von Marc Jacobs eingeladen war, konnte an Victoria einen neuen Stolz feststellen. Als sie hereinkam, setzte sie sich nicht auf ihren Platz, sondern blieb an strategisch günstiger Stelle stehen und präsentierte eine neue Audrey-Hepburn-Frisur zu sonnenbankgegerbter Haut. „Ein sehr schmeichelhafter, erfrischender, dezenter Look", so ihr Friseur. Victoria posierte gezielt für Fotos und förderte damit das, was sie selbst als „krankhafte Besessenheit von Posh" bezeichnete.[594] Zur gleichen Zeit erzählte Natalie Lewis befreundeten Medienleuten, Posh habe Jennifer Lopez, die ebenfalls auf der Show war, „in den Hintergrund gedrängt": „Die arme Jen saß missmutig im Schatten ihrer neuen britischen Freundin."[595] Bei einer anderen Veranstaltung lieferte Lewis die Variante, Posh habe allen „die Show gestohlen". Kurz danach gab Victoria ihren „zerzausten Bob" auf und legte sich wieder Extensions zu.[596] Nachdem sie so sehr um Anerkennung gekämpft hatte, sagte sie in einem Interview: „Es ist mir ziemlich egal, was die Leute denken."[597]

Die gleiche Attitüde war auch zu spüren, als ihre neuen Jeans bei Harrods in London vorgestellt wurden. Obwohl die Verkäufe in Amerika eingebrochen waren, verbreitete sie gewagte Erfolgsgeschichten. Ihre dVb-Jeans würden von über 100 Einzelhändlern in den USA und im Vereinigten Königreich verkauft, ihre Sonnenbrillen und Handtaschen fänden „reißenden Absatz", und mit ihren Düften habe sie im vergangenen Jahr 200 Millionen US-Dollar Umsatz gemacht. Die Führungsriege von Coty, die anlässlich der Vorstellung von Victorias

„Signature"-Duft zu einem 10.000-Pfund-Dinner ins Luxuskaufhaus Harvey Nichols in Manchester eingeladen hatte, konnte über diese Übertreibung nur staunen. Auch die New Yorker Markteinführung von „Intimately Beckham", einem von David beworbenen „Signature"-Duft, war ein Schlag ins Wasser.[598]

Michael Silver kannte die Wahrheit über den Denim-Umsatz. Sein Lager war voll mit unverkauften Victoria-Beckham-Jeans. „Sie lässt sich nicht beirren", klagte er. „Es durfte nur ihr Design sein, das nur ihr passt. Unsere Vorschläge wurden abgeschmettert." Victoria, so sein Urteil, verstehe nichts von „Umsatz". Das Geld werde mit vollen Händen ausgegeben – aber nur das Geld anderer Leute. Außerdem hatte sie keinen Geschäftsplan. Sie wusste nicht, wie man Businessmöglichkeiten schafft, und konnte lediglich ihren Namen auf Jeans verkaufen. Nicht Werte waren ihr wichtigstes Motiv, sondern Eitelkeit. „Ich habe dafür keine Nerven mehr", verkündete er Ende 2008. Klammheimlich wurden alle Aktien mit Abschlag verkauft und die Geschäftsbeziehung beendet. Victoria gestand diesen Rückschlag nie ein. Die Beckhams ließen sich selten anmerken, dass Misserfolge ihnen zusetzten. Nach außen hin bestand ihre Strategie darin, positiv zu bleiben und sich vom Hype beflügeln zu lassen.

Übertreibung war für Victoria mittlerweile Gewohnheit geworden. Obwohl sie sich ganz auf Davids Ruhm und Reichtum verließ, sagte sie gegenüber der Presse, sie sei in der Modewelt ein „Star, weil ich nie meine Titten zur Schau stelle". In drei einfachen Sätzen brachte Victoria Traum und Wirklichkeit auf den Punkt. „Ich bin eine ganz schlechte Schauspielerin", sagte sie und erwähnte dann, ihr seien mehrere Hollywoodrollen angeboten worden. „Aber ich habe viele Rollen abgelehnt. Ich kann nicht schauspielern."[599] Offenbar glaubte sie das wirklich, genau wie sie in einem anderen Interview voller Überzeugung äußerte: „Es hat mich nie interessiert, das Geld meines Mannes auszugeben."[600]

Beckham zahlte für alle drei Partys, mit denen Victorias 34. Geburtstag gefeiert wurde. Die extravaganteste Feier fand im Via Veneto in Santa Monica statt. Zu den prominenten Gästen zählten ihre „engen Freunde" Kate Beckinsale, Gwen Stefani, Eva Longoria, Katie Holmes, Tom Cruise, P. Diddy, Will Smith und Elton John. Davids Geburtstagsgeschenk war ein kalifornisches Weingut (das Paar hatte in Spanien Geschmack an Wein gefunden).[601] Das Leben, so schien es, war selten besser gewesen. Natürlich wurden sowohl Gästeliste als auch Veranstaltungsort der *Sun* zugespielt.

Fotografen bemerkten, dass Victoria leicht beschwipst war, als sie das Restaurant in Los Angeles verließ und in Beckhams neues, 300.000 Pfund teures Rolls-Royce Phantom Drophead Coupé stieg, in dessen Radkappen die „23" geprägt war. Im Interview dazu spielte sie wieder einmal die Bescheidene: „Ich bin nicht der Typ Mensch, der Aufmerksamkeit genießt. Es mag so wirken, aber das macht mich sehr, sehr nervös. Ich mache einfach das Beste aus dem, was ich habe. Ich bin unglaublich gewöhnlich."[602] Das glaubte nicht jeder.

„Sie bläute uns förmlich ein, wie wahnsinnig glücklich sie ist", bemerkte ein Kolumnist der *Sun* wenig später, „weil sie so unglaublichen Erfolg hat. Ohne David jedoch wäre sie wie die anderen Spice Girls: ein Star, um den es langsam still wird. Sie ist reich und hat drei gesunde Jungs, aber sie zeigt keine Demut. So viele Frauen hassen sie."[603]

Solche Kommentare trafen Victoria. Sie klagte, niemand schwärme von der „sexy Victoria". Schon gar nicht ein ehemaliger Freund, Corey Haim. „Posh kann nicht küssen, sondern hat an meinen Lippen genagt", äußerte er wenig schmeichelhaft.[604] Mit der Zeit wuchs ihre Sorge, dass ihre „engen" Freundinnen in Los Angeles zu viel Interesse an ihrem Mann gewinnen könnten. „Immer heißt es: ‚David sieht so gut aus, und sie ist so witzig'. Ich bin es leid, die Witzige zu sein."[605]

Die Fassade musste dennoch gewahrt werden, das war ganz wichtig: „Ich habe ja nie offen darüber gesprochen, dass ich in der Schule die Außenseiterin war. Ich wurde gemobbt – und zwar sehr."[606] Da sie weder über sich noch über die Welt etwas Neues zu sagen hatte, widmete sie sich ihrem Äußeren. Kleidung, Schuhe, Accessoires und Make-up. Ob sie begriff, wie ihre Worte wirkten, blieb unklar.

Vor dem Schlafengehen verriet Victoria, creme sie sich den Körper mit Feuchtigkeitslotion ein und trage dann Handschuhe und Socken. Sie beschrieb, wie sie morgens eilig ins Bad sause, um sich die Augenbrauen aufzumalen. „David hat mich noch nie mit natürlichen Augenbrauen gesehen. Schon vor Jahren habe ich sie komplett ausgezupft. Das mache ich morgens als Allererstes: aufwachen, Augenbrauen aufmalen."[607]

Sogar beim Schulfest ihrer Jungs war ihr Glamour wichtiger. Während alle anderen Eltern im klassischen L.A.-Style in Jeans und Sweatshirt kamen, trug sie einen ledernen Hosenanzug für 11.500 Pfund, dazu eine 1000-Pfund-Handtasche von Chanel, eine Aviator-Brille für 300 Pfund und Louboutins mit Zwölf-Zentimeter-Absatz. Auf dem Sportplatz versanken ihre High Heels im Schlamm.[608] Bei einem weiteren Schulausflug ging sie mit ihren Kindern in engem Minikleid und hohen Pumps zum „waghalsigen Klettern". Sie ahnte nicht, welchen Eindruck das hinterließ, und nachdem sie Schulessen mitserviert, Kuchen gebacken und Ausflüge mit anderen Eltern unternommen hatte, verkündete sie selbstironisch: „Ich gehe lieber in der Schule als im Ivy (gehobenes Restaurant in L. A., d. Ü.) essen." Ihre Kinder präsentierte sie stolz als bescheidene Engel: „Man will ja schließlich keine verwöhnten kleinen Blagen. Sie sollen wissen, dass man sich anstrengen muss, wenn man etwas möchte. Brooklyn ist ein vielversprechender Fußballspieler."[609]

Der Lohn für die Anstrengungen der Beckhams belief sich im Jahr 2008 auf 24,4 Millionen Pfund. Das Firmenimperium wurde zunehmend komplizierter und war für Außenstehende kaum zu durchschauen.[610]

Im Jahr 2008 nahm Footwork 12 Millionen Pfund ein. Laut Buchhaltung schaffte Beckham 9,9 Millionen Pfund an Gehältern ins Ausland, sodass darauf keine britischen Steuern fällig wurden. Gleichzeitig nahmen seine Buchhalter komplexe zwischenbetriebliche Transaktionen vor. Beckham Brand verkaufte Dienstleistungen im Wert von 600.000 Pfund an Footwork Productions und zahlte dem Unternehmen 2,2 Millionen Pfund für dessen Dienste.[611] Beckham Brand verkaufte Dienstleistungen im Wert von 560.000 Pfund an Beckham Ventures, und Beckham Ventures schuldete der Beckham Brand Ltd. 4,2 Millionen Pfund. Ein ähnliches Karussellgeschäft lenkte die Gewinne in die richtigen Bahnen, als Beckhams Einkünfte im Jahr 2009 rund 30 Millionen Pfund erreichten – die Verfasser der „Sunday Times Rich List" prognostizierten, bis 2015 werde er 50 Millionen Pfund im Jahr verdienen.[612]

Seltsamerweise hatte Fuller die Jahresabschlüsse von Beckham Brand unterzeichnet, obwohl er Anfang des Jahres als Geschäftsführer des Unternehmens zurückgetreten war. Als der Fehler ans Licht kam, wurde er wieder eingestellt, doch das gesetzlich vorgeschriebene

Formular AP01 wurde nicht beim Handelsregister eingereicht. Streng genommen war der Jahresabschluss von Deloitte damit nicht ordnungsgemäß genehmigt. Seine Berater überstrapazierten die Ausrede, es habe sich lediglich um ein Versehen gehandelt. Um Beckhams Steuerlast zu reduzieren, schoben die Buchhalter und Wirtschaftsprüfer sein Geld kreativ zwischen verschiedenen Unternehmen hin und her und verloren dabei den Überblick. Dafür kassierten sie ungewöhnlich hohe Honorare. Für die Beckhams zahlte sich das aus.

21

Länderkarussell

Als Botschafter Großbritanniens war Beckham unübertroffen. Man bewunderte ihn in aller Welt, nicht zuletzt in China. Bei der olympischen Übergabezeremonie in Peking im August 2008 war er Großbritanniens umjubelter Star. Für die Marke Beckham war es unbezahlbar, dass Milliarden zusahen, wie der Fußballer im Stadion von Peking Bälle aus einem fahrenden Londoner Doppeldeckerbus warf. Bezahlen musste er dafür mit seiner fußballerischen Leistung.

Von Peking flog er nach Los Angeles, um für LA Galaxy zu spielen, dann nach Boston, anschließend nach England und weiter nach Barcelona zu einem WM-Qualifikationsspiel. Selbst jungen Spielern wäre es nicht leichtgefallen, bei Reisen durch 13 Zeitzonen fit zu bleiben. Als er am 1. Juni 2008 für England in Trinidad auflief, konnte er kaum geradeaus laufen, geschweige denn schnell genug.

Fabio Capello bestritt, dass er Beckham nur Jack Warner zuliebe zum Kapitän der englischen Nationalmannschaft gemacht hatte. Und Beckham lobte Capello, weil dieser mit „Ernsthaftigkeit und Leidenschaft" das Team wiederbelebt habe. Davon ließ sich niemand täuschen. Die FA hatte das Spiel und Beckhams Mitwirken verlangt, um England die WM 2018 zu sichern. Beobachter, darunter Steven Howard von der *Sun*, kritisierten, Beckham bremse die Mannschaft. Im Vergleich zu dem mitreißenden, schnellen Fußball, den die Gegner bei der Euro 2008 zeigten, wirkten Englands Spieler behäbig. Beckhams Einsatz, schrieb Howard, beweise, dass Capello immer noch keine neue Generation von Spielern gefunden habe, die richtig angreifen könne.[613]

Wenige Stunden nach Englands 3:0-Sieg gegen Trinidad und Tobago – und nachdem Beckham unter den einheimischen Jungs seinen Charme hatte spielen lassen – kritisierte Warner die angereisten FA-Funktionäre offen für ihre Selbstgefälligkeit in Sachen WM-Bewerbung. Keiner der FA-Leute aus der Delegation verstand, worauf Warner hinauswollte. Sie wollten auch den Vorwürfen nicht glauben, dass Warner 2006 illegal WM-Tickets mit gewaltigem Preisaufschlag weiterverkauft haben könnte.

Beckham war ähnlich kurzsichtig. Er war so darauf fokussiert, sich in der Nationalmannschaft zu behaupten, möglichst viel von seinen Sponsoren zu kassieren und sein High-Society-Leben zu genießen, dass ihm offenbar auch entging, wie Galaxy auf die nächste Krise zusteuerte. „Es läuft wirklich gut. Super", sagte der Kapitän zu Charlie Wyett von der *Sun*, nachdem er gegen die Kansas City Wizards ein außergewöhnliches Tor aus 65 Metern erzielt hatte. Wyett – ganz beeindruckt, wie höflich der berühmte Spieler ihn als Journalisten behandelte – schrieb, LA Galaxy habe sich durch Beckhams „außergewöhnliche" Beliebtheit verändert. Die Mannschaft sei dazu bestimmt, den Meistertitel zu gewinnen.[614]

Die Wahrheit sah anders aus. Nach sieben Niederlagen in Folge zeigte Galaxy Auflösungserscheinungen. Die Stimmung in der Kabine war vergiftet. Dass Gullit und Byrne Beckham zum Kapitän befördert hatten, zeigte zerstörerische Wirkung. Die Spieler warfen ihrem Kapitän vor, er würde die Mannschaft in schwierigen Phasen nicht motivieren und die freiwilligen Trainingseinheiten schwänzen. Man nahm es ihm übel, dass er nicht bereit war, auch nur ein einziges Mannschaftsessen zu bezahlen. Beckham ignorierte diese Vorwürfe, ohne mit der Wimper zu zucken. Der Kapitän blieb stumm. Er berief keine Mannschaftssitzung ein, er sprach nicht mit Donovan, dem besten Torschützen des Teams, und diskutierte nicht mit Alexi Lalas über mögliche Lösungen. Seine Gefühle und Beweggründe behielt er stets für sich. Lalas war ratlos. Konnte es sein, dass Beckham „narzisstisch und manipulativ" war?[615]

Tim Leiweke hatte genug. Am 8. August entließ er Lalas, während Gullit zurücktrat und auch Byrne den Verein verließ. Fuller schwieg sich zu seiner Rolle aus. Beckham selbst blieb unergründlich. Nicht die leiseste Emotion deutete darauf hin, dass ihn diese Turbulenzen überhaupt interessierten. Verantwortung wollte niemand übernehmen, vor allem nicht Beckham, der sich lieber die vielen Millionen US-Dollar anrechnen ließ, die höhere Zuschauerzahlen und 350.000 verkaufte Trikots in die Kassen gespült hatten.

Gullits Nachfolger war Bruce Arena, ein 57-jähriger US-Toptrainer. Trotz einer intensiven Vorbereitung musste Arena fünf Niederlagen in Folge mitansehen. Beckham erschien zu den Spielen, war aber nach mehreren Transatlantikflügen nur zu wenig in der Lage. An einem wichtigen Spieltag aß er in London nach einem weiteren kläglichen Versuch, Findus und Omega-3 wiederzubeleben, mit Geri Halliwell zu Abend. Obwohl er doppelt so viel verdiente wie jeder andere Spieler in der MLS, fühlte er sich offenbar nicht verpflichtet, bei der Mannschaft in Los Angeles zu sein. Nach seiner Rückkehr gestand er: „Ich bin einfach ein bisschen müde."[616] LA Galaxy beendete die Saison auf dem letzten Platz der Liga. In zwei Spielzeiten hatte das Team mehr Spiele ohne Beckham gewonnen.[617]

Dieser konzentrierte sich auf seine Nominierung für die englische Nationalmannschaft. Er rechnete fest damit, dass die FA-Funktionäre Capello davon überzeugen würden, ihn in den Kader für die nächsten vier WM-Qualifikationsspiele zu berufen. Trotz seiner mangelnden Fitness war er gesetzt, schließlich sollte er sich für die Ausrichtung der Weltmeisterschaft 2018 in England engagieren.

Anfang September flog er von Los Angeles nach Barcelona, um gegen Andorra zu spielen, das nun auf Platz 169 der Weltrangliste stand. England führte bereits 2:0, als er für die letzten zehn Minuten aufs Feld kam. Vier Tage später wirkte England in Kroatien wie verwandelt. Theo Walcott, der Teenager von Arsenal, spielte auf Beckhams Position und erzielte beim 4:1-Sieg einen Hattrick. Beckham betrat fünf Minuten vor Schluss den Rasen. Er war 20.000 Kilometer geflogen, um ein paar kümmerliche Länderspielminuten mitzunehmen.

„Es wäre für mich auch in Ordnung, wenn ich wieder zurückfliege, ohne zum Einsatz gekommen zu sein", sagte er. „Ob ich spiele, ist mir egal." Für seine Marke traf das zwar zu, doch für LA Galaxy war es verheerend. Wenige Stunden nach seinem Flug von Zagreb nach Los Angeles stand ein vom Jetlag gezeichneter Beckham wie gelähmt im

Home-Depot-Stadion und musste erleben, wie sein Team 0:2 gegen die Kansas City Wizards verlor. Eine Woche später, im Spiel gegen DC United, fiel Beckham, von den Fans ausgebuht, lediglich durch eine Auseinandersetzung mit dem Schiedsrichter auf. Immerhin gewann Galaxy nach zwölf Partien endlich wieder ein Spiel, und zwar mit 5:2.[618]

Dann ging es zurück nach London, wo England gegen Kasachstan spielte. In der 79. Minute wurde Beckham eingewechselt. Sein Freistoß führte zu einem Tor, das beim englischen 5:1-Sieg jedoch wenig ins Gewicht fiel. Vier Tage später, in Minsk gegen Weißrussland, kam er drei Minuten vor Abpfiff aufs Spielfeld und erlebte einen weiteren englischen Sieg (3:1). Auf die Frage, warum er Beckham in den Kader berufen habe, murmelte Capello in gebrochenem Englisch, Beckham sei gut für die Moral in der Kabine. Offene Kritik am Nationaltrainer wurde nicht laut. „Seit dem Sieg gegen Kroatien ist er unantastbar", seufzte ein FA-Funktionär hinter vorgehaltener Hand.

Beckham wehrte sich gegen jegliche Andeutung, seine Karriere sei ins Stocken geraten, beherzigte jedoch Capellos Rat. Er musste bei einem europäischen Spitzenteam spielen, um an der WM 2010 teilnehmen zu können. Nach Großbritannien wollte er nicht zurück, um seine Steuerprivilegien nicht zu verlieren, deshalb erklärte er sich einverstanden, dass Byrne mit dem AC Mailand über eine dreimonatige Leihe verhandelte. Er vergaß, LA Galaxy über die Verhandlungen zu unterrichten. Bruce Arena erfuhr aus einer europäischen Zeitung, dass Beckham eine Option in seinem Galaxy-Vertrag gezogen hatte. Als amerikanische Journalisten Beckham beim Verlassen der Kabine zu diesem Gerücht befragen wollten, eilte er zu seinem Auto. Auf dem Spielfeld war er seit Wochen nicht so schnell gelaufen, da waren sich alle einig.[619]

In Mailand wurde Beckham von einer riesigen Armani-Werbung empfangen, die ihn und Victoria zeigte – er in einem knappen weißen Slip und sie in einem gepunkteten Push-up-BH.

Ende Dezember flog er mit dem italienischen Team für zehn Tage zum Training nach Dubai. Dieser Ort, so stellte er fest, war nach wie vor ideal, um ganz legal britische Steuern zu vermeiden. Er erstand für rund fünf Millionen US-Dollar eine Eigentumswohnung im höchsten

Gebäude der Welt, dem Burj Khalifa, und schenkte seinen Schwiegereltern eine Strandvilla, die er schon 2003 gekauft hatte.

Nach seiner Rückkehr nach Italien zeigte Beckham noch einmal seine unvergleichliche Technik. In einem Spiel gegen Genua platzierte er einen Freistoß aus 18 Metern aus schwierigem Winkel im Tor und sicherte damit ein Unentschieden. Obwohl er mit einer Oberschenkelverletzung vom Platz humpelte, hatte er das Gefühl, dass er bei Galaxy nie zu derartigen Toren inspiriert worden war – vom 65-Meter-Treffer gegen die Kansas City Wizards einmal abgesehen.

Der Wechsel nach Amerika, merkte er nun, hatte auch seiner Marke in Europa geschadet. Zu seiner großen Überraschung kündigte Pepsi den Sponsoringvertrag über zwei Millionen Pfund pro Jahr. Um sein Gesicht zu wahren, behauptete Beckham, er selbst habe die Zusammenarbeit mit Pepsi beendet, um eine eigene Wassermarke auf den Markt zu bringen. Daraus wurde jedoch nichts.[620]

Nach einem weiteren Treffer für den AC Mailand wurde ihm klar, dass er mit seinen 33 Jahren nicht mehr in die englische Nationalmannschaft berufen werden würde, wenn er nach Los Angeles zurückkehrte. „Ich sehe meine Zukunft hier", sagte er. „Mir ist klar geworden, dass ich auf diesem Niveau bleiben will. Ich weiß nicht, wie Galaxy damit umgehen wird."[621]

Seine Anwälte bekamen den Auftrag, eine Ausstiegsklausel zu finden. Aber es gab noch ein anderes Problem: Victoria weigerte sich, nach Mailand zu ziehen. Amerika hatte ihr Leben verändert. Nach Mailand könne er allein gehen. Dort, so hörte sie, vergnügten sich die Spieler schließlich nicht mit Champagner und Frauen (anders als bei Real Madrid …). Beckham versuchte, sie mit einer diamantbesetzten, 80.000 Pfund teuren Birkin-Tasche von Hermès umzustimmen.

Auch Fuller war gegen Mailand. Beckhams finanzielle Zukunft lag in Amerika, davon war der Manager immer noch überzeugt. Bezeichnenderweise hatte der MLS-Funktionär Dan Garber Beckham in den ersten Verhandlungen das lukrative Zugeständnis gemacht, er könne ein eigenes MLS-Team gründen, wenn er seinen Vertrag erfülle. Damit würde Beckham im Fußballgeschäft bleiben.[622] „In Amerika wirst du ein Star sein", so Fuller. In Mailand dagegen laufe er Gefahr, alles zu verlieren. Doch Beckham dachte ans Fußballspielen. Wenn er seinen Vertrag mit LA Galaxy im November legal auflösen konnte, sollte das geschehen. Ein eigener MLS-Klub interessierte ihn nicht.

Tim Leiweke war empört über Beckhams Mangel an Loyalität. 18 Monate zuvor hatte er noch über ihn gesagt: „David Beckham wird den Fußball in Amerika stärker prägen als irgendein anderer Sportler der Welt seine Sportart." Doch Beckham ließ diesen Worten in Los Angeles nur Lippenbekenntnisse folgen. Er selbst räumte ein, dass sich der amerikanische Traum nicht erfüllt habe. Abseits des Spielfelds „ist es ein Erfolg", Galaxy sei dagegen „ein Flop".[623]

Leiweke verlangte, dass der Spieler wie vereinbart Anfang März nach Los Angeles zurückkehrte. Da Beckham nicht bereit war, ein Nein zu akzeptieren, forderte LA Galaxy eine finanzielle Entschädigung. Ein Angebot des AC Mailand über drei Millionen Pfund wurde abgelehnt. Leiweke wollte zehn Millionen, dazu weitere 18 Millionen Pfund von Beckham. Mailands Vizepräsident Adriano Galliani weigerte sich, das Angebot zu erhöhen. Beckhams Leistungen waren nicht mehr wert.[624]

Obwohl Beckham beteuerte, unter Mailands Trainer Carlo Ancelotti hätten sich seine Fitness und Technik verbessert, war sein Auftritt bei England gegen Spanien Mitte Februar eine Katastrophe. In der zweiten Halbzeit wurde er für sein 108. Länderspiel eingewechselt und an die Wand gespielt. Nach einer einzigen guten Flanke jagte er seinen spanischen Gegenspielern nur noch und sah für ein Foulspiel die Gelbe Karte. England verlor 0:2.

Die Verhandlungen über einen Verbleib in Italien zogen sich in die Länge. Für den AC Mailand war Beckham nur ein Spieler, für Galaxy dagegen eine Wertanlage. Beckham, so wiederholte Leiweke, solle spätestens am 9. März zurück nach Los Angeles kommen. Fuller handelte einen Kompromiss aus: Beckham werde im Juli nach LA zurückkehren und im Oktober 2009 endgültig gehen. Galaxy werde von David persönlich eine Entschädigung für die Vertragsauflösung erhalten. Ab November werde er beim AC Mailand einen Vertrag mit kurzer Laufzeit erhalten. Was aus dem eigenen MLS-Fußballklub werden sollte, blieb offen.

Beckham plante, in den folgenden neun Monaten Zehntausende Kilometer im Flugzeug zurückzulegen, um 44 Spiele für Mailand, LA Galaxy und England zu bestreiten.[625] „Das ist seine letzte Chance auf

Spitzenfußball“, so Simon Oliveira. „Die Fans werden ihn ausbuhen“, prophezeite Alexi Lalas. „Vielleicht werden die Buhrufe auch von Alexi kommen“, konterte Beckham. Ihm war es egal, dass Landon Donovan nun wieder Kapitän von Galaxy war.

Beckhams Optimismus war berechtigt. Allen Erwartungen zum Trotz hatte sich seine Spielweise erheblich verbessert, seit er in Italien war. Im Spiel England gegen die Slowakei kam er zur Halbzeit aufs Feld und schlug den Pass, der Wayne Rooney einen Treffer ermöglichte. Der englische 4:0-Sieg bestätigte Capellos Urteil. England hatte wieder Selbstvertrauen. Beckham bekam sein 109. Länderspiel, kein Mittelfeldspieler hatte mehr Einsätze für England zu verzeichnen.[626]

In Beckhams Augen lief alles bestens. Trotz U-Bahn-Streik strömten die Massen nach Wembley, um ihn gegen Andorra spielen zu sehen. Zuvor hatten viele Fans die Londoner Oxford Street blockiert, als er dort ein riesiges Poster von sich in Armani-Unterwäsche enthüllte.

Beckham stand in der Startelf und glänzte – er schoss eine Ecke, die zum Tor führte, einen Freistoß zum zweiten Treffer und verhinderte mit einem Tackling ein Gegentor. Hin und wieder verließ ihn die Energie, aber wenn ihm präzise Vorlagen gelangen, war er unbezahlbar. Die Fans bejubelten Englands 6:0-Sieg. In der FIFA-Rangliste kletterte die Mannschaft auf den sechsten Platz.[627]

Dieses neue Selbstvertrauen führte zu Streitigkeiten zwischen Beckhams Beratern. Byrne wollte Footwork ausbauen, Fuller war dagegen, nicht zuletzt, weil er Byrnes Ambitionen nicht traute. Auch dass dieser sich empörte, wenn er, Fuller, in Fußballfragen mitmischte, missfiel ihm, doch vor allem störte ihn Byrnes Vorwurf, Fullers Provision in Höhe von 30 Prozent sei überzogen. Fuller riet Beckham, den Freund zu feuern.

Im Zwiespalt zwischen dem vertrauten Wegbegleiter und dem bewährten Finanzmanager erkannte Beckham, dass es nicht zwei Chefs geben konnte. Er schlug sich auf die Seite von Fuller und verlor damit einen echten Verbündeten. Byrne trat zurück und wurde Fußballagent in Großbritannien. Mit zweifelhaftem Erfolg: Nach dem Konkurs eines Investmentfonds gestand Byrne 2023, dass er seinen Klienten Geld schuldete, darunter dem damaligen englischen Nationaltrainer, Gareth Southgate, und einem von dessen Vorgängern, Glenn Hoddle.[628]

Beckham bereitete sich Anfang Juli 2009 auf seine Rückkehr von Mailand nach Los Angeles vor. Zu dieser Zeit erschien in Amerika das Buch *The Beckham Experiment* von Grant Wahl, das den Triumph in Europa überschattete. Darin beschrieb Wahl Beckhams erstes Jahr bei LA Galaxy. Wahl warf dem Star vor, ein sinkendes Schiff zu verlassen, und zitierte Landon Donovan, der Beckham als unengagierten, egoistischen, unzuverlässigen „Geizhals" kritisierte, „der keine Wertschätzung für das Team zeigt". Nach nur einem Sieg in den letzten 13 Spielen war Beckham bei ausnahmslos allen Galaxy-Spielern unbeliebt. Da er mit Wahl zuvor zusammengearbeitet hatte, war er der Ansicht, seine PR-Leute hätten die bissigen Enthüllungen entschärfen müssen. Sie hatten versagt. Als er im Juli erstmals wieder im Home Depot auflief, zeigten Fans unter Buhrufen ein Banner: „Go home fraud" – „Geh nach Hause, Betrüger". Wie üblich wiegelte sein Presseteam ab, das seien nur einige wenige Unzufriedene, doch Beckham war empört. In seiner Wut ging er einen Fan im Stadion an und kassierte eine Geldstrafe in Höhe von 1000 US-Dollar.

Als sich die Gemüter abgekühlt hatten, beschränkte sich Beckham darauf, Donovans offene Worte als „unprofessionell" zu bezeichnen, und nahm dessen Entschuldigung an. Wieder einmal bestand seine Revanche darin, dass er besser spielte. LA Galaxy gewann 3:1 gegen die New York Red Bulls. Negativ war allerdings, dass seine Los Angeles Football Academy tief in den roten Zahlen stand. Wie die Vorgängerinstitution in London sollte sie klammheimlich geschlossen werden.

Nicht nur Beckham erlebte ein Revival, sondern auch Victoria. Kurz nachdem sie ihren 35. Geburtstag in Los Angeles bei einem Mittagessen mit Eva Longoria, Heidi Klum und Kate Beckinsale gefeiert hatte, war sie zur Fashion Week nach Mailand geflogen. Trotz der Schulden ihres Unternehmens strahlte sie, als ihre Kleider bei der Show vorgeführt wurden. Dann ging es eilig zurück nach New York. Zusammen mit Madonna, Kate Moss und Rihanna war sie zu einem Dinner bei der Met Gala eingeladen, das Marc Jacobs veranstaltete.[629] Ihr PR-Team hatte ihr zudem im Fashionmagazin *Harper's Bazaar* 16 Seiten mit ihren Entwürfen gesichert. Derartige Publicity konnte keine andere britische Nachwuchsdesignerin vorweisen. Angeblich trugen Elle Macpherson und Carol Vorderman ihre Kleider.[630] Es schien, als gehe es bei Victoria nun steil bergauf.

Als die Beckhams im Juli 2009 ihren zehnten Hochzeitstag feierten, konnten sie sich zu ihrem Ruhm beglückwünschen. Die Berichterstattung in den Medien bewies, dass sie das beliebteste Paar der Welt waren. Um öffentlich zu bekräftigen, wie stabil ihre Beziehung war, willigte Victoria ein, sich auf dem linken Handgelenk hebräische Schriftzeichen tätowieren zu lassen – „Für immer und ewig zusammen". Eine weitere Tätowierung, die Molloy Beckham kürzlich in die Brust gestochen hatte, war eine Redewendung auf Mandarin und bedeutete: „Wir alle leben und sterben – Reichtum und Ehre kommen vom Himmel." Dass er süchtig nach Tätowierungen und den damit verbundenen Schmerzen war, stand außer Frage. Die große Kunst der Beckhams bestand eben darin zu kaschieren.

Nicht alle ließen sich überzeugen. Die meinungsstarke Kolumnistin Carole Malone sprach für alle Skeptiker: „Ich mag Posh nicht. Ihre falschen DD-Brüste, ihre falschen Beteuerungen über ihre fantastische Ehe, ihr fantastisches Leben und ihre fantastische Karriere. Ich hasse es, wie sie behauptet, sie sei eine ganz normale Mutter, die am liebsten mit David und den Kindern zu Hause ist. In Wirklichkeit dreht sich ihr Leben um Partys, Rummel, Glamour und das Ignorieren seiner Untreue, nur damit die Show weitergeht. Sie redet sich ein, ihre Wahrheit sei die Wahrheit. Die Loos-Geschichte hat sie mit Lächeln und Schmollmund ausgesessen, denn Image ist alles. Mit ihrem begrenzten Talent braucht sie Beckham, um zu überleben. Er hat die Magie, die ihr fehlt. Dass sie so an ihm festhält, macht deutlich, dass die Girlpower nur Heuchelei war. Eigentlich hätte sie ihn verlassen müssen. Aber aus Gier nach Ruhm und Geld ist sie geblieben. Sie ist falsch. Nichts davon beweist, dass sie glücklich ist. Hinter den Kleidern, Diamanten, Schuhen und Taschen steckt eine harte, kalt berechnende Frau."[631]

Zwei Tage nachdem Millionen von Britinnen und Briten dieses unbarmherzige Urteil gelesen hatten, wurde Victoria am Flughafen von Nizza gesehen. Sie sah krank aus und musste sich im Flugzeug nach London übergeben. Kurz zuvor hatte sie sich die Implantate entfernen lassen, die ihr erstmals 1999 in Größe 34D eingesetzt worden waren. „Keine Torpedobazookas mehr", sagte sie später der *Vogue*, passend zu ihrem neuen Image als grazile Modemacherin.[632]

Nach der Rückkehr nach Los Angeles war sie deprimiert. Hübsch verpackte Geschenke für Prominente konnten ihre Sehnsucht nach wirklich bedeutungsvollen Beziehungen nicht erfüllen. Der Reiz des Neuen war verflogen. All ihre Zweifel, ihr Misstrauen und ihre Paranoia kamen wieder zum Vorschein. Das Leben unter den Schönen Hollywoods führte stets zu unvorteilhaften Vergleichen mit David. Nichts, was sie sagte, fand Beifall. Brust-OPs, Nasen-OPs, endlose Gesichtspackungen, anstrengendes Training – und doch sah sie privat immer noch wie eine abgehalfterte Spielerfrau aus. Schlimmer noch, wenn sie mit ihrem Mann ausging, hielt er ständig Ausschau nach schönen Frauen.

Auf Fullers Anweisung hin bekam Jo Milloy die Aufgabe, ihre Klientin vor der Wahrheit über ihren Mann zu schützen und außerdem sicherzustellen, dass das Paar zusammenblieb. Es war ein Vollzeitjob, die beiden bei Laune zu halten. Für Harmonie ließ sich nur sorgen, wenn Victorias Termine sorgfältig geplant waren.

Im September 2009 bei der Londoner Fashion Week tat Victoria der Redakteurin der *Vogue* den Gefallen, in einem dreifarbigen Ballonkleid zu ihrer Party zu erscheinen. Die Reaktion fiel erwartungsgemäß aus: Ihre Figur schockierte alle. Mit 60 Zentimetern Taille und der Statur eines jungen Mädchens sah sie krank aus. „Es geht mir gut – ich bin glücklich und gesund", erklärte sie auf Nachfragen. „Es stimmt nicht, dass ich nichts esse und nicht gesund bin." Ihre säurearme vegetarische Ernährung sei „wirklich gesund".

Acht Jahre zuvor hatte sie in ihrer Autobiografie gestanden, sie sei „von ihrem Gewicht besessen … Ich habe einfach aufgehört zu essen. Ich wurde immer dünner, und die Begeisterung darüber unterdrückte den Hunger." Als Designerin, die auf kostenlose Eigenwerbung angewiesen war, um ihre Kleider zu verkaufen, hätte sie das Ergebnis einer YouGov-Umfrage unter 2000 Frauen beunruhigen können. Dort wurde gefragt, welcher Star den attraktivsten Körper habe – Kate Winslet führte mit 16 Prozent, Victoria lag mit einem Prozent auf dem letzten Platz.[633]

Um eine positivere Berichterstattung zu fördern, luden die PR-Beauftragten Milloy und Lewis die Londoner Boulevardpresse zu einem Abendessen mit Victoria ins Top-Restaurant Nobu ein. Nachdem sie wie Victoria ein Körbchen mit gedünsteten Pilzen bestellt hatten, orderten alle als Vorspeise das Spezialsushi. Zur großen Verwunderung blieb es dabei. Victoria war nicht bereit, noch mehr Essen zu bestellen. Hungrig verließen die Presseleute das Restaurant. Dass Milloy über ihre schlechte Bezahlung klagte, erstaunte niemanden. Im Gegensatz zu David, der seinen Mitarbeitenden zu Weihnachten ein iPad im Wert von 1000 Pfund schenkte und sie damit besser behandelte als seine Teamkollegen bei Galaxy, war Victoria weniger großzügig.

Kein Wunder, dass der *Mirror* aus Ärger über diesen Geiz ein Geständnis veröffentlichte, das Victoria 2001 in ihrer Autobiografie gemacht hatte: „Man bekommt Spaß daran, den Leuten etwas vorzumachen.“[634]

22

Ausgetrickst

David Beckham setzte eher auf Überzeugungskraft als auf PR, um sich Erfolg zu sichern. Nachdem er bei drei aufeinanderfolgenden Auftritten für England schwache Leistungen gezeigt hatte, legte er sich mächtig ins Zeug. Im vierten Match gegen Weißrussland war er auf wundersame Weise deutlich besser. Nach seiner Einwechslung zur Halbzeit lieferte er in seinem 115. Länderspiel den Pass zum zweiten Tor beim 3:0-Sieg.

Am nächsten Tag folgte die Belohnung. Nach einem verstohlenen Stupser der FA-Funktionäre berief Capello ihn in den Kader für die WM 2010. Bis drei Uhr morgens feierte Beckham mit seinem alten Freund Dave Gardner im angesagten Klub Bungalow 8. Acht Monate im weltweiten Rampenlicht waren ihm nun sicher.

Gardner hatte in Beckhams Leben an Bedeutung gewonnen. Seit Byrnes Weggang war er als Geschäftsführer von Footwork stärker in die Business-Angelegenheiten involviert. Und jetzt, da er von der ehemaligen Soapdarstellerin Davinia Taylor geschieden war, freute er sich auf intensive Partys mit seinem alten Freund Becks.

Nur Stunden nach der Feierei flog Beckham nach Los Angeles – und landete unsanft. Der Flughafenzoll durchsuchte drei Stunden lang seine zwölf Gepäckstücke nach illegaler Importware – kubanische Cohiba-Zigarren, die Beckham neuerdings rauchte. Sein Protest wurde ignoriert.[635]

Fuller hatte ihn schließlich doch davon überzeugt, in Amerika zu bleiben, um ein MLS-Franchise zu gründen. Und so verlängerte Beckham seinen Vertrag mit LA Galaxy um zwei Jahre. Außerdem unterzeichnete er einen „Kurzarbeitsvertrag“, laut dem er ab dem 28. Dezember für den AC Mailand auflief.

In den folgenden Wochen waren Beckhams Leistungen durchwachsen. Seine Freistöße und seine charakteristischen Pässe führten gelegentlich zu Siegtoren – etwa gegen Barcelona, Chivas USA und die San José Earthquakes –, doch er konnte nicht lange laufen, schon gar nicht mit dem verletzten Knöchel. Kortisonspritzen und Langstreckenflüge beeinträchtigten seine Kondition so sehr, dass er auf dem Feld mehr humpelte als lief. Gegen seine Atemnot setzte er auf Asthmaspray und Nahrungsergänzungsmittel. Diese Handicaps trugen dazu bei, dass Galaxy im MLS-Finale am 23. November keinen klaren Sieg gegen Real Salt Lake einfahren konnte. Im Elfmeterschießen traf Beckham zwar, doch Donovans Schuss ging über die Latte. Galaxy verlor 4:5.[636]

Es folgten weitere Langstreckenflüge – am 4. Dezember 2009 im Privatjet via Deutschland nach Kapstadt. Der FA war Beckham als Schlüsselfigur für die Bewerbung um die WM-Ausrichtung so wichtig, dass sich der Verband mit 100.000 Pfund an den Flugkosten beteiligte. Beckham selbst zahlte 50.000 Pfund.

Als ihn der FA-Vorsitzende David Triesman Willkommen hieß, ahnte Beckham nichts von den Turbulenzen innerhalb des Verbands. Nicht nur, dass der ehemalige Labour-Politiker Triesman von den Sportmedien offen für seine „Gier“ und sein mangelndes Fußballwissen verspottet wurde – seit er den Posten zwei Jahre zuvor von Geoff Thompson übernommen hatte, war es ihm nicht gelungen, gewisse Funktionäre aus dem Vorstand zu entfernen, die den Fußball vor allem als Gelddruckmaschine zu sehen schienen und die komplexen Strukturen der internationalen Sportpolitik unterschätzten.[637]

Die FA-Verantwortlichen – und auch Beckham – hatten den Schweizer FIFA-Präsidenten Sepp Blatter offenbar noch nicht richtig verstanden. In dessen Augen war der britische Fußballverband zu sehr in Sex- und Finanzskandale verstrickt; zudem wäre es gut, die englischen Hooligans endlich in den Griff zu bekommen. Blatter ärgerte es, wie sich die FA mit dem weltweiten Erfolg der Premier League brüstete und in ihrer WM-Bewerbung prahlte: „Football's Coming Home.“ Sie würde damit übersehen, dass die Liga zum Großteil im Besitz ausländischer

Milliardäre sei. Erfreulich war für Blatter dagegen die Naivität der FA. Der Verband schien nicht zu wissen, wie sehr die gesamte FIFA von Korruption durchzogen war. Triesman und sein Vorstand ignorierten Berichte, nach denen Südafrika den Zuschlag für die Ausrichtung der WM 2010 nur bekommen hatte, weil Jack Warner für seine drei Stimmen unter der Hand zehn Millionen US-Dollar gezahlt worden waren. Für Blatter gab es noch eine weitere Ironie des Schicksals: Bei der letzten Wahl zum FIFA-Präsidenten hatte die FA ihre Unterstützung für seinen schwedischen Gegenkandidaten Lennart Johansson zurückgezogen, weil Blatter versprochen hatte, Englands Bewerbung um die WM-Ausrichtung zu unterstützen.

Am Abend vor dem Treffen in Kapstadt waren Triesman und seine Funktionäre nicht in der Lage, die naheliegende Schlussfolgerung aus Blatters Besuch bei Wladimir Putin in Moskau in der Vorwoche zu ziehen. In der FIFA-Zentrale galt Russland allgemein als Favorit für die Ausrichtung des Turniers im Jahr 2018, obwohl die US-Botschaft das Land als „korrupte, autokratische Kleptokratie" bezeichnete, in der „sich Regierungsbeamte, Oligarchen und das organisierte Verbrechen zu einem richtiggehenden Mafiastaat zusammengeschlossen haben".

Triesman und sein Vorstand waren blind für die Verbindungen zwischen Blatter und Putin. Sie glaubten, dass die erstklassigen Stadien und die gute Infrastruktur England den Sieg schon sichern würden. Dass Jack Warner und sein korrupter Mitverschwörer, der US-Amerikaner Chuck Blazer, ihre Unterstützung für Englands Bewerbung versprachen, nahmen sie für bare Münze. Sie glaubten auch dem „gut gemeinten" Ratschlag von Südafrikas Fußballchef Danny Jordaan und Warner, Englands Bewerbung hänge an Beckham.

Nur drei Wochen zuvor hatte auch die *Sun* gewarnt, diese Bewerbung sei ein Desaster, für das die „Amateure" von der FA verantwortlich seien. „Nur Becks kann sie noch retten." Mit Beckham an Bord stellten sich alle Medien hinter die FA.[638]

„Wir dürfen nicht überheblich auftreten", las Beckhams Sprecher vor seiner Ankunft in Kapstadt den vorgefertigten Text ab. „Wir müssen auch anderen Ländern Respekt zollen." In Beckhams Namen ergänzte er: „Wir hatten zwei oder drei gute Treffen mit Jack Warner und Sepp Blatter. Jack mag ich sehr, weil er sehr ehrlich und direkt ist und sagt, was er will."[639] Beckham war unbestritten der Mann der Stunde.

Als er die FIFA-Halle betrat und sich auf den Weg zum englischen Stand machte, zog er die Delegierten mit seiner Ausstrahlung in den Bann. Alle eilten herbei, um den Helden zu sehen. Er genoss es, im Mittelpunkt zu stehen, und präsentierte dem Publikum in aller Ruhe Englands Referenzen für die Bewerbung. In der Menge waren auch die Delegierten aus Katar, die in ihm den Mann ihrer Zukunft erkannten.

Blatter trickste die englischen Delegierten aus. Zu Triesmans Freude sollte Beckham die ersten Spiele des Turniers 2010 auslosen. Neben ihm auf der Bühne stand die südafrikanische Schauspielerin Charlize Theron. „Die Körpersprache zwischen den beiden ist elektrisierend", murmelte ein Delegierter. Im vollen Scheinwerferlicht konnten die beiden Stars kaum die Augen voneinander lassen.

Die hochrangigen FIFA-Funktionäre, darunter Blatter, Warner und Chuck Blazer, kicherten leise vor sich hin. Dass sie glaubten, ein Fußballer könne mehr Einfluss auf die Entscheidungen der FIFA haben als Staatschefs wie Putin, verriet viel über das Kaliber der FA-Leute.

Auf dem Rückflug nach Mailand erklärte Beckhams Sprecher, die nächste WM 2010 werde „Becks' Schwanengesang. Er will sich mit einem Paukenschlag verabschieden. Er wird sich für sein Land zerreißen."[640]

In Italien indes war Beckham nicht fit. Während sein PR-Team dem *Mirror* erklärte, Mailand habe die letzten drei Siege hauptsächlich Beckham zu verdanken, schrieb die italienische Sportzeitung *Gazzetta dello Sport* über dieselben Spiele, Becks habe „wie in einem Wachsfigurenkabinett" gewirkt. Ein anderer italienischer Reporter nannte ihn den schlechtesten Spieler der Mailänder Mannschaft, während ein dritter ihn als „verwirrt und verwirrend" bezeichnete.

Die beiden Champions-League-Spiele gegen Manchester United waren für Beckham blamabel. Im Heimspiel schlug er eine Flanke und blieb danach bis zu seiner Auswechslung unsichtbar. Beim Rückspiel am 10. März im Old Trafford jubelten die Fans, er jedoch saß auf der Bank. Bis zur 64. Minute konnte er von dort nur mitansehen, wie Paul Scholes und Wayne Rooney Hervorragendes leisteten. Als Mailand schließlich mit 0:4 zurücklag, kapitulierte der Trainer vor den Sprechchören der Fans: „Wir wollen Beckham." Nostalgie war Trumpf. Sieben

Jahre nach seinem Weggang von Manchester United ließ der Spieler etwas von dem alten Zauber wieder aufleben und zeigte präzise Eckbälle und einen wuchtigen Volleyschuss aufs Tor. Mailand unterlag 2:7. Nach dem Spiel jubelte die Menge, als sich ihr Held einen United-Schal um den Hals schlang und salutierte. Dann verschwand er im Tunnel. Seine Bilanz für Mailand in 33 Einsätzen: zwei Tore und ein paar geglückte Aktionen.[641]

Für einige Italiener war Beckham die reinste Witzfigur – ein Fußballer, der Blitzlichtgewitter und Reichtum genoss. Während er auf einer Straße in Mailand Werbung für Armani machte, schlich sich die TV-Moderatorin Elena Di Cioccio mit einer Livekamera von hinten an. Mit gelben Gummihandschuhen packte sie Beckham zwischen die Beine, um zu ermitteln, ob die Armani-Werbung der Wahrheit entsprach. „Ich habe ihn angefasst", sagte sie dem Publikum, „aber er ist klein, David. Alles Lug und Trug. Was hast du benutzt? Watte?"[642]

In Los Angeles machte sich Simon Cowell ebenfalls über die Beckhams lustig. Nach Victorias glanzlosem Auftritt in Fullers Show „American Idol" – ein Teil des Publikums fand sie öde und einfallslos – lud Cowell sie in seine Konkurrenzshow „X Factor" ein. Fuller war empört, dass Cowell in seinem Revier wilderte, und sorgte dafür, dass das Angebot abgelehnt wurde. Das wiederum veranlasste Cowell zu der Äußerung, Fuller sei clever, habe jedoch „die Aura eines verregneten Wochenendes in Hastings".

Was Beckham in dieser Woche jedoch in Italien erleiden musste, machte Victorias Schicksal bedeutungslos.[643]

Vier Tage nach seiner Demütigung in Manchester hatte David kurz vor Schluss im Liga-Heimspiel gegen Chievo den Ball vor den Füßen. Er verlagerte sein Gewicht, stockte und griff nach unten. In seiner Achillessehne spürte er ein „riesiges Loch". Mit Mühe schleppte er sich zur Seitenlinie und brach dort zusammen. „Sie ist gerissen, sie ist gerissen", jammerte er, während er auf der Trage abtransportiert wurde. Seine internationale Karriere endete mit Tränen. In der Umkleidekabine telefonierte er weinend mit Victoria und flog dann zur Operation nach Finnland. Sie flog ihm hinterher. Mittlerweile hatte sie die Geburtstage der Kinder und auch ihren eigenen Geburtstag so oft ohne ihn gefeiert, dass sie sich fragte, ob nun vielleicht der Zeitpunkt gekommen sei, dass er die Fußballkarriere beendete. Davon wollte David nichts wissen – obwohl die ständigen Flugreisen zur Folge hatten, dass er nun mindestens sechs Monate nicht würde spielen können. Tim Leiweke musste dafür zahlen; er war gesetzlich verpflichtet, Beckhams Jahresgehalt von 2,5 Millionen US-Dollar zu übernehmen.

Neun Tage nach seiner Verletzung flog Beckham von Heathrow nach Los Angeles. Am selben Tag landete Victoria aus Los Angeles in Heathrow und flog weiter nach Moskau. Die beiden begegneten sich nicht. „In Moskau warten bereits 2000 Menschen auf ihre neuen Entwürfe", so ihre Pressesprecherin.[644]

Diese erfundene Geschichte konnte die Gerüchte nicht zum Schweigen bringen, dass es in der Ehe der Beckhams wieder einmal kriselte. Als Beckham und Charlize Theron in ähnlich karierten Hemden bei einem Basketballspiel der Lakers in Los Angeles gesehen wurden, kam der Verdacht auf, die beiden könnten seit dem Treffen in Kapstadt mehr als nur gute Freunde sein. Um die Fassade zu wahren, schaltete sich Victorias PR-Team ein.

Richard White von der *Sun* wurde angehalten, atemlose Berichte über das anstrengende Sexleben der Beckhams zu schreiben – „fünfmal am Tag trotz seiner Beinverletzung". Ähnliches sollte auch Victorias Wunsch nach einer weiteren Schwangerschaft belegen. In der darauffolgenden Woche erfuhr White, dass die beiden ihr fleißiges Bemühen unterbrechen mussten, weil Victoria außerplanmäßig von Los Angeles nach London reiste. „David ist k. o. und war froh über die Pause", vertraute eine „Freundin" White an. Victoria dagegen aß Obst, um „dicker" zu werden. Dann erzählte die „Freundin" White: „Sie verstehen sich besser denn je." Nach ihrer Rückkehr nach Amerika, so die „Freundin", habe David Victoria jeden Tag Blumen geschickt.[645]

Eine weitere öffentlichkeitswirksame Aktion bestand darin, dass Victoria im New Yorker Luxuskaufhaus Barneys Erotikartikel im Wert von 3000 Pfund kaufte. Unter den Schachteln, die ihre Assistentin für sie trug, war auch eine verführerische S&M-Maske für 82 Pfund. „Eine Überraschung für David", erklärte sie der Verkäuferin. Ihre PR-Beauftragte ergänzte: „Er hat so ein Glück. Posh liebt ihren David so sehr." [646]

Als wäre das nicht genug, beschrieb Milloy, wie es bei einem Werbedreh für das fünfte Parfüm, „Beckham Yours", zugegangen sei:

David und Victoria fahren in einem Fahrstuhl und betatschen sich dabei lustvoll, dann gehen die Türen wieder auf und Beckham wischt sich in zerknitterter Kleidung lächelnd Lippenstift vom Gesicht.[647]

Für das neue Parfüm setzte man ganz auf das Thema Sex. Victoria verkündete, der Mittwoch sei bei ihnen dafür reserviert. „Der ist uns heilig", betonte sie. Werbung machte sie vor allem mit ihrem Mann. Auf die Frage nach dessen hoher Stimme antwortete sie: „Er saß am Fuß des Bettes, unbekleidet. Er hat so viele Tattoos, ich liebe sie. Er hatte sich die Haare nicht gemacht. Er sieht einfach von Natur aus immer gut aus. Er saß also da, ganz zerzaust. Und ich dachte: ‚Du hast es gut getroffen, Mädchen.' An seine Stimme habe ich dabei ganz sicher nicht gedacht."[648]

Der Höhepunkt der 15-Millionen-Pfund-Kampagne, mit der sich die FA die WM-Ausrichtung sichern wollte, bestand darin, dass David Beckham am 14. Mai 2010 in Zürich ein 1700-seitiges Dossier an Sepp Blatter übergab. David Triesman stand dankbar neben Beckham und beschwor ebenfalls die „Leidenschaft", die in England für den Fußball herrsche.

Nicht einmal eine Woche später sah sich Triesman gezwungen, von seinem Posten zurückzutreten. In einer ungeschickten verdeckten Ermittlung hatte eine Frau Triesman dabei aufgenommen, wie er behauptete, Spanien und Russland planten, Schiedsrichter in Südafrika zu bestechen. Einige vermuteten schmutzige Tricks, um Englands Bewerbung zu sabotieren.[649]

Triesmans Rücktritt war ein Vorgeschmack auf den englischen Auftritt bei der WM in Südafrika. Capello, dem die Kultur der englischen Spieler fremd war, quartierte die Mannschaft in einem abgelegenen Hotel ein. Die Stimmung im Team sank, denn es gab weder Bier noch nette Gesellschaft. Die Wege zu den verschiedenen Stadien waren weit, sodass die Spieler dort missmutig und unmotiviert eintrafen.

Beckham saß neben Capello auf der Bank, als das englische Team sowohl gegen Algerien als auch gegen die USA beschämende Leistungen zeigte. Nur dank einer günstigen Auslosung rettete sich England in die K.-o.-Phase gegen Deutschland.

Die englischen Fans in Bloemfontein waren am Boden zerstört. In einer erbärmlichen Vorstellung, in der das Nationalteam den Ball lediglich hin und her schob, statt auf das gegnerische Tor zu stürmen, wurde die Mannschaft von der deutschen Elf mit 1:4 vermöbelt. Eine nie dagewesen Blamage. Während die Medien über „verwöhnte Schuljungen“, „überbezahlte Hanswurste“, „missmutige, egoistische Soziopathen mit lähmendem Auftritt“ spotteten, entschuldigte der mit sechs Millionen im Jahr entlohnte Trainer die Leistung seiner Mannschaft mit „Müdigkeit“.

Dann verkündete Capello im Fernsehen, Beckham sei mit 35 Jahren „wahrscheinlich ein bisschen zu alt“, um erneut für England berufen zu werden. Obwohl Capellos rechte Hand, Franco Baldini, ihn am Abend zuvor vorgewarnt hatte, wirkte Beckham von der Nachricht geradezu schockiert. Sein von Oliveira verfasster Kommentar lautete, Capellos Rauswurf sei „respektlos, enttäuschend und bestürzend“. Victoria ergänzte, sie fände es „widerlich“, wie gedankenlos der unverschämte und unsensible Trainer mit dem Nationalhelden umgehe. Zwei Tage später trat Capello von seinem Posten zurück und kassierte eine Abfindung von sechs Millionen Pfund.[650]

Da es außerhalb Großbritanniens keine Alternative für ihn gab, erklärte sich Beckham bereit, bis zum Vertragsende im Jahr 2012 bei LA Galaxy zu bleiben. Die kalifornische Lebensart, die Sonne und die niedrigeren Steuern hatten eben ihre Vorteile. Im September war seine Verletzung endlich ausgeheilt. „Mir war, als müsste ich sterben“, sagte er nach seiner ersten Trainingseinheit über die lange Zwangspause. Nach einem Freistoßtor Anfang Oktober war er wieder einigermaßen auf der Höhe. Nach wie vor zeigte er dem Verein gegenüber allerdings wenig Loyalität. Obwohl er nur 48 von 120 Spielen für Galaxy bestritten hatte, wollte er unbedingt in die britische Olympiamannschaft 2012 in London. „Das würde mich stolz machen“, sagte er. „Zumal die Spiele in dem Teil Londons stattfinden, in dem ich aufgewachsen bin.“ Er machte sich auf die Suche nach einem europäischen Verein, bei dem er mittrainieren konnte. Nachdem Mailand abgelehnt hatte, trainierte für einige Wochen bei den Tottenham Hotspur in London und akzeptierte dafür eine Gehaltskürzung bei LA Galaxy. „Ich will den Leuten beweisen, dass sie falschliegen“, sagte er jenen, die überzeugt waren, seine Fußballkarriere sei vorbei.[651]

Ein paar Tage später erfüllte Beckham Jack Warner den Wunsch, noch einmal in der englischen Nationalmannschaft zu spielen, die erneut in Trinidad auflief. Seinen Sponsoren zuliebe musste Beckham sein globales Profil stärken. Doch die Erwartungen an eine entspannte Reise erfüllten sich nicht. Ehe er mit Brooklyn im Privatjet aus Los Angeles abflog, nahm ihn die in Amerika ansässige, aber im Besitz der deutschen Bauer Media Group befindliche Zeitschrift *Touch* ins Visier.

Michelle Lee, Herausgeberin der Zeitschrift, veröffentlichte die ungeheuerlichen Aussagen der 26-jährigen bosnischen Prostituierten Nici „Irma" Nezirovic, die behauptete, Beckham habe sie zwischen August und September 2007 in New York und London fünfmal für Sex bezahlt. Der Bericht war völlig frei erfunden und diente lediglich dazu, Beckham und der englischen WM-Bewerbung zu schaden. Britische Journalisten, die Nezirovic interviewten, konnten ihre auswendig gelernten Lügen mühelos entlarven. Dennoch beteuerten sowohl die Herausgeberin von Touch als auch die Bauer Media Group, der „Scoop" entspreche der Wahrheit.

Diesmal sagte Milloy die Wahrheit, als sie Victorias „Wut und Demütigung" beschrieb.[652] Beckham reichte in Los Angeles eine Schadenersatzklage über 25 Millionen US-Dollar ein, die jedoch abgewiesen wurde. Nici und die Zeitschrift, so lautete die Begründung, hätten laut Verfassung das Recht, ihre freie Meinung über eine Person des öffentlichen Interesses zu äußern, selbst wenn der Bericht eine „schmutzige Lüge" sei. Es lasse sich nicht nachweisen, dass die Zeitschrift unwahrheitsgemäß berichtet habe, obwohl Bauer nicht den geringsten Beweis für die Story lieferte. Schlimmer noch: Beckham musste nicht nur die 170.000 Pfund Anwaltskosten tragen, sondern außerdem hinnehmen, dass sich *Touch* damit brüstete, man habe sich „erfolgreich" gegen Beckhams „unbegründete Beschwerde" zur Wehr gesetzt. In der kurzen Abschlussanalyse wurde die Vermutung laut, die Geschichte der Prostituierten sei dem deutschen Verlag aus Russland zugespielt worden, um Englands Bewerbung für die Fußball-WM zu schaden.[653]

Als Beckham durch den Hintereingang in das Hotel in Trinidad kam, spürte niemand aus dem englischen Nationalteam oder der FA-Delegation seinen Ärger. Die einzige Verstimmung, die er nach außen zeigte, galt den Anzügen von Marks & Spencer, die alle Mitglieder der Delegation erhalten hatten. „Die trage ich nicht", sagte Beckham kurz. Es wurden neue Anzüge von Designer Paul Smith bestellt.

Beim Abendessen mit Jack Warner in einem chinesischen Restaurant gab sich Beckham alle Mühe, den Mann aus Trinidad zu umwerben. Warner spielte seine Rolle perfekt. Bei der Rückkehr nach Los Angeles war der Fußballer davon überzeugt, Warner werde seine drei Stimmen für England abgeben. Das Wochenende verbrachte er mit Victoria im Napa Valley, ohne zu ahnen, dass Warner Russland bereits seine Unterstützung zugesichert hatte.

Am 2. Dezember 2010 hob sich in Zürich der Vorhang für die 30-minütige „Oscar-reife Präsentation" der FA. Beckham reiste aus Los Angeles an. Der Verband war so zuversichtlich, dass England genügend Stimmen bekommen würde, um die zweite Runde zu erreichen und am Ende den Sieg davonzutragen, dass man Premierminister David Cameron und Prinz William zur Teilnahme an der Präsentation am Hauptsitz der FIFA überredet hatte.

Über den Fußball hatten William und David bereits vor der WM 2006 zusammengefunden. Seitdem diskutierte der Prinz, ein Fan von Aston Villa, darüber gerne mit dem Sportstar. Wenn in der Presse Geschichten über Beckhams Ehebruch publik wurden, tat William sie stets als übergriffig und unwahr ab. Wie Beckham konnte auch William nichts von der Katastrophe ahnen, die sich in der Folge abspielen sollte.

„Ich bin sicher, dass wir Putin gewachsen sind", bemerkte Beckham vor Journalisten, sichtlich stolz darauf, dass er, die Marke Beckham, auf einer Stufe mit dem Prinzen und dem Premierminister stand. Der Prinz lächelte, als Jack Warner einen Arm um ihn legte und versprach: „Sie haben meine Stimme." Da der russische Staatschef nicht nach Zürich gekommen war, war Cameron zuversichtlich, dass England im ersten Wahlgang mindestens sechs Stimmen erhalten würde. Die drei berühmten Briten schienen nicht zu wissen, dass eine Dokumentation von Andrew Jennings in der BBC-Sendereihe „Panorama" enthüllt hatte, wie korrupt das gesamte FIFA-Verfahren war.

Als die Ergebnisse der ersten Abstimmungsrunde bekannt wurden, erstarrten die Mienen der Engländer. England war mit nur zwei Stimmen, darunter die eigene, ausgeschieden. Anschließend war zu sehen, wie Andy Anson, der CEO der englischen Bewerbungsgesellschaft, mit einem zypriotischen Delegierten stritt, der die zugesicherte Stimme nicht abgegeben hatte. „Wir kamen in einen Raum", so ein FA-Funktionär im Nachhinein, „in dem sämtliche James-Bond-Bösewichte zusammensaßen." Ein anderer erinnerte sich: „Wir hatten Squashschläger mitgebracht und begriffen nicht, dass Tennis gespielt wurde."

An jenem Tag jedoch, an dem Katars unerwarteter Sieg bei der Bewerbung um die Turnierausrichtung im Jahr 2022 verkündet wurde, unterstellte niemand den FIFA-Funktionären, Schmiergeld kassiert zu haben. Erst fünf Tage später, nachdem der Preis für Katars Triumph auf angebliche Bestechungsgelder in Höhe von 50 Millionen US-Dollar beziffert worden war, bezeichnete Beckham die Korruption in der FIFA als „ekelhaft."[654] Gary Lineker forderte, Katar die Ausrichtung des Turniers zu entziehen, nachdem eine E-Mail angeblich belegte, dass Mohammed bin Hammam, katarischer Vizepräsident der FIFA, drei Millionen Pfund an Schmiergeld gezahlt hatte, darunter eine Million an Jack Warner.[655] Die Vorwürfe gingen nach hinten los.

Um England weiter zu demütigen, berichtete die FIFA-Ethikkommission 2014, im Bewerbungsverfahren habe es keinerlei Korruption gegeben – mit einer Ausnahme: England habe den Ehefrauen der Delegierten Mulberry-Taschen geschenkt. Die FA habe „die Integrität des Bewerbungsverfahrens" untergraben, sie habe Beckham und ein Team nach Trinidad geschickt, um Beziehungen zu Warner zu knüpfen.[656]

Wenn es je einen Augenblick gab, in dem Beckham für seine Prinzipien hätte einstehen sollen, dann wäre es zur Aufdeckung der Korruption innerhalb der FIFA gewesen. Hätte der berühmteste Fußballer der Welt Blatter und seine Kumpane angeprangert, wäre er nicht nur als Sportikone in die Annalen eingegangen. Stattdessen zog sich Beckham aus der Kontroverse zurück. Fußball war seine Lebensgrundlage. Er konnte es sich nicht leisten, seine Einnahmequellen aufs Spiel zu setzen, indem er sich mit der FIFA anlegte. Ebenso wenig konnte er künftige Sponsorenverträge riskieren. Die Belohnung für sein Schweigen waren eine Einladung zur Hochzeit von Prinz William sowie der BBC Lifetime Achievement Award.

Nach der Rückkehr nach Los Angeles fuhren Beckham und Tom Cruise auf ihren 60.000 US-Dollar teuren Hellcat-Combat-Motorrädern durch die Hügel Kaliforniens. Sie bezeichneten sich als „Midnight Boys Bike Club" und wollten ihr Promidasein und das sie umgebende private Chaos für ein paar Stunden vergessen. Die beiden hatten vieles gemeinsam.[657]

Katie Holmes war in ihrer Ehe nicht glücklich; nach einem Jahr flüchtete sie nach New York. Scientology habe sie „erdrückt", sie habe ihre Tochter Suri vor der Sekte retten müssen. Ihre „unüberbrückbaren Differenzen" mit Tom Cruise würden sich nicht beilegen lassen. Sie reichte die Scheidung ein.[658]

Victorias Reaktion auf die Differenzen mit ihrem Mann war das komplette Gegenteil. Sie erklärte, schwanger werden zu wollen. Nachdem es ursprünglich geheißen hatte, sie sei „zu beschäftigt", verkündete sie nun: „Ich gehe jede Nacht mit David Beckham ins Bett. Natürlich versuche ich es."[659]

23

Unklare Botschaften

Ein viertägiger Besuch bei den britischen Truppen in der afghanischen Provinz Helmand im Mai 2010 rückte Beckhams Image wieder gerade. Die Soldaten erlebten ihn als selbstlosen, bescheidenen Familienvater; die Vorwürfe, er sei ein träger, untreuer, gieriger Selbstdarsteller und unambitionierter Fußballer, lösten sich in Luft auf.

Organisiert hatte die Veranstaltung Stuart Higgins, ein ehemaliger Redakteur der *Sun*, und zwar im Auftrag der britischen Armee. Selbst dieser Berufszyniker war von dem Spektakel auf dem unwirtlichen Terrain fasziniert. Hunderte von Soldaten standen in Camp Bastion Schlange, um ihren Helden kennenzulernen – und der Gast begrüßte jeden Einzelnen persönlich. Beckham posierte für Selfies, gab Autogramme und tauschte Erinnerungen an vergangene Fußballtriumphe aus. Geduldig stand er auf einer Bühne und unterhielt sich auf Augenhöhe mit den Truppenmitgliedern. „Ich habe noch nie erlebt, dass ein einzelner Mensch eine so große Wirkung auf eine Gruppe hat", sagte Higgins.

„Soldatenfreunde", also die neun Millionen Leserinnen und Leser der *Sun*, waren seine Fans, und davon konnte er nicht genug haben. Auf Facebook hatte er 3,5 Millionen Freunde (Cristiano Ronaldo besaß zehn Millionen). Um gegen Ende seiner Fußballkarriere die Fangemeinde zu vergrößern, erklärte er sich zu einem Auftritt bei „Help for Heroes" bereit, der jährlichen Wohltätigkeitsveranstaltung der *Sun*.[660]

Mittlerweile war er 35, und nicht nur seine sportliche Laufbahn neigte sich dem Ende zu. Auch seine Tätowierungen, das lichter werdende Haar und seine schwindende Jugend waren für Weltmarken nicht mehr ganz so attraktiv. Neue internationale Champions wurden gesucht. Zu seinen Zukunftsplänen befragt, sagte er: „Ich möchte ein erfolgreicher Geschäftsmann sein." Das war in jeder Hinsicht eine Herausforderung. Im Jahr 2012 verdiente er 2,5 Millionen Pfund bei LA Galaxy und 15,2 Millionen Pfund über Footwork, ein Anstieg um 1,7 Millionen Pfund. Fullers Team sah sich wieder einmal nach neuen Geschäftsfeldern um.

Obwohl es Beckham bereits in der Vergangenheit nicht gelungen war, den Absatz von Omega-3 anzukurbeln, wurde er von Findus unter dem neuen Eigentümer Young's für die Werbekampagne „GO3 Superheroes Challenge" engagiert. Die jungen Teilnehmenden konnten ein Treffen mit dem Star gewinnen.

Die erste Hürde war die Entscheidung, welches Foto von Beckham die Verpackung zieren sollte. Findus wollte ein großes Bild, Beckham ein kleines. „Es gab endlose Diskussionen", erinnerte sich ein Werbefachmann. „Das kostete wirklich Nerven. Unser Designteam raufte sich förmlich die Haare, weil ständig etwas geändert werden sollte." Der einzige Erfolg war, dass sie Beckhams authentische Unterschrift erhielten – für kleine Jungs sehr attraktiv. In der Werbung wurde behauptet, Beckham habe als Kind immer Fischstäbchen gegessen. Als Beckham im Februar 2022 in einem Podcast mit der Starköchin Ruth Rogers alle Lieblingsgerichte seiner Kindheit aufzählte – Aal in Aspik, Kartoffelbrei, Schinkensteak und Pommes –, erwähnte er Fischstäbchen allerdings nicht.[661] Sein Honorar in Höhe von einer Million Pfund zahlte sich nicht aus: Der Absatz von Young's Fischstäbchen und Omega-3 sank in jenem Jahr um 20 Prozent.[662]

Beckham wurde auch als neues Gesicht der Kampagne „Active Kids" der Supermarktkette Sainsbury's engagiert. Der Eine-Millionen-Pfund-Deal sollte Sport fördern und Fettleibigkeit bekämpfen. Auch diese Kampagne war ein Fehlschlag, ebenso wie sich die beiden Parfüms der Beckhams – „Homme" und „Intimately Yours" – als Flops erwiesen. Die Düfte von Beyoncé, den Rooneys und anderen Promis verkauften sich besser.[663]

Nachdem er auch den Vertrag mit Armani verloren hatte, beschloss Beckham, eigene Unterwäsche auf den Markt zu bringen und dabei auf „Pouch statt Schlitz" zu setzen. Lucy Litwack, eine Designerin aus London, entwickelte die „globale Geschäftsstrategie und den Geschäftsplan" von David Beckham Bodywear. Nachdem das Design fertig und ein Hersteller in Sri Lanka beauftragt worden war, wurde Litwack gefeuert. Beckham wechselte zu H&M. Der Vertrag, so Fuller, markiere „einen wichtigen Schritt in David Beckhams Entwicklung vom Sporthelden zum Unternehmer und zur Ikone".[664]

Auf der bescheidenen Promoparty für Beckhams H&M-Slips in Fullers Büro in Los Angeles verkündete Victoria: „David hat alles selbst entworfen. Er hat das komplette Projekt entwickelt. David hat es kreiert, es gehört uns, und H&M übernimmt den Vertrieb." Nicht zum letzten Mal schmückten sich die Beckhams mit fremden Lorbeeren. Litwack hatte eine strenge Geheimhaltungsvereinbarung unterzeichnen müssen. In den ersten Monaten sank der Umsatz von H&M-Unterwäsche um sechs Prozent.[665]

Um Victorias Finanzen und Umsätze stand es noch schlimmer. Im Jahr 2011 verlor sie 1,6 Millionen Pfund. Ihr Presseteam verbreitete eine andere Geschichte: Seit der Markteinführung ihrer Mode im September 2008 sei die Kollektion stets „praktisch ausverkauft". Zu den Käuferinnen gehörten angeblich Jennifer Lopez und Madonna. Um weitere A-Promis für sich zu gewinnen, wurde Kim Kardashian zitiert: „Eine meiner Lieblingsdesignerinnen ist Victoria Beckham."[666] Anspruchsvollere Reiche identifizierten sich in der Regel nicht mit Kardashian. Coco Chanel hätte deren vulgäres Auftreten sicher verabscheut.

Im Überschwang verkündete Natalie Lewis, dass sich angeblich „Gwyneth Paltrow, Charlize Theron und Cameron Diaz darum reißen, auf dem roten Teppich bei den Oscars die Victoria-Beckham-Kollektion zu tragen". Ausführliche Berichte am nächsten Tag legten jedoch nahe, dass vermutlich nur ein einziges Beckham-Kleid getragen wurde – und zwar bei einer Aftershow-Party. Lisa Armstrong von der *Times* berichtete gemäß den Angaben von Victorias PR-Team, der Jahresumsatz mit Kleidern und Accessoires liege bei „200 Millionen Pfund".[667] Der Jahresabschluss, den die Victoria Beckham Ltd. vorlegte, zeigte allerdings eine weniger schmeichelhafte Wahrheit: Der Jahresumsatz belief sich tatsächlich auf 6,7 Millionen Pfund.

In der Welt der Mode spielen Fakten keine Rolle. Wichtig war deswegen, dass Victoria im Rampenlicht blieb. Dementsprechend handelte ihr PR-Team aus, dass sie bei den British Fashion Awards 2011 den Preis für die Designmarke des Jahres gewinnen sollte. Damit setzte sie sich gegen Stella McCartney durch. Da es sonst keine ernst zu nehmende Konkurrenz gab, bekam McCartney ebenfalls einen Preis.[668] Weniger berühmte Designerlabels klagten später, Victorias Team habe dafür gesorgt, dass sie leer ausgegangen seien.

Victoria wurde für ihren Fleiß bewundert, doch laut Einschätzung einer Branchenkennerin hatte sie tatsächlich „keine Wirkung auf die Modewelt". „Ihre Kleidung wirkt an anderen Frauen nicht", so eine andere Expertin. „Es geht immer nur um sie."[669] Seriöse Modefachleute kritisierten auch die Vermarktung. Selbst Victoria gab später zu, in ihrer Anfangszeit hätten viele kritisch „die Augenbrauen hochgezogen – sofern sie überhaupt Augenbrauen hatten".[670]

Fuller war angeschlagen. Seinen Masterplan mit Mouret und Victoria hatten 2008 nur wenige Insider verstanden, jetzt war der Einstieg in die Modewelt noch weniger nachzuvollziehen. Um den Umsatz zu steigern, wurde Victorias Atelier von New York nach London verlegt. Stolz präsentierte sie die von David finanzierten Spiegelwände und den schwarzen Teppich in ihrem neuen viele Quadratmeter großen Atelier in Battersea. Hinter den Kulissen wurde das rund 20-köpfige Team noch immer von Roland Mouret beraten.

Victoria sah sich als Markenführerin in der Damenmode, obwohl die Durchschnittsfrau Größe 42 trug. Da sie professionelles Zeichnen nie gelernt hatte, war ihre Arbeitsweise ungewöhnlich: „Ich stelle mich einfach in Unterwäsche hin", während ihre Angestellten Stoffe um ihren zierlichen Körper drapierten. Oder: „Ich ziehe mich aus und gestalte die Kleider an mir selbst."

Auch andere Methoden ihres Teams waren eher unkonventionell. Einmal kaufte eine Mitarbeiterin im Londoner Luxuskaufhaus Harvey Nichols ein Kleid der Konkurrenz. Als es nach einigen Tagen zurückgegeben wurde, zeigte sich, dass die Nähte aufgetrennt und neu gesetzt worden waren. Der Laden hatte das Geld zu diesem Zeitpunkt bereits erstattet, und die Designerin wagte es nicht, sich zu beschweren.

Um Schlagzeilen zu produzieren, war Victorias PR-Team jede Form der Publicity recht. Auf dem Titelblatt der türkischen *Vogue* präsentierte sie sich so schwülstig wie immer. Für die Zeitschrift *Elle* wurde sie von Karl Lagerfeld eingekleidet und posierte im Haus von Coco Chanel. Statt Chanels exquisiten Chic zu verkörpern, wirkte sie mit ihrer Schmollmiene gequält. Im Begleitinterview äußerte sie: Wenn die Kinder im Bett seien, könne sie nur noch „eine Gesichtsmaske auflegen und die Augenbrauen zupfen – zu mehr bin ich dann nicht mehr in der Lage".[671] In einem anderen Interview klagte sie darüber, es mache sie unglücklich, mit David unterwegs zu sein: „Mich schaut nie jemand an. Alle kommen nur, um Fotos von David zu machen." Ein weiteres ihrer Geständnisse lautete: „Ich möchte keine so öffentliche Person sein." Allerdings konnte sie sich nicht verkneifen, im Nachgang hinzuzufügen: „Aber dass ich nach vier Kindern jeden Abend mit David Beckham ins Bett gehe …" Die Verletzlichkeit, die sie an den Tag legte, spaltete die Gemüter. Manche hatten Mitleid mit der hart arbeitenden Mutter, die sich bemühte, ihre Ehe zu retten, andere sahen in ihr eine verwöhnte Multimillionärin, die ihre besten Zeiten hinter sich hatte.

Das vierte Kind, Harper, kam am 10. Juli 2011 zur Welt. Victoria hatte öffentlich geäußert, dass sie sich ein Mädchen wünschte, und es gab Spekulationen, eine Fruchtbarkeitsklinik in den USA könnte beim Geschlecht nachgeholfen haben. Zynische Stimmen äußerten, Harper habe bei der Geburt vermutlich mehr gewogen als ihre Mutter. Wenige Stunden nach der Entbindung konnte Victoria nicht umhin, in den sozialen Medien zu verkünden, dass sie für 3000 Pfund 50 Flaschen Creme gegen Schwangerschaftsstreifen gekauft habe.[672] Sie arbeitete hart an ihrer Figur und wurde einige Wochen später in einem hautengen schwarzen Kleid, mit Pumps von Louboutin und stark geschminkten Augen gesehen. „Erstmals war ich mir nicht sicher, ob ich es schaffe", sagte sie und wiederholte, sie sei ein Kontrollfreak und könne anderen nur schwer vertrauen.[673]

Zu den Personen, denen sie misstraute, gehörte auch ihr Ehemann. Nachdem er sich bei ihr dafür bedankt hatte, dass sie ihn „jeden Tag so sehr beflügelte", sah man ihn mit der Opernsängerin Katherine Jenkins und Prinz Harry im Londoner Arts Club. Kurz darauf bestritt Jenkins eine Affäre mit Beckham. Ihr langes Dementi war umso bemerkenswerter, als zuvor keinerlei Gerüchte über eine Affäre laut geworden waren.[674]

Beckham frönte zudem seiner Lieblingsbeschäftigung: Er ließ sich tätowieren. Sein neuestes Tattoo war Harpers Name auf seinem Hals. Vorausgegangen war dem ein Brusttattoo, das in einem Zwölf-Stunden-Marathon beim Promi-Tätowierer Mark Mahoney entstanden war und Christus im Kreis von drei schützenden Engeln in Gestalt seiner drei Söhne darstellte. Diese Idee, so Beckham, sei ihm nachts gekommen.[675]

Unter seinen weiteren 33 Tätowierungen waren ein Baum und auf dem linken Arm der Schriftzug „Ut amem et foveam" („Dass ich dich liebe und schätze") – ein Versprechen, das er Victoria 2003 gegeben hatte. Ein weiteres Versprechen an sie aus dem Jahr 2007 lautete „Forever by your side".[676]

In dieser Lage, die von Sorgen um Victorias finanzielle Verluste und seine eigene ungewisse Zukunft geprägt war, beschloss Beckham, dem Beispiel der Kardashians zu folgen – genauer: ihrem Erfolg in den sozialen Medien. Von nun an hieß es nicht mehr, die Familie wolle ihre Privatsphäre schützen. Die Beckhams posteten vielmehr unzählige Fotos von sich als stolze Eltern mit der kleinen Tochter sowie ein Video, das die ganze Familie am Strand von Malibu zeigte. Außerdem veröffentlichten sie ausführliche Berichte von Tony, Jackie und Sandra, die Victoria bei der Anmietung eines Hauses in Malibu unterstützten.[677] Nachdem die Zeitung *News of the World* im Juli 2011 mitten im Telefon-Abhörskandal abrupt eingestellt worden war, redete man sich ein, die Medien seien auf diese Weise besser zu kontrollieren.

Diese Zuversicht bekam einen Dämpfer, als in China der neue Range Rover Evoque vorgestellt wurde – die Beckhams pflegten seit einiger Zeit Kontakte zu Land Rover. Gegen Autos und ein zusätzliches Honorar erklärte sich Victoria bereit, die Marke zu unterstützen.

Die Geschäftsbeziehung hatte zwei Jahre zuvor in Kensington begonnen, wo Victoria einen vorbereiteten Text vorgelesen hatte: „Es ist mir eine Ehre, dem Kreativteam anzugehören." Zwei Jahre später, bei der Vorstellung des neuen Range Rover Evoque in China, hielt sie sich nicht ans Drehbuch, sondern verkündete: „Ich habe ein Auto entworfen, das ich fahren möchte, ein Auto, von dem ich glaube, dass David es fahren möchte."

Der Designchef von Jaguar Land Rover, Gerry McGovern, stand in der Nähe und war entsetzt. „Victoria, so war das nicht abgesprochen. Du hast am Design nicht mitgewirkt."

„Oh, ich habe gar nicht gemerkt, was ich da gesagt habe", erwiderte sie.[678]

„Es fällt wirklich schwer, auch nur irgendetwas von dem zu glauben, was sie von sich gibt", so Dean Piper nach einem Interview für den *Sunday Mirror*. Er hatte mit einer schlecht gelaunten, niedergeschlagenen Victoria gesprochen, die mit dem unruhigen Baby Harper zwischen Los Angeles, London und New York hin und her pendelte. Ihre Söhne blieben in Los Angeles, entweder bei David oder bei ihren Eltern und Angestellten.

„Wir planen unser ganzes Leben um sie herum", sagte sie Piper über ihre Söhne. Und während sie abstritt, dass sie googelte, was man über sie schrieb, äußerte sie sich schon im nächsten Atemzug zu den Kommentaren über ihre Mode: „Ich bin überwältigt vom Feedback und lese jedes einzelne Statement."[679]

David Beckhams Abschied von LA Galaxy zog sich deutlich länger hin als geplant. Sein Fünfjahresvertrag lief im November 2011 aus. Um für das britische Olympiateam aufgestellt zu werden, musste er erneut in Europa trainieren und spielen. Wochen vor Ablauf des Galaxy-Vertrags handelte Fuller einen 18-monatigen Vertrag mit Paris Saint-Germain (PSG) für lediglich vier Millionen Pfund aus. Dabei ging es Fuller weniger um die letzten Zuckungen von Beckhams Fußballkarriere, als vielmehr um dessen Aussicht, einen eigenen MSL-Klub zu besitzen, möglicherweise in Miami.

Ein potenzieller finanzkräftiger Investor war Katar. Am Geld würde es nicht scheitern, da das Land ein Viertel des weltweiten Flüssigerdgases produzierte. Wenn die Scheichs Interesse an einem prestigeträchtigen Investment hatten, war eine Einigung ziemlich wahrscheinlich. Die Öffentlichkeit ahnte nichts von Fullers Rechnungen. Man hatte noch bestens in Erinnerung, wie Beckham erst ein Jahr zuvor die Schmiergeldzahlungen an FIFA-Funktionäre verurteilt hatte, mit denen sich die Regierung von Katar die WM 2022 gesichert hatte. Seitdem wusste Beckham die ganze Wahrheit – und auch, wieso die FIFA das Turnier an ein winziges Wüstenkönigreich mit unerträglich hohen Temperaturen vergeben hatte, obwohl jegliche Fußball-Infrastruktur fehlte. Die weltweiten Medien hatten die korrupten Hintergründe des 150-Milliarden-Dollar-WM-Plans bereits Mitte 2010 aufgedeckt, also Monate vor der FIFA-Entscheidung. Der Höhepunkt war erreicht, als Katar im Jahr 2011 den Verein Paris Saint-Germain kaufte.

Nach gewaltigen Immobilieninvestitionen in London wollten die Herrscher von Katar mit Abu Dhabis Scheich Mansour gleichziehen, der sich mit Manchester City einen prestigeträchtigen Verein geangelt hatte. Durch Mansours Vermögen konnte sich der Klub in der Champions League etablieren. Katar schickte Berater auf die Suche nach Verbündeten, um dem Land die Fußball-WM 2022 zu sichern.

Ein Kandidat war Frankreichs Präsident Nicolas Sarkozy. Neun Tage vor der Abstimmung der 37 Mitglieder des FIFA-Komitees hatte Katars Führung im Élysée-Palast mit Sarkozy zu Mittag gegessen. Anwesend war auch der Vorsitzende des Europäischen Fußballverbands (UEFA) und frühere französische Fußballheld Michel Platini. Im Rahmen dieses Mittagessens machten die Katarer ein Angebot. Sollte Platini in Zürich für Katar stimmen, würden die Scheichs Milliarden US-Dollar in Frankreich investieren und unter anderem PSG kaufen (Sarkozys Lieblingsverein steckte in finanziellen Schwierigkeiten). Nach der Vergabe der WM an Katar hat Platini nicht bestritten, dass er sein Votum aufgrund der Absprache bei diesem Mittagessen getätigt hat. Die zugesicherten Gegenleistungen ließen nicht lange auf sich warten.

Beckham hatte die Korruption der FIFA als „widerlich“ bezeichnet. Ihm waren demnach nicht nur all diese Fakten bekannt, sondern er wusste auch, dass die Herrscher in Katar Menschenrechte missachteten, darunter die Rechte von Wanderarbeitern. Er wusste auch, dass Frauen und Homosexuelle extrem diskriminiert wurden.

Die Aussicht auf viele Millionen Pfund für den Klub in Miami bewog Beckham, seine Meinung zu ändern. Nun war es nicht mehr „widerlich“, dass Katar die WM bekommen hatte.

Simon Oliveira erhielt die Aufgabe, Beckhams Image vor Schaden zu bewahren. Im Gegensatz zu dem Fußballer machte sich Oliveira keine Illusionen über die Moral der Katarer. Nur wenige Monate zuvor hatte er Beckham davon abgeraten, Katar als Investor für sein Fußballteam in Miami in Betracht zu ziehen. „Ich habe große Sorge, dass Katar die Marke vergiftet“, schrieb er in einer E-Mail.[680]

Dass Victoria sich weigerte, mit der Familie nach Paris zu ziehen, machte alles zunichte. Sie und die Kinder, so sagte sie, würden Los Angeles nicht verlassen. Fullers Deal mit PSG schlug fehl. Statt dann für einen englischen Verein zu spielen (und höhere Steuern zu zahlen), unterschrieb Beckham für ein weiteres Jahr bei LA Galaxy. In den Vorjahren hatte man dort dank des Stars angeblich mehr als 100 Millionen US-Dollar verdient, und vor diesem Hintergrund handelte Fuller für seinen Klienten keinen super Deal aus: Beckhams Jahresgehalt blieb bei 2,5 Millionen Pfund.

Unmittelbar nach der Vertragsunterzeichnung schlug Galaxy Houston mit 1:0 und sicherte sich zum ersten Mal den MLS-Titel. Landon Donovan erzielte den Siegtreffer nach einem Kopfball von Beckham und einem Pass von Robbie Keane. In der Folgezeit tat sich Beckham auf dem Spielfeld erneut schwer.[681]

Stuart Pearce, der Trainer der britischen Fußball-Olympiamannschaft, flog in die USA, um Beckham spielen zu sehen, und sah, wie dieser ein entscheidendes Tackling ausließ, das zu einem Gegentreffer führte. Außerdem verfehlte er das freie Tor und sah für ein Foul die Gelbe Karte. Pearce war nicht bereit, ihn für seine Mannschaft zu nominieren. „Ich bin enttäuscht“, gestand Beckham.

Im nächsten Spiel gegen die San José Earthquakes explodierte er dann förmlich. Erst schoss er den Ball gegen einen am Boden liegenden Spieler, dann schoss er den Schiedsrichter an und bekam anschließend einen Wutanfall auf dem Rasen. Nach einer Sperre für ein Spiel und einer Geldstrafe kam er zurück, erzielte vier Treffer und bereitete vier weitere vor. Für Pearce kam das zu spät. Der Trainer ignorierte die Proteste, das Land wollte Beckham spielen sehen. Es sei ein Fehler, Beckham außen vor zu lassen, beschwerten sich Fans. Der Spieler habe dabei geholfen, das olympische Feuer von Griechenland nach Greenwich zu bringen. Doch sämtliche Einwände blieben erfolglos. Die Zeiten, in denen die Verantwortlichen Beckham liebten, waren vorbei.

Bei den triumphalen Olympischen Spielen 2012 in Großbritannien zählte der Fußball zu den wenigen Enttäuschungen. Team

Großbritannien scheiterte im Viertelfinale im Elfmeterschießen. Beckham hätte hierbei durchaus etwas bewirken können. Sein Fehlen fiel umso mehr auf, da sich Victoria bereit erklärt hatte, mit den Spice Girls bei der Abschlusszeremonie aufzutreten. Nach einer Woche unbezahlter Proben stand das Quintett auf den Dächern von fünf schwarzen Taxis und sang im sensationellen Finale des überaus erfolgreichen Turniers ein paar seiner Hits.[682]

Aber das, so beschloss Victoria, sollte nun wirklich das Ende ihrer Karriere mit den Spice Girls gewesen sein. Keine weiteren Auftritte mehr. Nach den zahlreichen Auseinandersetzungen zwischen den fünf Frauen – Geri ignorierte Victoria, und Mel C nahm es ihr immer noch übel, dass sie ihr zwei Jahre zuvor kein Kleid für eine Fernsehshow geliehen hatte, weil das angeblich dem Image der Marke schaden würde[683] – war Victoria nicht mehr bereit, an einer Fernsehdokumentation mitzuwirken, die das Spice-Girls-Musical *Viva Forever* promotete.

Am Abend der Premiere in London kam Victoria zu spät und trug einen Trenchcoat. Sie wirkte nicht glücklich, als sie mit ihrer Familie posierte. Sie setzte sich auch nicht zu den anderen vier Girls. Während die sich zur Musik erhoben, blieb sie wie angewurzelt auf ihrem Platz sitzen. Weitere Reunions würde es nicht geben, daran ließ sie keinen Zweifel. Von den schrecklichen Kritiken erholte sich die Show nie.[684] Ihren Anteil am Merchandising-Umsatz strich Victoria gleichwohl ein.

Fünf Monate später weigerte sich David, für ein weiteres Jahr bei Galaxy zu unterschreiben. Seine Familie würde nach London zurückkehren. Am 2. Dezember bestritt er sein letztes Match. Victoria kam zu spät, um das Spiel zu sehen. LA Galaxy schlug Houston Dynamo mit 3:1 und gewann die Meisterschaft, doch die Stars waren Robbie Keane und Landon Donovan. Beckham wagte es nicht, den letzten Elfmeter zu übernehmen. „Ich habe im Laufe der Jahre schon ein paar verschossen", sagte er nach dem Spiel. „Erfolg kommt nicht von selbst. Man muss ihn sich erarbeiten."[685]

„David hat geliefert", versicherte MLS-Commissioner Don Garber und äußerte wohlwollend, Beckham habe Popularität und Image des amerikanischen Fußballs gesteigert. Mit nackten Zahlen ließ sich das kaum belegen. Weder die Zuschauerzahlen im Stadion noch die Einschaltquoten im Fernsehen waren entscheidend gestiegen, und auch das Niveau des Fußballs hatte sich kaum verbessert. Im Nachhinein beklagte Alexi Lalas, man habe Galaxy der Marke Beckham geopfert. Das war ungerecht, denn als Beckham kam, zählte Galaxy zu den schwächsten Mannschaften, und als er ging, gewann der Verein die Meisterschaft. Brian Reade vom *Mirror* schrieb: „Beckham steht wie kein anderer für die goldene Generation: Er versprach viel, aber lieferte nur einen Hype."[686] Fuller hatte ursprünglich damit geprahlt, dass Beckham in fünf Jahren 128 Millionen Pfund verdienen würde. Es stellte sich heraus, dass das übertrieben war. Beckham kassierte schätzungsweise 54 Millionen Pfund – und blieb damit der bestbezahlte Fußballer der Welt.[687] In seinen Abschiedsinterviews schwärmte Beckham vom amerikanischen Fußball, nicht zuletzt, weil er dank des ursprünglichen Vertrags das Recht hatte, zum deutlich vergünstigten Preis von 25 Millionen US-Dollar ein MLS-Franchise zu erwerben.

Dann ging es aufwärts. Nachdem ihm ein Vertrag bei AC Mailand verwehrt worden war, erklärte sich Beckham Anfang 2013 bereit, mit Arsenal London mit zu trainieren. Das war in dem Moment vom Tisch, als Dave Gardner einen Fünfmonatsvertrag mit PSG vorlegte.[688] Unverhofft waren die Kataris wieder als potenzielle Investoren in Miami im Spiel. Um Beckhams 3,3-Millionen-Pfund-Deal wurde ein großes Geheimnis gemacht. „Geld interessiert mich nicht", meinte der Fußballer, nachdem der Vertrag mit dem katarischen PSG-Vorsitzenden Nasser Al-Khelaifi unterzeichnet war. Mit großem Trara kündigte er an, seine gesamten Einnahmen von PSG an ein französisches Kinderkrankenhaus zu spenden.

„Großherziger Beckham", schwärmte der *Mirror*. „Er ist ein guter Mensch. Wir sollten ihn entsprechend würdigen", schrieb Tony Parsons. Auch Oliver Holt lobte Beckham nun dafür, dass er „nicht dem letzten Gehaltsscheck hinterherjage", sondern vielmehr „eine letzte Chance auf Ruhm gewählt" habe.[689]

In ihrem vorschnellen Urteil übersahen die Autoren sowohl die wahre Absicht hinter dem Deal als auch die Steuervorteile, die sich Beckham damit gesichert hatte. Sein unvergüteter Vertrag war so strukturiert, dass er den französischen Spitzensteuersatz von 75 Prozent umgehen konnte und, was noch wichtiger war, seinen Status als Steuerausländer behielt. Bis zum Beginn des neuen Finanzjahres im April 2013 musste er keine britischen Steuern zahlen.

Angesichts der bevorstehenden Änderungen waren Beckhams Finanzen noch einmal komplizierter geworden. Im Jahr 2012 hatte er mit Footwork 16,5 Millionen Pfund verdient und 14,1 Millionen Pfund von seinen Sponsoren erhalten, worauf er keine britischen Steuern entrichtete. Im Jahr 2013 zahlte Footwork kein Gehalt an Beckham. Bei einem Einkommen von 14,8 Millionen Pfund erhielt er 7,5 Millionen Pfund gering besteuerte Dividende, den Rest des Geldes beließ er in der Firma. Sein Einkommen in den USA wurde, wie üblich, in Amerika besteuert.

Das war der kurzfristige Vorteil seines unvergüteten Vertrags mit PSG. Langfristig war vereinbart worden, dass die Eigentümer von PSG, das heißt der Staat Katar, Beckham als Botschafter für die Fußball-WM nutzen konnten. Der endgültige Vertrag sollte erst 2018 unterzeichnet werden, im Laufe der folgenden Jahre sollte er allerdings schon einen Vorschuss bekommen. In den von ihm gegründeten Handelsgesellschaften wurden jedoch keine der Zahlungen aus Katar gesondert vermerkt. Die Buchhalter fügten den Jahresabschlüssen 2016/17 eine Zahlung in Höhe von 10 Millionen Pfund hinzu, was einige Experten als Verschleierungstaktik interpretierten.

Bei seiner ersten Pressekonferenz am 16. Februar 2013 im Parc des Princes wusste Beckham genau, dass er mit Fragen zur Korruption in Katar rechnen musste. Fast 400 Presseleute drängten sich im Presseraum von PSG, der für 200 Personen konzipiert war und in dem sich meist nur 20 Personen einfanden.

Auf die Frage, ob er Französisch spreche, antwortete Beckham: „Bonjour." Dann äußerte er sich in englischer Sprache ungewöhnlich flüssig und räumte ein, dass Katar nicht den Fußballer, sondern das Image Beckham gekauft habe. Voller Stolz gab er zu, seine Aufgabe sei es, in Europa, Asien, Afrika und Südamerika Katars Glaubwürdigkeit zu fördern. Auch dass seine Beziehung zu Katar selbst nach seinem Ausscheiden bei PSG fortgesetzt werden sollte, gab er ohne Umschweife zu. Einzelheiten verriet er nicht. Er zeigte nicht die Spur von Selbstzweifeln an seiner Verbindung zu einer quasi absolutistischen Monarchie, die nicht nur die Taliban in Afghanistan unterstützt hatte, sondern auch zu den wichtigsten Geldgebern der Terrororganisation Hamas zählte.

Selbst die Bemerkung, dass das sicherlich sein letzter Fußballvertrag sei, brachte ihn nicht aus der Ruhe. Der 37-Jährige sagte, er fühle sich wie 21: „Ich habe nicht an Tempo verloren, weil ich noch nie welches hatte.“ Er könne PSG durch Erfahrung und Ehrgeiz unterstützen. „Wenn ich spiele, geht es mir nie um den größten Vertrag oder das meiste Geld. Das interessiert mich nicht.“ In seinem ersten Spiel kam er in der 76. Minute aufs Feld. Und kassierte eine Gelbe Karte.

In der 315 Quadratmeter großen Imperialsuite des Hotels Le Bristol wohnte Beckham allein; ihm standen drei Schlafzimmer und ein riesiges rosafarbenes Marmorbad zur Verfügung – der offizielle Preis lag bei 21.000 US-Dollar pro Nacht. Ein weiterer Vorteil, den der Vertrag mit einem großen Verein brachte, war: Werbung für die eigene Marke.[690]

Zu Beckhams treuesten Verbündeten gehörte Dylan Jones, Herausgeber der Zeitschrift *GQ*, der ihn 2013 zum „stilvollsten Mann des Jahres“ kürte. Auch Designer Tommy Hilfiger sprach sich gegenüber Jones für Beckham aus: „Beckham ist die Männermode-Ikone von heute, unangefochten die Nummer eins.“ Als großer Fan hatte Jones Beckham sechsmal auf dem Cover der Zeitschrift gezeigt. Er schrieb über ihre langjährige Beziehung: „Beckham war früher ein Opfer der Medien, jetzt hat er sie besser unter Kontrolle.“[691]

Jones ist nur ein Beispiel einer ganzen Gruppe von Journalisten, die Milloy und Oliveira heranzogen, um die Beckhams zu fördern. Über Freundschaften, die meist, aber nicht immer platonisch blieben, konnten sie hinter den Kulissen unauffällig die Strippen ziehen. In den nächsten Monaten rekrutierten sie unter anderem Julian Payne von Matthew Freuds internationaler PR-Agentur. Freud brüstete sich damit, durch seinen direkten Kontakt zur Redaktion mit nur einem Anruf eine Story killen zu können. Payne schloss sich nur zu gerne der selbst ernannten PR-Elite an, die Journalisten daran hinderte, die Wahrheit zu veröffentlichen. „Wir übernehmen“, sagte er Dan Wootton von der *Sun*. Später wurde Payne Pressesprecher von Prinz Charles.

Auf Anraten dieser Leute gab Beckham keine Interviews mehr. Von nun an kommunizierte er vor allem über Bilder, es sei denn, sein PR-Team konnte die Veröffentlichung von Texten uneingeschränkt kontrollieren. Die Öffentlichkeit bewunderte ihn als Patrioten und liebevollen Vater, und er gab sich als Mann, mit dem alle Frauen schlafen wollten, während Männer ihn gern als besten Freund hätten. Alles, was er von nun an äußerte, waren vorformulierte Statements.

Das erklärt zum Teil, wie seine neue Freundschaft mit Guy Ritchie zustande kam. In diesen Monaten war Beckham nur wenigen so nahe. Der Regisseur, der Beckham im Auftrag von H&M für eine Boxershortswerbung filmen sollte, schmeichelte dem Ego des Fußballers. Ritchie, 1968 in Hatfield, 30 Kilometer nördlich von London, geboren, war als Regisseur von Gangsterfilmen bekannt – und für seine achtjährige Ehe mit Madonna. Wie Beckham war er ehrgeizig. Und er konnte den Fußballer für seine Leidenschaften begeistern, darunter Wein, Bierbrauen, Architektur und Schießen.

Ritchies H&M-Werbung, die in Los Angeles gedreht wurde, glorifizierte Beckham und sicherte ihm so die Freundschaft. Die Kamera folgte dem nur mit einer Unterhose bekleideten Sportler, während er über hohe Hecken hechtete, über einen Tennisplatz rannte und in einen Pool sprang. „Es hat Spaß gemacht, einen Tag lang den Actionhelden zu spielen", sagte Beckham. Aber er habe keine Ambitionen, Schauspieler zu werden.[692]

In einem Interview für das französische Fernsehen wurde der Fußballer gefragt, ob ein Körperdouble eingesetzt worden sei oder ob irgendwelche Aufnahmen manipuliert seien. „Nein", antwortete Beckham. „Vorne und hinten bin ich das. Es ist mein Arsch." Und: „Ich habe alle Stunts selbst gemacht." Nach eingehender Analyse des Films kam die Wahrheit ans Licht: Auf dem rechten Arm waren keine Tattoos zu sehen, und auch der Po war nicht seiner. Widerstrebend räumte H&M ein, dass Ritchie ein Double eingesetzt hatte.[693]

Keiner dieser Fehltritte konnte Beckhams Image schaden. Ganz gleich, was er sagte oder auf dem Spielfeld (nicht) tat, die Fans und insbesondere Politiker liebten ihn wie eh und je.

Ein Agent aus Los Angeles arrangierte für David und Victoria einen Besuch bei Präsident Barack Obama, seiner Frau und ihren Töchtern im Weißen Haus. Während der lockeren Plauderei scherzte der US-Präsident darüber, dass Beckham als Model für seine eigenen Unterhosen warb. Am nächsten Tag schickte ihm der Fußballer einen Karton mit seiner H&M-Unterwäsche. Michelle Obama, so gab Beckhams PR-Team bekannt, habe darauf bestanden, dass ihr Mann sie trug. Später prangten am New Yorker Times Square Fotos von Beckham in Unterhose.[694]

Trotz der Publicity sanken die Unterwäscheverkäufe von H&M um weitere drei Prozent, und eine Werbekampagne während des Superbowls ging in die Hose. Das Unternehmen behauptete, es seien 600 Stück abgesetzt worden, doch im freien Verkauf waren es nur drei – den Rest hatten Beschäftigte des Unternehmens eilig aufgekauft. Eine technische Panne hatte die Marketingaktion ruiniert.[695]

Fullers Team in Battersea überspielte sämtliche Ausrutscher und nutzte jede Gelegenheit, um Werbung für die Marke Beckham zu machen, solange der Vertrag mit Paris lief. Beckham wurde das „Gesicht" für die Premier-League-Spiele des Pay-TV-Senders Sky Sports, und er wurde von der chinesischen Profifußballliga CSL als Botschafter engagiert. In China tat er die Skandale um Spielmanipulationen in der CSL mit einem Achselzucken ab. „Ich bin nicht hier, um aufzuräumen", sagte er. „Ich bin hier, damit Kinder ausgebildet werden und eine Chance im Profifußball erhalten." Bei seiner zweiten Reise nach Shanghai wies er die gleichen Vorwürfe zurück. 1000 Fans begrüßten ihn am ersten Tag, an dem er für den Fußball warb. Sein Honorar für die Woche betrug rund zwei Millionen Pfund.[696]

Zwischendurch legte er eine Stippvisite in London ein, denn der zehnjährige Romeo und der siebenjährige Cruz traten ein sechswöchiges Förderprogramm beim FC Chelsea an. Außerdem besuchte er den 13-jährigen Brooklyn, der in einer von Chelseas Jugendmannschaften spielte. „Die Trainer sind von ihm beeindruckt", so Vater Beckham.[697]

Die ständige Reiserei hatte zwangsläufig Folgen für seine eigene fußballerische Leistung. Zwar wurde er einmal gegen Spielende eingewechselt und bereitete das Siegtor für PSG vor,[698] doch die Fußballmedien in Frankreich bezeichneten ihn als „Le Flop." Der entscheidende Schlag kam am Vorabend seines 38. Geburtstags. In der Champions League verlor er den Ball an Barcelonas Lionel Messi, der daraufhin ein Tor erzielte.[699] Beckhams Leistung wurde von der Sportzeitung *L'Equipe* mit drei von zehn Punkten bewertet, von einer anderen Zeitung als „völlig daneben" bezeichnet. Beckham sei so schlecht, schrieb jemand, dass man verstehen könne, wenn das Kinderkrankenhaus das gespendete Gehalt zurückgeben würde. In Messis Sphären rückte

Beckham nie vor. Während seiner Zeit in Barcelona schoss der Argentinier über 800 Tore.[700]

Die Wahrheit ließ sich nicht mehr länger verbergen. Auf die Frage, wann er gemerkt habe, dass es Zeit zum Aufhören sei, antwortete Beckham später: „Wahrscheinlich, als Messi mich stehen ließ." Seine Imagemacher feilten die Nachricht schnell zurecht. Oliveira, alias „ein Kumpel", erzählte der *Sun*, Beckham habe eine von PSG angebotene Vertragsverlängerung abgelehnt, weil es „das Beste für die Familie" sei.[701] Dem *Mirror* sagte Beckham: Nachdem er mit den Eigentümern und dem Trainer gesprochen habe, „weiß ich, wie glücklich sie mit mir hier sind".[702] Er beende seine Karriere, so sagte er, „auf dem Höhepunkt". Beckham, der für seine Tore aus Standardsituationen bekannt war, erzielte im Laufe seiner aktiven Laufbahn beachtliche 127 Tore für seine Vereine und 17 Tore für sein Land.

Von den Franzosen wurde der 38-Jährige in seinem letzten Heimspiel gegen Brest großmütig geehrt. Er bekam die Kapitänsbinde, und die ganze Familie schaute zu. Die letzte Ecke, die er ausführte, führte zu einem Tor und PSG gewann den Meistertitel. „Merci, David!", riefen die Fans. Er hatte in seiner Karriere für vier Vereine gespielt und mit jedem eine Meisterschaft gewonnen[703] – das trug zur Mythenbildung um seine Person natürlich bei.

Auch in Großbritannien fiel das Urteil positiv aus, die Buchmacher nahmen keine Wetten mehr darauf an, dass er am Ende des Jahres zum Ritter geschlagen werden würde. Etliche rühmten ihn als großartigen Fußballer, selbstlosen Botschafter des Sports und hervorragenden Vater, und nur wenige äußerten sich kritisch. „Das abgehalfterte Zirkuspferd hat nun keine Lust mehr, seine Unterhosen zur Schau zu stellen und sich den Kopf darüber zu zerbrechen, was seine Tätowierungen bedeuten", schrieb ein Kritiker. In Turnieren hatte Beckham England nie weiter als bis ins Viertelfinale geführt.[704]

In den Lobreden und Nachrufen auf seine Karriere fehlte eine Statistik: die außergewöhnliche Anzahl an Gelben und Roten Karten, die Beckham kassiert hatte. In der Premier League als Spieler von Manchester United wurde er 42-mal verwarnt. In den vier Jahren bei Real Madrid bekam er 38 Gelbe Karten. Während der sporadischen Einsätze im Laufe von sechs Spielzeiten bei LA Galaxy waren es 27 und beim AC Mailand sechs Gelbe Karten. Neben den 113 Gelben Karten in vier verschiedenen nationalen Ligen wurde Beckham in der Champions League 17-mal verwarnt und kassierte 20 Gelbe Karten in verschiedenen nationalen und internationalen Pokalwettbewerben sowie eine noch nie dagewesene Anzahl von 19 Verwarnungen in der englischen Nationalmannschaft – insgesamt also 169. Diese Disziplinlosigkeiten wurden nur noch von den neun Roten Karten in den Schatten gestellt, die er im Lauf seiner Karriere erhalten hatte. Zum Vergleich: Die drei Spieler mit den meisten Roten Karten in der Geschichte der Premier League bekamen jeweils acht. Bezeichnenderweise wurde Beckham nie von einem englischen Schiedsrichter vom Platz gestellt.

Diese Statistik zeigte den wahren Beckham hinter der Maske. Er war eben nicht das lächelnde, legendäre Vorbild. Seine Disziplinlosigkeit und die insgesamt 169 Gelben und neun Roten Karten spiegelten dieselbe ungezügelte Wut, die auch in seiner privaten Kommunikation zu erkennen war – ein Wesenszug, der später erst publik werden sollte. Der öffentliche und der private Beckham unterschieden sich gewaltig.

Als Victoria nach Beginn des neuen Steuerjahres am 5. April 2013 nach Hertfordshire zurückkehrte, war ihr bewusst, dass ihr Einkommen nun vollständig von Davids Image abhing.

Während eines Abendessens mit dem schottischen Sternekoch Gordon Ramsay und dessen Frau fragte Victoria: „David, wie lange wird es wohl dauern, bis ein Foto von diesem Abendessen bei *Mail Online* landet, wenn ich es auf Instagram poste?“

„Probier es aus“, forderte Beckham sie auf.

Nur 15 Minuten später war das Foto weltweit zu sehen. Die Beckhams lachten. Fullers Vorschlag, die Medien zu kontrollieren, indem man sie mit Instagram-Posts fütterte, funktionierte. Social Media war durchschlagskräftiger als die Boulevardzeitungen. Die aggressive Pressejournaille, da waren sich alle einig, konnten sie von nun an ignorieren.

24

Ritterschlag

„Du bist gesetzt“, versicherten Freunde. Auf der Liste der Personen, die am Neujahrstag 2023 den Ritterschlag bekommen sollten, würde Beckhams Name stehen. Die Vorstellung, dass sie künftig Sir David und Lady Victoria heißen würden, begeisterte den Ex-Fußballer. Die Weichen hatte Sebastian Coe gestellt, der Londons erfolgreiche Bewerbung um die Olympischen Spiele 2012 geleitet hatte. „Du hast alles getan, was von dir verlangt wurde“, so Coe zu Beckham. Dem für die Auszeichnungen verantwortlichen Honours Committee der Regierung lag eine Nominierung vor, um von „den Großen und Guten“ (the great and the good) bestätigt zu werden. In Beckhams Augen war die Ritterwürde eine Selbstverständlichkeit.

Um dafür infrage zu kommen, das wussten Simon Oliveira und Dave Gardner, musste der Star nachweisen, dass er einen Beitrag zum Wohle der Gesellschaft geleistet hatte. Zum Glück hatte er dafür bereits einige Wegmarken gesetzt. Seine Besuche bei den britischen Truppen in Afghanistan und verschiedene Wohltätigkeitsaktionen, zum Beispiel ein signiertes Trikot für einen krebskranken Jungen, hatte man ihm hoch angerecht. Um die Sache unter Dach und Fach zu bringen, musste sich der „Mann aus dem Volk“ gegenüber Wohltätigkeitsorganisationen als großzügig erweisen, seinen Reichtum kleinreden und jeglichen Neid unterdrücken, der sich angesichts der Instagram-Postings von seinem opulenten Lebenswandel regen könnte. Seine Angestellten wurden gebeten, gute Ideen beizusteuern.

Einige Einfälle waren etwas überzogen. PR-Mitarbeiterin Tess O'Sullivan schlug etwa vor, Sponsoren der Wohltätigkeitsorganisationen, die Beckham unterstützte, könnten ihm einen Flug ins All finanzieren. „Dort könnte er ein paar Wochen in einer Raumstation bleiben. Auf diese Weise würde er die gesamte Zeit im Blickpunkt der Öffentlichkeit stehen." In einem Memo mit dem Titel „Geplante Einnahmequellen für DBs Weltraumabenteuer" spekulierte O'Sullivan, der größte Sponsor könnte zwölf Millionen US-Dollar geben, andere zwischen drei und fünf Millionen. Um Unterstützung bitten könne man unter anderem die Diktatoren von Kasachstan und Aserbaidschan. Der wohltätige Aspekt, räumte Tess ein, sei dabei eher Nebensache: „Es geht nicht darum, Gelder zu beschaffen, sondern einen legitimen Grund für DBs Reise zu finden, um zahlende Sponsoren und Unterstützer anzulocken." Nach dieser Logik würde Beckham nicht die gute Sache fördern, sondern eher seine Selbstvermarktung inszenieren. „Das soll wohl ein Witz sein", rief Beckham aus. „Weltall? Nein!"[705]

Wichtiger für den Ritterschlag war eine andere Initiative: seine Unterstützung für UNICEF. Die Zusammenarbeit hatte bereits in der Zeit bei Manchester United begonnen, und Oliveira schlug vor, die Verbindung durch entsprechende Spenden zu stärken. Beckham reagierte nicht darauf. Allerdings erklärte er sich im November 2013 bereit, auf die Philippinen zu fliegen, nachdem Taifun Haiyan die Inseln verwüstet und rund 6300 Menschen das Leben gekostet hatte. „Ich möchte etwas bewirken", so das Statement von Beckham.

Sein PR-Team ergänzte das Image mit Snippets über den „Normalo", der eine wichtige Rolle bei der Vergabe der Olympischen Spiele und der Bewerbung um die Fußball-WM gespielt hatte. Unter seinen unzähligen Posts war zu lesen, dass Beckham gerne in gemütlichen Pubs ein Bier trank, in seinem Lieblingscafé im East End Aal in Aspik und Pie aß, mit Lego baute, insbesondere die Tower Bridge mit 4287 Teilen, und die Queen verehrte. Manchmal ging der „Normalo" morgens von seinem kürzlich angemieteten Haus im Londoner Stadtteil Holland Park den Hügel hinunter zur örtlichen Konditorei Paul, um sich ein Croissant und einen Kaffee zu genehmigen. Die weiblichen Angestellten bei Paul hatten den Dienstplan so eingeteilt, dass sie Beckham abwechselnd bedienen konnten.

Auf Drängen seines PR-Teams berichteten die Boulevardzeitungen, dass der „Mann aus dem Volk" mit seinem wohltätigen Engagement „sicher" auf der Liste für den Ritterschlag am Neujahrstag landen werde.[706]

Auch Victoria arbeitete daran, ihr Image einer in Privatfliegern zwischen unzähligen Häusern und Luxushotels hin und her jettenden Multimillionärin loszuwerden. In einem Interview mit der *Vogue* beschrieb sie sich als ganz normale Mutter, die jede Woche im Supermarkt vor Ort einkaufe: „Harper sitzt dann auf meiner Hüfte, Brooklyn hängt am Einkaufswagen", während sie den anderen Kindern hinterherrufe: „Nein, das gibt es heute nicht." Selbstverliebt erzählte sie weiter: „Die Leute schauen mich mit großen Augen an, als wäre ich aus dem Zirkus entsprungen, aber das macht mir nichts aus." Die Supermarktszene mag sich ein einziges Mal abgespielt haben, doch dabei wurde sie ganz bestimmt von hilfsbereiten Leibwächtern und einem Fahrer begleitet. Ähnlich fantasievoll schilderte sie, wie sie die Fußballspiele ihres Mannes verfolge: „Wir standen jubelnd auf der Tribüne." Dabei saß sie immer in der VIP-Loge.[707] Um ihr Engagement für wohltätige Zwecke unter Beweis zu stellen, twitterte sie ein Foto ihrer Spende für die Opfer des Taifuns Haiyan: Auf dem Foto war ein Berg an Schuhen zu sehen, mehrere Hundert aus ihrem eigenen Bestand. Das ließ vermuten, dass sie noch mehrere Hundert weitere Paare besaß.[708]

Nachdem die positiven Aspekte in den Vordergrund gerückt waren, versuchte das Kampagnenteam, alle negativen Geschichten aus der Welt zu räumen. Die größte Gefahr war die Autobiografie, die Alex Ferguson herausbrachte. Da er Kritik von seinem ehemaligen Mentor erwartete, veröffentlichte Beckham eine neue Auflage seiner eigenen Autobiografie. Diese lieferte zwar keine neuen Enthüllungen, stand aber immerhin neben Fergusons Buch in den Bestsellerlisten. Auf einer Pressekonferenz äußerte sich Beckham erstaunlicherweise nicht zu Fergusons Kritik – „Er hat sich die Chance entgehen lassen, ein absoluter Spitzenspieler zu werden" – und ging seinen ehemaligen Trainer auch nicht persönlich an. Damit waren alle Weichen für das offizielle Angebot der Ritterwürde gestellt, das Anfang Dezember erwartet wurde.

Weder Beckham noch seine Berater schienen sich darüber im Klaren zu sein, dass seit 1949 nur 16 Personen aus der Welt des Fußballs den Ritterschlag erhalten hatten, davon lediglich sechs ehemalige Spieler, unter anderem Pelé, Bobby Charlton und Stanley Matthews. Offenbar sah sich Beckham auf einer Stufe mit diesen Giganten des Sports.

Ehe das Honours Committee Auszeichnungen vergab, holte es bei der Polizei, den Sicherheitsbehörden und der Finanzbehörde HMRC routinemäßig Erkundigungen über die infrage kommenden Personen ein. In Beckhams Fall meldete die Finanzbehörde, dass dieser legal als Steuerausländer registriert sei, doch die undurchsichtige Buchführung seiner Unternehmen irritiere. Laut Fuller hatte Beckham allein mit LA Galaxy 25 Millionen Pfund pro Jahr verdient. Dieses Geld war aber nicht an seine britischen Firmen geflossen. Für den Prüfer waren die Steuererklärungen nicht eindeutig nachvollziehbar.

Genauso relevant war, dass der Star eine angeblich legale Steuervermeidungsstrategie der Investmentfirma Ingenious Films nutzte. Etliche berühmte Britinnen und Briten vertrauten darauf: Jede der 697 Personen hatte auf diese Weise im ersten Jahr durchschnittlich rund 200.000 Pfund gespart, der größte Investor sogar insgesamt 19 Millionen Pfund. Nach Ansicht der HMRC betrieben die Ingenious-Investoren „aggressive Steuervermeidung", die später verboten werden sollte. Die Steuerrückforderungen zielten unter anderem auf Beckham ab. Diese Forderungen, so sein Buchhalter Charles Bradbrook in einer E-Mail, seien „ein Albtraum".[709] Aufgrund seiner Beteiligung an dem Steuerkonstrukt wurde Beckham als Steuerhinterzieher eingestuft.

Die Kombination aus aggressiver Selbstdarstellung und Steuerspielchen hatte zur Folge, dass Bob Kerslake als Vorsitzender des Honours Commitee keine allzu großen Sympathien für Beckham hegte. Zu dessen Pech wollte Kerslake in diesem Jahr die Nominierten auszeichnen, die sich nicht nur gemeinnützig engagierten, sondern sich auch für Diversität einsetzten. Beckhams opulenter Lebensstil missfiel Kerslake, der politisch eher links gesinnt war.

Der Star war reich genug, dass er sein Haus in Los Angeles behalten und dazu ein Haus mit sieben Schlafzimmern im Londoner Stadtteil Holland Park kaufen konnte, das rund 21,4 Millionen Pfund kostete. Die Umbauarbeiten unter der Leitung von Star-Innenarchitektin Rose Uniacke – unter anderem ein Haus für Brooklyn auf dem angrenzenden Grundstück und ein Hallenbad – beliefen sich auf schätzungsweise acht Millionen Pfund. Bis zum Abschluss der Arbeiten hatte die Familie ein ähnliches Haus in der Nähe angemietet. Das Familienanwesen in Hertfordshire wurde für zwölf Millionen Pfund verkauft, ihr Haus in Frankreich für 2,9 Millionen US-Dollar. Das Haus in Los Angeles, dessen Wert auf vier Millionen Pfund gesunken war, behielten sie für die Sommerferien.[710] Damit besaßen sie insgesamt fünf Immobilien: in London, in den Cotswolds, in Dubai, in Los Angeles und Victorias Wohnung auf der New Yorker Upper East Side. Alle Immobilien waren mit Darlehen gekauft worden.

Auch eine „Lady" Victoria konnte sich Kerslake nicht gut vorstellen. Sie hatte fünf Festangestellte, darunter ein Kindermädchen, eine Köchin und zwei Haushälterinnen, dazu Sicherheitspersonal. Tatsächlich standen in ihren fünf Häusern insgesamt mehr als 20 Personen auf der Gehaltsliste. Allem Wohlstand zum Trotz konnte sie alte Gewohnheiten nicht ablegen. Im Pizza Express in Loughton in Essex zahlte Victoria die Rechnung über 115 Pfund für Sandra und sechs Kinder in bar, gab aber kein Trinkgeld. „Das tut sie nie", sagte die Geschäftsführerin. „Aber sie sagt ‚Danke'." Immerhin war Victoria ehrlich, wenn sie sich selbst als „Geizkragen" bezeichnete.[711]

Die Beckhams und ihre wohltätige Arbeit konnten Kerslake nicht beeindrucken; er fand, es sei „zu früh" für die Auszeichnung. Die Bewerbung um den Ritterschlag wurde abgelehnt.

Mitte Dezember ahnte das Paar die schlechte Nachricht. Der diskrete Brief mit der Frage, ob David eine Auszeichnung annehmen würde, war nicht eingetroffen. „Was habe ich falsch gemacht?", fragte er. Coe erwähnte die HMRC, wusste aber nichts Genaueres.

Am 13. Dezember trat Beckham in der Talkshow von Jonathan Ross auf. Mit verschmitztem Lächeln wurde er im Interview gefragt, ob man ihm gegenüber „nichts angedeutet" habe? Der Meisterdarsteller grinste und verwies auf seinen OBE-Orden, den er 2003 erhalten hatte: „Ich bin sehr froh und glücklich über das, was ich bereits habe. Es macht mich sehr stolz." Wie vor der Sendung vereinbart, sagte Ross dann: „Ich bin überzeugt, dass Sie ihn bekommen werden. Ich wüsste nicht, wie man Sie übergehen könnte." Beckham und Ross lachten, das Publikum applaudierte. Ende der Sendung.[712]

Kurz nach Veröffentlichung der Liste am Silvesterabend räumte Jo Milloy ein, Victoria sei „am Boden zerstört“, nicht Lady Beckham zu werden.[713] Oliveira verzichtete auf einen öffentlichen Kommentar – nicht zuletzt, weil Beckhams Reaktion unglücklich ausfiel: Im Honours Committee, so mailte Beckham an Oliveira, säßen „undankbare Fotzen“. In einer Hasstirade schrieb er rundheraus: „Wenn es nicht der Ritterschlag ist, scheiß drauf. Das ist ein Haufen Fotzen. Ich habe nichts anderes erwartet.“

Dabei hatte er doch geholfen, die Olympischen Spiele ins Land zu holen, und war seit 2005 UNICEF-Botschafter! „Es ist eine Schande. Wenn ich Amerikaner wäre, hätte ich die Auszeichnung schon vor zehn Jahren bekommen.“ Besonders schlimm war für ihn, dass die Mezzosopranistin Katherine Jenkins mit dem OBE ausgezeichnet wurde: „Katherine Jenkins OBE – für was? Weil sie beim Rugby eine Hymne singt, die Truppen besucht und Koks nimmt. Echt ein Witz.“ Jenkins ärgerte sich sehr, dass sich Beckham nie für diese Äußerung entschuldigte.[714]

Oliveira aber gab sich nicht geschlagen. „Wenn du die höchste Auszeichnung willst, solltest du nicht so schnell aufgeben“, mailte er Beckham. „Ein Grund mehr, in diesem Jahr für UNICEF, die Streitkräfte, andere Wohltätigkeitsorganisationen und dergleichen zu arbeiten.“

Immerhin konnte Beckham Anfang 2014 Fullers jüngsten Erfolg feiern: Überraschenderweise hatte dieser einen neuen Werbevertrag über mehrere Millionen Pfund an Land gezogen. Der Star, der bereits für Coty, Adidas, H&M und mehrere asiatische Unternehmen arbeitete, wurde vom weltweit tätigen Spirituosenhersteller Diageo unter Vertrag genommen und sollte das „Gesicht“ von Haig Club Scotch werden, einem Single-Grain-Whisky, der für 60 Pfund pro Flasche angeboten wurde.

Wie wertvoll Unterstützung durch Prominente war, zeigte der Erfolg der Werbekampagne von Casamigos Tequila mit George Clooney 2013. Auf der Suche nach einer prominenten Persönlichkeit, die junge Menschen für Whisky begeistern konnte, war Diageo nun auf Beckham gestoßen. Nach Ansicht des Marketingteams vertrat dieser als „moderner Sportler und Geschäftsmann“ die richtigen Werte. Die Herausforderung bestand nun darin, junge Leute und insbesondere Frauen davon zu überzeugen, dass Beckham den Whisky, der in einer blauen Flasche mit dem Slogan „Make your own rules“ angeboten wurde, tatsächlich mochte. Der Haken an der Sache war nämlich dessen Ruf als Abstinenzler. Und machte er wirklich seine „eigenen Regeln“? Vielleicht zählte ja auch Fremdgehen! Beckham war begeistert, nicht nur, weil Fuller versicherte, er habe einen Anteil am Gewinn gesichert, sondern auch, weil die Werbespots im Ausland gedreht werden sollten. Dave Gardner, Guy Ritchie und andere Freunde wurden eingeladen.[715]

Da die Marke Beckham nun mehr verdiente als je zuvor, rechneten Gardner und Oliveira aus, dass ihr Chef durchaus mehr Geld für wohltätige Zwecke ausgeben könnte, um sein Engagement zu unterstreichen. Damit würde er sich 2014 wohl den Ritterschlag verdienen.

Die UNICEF-Beauftragte für prominente Botschafter, Chloe Edwards, war ebenfalls dieser Meinung. Beckham sollte als Hauptsponsor seines eigenen „7 Fund“ auftreten, der sich für Kinder einsetzte, die Opfer von Gewalt, Missbrauch oder Krankheiten geworden waren. Sein Name sollte die Reichen in aller Welt dazu bewegen, über seinen Fonds die Arbeit von UNICEF zu unterstützen.

Der „7 Fund“, verkündete Beckham dann auch, habe für ihn „allerhöchste Priorität“. Die Realität sah anders aus. Nach der Fondsgründung war Beckhams Beziehung zu Edwards angespannt. Als sie ihn darum bat, umgehend eine Million Pfund zu spenden und dann das höchste Gebot bei der bevorstehenden New Yorker Wohltätigkeitsauktion des Fonds zu verdoppeln, mailte er an Oliveira und Gardner: „Chloe hat mich ganz direkt aufgefordert, und das hat mich echt geärgert. Ich will das nicht machen, nicht mit meinem eigenen Geld.“[716]

Da sich Beckham weigerte, die erste Million beizusteuern, machte Edwards nun Druck auf Oliveira. Die eine Million Pfund seien „dringend nötig“. Oliveira mailte Beckham, er solle doch persönlich „bis Ende des Jahres etwas Geld beisteuern“, andernfalls würde sein Image Schaden nehmen. Beckhams deutscher Anwalt griff ein: Sein Mandant habe bereits „einen siebenstelligen Pfundbetrag“ beigesteuert. Das war zweifelhaft, nicht zuletzt, weil Edwards keinerlei Geld erhalten hatte.

Gardner ärgerte sich über Beckhams Sturheit und mailte nun Oliveira, UNICEF sei „für seine Marke von entscheidender Bedeutung“, während Beckham die Organisation „als lästige Pflicht“ behandele.

Die Wahrheit kam nach einem weiteren Taifun auf den Philippinen im Februar 2014 ans Licht.

Beckhams zweitägiger Besuch bei den philippinischen Kindern wurde in die ganze Welt gesendet. Sein Auftritt war perfekt. Mit Charme und Sympathie begrüßte er die Opfer, spielte mit den Kindern und hörte den UNICEF-Vertretern interessiert zu. Die zahllosen Fotos, so Gardner, verliehen Beckhams wohltätiger Arbeit große „Strahlkraft".

Was die Öffentlichkeit nicht erfuhr, Gardner jedoch genau wusste: Beckham war über die Reise und die Kosten sehr verärgert. Er war in einem Privatjet, den die Hotelgruppe Sands sowie Diageo bezahlten, auf die Philippinen geflogen. Im Gegenzug sollte Beckham in der Region Werbung für die Marken der Unternehmen machen. Dieses Arrangement passte Beckham nicht – UNICEF hatte schließlich seine Flugkosten gespart. So forderte er 6685 Euro für die Businessclass-Tickets zurück. [717]

Gardner kannte die Kehrseite von Beckhams Umgang mit Geld. „UNICEF ist für die Marke und sein Leben außerordentlich wichtig", mailte er Oliveira. „Wir beide haben versucht, für ihn Möglichkeiten zu schaffen, sich wohltätig zu zeigen, damit er gut dasteht und die Leute die tolle Arbeit sehen, statt ständig zu lesen, wie viel Geld er verdient oder was die Marke wert ist."

Für Beckham hingegen zählte offenbar vor allem, dass er sein Geld selbst behielt. „Es kommt nicht infrage, dass mich das etwas kostet", war seine Antwort auf eine weitere finanzielle Forderung. Als man ihn bat, UNICEF eine Million Pfund für eine Preisverleihung in Shanghai zu spenden, erwiderte er: „Ich will mein privates Geld nicht in diese Sache stecken." Dass Beckham sich weigerte, für UNICEF zu spenden, passte nicht zu den Beteuerungen seines Sprechers, es habe private Spenden gegeben. Öffentlichkeit und Politik hatten nicht vergessen, was Beckham 2012 geäußert hatte: „Ich habe nie an das Geld gedacht, an den Ruhm. Das hat mich nie interessiert." (Im Jahr 2014 verdiente er 50 Millionen Pfund.)[718]

Für Luxus gab Beckham dagegen nur zu gerne Geld aus – die Medienberichte über seine Exzesse konnten Bob Kerslake sicher nicht beeindrucken. Die 50.000 Pfund, die ihn ein Diamantarmband zu Victorias 40. Geburtstag kosteten, waren für ihn kaum mehr als ein Taschengeld. Noch mehr Aufsehen als das Geschenk und Victorias Geburtstagsfeier in Los Angeles mit ihrem Friseur Ken Pavés und Eva Longoria, an die sich ein Abendessen mit Gordon Ramsay anschloss, erregten die Gerüchte über eine wilde Geburtstagsparty im Londoner Arts Club. Alle, darunter sämtliche Spice Girls, tranken bis zum Morgengrauen Champagner. Nicht unter den Gästen war Kate Beckinsale, Victorias frühere „tolle Freundin", die jetzt im Verdacht stand, David zu nahe gekommen zu sein – Beweise dafür gab es allerdings nie.

Kurz darauf beklagte Gardner, Beckhams Image als „Mann aus dem Volk" habe erneut einen Dämpfer erlitten.[719] In einem Instagram-Post an seine 32,6 Millionen Follower hatte Beckham einen vergoldeten Laptop gezeigt. „Der erste der Welt. Tolles Geschenk", schrieb er dazu.

„Toll", bestätigte Oliveira seinem Arbeitgeber, sobald der Post erschienen war. „Aber halte das besser aus Social Media raus, sonst behaupten die Idioten, wir wären Angeber wie Lewis Hamilton, Privatflugzeuge und so weiter." Er fügte hinzu: „Du und VB, ihr müsst damit vorsichtig sein, denn das habt ihr bislang immer gut hingekriegt. Du bist ein Mann des Volkes."[720] Beckham ärgerte sich über diesen gut gemeinten Hinweis und erwiderte: „Ich entscheide gerne selbst, welche Bilder veröffentlicht werden, und auch, wie manches dargestellt wird. Ich möchte selbst posten."

Nachdem er diese Antwort gelesen hatte, schickte Oliveira eine Mail an Gardner: „Damit geht alles den Bach runter. Diese Promis denken, sie wüssten alles besser, aber weil sie nicht in der Realität leben wie du und ich, machen sie Fehler."

Eine neue 90-minütige Fernsehdokumentation, die Fuller produzierte und die BBC verkaufte, war ein weiterer Fehler. „David Beckham Into the Unknown" begleitete den Star und einige Freunde auf einer Expedition durch den brasilianischen Regenwald. Ihr Ziel, so Fullers Idee, sollte darin bestehen, im tiefsten Dschungel eine „eingeborene" Person zu finden, die noch nie von David Beckham gehört hatte.

„Und was machst du mit deinen Haaren?", fragte Victoria, ehe es losging. „Ich werde mir eine Kappe aufsetzen", erwiderte ihr Ehemann. „Vergiss das aber nicht", mahnte Frau Beckham. Von dem Film blieb neben Beckhams perfekt gestyltem Haar vor allem in Erinnerung, dass er ständig wiederholte: „Ich liebe meine Kinder." Schließlich wurde ein

Indigener „entdeckt“, der Beckham nicht kannte. Allerdings wunderte er sich offenbar auch nicht über die umfangreiche Filmcrew.

Der Film kostete 1,25 Millionen Pfund, darunter 322.000 Pfund Reisekosten, 79.000 Pfund für „Verschiedenes“ und 50.000 Pfund Honorar für Fuller. Aus der Endabrechnung ging hervor, dass das Machwerk 491.000 Pfund Verlust gemacht hatte. Das Fernsehpublikum spottete über den Film, und die BBC verzichtete auf eine weitere geplante Beckham-Dokumentation mit dem Titel „For the Love of the Game“. Fuller wollte darin Beckham beim Fußballspielen auf sieben Kontinenten filmen. Seine Firma DBrazil TV stellte letztlich mit einem Verlust von 536.000 Pfund die Geschäftstätigkeit ein.[721]

Oliveiras einzige gute Nachricht war, dass man Beckham in Spanien für die höchste Sportauszeichnung des Landes nominiert hatte. Der Ex-Fußballer zeigte sich davon nicht beeindruckt: „Wenn es nicht der Ritterschlag ist, vergiss es.“[722]

Im Sommer 2014 war Oliveira weiter auf der Suche nach Möglichkeiten, Beckham zur Ritterwürde zu verhelfen. Unerwartet bat Premierminister David Cameron um Unterstützung, als Schottland über seine Unabhängigkeit abstimmte. Wenn sich Beckham in den letzten Wochen vor dem Referendum öffentlich gegen die Unabhängigkeit ausspräche, so Oliveira, würde er dafür sicher belohnt. „Deine Unterstützung wird beim Establishment gut ankommen und sich positiv auf den Ritterschlag auswirken.“

„Ok, dann machen wir das“, antwortete Beckham. Am Vorabend der Abstimmung veröffentlichte Oliveira Beckhams Erklärung: „Was uns verbindet, ist größer als das, was uns trennt. Lasst uns zusammenbleiben.“[723]

Nachdem das erledigt war, drängte Oliveira Beckham erneut zu einer Spende an UNICEF. Der weigerte sich. Bei einem UNICEF-Besuch in Kambodscha zeigte Beckham dann, was ihm wirklich wichtig war. Die Reise war mit der Eröffnung eines H&M-Geschäfts in Macau kombiniert. H&M zahlte den Privatjet. Von UNICEF verlangte Beckham diesmal zwar keine Erstattung des Flugpreises, er lehnte jedoch die von der Organisation reservierte Unterkunft im Fünf-Sterne-Sofitel in Angkor Wat ab. Er wollte lieber im luxuriöseren Amansara-Resort-Hotel übernachten. Statt diese drei Nächte einfach selbst zu bezahlen, wurde UNICEF aufgefordert, sich in Höhe der Sofitel-Kosten an der Amansara-Rechnung zu beteiligen.[724] Beckham seinerseits zeigte keine Bereitschaft, sein privates Geld an UNICEF zu spenden; er war offenbar der Ansicht, sein Ansehen und seine Zeit seien bereits Spende genug.

Dafür warf die Buchhaltung immer mehr Fragen auf. Bei seiner Rückkehr nach Großbritannien 2014 belief sich sein Gehalt von Footwork auf lediglich 25.000 Pfund. Entsprechend gering fielen die Beiträge zur Sozialversicherung aus. Von den Gewinnen in Höhe von 12,4 Millionen Pfund erhielt er eine Dividende von 6,5 Millionen Pfund, auf die Steuern fällig waren. Die im Unternehmen verbliebenen Barmittel stiegen von 6,9 Millionen auf 16,8 Millionen Pfund. Derart hohe Barmittel im Unternehmen ließen vermuten, dass Beckhams Berater in Betracht zogen, seinen Wohnsitz ins Ausland zu verlegen, um ihm wieder den Status als Steuerausländer zu verschaffen.

Fuller riet erneut dazu, Katar zu einem Investment in den Fußballverein in Miami zu bewegen. Oliveira war dagegen. Das wäre nicht zuletzt für das Honours Committee ein weiterer Grund, Beckham nicht zu nominieren.

„Ist mir mittlerweile scheißegal“, antwortete Beckham. „Ich entscheide über meine Investoren, nicht diese Fotzen. Ich zahle Steuern und habe das immer getan. Sie haben kein Recht, mich so zu behandeln.“[725]

25

Fashion Follies

Wohltätigkeit, so glaubte Beckham, fängt zu Hause an und sollte in erster Linie auch dort stattfinden. Im Jahr 2014 hatte Victorias Modeunternehmen Schulden in Höhe von 3,4 Millionen Pfund bei ihrem Mann und der Bank angehäuft. Fernab der Sonne und des lockeren LA-Lifestyles benötigte sie für ihre Ambitionen in London mehr Geld. Viele Millionen mehr.[726] Zu ihrem Glück machte sich ihr Mann keine Sorgen. Nichts war ihm wichtiger, als Victoria bei Laune zu halten, und er vertraute darauf, dass sein Buchhalter Charles Bradbrook die Finanzen im Griff hatte.

Damit die Modemarke in London ernst genommen wurde, brauchte sie ein Schaufenster. Victoria entschied sich für ein schmales Geschäft in der Dover Street in der Nähe von Piccadilly und zahlte dafür eine stattliche Jahresmiete von 650.000 Pfund, für die die Beckham Brand Ltd. bürgte. Die benachbarten Ladenbesitzer waren nicht begeistert, dass ihre Mieten nun stiegen.

Im Ladeninneren gab es eine polierte Betontreppe, Umkleidekabinen aus grünem Glas, Schränke aus amerikanischem Nussbaum (alle aus demselben Baum hergestellt – „Das ist wirklich sehr, sehr teuer", erklärte Victoria unaufgefordert) und „Feu de Bois"-Kerzen von Diptyque Paris, die für einen konstanten Duftstrom sorgten. Die Kosten beliefen sich auf rund drei Millionen Pfund. Victoria hängte ein Kunstwerk von Damien Hirst aus ihrer Privatsammlung auf.[727]

Zu ihrem Ärger verpasste sie die Eröffnung des Ladens im September, da sie als neu ernannte internationale Aidsbotschafterin in New York vor den Vereinten Nationen sprach. Während sie den Delegierten vor ihrer ersten Reise nach Äthiopien erklärte, sie habe „erst 40 werden müssen, um zu erkennen, dass ich eine Verantwortung habe", eröffnete David den Laden in Mayfair und posierte für Selfies. Als die Fashionistas die beiden Kleiderständer unter die Lupe nahmen, mussten sie feststellen, dass 38 die größte verfügbare Größe war, dass ein Paillettenrock 3750 und ein T-Shirt 700 Pfund kostete, eine Handtasche 18.000 und ein VB-Schlüsselanhänger 165 Pfund. In den folgenden Tagen, so verriet das Personal, kamen zwar Hunderte von Frauen ins Geschäft, doch es wurden durchschnittlich nur drei Artikel pro Tag verkauft.[728]

Drei Monate später erzählte Milloy der *Sun*, Victoria habe 1,3 Millionen Pfund Gewinn gemacht und den Umsatz von 2013 auf 30,39 Millionen Pfund verdoppelt. „Posh hat einen Haufen Geld", so Milloy.[729] Die Bilanzen verrieten etwas anderes (2015 stiegen die Schulden des Unternehmens auf 4,5 Millionen Pfund). Dennoch kürte der Herausgeber von *Management Today* Victoria zur britischen „Unternehmerin des Jahres" (die Zeitschrift hat nur eine geringe Auflage).[730] Die Auszeichnung für ihren „Geschäftssinn", mit dem sie ein „äußerst erfolgreiches" Unternehmen aufgebaut habe, beruhte auf den Recherchen von Philip Beresford, dem Herausgeber der *Sunday Times* „Rich-List". Dass Victoria auf der Titelseite prangte, brachte Rekordumsätze – für die Zeitschrift.

Sieben Jahre zuvor hatte Michael Silver bereits festgestellt, dass es Victoria an unternehmerischen Fähigkeiten fehlte. „Du erzählst immer, dass dein Vater Geschäftsmann war, aber du scheinst keine Ahnung zu haben, was Umsatz bedeutet", hatte er gesagt, als er die gemeinsame Tätigkeit beendete. Victorias Unternehmen bezahlte Lieferanten und Fabriken zu viel und beschäftigte auch zu viele Leute.[731] Immer wieder betonte sie, sie sei mit ihrem Team gesegnet. Regelmäßig bedankte sie sich bei ihrem Friseur Ken Pavés und ihrer Visagistin Sarah Creal. Doch da sie weder ausgebildete Führungskräfte beschäftigte noch selbst zeichnen, zuschneiden oder nähen konnte – geschweige denn ein Design entwerfen –, musste sie sich auf das Geld ihres Mannes verlassen, um die unerbittliche Talfahrt aufzuhalten. Ihm war es auch zu verdanken, dass sich Anna Wintour bereit erklärte, bei Victorias New Yorker Modenschau 2015 in der ersten Reihe zu sitzen.

Wintour äußerte sich niemals öffentlich dazu, ob sie Victorias hautenge Designs wirklich für A-Promis geeignet fand. Doch selbst die Auszeichnung als Designermarke des Jahres im Rahmen der British Fashion Awards konnte nicht genug Frauen davon überzeugen, Victorias Mode zu tragen. Ihr wichtigstes Schaufenster in den USA waren die Neiman-Marcus-Kaufhäuser – ein Schwachpunkt, den ihre Konkurrenz ausnutzte. Ein Pressesprecher von Dolce & Gabbana verglich ihre Kollektion mit der von H&M und anderen Massenmarken und untergrub damit ihre Ambitionen als echte Modedesignerin.[732] Nicht einmal Victorias Besuch im Weißen Haus hatte verkaufsfördernd gewirkt. Sie hatte Michelle Obama zwar eine Auswahl ihrer Kleider als Geschenk schicken lassen, musste jedoch einräumen: „Ich kenne kein Foto, auf dem sie etwas davon trägt."

Da ihr das Werbebudget fehlte, setzte Victoria auf Tricks und Interviews, um Aufmerksamkeit zu erregen. In einem Interview etwa gab sie zu, sie habe tatsächlich Brustimplantate gehabt. In einem anderen verriet sie, dass sie ihre Beine habe lasern lassen und wie „schrecklich" es gewesen sei, in der Schule gemobbt zu werden. Da sie keine neuen Enthüllungen liefern konnte, ließ sie sich in einer Schürze mit der Aufschrift „Too posh to wash" ablichten und präsentierte einen Fußballkuchen, den sie für 8,39 Pfund von Marks & Spencer für David gekauft hatte.[733]

„Mein Job ist die Kunst des Blendwerks", gestand Pressesprecherin Natalie Lewis.[734] Sie präsentierte ihre Chefin als bodenständige, hart arbeitende Mutter, die mit einem einzigartigen Talent gesegnet sei. Wenn sie jemanden brauchte, gab sich Victoria aufrichtig – das galt vor allem für Modejournalisten. Nach einem Besuch in ihrem Unternehmen hatten die allermeisten nur Gutes zu sagen. Dementsprechend war Victorias einfallslose New Yorker Show für Joely Chilcott „ein Hit, der von der Kritik begeistert aufgenommen wurde". Mit erstaunlichem Enthusiasmus prophezeite Chilcott, es sei „nur eine Frage der Zeit, bis man ihre Freundinnen aus der Topriege in diesen Paradestücken sehen wird".[735]

Jo Milloys Freundin, die Journalistin Clemmie Moodie vom *Mirror*, rührte ebenfalls bereitwillig die Werbetrommel: Victoria sei „eine der begehrtesten Modedesignerinnen der Welt. Seit 2009 will auf dem roten Teppich jede ein Kleid von ihr tragen."[736] Auch Jess Cartner-Morley vom *Guardian* war verzaubert: „Victoria Beckham ist eine der faszinierendsten Persönlichkeiten in der aktuellen Modebranche. Sie selbst und ihr Jahrhundertcoup, mit dem sie in fünf Jahren den Wandel vom Spice Girl und der Spielerfrau zur Designerin geschafft hat, faszinieren alle."[737]

Hinter den Kulissen war Victoria unermüdlich. Den Anfang machte ihr morgendliches Training im Fitnessstudio – das volle Programm aus Kraftübungen, Laufband, Yoga und Stretching.[738] Dann musste sie ihr Geschäft, ihre Kinder sowie die Beaufsichtigung der Renovierungsarbeiten im neuen Londoner Haus unter einen Hut bringen und gleichzeitig im Auge behalten, was ihr Mann so trieb.

Seit seinem Karriereende war David zu ihrem Leidwesen nicht mehr so viele Stunden beschäftigt. Nach einer Stunde im Fitnessstudio hatte er frei. Auf der Suche nach einer neuen Aufgabe verbrachte er seine Tage mit geselligen Treffen in London. Man sah ihn regelmäßig in den Pubs von Notting Hill und Primrose Hill – die Zeit der Abstinenz war Vergangenheit –, beim Abendessen im Chiltern Firehouse oder auf Flügen rund um die Welt, um für seine Sponsoren zu werben und mit Freunden zu feiern.

Unweigerlich regte sich erneut der Verdacht, um ihre Beziehung stehe es nicht zum Besten. Die Spannungen zwischen den Beckhams fielen zum Beispiel auf, als sich Victoria im Juli 2015 weigerte, an der dreitägigen Hochzeit von Guy Ritchie und seiner Freundin Jacqui Ainsley teilzunehmen. Sie behauptete, Harper sei krank, doch manche vermuteten, dass Victoria mit Beckhams neuem Freund nicht einverstanden war.

Ritchie schien von David begeistert zu sein. Seit sie den Unterwäschespot zusammen gedreht hatten, sprach er davon, Beckham eine Rolle in seinem nächsten Film, *Codename U.N.C.L.E.*, zu geben. Der Ex-Fußballer stritt jegliche Schauspielambitionen ab, dabei hatte er sich mit mehreren Leinwandstars angefreundet, darunter Henry Cavill und Charlize Theron sowie Model Rosie Huntington-Whiteley. Posh nahm es Ritchie und Dave Gardner übel, dass sie Beckham mit dieser Schar glamouröser Frauen in Kontakt gebracht hatten. Im selben Raum wie Rosie Huntington-Whiteley zu sein, schien ihr jedenfalls nicht zu gefallen.

Aus unverhohlenem Misstrauen gegenüber Gardner verzichtete Victoria auch auf die Feier anlässlich dessen Verlobung mit der Schauspielerin Liv Tyler in New York.[739]

Die Tätowierungen der Beckhams lieferten ebenfalls Hinweise auf Spannungen in der Ehe. Während sich Beckham mit dem Schriftzug „Buster" („Freundchen") zeigte – ein Kosename von David für Sohn Brooklyn –, ließ sich Victoria ihre beiden Tätowierungen „Ich gehöre meinem Geliebten" und „Mein Geliebter ist mein" weglasern. „Ich hatte sie einfach satt", sagte sie über die hebräischen Sprüche am Hals. Auch das Tattoo am Handgelenk, mit dem sie ihre Liebe zu David beteuerte, wurde blasser.

Nach Ritchies Hochzeit flog David zurück nach Los Angeles, während Victoria gleichzeitig Los Angeles verließ. Am Flughafen trafen sich die beiden nicht.[740] Bald darauf wurde Beckham von Ritchie überredet, in seinem Film *King Arthur: Legend of the Sword* mitzuspielen. Der Schauspieler Freddie Fox fand die Leistung „großartig".[741]

In dieser Zeit wurden auch die Weichen für das weitere Leben der vier Beckham-Kinder neu gestellt.

Im Februar 2013 lud Samantha Cameron, die Frau des Premierministers, Victoria zu einem Empfang im Rahmen der britischen Fashion Week in die Downing Street ein. Normalerweise hätte Victoria einen großen Auftritt hingelegt und wie die anderen Prominenten vor der Eingangstür posiert. Stattdessen kam sie zu spät und verschwand nach 30 Minuten durch den Hinterausgang. Sie entschuldigte sich damit, dass sie sich um ihre Kinder kümmern müsse.[742]

In den folgenden Monaten fasste sie den Entschluss, die Kinder in die Marke Beckham zu integrieren. Genau so, wie die erfolgreichen Kardashians das vormachten. Im Februar 2014 saßen also alle vier an der Seite von Anna Wintour in der ersten Reihe der New Yorker Fashion Show.[743] Zwei von ihnen hatte man offenbar vorzeitig aus den Schulen in London genommen.

Von da an modelte der zwölfjährige Romeo für das Modelabel Burberry, einmal gemeinsam mit Cara Delevingne. Für jedes Shooting bekam er rund 45.000 Pfund. Gleichzeitig verdiente Brooklyn dank der Beziehungen seiner Eltern ein ähnliches Honorar als Covermodel für die New Yorker Zeitschriften *Man About Town*, *Reserved*, *Rollercoaster* und *Miss Vogue*. Beide Söhne, da waren sich die Eltern einig, waren „erpicht darauf, sich öffentlich zu zeigen“. Beckham fädelte ein, dass Romeo vor einem Spiel gegen die Schweiz an der Seite von Wayne Rooney als englisches Maskottchen im Wembley-Stadion einlief. Brooklyn, der vorübergehend Schauspieler werden wollte, wurde bei einem Fußballspiel in einer Privatloge dabei beobachtet, wie er ganz auf sein Handy fixiert war. Im Anschluss an einen dreitägigen Ausflug nach Kenia mit Victoria hatte er kurz zuvor mit einer Freundin ein Wochenende in Paris verbracht.[744]

„Unsere Kinder sind nicht verwöhnt“, hatte Victoria drei Jahre zuvor betont. „Es sind keine Kinder, denen alles superleicht fällt. Sie müssen sich wirklich anstrengen.“[745] Brooklyns fünf Millionen Instagram-Follower stellten fest, dass er jetzt einen Ohrring hatte. Im Beisein seiner Eltern hatte er sich im Westfield-Einkaufszentrum im Westen Londons für 45 Pfund ein Ohrloch stechen lassen.

Der glamouröse Lebenswandel ihrer Söhne enttäuschte die Beckhams ein wenig. Seit Brooklyns Geburt hatte sich David für seinen ältesten Sohn eine Karriere im Profifußball gewünscht.[746] Im Laufe des Jahres 2014 hatte die Familie Brooklyns Probetrainings bei Chelsea, Manchester United, Queens Park Rangers und Fulham erwähnt. Nachdem Vater Beckham Bilder gepostet hatte, auf denen Brooklyn im Arsenal-Trikot in der Kabine des Emirates-Stadions posierte, erzählte er „Freunden“, wie sehr der Verein die Leistung seines Sohnes gelobt habe. Im Januar 2015 war das auf einen Schlag vorbei. Brooklyn wurde bei Arsenal ausgesiebt. Auf den Schock folgte Romeos Entscheidung, kein Fußballer zu werden. „Ein Teil von mir war am Boden zerstört“, so Beckham.[747]

Einige fragten sich, warum er sich als Vater darüber wunderte. Seine Kinder genossen ein Luxusleben und begleiteten ihn auf Auslandsreisen, etwa auf ein Bankett im Hotel Amanjena in Marrakesch anlässlich seines 40. Geburtstags. Goldene Bälle hingen von der Decke, während 90 Freundinnen und Freunde bis zum Morgengrauen tanzten. Auf der Gästeliste standen Guy Ritchie, Liv Tyler, Gordon Ramsay, Simon Fuller und drei Spice Girls.

Mel B hatte die Einladung nach Marrakesch abgelehnt, nachdem Victoria nicht auf Fullers letzten Versuch eingegangen war, eine Reuniontour der Spice Girls zu organisieren. Sie bezeichnete Victoria als Snob und folgte ihr auch nicht mehr auf Twitter. Ohne Posh wollte nun auch Mel C nicht an der Tournee teilnehmen. „Die anderen beiden Schlampen wollten nicht mitmachen", schimpfte dann Mel B.

Der Freund von Beckhams Schwester Joanne, Adrian Taylor, war ebenfalls nicht auf der Party. Ihm drohte eine Anzeige wegen Betrugs. Victorias Schwester Louise war ohne ihren Ehemann Darren Flood erschienen, der nicht eingeladen war. Sein Unternehmen war gescheitert, und die Polizei ermittelte wegen Betrugs in Höhe von 1,5 Millionen Pfund. Flood hatte fälschlicherweise erzählt, die Beckhams hätten in sein Diamanten- und Goldgeschäft investiert. Später wurde er zu 30 Monaten Haft verurteilt; Taylor bekam sechs Jahre.[748]

Da Beckhams Geburtstagsfeier teilweise mit seinen erwarteten Einnahmen aus Katar finanziert wurde, war es ein passender Zufall, dass während der Feierlichkeiten in Marokko die Schweizer Polizei eine Razzia im Hauptquartier der FIFA durchführte. Vierzehn FIFA-Funktionäre wurden vom FBI aufgrund von Korruptionsvorwürfen angeklagt, die mit Bestechungsgeldern für die Vergabe der Weltmeisterschaften an Russland und Katar zusammenhingen. Die Verhaftungen fielen mit der Wiederwahl von Sepp Blatter für eine fünfte Amtszeit zusammen. Kurz darauf musste dieser wegen Korruptionsvorwürfen zurücktreten. Beckham zeigte sich von diesen Ereignissen unbeeindruckt. Nachdem er das Geld der Katarer angenommen hatte, um für PSG zu spielen, unterstützte er die Entscheidung der FIFA, die WM 2022 in Katar auszutragen. „Ob korrupt oder nicht", sagte er, „diese Länder wurden ausgewählt. Die Leute müssen sich damit abfinden."[749]

Nach seiner Party in Marrakesch flog Beckham zu Dreharbeiten nach Mexiko, während Victoria nach New York und weiter nach London reiste. Ihre jeweiligen Terminkalender sahen vor, dass er donnerstags eine Rede bei der UNO in New York hielt, während sie am darauffolgenden Sonntag nach New York zurückkehrte. Zusammen wurden sie nicht gesehen. Anschließend flog sie nach Äthiopien, um für UNAIDS zu werben und mit Kindern und Leuten aus der Politik zu posieren. Er dagegen feierte seine zehnjährige Zusammenarbeit mit UNICEF und dem „7 Fund". Im Rahmen des afrikanischen Cup of Nations in Libreville, Gabun eröffnete er ein Stadion und überreichte anschließend in Shanghai

UNICEF-Preise. Oliveiras Bemühen, Beckham zu einer Spende für seinen eigenen Fonds zu bewegen, erwies sich weiterhin als schwierig. Immerhin hatte Oliveira zwei Sponsoren gefunden, die jeweils eine Million US-Dollar beisteuern wollten, wenn Beckham selbst auch spendete. „Lass uns noch überlegen, klingt beides nicht toll", erwiderte dieser, um Oliveiras Vorschlag dann erneut abzulehnen.[750]

Obwohl die Beckhams nicht verbergen konnten, dass beide ihr eigenes Leben führten, hielten sie zusammen, wenn es um die Marke ging. Um das zu demonstrieren, beorderte Victoria ihren Mann und Brooklyn im September 2014 in die erste Reihe bei der Präsentation der kommenden Frühjahrskollektion in New York, obwohl Beckhams Mantra sonst lautete: „Ich komme nie zu den Shows, weil sie unglaublich stressig sind." Wieder einmal versteckte sich Anna Wintour hinter einer dunklen Brille. Das Echo fiel gemischt aus. Anna Murphy von der *Times* lobte den klassischen Schnitt der Kleider, die „locker fallen und damit seriös, aber sexy sind". Andere Kommentare gingen nicht auf die Entwürfe an sich ein, sondern äußerten sich dazu, dass Victoria jugendliche Models mit Größe null laufen ließ.[751] Sie waren das Ebenbild von Posh, die gern Spinat „mit einem Hauch Salz" zu sich nahm.

Nach der Show wurde Beckham allein beim Abendessen in Manhattan gesehen. Am nächsten Tag besuchte er mit einem Freund die US Open. Danach war er in Miami, um für Haig Club Whisky zu werben, während Victoria in New York blieb und bei „Good Morning America" auftrat. „In dieser Ehe steckt eine Menge Liebe", verkündete sie. „Wir arbeiten zusammen, es ist unser gemeinsames Business." David sei „der beste Geschäftspartner, den man sich vorstellen kann". Aber sie seien so „beschäftigt", dass sie selten im selben Land seien und nicht genug Zeit miteinander verbringen könnten.[752]

Eine Woche später, während der London Fashion Week, bat sie ihren Mann, zu einem Abendessen in ihrem Geschäft in der Dover Street in London zu kommen. Als sich die Feier dem Ende zuneigte, wünschte sie sicher, er wäre in Amerika geblieben. Mit finsterer Miene saß er da und starrte ihre Gäste an. Einige tuschelten, zwischen den beiden hätte es kurz zuvor eine Auseinandersetzung gegeben. Am Ende der Feier sah es so aus, als würde ein grimmig dreinschauender Beckham seine Frau am Handgelenk aus dem Laden in ein wartendes

Auto zerren. Später am Abend wurde David in Heathrow gesehen, wo er einen Flug nach New York nahm. Dann flog er nach Dubai, um Werbung für Adidas zu machen.[753]

Wieder wurde Victoria aktiv, trotz seiner Launen und Nebenbeziehungen – einen Ehemann, der zum „Sexiest Man Alive" gekürt worden war, verließ man schließlich nicht. Sie wusste immer, was ihre 16-jährige Ehe für ihr Geschäft, ihr Leben und ihre Stabilität bedeutete, deshalb gab sie mehrere Interviews, um das Bild ungetrübter Glückseligkeit wiederherzustellen:[754] „David und ich müssen uns nichts beweisen. Wir lieben uns." Auf die Frage nach dem Streit in der Dover Street antwortete sie: „Mein Mann liefert mir ständig Inspiration und Orientierung." Zu den Spekulationen über ihr getrenntes Leben hieß es: „Ich bin mit einem wunderbaren Ehemann gesegnet." *Grazia*-Redakteurin Hattie Brett zeigte Solidarität und lobte Posh als „Königin der Neuerfindung."[755]

Auch von der Zeitschrift *Glamour* kam Unterstützung. Victorias PR-Team handelte aus, dass sie bei der 25-Jahr-Feier von *Glamour* zur „Frau des Jahres" gekürt werden sollte. Bei der Veranstaltung in New York wurde sie vom 16-jährigen Brooklyn begleitet und verlor kein Wort darüber, dass sich David gerade in Argentinien aufhielt.[756] Jo Elvins Kurzbiografie war selektiv: „Seit die Spice Girls – einvernehmlich – getrennte Wege gingen, verfolgte Victoria Beckham kurzzeitig eine Solokarriere und widmete sich dann vornehmlich ihrer Rolle als Mutter." Louise Gannon übertrieb den Erfolg des 57 Millionen US-Dollar schweren „Modeimperiums": „Alle Stars in Hollywood haben ein Victoria-Beckham-Kleid im Schrank – von Oprah bis Jennifer Lawrence." Selbstverständlich erwähnte Gannon die Unterstützung durch Anna Wintour und wiederholte Victorias Verkaufsargumente: „Ihre Kleidung spricht Frauen an, weil sie ein Leben führt, das sie verstehen Sie macht Kleidung für Frauen, die arbeiten, reisen, vieles unter einen Hut bringen und alles gleichzeitig erledigen müssen."[757]

Natürlich ließ sich Victoria die Gelegenheit nicht nehmen, diese Geschichte weiter auszuschmücken. Nur Presseleute, die die Fiktion mittrugen, bekamen Zugang zu ihrem Haus in Holland Park. Victoria Moss ließ sich überreden, die 150 Beschäftigten ihres „beeindruckend erfolgreichen Unternehmens" zu loben und die Geschichte neu zu schreiben.

Victoria „bestritt entschieden", dass Roland Mouret in irgendeiner Weise am Geschäft „beteiligt" gewesen sei: „Er hatte nie etwas mit den Kollektionen zu tun. An den Entwürfen hat er nicht mitgewirkt." Außerdem verriet sie Moss: „Ich sehe nie fern." Kurz zuvor hatte sie Dominic Mohan noch anvertraut, „ein perfekter Abend wäre, mit meinen Hunden und David im Jogginganzug ‚Blind Date' zu schauen."[758]

Eine weitere Mitarbeiterin, die die Gerüchte zerstreuen sollte, war Janicza Bravo. Die Produzentin einer TV-Dokumentation über Victoria berichtete offenbar aufrichtig, wie sehr es sie beeindruckt habe, dass sich die glückliche Familie Beckham abends gut gelaunt zum Essen in Holland Park versammelte. Nach Bravos Einschätzung war nichts für die Kameras arrangiert worden.[759]

Um zu retten, was zu retten war, kündigten die Beckhams an, sie würden das Weihnachtsfest fröhlich im Familienkreis auf den Malediven verbringen. Am Silvesterabend posteten sie ein Foto, auf dem sie sich küssten.[760] Es gab keinerlei Beweis dafür, dass sie auf den Malediven waren oder dass das Foto an diesem Tag entstanden war. Wahrscheinlich war das Foto echt. Alles andere, was die Beckhams betraf, warf Fragen auf.

26

Countdown

Anfang 2016 brodelte die Gerüchteküche. Die Beckhams traten im Januar in verschiedenen Ländern auf, während ihre vier Kinder in London blieben. Deshalb gingen einige Beobachtende davon aus, dass sich das Paar auf eine distanzierte Geschäftsbeziehung geeinigt hatte. Wieder einmal trommelte Victorias PR-Team die Presse zusammen.

Am Vorabend der New York Fashion Show Anfang Februar trafen die Beckhams gemeinsam in New York ein. Weiß gekleidet im Partnerlook, speisten sie mit Anna Wintour zu Abend. „Sie sind sehr verliebt“, sagte Jo Milloy. „Ihre Ehe steckt nicht in der Krise.“[761]

Am nächsten Tag gingen sie wieder getrennte Wege. Victoria flog erst nach Italien und Frankreich und dann weiter nach Hongkong, um dort eine Boutique zu eröffnen. David kehrte mit den Kindern nach London zurück und flog anschließend weiter nach Miami und Los Angeles. „Dem tollsten Ehemann ein Happy Birthday“, postete Victoria auf Instagram für ihre 11,2 Millionen Follower und teilte ein Foto von ihrem Geburtstagsgeschenk: einen von ihr persönlich designten Motorradhelm. David könne ihn bei seinen Spritztouren durch die hügelige Umgebung von Los Angeles sicher gut brauchen.[762]

Das Magazin *OK!* beschloss, die Show zu entlarven. Unter der reißerischen Schlagzeile „Eine Milliarde Pfund: Der Scheidungsschock“ berichtete das Blatt, dass die Beckhams, die seit einem halben Jahr getrennt lebten, sich scheiden ließen und ihr Vermögen aufteilen würden. Die Tageszeitungen griffen die Story auf, und die Verkaufszahlen des Magazins schossen in die Höhe. Die Beckhams gingen in die Offensive. Ihre Anwälte erklärten, die Eheprobleme seien völlig aus der Luft gegriffen. Auch das Paar selbst beteuerte, die Ehe sei absolut intakt. Die Zeitungen erklärten sich bereit, Entschuldigungen und Richtigstellungen zu veröffentlichen.[763]

Der Bildredakteur der *Sun* kannte eine ganz andere Geschichte. Ihm war von der Fotoagentur Splash ein Weitwinkelfoto angeboten worden, auf dem David mit Gardner auf einem Boot im Mittelmeer zu sehen war – Beckham mit einer schönen namenlosen blonden Frau auf dem Schoß. Das Foto zu veröffentlichen, erwies sich allerdings als schwierig, denn Beckhams Anwälte sahen die Privatsphäre ihres Mandanten verletzt. Nach einem ergebnislosen Rechtsstreit kaufte eine unbekannte Person die Urheberrechte an dem Bild und nahm es damit vom Markt.

Nach einer Krisensitzung mit dem gesamten PR-Trupp der Familie Beckham wurde eine Dinnerparty in einem Restaurant in Los Angeles veranstaltet – Familienfoto inklusive. Die Stars auf dem Foto waren Brooklyns neue Freundin, die junge Schauspielerin Chloë Grace Moretz, und deren Mutter. Jo Molloy übertrug die exklusiven Rechte an der „Enthüllung" an Dan Wootton von der *Sun*. „Chloë und Brooklyn sind ein Paar", schrieb der „Augenzeuge", während er im Londoner Stadtteil Wapping am heimischen Schreibtisch saß. „Chloë wuschelte Brooklyn durchs Haar und legte ihren Kopf auf seine Schulter. Auch Victoria bemühte sich intensiv um Chloë." Brooklyn war mit seinen acht Millionen Instragram-Followern zu einem wichtigen Bestandteil der Marke Beckham geworden.[764]

Kurz vor seinem 17. Geburtstag hatte der älteste Sohn die Schule so gut wie geschmissen. Man sah ihn regelmäßig an der Seite seiner Mutter in New York und Los Angeles. Er liebte es, bei Premieren in Hollywood über den roten Teppich zu laufen, und wurde mit Chloë in Disneyland gesichtet. In der Nacht vor seinen Schulprüfungen vergnügte er sich im Rahmen der Brit Awards mit viel Alkohol auf den Partys der Plattenfirmen in London. Kurz nach seinem Geburtstag lernte er in einem 38.000 Pfund teuren Mercedes, einem Geburtstagsgeschenk, das Autofahren. Brooklyn trat in einem Huawei-Werbespot für ein Mobiltelefon auf – wofür er angeblich 100.000 Pfund Gage erhielt – und erzählte seinen Freunden, er wolle Rapper werden, nachdem er ein Album mit The Vamps aufgenommen hatte. Im Sommer konnten seine Instagram-Follower – es waren inzwischen 10,3 Millionen – einem Porträt im *Mirror* entnehmen, ihr Held sei „ein vorbildlicher junger Mann – fit, gesund, gutaussehend und lernbegierig, mit einer echten Leidenschaft für Fotografie". Mit Unterstützung der Beckham-Maschinerie ließ Brooklyn verbreiten, er lehne „95 Prozent der Jobangebote ab". Ende des Jahres trennten sich Brooklyn und Chloë, weil sie ihm zu „anhänglich" sei – und Beckham junior, der inzwischen seine Führerscheinprüfung bestanden hatte, sammelte Strafzettel.[765]

Victoria regte an, auch die anderen drei Kinder in die Marke einzubinden. Darum wurden weitere PR-Leute eingestellt. Jemand aus dem Team stellte die besonderen Talente der fünfjährigen Harper heraus. Eines davon sei ihre Vorliebe, mit Make-up zu spielen. Jemand anderes aus dem PR-Team behauptete, Justin Biebers Manager sei von Beckham auf Cruz' Gitarren- und Gesangstalent aufmerksam gemacht worden und habe Lust bekommen, den Fußballersohn zum Star zu machen. Fullers Hilfsangebot wurde Berichten zufolge trotz seiner Erfolge als Musikagent abgelehnt. Nach der Veröffentlichung von Cruz' Album „If Every Day Was Christmas" übte Piers Morgan scharfe Kritik an den Beckhams und warf ihnen vor, mit der „zynischen Vermarktung ihres elfjährigen Sohnes in der Popwelt einen neuen Tiefpunkt erreicht zu haben".[766]

Victoria konnte nicht widerstehen, auf den Erfolgszug von Brooklyn, Harper und Cruz aufzuspringen. „Posh will im Rampenlicht stehen", kommentierte ihre PR-Agentin. Zahlreiche Posts zeigten sie lachend und bei „verrückten" Aktionen überall auf der Welt: Wie sie sich in London mit einer Tüte über dem Kopf an eine Kleiderstange hängt, in Hongkong mit einer Modepuppe tanzt, in Las Vegas rittlings auf einem Stier sitzt und sich in Los Angeles auf einem Klavier räkelt. „Ich nehme mich gerne selbst auf den Arm", erklärte sie.[767]

Auch ihre Horrorgeschichten aus Teenagerzeiten ließ sie wieder aufleben. In einem von der *Vogue* veröffentlichten „Brief" an die Teeniegeneration schilderte sie ihr Martyrium und erzählte, sie habe sich als Opfer gefühlt und sei „vor lauter Unsicherheit wie gelähmt" gewesen. Die Schulzeit sei für sie „die reinste Hölle" gewesen. Sie sei wegen ihrer Akne, ihres Übergewichts und ihres hässlichen Gesichts schikaniert und verspottet worden und habe nirgendwo Anschluss gefunden, nirgendwo dazugehört. Bei Castings sei sie abgelehnt worden. Aber obwohl sie so gedemütigt worden sei und sich wie „ein totales Wrack" gefühlt habe, habe sie durchgehalten. „Und ja, es gibt sie: die Liebe auf den ersten Blick." Sie habe nur noch einen Wunsch gehabt: mehr über Fußball zu lernen. Das sei ihr allerdings nicht gelungen.[768]

Diejenigen, die mit der unschuldig gebeutelten Victoria Mitleid hatten, konnten ihre Selbstdarstellung als schüchterne, kontrollsüchtige Workaholicfrau nachvollziehen. Victoria fürchtete die New Yorker Fashion Week als einen „gnadenlosen Ort, wo man tyrannischen Egos auf Gedeih und Verderb ausgeliefert ist". Ihre Fans konnten sich mit ihrer Angst vor dem Rampenlicht identifizieren. „Ich warte ungeduldig auf den Gang über den roten Teppich, denn ich will einfach nur, dass es möglichst schnell vorbei ist. Ich will das schnell hinter mich bringen." Dabei hatte sie allerdings eine aussagekräftige Kleinigkeit vergessen, die sie in ihrer Autobiografie gestanden hatte: „Ich fühle mich nur wohl, wenn ich auf der Bühne stehe und auftrete."[769]

Vielleicht erklärte das auch, warum sie ihren Mann bat, mitten im Schuljahr mit den vier Kindern von London nach New York zu fliegen, damit sie bei der Präsentation der Herbstkollektion 2016 alle neben ihr sitzen konnten. Anna Wintour war gewohnt mit von der Partie. Anna Murphy von der *Times* zeigte sich von der Wiederauflage der „figurbetonten Bustier-Tops" und „Bubble-Röcke" nicht sonderlich begeistert. „Ich bin Minimalistin", meinte Victoria zu Murphy. Die Journalistin urteilte wohlwollend, Victoria habe „ihr Ding durchgezogen".[770] Sechs Monate später war Murphy um einiges enthusiastischer und zeigte sich entzückt von Victorias floralem Faltenrock aus hauchdünnem Leder. „Beckham geht neue Wege", schrieb sie. „Das ist clever. Und auf der Höhe der Zeit."[771]

Auch Jess Cartner-Morley vom *Guardian* war von der Show begeistert. Doch für eine Designerin, die ebenso wie Mouret ihren Ruf mit „hautenger" Kleidung erworben hatte, war ihre Einschätzung der „übergroßen, lässig fallenden Kleidung für die vielbeschäftigte Frau" wohl kaum dazu angetan, A-Promis anzusprechen. Ihre Wortwahl war anspruchsvoll: „Asymmetrisch geschnittene Röcke und locker sitzende Hosen sowie als Gegengewicht dekorative botanische Drucke und ein

Hauch von Haut zwischen Rippen und Wirbelsäule. Ein Kleid aus Velours mit Knitteroptik in Pfefferminzgrün war ein echter Hingucker."[772] Murphy lobte Victorias Entwürfe als „raffiniert und zeitgemäß".[773]

Victorias finanzielle Probleme konnte die positive Publicity allerdings auch nicht lösen. Der Umsatz stagnierte bei 34 Millionen Pfund, und 2016 fuhr sie einen Verlust von 3,8 Millionen Pfund ein. Sie gestand ein, dass sie „große Fehler gemacht" habe. Victoria war auf ein weiteres Darlehen von David in Höhe von 5,2 Millionen Pfund angewiesen. Das war angesichts seiner Einnahmen von 45 Millionen Pfund keine allzu große Belastung, wobei ihre Geschäftstätigkeiten rechtlich getrennt waren:[774] Er war 2014 als Direktor von Victorias Unternehmen zurückgetreten, und sie war aus der Geschäftsführung vieler Unternehmen ihres Mannes ausgeschieden.

Die Vermögensverhältnisse der Beckhams waren für ein kleines Privatunternehmen, das zwei Einzelpersonen gehörte, ungewöhnlich komplex geworden. An der Spitze der Pyramide stand die Muttergesellschaft Beckham Brand Holdings Ltd. (BBH), die eine Reihe von Unternehmen und Partnerschaften umfasste. Im Laufe der Jahre hatte die Eigentumsstruktur dieser Unternehmen – Footwork Productions, David Beckham Ventures, Victoria Beckham Ltd. und mehrere Tochtergesellschaften – sowie der unternehmensinterne Handelsverkehr selbst gewissenhaften Wirtschaftsprüfern schwer zu schaffen gemacht.

Sage und schreibe fünf Mal wurden Gründungsurkunden und Satzungen der Unternehmen geändert. Was die Sache noch zusätzlich verkomplizierte: Die Unternehmen wurden von verschiedenen Wirtschaftsprüfungsgesellschaften kontrolliert, die mit unterschiedlichen Kriterien arbeiteten. So konnte den Prüfern offenbar entgehen, welche Folgen Victorias wachsende Schulden für Davids Finanzen hatten. Dennoch erhielten sie für ihre Arbeit einen fürstlichen Lohn. Allein Beckhams neue Wirtschaftsprüfungsgesellschaft, die auf Medien- und Marketingunternehmen spezialisierte Firma SRLV, zu der später auch Charles Bradbrook von Deloitte wechselte, stellte BBH für ein Jahr Arbeit bis zu 437.000 Pfund in Rechnung. „Ein ausgesprochen stolzes Honorar", hieß es in Branchenkreisen.

Regelmäßig wurden einige Jahresabschlüsse trotz der hohen Versäumnisgebühren mit monatelanger Verspätung beim Handelsregister eingereicht. 2016 legte die BBH die Unterlagen derart spät vor, dass ihr die „Auflösung" drohte. Einer der Gründe war wohl, dass die Buchhalter nicht sicher waren, wie sie mit den „Anpassungen" in Beckhams Finanzen umgehen sollten. Eine Reihe von Fehlern war die Folge. 2015 und 2016 wurde eine Dividende ausgezahlt, obwohl dafür nicht genügend Mittel vorhanden waren.

Genau genommen war das „illegal". 2017 wiederholte sich das Ganze. Überraschend war zudem, dass die Vorjahresabschlüsse jedes Jahr erheblich „angepasst" wurden.[775] Man bezeichnete dies als „Überarbeitung der buchhalterischen Erfassung". Wiederholt wurden hohe Zusatzzahlungen nicht berücksichtigt. In einem Fall waren zusätzliche Einnahmen in einer Fußnote aufgeführt und nicht deutlich erkennbar. 2017 übersah der Wirtschaftsprüfer der Beckham Brand Holding „wesentliche Fehler", nach „komplexen Anpassungen". In diesem Jahr erhielt Beckham 5,7 Millionen Pfund an Dividenden von Footwork.

Ein Sprecher erklärte die komplexe Struktur der Rechenschaftsberichte mit der „Buchhaltung für 7 Global und Anpassungen aufgrund verspäteter Rechnungen", es handle sich „durchweg um standardmäßige Buchhaltungsvorgänge".

Beckham zahlte in dieser Zeit in Großbritannien hohe Steuern und wurde von Fuller noch immer darauf hingewiesen, dass die künftige Vermögensquelle für ihn Amerika sei. Das trieb Beckham zunehmend zur Verzweiflung – vor allem, weil die Gründung eines Fußballvereins in Miami ins Stocken geraten war.

„Meine Vision war ein eigenes Team in Miami", so Beckham 2023 rückblickend.[776] Die Verantwortlichen von LA Galaxy oder von der US-amerikanischen Major League Soccer, die 2007 den Vertrag ausgehandelt hatten, hatten das ganz anders in Erinnerung. Denn eingebunden waren damals nur Jeff Frasco von der Creative Artists Agency, Simon Fuller und Terry Byrne. In den Vertrag wurde zwar die ungewöhnliche Bestimmung aufgenommen, dass Beckham einen eigenen Verein besitzen durfte, diese Bestimmung war aber nicht auf seine Initiative hin vereinbart worden. Die Idee mit dem Fußballverein reklamierte später auch Tim Leiweke für sich. Interessanterweise erklärte Beckham 2013 gegenüber CNN, es sei Fuller gewesen, der die entscheidende Klausel in seinen Vertrag habe einfügen lassen.[777]

Wie auch immer: Zu diesem Zeitpunkt war noch nichts offiziell vereinbart. Erst 2013 fragte Dan Garber, in seiner Funktion als MLS-Commissioner, Beckham und Fuller, ob sie von der Option auf eine Vereinsgründung Gebrauch machen wollten. Zunächst hatte Garber Beckham vorgeschlagen, an einem x-beliebigen Ort in der Provinz einen Klub aufzubauen – nur nicht in Miami, New York oder Los Angeles. Erst nach einer Reihe von Gesprächen stimmte Garber schließlich zu, dass Miami wohl doch der beste Standort sei. Er wies allerdings warnend darauf hin, dass schon mehrere Versuche, einen Klub in Miami zu etablieren, gescheitert seien – unter anderem, weil Garber darauf bestand, das Stadion inmitten der Stadt zu bauen.[778] An dieser Bedingung wurde festgehalten. Der künftige Verein wurde dann in Delaware unter dem Namen Miami Beckham United LLC registriert. Der Bundesstaat Delaware lockte mit Steuervorteilen: Er erhob keine Körperschaftssteuer auf Zinsen und Kapitalerträge und gestattete Unternehmen, weitgehend diskret zu agieren. Kurz darauf kaufte die in Großbritannien ansässige Beckham Brand Ltd. den Klub für 1,89 Millionen Pfund komplett auf. (Im Jahr darauf verkaufte Beckham zehn Prozent der Anteile für sechs Millionen Pfund und machte auf diese Weise 5,8 Millionen Pfund Gewinn.)

2013 hatte Beckham angekündigt, sein Team werde innerhalb von drei Jahren in Miami spielbereit sein. Das erwies sich als zu optimistisch. Der Knackpunkt war, dass nicht nur ein geeigneter Standort gefunden, sondern auch genug Geld für ein Stadion aufgetrieben werden musste. Da Beckham schlicht das nötige Geld fehlte, pochte er auf ein Grundstück zum Nulltarif und einen Partner für den Stadionbau. Für einen Investor verlockend war, dass er dank seiner Vertragsoption von 2007 ein MLS-Team für 17,7 Millionen Pfund (25 Millionen US-Dollar) bekommen konnte, während der marktübliche Preis 2013 bei 106,5 Millionen Pfund (150 Millionen US-Dollar) lag. Das machte Beckhams Angebot für einen Investor also besonders lukrativ. Dass er seinerseits nur 1,89 Millionen Pfund in die Holdinggesellschaft des Klubs, Miami Beckham United, investierte – damit mussten sich die Partner abfinden.

Zu Fullers Verdruss hatte das Direktorium der Major League Soccer ein Veto gegen Katar eingelegt. Das Emirat wurde als Feind Israels und Geldgeber der Terrororganisation Hamas gebrandmarkt. Glücklicherweise lernte Fuller 2009 Marcelo Claure, den Vorstandsvorsitzenden von Sprint Corporation, auf einer Party von Jennifer Lopez in Los Angeles kennen. Der 43-jährige Claure – in Guatemala geboren und in Bolivien aufgewachsen – war ein echtes Alphatier und arbeitete für den japanischen Milliardär und SoftBank-Gründer Masayoshi Son. Claure war Fußballfan, besaß einen Klub in Bolivien, pflegte enge Kontakte zum FC Barcelona und hatte schon selbst erfolglos versucht, ein MLS-Fußballteam in Miami zu gründen. Auf der Party von Lopez hatte Fuller dargelegt, Beckham werde nach seiner aktiven Zeit ein MLS-Team aufbauen. Claure schlug Miami als Standort vor.

Nach dem Ende seiner Profikarriere machte Beckham von seiner Option Gebrauch. Er schlug dem MLS-Commissioner Don Garber vor, dass Simon Fuller ein Schaulaufen für reiche Investoren veranstaltete. Garber war der Meinung, dass MLS-Teams von Milliardären und nicht von (Multi-)Millionären finanziert werden sollten. Fuller sortierte Private-Equity-Konzerne aus und wandte sich an den dynamischen und kommerziell erfolgreichen Multimillionär Claure, der eines der größten Mobilfunkunternehmen der Welt leitete und mit Unterstützung von Masayoshi Son unbedingt ein MLS-Team aufbauen wollte. Claure war sofort begeistert von der Idee, Beckhams Partner zu werden. Nichts machte Selfmadegeschäftsleuten dieses Schlages mehr Freude, als mit einem Megastar in Miami dinieren zu gehen.

Im Februar 2014 also verkaufte die Beckham Brand Holding zehn der 100 Prozent ihrer Anteile für sechs Millionen Pfund an Claure. Beckham reinvestierte 2,6 Millionen Pfund in den Klub. Claure stockte seinen Anteil schrittweise auf 37,5 Prozent auf. Mit der finanziellen Zusicherung von Marcelo Claure zog Fuller die 25-Millionen-Dollar-Option.

Das erste Angebot, auf einem 14,6 Hektar großen, staatseigenen Grundstück auf Dodge Island kostenlos ein Stadion mit 25.000 Sitzplätzen zu bauen, scheiterte am Widerstand des Hafendirektors. Der zweite Anlauf, ein Stadionbau mit 20.000 Plätzen in der Gegend des Museum Park, stieß bei der Anwohnerschaft auf Ablehnung. „Würde der Bürgermeister von London einem Stadion im Hyde Park zustimmen?“, wurde gefragt. „Das ist doch ein Unding.“ Auch gegen einen 29-Hektar-Golfplatz, der kurzzeitig zur Debatte stand, regte sich erbitterter Widerstand. Beckhams Vorschlag für einen Standort am

Marlin's Park in der Nähe von Little Havana fand ebenfalls keine Zustimmung.

Nach diesen Fehlschlägen sahen Beckham und Fuller ein, dass sie nicht die richtigen Verbindungen zu den Immobiliengrößen und politischen Entscheidungsträgern in Miami hatten, mit denen sich die undurchsichtigen Seilschaften der Stadt hätten aushebeln lassen. Selbst Claure war offenbar ein Outsider. Dem Trio wurde mitgeteilt, dass es jetzt nur noch einen Versuch für ein Franchise gab – eine Option mit einer sehr knappen Frist. Das Trio bewarb sich um ein Grundstück im Zentrum des Stadtteils Overtown.[779] Der Ausgang war ungewiss. Die schlechte Nachricht: Overtown war kein idealer Standort. Die gute Nachricht: Die Marke Beckham war offenbar kurz davor, eine hohe Summe zu investieren.

Dass der dynamische und offensiv agierende Unternehmer Bruce Rockowitz für Simon Fuller und Beckham interessant war, war absolut nachvollziehbar. Der in Hongkong ansässige Fitnessfanatiker hatte geäußert, dass er „auf starke Marken" stehe.

Der Modedesigner Tommy Hilfiger hatte ihn mit Fuller bekanntgemacht. Dieser war sichtlich beeindruckt von Rockowitz' jüngsten Erfolgen als Geschäftsführer der Global Brands Group, einer Tochtergesellschaft des Hongkonger Großkonzerns Li & Fung. Zum Portfolio von Rockowitz gehörten die Herstellung und der Vertrieb von Markenartikeln für Calvin Klein, Disney und das US-Modehaus Kate Spade. Was Rockowitz an Beckham gefiel, war die Kombination aus Sport, Prominenz und Mode.

Da Fuller unbedingt Beckhams Marke zu Geld machen und sich selbst eine goldene Nase verdienen wollte, konzentrierte er sich auf Asien – eine Region, die enorme Wachstumsraten versprach. Zwei Drittel der Weltbevölkerung lebten in Asien, und die wachsende Mittelschicht war eifrig dabei, Luxusgüter zu kaufen. Die Region war wie geschaffen für kommerzielle Expansion.

Eigentlich hätte Fullers begeisterte Entschlossenheit, 2014 einen Deal mit Rockowitz abzuschließen, durch die Skepsis einiger Hongkonger Wirtschaftsanalysten gegenüber Global Brands gedämpft werden müssen. Rockowitz hatte bisher keine aussagekräftigen Finanzdaten vorgelegt. Aber ebenso wie andere ließen sich Fuller und Beckham von dem glanzvollen Relaunch beeindrucken. Im Hongkonger Grand-Hyatt-Hotel verkündete der Showman, der Nettogewinn von Global Brands sei 2014 um 36,6 Prozent gestiegen. Das jährliche Wachstum, so seine Prognose, werde sich bei 30 Prozent einpendeln. Der Aktienkurs des Unternehmens erholte sich, und da Rockowitz auch mit der Creative Artists Agency in Verbindung stand, stufte Fuller ihn als Gewinner ein. Ohne dass Beckham es ahnte, lag Fuller mit seiner Einschätzung von Global nicht nur falsch, sondern er hörte auch nicht auf die skeptischen Stimmen. Dass Rockowitz 85 Prozent des Umsatzes in den USA und nicht in Asien erzielt hatte, war ihm offenbar ebenfalls nicht klar.[780]

Beckham mochte Rockowitz und seine Frau, die chinesische Sängerin Coco Lee, und er vertraute wie Victoria auf Fullers Urteilsvermögen. Victoria war auf die Finanzspritze für ihr Business erpicht und ermutigte David, auf Fullers Deal mit Rockowitz zu setzen. Fuller prognostizierte, dass Beckhams Unternehmen 2015 einen Rekordgewinn von rund 65 Millionen Pfund erzielen würden.[781] Für 2016 gingen die Erwartungen in eine ähnliche Richtung. Erzielt wurden diese Gewinne jedoch nicht. Die PR-Crew verwies auf die „langfristigen Deals", zu denen auch die Vereinbarung mit H&M zählte und die „weitergeführt" würden.[782] Dass das H&M-Sponsoring auslief, ließ man unter den Tisch fallen. Gemessen an diesen Einnahmen war der von Fuller getätigte Verkauf von 51 Prozent der Anteile an Beckham Brand Holdings an Rockowitz' Global Brands für rund 36,7 Millionen US-Dollar plus weitere 36,7 Millionen US-Dollar in den folgenden sechs Jahren günstig.

Herzstück des Deals waren Rockowitz' Global Brands und Beckham, die jeweils 51 Prozent beziehungsweise 49 Prozent der Anteile an der gegründeten Seven Global Holding Company (SGHCL) und ihrer Tochtergesellschaft Global Seven besaßen. Mit dem Bekleidungsunternehmen sollte die Marke David Beckham nicht nur für Fußballschuhe und -bekleidung, sondern auch für Versicherungen, Reisen, Feuchtigkeitscremes und andere Konsumgüter ausgebaut werden.[783] Zum Präsidenten von Global Seven wurde Jason Weisenfeld ernannt, der zuvor Victorias Unternehmen auf Kurs gebracht hatte. Er sollte bis 2020 einen Jahresumsatz von 1,5 Milliarden US-Dollar erwirtschaften. Niemand schien diese enorme Zahl infrage zu stellen; sie entsprach etwa der Hälfte des von Rockowitz prognostizierten Gesamtumsatzes.

„Ich kann noch eine Menge lernen", meinte Beckham nach Bekanntgabe des Geschäftsabschlusses. „So ein Projekt hat es noch nie gegeben. Diese Partnerschaft ist etwas ganz Besonderes."[784] Im Herbst 2015 führte die neue Zusammenarbeit bereits zu einem ersten Ergebnis: dem Relaunch von Kent & Curwen, einer britischen Traditionsmarke für Herrenbekleidung. Rockowitz, der nach eigenen Angaben weltweit 113 Geschäfte in 51 Städten besaß, versicherte Beckham, er werde mit der Markenbildung dieses Labels ein Vermögen verdienen. Das neue Unternehmen Seven Global sollte fünf Prozent des Nettoumsatzes von Kent & Curwen im Einzelhandel und zehn Prozent im Großhandel erzielen.

Der Gewinn von Kent & Curwen für Beckham belief sich im ersten Jahr auf 5,5 Millionen Pfund. Weitere 3,5 Millionen Pfund machte Beckham mit dem Immobilienunternehmen Luneng, das ebenso wie mehrere andere chinesische Unternehmen den Star fürs Marketing unter Vertrag genommen hatte. Seven Global erzielte 2016 einen Nettogewinn von 17,2 Millionen US-Dollar und blieb damit von dem für 2020 prognostizierten Umsatzziel von 1,5 Milliarden US-Dollar weit entfernt. Es trug aber in diesem Jahr deutlich zu den Gesamteinnahmen von DB Ventures in Höhe von 44 Millionen Pfund bei.[785]

Victorias steigende Verluste machten den scheinbaren Erfolg der Partnerschaft mit Rockowitz zunichte. Nachdem sie 4,6 Millionen Pfund im Jahr 2016 verloren hatte, stand ihr Unternehmen bei den Banken mit 8,4 Millionen Pfund in der Kreide. Obendrein schuldete sie David noch 6,7 Millionen Pfund. Ihre luxuriöse Lebensweise trieb die Verluste weiter in die Höhe. Sie beschäftigte einen riesigen Stab von 141 Mitarbeitenden, der sie jedes Jahr 7,8 Millionen Pfund kostete. Die steigenden Schulden hatte sie offenbar nicht im Blick. Sie war vielmehr äußerst guter Dinge, als sie erfuhr, dass ihre Arbeit für die Vereinten Nationen und die Modebranche mit dem Order of the British Empire (OBE) gewürdigt wurde.

Auch Beckham erwartete ein Schreiben. Von Oliveira ermutigt, hatte er die Hoffnung auf den Ritterschlag noch nicht aufgegeben.

GQ-Herausgeber Dylan Jones war Beckhams treuer Verbündeter. Die Titelgeschichte seines Magazins, „Ruheständler, Familienmensch und Beschützer seiner Kinder", war eine Hommage an seinen Helden. Jones beschrieb „den Sonnengott" als „kulturelles Phänomen". Michael Paternitis Beckham-Porträt war eine hemmungslose Lobhudelei. „Er ist ein Werbeträger und eine Ikone, wie sie im Buche steht. Ein Mann, der in seinen Vierzigern mit ein paar markanten Falten immer mehr Substanz gewinnt." Um Beckhams Bescheidenheit zu unterstreichen, zitierte Paterniti ihn mit den Worten: „Ich habe mich nie als Berühmtheit gesehen." Der Autor meinte: Selbst diejenigen, die Beckham als „The Sexiest Man Alive" bezeichneten, müssten einsehen, dass er „ein anderes Ideal von Männlichkeit verkörpert – der softere, metrosexuelle Vater – Liebhaber, unterstützender Ehemann und Stil-Ikone". Beckham erhielt genügend Raum für eine eigene Lobeshymne auf seine „großartigen" Kinder, seine Frau, seine Eltern, Schwiegereltern und Freunde, „denen ich vertraue", und weiter: „Ich bin als Mensch, als Ehemann und als Vater mit mir im Reinen. Mir ist egal, was die Leute reden." Seine Kritiker kümmerten ihn nicht. Alles, was zähle, sei seine Arbeit für UNICEF. Die Wohltätigkeitsorganisation „hat für mich oberste Priorität".[786]

Sein Engagement für UNICEF stand tatsächlich ganz oben auf seiner Agenda, als ihm die Ehre zuteilwurde, zum 75. Jubiläum der Sendung „Desert Island Discs" von BBC Radio 4 aufzutreten. Moderatorin Kirsty Young stellte ihn als „Fußballer, globale Marke und humanitären Helfer" vor und ergänzte: „Wenn er eine Rede über das Kindeswohl hält, ist er bei den Vereinten Nationen zu Hause – und eine ebenso gute Figur macht er, wenn er in Designerhosen auf Werbeplakaten erscheint."

Zu seinen musikalischen Favoriten gehörten Elton John, Ella Fitzgerald und Michael Jackson, der Jazzmusiker Sidney Bechet und „Wild Horses" von den Rolling Stones. Kein einziger Hit der Spice Girls war dabei. Zwanzig Jahre zuvor hatte Posh Spice enthüllt, dass ihr Freund ihre Musik nicht mochte. „Ich habe ihn neulich gefragt, ob er Spice-Girls-Fan ist", sagte sie. Seine Antwort: „Ich bin ein Fan von dir, aber nicht von den anderen!"[787] Nach 19 Jahren Ehe seien sie eine

„starke Familie, die zusammenhält", ließ Beckham Kirsty Young wissen. Er bestritt, dass sie nur wegen der Marke noch zusammen seien. „Wir bleiben zusammen, weil wir uns lieben." Auf die Frage, was er mitnehmen würde, wenn er auf eine einsame Insel verbannt werden würde, sagte er: eine England-Basecap und das Kochbuch *Fire*.

Beckham stellte eine Bedingung für seinen Auftritt, und die BBC war einverstanden: Der Star sollte Werbung für seine UNICEF-„Leidenschaft" machen dürfen. „Mehr als alles andere zählt meine Charityarbeit zu den wichtigsten Dingen in meinem Leben. Von allem, was ich mache, ist das die Sache, die mir am meisten Spaß macht." Und: Sein Motiv sei nicht „Eitelkeit".[788]

Lob für die Sendung gab es reichlich. Ende Januar 2017 ahnte das Publikum der BBC aber auch noch nichts von dem Skandal, den Beckhams Anwälte mit allen Mitteln zu vertuschen versuchten.

27

Stürmische Zeiten

Am Mittwoch, 1. Februar 2017, ließ Beckham in der Cocktailbar The Friend in West Hollywood mit der Schauspielerin Poppy Delevingne die Korken knallen.[789] Als die beiden in zerzaustem Zustand die Bar verließen, brach in Hamburg gerade der Tag an, und die ersten Exemplare des Wochenmagazins *Der Spiegel* liefen durch die Druckerpresse. Am frühen Donnerstagmorgen wurde Beckham von seinen Londoner Anwälten wachgeklingelt und war geschockt. Allerdings: So ganz unerwartet kam die Nachricht nicht.

Simon Oliveira hatte Ende 2016 von einem Hackerangriff auf seine E-Mails erfahren. Neben vielen persönlichen Nachrichten betraf das auch seine Kommunikation mit Beckham. Nachdem er den Hackern keine Bestechungssumme zahlen wollte, musste Oliveira feststellen, dass seine E-Mails an mehrere europäische Zeitungen weitergeleitet worden waren. Ihre Veröffentlichung ließ sich also nicht mehr verhindern.

Der in Portugal lebende Hacker mit dem Codenamen „John“ rechtfertigte sein Vergehen gegenüber *Spiegel*-Reporter Rafael Buschmann. Oliveiras E-Mails seien im Auftrag von Fußballfans gehackt worden. Sie alle seien Opfer „eines extrem korrupten Systems, das nur auf sich selbst fixiert ist. Ich finde schlimm, dass Funktionäre und Spieler das Vertrauen der Fans aus reiner Profitgier derart missbrauchen.“[790]

Zu „Johns“ Beute zählten auch Beckhams E-Mails an Oliveira. In ihnen bezeichnete er das Honours Committee als „undankbare Fotzen“. Außerdem sprach er sich aus reinstem Kalkül gegen die schottische Unabhängigkeit aus, weil er in den Ritterstand erhoben werden wollte. Er hetzte über die Sängerin Katherine Jenkins und schrieb, dass Katar seine lukrativen Geschäfte „vergifte". Schlimmer noch: Die E-Mails enthüllten, dass Beckham sich geweigert hatte, eigenes Geld an UNICEF zu spenden. Damit war sein so sorgsam gepflegtes Image als großzügiger, ehrlicher Typ dahin.

Um die Veröffentlichung der E-Mails in der Londoner *Sunday Times* zu verhindern, erwirkten seine Anwälte eine einstweilige Verfügung beim High Court. Dass die E-Mails in Deutschland und der ganzen Welt publiziert wurden, konnten die britischen Richter aber nicht verhindern. Beckham kochte vor Wut. Die Marke Beckham stand und fiel mit seinem persönlichen Wert als Sympathieträger. Jetzt drohte ein Fiasko. Er eilte in Los Angeles zum Flughafen und flog in der First Class mit dem amerikanischen Rapper und Songwriter will.i.am nach London. Kurz nach seiner Landung am Freitag um elf Uhr las alle Welt die Beurteilung des englischen Nationalspielers durch den *Spiegel*. Beckham sei nie ein Weltfußballer, nie ein Champion, sondern nur einer unter vielen gewesen. Beckham wirke zwar nach außen hin immer makellos, ein Musterknabe. In Wahrheit sei er einfach nur der bestbezahlte Ex-Fußballer, für den das eigene Image stets einen höheren Stellenwert habe als die Nebensache Fußball. Er habe sich eine Traumwelt erschaffen, um die Fantasien seiner Fans zu nähren. Den eigentlichen Beckham beurteilte *Der Spiegel* als geizigen, gewöhnlichen, schlecht gelaunten, eingefleischten Choleriker. Die *Sunday Times* charakterisierte ihn als knauserigen und unflätigen Heuchler.

An jenem Wochenende überlegten die Anwälte aller britischen Zeitungen, wie sich die einstweilige Verfügung des High Court umgehen ließe. Obwohl die *Sunday Times* die E-Mails nicht publizieren durfte, würde kein Richter von britischen Zeitungen die Einhaltung der einstweiligen Verfügung einfordern, nachdem die Enthüllungen des *Spiegels* bereits in aller Welt aufgegriffen worden waren. Der neue *Sun*-Chefredakteur Tony Gallagher, der zuvor für die *Daily Mail* und den *Daily Telegraph* gearbeitet hatte, konnte es kaum erwarten, die E-Mails zu veröffentlichen. Im Gegensatz zu seinen Vorgängern wollte er sich auf keinen Fall auf das Spiel der Beckhams einlassen. „Er hasst das Showbiz, und er hasst die Beckhams", hieß es in der Redaktion. „Wenn eine Atombombe gezündet wird", scherzte Gallagher rüde, „dann am besten über dem Soho Farmhouse.“ In dem Klub in Oxfordshire verkehrten die Beckhams häufig, sie hatten sich auch in der Nähe ein Haus gekauft.

Gallaghers Haltung war eigentlich differenzierter: Er liebte das Showbusiness und die Titelstorys über die Beckhams, weil mit ihnen die Auflage stieg; gleichzeitig weigerte er sich, die Wahrheit zu verschweigen. Also wies er Oliveiras Bitte zurück. Er wollte keinen faulen Deal eingehen, die E-Mails zurückhalten und dafür im Gegenzug Zugang zu den Beckhams bekommen.

Am Montagmorgen druckte die *Sun* einige der Enthüllungen des *Spiegels* zusammen mit einem Kommentar von Piers Morgan. Dieser schrieb, Beckham sei „abstoßend“ und „ein Betrüger“. Und weiter: „Oh, mein Gott – das war’s dann wohl mit der Marke Beckham. Morgen ist niemand mehr neidisch auf David Beckham. Alle werden ihn scheußlich finden.“[791]

Der bisher tadellose Ruf der Marke Beckham drohte auf einen Schlag in sich zusammenzufallen. Sprecher Oliveira versuchte, sich herauszureden. Die Zeitungen hätten „die E-Mails manipuliert und ein absichtlich verzerrtes Bild gezeichnet“. Es sei der Anschein erweckt worden, Beckham habe keine Spenden an UNICEF geleistet, aber in Wahrheit habe er eine Million Pfund gespendet. Einige vermuteten, dass damit die eine Million US-Dollar gemeint waren, die Global Brands innerhalb von fünf Jahren an UNICEF zahlen sollte, und nicht die eine Million Pfund aus seinem Privatvermögen.[792] Tatsächlich hing die Zahlung von 750.000 Pfund mit einem Sponsorenvertrag zusammen, den Beckham abgeschlossen hatte und mit dem das Unternehmen UNICEF direkt unterstützte. Gardner berichtete einem Freund, es habe einiger Diskussionen bedurft, bis Beckham der Zahlung zugestimmt habe. Ihm sei damals geraten worden, über seinen Schatten zu springen.

Beckham wollte demonstrieren, wie egal es ihm war, was die Zeitungen berichteten, und er postete ein neues Video, auf dem zu sehen war, wie er Harper eine Gutenachtgeschichte vorlas. Am nächsten Morgen erfuhr die Presse, an welchem Ort in London David Beckham seinem Sohn Brooklyn beim Skateboarden zusehen wollte. Zur gleichen Zeit saß Victoria im Flieger zur nächsten Fashion Week in New

York und ärgerte sich extrem über die E-Mails ihres Mannes, mit denen er sich ins eigene Fleisch geschnitten hatte.

Insgeheim war David in Rage. Er zürnte nicht sich selbst, sondern den Medien. Da er nicht die geringsten Gewissensbisse hatte, sah er keinen Grund, warum er sich für seine ehrliche Meinung entschuldigen sollte. Fußballstars neigen womöglich nicht zur Reue. Wayne Rooney konnte es sich erlauben, mit einer jungen Frau auf dem Beifahrersitz wegen Geschwindigkeitsüberschreitung geblitzt zu werden, während seine Ehefrau und die drei Kinder im Urlaub weilten, und Jamie und Louise Redknapp trugen ihre Krise öffentlich aus – aber Reue erwarteten Fußballfans in solchen Fällen nicht. „Niemand hat Lust zu scheitern", erklärte Beckham später. „Trotzdem passiert es. Dann kommt es darauf an, wie man damit umgeht." Für seine Berater bedeutete „damit umgehen" in diesem Fall, dass sie untätig blieben. Zu Beckhams Zufriedenheit gab keiner seiner Sponsoren einen Kommentar ab. „Wir müssen jetzt alle optimistisch bleiben und nach vorne schauen", meinte Victoria in New York, nachdem David und die vier Kinder ihr dorthin nachgereist waren. Als die Show in New York zu Ende war, hielten sich die Beckhams bedeckt, blieben schweigsam und unsichtbar. Jeder ging seiner Wege. Der E-Mail-Skandal ließ die Beziehungsprobleme des Paares ausnahmsweise in den Hintergrund treten.[793]

Völlig unerwartet rief Fullers Sprecher Julian Henry den *Sun*-Showbizredakteur Dan Wootton an. Henry empfahl ihm, von den Beckhams und ihrer Ehe abzulassen. „Simon hat mit David und Posh gesprochen und sie beraten, wie sie ihre Ehe retten können." Eigentlich wäre zu erwarten gewesen, dass Wootton dem Vorschlag folgen würde. Doch mit Rückendeckung von Gallagher lehnte er Henrys Ansinnen ab. Stattdessen fiel ihm eine unerwartet verhaltene Wendung im Leben des Paares auf.

Brooklyn feierte seinen 18. Geburtstag mit seinem Vater und Victorias Mutter in Großbritannien. Am gleichen Tag wurde Victoria beim Einkaufen in New York gesehen.

Die Stimmung im Hause Beckham war gedrückt. Selbst als Victoria acht Wochen nach dem E-Mail-Skandal den Order of the British Empire (OBE) erhielt, wurde ihr Auftritt im Buckingham Palace heruntergespielt. Die Beckhams kamen getrennt im Palast an. Die Fenster beider Autos waren mit schwarzen Tüchern verhängt. Anders als sonst konnte niemand Victorias Gesicht oder ihr Outfit für diesen besonderen Anlass sehen. Nach der Zeremonie verließ die Familie den Palast durch einen Seitenausgang. „Ich möchte Frauen stark machen", war Victorias einziger Kommentar. Ihre Enttäuschung darüber, dass David wieder einmal nicht zum Ritter geschlagen wurde, fand nirgendwo Erwähnung.[794] Kein einziges offizielles Foto wurde veröffentlicht. Es gab auch keine große Party. David postete lediglich ein Instagram-Foto von einem Familienessen mit der Bemerkung: „Ein netter Abend mit Haig Club Clubman."

Nach drei Wochen hatte sich der Sturm gelegt. Alles ging wieder seinen gewohnten Gang. Die Marke Beckham hatte überlebt. David erschien in weißem T-Shirt zusammen mit Brooklyn bei der Londoner Premiere von Guy Ritchies Film *King Arthur*. Vater und Sohn feierten bis spät in die Nacht mit Model und Fernsehmoderatorin Alexa Chung und Poppy Delevingne. Victoria hatte sich angeblich geweigert mitzukommen. So verpasste sie die 13 Sätze, die Beckham in dem Film sagte. Er gab seinem Auftritt großes Gewicht. „Ich habe sehr viel geübt", erzählte er. Die Kritiken waren nicht gerade schmeichelhaft. Selbst die ultraloyale Fußballklubdirektorin Karren Brady nahm kein Blatt vor den Mund: „Was Beckham da abgeliefert hat, kommt so hölzern rüber wie eine Tür." Unter anderem war aufgefallen, dass der Mann aus dem Osten Londons noch nicht einmal einen anständigen Cockneyakzent hinbekam. Auch der *Hollywood Reporter* zog über den Film her: „*King Arthur* ist ein Desaster und absolut unoriginell." Beckham ließ sich davon nicht beirren und reiste zum Filmfestival nach Cannes, wo er sich mit der Sängerin Rita Ora amüsierte. Vier Wochen später traf er in Glastonbury den Societystar Lady Mary Charteris.[795]

Victoria stand vor einer schwierigen Bewährungsprobe. Ihr Ehemann ging offenbar fremd, sie war verschuldet, und das pausenlose Reisen um den Globus schadete ihrer Gesundheit. Dass sie „eine Eimerladung" Make-up und Sonnenbrillen brauchte, damit niemand die Ringe unter ihren Augen sah, erklärte sie mit den Worten: „Ich bin die ganze Nacht auf den Beinen und kümmere mich um die Kinder." Anschließend flog sie von New York nach Hongkong, um mit Estée Lauder Werbung für „Glamour mit Anspruch" zu machen.[796]

Fünf Monate nach den E-Mail-Enthüllungen waren die PR-Agentinnen und -Agenten des Paares sich einig: Die Marke brauchte einen Image-Boost. Im Mittelpunkt sollten die Beckham-Kinder stehen. Alle Namen der Kinder inklusive der fünfjährigen Harper waren als Markenzeichen eingetragen worden. Brooklyn war bereits ein Star. Mit eigenem Fahrer und einem Bodyguard namens Bobby ließ sich Brooklyn in Los Angeles von Mark Mahoney zum ersten Mal ein Native-American-Tattoo stechen. Vater Beckham schaute zu. Als sich das Jahr dem Ende neigte, hatte Brooklyn acht weitere Tattoos. Beckham ließ sich ebenfalls vier weitere Motive tätowieren – ein Pferd, eine Flöte spielende Frau, die „Daddy“-Abwandlung „Dadda“ und am Hals ein paar Vögel, die sich in die Höhe schwingen. Damit kam er auf gut 50 Tätowierungen.

Brooklyns nächster Karriereschritt war beschlossene Sache: Er wollte im September nach New York ziehen und sich an der Parsons School of Design einschreiben. Zufälligerweise gehörte Jason Weisenfeld, der Vorstandsvorsitzende von Global Seven, dem Vorstand der Designhochschule an. Um Brooklyn als Star zu feiern, veranstalteten seine Eltern am 27. Juni bei Christie's in der Londoner St. James's Street eine Launchparty für dessen 300 Bilder umfassenden Fotoband *What I See*. Im Buch-Intro hieß es: „Dieser stilvolle und wunderschön gestaltete Band mit Fotografien, die sich bei den Fans besonderer Beliebtheit erfreuen, und neuen Exklusivbildern aus dem persönlichen Archiv vermittelt einen seltenen und intimen Einblick in Brooklyns Sicht auf die Welt.“ Eines der Fotos war eine unscharfe Aufnahme mit dem Titel „Elefanten in Kenia“. Brooklyns Bildunterschrift lautete: „Schwer zu fotografieren, aber wunderbar anzusehen.“

Drei Wochen später stand Harper im Fokus der medialen Familienberichterstattung. Zu ihrem sechsten Geburtstag hatten die Eltern mit Prinz Andrews Ex-Gattin Sarah Ferguson vereinbart, dass Harper im Buckingham Palace eine Teeparty unter Prinzessinnen veranstalten durfte. Da sich die Queen in Balmoral aufhielt und damit außer Haus war, wurde Harper in die private Suite von Prinz Andrew geleitet. Auf den Fotos, die die Beckhams auf Instagram posteten, war Harper als Aschenputtel verkleidet zu sehen. Weitere Bilder zeigten sie bei der Maniküre und Pediküre, in Gucci-Stiefeln (240 Pfund) und Versace-Kleid (1525 Pfund), mit einem Burberry-Mantel aus Kaschmir samt

Monogramm (695 Pfund) und einer 1200 Pfund teuren Goyard-Minilедertasche in der Hand.[797]

Eines der anderen Kinder auf der Party war Stella McCartneys Tochter Bailey. McCartney war wenig erfreut darüber, dass Fotos ihrer Tochter gepostet wurden. Im Gegensatz zu den Beckhams nahm sie für sich in Anspruch, die Privatsphäre ihrer Kinder zu schützen – obwohl sie später mit ihnen für die Titelseite der *Vogue* posierte. Die ohnehin angespannte Beziehung zwischen Victoria und Stella verschlechterte sich noch, nachdem Victoria Stellas Kindermädchen mit einem höheren Gehalt abwarb. Als Nächstes übernahm sie ein wichtiges Mitglied von McCartneys Designteam. Daraufhin schloss McCartney sie aus ihrem Freundes- und Bekanntenkreis aus und ignorierte sie fortan. Victoria schien zu glauben, sie könne ihr Verhalten mit unterwürfigen Entschuldigungen wiedergutmachen.

Ebenso wunderte sich niemand, als sich Victoria über eine Pressemitteilung von Ralph Lauren aufregte, in der damit geprahlt wurde, Brooklyn und Romeo hätten bei der Taufe von Geris Tochter Blazer von Ralph Lauren getragen. „Victoria und David sind sehr darauf bedacht, ihre drei Söhne vor der Öffentlichkeit zu schützen", erklärte Jo Milloy. Sie „waren außer sich, als sie erfuhren, was Ralph Lauren sich geleistet hatte".

Seltsamerweise schien keinen der beiden Elternteile zu stören, dass Brooklyn ein Foto von sich gepostet hatte, auf dem er eine Waffe hochhielt und auf die Kamera richtete. Jedenfalls äußerten sie sich nicht öffentlich dazu. Brooklyns 10,8 Millionen Follower fanden den Post cool.[798]

„Ich liebe das Gestalten", erklärte Victoria im Herbst 2017 anlässlich des zehnjährigen Jubiläums ihres Modeunternehmens. „David findet es langweilig." Doch David war nicht gelangweilt. Er war bestürzt. Laut seinen Buchhaltern waren Victorias Verluste höher als erwartet – und nicht mehr länger tragbar.[799]

2017 stiegen ihre Verluste von 4,8 auf 8,5 Millionen Pfund. Der Umsatz stagnierte bei 36,4 Millionen Pfund. In diesem Jahr hatte sie sich 6,7 Millionen Pfund von David geliehen. Weitere 38,3 Millionen Pfund wurden in das Unternehmen investiert, und die Gesamtverschuldung kletterte auf 16,4 Millionen Pfund. Die Wirtschaftsprüfer der BBH willigten interessanterweise in einen kuriosen Trick ein. Sie kauften Victoria Beckham für 1,5 Millionen Pfund ihre geistigen Eigentumsrechte ab. Das war eine ungewöhnliche Transaktion, da BBH Victorias Markennamen schon seit Jahren nutzte. Hinzu kam, dass zwischen Victorias beiden Firmen keine Lizenzgebühren anfielen und ihr Unternehmen unerklärlicherweise trotzdem auf Vermögenswerte von 1,5 Millionen Pfund kam. Was hinter diesem Handel zwischen den Beckham-Unternehmen steckte, wurde nicht offengelegt. Die BBH sparte jedenfalls durch eine einzige Transaktion über 525.000 Pfund an Steuern.[800]

Verglichen mit dem Jahresumsatz von Louis Vuitton (15 Milliarden Pfund), Chanel (9 Milliarden Pfund bzw. 17 Milliarden Pfund bis 2022) und Dior (60 Milliarden Pfund), war Victorias Umsatz von 36 Millionen Pfund verschwindend gering. Während die französischen Giganten seitenweise Werbung in den Hochglanzmagazinen machten und TV-Spots schalteten, setzte Victoria auf Lobeshymnen im linksgerichteten *Guardian*, der nicht gerade bekannt dafür ist, dass er für Modefreaks mit dicker Brieftasche viel übrighat.

„Sie strahlte eine stoische Gelassenheit aus", kommentierte die Zeitung.[801] Anna Murphy von der *Times* lobte die „unauffällige Pracht", insbesondere das „rosafarbene Etuikleid über einem Baumwollhemd mit Karomuster und einem Unterkleid".[802]

Victoria übersah wie immer die realen Verhältnisse und wunderte sich, warum der finanzielle Erfolg ausblieb, obwohl sie viele Stunden arbeitete. Sie behauptete zwar, das Unternehmen in Battersea zu leiten. De facto nahm sie aber bloß an den vierteljährlichen Vorstandssitzungen teil, hielt sich aus dem Tagesgeschäft heraus und zahlte sich selbst 700.000 Pfund pro Jahr aus. Kenntnisse über Bilanzen, Marktentwicklungen und raffinierte Werbung gehörten nicht zu ihren Stärken. Und dann behaupteten Beckhams PR-Agenten gegenüber der Presse auch noch, dass er Posh finanziere.[803]

Einer der Gründe für diese beispiellose Beschreibung war, dass Beckhams eigene Einkünfte 2016 unerwartet einbrachen. Aus den Steuererklärungen ging hervor, dass der Umsatz von Footwork Productions von 14,3 auf 8,02 Millionen Pfund gesunken war. Der Gewinn von Footwork war von 11,4 auf 7,2 Millionen Pfund zusammengeschmolzen. Die

Buchhalter korrigierten die Aktiva des Unternehmens von 21 Millionen Pfund auf 263.000 Pfund nach unten. Um seine Rechnungen bezahlen zu können, entnahm Beckham als Dividende 12,7 Millionen Pfund aus den 2015 und 2016 aufgebauten Rücklagen des Unternehmens.

Im darauffolgenden Jahr, dem Geschäftsjahr 2016/17, erwirtschaftete Footwork einen Umsatz von 72,4 Millionen US-Dollar und verbuchte einen Gewinn von 16 Millionen US-Dollar. Das waren immer noch 20 Prozent weniger als 2015. Trotzdem schüttete Footwork 19 Millionen Pfund an Dividenden aus, nachdem es 2016 nur 10,2 Millionen Pfund gewesen waren.

Beckham tröstete sich mit Rockowitz' optimistischer Prognose vom September 2017, dass Global innerhalb von sechs Jahren zehn Milliarden US-Dollar wert sein würde. „Unser zweistelliges Wachstum kann sich sehen lassen", ließ Rockowitz verlauten.[804] Die Bilanzen gaben keinen Aufschluss über die schlechten Nachrichten von Global Brands. Kent & Curwen hatte 10,7 Millionen Pfund verloren. Beckham schien von der drohenden Gefahr nichts zu merken.

Während eines Mittagessens anlässlich einer Promotionveranstaltung im Zusammenhang mit der Expansion von Kent & Curwen – es gab klassische britische Hausmannskost mit Pie and Mash sowie Sticky-Toffee-Pudding in einem Londoner Restaurant – erklärte Beckham gegenüber seinen Gästen selbstbewusst: „Meine Geschäftsbeziehungen in Asien und meine Popularität sind jetzt natürlich hilfreich."[805]

Im Folgejahr 2018 erhöhten sich die Verluste von Kent & Curwen jedoch auf 18 Millionen Pfund. Anscheinend wusste der in Sachen Finanzbuchhaltung unerfahrene Beckham nicht, dass seine Gewinne in die „Rücklagen" von Global flossen und nicht auf sein Bankkonto, während er um die Welt jettete und für die Marken die Werbetrommel rührte. Innerhalb eines Jahres summierten sich seine Außenstände auf mehr als zehn Millionen Pfund. Mit fadenscheinigen Begründungen wurde zu erklären versucht, warum die Einnahmen in die „Rücklagen" geflossen waren. Und ohne dass Beckham etwas davon erfuhr, waren die Einnahmen von Global Brands um zwei Drittel eingebrochen. Bis zum Jahresende hatte das Unternehmen 886 Millionen US-Dollar verloren. Rockowitz trat als Geschäftsführer zurück.

Fullers Deal begann sich als Fehlschlag zu erweisen. Man hatte nicht nur die Marke Beckham zu billig verkauft, sondern auch den falschen Partner ausgesucht.[806] Aus Beckhams Bilanzen für Seven Global für jenes Jahr ging hervor, dass 11,3 Millionen US-Dollar an Einnahmen – die Hälfte der erwarteten Gewinne – dahin waren. Rockowitz' Global Brands steuerte auf den Bankrott zu. Beckham beschloss, es Rockowitz gleichzutun und auszusteigen. Das Problem war nur, den Ausstieg so zu gestalten, dass er wieder Eigentümer der eigenen Marke wurde.

Parallel suchten David und Victoria nach einer Möglichkeit, ihre Verluste auszugleichen. Wieder einmal setzten sie auf Parfüms.

Das 48 Milliarden US-Dollar schwere globale Beautygeschäft war zwar auf Wachstumskurs, aber der Absatz von Promidüften ging zurück. Nur die gut Betuchten kauften 30-ml-Flakons für 100 Pfund. Beim Rest der Bevölkerung waren die überteuerten Parfüms der Prominenten nicht mehr gefragt.[807] Coty-Geschäftsführer Bernd Beetz hatte das weltweit größte Business für Celebritydüfte gegründet. Er erkannte, dass mit Sex und Verführung keine Kundschaft mehr zu gewinnen war. Junge Leute wollten Parfüms, die ihr Gefühl von Individualität und Identität unterstrichen. Wer erfolgreich sein wollte, musste „kulturell passende Marken" kreieren, die dem Lebensgefühl ihrer Communitys entsprachen.[808]

Beetz' Erkenntnisse waren bei Victoria verschwendet. Sie verkaufte den Kunden nur sich selbst und ihre eigenen Werte. Dabei setzte sie ausschließlich auf ihre persönlichen Auftritte bei YouTube und Instagram. Im September hatte sie ihren 16 Millionen Followern im Rahmen ihrer Make-up-Tipps für ein Produkt von Estée Lauder Bilder gepostet, auf denen sie sich Alufolie vom Gesicht abzog. Prompt wurde ihre Seite mit kritischen Kommentaren überschwemmt. Das Produkt von Estée Lauder kostete 348 Pfund, während Boots eine vergleichbare Folie für gerade einmal 125,21 Pfund anbot.[809]

David Beckhams Kosmetikwerbung erging es noch schlechter. Mit Beckham als Werbegesicht brachte L'Oréal die Kollektion „House 99" mit 21 Pflegecremes auf den Markt. Bei der Produktvorstellung bei Harvey Nichols im vornehmen Knightsbridge wurden große Hoffnungen in die Marke gesetzt; sie kam anschließend in 19 Ländern in ganz

Asien auf den Markt. Die Produktreihe floppte.[810] Als Nächstes versuchte L'Oréal, die aus vier Düften bestehende Beckham-„Kollektion" auf den Markt zu bringen.

Diese vier Parfüms mit den Namen „Refined Woods", „Amber Breeze", „Intimate Acqua" und „Aromatic Greens" standen angeblich für die jeweiligen Facetten von David Beckhams Privatleben. Einer preisbewussten Käuferschaft stellte er seine verschiedenen Lebensdüfte bei JCPenney in New Yorks Garden City höchstpersönlich vor – Zedernholz, Pazifischer Ozean, offene Straße und Nachtklub. Auch diese Kampagne war ein Reinfall. Weder Posh noch Becks konnten im Parfümbusiness wirklich Fuß fassen. Dieser Misserfolg beunruhigte Fuller. Die Summe der Einkünfte stagnierte – und Victorias Schulden stiegen.[811]

Fuller wollte das Problem dadurch lösen, dass er Paolo Riva als Victorias neuen Geschäftsführer engagierte. Der New Yorker Unternehmensberater galt als „aufstrebender Managementstar" und war zuvor Marketingchef bei Valentino und Ferragamo gewesen. Riva versprach, Victorias Business „zu einem wegweisenden, verbraucherorientierten Unternehmen weiterzuentwickeln". Er arbeitete mit dem neuen Vorstandsvorsitzenden Ralph Toledano zusammen, der sechs Jahre zuvor bei Chloé angeheuert hatte.[812] Toledano lobte Riva als „kluge, strategische und herausragende Führungspersönlichkeit" und sagte, er sei entschlossen, Victorias verschuldetes Unternehmen in einen „modernen Luxuskonzern" zu verwandeln.

Innerhalb weniger Monate mussten beide zusehen, wie das Chaos ausbrach. Weder der Vorstand noch Riva konnten eine Logistikkrise verhindern. Die Warenbeschaffung war schlecht organisiert und überteuert, Bestellungen wurden an die falschen Adressen versandt, und in der Belegschaft herrschte völlige Verwirrung. Riva verließ das Unternehmen nach zehn Monaten. In seinem Lebenslauf tauchte seine Anstellung bei Victoria Beckham nicht mehr auf.

In Anbetracht der wachsenden Verluste suchte Fuller nach einem neuen Investor und einem professionellen Management. Ende November 2017 holte Toledano den Private-Equity-Konzern NEO Investment Partners ins Boot, der von David Belhassen geleitet wurde. NEO sollte 30 Millionen Pfund investieren und dafür einen Anteil von 28 Prozent erhalten. Damit verblieben den Beckhams 48,4 Prozent des Unternehmens, Fuller 23,6 Prozent und Toledano der Vorsitz. NEO taxierte den Firmenwert auf schmeichelhafte 100 Millionen Pfund. Als das bekannt wurde, gab Victoria bemerkenswert offen zu: „Wir haben nach einer Führungspersönlichkeit gerufen, die uns alle leiten und von der ich lernen kann." Und: „Ich brauche die richtige Infrastruktur um mich herum, damit ich meine Ideen verwirklichen kann."[813]

Um das sinkende Schiff zu retten, ordnete Toledano an, über 50 Beschäftigte zu entlassen. Als die Kündigungswelle bekannt gegeben wurde, war die Chefin nicht im Büro. „Die Angestellten sind stocksauer", berichtete Katie Hind von der *Daily Mail*. „Sie weiß nicht, was sie tut. Sie gibt den Consultants die Schuld, anstatt zuzugeben, dass sie selbst es verbockt hat."[814] David, so tuschelte jemand aus seinem Team, habe Victoria gewarnt, dass er ihr kein weiteres Geld leihen werde.[815]

Victoria war sichtlich irritiert. Sie drängte ihren Mann zu einem gemeinsamen Fotoshooting in Paris, im Outfit von Louis Vuitton, mit 2000-Pfund-Handtasche, einer 797 Pfund teuren Transporttasche für Anzüge und in Turnschuhen für 750 Pfund.[816] Auch wenn sie dafür bezahlt wurden, dass sie für einen Konkurrenten Werbung machten, war ihre Entscheidung befremdlich oder vielmehr ein Abbild ihrer misslichen Lage. Victoria musste New York fallen lassen. „Ich möchte mein zehnjähriges Jubiläum zu Hause feiern", lautete die von Milloy erdachte Sprachregelung, mit der die Probleme kaschiert werden sollten.[817]

Es gab noch mehr deprimierende Neuigkeiten aus New York. Nach einem Semester brach Brooklyn sein Fotografiestudium an der Parsons School of Design ab. Seine Mitstudierenden machten sich über ihn lustig, weil er nicht einmal die einfachsten Dinge beherrschte.[818] Am nächsten Tag wurde er nach einem versöhnenden Gespräch in Los Angeles gesehen, wo er Chloë Grace Moretz' 21. Geburtstag feierte. Victoria arrangierte, dass er nach New York zurückkehrte und ein Praktikum bei dem Fotografen Conor McDonnell anfing. „Brooklyns Karriere als Fotograf wird immer erfolgreicher", verkündete eine Sprecherin.[819] Da war etwas Wahres dran: Victoria hatte dafür gesorgt, dass Brooklyn als offizieller Fotograf für eine Burberry-Kollektion und den Sportwagen Z4 von BMW engagiert wurde.[820]

Auch der zweite Beckham-Sohn, der zwölfjährige Romeo, war ein unsteter Geist. Nach einer Tennisstunde mit Andy Murray beschloss er, Tennisprofi zu werden. Keinem der beiden Elternteile schien klar zu sein, dass Tennisprofis ihre Karriere normalerweise als Fünfjährige starten. Damit Romeo mit seinen Topcoaches trainieren konnte, ließ Beckham neben dem neu umgebauten Haus mit neun Schlafzimmern in Oxfordshire einen Tennisplatz für 30.000 Pfund anlegen. Das Haus, das an den Country Club Soho Farmhouse angrenzte, war im Dezember 2016 für über sechs Millionen Pfund gekauft worden und nur auf David Beckhams Namen eingetragen. Er schlenderte regelmäßig zum Klub hinüber, um Tischtennis zu spielen, zu schwimmen und sich mit den vornehmen Mitgliedern des Klubs zu treffen. In den Schulferien blieben viele Mütter unter der Woche bei ihren Kindern. Die meisten waren verheiratet und behandelten ihre Gespräche mit Beckham diskret. Regelmäßig ließ er sich sein Abendessen aus der Küche des Klubs liefern. Victoria erfuhr, dass Dave Gardner ein kleineres Haus in der Nähe gekauft hatte, das er – so wurde von einigen vermutet – wohl mit seiner Provision aus dem Katar-Deal finanziert hatte.

Aus Geldnot ließ sich Victoria auf Fullers neuesten Versuch ein, die Spice Girls zum ersten Mal seit 2012 wieder für eine Tournee zusammenzubringen. Fuller wusste, dass alle fünf Frauen dringend Geld brauchten. Alle hatten die 38 Millionen Pfund, die sie als Spice Girls verdient hatten, ausgegeben. Es kursierten Gerüchte über Einzelgagen von fünf oder sogar zehn Millionen Pfund für die neue Tour. Victoria erhielt außerdem die Zusicherung, dass sie nicht singen müsse. Ihr erstes Treffen seit dem Flop des Musicals *Viva Forever!* fand am 2. Februar 2018 in Geris Haus im Norden Londons statt. An diesem Abend postete Victoria nach einem Sushidinner ein Wiedersehensfoto und schrieb dazu: „Ich liebe meine Mädels." Schon nach einer Woche zerstritten sie sich. Victoria, Geri und Mel B konnten sich nicht einigen, wer Bandleaderin sein sollte und ob sie auf Tour gehen und ein paar „epische" Shows abliefern oder einfach nur ein Album aufnehmen sollten. Nach einem Monat gab Victoria die Idee auf. Die Schuld dafür wurde Mel B in die Schuhe geschoben.[821]

Der Streit mit den Spice Girls war für Victoria eine große Ablenkung. Wieder einmal musste sie sich neu erfinden. Das größte Lob, das sie für ihre Show im Februar in New York erntete, lautete: „Beckham setzt vielleicht nicht die entscheidenden Modeimpulse, aber eines kann sie wirklich gut: Sie lässt nicht locker.“[822] Victoria war sich nicht darüber im Klaren, wohin die Reise gehen sollte, und kehrte bald zu ihrem alten hautengen Stil zurück, denn im Grunde ging es sowieso nur darum, was sie selbst am liebsten trug.[823]

In einem Video für die *Vogue* erschien sie in einem schwarzen Kleid in der Maske: „Wir sind hier, um eine der beständigsten Stilikonen aller Zeiten zu feiern: mich, Victoria Beckham.“ Dass *Vogue*-Herausgeber Edward Enninful „Victoria Beckham – ein Jahrzehnt der Eleganz“ unterstützte, war generös von ihm, vertrug sich aber nicht damit, dass sechs Wochen später ein neues Markenimage gelauncht wurde.

Als oberste Kontrollinstanz des Beckham-Imperiums wusste Simon Fuller, dass er nicht nur die beiden Unternehmen, sondern auch die Ehe der Beckhams managen musste. Die Marke würde nur überleben, wenn es Victoria gelang, als „erfolgreich“ dazustehen – und das würde nur gelingen, wenn ihre Beziehung intakt blieb. Um ihre Einkünfte zu steigern, hatten Fuller und Victoria vereinbart, ihr Unternehmen mit dem Adidas-Tochterunternehmen Reebok zusammenzubringen. Victoria legte ihre Markenaussage „Simple, pure chic, elegant“ ab und stellte ihre Zusammenarbeit mit Reebok unter das Motto „Health and Youth“.

Als Termin für den Launch in West Hollywood wurde der April 2018 angesetzt. In einem Art-déco-Haus schwirrte ein nervöser Staff in den Korridoren umher und wisperte in die Handys: „VB kommt.“ Währenddessen eilte Victoria zwischen den Interviews hin und her und absolvierte auch noch einen Fototermin.

Mode unter einem Gesundheitsaspekt zu promoten, war ein kluger Schachzug, aber eine hagere Frau, die sich von Apfelessig, Bienenpollen, Spinat und gelegentlich von Fisch ohne alles ernährte, war eine Kampfansage an das Image des Fitnessmarktes. Die Entscheidung für eine Geburtstagstorte aus Wassermelone und Beeren war schon einigermaßen exzentrisch. Victoria war zwar von ihrer 2008 aufgestellten Behauptung „In Schuhen mit flachem Absatz kann ich mich nicht konzentrieren" inzwischen abgerückt, und sie schaute ihren Kindern auch nicht mehr in High Heels mit 13 Zentimeter hohen Absätzen beim Fußballspielen zu, aber jetzt sollte sie junge Frauen dazu bringen, ein T-Shirt aus einer Kollektion mit dem Aufdruck „A dark but happy place" zu tragen. Das war ziemlich gewagt. Schließlich schminkte sie sich ständig, zog sich viermal am Tag um und trat immer mit Sonnenbrille in Erscheinung.

„Das ist einer der wunderbarsten Abende in der Geschichte von Reebok", verkündete Vorstandschef Matthew O'Toole an einem langen Tisch voller Essen. Zu der kleinen Zuhörerschar zählten Victorias Stylistin Rachel Zoe, ihr Friseur Ken Pavés und ihre allgegenwärtige Freundin Eva Longoria sowie drei Beckham-Kinder in Hoodies – und Simon Fuller. „Ich trage oft Sonnenbrillen", sprach Victoria in den dunklen Raum hinein, „deshalb ist es in meiner Welt immer dunkel, aber ich bin echt glücklich."[824]

Victorias Glück dürfte nicht lange Bestand gehabt haben. Aus Paris war zu hören, dass Mann David beim Spiel von Paris Saint-Germain gegen Real Madrid neben dem Model Bella Hadid saß.[825] Auch was Victoria über die Treffen ihres Mannes mit prominenten Gästen im Soho Farmhouse zu Ohren kam, gefiel ihr nicht. Am schlimmsten waren die Gerüchte auf den Social-Media-Plattformen, dass Harper von der Pembridge Hall School auf die Glendower in South Kensington umgeschult wurde, weil David Beckham mit einer Lehrerin befreundet sei. „Völliger Humbug", beteuerte ein Sprecher.

Mitten in dieser Zeit der Gerüchte und Spekulationen zog David nach Miami. Einige aus seiner Entourage vermuteten, dass er weit weg von Victoria leben wollte. Andere glaubten, er wolle seinen Fußballverein retten.

Victoria hatte zwar noch im Januar erklärt: „Wir können es kaum erwarten, als Familie viel mehr Zeit in Miami zu verbringen", aber nach Florida ziehen wollte sie nicht. Die finanziellen Belastungen durch das regelmäßige Pendeln zwischen London, New York und Asien ließen ihnen keine Wahl: Sie mussten an getrennten Orten leben. Obwohl Victoria mit drei Kindern in London zurückblieb, wiederholten beide gebetsmühlenartig, was David in diversen Interviews beteuerte: „Wir bringen unseren Kindern bei, dass sie hart arbeiten müssen, wenn sie erfolgreich sein wollen." Victoria pflichtete bei und erzählte, dass sie ihre Zeit in die Fürsorge für ihre Kinder investiere. Niemand stellte das offen infrage.

Für Beckham gab es tatsächlich triftige wirtschaftliche Gründe, nach Miami zu ziehen: Sein Fußballverein stand auf der Kippe. Laut den ursprünglichen Konditionen der Major League Soccer von 2014 würde sein verbilligtes Franchise für einen Fußballverein in Miami eigentlich verfallen, wenn das Team 2020 nicht mit dem Spielbetrieb begann. In den vier Jahren seit 2014 war Beckham ins Straucheln geraten. Der Stichtag rückte immer näher, und für Klub und Stadion sah es düster aus. „Wir standen schon oft kurz vor dem Aus", räumte der MLS-Commissioner im Rückblick auf den Dezember 2015 und den vierten Versuch eines Stadionbaus in Overtown ein.

Der Stadtrat von Miami hatte sich für Beckhams Overtown-Kaufgebot ausgesprochen. Ein Grund war, dass der Ex-Fußballer versprochen hatte, eine topmoderne Fußballakademie für Kinder zu bauen. Unter Auflagen wurde die Genehmigung für den Bau eines Stadions auf einem neun Hektar großen Gelände erteilt. „Diese Stadt lebt von Träumen", so Beckham mit bewegter Stimme, als er die gute Nachricht hörte, „und heute lasst ihr meine Träume wahr werden." Nachdem der bolivianische Multimillionär Marcelo Claure 19 Millionen US-Dollar für einen Teil des Geländes lockergemacht hatte, boten die Kommunalbehörden von Miami-Dade an, das angrenzende 2,4 Hektar große Gelände – ein ehemaliges Lkw-Depot – zu verkaufen. Dort sollte für neun Millionen US-Dollar ein Stadion mit 25.000 Sitzplätzen gebaut werden.

Die letzten Hürden, die Beckham und Claure noch nehmen mussten, waren juristische Einsprüche der verärgerten Nachbarschaft. Es gab auch eine Beschwerde, man habe jemand anderen daran gehindert, ein Angebot für das Grundstück abzugeben. Lokale Gruppen forderten, die Fläche für den Wohnungsbau zu nutzen. Ende 2017 wurden die Einsprüche abgewiesen, doch sogleich tauchten neue Unwägbarkeiten auf. Ein neues Stadion konnte frühestens 2021 gebaut werden. In Fort Lauderdale wurde ein Stadion für den Übergang aufgetrieben. Der Umbau der baufälligen Anlage sollte 100 Millionen US-Dollar kosten. Und das war nicht das letzte Probleme.

Das Gelände in Overtown war zu klein, als dass sich die 300 Millionen US-Dollar für ein dauerhaftes Stadion gelohnt hätten, zumal es keinen Platz für Parkmöglichkeiten gab. Dass Garber darauf insistierte, dass das Stadion inmitten der Stadt gebaut werden sollte, war wirtschaftlich wenig sinnvoll. Immer wieder hatten sich potenzielle Investoren dem Projekt angeschlossen und waren dann wieder ausgestiegen.

Beim Frühstück sagte Claure zu Beckham: „Ich bin raus." Dem Bolivianer war klar geworden, dass ihm die wesentlichen Kontakte fehlten, auf die es ankam, wenn die Stadt Baugenehmigungen erteilte. Ohne Freunde im Bürgermeisteramt bekam er nicht genug Geld zusammen. Claure stieg zwar dann doch nicht ganz aus, aber Beckham stand nun ohne finanzstarken Partner da. Sowohl er als auch Fuller waren überfordert. Es bestätigte sich, was Beckham 2013 einmal über sich selbst gesagt hatte: „Management ist nichts für mich."[826] Laut Garber war das Projekt ohne Milliardäre als Anteilseigner nicht zu retten. Tim Leiweke sah Beckhams künftigen Klub bereits als gescheitert an.[827]

Garber bot Beckham 50 Millionen US-Dollar, wenn er auf das Franchise verzichtete. Fuller riet ihm, das Angebot anzunehmen. Doch gerade als Beckham das Projekt aufgeben wollte, wartete Claure mit einem Lösungsvorschlag auf.

In den Wochen zuvor hatte Jorge Mas, ein in Miami ansässiger Milliardär, Claure wissen lassen, er und sein Bruder José seien daran interessiert, in den Fußballverein zu investieren. Die beiden Söhne eines Kubaners, der als Geflüchteter in die USA gekommen war und ab den 1970er-Jahren die Exilopposition gegen Fidel Castro angeführt hatte, hatten das Telekommunikationsunternehmen ihres Vaters bis 2017 zu einem Sieben-Milliarden-Dollar-Imperium ausgebaut. Jorge Mas war Fan von Real Madrid, hatte schon zuvor versucht, einen US-Erstligaklub zu kaufen, und war dementsprechend zum Investor prädestiniert. Claure kannte die Mas-Brüder als Kunden. Er hatte Sprint, ein riesiges Telekommunikationsunternehmen, einmal vor dem Bankrott gerettet und in einen profitablen Konzern verwandelt. Bei einem Abendessen mit den Mas-Brüdern und Garber in einem italienischen Restaurant in Manhattan erklärte sich Claure einverstanden, die kubanischstämmigen Amerikaner als Minderheitsgesellschafter mit ins Boot zu holen.

Bei einem weiteren Abendessen in einem italienischen Restaurant in New Jersey, zu dem Beckham lud, einigte man sich auf die Aufteilung der Anteile. Die Brüder Mas sollten 37,5 Prozent, Beckham zehn Prozent und Claure die Mehrheit von 52,5 Prozent erhalten – Claure hielt letztlich nur 37,5 Prozent; die übrigen 15 Prozent übernahm Masayoshi Son von der japanischen SoftBank. „Das ist die Rettung", freute sich Beckham im August 2018 nach der Vertragsunterzeichnung.[828]

Beckham blieb auch keine Wahl. Er hatte weder ein nennenswertes Vermögen noch das nötige unternehmerische Geschick, um die erforderlichen Mittel aufzubringen, und auch keine Kontakte in Miami.[829] Er wurde zum Teilzeitmanager und Frontmann degradiert. „Das war manchmal echt schmerzhaft", gab er zu.[830]

„Das ist das letzte Puzzleteil", kommentierte Garber die Einigung. Auch Claure war zufrieden. Er sah sich bereits als Eigentümer der neuen Mannschaft und gab dem Klub einen Namen – Club Internacional de Futbal Miami, alias Inter Miami. Claure entwarf das Logo und gab grünes Licht für die Suche nach einem neuen Stadion-Standort.

Claure wollte sich von den Mas-Brüdern nicht die Show stehlen lassen und schlug vor, er könne den Klub in den ersten drei Jahren leiten. Anschließend wären für drei Jahre die Brüder an der Reihe. Mas lehnte den Vorschlag ab. Claure war beleidigt, blieb aber an Bord. Da er in den Führungsgremien vieler Großunternehmen saß, willigte er ein, dass Jorge Mas die Führungsposition übernahm.

Dieser hatte vor, das Stadion auf einem 131 Hektar großen Golfplatz neben dem internationalen Flughafen von Miami zu bauen. Ohne Beckham in die Überlegungen einzubeziehen, begann er, mit dem Stadtrat über den Bau eines eine Milliarde US-Dollar teuren Komplexes aus Wohnungen, Büros und Hotels rund um ein Stadion mit 25.000 Sitzplätzen zu verhandeln. Mas war politisch und geschäftlich gut vernetzt und hatte deshalb zu keinem Zeitpunkt Zweifel, dass Miamis Bürgermeister Francis Suarez der Entstehung des „Miami Freedom Park" zustimmen würde. Bis zur Vertragsunterzeichnung vergingen noch vier weitere Jahre.

Mas nutzte Beckham weiterhin als Aushängeschild und rückte den Fußballer am 29. Januar 2018 ins Rampenlicht einer glamourösen Veranstaltung, auf der die Gründung des Fußballvereins Inter Miami verkündet wurde. Auf die Frage, ob er europäische Spitzenspieler verpflichten wolle, antwortete Beckham: „Mich haben schon Topspieler angerufen und gesagt: ‚Ich bin dabei.' Ich werde aber nicht verraten, wer."

Beckham präsentierte unter anderem Videobotschaften von Olympiasieger und Sprinter Usain Bolt, dem brasilianischen Fußballer Neymar und dem Argentinier Lionel Messi. „Wer weiß", scherzte der beste Fußballer der Welt, „vielleicht rufst du mich ja in ein paar Jahren an." Nur wenige Außenstehende nahmen Messis Botschaft ernst, aber Mas wusste, dass der 31-jährige Spieler und seine Frau Antonela irgendwann in Miami leben wollten. Dass Messi tatsächlich einmal zu Inter Miami wechseln würde, blieb zwar nur eine vage Hoffnung, aber die Chancen dafür standen immer noch besser, als dass man Cristiano Ronaldo für das Team rekrutieren könnte.

Ausländische Spitzenspieler zu verpflichten, hatte jetzt oberste Priorität. LA Galaxy, der US-Meister von 2014, war auf den letzten Tabellenplatz abgerutscht. Ohne Beckham und den ehemaligen irischen Nationalspieler Robbie Keane fehlten die Zugpferde.

Vor allem musste ein Trainer gefunden werden, der den neuen Verein von Grund auf aufbauen konnte. Freund Gary Neville kam für Beckham nicht infrage: „Er redet zu viel." Beckham zögerte und zauderte und ernannte schließlich den ehemaligen Spieler und Agenten Paul McDonough zum Sportdirektor. Als Trainer suchte er nach mehreren Absagen den Uruguayer Diego Alonso aus. Alonso entsprach nicht McDonoughs Anforderungsprofil „proaktiver Typ", aber was noch schlimmer war: Seit 2011 hatte er in rascher Folge sechs verschiedene Vereine gecoacht. Mas vermittelte den Eindruck, dass er sich nicht eingemischt hatte.[831]

Damit war die Sache für Beckham erledigt. Er ging davon aus, dass er keine weiteren Aufgaben im Klub hatte. Er musste schließlich Geld verdienen, das von seinen Sponsoren kam. Von Miami aus reiste er nach Tokio, Jakarta, Macau und Shanghai, eröffnete ein neues Hotel, trat bei Veranstaltungen auf und fungierte als Botschafter des British Fashion Council. Über die unbezahlte Botschaftertätigkeit rümpfte Beckhams Team zwar die Nase, aber Dylan Jones von *GQ*, der sie eingefädelt hatte, konnte für sich reklamieren, dass Beckham mit dieser Tätigkeit sein Ansehen in der Öffentlichkeit – nach den geleakten

E-Mails – wieder aufpolieren konnte. Die Publicity bezüglich des Fashion Council war jedenfalls hilfreicher als die Fotos, auf denen der Star mit einer jungen Frau an einer Hotelrezeption posierte.[832]

Beckham kehrte nach Miami zurück und knüpfte neue Freundschaften. Er und Victoria trafen sich nur einmal in Miami, bevor er seinen 43. Geburtstag in London feierte. Ein in den sozialen Medien gepostetes Video der Feier zeigte Harper, wie sie ihrem Vater in einem Restaurant eine edle Weinkollektion von Louis Vuitton im Wert von 4950 Pfund überreichte. Auch Brooklyn kam überraschend vorbei.[833]

Auf der Hochzeit von Prinz Harry und der kalifornischen Schauspielerin Meghan Markle am 19. Mai 2018 sollten sich Herr und Frau Beckham in der St. George's Chapel live wiedersehen: Der Countdown lief.

28

Auf in den Kampf

In den vergangenen Jahren waren sich Beckham und Prinz Harry nicht nur bei Partys und Galas begegnet; die beiden hatten sich gelegentlich auch privat getroffen. Schließlich waren sie in Oxfordshire Nachbarn: Harry hatte auf dem Landgut Great Tew ganz in der Nähe der Beckhams ein Cottage gemietet, und er ging gern mit dem berühmten Fußballer essen oder in den Pub. Durch ihren Starstatus hatten sie schließlich eine Menge gemeinsam.

Wie es aus vertraulicher Quelle hieß, fing die 37-jährige Meghan mit der Zeit an, „die Nase etwas hoch zu tragen“. Als Kalifornierin fühlte sie sich Victoria nur wenig verbunden, auch wenn sie als bekennende Fashionista für deren Bemühungen im Modebusiness durchaus Verständnis hätte haben können.[834]

Um den guten Kontakt zwischen den beiden Paaren zu verstärken, meldete sich kurz nach Meghans Einzug im Kensington Palace jemand von Victorias Personal bei Harrys Verlobter und bot Tipps für die besten Beauty- und Friseursalons in London an. Meghan erkundigte sich zudem bei Victoria, ob sie ihr umsonst Kleider und Handtaschen zukommen lassen könne. Hier schritt allerdings der Palast ein, da diese Bitte gegen die Regeln des Königshauses verstieß. Dessen ungeachtet hatte Meghan insgeheim bereits im Haus der Beckhams in Beverly Hills übernachtet, als sie privat nach Los Angeles gereist war; sie hatte es damit erklärt, dass sie den Paparazzi hatte entkommen wollen. Während ihres Aufenthalts wurde sie vom Personal umsonst mit allem Notwendigen versorgt. Falls es ein wenig den Eindruck erweckte, als ob Meghan ihren neuen Status ausnutzte, dann ließen sich die Beckhams darüber keinen

Ärger anmerken. Erst als die *Sun* darüber berichtete, dass Victoria Meghan Make-up-Tipps gegeben hatte, gerieten die beiden ehrgeizigen Frauen aneinander.

Meghan, die ohnehin empfindlich darauf reagierte, wie die Medien ihre Vergangenheit durchleuchteten, war über den Bericht in der *Sun* außer sich. Die Londoner Regenbogenpresse hatte bereits eine ganze Reihe hässlicher anderer Enthüllungen gedruckt. Harry bekam den Auftrag, sich bei David Beckham zu beschweren. Es wurde ein schwieriges Telefonat. Beckham war peinlich berührt. Doch nachdem er mit seiner Frau Rücksprache gehalten hatte, erklärte er, dass die Informationen in den Zeitungen nicht von ihr stammten. Stattdessen geriet eine Kosmetikerin in den Verdacht, geplaudert zu haben – obwohl höchstwahrscheinlich eine übereifrige PR-Beraterin der Beckhams für diese Panne verantwortlich war. Die Episode war nur der Auftakt zu größeren Streitigkeiten.

In Meghans Prominentenwelt wurde der Rang einer Person anhand von Ruhm und Reichtum ermittelt. Sie bewegte sich selbstsicher auf dem gesellschaftlichen Parkett und wiegte sich in dem Glauben, durch ihren Platz in der königlichen Familie in der sozialen Hackordnung über Victoria zu stehen. Irritiert stellte sie allerdings fest, dass die Beckhams wesentlich reicher waren als sie selbst. Das Promipaar besaß fünf Anwesen, hatte ständigen Zugang zu Privatjets, wurde zu Reisen auf exklusive Segeljachten eingeladen und war finanziell insgesamt bessergestellt. Dabei sollte sie doch bald Herzogin sein, die Duchess of Sussex.

Es tat sich noch ein weiteres Problem auf: Meghan und Harry reagierten verschnupft auf Beckhams Freundschaft mit Prinz William. Die beiden pflegten seit 2010 ein gutes Verhältnis, als sie sich für die britische Bewerbung um die Austragung der Fußballweltmeisterschaft engagiert hatten. Für Meghan und Harry, die weniger Geld und Einfluss hatten als Kate und William, war es ein Ärgernis, dass Becks auf so vertrautem Fuß mit dem Thronfolger stand.

Für Meghan war das offenbar ein Grund, die Beckhams ihren Unmut spüren zu lassen. Das Fernsehen zeigte, wie Victoria bei der royalen Hochzeit mit versteinerter Miene an der St. George's Chapel ankam; David kaute ostentativ Kaugummi: Sie waren nicht zum Hochzeitsdinner eingeladen worden, und das war ein echter Affront. Stattdessen erschienen dort Gäste wie George Clooney und andere Hollywoodstars, die Meghan nicht einmal kannten.

Victorias verbitterter Gesichtsausdruck spiegelte auch ihren Zorn über Davids Verhalten bei einer Party im Soho House am Abend zuvor. Er hatte einer brünetten Lady Drinks spendiert, während seine Ehefrau in der Nähe saß und schweigend vor sich hin siedete. Und dann hatte diese Lady am nächsten Morgen auch noch Fotos von sich und Beckham im Internet gepostet.

Nach der Hochzeitszeremonie unterhielten sich die Beckhams beim Empfang im sonnendurchfluteten Garten mit Prinz Charles. Zwanzig Jahre zuvor waren sie sich einmal im Old Trafford begegnet. Beckham ging anschließend zu Harry hinüber und gratulierte ihm. Während ihres Gesprächs lud der Prinz den Ex-Fußballer ein, ihn im Oktober nach Sydney zu den Invictus Games für versehrte Soldatinnen und Soldaten zu begleiten. Beckham sagte spontan zu. Seine Assistenten bekamen den Auftrag, einen Sponsor für die Reisekosten aufzutreiben. Er beabsichtigte, Victoria und die vier Kinder mitzunehmen.

Einige Tage später flog Beckham nach Miami, von dort aus weiter nach Japan und schließlich für eine Fußballtagung nach China. Wieder war das Paar getrennt, und prompt machten auf Twitter Gerüchte über eine bevorstehende Scheidung die Runde. „Es ist peinlich und lächerlich", erklärte ein Pressevertreter Beckhams. „Das sind nur Fake News", versicherte auch Milloy. Zum Ärger des Paares weigerten sich die Buchmacher, Wetten auf ihre Trennung anzunehmen.[835] Dass David wieder nach Miami zurückkehrte, konnte die Wogen nicht glätten. Victoria tingelte noch immer um den Globus, um ihr Business zu promoten. Ihr Liebesgruß auf Instagram – „Ein Gute-Morgen-Knuddel x ganz viel Liebe" – schaffte die Gerüchte über das Auseinanderbrechen ihrer Ehe nicht aus der Welt.[836]

Die Fotos der beiden bei der London Fashion Week sorgten für noch mehr Gerede. Nachdem sie getrennt angereist waren – er war mit dem Flieger aus Miami gekommen –, saßen sie links und rechts von Edward Enninful von der *Vogue*. Anschließend postete Victoria die schlichte Message: „Zusammen sind wir stärker." Von Liebe war keine Rede.[837]

„Ich versuche, als Ehefrau mein Bestes zu geben“, erklärte sie einige Tage später beim *Forbes* Women's Summit in New York, bei dem einflussreiche Frauen aus Wirtschaft, Kultur und Sport zusammenkamen. „Und als Mutter natürlich auch. Und als Geschäftsfrau. Ich meine, ich versuche es. Das ist wie Jonglieren – ganz bestimmt nicht leicht.“ Sie setzte alles daran, positiv zu klingen.[838]

Auf dem Instagram- und Twitter-Schlachtfeld hob sie David in den Himmel: „Ich habe so ein Glück, dass ich mich auf die Unterstützung eines unglaublich fantastischen Ehemanns verlassen kann.“ Es fiel allerdings auf, dass der derart Gepriesene in seiner Antwort zwar von ihr als Mutter und Geschäftsfrau sprach, aber nicht von einer geliebten Partnerin.[839] Um „positive Energie“ zu sammeln, trug sie inzwischen einen weißen Howlithkristall in ihrer Tasche. Die bevorstehende Explosion konnte dieser Talisman allerdings nicht verhindern.

Aus der Abhängigkeit der Beckhams von ihrem jeweiligen PR-Team war inzwischen ein ungewöhnliches Problem entstanden. Der für David zuständige Simon Oliveira und die für Victoria arbeitende Jo Milloy begannen bei der Promotion zunehmend zu konkurrieren, statt zusammenzuarbeiten – es war wie ein Spiegel der Spannungen zwischen den Eheleuten. Beide Berater versorgten ihre Buddys bei der Presse mit negativen Geschichten über die jeweils andere Seite. Milloy stand vor allem Clemmie Moodie von der *Sun* und Katie Hind von der *Daily Mail* nahe. Im Juni 2018 berichtete Moodie ihrem Redakteur Dan Wootton, sie habe bei einem Drink erfahren, dass Milloy eine Presseerklärung zur Trennung der Beckhams verfasste. Nachdem Milloy das entschieden bestritt, beschloss Wootton, die Story nicht zu veröffentlichen. Er stellte lediglich fest, dass sich die Beckhams alle Mühe gaben, sich vor der Abreise nach Australien als glückliche Familie zu präsentieren. Jeder wusste, dass sich Victoria sehr viel von einer geplanten Story in der *Vogue* versprach.

Zur Feier des zehnjährigen Bestehens von Victorias Modelabel hatte Natalie Lewis mit Edward Enninful vereinbart, dass die *Vogue* eine Coverstory, ein Interview und Fotos der ganzen Familie brachte. Für das Coverfoto hatte Victoria eingewilligt, in verschiedenen Outfits abgelichtet zu werden, die den Look der Spice Girls wiederaufleben ließen.

Bei der Londoner Fashion Week kam sie mit Enninful überein, dass es bei dem Interview nicht nur um Poshs Mode, sondern auch um ihre Ehe gehen sollte – eine ideale Gelegenheit, den Gerüchten einer Trennung entgegenzutreten.[840] Das Interview sollte mit Fotos der glücklichen Familie illustriert werden. David kehrte für die Fotosession nach London zurück.

Bei den Vorbereitungen musste das *Vogue*-Team allerdings feststellen, dass sich der Umgang mit den PR-Beratern der Beckhams schwierig gestaltete. Die vier unabhängig agierenden Instanzen – eine für David, eine für die Kinder und zwei für Victoria (Lewis kümmerte sich um die Mode, Milloy um alle persönlichen Belange) – forderten immer wieder Neues.

In der Bildredaktion der *Vogue* stellte man sich für die Fotosession ein idyllisches Szenario vor: Die Familie sollte als harmonische Einheit in einem Ruderboot auf einem Teich abgelichtet werden, der auf dem Foto wie ein großer See aussehen sollte. Dieses Bild war als Umsetzung von Victorias Credo gedacht, das sie im dazugehörigen Interview mit Claudia Croft zum Besten gab: „Zusammen sind wir stärker als allein. Hätten wir jemals diese Position erreicht, die wir heute innehaben, wenn wir einander nicht begegnet und seit Jahren zusammen wären?“ Sie hätten beide „ziemlich viel Übung darin, den ganzen Unsinn“ mit den Scheidungsgerüchten zu ignorieren. „Seit 20 Jahren werden irgendwelche Geschichten über unsere Beziehung erfunden. Leider hat das auf die Menschen in unserer Umgebung eine größere Wirkung, und das ist nicht fair.“ Ihre Kinder würden sich immer wieder rückversichern, ob die Ehe ihrer Eltern in Ordnung sei. „Es geht um die Einheit unserer Familie“, betonte sie.

Natürlich wollte sie nicht zugeben, dass es tatsächlich Probleme in ihrer Beziehung gab. Und ebenso wenig wollte sie sich zu dem schwierigen Drahtseilakt äußern, sich einerseits als aufopfernde Mutter und treusorgende Ehefrau zu präsentieren und andererseits unentwegt an der eigenen Berühmtheit zu arbeiten. Sie vergaß zu erwähnen, dass sie David liebte.

Claudia Croft hielt sich an die Absprachen für das Interview. Sie erwähnte nicht, dass Brooklyn die Designhochschule abgebrochen hatte, dass der angeblich so „leidenschaftliche Tennisspieler“ Romeo auf dem Platz eher wenig zustande brachte und dass Cruz – anders als an die Presse durchgestochen – kein „talentierter Musiker“ und schon gar nicht „der nächste Justin Bieber“ war. Stattdessen wiederholte Croft die offizielle PR-Darstellung, laut der Victoria der Modeindustrie gezeigt hatte, wie man Kleider „auf neue Art verkaufte“. Von dem unverändert geringen Umsatz und den wachsenden Schulden war keine Rede. In dem Artikel fand sich keine Spur von Sarkasmus, als Victoria über die Schwierigkeiten sprach, die das Leben im Scheinwerferlicht mit sich brächte. „Ich habe die Presse nie umworben“, behauptete sie gegenüber Croft; dass ihr PR-Team regelmäßig Kontakt zu den Paparazzi pflegte, blieb unerwähnt. Ohne jede Ironie zitierte Croft Victoria mit den Worten: „Alles, was ich tue, ist absolut ehrlich.“ Dementsprechend wurde auch nicht erwähnt, was sich bei der Fotosession am nächsten Tag ereignete.[841]

Zunächst überraschte Oliveira alle Beteiligten mit der Ankündigung, dass David nicht an Victorias Seite auf einem Familienfoto erscheinen wollte. Er wusste, dass die Boulevardpresse anschließend nur über das Offensichtliche berichten würde. „David hat den Eindruck, dass das ein Rückschritt ist“, erklärte Oliveira der *Vogue*-Redaktion. „Es ist dasselbe Zeug, das sie früher für das Magazin *OK!* gemacht haben. Wir können das nicht kontrollieren. Wir brauchen das nicht.“ Dabei wurde nicht ausgesprochen, dass David seit Kurzem seine Kinder nicht mehr für die Marke Beckham einsetzen wollte.[842] Unerwähnt blieb auch, wie sehr er sich offensichtlich darüber ärgerte, dass Victoria ständig über ihre Eigenwerbung nachdachte.

Lewis und Milloy versuchten, ihm klarzumachen, dass Victoria ihren Willen bekommen musste: „Wir werden das Cover verlieren, wenn du nicht mitmachst.“ Milloy fragte ihn, warum er nicht die Chance für die Marke Beckham nutzen wollte, wenn sie als berühmteste Familie Großbritanniens in trauter Eintracht posierten? Auf die Diskussion zwischen den PR-Leuten folgte ein heftiger Streit zwischen Victoria und David, der am Ende nachgab.

Also begab sich die Familie endlich in das Ruderboot. Kaum waren die sechs auf dem Wasser, bestand David unerwartet darauf, dass nun auch Cockerspaniel Olive mit aufs Foto sollte. Der Hund hatte immerhin 71.000 Follower bei Instagram. Als das Boot vom Ufer abstieß, sprang Olive plötzlich ins Wasser. Beckham wollte sofort hinterher und den Hund retten, woraufhin gleich mehrere Assistenten entsetzt aufschrien, weil seine Kleider auf keinen Fall nass werden durften. Lieber gingen sie selbst baden, um das Tier wieder an Land zu bringen. Victoria verfolgte das Ganze mit steinerner Miene. Der nächste Streit brach aus. Anschließend wurde geschmollt. Das Familienfoto wurde gestrichen, stattdessen posierte Victoria nur mit den Kindern und dem Spaniel. Anschließend wurden David und Victoria als Paar abgelichtet. Sie blickten zwar ziemlich ernst, performten aber wie immer als hervorragende Schauspieler. Den perfekten Bildern war anschließend nichts von dem Drama anzusehen, das sich in den Stunden zuvor abgespielt hatte.[843] Fürs Cover entschied man sich bei der *Vogue* für ein Foto, das Victoria nur mit ihren vier Kindern zeigte. Später sprach man von der „ultimativen Pornografie der eigenen Berühmtheit und der affektierten Brutalität, mit der die Kinder dazu gezwungen wurden, durch ein gestelltes Foto die Wirklichkeit zu verbergen".

Noch bevor das Magazin in Druck ging, schickte Beckham PR-Managerin Izzy May zum Vogue House. „Er reist wieder nach Miami und möchte die Zeitschrift während des Fluges lesen", erklärte May an der Rezeption. Die betreffenden Seiten seien noch nicht von Enningful freigegeben worden, erhielt sie als Antwort. May blieb hartnäckig. „David verlangt, dass er den Artikel abnickt, bevor er gedruckt wird." Widerstrebend verließ sie das Gebäude unverrichteter Dinge. „Schäbiges Verhalten von May", beklagte man sich bei der *Vogue*.

Im Vorfeld der Veröffentlichung brach wieder Streit aus. Nachdem David Beckhams PR-Manager die Pressevorschau durchgesehen hatten, bemängelten sie die optische Hervorhebung von Victorias Zitat „Zusammen sind wir stärker als allein". Es gab ein „Riesendrama", und Oliveira verlangte: „Nehmt das Zitat raus." Beckham wollte keine Anspielung auf ihre Eheprobleme, bekam aber nur zu hören: „Es steht im Magazin." Auch Milloy bestand darauf, dass alles so blieb. „Auf in den Kampf – zückt die Handtaschen", titelte die *Mail on Sunday* mit Blick auf die Auseinandersetzung, die wegen des Zitats zwischen den beiden Beckham-Presseteams und Enninful ausbrach.[844] Letztlich wurde Victorias Satz nachträglich aus dem Pressematerial entfernt, war aber weiterhin im Heft zu lesen.

Um das Cover zu feiern, lud Enninful zu einem Abendessen im Mark's Club in Mayfair ein. Die rivalisierenden PR-Teams sorgten dafür, dass David und Victoria zwar getrennt, aber zur gleichen Zeit dort eintrafen. Professionell wie immer zeigten sie sich händchenhaltend und undurchdringlich lächelnd, als sie den Klub betraten. Dass David die Veranstaltung nach zehn Minuten durch den Hinterausgang verließ, bekamen die Fotografen allerdings nicht mit. Victoria blieb und trank Rotwein, bis sie unter lauten Anfeuerungsrufen auf eine Couch stieg, um den großen Spice-Girls-Hit „Wannabe" zu singen. Auf Anweisung von Natalie Lewis gelangten keine offiziellen Fotos der Party an die Öffentlichkeit.

Enninful saß während des ganzen Abends verstört da. Er hatte nichts von der zerrütteten Beziehung der Beckhams geahnt, aber inzwischen begriffen, dass es unmöglich war, beide Parteien zufriedenzustellen. Gleichzeitig triumphierte er. Unter seiner Leitung ging es in der *Vogue* allein um Stars. Ihm war egal, ob ein Artikel neue Einsichten vermittelte oder echte Nachwuchstalente präsentierte – für ihn zählte nur, welche Aufmerksamkeit damit zu generieren war. Selbst Banalitäten hatten ihren Wert, wenn sie aus dem Mund von Promis kamen. Genau hierin lag der Wert der Beckhams.

Die *Vogue*-Ausgabe mit Victoria Beckham auf dem Cover war ein Riesenerfolg. Die Verkaufszahlen schossen in die Höhe. Um die Scheidungsgerüchte weiter zu entkräften, hatte Victoria angeregt, dass das Cover der Online-Ausgabe für Abonnenten ein Foto von ihr und Beckham zeigte. Sie saßen nebeneinander, berührten sich aber nicht.[845] „Es war potenziell ein PR-Streich der Superlative. Er ging aber daneben", urteilte die *Daily Mail*, „es wurde als Publicityfehlzündung vielfach belächelt, die der ohnehin schon taumelnden Marke Beckham möglicherweise den Gnadenstoß versetzt."[846]

So sehr sich Victoria auch bemühte, der Geist wollte nicht wieder zurück in die Flasche. Als sie mit Brooklyn bei Elton Johns Party anlässlich der 25. AIDS Foundation Academy Award Party erschien, kam die Frage auf, wieso David nicht dabei sei.[847] Und nachdem die beiden im Hotel Le Bristol in Paris ihren 19. Hochzeitstag groß feierten und Victorias PR-Team Fotos von dem Dinner – inklusive einer Flasche Château Lafite-Rothschild 1990 zum Preis von 1500 Pfund – sowie den

Text postete: „Ich liebe dich so sehr“, hatte die PR-Konkurrenz aus dem eigenen Haus dafür nur beißenden Spott übrig. Auch wenn die Öffentlichkeit von den Beckhams immer noch das Beste glauben wollte, folgte doch eine Überraschung nach der anderen.

Im Juli 2018 erwähnte Milloy gegenüber Clemmie Moodie eine außergewöhnliche Bemerkung, die während des Sommerurlaubs der Beckhams gefallen war. „Daddy betrügt nicht“, hatte Victoria ihren vier Kindern offenbar gesagt. Als David den entsprechenden Zeitungsbericht dazu in die Hände bekam, geriet er völlig außer sich und warf Milloy und Victoria vor, einen Medienkrieg gegen ihn zu führen.[848] Dabei verstand er sich bestens darauf, sich selbst ein Bein zu stellen.

Ende September musste sich David Beckham in Wimbledon vor Gericht dafür verantworten, dass er in einem geliehenen Bentley im Wert von 200.000 Pfund mit 59 Meilen (95 Stundenkilometern) über eine Landstraße gerast war, obwohl dort ein Tempolimit von 65 Stundenkilometern galt. Im proppenvollen Gerichtssaal drängten sich Presseleute und sonstige Schaulustige, die jedoch enttäuscht feststellen mussten, dass der Beschuldigte nicht zugegen war. Dabei hatte er seinen 51 Millionen Followern gerade erst ein Foto gepostet, das ihn relaxed und glücklich in seinem Bentley zeigte. Im Begleittext stand: „Voll genervt. Londoner Verkehr.“ Seine gute Laune war berechtigt. Anwalt Nick Freeman, auch „Mr. Schlupfloch“ genannt, war überzeugt, dass Beckham aufgrund eines Formfehlers einer Verurteilung entgehen würde. Das offizielle Schreiben, in dem er von seiner Verfehlung in Kenntnis gesetzt wurde, war einen Tag zu spät zugestellt worden. Beckham erwartete, dass man ihn für sein Geschick, der Justiz wieder einmal ein Schnippchen zu schlagen, in den Medien feiern würde.

1999 hatte „Mr. Schlupfloch“ Beckham bei einem ähnlichen Verkehrsverstoß schon einmal erfolgreich verteidigt. Der „völlig entsetzte“ Star sei damals mit 76 Meilen (120 Stundenkilometer) in seinem Ferrari vor einem „wahnsinnigen Fotografen“ geflohen, der ihn angeblich in einem weißen Ford Fiesta verfolgte – eine Argumentation, die später widerlegt wurde, weil der besagte Fotograf an diesem Tag in Kanada war.[849] Beckham wurde dennoch nicht verurteilt. 19 Jahre später gelang es Freeman erneut, seinen Klienten unbeschadet aus dem Verfahren herauszuboxen.

„Ich bin sehr erleichtert über das Urteil", postete Beckham. „Und sehr zufrieden mit meinem Rechtsbeistand." Währenddessen saß er in einem Privatjet auf dem Weg nach Paris zu einem Promotionauftritt für die vietnamesische Automarke VinFast. Die Werbung für die Luxuskarossen brachte ihm eine Million Pfund ein. Im Showroom erklärte er viermal: „Es ist unglaublich!", und nach diesem wenig überzeugenden Ausbruch verfiel er für die nächsten zwei Stunden in Schweigen. Dabei entging den frustrierten Gastgebern – und Zahlmeistern – ein ironisches Detail. Dylan James von *GQ* hatte kurz zuvor noch die Wortgewandtheit seines Helden gelobt: „Beckham spricht mittlerweile wie ein Staatsmann in perfekt ausformulierten Sätzen."[850] Nur offenbar nicht in Paris und für eine Million Pfund. Für das vietnamesische Unternehmen war es zusätzlich ärgerlich, dass sich die Medien mehr für Beckhams jüngsten Freispruch interessierten und nicht für das stakkatoartige Lob, mit dem er die Automarke bedachte. Zu allem Übel waren die Pressevertreter davon abgelenkt, dass sich Beckham einer Haartransplantation unterzogen hatte, um eine kahle Stelle zu kaschieren.[851]

Victoria war ebenfalls in Paris. Sie postete ein Bild der 1300 Pfund teuren Burgunderflasche, die sie und ihr Mann zur Feier seines Freispruchs geleert hatten. Anschließend zeigten Fotos, dass sich David eine Portion Schnecken und ein Steak bestellt hatte. Diesmal waren die PR-Manager beider Lager gleichermaßen entsetzt. Weder David noch Victoria schienen zu realisieren, welchen Eindruck sie damit vermittelten. Zur Schadensbegrenzung präsentierte Victoria in den folgenden Tagen ein Bild, das von Normalität zeugen sollte. Eine längere Fotostrecke zeigte sie im Urlaub in Bordeaux, zusammen mit Gordon Ramsay und Eva Longoria.[852] Zwei Wochen später stellte sich allerdings heraus, dass diese Bemühungen umsonst gewesen waren.

Als Geldgeber für die Erste-Klasse-Flugtickets nach Sydney zu den Invictus Games hatten Beckhams Assistenten das Unternehmen AIA gewinnen können, eine Versicherungsgesellschaft aus Asien. Teil des Deals war, dass Beckham während seines Australienaufenthalts Werbung für seinen Sponsor machte. Aus diesem Grund hatte er sich bereit erklärt, noch vor der Abreise in London ein Interview für die australische Fernsehshow „The Sunday Project" aufzeichnen zu lassen.

Wie vereinbart erwähnte die Interviewerin Lisa Wilkinson während des Gesprächs den Versicherungsanbieter.

Dann fragte sie überraschend nach Beckhams Eheproblemen. „Wenn man so lange verheiratet ist wie wir", antwortete er, „dann ist eine Beziehung immer harte Arbeit." Er wiederholte, wie „hart" die Ehe sei, und fügte dann hinzu, dass das Leben „etwas komplizierter" geworden sei. „Ich habe das Gefühl, dass es mir ganz gut geht, aber es ist schon anstrengend." Seine Priorität sei, „unsere Kinder zu schützen", damit sie vom Ansturm der Medien nichts mitbekämen. Wieso er sich geweigert hatte, mit seiner Familie auf dem *Vogue*-Cover zu erscheinen, fragte man ihn allerdings nicht.

Der australische Fernsehsender stellte die Interviewclips mit Beckhams Bekenntnissen noch vor der eigentlichen Ausstrahlung am Sonntag für 74,7 Millionen Follower auf Instagram ein.[853] Dass Beckham einräumte, es gebe Probleme in seiner Ehe, wurde in diesem Post einem alten Zitat von Victoria gegenübergestellt: „Seit 20 Jahren werden irgendwelche Geschichten über unsere Beziehung erfunden, und von daher sind David und ich an diesen Unsinn gewöhnt und ignorieren das einfach." Victoria, die nicht auf diese Aussagen gefasst war, fiel aus allen Wolken, als sie den Clip auf ihrem Handy sah.

„Es war, als sei eine Atombombe explodiert", erfuhr Moodie von Milloy.[854] Deren Überraschung wurde von Victorias hysterischem Ausbruch noch übertroffen. Das illoyale Verhalten ihres Mannes traf sie völlig unvorbereitet. Seine Offenheit hatte ihre gesamten Bemühungen ruiniert, das Bild einer glücklichen Familie zu zeichnen. Wieso, fragte sie sich unter Tränen, hatte David sie derart blamiert? Und schlimmer noch: Wieso begriff er nicht, welche Auswirkungen seine Blödheit hatten? Wieso legte er ihren Ambitionen so viele Steine in den Weg?

Ohne darauf eine Antwort zu bekommen, floh sie für zwei Tage in ein Spa-Hotel nach Baden-Baden. Sie wollte dort ihr „emotionales Gleichgewicht" wiederfinden. Am Ende gewannen Wut und Schuldzuweisungen die Oberhand.

Ihr eiserner Überlebenswille meldete sich zurück. Bevor sie einen Tag später nach London flog, um dann nach Australien weiterzufliegen, postete sie ein Selfie von einer Wandertour mit dem Hashtag #wellness. Auf die Fragen nach ihrer Ehe antwortete sie: „Es kann schon ziemlich frustrierend sein, aber ich überlasse das alles meinem PR-Team. Ich halte mich da komplett raus."[855]

Moodie erhielt dementsprechende Informationen. „Zwischen ihm und Victoria gibt es momentan Probleme – und niemand kann vorhersagen, wie es weitergeht." Allerdings ging Moodie davon aus, dass die Beckhams als „vollendete Profis" beabsichtigten, „sich der Öffentlichkeit als Einheit zu präsentieren und in die Kameras zu lächeln".[856]

Bei ihrer Landung in Sydney wurde Victoria von ihren Kindern Romeo, Cruz und Harper begleitet, sie wirkte sehr niedergeschlagen. Noch während des Fluges hatte ihr PR-Team versucht, den australischen Fernsehsender dazu zu bringen, Beckhams Bemerkungen über die „komplizierte" Ehe herauszuschneiden – vergeblich.

Als Ablenkungsmanöver spielte jemand vom Presseteam den Medien Aufnahmen von Überwachungskameras zu, die zeigten, wie maskierte Einbrecher ins Landhaus der Beckhams in Great Tew einstiegen. Victorias Tränen, so der Sprecher, seien auf den Einbruch zurückzuführen, nicht auf das Interview. Einige Zeitungen mutmaßten, es handele sich um einen Manipulationsversuch. Die Polizei hätte keinerlei Hinweise auf einen Einbruch vorliegen, noch nicht einmal einen Einbruchsversuch. Die Beckhams beharrten darauf, es sei die Wahrheit.[857]

Die Familie hatte in Sydney ein großzügiges Haus am North Shore in Hafennähe gemietet, und nachdem man sich dort eingerichtet hatte, postete Victoria das Foto einer Bierflasche der Marke „Victoria Bitter". Später ließ sie sich am Bondi Beach fotografieren, während Cruz schützend den Arm um sie legte. David war bei dem Spaziergang dabei, er ging aber allein hinter seiner Familie her.

Auch bei den Invictus Games stand er allein da. Als er am vereinbarten Tag im Stadion erschien, um Prinz Harry zu treffen, stellte er verblüfft fest, dass man sich zwar alle Mühe gab, ihm jeden Wunsch von den Augen abzulesen, ihn aber offenkundig von Harry fernhielt. „Wo ist er?", fragte Beckham die Verantwortlichen ein ums andere Mal. „Wann treffen wir uns denn nun?" Er ahnte nicht, dass der Prinz die Order gegeben hatte, den Fußballer auf gar keinen Fall bis zu ihm vorzulassen. Fotos der beiden waren verboten. David Beckham war verwirrt. Wieso mied ihn der Prinz?

Später stellte sich heraus, dass Meghan hinter dieser Anweisung steckte. Beckham sollte ihr in den Medien keine Konkurrenz machen – und seine Frau Victoria schon gar nicht.

Meghans Australienbesuch – es war ihre erste Auslandsreise als Mitglied der königlichen Familie – war ein Riesenerfolg. Der Anblick jubelnder Menschen gab ihr das Gefühl, die neue Diana zu sein, und die Aufregung schlug noch höhere Wellen, als sie ankündigte, schwanger zu sein.

Dennoch herrschte im Sussex-Lager in Sydney keine besonders gute Stimmung. Aus Zorn darüber, dass Kate – die Duchess of Cambridge und zukünftige Königin – in der Hierarchie der Royals deutlich über ihr stand, brüllte Meghan ihre Angestellten an. Angeblich warf sie auch eine Teetasse durch die Gegend.[858] Insider waren von ihrem Verhalten nicht überrascht. Schon in London hatte es offizielle Beschwerden gegeben, weil sie das Personal schlecht behandele. Sowohl sie als auch Harry durchforsteten ständig das Internet, ob sich jemand kritisch über sie äußerte. Und Meghan sah es nicht gern, wenn es etwas Schmeichelhaftes über die Beckhams zu lesen gab.

Im gemieteten Beckham-Anwesen in North Shore wurde über Harrys Zurückweisung kaum gesprochen. David bemerkte lediglich: „Das war ein bisschen komisch." Er rief Harry nicht an, ließ sich allerdings auch nicht mehr im Stadion blicken. Zu diesem Zeitpunkt waren die Beckhams mehr mit der eigenen Ehe, ihrer Marke und Victorias schwindendem Selbstbewusstsein beschäftigt.

„Ich komme mir vor, als stünde ich nackt in einem Raum voller Menschen und würde fragen: ‚Na, was meint ihr?'", hatte Victoria kurz vor dem Abflug nach Australien bei einem Radioauftritt gesagt. „Mir wurde in meiner Karriere nichts geschenkt. Ich arbeite sehr, sehr hart. Was ich erreicht habe, ist großartig."[859]

Nach ihrer Rückkehr in London bescheinigten ihr die Fachleute bei der Fashion Week allerdings nicht gerade großartigen Erfolg. Victorias jüngste Kollektion wurde in einer bescheidenen Kunstgalerie in Mayfair von der 47-jährigen Stella Tennant präsentiert. Später wurden führende Designerinnen und Designer bei einer größeren Veranstaltung in der Royal Albert Hall nach ihren Lieblingskreationen gefragt. Giorgio Armani, Donatella Versace und Vivienne Westwood ergingen sich in detaillierten Beschreibungen revolutionärer Entwürfe und Materialien. Victoria nannte ein „taubengraues Kleid“ und setzte hinzu: „Ich habe niemandem außer mir etwas zu beweisen versucht.“ Sie erhielt an diesem Abend keinen Preis. David nahm mit seinem Freund Dave Gardner an der Veranstaltung teil und verließ sie später ohne seine Frau.[860]

Als sie die letzten Wochen Revue passieren ließ, wurde Victoria klar: Um sich ihr Selbstwertgefühl zu erhalten und ihre Ehe zu retten, durfte sie sich nicht länger auf die Kredite ihres Mannes verlassen. Im Geschäftsabschluss 2018 zeichnete sich bereits ab, dass sich die finanziellen Probleme verschärften. Zwar hatten sich die Verkäufe leicht gesteigert, aber sie hatte trotzdem weitere 12,2 Millionen Pfund verloren, sodass sich ihre Schulden nun auf 39 Millionen Pfund beliefen. Beckham und seine Berater stimmten zu, die Finanzen der Marke neu zu überdenken.[861]

Kurz nach dem Bekanntwerden der neusten Verluste ging Victoria mit Eltern und Ehemann für ein vorgezogenes Weihnachtsessen in den Privatklub Annabel's. Victoria knabberte an Früchten und Nüssen, alle vier wirkten niedergeschlagen. Zwei Jahre zuvor hatte sie noch verkündet: „Ich gehe nie wieder in einen Nachtklub – die Zeiten sind vorbei.“[862]

Über die Weihnachtsfeiertage postete sie auf Instagram Bilder der Kinder; sie und David waren auf keinem zusammen zu sehen. Ihm wurde bewusst, dass er sich zusammenreißen und einen Weg aus der Krise finden musste. Für ihn wurde es zum übergeordneten Ziel, die Kontrolle über seine Familie und auch über sein Unternehmen zurückzuerlangen.

29

Ein neues Jahr

„Es wird großartig“, verkündete David Beckhams Pressesprecher hinsichtlich der geplanten Silvesterparty in Great Tew. Nach der Erhebung in den Ritterstand – die neuen Ernennungen wurden vom Palast stets zum Jahresende bekannt gegeben – fragte vorsichtshalber niemand.

Der inzwischen 20-jährige Brooklyn erschien mit der 22-jährigen Hana Cross, einem Fotomodell aus Yorkshire. Kurz zuvor hatte er ein Foto von ihnen auf dem Eiffelturm gepostet und dazu geschrieben: „Ich und meine Süße. Glücklichster Mann der Welt.“ Hana und Victoria, behauptete das Presseteam, kämen „großartig miteinander zurecht“, unter anderem auch, weil Hana Victorias Designs trug.[863]

Der *Sunday-Times*-„Rich-List“ zufolge belief sich Brooklyns Vermögen auf 6,5 Millionen Pfund; auf Instagram folgten ihm 11,5 Millionen Menschen. Seine Eltern waren wenig begeistert, als sie hörten, dass er neben Hana eine Affäre mit der Sängerin Rita Ora hatte, die acht Jahre älter war als er. Beckham verlangte von seinem Sohn, die Beziehung sofort zu beenden und nach New York zurückzukehren, wo er ein Praktikum bei dem Fotografen Conor McDonnell begonnen hatte. Brooklyn gehorchte.[864] Von größerer Bedeutung war jedoch Beckhams Entschlossenheit, wieder selbst über die eigene Zukunft zu bestimmen. Ein Berater erklärte: „David hat hinter den Vorhang geblickt und dort ein Spinnennetz entdeckt.“

Je mehr er darüber nachdachte, desto klarer wurde ihm, dass die Marke Beckham Gefahr lief, in der Belanglosigkeit zu versinken. H&M hatte ihn nach fünf Jahren fallen lassen und ein jüngeres Werbegesicht engagiert. Da er inzwischen nicht mehr als Fußballer aktiv und naturgemäß älter geworden war, wendete sich die jüngere Generation neuen Helden zu. Bei seinen Gesprächen mit Dave Gardner erkannte er immer deutlicher, dass es Fuller in Zukunft nicht mehr ohne Weiteres gelingen würde, neue lukrative Verträge mit großen Partnern abzuschließen. Der Rückgang seiner Einkünfte aus Sponsorendeals ließ eine Abwärtsspirale befürchten – 2018 waren die Gewinne der Beckham Brand Holdings Ltd. um 18 Prozent gesunken, was zu einem Verlust von 1,6 Millionen Pfund führte.[865] Ob Fuller noch der richtige Mann war, um der Marke wieder neuen Schub zu verleihen? Nach seinem Empfinden hatte der Manager zu sehr das Geld im Blick, nicht aber Beckhams Zukunft. Fuller tat sich schwer damit herauszuarbeiten, was genau die Marke verkörpern sollte. Offenbar begriff er nicht, dass die Welt nicht ewig von einem ehrgeizigen Pärchen aus Essex fasziniert war. Die Marke drohte zu verflachen. Davids Engagement für UNICEF beschränkte sich zunehmend darauf, einmal im Jahr bei Soccer Aid für Kinder aufzutauchen. Es war klar: Er konnte allmählich nicht mehr allein darauf vertrauen, ein wiedererkennbares Gesicht zu haben. Sein Image brauchte dringend einen Boost. Die beste Strategie schien zu sein, sich als Unternehmer beim Fußballklub Inter Miami zu etablieren.

Fuller verstand wenig von Fußball, und seine Beziehung zu Beckham hatte sich in den letzten fünf Jahren verschlechtert. Da der Manager in Los Angeles lebte und sich nur selten in London blicken ließ, delegierte er viel an seine Angestellten und hatte sein Geschäft nicht mehr so fest wie früher im Griff. Beckham ärgerte sich zunehmend darüber, dass er Fuller kaum noch zu sehen bekam, obwohl der nach wie vor 30 Prozent seiner Einkünfte einstrich.

Besonders unzufrieden war er über den schlechten Deal, den Fuller mit Rockowitz und Global Brands abgeschlossen hatte. Zum einen hatte Fuller den Wert der Marke Beckham insgesamt zu niedrig angesetzt, zum anderen erhielt David nur zwei Drittel von den verbliebenen 50 Prozent, die er noch besaß. Das andere Drittel kassierte Fuller. Während Beckham also um die Welt jettete und die ganze Arbeit machte, ließ es sich Fuller in seinem kalifornischen Weinberg gut gehen. Zu alledem hatte sich Rockowitz' Prognose, im Jahr 2020 Umsätze im Wert von 1,5 Milliarden zu erzielen, als reines Wunschdenken erwiesen. Die Manager der Firma täuschten Beckham, was die Zukunftsperspektiven des Unternehmens betraf. Ihren beruhigenden Versicherungen stand ein deutlicher Rückgang der Einnahmen gegenüber, die Firma trudelte still der Insolvenz entgegen.

Gardner beschwor Beckham, sich bei den Entscheidungen über seine Zukunft nicht von Nostalgie oder Dankbarkeit für die letzten zwölf Jahre leiten zu lassen. Sie würden auch ohne Fuller zurechtkommen. Gardner selbst und die resolute hauseigene PR-Chefin Nicola Howson hatten gerade einen großen Coup gelandet und einen Deal über mehrere Millionen Pfund mit Nasser Al-Khelaifi abgeschlossen: Der Vorsitzende von Qatar Sports Investments wollte Beckham als Gesicht für die Fußballweltmeisterschaft 2022 engagieren. Dafür standen geschätzte 15 Millionen Pfund pro Jahr in Aussicht, dazu ein Vertrag mit David Beckham Ventures über sieben Jahre. Das Geld aus Katar würde ihn freikaufen. Wenn er sich zukünftig auf Inter Miami konzentrierte, gab es keinen Grund mehr, an Fuller festzuhalten, der dann womöglich noch von dieser potenziellen neuen Goldmine profitierte.

Als die diesbezüglichen Verhandlungen begannen, beharrte Fuller darauf, die Marke Beckham erfunden zu haben. „Das ist nicht wahr", erwiderte Beckham, der nur zu gut in Erinnerung hatte, dass Fuller auch stets behauptet hatte, der Schöpfer der Spice Girls gewesen zu sein. Hinter der Maske aus Bescheidenheit verbarg sich hartnäckiger Egoismus. Am Ende ihrer Gespräche war die Beziehung völlig zerrüttet. In dem Schreiben der Anwälte an Fuller fand sich kein Hauch von Sentimentalität oder Dankbarkeit. „Mit der Gelddruckmaschine ist jetzt Schluss", ließ ein enger Mitarbeiter verlauten. Ganz so war es jedoch nicht.[866]

BBH zahlte 30.875.000 Pfund für Fullers Anteile am Unternehmen. Beckham finanzierte die Transaktion zur Hälfte aus seinem eigenen Vermögen; 15,5 Millionen lieh er sich von einer Bank. Um nur ein Minimum an Steuern zahlen zu müssen, deklarierte Fuller die Zahlung an seine Firma als Dividende aus Rückstellungen.[867] In den folgenden zwei Jahren änderten sich die Bezeichnung und die Höhe von Beckhams Krediten – das erschwerte den Durchblick bei seinen Finanzen.[868] Als Beckham dazu eine kurze Erklärung verfasste, ließ er sich helfen.

„Nach einiger Zeit mit Simon Fuller dachte ich, das kann ich auch selbst. Management hat mich nie interessiert. Ich habe auch persönlich nicht geglaubt, dass ich in so etwas gut sein könnte. Das hat sich jetzt geändert." Er wolle „selbst alles kontrollieren, was in meiner Welt passiert".[869]

Durch den Deal bekam Beckham die volle Kontrolle über Beckham Brand Holdings; dazu gehörten auch sein Anteil von zehn Prozent an Inter Miami FC und Seven Global. Automatisch übernahm er damit außerdem die alleinige Entscheidungsgewalt über David Beckham Ventures (DBV), zu der Tochterfirma gehörten sein Markenname sowie Partnerschaften mit Unternehmen wie Adidas und L'Oréal. Sein Freund Dave Gardner wurde Geschäftsführer. Fullers Presseagent ließ als Retourkutsche verbreiten: „Er ist auf David als Klienten nicht mehr angewiesen."[870]

Als neues Hauptquartier bezog Beckhams kleines Mitarbeiterteam eine Etage in einem Bürogebäude an der Londoner Great Portland Street. Zu denen, die im Zuge der neuen Firmenstruktur befördert wurden, zählte Nicola Howson. Gardner hatte sie über Gordon Ramsey kennengelernt, sie war inzwischen eine ergebene Beckham-Getreue. Mit einem profitablen Portfolio im Rücken begann die Suche nach einem neuen Investor und Partner.

Eine Altlast der Vergangenheit blieb. Beckham konnte Fuller nicht zu vorteilhaften Konditionen aus Victorias verschuldetem Modeunternehmen herauslösen. XIX Entertainment behielt einen Anteil von 33 Prozent, ebenso wie David Belhassens Firma NEO Investment Partners und Victoria selbst.[871]

Sobald die Trennung vollzogen war, löschte Beckham Fuller komplett aus seiner Biografie. Wieder ein Mentor, der nachträglich aus der Geschichte herausgeschrieben wurde. Auf die Frage nach der „Miami-Klausel" in dem 2007 abgeschlossenen Galaxy-Vertrag erklärte Beckham: „Ich habe um diese Klausel gebeten. Da habe ich auf mein Bauchgefühl vertraut."[872] Andere an dem Abschluss Beteiligte erinnerten sich, dass die besagte Option auf Betreiben von Fuller, Jeff Frasco von CAA und Terry Byrne aufgenommen worden war. Beckham, so berichteten Augenzeugen, hatte davon keine Ahnung.

Nach dem ganzen Durcheinander erwies sich Beckhams Gedächtnis auch weiterhin als wenig zuverlässig. „Wenn man ein solches Profil pflegt wie ich, dann ist damit eine Verantwortung verbunden", reflektierte er 2019.[873] „Wenn man jung ist, dann darf man Fehler machen – es kommt nur darauf an, wie man anschließend damit umgeht. Ich habe mich immer meiner Verantwortung gestellt. Und ich habe zu meinen Fehlern gestanden." Jene, die sich noch an seine ursprünglichen, ziemlich vagen Stellungnahmen bezüglich seiner Affäre mit Rebecca Loos erinnerten, hatten von seinem Umgang mit „Fehlern" allerdings einen anderen Eindruck.

Letztlich war alles Auslegungssache. David behauptete zum Beispiel, er sei „besessen" davon, dass seine Kinder lernten, „hart zu arbeiten", und überhaupt laute sein Lebensmotto: „Arbeite hart, tu alles mit Leidenschaft und kümmere dich um die Familie." Unabhängige Beobachter erinnerten sich gleichwohl daran, wie oft er in den vergangenen Jahren zu seinem Vergnügen um die Welt gejettet war. Seine widersprüchlichen Aussagen wurden verständlich, wenn man bedachte, dass er David Bowie und den Schauspieler Steve McQueen zu seinen Vorbildern zählte: „Ich bewundere Menschen, die alles etwas anders machen, aber mit Stil."[874]

Für den Erfolg im Showbiz war entscheidend, einen gewissen Hype zu erzeugen, das wusste er. Daher behauptete er 2019, dass Inter Miami „schon jetzt das drittbeliebteste Team in der Major League Soccer" sei; seine Fußballakademie biete Kindern enorme Möglichkeiten. Auch das war eine weitere Beckham-Fantasie. Das Fußballteam gab es noch gar nicht. Es gelang später nicht einmal, das Stadion rechtzeitig fertigzustellen, und es war auch keine Fußballschule aufgebaut worden. Aber die Saat für den Erfolg war gesät. Beckham, Oliveira und Gardner hatten die Fußballeragentur Kin gegründet, an der auch Lionel Messis Manager Rodrigo Messi beteiligt war.[875] Außerdem hatte Beckham gemeinsam mit Lionel Messi und Zinédine Zidane OTRO gegründet, eine digitale Plattform, um Werbeaufträge für Sportlegenden zu vermitteln. Beiden Unternehmungen war kein Erfolg beschieden, aber sie legten den Grundstein für Beckhams gute Kontakte zu Lionel Messis Management.[876]

Beim weiteren Ausbau seiner Büros in der Great Portland Street ging es Beckham vor allem um zwei Bereiche: Er musste eine Lösung dafür finden, dass sich Oliveira allmählich von ihm lösen wollte, und die vollständige Trennung von Fullers PR-Unternehmen vollziehen. Um Beckhams Image als Schöpfer und Eigentümer seiner Marke und Reputation steuern zu können und außerdem die Steuervorteile zu nutzen, die man als Filmproduzent geltend machen konnte, gründete Nicola Howson das Unternehmen Studio 99, das ab sofort sämtliche Dokumentationen über Beckham und auch seine Werbeclips produzieren sollte. Ihr erster Erfolg war der Abschluss eines Vertrags über 16 Millionen Pfund mit Netflix für eine autobiografische Serie, deren Ausstrahlung für 2023 geplant war. Beckham wurde die vollständige redaktionelle Kontrolle über den Inhalt zugestanden; allerdings handelte es sich bei der Produktion ohnehin um völlig unkritische, dafür unterhaltsame Eigenwerbung.

Man kam überein, Interviews in den Medien am besten zu vermeiden. Mit Gesprächen, die man nicht vollständig kontrollieren konnte, war nichts zu gewinnen. Nur eine kleine Zahl vertrauenswürdiger Verbündeter sollte Zugang zu David Beckham haben. In der ersten Reihe stand der Chefredakteur von *GQ*, Dylan Jones. Auf ihn war stets Verlass.

Im März 2019 erinnerte Jones in *GQ* an eine Fotosession, die im Jahr 2002 in einem Lagerhaus stattgefunden hatte. Beckham trug damals nichts als sehr „enganliegende" Trunks von Dolce & Gabbana und hatte sich den ganzen Körper mit glänzendem Babyöl eingerieben. Seine Fingernägel waren schwarz lackiert. Jones legte Beckham dazu folgende Worte in den Mund: „Mein Stil? Ist von einem anderen Planeten." In dem aktuellen Feature sprach Beckham ganz offen über seine lebenslange Gier nach Publicity: „Ich bedaure keine einzige Fotosession. Das waren alles großartige Gelegenheiten, mal etwas ganz anderes zu machen. Und davor bin ich noch nie zurückgeschreckt." Beckham, so Jones, baute 20 Jahre lang eine Marke auf. „In den nächsten fünf Jahren wird es darum gehen, ein Imperium zu errichten."

Offenbar hielten Jones und Beckham die Leserschaft für ziemlich vergesslich. „Im Zentrum von Beckhams Welt", schrieb Jones, „steht seine seit 20 Jahren bestehende Zusammenarbeit mit UNICEF, und das spürt man auch in seinem Büro. Für Beckham ist es eine Herzensangelegenheit: ‚Ich brenne wirklich dafür. Daher hat das auch absolute Priorität für diese Firma.'"[877] Die Fakten sahen anders aus. Beckham hatte sich widerstrebend bereit erklärt, 750.000 Pfund aus seinem eigenen Vermögen für das Kinderhilfswerk zu spenden, und seine Auftritte zugunsten der Organisation wurden immer seltener.

Seine eigentliche Priorität war, mehr Geld zu verdienen und seinen Bekanntheitsgrad in den USA zu steigern. Zwar hatte ihn die Armani-Werbung kurzzeitig dort berühmt gemacht, aber er hatte noch immer keinen großen Namen, weil sich nur vergleichsweise wenige US-Amerikaner für Fußball interessierten. Ein erster Schritt zu größerem Ruhm stellte die Beckham-Statue dar, die vor dem Stadion von LA Galaxy aufgestellt werden sollte.

Der Klub hatte eigentlich eine lebensnahe Darstellung in Auftrag gegeben. Doch der so Geehrte wurde kurz vor der Enthüllung Opfer eines kleinen Streichs: Sein Landsmann und Late-Night-Host James Corden hatte für seine im US-Fernsehen ausgestrahlte „Late Late Show" eine eigene Statue anfertigen lassen, die Beckhams Gesicht und Körper mit sehr unvorteilhaften Proportionen zeigte. Beckham ahnte nichts davon, als man ihn vorab zu einer privaten Besichtigung in einem Hangar einlud; er wusste nur, dass das Ereignis für LA Galaxy von einem Filmteam aufgenommen werden sollte. Als die Statue enthüllt wurde, fluchte er. Die Zuschauer sahen einen Mann, der schwer unter Druck stand: eitel und selbstbewusst, völlig verblüfft, bebend vor Zorn und gleichzeitig beherrscht. Als er den Hangar sehr verärgert verlassen wollte, gab sich Corden zu erkennen und klärte die Sache auf. Beckham nahm die ganze Sache mit „viel Humor". Der neunminütige Fernsehbeitrag wurde bei YouTube 44 Millionen Mal geklickt.[878]

Während David sein Image wieder aufpolierte, stand es um Victorias weiterhin nicht zum Besten. Sie hielt noch immer stur an der Überzeugung fest, dass sich die ganze Welt um ihre Mode reißt, weil sie ein weltberühmter Star sei. „Ich glaube nicht, dass ich jetzt mit meiner Art, mich zu kleiden, irgendetwas beweisen muss", sagte sie. „Die Marke soll nicht vorhersehbar, sie soll glaubwürdig ‚ich' sein."[879]

Inzwischen hatte die britische Boulevardpresse ihre Selbstpromotion gründlich satt. Immer wieder hatten Interviewer versucht, in Victorias Leben eine verborgene Tiefe zu entdecken – einen Hauch von Fantasie, Kreativität oder Originalität –, aber jedes Mal dieselben

Mythen und Memoiren aufgetischt bekommen. Victoria war nicht dafür bekannt, besonders geheimnisvoll oder eloquent zu sein. Sie begriff nicht, welche Kraft im Schweigen lag, und inszenierte sich gern als begehrenswert kühl.

Dennoch stieg Jess Cartner-Morley vom *Guardian* auf die Werbung für Victorias Reebok-T-Shirt ein, das, mit ihrem Logo versehen, für 225 Pfund in den Handel kam. Ohne dieses Logo waren identische T-Shirts in den gängigen Bekleidungsgeschäften für 25 Pfund zu haben.

Cartner-Morley wurde zu einer Fotosession für Reebok in ein New Yorker Lagerhaus eingeladen. Victoria sei makellos gekleidet gewesen, schrieb die Journalistin später, und sie trank ihr San Pellegrino mit Strohhalm, damit ihr Lippenstift nicht verschmierte. Schließlich musste sie stets wie aus dem Ei gepellt aussehen, weil ihr überall Paparazzi auflauerten. Es sei so anstrengend, erklärte sie seufzend, dauernd von der Medienmeute verfolgt zu werden. Ohne rot zu werden, setzte sie hinzu: „Die Leute interessieren sich nicht für mein Privatleben." Anschließend spulte sie die üblichen Sprüche ab: Wie hart sie als berufstätige Mutter arbeite, weil sie sich ja ganz und gar auf ihren liebenden Ehemann verlassen könne, der sich als moderner Vater in ihrer Abwesenheit um die Kinder kümmere.

„Ich bin bereit, richtig Gas zu geben", sagte sie. Als Dankeschön für die Einladung zum Shooting stellte Jess Cartner-Morley Victoria als „führende Persönlichkeit der Branche" dar und fügte hinzu: „Der eigentliche Kern der Marke ist die Faszination, die Victoria auf die Öffentlichkeit ausübt."[880]

Die Reebok-Kampagne ging nach hinten los. Es hatte offenbar nicht funktioniert, an das Mitgefühl der Käuferschaft zu appellieren. In ihrem Shop kostete ein Paar Leuchtsocken 30 Pfund, während Reebok die gleichen Socken im Dreierpack für 15 Pfund anbot. Eine Zeitungsrecherche offenbarte, dass ihre für 380 Pfund gehandelten Shirts in China von Arbeitern gefertigt wurden, die weniger als zwei Pfund pro Stunde verdienten.[881] Victoria wollte dazu keinen Kommentar abgeben. Reebok, das für die Herstellung der Shirts verantwortlich war, erklärte, es würden „faire Löhne" bezahlt und der hohe Preis der Shirts resultiere daraus, dass Victoria auf die besten Materialien bestanden habe.

Schließlich blieb nur noch die Kosmetiklinie. Hier war allerdings das Problem, dass Victoria keine eigenen Ideen zu haben schien – ihr fiel nichts Besseres ein, als das Erfolgsrezept von US-Schauspielerin Gwyneth Paltrow zu kopieren. Paltrow hatte enorme Profite mit einem Produkt gemacht, das mit ewiger Jugend lockte. Sie versprach den Frauen, wenn sie sich einmal pro Woche ein spezielles Blutpräparat in den Gesäßmuskel injizierten, würde das die „Autoimmunität reduzieren, das Immunsystem stärken und insgesamt entgiften".

Auf diesen Zug sprang Victoria mit dem Moisturizer von Dr. Barbara Sturm auf, einer Gesichtscreme, mit der die Produktion von Collagen angeregt werde. In ihren Werbeclips auf YouTube hieß es, das Produkt enthalte ein besonderes Serum (einige Boulevardzeitungen behaupteten fälschlicherweise, der Moisturizer bestehe aus Victorias Blut). Der Einführungspreis lag bei 1200 Pfund. Victoria postete zusätzlich ein Video, in dem sie sich nach dem Aufwachen eine Sturm-Gesichtsmaske zum Preis von 118 Pfund entfernte.[882] Nachdem sich diese Produkte nicht wie erhofft zu Verkaufsschlagern entwickelten, brachte sie das Victoria-Beckham-Kamille-Gesichtsserum zur Zellverjüngung heraus, das von Augustinus Bader hergestellt wurde. In dem Vertrauen darauf, dass sie bei Frauen „Kultstatus" genoss, wurde das Serum für 180 Pfund angeboten. Kritiker bemerkten schnell, dass es ein ganz ähnliches Produkt von Nivea gab, das für zehn Pfund über den Ladentisch ging. Auch das Bader-Produkt wurde kein Erfolg.

Als Nächstes veröffentlichte Victoria „The Chair" auf YouTube. Die durchaus selbstironischen Videos inszenierte sie für Modefans.[883] Ein besonders bemerkenswerter Clip zeigte sie in einem unordentlichen Hotelzimmer. „David würde bei diesem Anblick einen Panikanfall bekommen", erklärte sie ihrem Publikum.[884] Niemand, nicht einmal langjährige Angestellte, trauten sich, ihr zu sagen, dass die Welt nicht auf ihre Postings wartete. Sie machte sich zum Narren.

Im Februar 2019 lag ein Hauch von Verzweiflung über ihrem Unternehmen. Bei der London Fashion Show in der Tate Britain saß Familie Beckham in der ersten Reihe. Der Star war die siebenjährige Harper: Man hatte ihr das Haar zum typischen Anna-Wintour-Bob geschnitten und gestylt. Der Witz dabei war natürlich, dass das Kind und die Modezarin nebeneinandersaßen. Harper, so berichtete

Victoria, liebe es, sich zu schminken und auf hochhackigen Schuhen durchs Haus zu stöckeln. Kurz zuvor hatte Victoria noch über ihre Tochter gesagt: „Ich möchte nicht, dass sie sich zu sehr auf ihr Aussehen konzentriert."[885]

Natürlich posteten die Beckhams ein Foto von Harper und Wintour auf Instagram und strahlten, als es sich im Internet verbreitete. Die Schlagzeile zu Victorias Modedesigns lautete: „Entfesselt ihre freche Seite."[886] Die Verkäufe blieben gleichwohl überschaubar.

Allerdings fanden ihre jüngsten Entwürfe Anklang bei Meghan Markle. Victoria beschloss, die Brüskierungen der Vergangenheit zu vergessen, schluckte ihren Stolz hinunter und willigte ein, Meghan für die traditionelle Weihnachtsparade der königlichen Familie in Sandringham einen Mantel, ein Kleid, Stiefel und eine Handtasche im Wert von 6000 Pfund zur Verfügung zu stellen. Später trug Meghan bei einem Gottesdienst in der Westminster Abbey ein maßgeschneidertes Beckham-Schwangerschafts-Outfit sowie einen weißen Mantel und Kleid. Victorias Stil begeisterte auch Melania Trump, die in einem ihrer Kleider beim offiziellen Besuch ihres Mannes, des US-Präsidenten, in London erschien.[887]

Finanziell wirkte sich all das nicht im Geringsten aus. Der einzige Erfolg des Jahres 2019 war eine Handtasche für 1400 Pfund, die Meghan prominent getragen hatte. Victorias dazugehöriges Instagram-Video hatte tatsächlich die Verkäufe angekurbelt. Doch die Verluste stiegen weiter an: Für 2018 verzeichnete das Modelabel bei gleichbleibenden Umsätzen von 42,5 Millionen Pfund 10,2 Millionen Verlust. Der *Financial Times* gegenüber gab Victoria zu, ihr Unternehmen habe aufgrund von „großen Fehlern" von Anfang an zu kämpfen gehabt.[888] Beckham Brand Holdings verlor 1,6 Millionen Pfund im Jahr 2018, 2017 waren noch 12,3 Millionen Pfund Gewinn verzeichnet worden. Der Profit von DB Ventures hatte sich von 23,2 Millionen Pfund im Jahr 2017 binnen der folgenden zwölf Monate auf 11,5 Millionen Pfund halbiert.

Der Geschäftsbericht für das Hauptunternehmen, Beckham Brand Holdings Ltd., wies für 2018 einen Bruttogewinn von gerade einmal 1,7 Millionen Pfund aus, nachdem er im Vorjahr noch bei 15,7 Millionen gelegen hatte; der Umsatz war um 18 Prozent auf 45,8 Millionen gesunken.

Der Grund dafür lag zum Teil in den 12,2 Millionen Verlust, die Victoria eingefahren hatte, aber es wurden auch zwei große Dividenden ausgeschüttet. Die erste, die 2018 an die Beckhams und an Fuller ging, betrug 11,1 Millionen Pfund, die zweite 18,7 Millionen. Für die endgültige Trennung von Fuller wurde 2019 noch eine weitere Dividende von 27 Millionen Pfund fällig.

Im Gegenzug investierte Fuller 13,5 Millionen Pfund in Victorias Unternehmen (VBL), um dessen Zahlungsfähigkeit zu erhalten.[889] Insgesamt betrug die Summe aller Kredite und Investitionen, die von Beckham, Fuller und NEO Investments in Victorias Firma flossen, über 100 Millionen Pfund. Um ihren Lebensstandard zu erhalten, war David an die Reserven des Unternehmens herangegangen. Zu den finanziellen Problemen gesellten sich peinliche Schlagzeilen.

Beckham gestand vor Gericht, dass er beim Autofahren mit dem Handy telefoniert hatte. Er war dabei von einem Fußgänger fotografiert worden, zusätzlich hatte eine Überwachungskamera sein Vergehen aufgezeichnet. Er behauptete allerdings, sich „weiter nicht an diesen Vorfall zu erinnern". Ihm wurde für sechs Monate der Führerschein entzogen.[890] Als Nächstes postete das Model Helena Christensen Bilder von einer Party in Miami, auf denen sie mit Beckham zu sehen war, und Beckhams Hand ruhte deutlich sichtbar auf ihrem Rücken. Weitere Christensen-Fotos legten nahe, dass sie mit Beckham noch auf einer weiteren Party gewesen war. Dann gab es Bilder von Beckham in Japan und Miami, wie er mit dem Model Bella Hadid feierte.[891] Zu allem Überfluss war Victoria in einen neuerlichen hässlichen Disput mit den Spice Girls verwickelt.

Die anderen Bandmitglieder hatten sich im Oktober 2018 von der Aussicht auf einen hübschen Scheck dazu verlocken lassen, für den kommenden Mai eine Tournee zu planen. Anstelle von Simon Fuller lenkte inzwischen Richard Griffiths von Modest Management die Geschicke der Gruppe. Die Tour sollte den Hauptdarstellerinnen allerdings weniger einbringen als zuvor – pro Girl waren knapp über vier Millionen Pfund zu erwarten. Wie üblich hatte sich Mel B im Vorfeld heftig über Victoria geärgert. Nicht nur, dass Posh für die Fotosession mit der *Vogue* Spice-Girls-Kostüme präsentiert hatte, sie hatte nach einem Streit zudem mit rechtlichen Schritten gedroht, um die gesamte Tournee zu stoppen.

„Fuck off, bitch“, fuhr Mel B Victoria bei einem Meeting an. Zu Halloween trug sie eine Posh-Spice-Maske.[892]

Einen Monat später wurde die Tournee auch ohne Victorias Zustimmung angekündigt, und die 70 Pfund teuren Tickets für die Shows im Wembley-Stadion waren binnen Minuten ausverkauft. Auf dem Schwarzmarkt wurden Karten für über 1000 Pfund gehandelt.[893] Im März 2019 war rund um die Tour allerdings schon so viel Chaos ausgebrochen, dass das gesamte Unterfangen auf der Kippe stand. Mel B hatte im Fernsehen zugegeben, eine Affäre mit Geri zu haben, Mel C drohte auszusteigen, Geri war stinksauer, und Victoria weigerte sich, zur Eröffnungsshow in Dublin zu erscheinen. „Während der Tournee wird Victoria vermutlich geschäftlich unterwegs sein“, erklärte Milloy.

Am ersten Tag der 13 vereinbarten Termine checkte Victoria in einem Sanatorium in Deutschland ein; ein einwöchiger Aufenthalt kostete 6000 Euro. Sie absolvierte ein Detoxprogramm, um Körper und Geist zu revitalisieren, trank bei Vollmond spezielles Mineralwasser und trug Moisturizer aus Eigenblut auf. Geri gab währenddessen zu Protokoll: „Ich bin wirklich happy. Alle sind happy. Wir haben richtig Spaß.“ Am Vorabend des triumphalen Tourfinales in Wembley flog Victoria in die USA. „Ich hatte schon erwartet, sie würde wenigstens Hallo sagen“, bemerkte Mel B. „Das hat mich echt verletzt.“ Noch mehr ärgerten sich die vier Girls darüber, dass Posh als eine der Geschäftsführerinnen von Spice Girls Ltd. aufgrund von Lizenzdeals um die 800.000 Pfund aus den Merchandiseverkäufen der dreiwöchigen Tournee erhielt.[894] Die Einkünfte aus ihrer Karriere als Sängerin verwaltete inzwischen offenbar ein Unternehmen namens Moody Productions, das in jüngster Zeit um die 500.000 Pfund Gewinn pro Jahr verzeichnete. Ohne dass es jemandem auffiel, nutzte Victoria dieses jährliche Einkommen, um sich Millionensummen für ihr Unternehmen zu leihen.

Nachdem sie die Klinik wieder verlassen hatte, pendelte Victoria weiter zwischen London, Los Angeles und New York. David flog zur selben Zeit zwischen Miami und Macau hin und her und machte anschließend Angelurlaub auf Island. Als die Übernachtungen in Luxusunterkünften und die Privatjetflüge absolviert waren, mussten sie sich mit negativen Berichten über ihren Sohn Brooklyn auseinandersetzen.

Brooklyn erwirtschaftete als Influencer mit 11,5 Millionen Followern ein ordentliches Einkommen damit, dass er Fotosessions für Sir David Attenborough, Burberry und die Zeitschrift *Wonderland* organisierte.[895] Sein letztes Praktikum, das er bei dem gefeierten Fotografen Rankin absolviert hatte, war allerdings nicht so gut gelaufen. Zwar zeigte er großen Einsatz, aber die Kollegen im Studio hatten bemängelt, dass ihm beim Fotografieren grundlegende Fähigkeiten abgingen. Manche behaupteten sogar, man könne ihn nicht einmal guten Gewissens zum Teekochen schicken.

Seine Eltern aber sorgten sich vermutlich mehr wegen der öffentlichen Streitereien mit seiner Freundin Hana Cross. Bei der Party zu Victorias 45. Geburtstag im April war es in einem italienischen Restaurant in Santa Monica zu einer sehr unangenehmen Szene gekommen. Da Vater und Mutter Beckham fürchteten, dass sich Cross von Brooklyn trennen und anschließend in den Medien über ihre Beziehung auspacken könnte, hatten sie ihren Sohn gebeten, Hana zum Unterschreiben der bekannten Verschwiegenheitsvereinbarung zu bewegen. Brooklyn weigerte sich. Als das junge Paar im Mai mit einem Privatjet zum Filmfestival nach Cannes reiste, erwiesen sich die Befürchtungen seiner Eltern als begründet.

Brooklyn und Hana saßen auf der Terrasse des Hotel Martinez (die Übernachtung kostete 3500 Euro), als zwischen ihnen ein Streit ausbrach, den andere Gäste als „hässliche Auseinandersetzung" beschrieben. Berichten zufolge ignorierten die beiden die Bitten des Hotelpersonals, das Geschrei einzustellen. Als es später in Colorado zu einem erneuten Streit in der Öffentlichkeit kam, fragten sich die Beckhams bereits, wie lange es noch dauern würde, bis die Boulevardpresse von Brooklyns Problemen erfuhr. Allen voran Clemmie Moodie von der *Sun*.[896]

Victoria versuchte, den Schaden zu begrenzen: „Ich weiß, jeder hält die eigenen Kinder für Engel, aber meine Kinder sind wirklich ausgesprochen nett. Und sie sind alle sehr bescheiden, wirklich."[897]

Um das Bild der „liebenden Familie" wieder aufzubauen, küssten sich Papa und Mama Beckham, während sie beim Glastonbury Festival tanzten, posteten Familienfotos aus dem Urlaub in Florenz und organisierten den Verkauf der Bilder vom Familienurlaub mit Elton John auf dessen Jacht. Elton merkte später verstimmt an, dass der Beckham-Clan offensichtlich vom Stamme Nimm sei. Sie vergaßen, sich mit einem angemessenen Trinkgeld bei der Crew zu bedanken; für eine Woche wurden gewöhnlich etwa 25.000 Pfund erwartet. Als Retter erwies sich wieder einmal Dylan Jones, der Beckham in *GQ* zum „Mann des Jahres" kürte. „Gut gemacht, Dave", schrieb Piers Morgan dazu. „Du hattest offenbar wieder ein tolles Jahr. Keine Ahnung, was du eigentlich gemacht hast."[898]

Glücklicherweise hatte David genug Geld verdient, um Victorias Vorliebe für Romanée-Saint-Vivant Grand Cru zu finanzieren, von dem eine Flasche 2000 Pfund kostete. Sie postete ein Foto, wie sie den Wein in einem Pariser Restaurant trank,[899] und machte dabei den Eindruck, als ob es ihr keinerlei Sorgen bereitete, dass nur sehr wenige Großverdiener in ihrem Shop Kleider für 1000 Pfund oder Goldsandalen für 890 Pfund kauften. Selbst die Kleider für 500 Pfund hatten bisher nur wenige Liebhaberinnen gefunden. Schließlich war es kein Geheimnis, dass es in den Boutiquen der Innenstädte sehr ähnliche Designs für wesentlich weniger Geld gab.[900]

Die Rettung der Marke, behauptete Vorstandsvorsitzender Ralph Toledano, liege im Kosmetikgeschäft. Wieder einmal machte sich Victoria daran, das nachzumachen, was große Namen vorgemacht hatten. Kosmetika waren in der Herstellung vergleichsweise preiswert. Dior, Chanel und alle großen Modehäuser strichen mit „Wellness"-Produkten enorme Profite ein. Dementsprechend hatten auch viele Hollywoodstars begonnen, die großen Player zu kopieren und sich selbst so zu vermarkten, dass sie vom Alter und Background her die anvisierte Kundschaft perfekt erreichten.

Die Liste der Erfolge hatte bei Victoria Neid geweckt. Gwyneth Paltrows Firma Goop hatte mit einer Kerze, die nach Vagina roch, Einnahmen in Höhe von 250 Millionen US-Dollar erwirtschaftet. Rihannas Kosmetiklinie „Fenty Beauty" hatte 2017 bereits im ersten Monat des Bestehens Produkte im Wert von 51 Millionen Pfund umgesetzt und war angeblich zwei Milliarden Pfund wert. Kylie Jenners Lippenstift war, wie es hieß, für 865 Millionen Pfund an Coty verkauft worden, und Kim Kardashians Make-up-Unternehmen, das 2017 an den Markt gegangen war, wurde auf 723 Millionen Pfund geschätzt.

Andere Stars wie Madonna, Katie Holmes, Cindy Crawford und Lady Gaga verdienten allesamt Millionen mit Beautyprodukten.

Wie üblich war Victoria fest davon überzeugt, dass ihre Persönlichkeit und ihr Lifestyle bei ihren 27,7 Millionen Followern Kultstatus genossen. „Es ist wichtig, mich so akzeptieren, wie ich bin, mit allem, was ich habe“, sagte sie, als sie „Victoria Beckham Beauty“ auf ihrem YouTube-Kanal vorstellte. „Saubere, echte und authentische“ Make-up-Produkte. „Ich bin kein Supermodel“, gab sie zu. Stattdessen präsentierte sie sich als Vertreterin für „Inklusion“ und erklärte, stolz auf ihre „Community“ zu sein und „Rücksicht auf unseren Planeten“ zu nehmen. Vor allem aber lege sie viel Wert auf einen gesunden Lifestyle. Bei dieser Behauptung posierte sie mit einer Flasche Don Julio Tequila für 120 Pfund – „die nehme ich überall mit hin“, fügte sie allen Ernstes hinzu. Dieses Bild sei symbolisch für sie, denn sie würde „Frauen ermächtigen, mithilfe von Beauty und Fashion die schönste Version von sich selbst zu werden“.

Wie sie ihre Fans wissen ließ, gehörten zu ihrem persönlichen Wellnessprogramm die Einnahme verschiedener Vitamine, zwei Stunden Work-out am Tag und diverse Gesichtspflegemasken. Der neuste Schrei dieser Pflegeprodukte war aus den Biopeptiden von Wachsblumen, Arganöl aus Marokko und Tom Fords Lava-Erde kreiert worden. Sie riet zu einer zehnminütigen Bestrahlung mit LED-Licht, weil das den Blutkreislauf anrege und so zur Revitalisierung der Hautzellen beitrage. Sie warb für eine Lidschattenpalette mit Tuxedo-Farbtönen und ein neues Produkt aus Blutserum. Bei der Bewerbung ihres eigenen Serums hatte sie während des Videodrehs Probleme, den Produktnamen richtig auszusprechen. „Sherry“, sagte sie zunächst und verbesserte das dann in „Cherry“. Nach weiteren Versuchen kam sie schließlich auf „Chérie“.

„David ist ein großer Fan von ‚Victoria Beckham Beauty‘“, verkündete Sarah Creal, die jüngst zur Geschäftsleiterin der Beautysparte aufgestiegen war. „Victoria sagt, er sei davon besessen und würde dauernd ihr Make-up benutzen. Er klaut es ihr.“[901] Um die Verkäufe anzukurbeln, erklärte sich David bereit, einen Instagram-Clip mit einem Hautspezialisten zu drehen. Victorias Verjüngungsserum habe seine Falten komplett verschwinden lassen, erklärte er darin. „Ich mach das nicht so häufig“, stand im begleitenden Text, „aber ich hatte gerade eine absolut fantastische Gesichtsbehandlung. Sehe ich nicht frisch aus?" Ein Fläschchen mit 30 Milliliter Inhalt kostete 180 Pfund.

Jeder Hauch von Geheimnis wurde gnadenlos ausgemerzt. Victorias Haarstylist Ken Pavés verkündete drehbuchgemäß, dass sie „für alle Frühstück zubereitete" – sobald sie ihr Serum aufgetragen, die Vitamine geschluckt, die Maske aufgelegt und ihr Work-out-Programm hinter sich gebracht hatte. Bei der Gelegenheit bewarb sie eine besondere Brotsorte, das sogenannte „Ezekiel 4:9", das bei Amazon für sechs Pfund plus drei Pfund Versandkosten zu bestellen war. Das sei jetzt ihr Lieblingsfrühstück – anstelle von in Amino-Liquid eingelegten Kürbiskernen.

Der Einzige, der sich beschwerte, war Modedesigner Tom Ford. Sein Team wollte mit Victoria Beckham nichts zu tun haben. „Holt sie raus aus unseren Sachen", lautete seine Anweisung,[902] er erfuhr dann aber, dass sie sich seine Mode direkt im Geschäft besorgt hatte.

Bei der London Fashion Week im September verwendete keines der 46 Modehäuser ähnliche Bilder wie Victoria, um für sich zu werben. Sie hatte mit Marie LeBlanc eine gestandene Designerin aus Paris angeheuert, um eine neue Linie zu entwerfen.[903] Inspiration holten sie sich jetzt bei Donna Karan und Celine. Als Model hatte man die gefeierte Schauspielerin Helen Mirren mit ihren inzwischen 74 Jahren gewinnen können. Die achtjährige Harper, die ein gemustertes Kleid für 438 Pfund trug und die Haare zu einem Topknot aufgesteckt hatte, saß wieder neben Anna Wintour. In ihrer Kollektion, so Victoria, gehe es darum, „unsere Normen zu verdrehen. Ich nenne das meine sanfte Rebellion." Mit diesem Ausdruck wollte sie offenbar erklären, wieso sie eine 16.000 Pfund teure Krokodillederhandtasche von Hermès Birkin dabeihatte. Es wurde gemunkelt, man habe ihr ein „Geschenk" gemacht, damit sie ihr Versprechen brach, „100 Prozent frei von Tierquälerei" unterwegs zu sein.[904]

Während die Verluste untragbar wurden, sank ihre Glaubwürdigkeit immer weiter.

Im Laufe des Jahres 2019 waren die 38 Millionen Pfund, die Ralph Toledano zwei Jahre zuvor investiert hatte, verschwunden. Victoria machte nun schon im elften Jahr Verluste im operativen Geschäft, und jetzt sanken ihre Umsätze um weitere 16 Prozent auf 35 Millionen

Pfund. Die Verluste der Victoria Beckham Ltd. wuchsen 2018 um 20 Prozent auf 12,2 Millionen an. Angesichts der Schulden von insgesamt 49 Millionen Pfund erklärte die Bank HSBC, dass das Unternehmen die Kreditbedingungen ihres Hauses nicht mehr erfülle. Obwohl David als Bürge auftrat und 16,9 Millionen Pfund zur Rettung bereitstellte, genügte das der Bank nicht.

Grund waren zweifelsohne die verwirrenden Abrechnungen, die Beckhams Wirtschaftsprüfer zu dessen eigenen Unternehmen beibrachten. Trotz der Millionen, die er von seinen Sponsoren einstrich, machte Footwork Productions Verluste, und die Bücher von Footwork Management, die von Gardner und Howson geführt wurden, waren noch ungewöhnlicher. Anfang des Jahres hatte das Unternehmen Bilanzverluste von 353.000 Pfund ausgewiesen, während das Geschäftskonto 185.000 Pfund aufwies. Ende 2021 stand die Firma mit über einer Million Pfund in der Kreide, hatte aber gleichzeitig 1,1 Millionen Pfund auf der Bank. All das lief jedem Geschäftssinn zuwider.

In Victorias Unternehmen gab es keine verborgenen Gelder. Nach elf Jahren musste sie sich der harten Wahrheit stellen, dass sie den grundlegenden Test für Nachwuchsunternehmen nicht bestanden hatte. Mit anderen Worten: Sie hatte keine Möglichkeiten geschaffen und keine realistischen Ziele entwickelt, um finanzielle Erfolge zu erzielen. Nicht einmal den glücklichen Umstand, über Investitionen von mehr als 100 Millionen Pfund zu verfügen, hatte sie zu ihren Gunsten ausnutzen können. Alles, was sie sagte, war: „Hier bin ich. Kauf mich!" Und das war ihr Untergang.

Um Victorias Business zu retten, verlangte Ralph Toledano Ende 2019, dass sie weitere Angestellte entließ – ein Drittel ihres Personals musste gehen. Dazu zählten auch die zwei langjährigen PR-Beraterinnen Jo Milloy und Natalie Lewis. Zusätzlich verfügte Toledano, dass sie ihre Preise um 60 Prozent senkte. Ein Kleid für 1495 Pfund wurde nun für 598 Pfund angeboten. Clemmie Moodie beschrieb die Firma als „sinkendes Schiff" und zitierte eine der Personen, die ihren Hut nehmen mussten, mit den Worten: „Es ist ein schwerer Schlag für Victoria. Sie konnte einige ihrer wertvollsten Mitglieder nicht zum Bleiben überreden." Zudem wurde Victoria aufgefordert, sich von ihrem YouTube-Kanal zu verabschieden. Sie hatte es nur auf 109.000

Abonnenten gebracht und nahm mit den wenigen Klicks pro Tag nicht mehr als 25 Pfund ein. Als letzte Verzweiflungstat zog ihr Büro von Battersea ins deutlich weniger noble Hammersmith um. Sämtliche Topfpflanzen wurden entsorgt. Selbst Victorias Chauffeur wurde gefeuert; sie sollte lieber Taxis benutzen.

Während sich ihre altgedienten PR-Fachleute gerade verabschiedeten, folgten die Beckhams dem bekannten Reflex, das entstandene Chaos verbergen zu wollen. Dafür griff Victoria auf ein probates Mittel zurück: Sie redete über David.

„Ich habe im Bett meist nichts an", berichtete sie. „Aber David hat mir jetzt diese kleinen Sets von Agents Provocateur gekauft. Ich bin stolz darauf, dass ich mit David noch richtig guten Sex habe. Er hat perfekte Proportionen." Als man sie auf die Armani-Werbung ansprach, die ihr Mann vor 13 Jahren gemacht hatte, sagte sie: „Ich fand es aufregend, seinen Penis in Plakatgröße von acht Metern Länge zu sehen. Er ist riesig. Einfach enorm. Er hat wirklich ein Riesending. Echt jetzt. Das kann man in der Werbung sehen. Das ist alles seins. Er ist so lang wie ein Traktorauspuff."[905]

30

Miami

Für Beckham war es inzwischen Teil seines Lebensstils, in Männergesellschaft echte Männerhobbys zu pflegen. Zu seinen engsten Freunden zählte nach wie vor der Filmregisseur Guy Ritchie. Die beiden besaßen gemeinsam einen Pub in Notting Hill, das Walmer Castle, und Ritchie hatte seinen Kumpel an Outdooraktivitäten herangeführt. Beckham ging auf Angeltouren in die Wildnis und versuchte sich beim Schießen in Ashcombe, Ritchies Landsitz in Wiltshire. Dazu ließ er sich auf dem nahe gelegenen Landgut Rushmore von einem Trainer unterweisen. Nach den ersten erfolglosen Versuchen erklärte ihm sein Lehrer: „Stellen Sie sich vor, Sie spielen einen Pass. Da versuchen Sie doch auch, den Ball ein kleines Stück vor dem anderen Spieler zu platzieren. So machen Sie es auch mit dem Gewehr, zielen Sie auf die Stelle, an der Sie den Vogel erwischen wollen." Beckham wurde ein guter Schütze.

Als er am 20. Juni 2020 mit Ritchie nach Island flog, war nur ein kleiner Vergnügungstrip geplant. Sie wollten angeln und gutes Essen genießen. Die beiden waren von Thor Björgólfsson eingeladen worden, einem 53-jährigen isländischen Geschäftsmann, den sie in einem Fitnessstudio kennengelernt hatten. Björgólfsson hatte seine Landsbanki 2008 in den Konkurs geführt, und zu seinen Gläubigern gehörten 300.000 britische Sparer, die insgesamt rund vier 4 Milliarden Pfund verloren (sie wurden letztlich entschädigt). 2020 hatte Björgólfsson seine Finanzen saniert und besaß ein geschätztes Vermögen von zwei Milliarden Pfund.

„Es spielt keine Rolle, ob du fällst, es geht nur darum, wie schnell du wieder aufstehst", schrieb er in seiner Autobiografie *Billions to*

Bust – and Back. „Man darf sich nicht auf die Vergangenheit konzentrieren, sondern muss nach vorn blicken. Und man muss davon überzeugt sein, dass man es wieder schaffen wird, ganz egal, welcher Einsatz dafür nötig ist."[906] Männer wie ihn bewunderte Beckham. Wie früher die Frantzen-Brüder übernahm der Isländer die gesamten Kosten für Beckhams Urlaub.

Nach der Landung mit Björgólfssons Privatjet übernachteten die drei in einem noblen Jagdhotel am Fluss Haffjarðará. In der zweiten Nacht hörte Beckham in den frühen Morgenstunden laute Stimmen aus einem Nachbarzimmer. Der Hotelbesitzer berichtete von einer Auseinandersetzung zwischen Björgólfsson und einer jungen Frau, bei der Beckham schlichtend eingriff. Bei Tagesanbruch flogen Beckham und Ritchie wieder ab, während Björgólfsson in Island blieb, um den Streit beizulegen. Erste Fotos in den sozialen Medien, auf denen die drei Männer beim Angeln zu sehen waren, wurden gelöscht. Die *Sun* und andere Boulevardblätter beschlossen, nicht über den Islandtrip zu berichten und auch im folgenden Jahr nicht darüber zu schreiben, als Björgólfsson, Ritchie und Beckham sich das Spiel zwischen England und Dänemark gemeinsam im Wembley-Stadion ansahen. Manche führten das darauf zurück, dass der Beckham-kritische Chefredakteur Tony Gallagher im Februar 2020 von der *Sun* zur *Times* gewechselt war. Seine Nachfolgerin Victoria Newton bewunderte die Beckhams. Clemmie Moodie, die für das Boulevardblatt früher durchaus kritisch über das Paar berichtet hatte, wandelte sich nun zu einer treuen Fürsprecherin.[907]

David Beckhams Lebensmittelpunkt war inzwischen Miami. Um dort angenehm leben zu können, kaufte er für 19,8 Millionen US-Dollar ganz oben in einem 62 Stockwerke hohen Wohnkomplex ein Penthouse mit fünf Zimmern, das eine spektakuläre Aussicht über den South Beach und das Meer bot. Das Apartment am Biscayne Boulevard hatte eine Wohnfläche von 960 Quadratmetern, einen privaten Hochgeschwindigkeitsaufzug und praktischerweise einen Hubschrauberlandeplatz. Der Kauf wurde von Beckham Brand Ltd. über Kredite finanziert. 12,6 Millionen US-Dollar stammten aus einer Hypothek mit einer Laufzeit von 30 Jahren zu einem Zinssatz von 2,5 Prozent, den Rest der Summe lieh sich Beckham von seinen anderen Unternehmen. Aus buchhaltungstechnischen Gründen wurde die Wohnung – der fünfte Familiensitz der Beckhams – als vollständiges Eigentum aufgeführt und nicht als „Leasehold", ein Begriff, der in Großbritannien den Besitz eines Hauses oder einer Wohnung ohne Eigentumsrechte am dazugehörigen Grund und Boden bezeichnet.

Wenn Beckham tatsächlich vollständig in Großbritannien steuerpflichtig war, wie er behauptete, wären mit dem Apartment in Miami unentgeltliche Wertabgaben verbunden gewesen, auf die Steuern zu zahlen waren. Dass Beckham diesbezüglich keine Angaben machte, ist insofern auffällig, weil Beckham Brand für 2,7 Millionen Pfund Gemälde für die Wohnung kaufte und diese Kosten als Abschreibungsposten geltend machte. In seinen am 6. April 2017 veröffentlichten Leitlinien hatte das britische Finanzamt genau einen solchen Fall – Kunstgegenstände in der Wohnung eines Unternehmensbesitzers – als Beispiel dafür angeführt, dass es sich um unentgeltliche Wertabgaben handelte,[908] die dem Finanzamt gegenüber angegeben werden mussten. Dementsprechend wären darauf zusätzlich Steuern in Höhe von 553.000 Pfund fällig geworden. Anmerkung 7 im Jahresabschluss von Beckham Brand Holdings lässt jedoch vermuten, dass dieser zusätzliche Betrag nicht entrichtet wurde.[909]

Bei der Wohnung in Miami handele es sich um ein Standardarrangement, erklärte sein Berater. Die Wohnung gehöre Beckham Brand, ebenso wie die darin befindliche Kunst. „Eine marktübliche Miete wird für die persönliche Nutzung der Wohnung fällig." Laut Expertenmeinung wurde jedoch kein Betrag, der einer marktüblichen Jahresmiete für eine Wohnung dieser Klasse entsprochen hätte, in den Unterlagen von Beckham Brand ausgewiesen.

Nachdem er sein neues Domizil in Miami bezogen hatte, nahm Beckham die *Seven* in Empfang, eine 28 Meter lange Jacht, die auf der italienischen Ferretti-Werft gebaut worden war. Das Boot, das eine Geschwindigkeit von 30 Knoten erreichte, erforderte eine vier Mann starke Besatzung und verfügte über fünf mit allem Luxus ausgestattete Kabinen; der Neuwert wurde auf 15 Millionen Pfund geschätzt. Da sich Beckham bewusst war, dass seine Chancen auf einen Ritterschlag weiter schwanden, wenn er sich offenkundig verschwenderisch zeigte, sprach er von lediglich fünf Millionen. Die Medien übernahmen diese kleingerechnete Zahl.

Sein luxuriöser Lebensstil spiegelte sich hingegen weniger in den Erfolgen seines Fußballklubs wider. Die anvisierten Bauten – die Fußballakademie, das Stadion und weitere öffentliche Einrichtungen – waren noch nicht einmal begonnen worden.[910] Um zu Beginn der ersten Saison im März 2020 zumindest eine Austragungsstätte für Spiele vorweisen zu können, hatte Jorge Mas vereinbart, dass der Klub das 18.000 Zuschauer fassende Lockhart Stadium in Fort Lauderdale 50 Jahre lang kostenfrei nutzen durfte. Zu Mas' Enttäuschung kamen Beckhams Versuche, eine Mannschaft aufzubauen, aber nicht recht voran.

Zwar hatte Sportdirektor Paul McDonough den Fans zunächst die Verpflichtung großer Stars versprochen, dann aber keine bedeutenden Spieler für den Klub gewinnen können. Es stand zu befürchten, dass der Verein ohne vollständige Mannschaft in die Saison starten würde.[911] Das erste Spiel gegen LA Galaxy endete mit einer 0:1-Niederlage. Das zweite Spiel gegen CD United ging 1:2 verloren. In dem panischen Bemühen, Ergebnisse vorzuweisen, wurden jüngere Spieler abgestoßen und ältere Spieler eingekauft, darunter der mexikanische Mittelfeldspieler Rodolfo Pizarro für zwölf Millionen US-Dollar, der französische Mittelfeldmann und Nationalspieler Blaise Matuidi sowie wie der argentinische Nationalstürmer Gonzalo Higuaín, der von Juventus Turin kam. Doch die erhofften Erfolge stellten sich auch mit diesen Verstärkungen nicht ein. In den ersten zwei Auswärtsspielen kassierte Miami wieder nur Niederlagen. Nicht nur, dass sich die drei ausländischen Spieler als Enttäuschungen entpuppten, der Klub hatte zudem gegen die Regularien der MLS verstoßen, indem er die Transferkosten für Matuidi und vier andere Spieler zu niedrig angegeben hatte. Das war ein ernstes Vergehen, das zunächst jedoch vertuscht wurde.

Beckham seinerseits wirkte kein bisschen verzweifelt oder besorgt, als er zu Brooklyns 21. Geburtstag auf seinem britischen Landsitz in Great Tew erschien. Zwar drohte aufgrund der Coronapandemie bereits ein Lockdown, aber die Party fand trotzdem statt. Als Star-Performer war der Rapper Stormzy gebucht worden.[912]

Inzwischen hatte Brooklyn auf einer Party in London bei einer tränenreichen Auseinandersetzung mit Hana Cross Schluss gemacht. Er stand inzwischen in dem Ruf, „bei Frauen erstaunlich erfolgreich" zu sein – beispielsweise bei Lottie Moss, der jüngeren Halbschwester von Supermodel Kate Moss. Zu seinem eigenen Schutz rieten ihm seine Eltern wiederholt, „ohne Ansehen der Person" Verschwiegenheitserklärungen unterzeichnen zu lassen. Das lehnte er jedoch wie üblich ab, speziell bei seiner neusten Flamme, der amerikanischen Milliardärstochter Nicola Peltz.

Die 25-jährige Schauspielerin war das jüngste von Nelson Peltz' zehn Kindern und hatte einmal elf Hunde besessen, die sie sehr geliebt hatte. Bei der Party in Great Tew machte sie deutlich, dass sie sehr in den vier Jahre jüngeren Brooklyn verliebt war; die beiden sangen ein Duett, in dem sie sich gegenseitig als „the love of my life" bezeichneten. Ein Schlafzimmerselfie, das vor der Party ins Internet gestellt wurde, war mit dem Text „Black Heart" versehen. Es zeigte Nicola mit nur einem BH bekleidet und Brooklyn mit nacktem Oberkörper. Auf seiner Brust prangte ein Tattoo mit Peltz' Namen. Die Pressesprecherin der Beckhams ließ verlauten: „Brooklyns Eltern haben der Beziehung ihren Segen gegeben. Sie haben den Eindruck, dass er sich gut gefangen hat."

Die Sprecherin wies auch darauf hin, dass sich Posh und Becks auf der Tanzfläche geküsst hätten. „Er hat Posh außerdem an den Hintern gefasst", setzte sie hinzu. Vier Monate später gaben Brooklyn und Nicola ihre Verlobung bekannt; der Ring dazu war mit Diamanten und Saphiren geschmückt und hatte 250.000 Pfund gekostet. Im Anschluss kauften sie sich für 7,5 Millionen Pfund ein Haus in Beverly Hills.[913]

Die Beckhams gingen davon aus, dass Nicolas Eltern sie von Beginn an akzeptieren würden. Schließlich bewegten sie sich schon lange in den Kreisen der großen Hollywoodstars. Von Nelson und Claudia Peltz würden sie sicher ebenso empfangen werden wie in der restlichen Prominentenwelt – kurz: so, als gehörten sie zum britischen Königshaus. Nun, sie waren Ausländer, das war ein verständlicher Fehler. Sie waren sich nicht bewusst, welche kulturelle Kluft sich zwischen ihnen und den Peltzens auftat. Der Unterschied zwischen dem alteingesessenen Geldadel Floridas und kalifornischen Stars und Sternchen lag nicht allein im Finanziellen, obwohl er auch in dieser Hinsicht gewaltig war. Die Beckhams kamen mit ihrem Vermögen, das sich auf geschätzte 250 Millionen Pfund belief, nicht annähernd an die 1,8 Milliarden Pfund heran, die Nelson Peltz besaß. Sein Anwesen High Winds in Bedford vor den Toren New Yorks verfügte über 27 Zimmer, ein Grundstück von 53 Hektar und ein Eishockeystadion. Neben seinem 76 Millionen Pfund teuren Herrensitz in Palm Beach wirkte das Landgut der Beckhams in den britischen Cotswolds vergleichsweise bescheiden.

Noch entscheidender war, dass die Beckhams mit den Werten nichts anfangen konnten, die von den Peltzens hochgehalten wurden. Zwar hatten beide einen Selfmade-Background, aber die Höhe der Erfolgsgipfel unterschied sich doch gewaltig. Das Pärchen aus Essex hatte mit der prominenten Familie, die für ihre Unterstützung der republikanischen Partei bekannt war, nichts gemein. Die Peltzens gingen selbstverständlich davon aus, dass ihr Nachbar Donald Trump die Einladung zur Verlobungsparty ihrer Tochter in Palm Beach annehmen würde. Auf der Gästeliste der Beckhams stand kein britischer Politiker. Weder Nicola noch Claudia konnten sich dafür erwärmen, dass die Verlobungsparty in London und die Hochzeit in der St. Paul's Cathedral oder in Italien stattfand, sie wollten weder ein Hochzeitskleid aus Poshs Werkstatt noch, dass der britische Fernsehkoch Gordon Ramsay das Catering übernahm.

Überhaupt hatte Claudia Peltz wenig Interesse daran, dass sich Victoria an der Ausrichtung des großen Tags in irgendeiner Hinsicht beteiligte. Die Peltzens pflegten Feierlichkeiten mit einem Budget zu arrangieren, das die bei Beckhams übliche Gastfreundschaft bei Weitem übertraf. Während sich die Kosten für die meisten Beckham-Partys auf maximal 200.000 Pfund beliefen und oft zum Teil noch von Zeitschriften gesponsert wurden, rechneten die Peltzens für eine Hochzeit mit Millionen. Nachdem Victoria begriffen hatte, wo ihr Platz war, erkannte sie ein noch ernsteres Problem.

Zu Beginn des ersten Lockdowns im März 2020 hatte Victoria staatliche Coronahilfen in Anspruch genommen, um 30 ihrer Mitarbeiter in Kurzarbeit zu schicken.[914] Binnen weniger Wochen sickerte durch, dass sie etwa 250.000 Pfund aus Steuergeldern beantragt hatte, um damit 80 Prozent der Lohnkosten zu bestreiten. Dass die Beckhams einerseits mit ihrem 14 Millionen Pfund teuren Penthouse in

Miami protzten und nebenbei noch ein Anwesen für 35 Millionen Pfund in Holland Park unterhielten, während sie andererseits den britischen Steuerzahler schröpften, brachte die Öffentlichkeit heftig gegen sie auf.

„Diese Scheiß-Beckhams", wütete der Komiker Ricky Gervais. „Tut mir leid, ich bin mit denen fertig. Die sollten sich schämen." Der populäre Journalist Piers Morgan heizte den Volkszorn weiter an: „Entschuldigung, aber dieses Kurzarbeitergeld war nicht für Primadonnamillionärinnen wie dich gedacht." Aus ihrem Haus in den Cotswolds berichteten Augenzeugen, dass die öffentliche Kritik die „fürchterlich angespannten" Beckhams in den „Krisenmodus" versetzte. Victoria behauptete, es sei die „schrecklichste Woche ihres Lebens".[915] Offenbar hatte sie die Sache mit Rebecca Loos inzwischen vergessen. Ihre Presseagentin Nicola Howson schlug vor, sich eine Weile bedeckt zu halten und darauf zu hoffen, dass dieser Sturm der Entrüstung vorüberzog. Die Taktik funktionierte nicht. Nur wenige Tage später kam Victoria zu dem entgegengesetzten Entschluss. „Posh ist erschüttert über den harten Gegenwind, den sie zu spüren bekommen hat", sagte ihre Sprecherin. Sie schob die Schuld ihren Mitgeschäftsführern zu, die angeblich die Fördermittel beantragt hatten. Weil das Geld nur so versickerte, entließ sie weitere 20 Mitarbeitende. Ausnahmsweise gab es von der Party zu Davids 45. Geburtstag auch keine Fotos auf Instagram. Es wurde lediglich bekannt gegeben: „Er hat ein Brötchen mit Bacon gegessen."

Anschließend wandte sich Victoria trotz des Lockdowns wieder dem Verkauf ihrer Produkte zu. Vor allem die Werbekampagne für einen zellverjüngenden Moisturizer zum Preis von 140 Pfund erhitzte die Gemüter. Kritische Stimmen folgerten aus ihrem Auftritt auf YouTube, dass ihre Nägel, Gesicht und Haare professionell gepflegt waren; möglicherweise hatte sie sich sogar die Lippen aufspritzen und eine Botoxbehandlung vornehmen lassen. Ob sie dafür wohl gegen die Lockdownbeschränkungen verstoßen hatte?[916] Falls ja, kümmerte sich die Polizei nicht weiter um diesen Fall.

Es war an der Zeit, dass David den hässlichen Kommentaren etwas entgegensetzte. Angetan mit einem Imkerschutzanzug posierte er mit dreien seiner Kinder in seinem Garten in den Cotswolds, reckte eine Sense vor der weiten Landschaft in die Höhe und versuchte sich als Inbegriff des neuen Trends „Cottagecore", übersetzt etwa Landleben à la Bullerbü. Zur Interpretation dieser Aktion wurden wissenschaftliche Studien bemüht, die Beckham als romantisiertes Ideal von Männlichkeit definieren sollten. Von der Sense, dem Cotswolds-Chic oder den Bienen war danach nie mehr die Rede. Sie waren lediglich noch kurz in der Netflix-Dokuserie zu sehen und wurden noch einmal erwähnt, als Victoria Bienenpollen als Antifaltenkur empfahl.

Um eine Weile Abstand von allen Problemen zu gewinnen, reisten Victoria und die Kinder über die Weihnachtstage zu David nach Miami.

Inter Miami war in der Krise. Beckham war es nicht gelungen, ein Siegerteam aufzubauen, und er gab inzwischen zu, naiv und unerfahren gewesen zu sein. Die Verwaltung des Klubs war in den Bereichen Buchführung oder Marketing nicht ausreichend aufgestellt, man hatte keinen Trikotsponsor gewinnen können und verlor weiterhin die meisten Spiele. Außerdem war es noch immer nicht gelungen, die Investoren – Marcelo Claure und die Mas-Brüder – zu einem freundlichen Umgang miteinander zu bewegen. Den Bolivianer verstimmte es offenbar, dass die beiden Kubaner in Miami mehr Geld und Einfluss hatten und damit auch eher die Geschicke des Klubs bestimmen konnten. Nach einem heftigen Streit unternahm Claure einen drastischen Schritt, um Jorge Mas das Wasser abzugraben.[917]

Ein Whistleblower hatte Claure verraten, die Geschäftsführung hätte die hohen Transferkosten für Blaise Matuidi gegenüber Dan Garber und der MLS verschwiegen und außerdem zu niedrige Gehälter für die ausländischen Spieler angegeben. Claure war von diesem heftigen Verstoß gegen die MLS-Regularien schockiert. Nachdem er Mas, McDonough und Beckham bei mehreren stürmischen Vorstandssitzungen damit konfrontiert hatte, war er überzeugt, dass alle drei davon gewusst hatten – auch Beckham in seiner Funktion als „Geschäftsführer des Fußballbereichs".

Die bevorstehende 26-Milliarden-Dollar-Fusion von Sprint und T-Mobile in den USA verschärfte die Situation zusätzlich. Als Geschäftsführer mehrerer milliardenschwerer Unternehmen konnte sich Claure keine Unredlichkeiten leisten. „Das ist mein Team", erklärte er den Mas-Brüdern und Beckham. „Entweder ihr oder ich." Dann wagte er sich weit aus der Deckung. Auf Empfehlung seiner Rechtsanwälte informierte er Dan Garber von der MLS über die illegalen Zahlungen. Als seine Miteigentümer davon erfuhren, war ihnen sofort klar, dass die MLS den Verein wegen der Verstöße mit Sanktionen belegen würde.

Beckham machte aus seinem Zorn auf Claure keinen Hehl. Augenzeugen, die ihn bei den Meetings und danach erlebten, bekamen den Eindruck, dass er sich von Claure „hintergangen" fühlte. Für Claure und Mas war Fußball ein Hobby, für Beckham war es sein Leben. Wenn es um seinen großen Traum von der Leitung eines eigenen Klubs ging, war ihm offenbar jedes Mittel recht – auch wenn man damit die Regularien verletzte. Nach dieser Angelegenheit war es für Claure unmöglich, öffentlich noch ein gutes Wort über Beckham zu sagen.

Garber hatte jeden Grund, von Claures Enthüllungen schockiert zu sein. Nicht nur wurde die MLS untergraben, auch Beckhams Ruf war gefährdet. Garbers größtes Problem war jedoch, dass er zunächst einmal den Konflikt zwischen Claure und Mas aus der Welt schaffen musste, bevor der Skandal allgemein bekannt wurde. Nach intensiven Verhandlungen hinter verschlossenen Türen kam man überein, Sportdirektor Paul McDonough zu entlassen. Auf die Angabe von Gründen wurde verzichtet, in der Hoffnung, dass die Öffentlichkeit glauben würde, die schlechten Spielergebnisse hätten zu seinem Rauswurf geführt.[918]

McDonoughs Abschied am 9. Dezember 2020 ging der öffentlichen Bekanntmachung der „Verfehlung" voraus, und McDonough übernahm die Verantwortung für die vertuschten Zahlungen. „Ich wusste, was da läuft", sagte er, „ich habe an Besprechungen teilgenommen, bei denen die Verstöße vorbereitet wurden."[919] McDonoughs Eingeständnis warf Fragen nach Beckhams Mitschuld auf. McDonough hatte eingewilligt, sich nicht weiter dazu zu äußern, ob Beckham in seiner Eigenschaft als „Geschäftsführer des Fußballbereichs" bei den besagten Besprechungen dabei gewesen war oder von dem Betrug gewusst hatte. Beckham selbst schwieg. Garber regelte die Angelegenheit.[920] Seine Lösung bestand darin, dass Claure gehen musste. Dem Bolivianer fehlten die Mittel und die Verbindungen zu den entscheidenden Strippenziehern in Miami. Außerdem saß er im Vorstand des milliardenschweren Immobilienunternehmens WeWork, das gerade dem Bankrott entgegensteuerte. Mas hingegen sollte weiter die Geschicke von Inter Miami lenken und als Manager des Klubs die Schuld auf sich nehmen.[921]

Damit Claure kein Vetorecht behielt, mit dem er Einfluss auf die Entwicklung des Klubs hätte nehmen können, kaufte Beckham im September 2020 für 15,4 Millionen US-Dollar fünf Prozent der Anteile zurück. Da er gerade erst Fuller ausbezahlt hatte, musste er dafür weitere Kredite aufnehmen.

An dem Tag, an dem McDonough seinen Rücktritt einreichte und auch Trainer Diego Alonso seinen Hut nahm, stellte Beckham ein ikonisches Selfie aus dem Fitnessstudio ins Netz. Seine schön definierte Brustmuskulatur glänzte, er hatte den Kopf zurückgeworfen und die Augen ekstatisch geschlossen. Zu den 1.735.183 Personen, denen das Bild gefiel, zählte auch Victoria. „Wow, wow, wow", schrieb sie in ihrem Kommentar. „Meine Inspiration im Fitnessstudio."[922]

McDonough wurde als „hauptsächlicher Fußballverantwortlicher und Sportdirektor" durch Chris Henderson ersetzt. Interessanterweise hatte sich Beckham zwei Jahre zuvor gegen Henderson entschieden und lieber McDonough eingestellt, obwohl Henderson als früherer Fußballprofi 79 Länderspiele für die USA bestritten hatte und als erfahrener Manager in Seattle wirkte.

Als Cheftrainer wurde Beckhams alter Freund Phil Neville verpflichtet, der früher einmal mit ihm zusammen bei Manchester United gespielt hatte. „Es hat nichts damit zu tun, dass er mein Freund ist", so Beckham.[923] Neville hatte sich in keiner seiner fünf vorhergehenden Stationen als Trainer oder Manager hervorgetan, dennoch besaß er wohl das „unnachahmliche Talent, dass ihm immer wieder noch lukrativere Jobs zufielen", wie Jonathan Liew vom *Guardian* schrieb. Die vielen Stimmen, die „Wie macht er das nur immer wieder?" fragten, bekamen keine schlüssige Antwort.[924] Beckham erklärte dem *Miami Herald* überschwänglich: „Dass Phil jetzt dabei ist, bringt einfach unglaublich viel."[925]

31

Verlustgeschäfte

Allmählich wurde es schwierig, Geld von neuen Sponsoren für die Marke Beckham einzuwerben. Zwar nahm David aus den vorhandenen Werbeverträgen mit Unternehmen wie Adidas, Haig, Tudor, Coty, der AIA-Versicherungsgruppe sowie den Sands-Hotels und -Casinos jährlich noch rund 30 Millionen Pfund ein, aber es gab ihm zu denken, dass er von großen Marken kaum noch neue Deals angeboten bekam. Aus Sorge, irgendwann nicht mehr genug Geld für den gewohnten Lifestyle zu haben, senkte er seine Standards.

Im Juni 2020 hatte er das Gaming-Unternehmen Guild Esports gegründet, gemeinsam mit Carleton Curtis, der den Posten des Vorstandsvorsitzenden übernahm. Während der Coronapandemie hatten sich virtuelle Sportwettbewerbe in Sparten wie Fußball und Formel 1 per Streaming zu einem globalen Erfolgsgeschäft mit einem Volumen von 1,1 Milliarden US-Dollar entwickelt. 2023 wurde dieser Industriezweig bereits auf 1,56 Milliarden US-Dollar geschätzt. Curtis spekulierte darauf, dass E-Sports mit Videospielen, Kleidung und generell als Marke mit Beckhams Hilfe zu den weltweit größten Branchen aufsteigen würde. Vor ihrem geplanten Börsengang im September wurde die Firma mit 50 Millionen Pfund bewertet.[926]

David Beckham Ventures (DBV) investierte 319.000 US-Dollar in einen Anteil von 4,74 Prozent an dem Unternehmen. Als viertgrößter Investor erklärte sich Beckham bereit, persönlich für Guild Esports zu werben und auch Namen und Image für Promotionzwecke freizugeben. Curtis vereinbarte mit Dave Gardner, dass Beckham im Gegenzug

15 Prozent der Nettoerlöse aus Merchandise und Sponsorship erhielt. Im ersten Jahr war ein Mindestbetrag von 2.250.000 Pfund vorgesehen, der sich bis auf vier Millionen Pfund im fünften Jahr steigern sollte. Danach sollten jährlich 13 Millionen Pfund an ihn ausbezahlt werden.

Im November unterschrieb Beckham außerdem einen Dreijahresvertrag als Markenbotschafter für Gemforex, einen kleinen Offshore-Devisenhändler. Gemforex war 2010 in Japan gegründet worden und operierte mit einer auf Mauritius ausgestellten Lizenz; der Inselstaat war als Finanzplatz für seine laxe Regulierungen bekannt. Das Angebot von Gemforex richtete sich an Kundschaft aus Fernost, vor allem aus Japan und China. Bei dem Deal, der vom britischen Geschäftsmann Stephen Pearson von Sports Media Gaming (SMG) ausgehandelt wurde, sollten für Beckham mehr als eine Million Pfund im Jahr herausspringen.[927]

Beckham wurde außerdem Markenbotschafter für EA Sports des kalifornischen Gamingunternehmens Electronic Arts. Berichte, laut denen er als FIFA-Repräsentant des EA-Games „FIFA" in drei Jahren 40 Millionen Pfund erhalte, wurden von EA Sports als „völlig übertrieben und nicht annähernd der Wahrheit entsprechend" zurückgewiesen. Seine Beziehung zu EA kühlte schnell ab.

Auch mit anderen Investitionen hatte Beckham wenig Glück. OTRO, die globale Abonnementwebsite für Fußballfans, die angeblich einen Wert von 50 Millionen Pfund hatte, scheiterte. Beckham verlor seine Einlage. Trotz dieses Rückschlags investierte er in Lunaz; die verschuldete Firma war auf die Umrüstung von Oldtimern zu E-Autos spezialisiert. Schon in den ersten Monaten seines Engagements verdoppelten sich Lunaz' Verbindlichkeiten auf elf Millionen Pfund.

Unbeirrt beschloss David, gemeinsam mit dem Schauspieler Mark Wahlberg das Fitnessunternehmen F45 zu promoten. Der Vertrag sah vor, dass Beckham jährlich 1,5 Millionen US-Dollar sowie Anteile im Wert von 20 Millionen erhalten sollte. Wahlberg war überzeugt, dass F45 im Anschluss an den Börsengang 634 Millionen US-Dollar wert sein würde; damit hätte sich Beckhams Anteile im Wert verdreifacht.

Beckham und Wahlberg hatten sich während eines Familienurlaubs in Kanada kennengelernt und sich dabei gut verstanden. Nur wenige

Wochen später beschwerte sich Beckham allerdings, dass er seinen ersten Teil der Aktien im Wert von theoretisch 11,3 Millionen von Wahlberg nicht erhalten hatte. Einige Monate darauf waren diese Aktien nur noch 1,9 Millionen US-Dollar wert. Nach Ablauf eines Jahres behauptete Beckham, ihm würden noch fünf Millionen US-Dollar zustehen.[928]

Rund um diese Verlustgeschäfte gab Beckhams Buchführung wieder einmal Rätsel auf. 2021 hatte er als Privatperson einen Teil nicht genauer bezeichneter Aktien für 250.000 Pfund an David Beckham Ventures (DBV) verkauft. Seine Einlage wurde von DBV umgehend neu bewertet und mit 1.812.000 Pfund ausgewiesen. Diese Transaktion wurde in den Büchern indes nicht erklärt. Seine Berater behaupteten, es handle sich um eine falsche Interpretation der Zahlen. Unabhängige Fachleute beharrten jedoch darauf, dass in jenem Jahr eine Investition über 250.000 Pfund getätigt und dann mit einem 6,25-fach höheren Wert angegeben worden war.

Auf Betreiben seines Businessmanagers Dave Gardner hatte Beckham auch in Cellular Goods investiert, einen Hersteller von cannabisbasierten Produkten zur Hautpflege und zur Steigerung körperlicher Erholung bei Sportlern. Der britische Gründer Alexis Abraham hatte ihm gesagt, dass er acht Millionen Pfund aufbringen wolle, damit das Unternehmen mit 20 Millionen Pfund bewertet an die Börse ging. Über DBV investierte Beckham 250.000 Pfund. Beim Börsengang im Februar 2021 waren seine Anteile fünf Millionen Pfund wert. Danach ging es abwärts. Ein Jahr später waren die Aktien von 19 Pfund auf 65 Pence gefallen, ein Minus von 96 Prozent.[929]

Manche zweifelten, ob Gardner wirklich über das nötige Urteilsvermögen für Investments verfügte. Dennoch schien sich Beckham bedingungslos auf ihn zu verlassen. In jenem Jahr trennte sich Gardner nach sieben Ehejahren von seiner zweiten Frau, der Schauspielerin Liv Tyler.[930]

Beckhams einziger konventioneller Sponsoringdeal war ein Vertrag mit Maserati. Einer der ersten unmittelbaren Nutznießer war Romeo. Der wasserstoffblondgefärbte Beckham-Sprössling, der schon für Yves Saint Laurent gemodelt hatte, wurde gesehen, wie er in einem nagelneuen Maserati durch Londons Nobelstadtteil Mayfair cruiste – das Auto hatte er zum 18. Geburtstag geschenkt bekommen. Wenig später konnte Romeo einen Deal mit dem Sportartikelhersteller

Puma abschließen, modelte für das Magazin *L'Uomo Vogue* und kickte dank seinem Vater mit den Ersatzspielern von Inter Miami. Er war inzwischen doch auf eine Karriere als Fußballer umgeschwenkt, nachdem Beckham den 30.000 Pfund teuren Tennisplatz auf dem Anwesen in Great Tew eingeebnet hatte und stattdessen ein Fußballfeld hatte anlegen lassen. Von da an wurde Romeos Trainingsdisziplin genauer unter die Lupe genommen.

Zur gleichen Zeit konnte sich Brooklyn einen Vertrag mit dem Modelabel Superdry sichern und verpflichtete sich zusammen mit Nicola Peltz als Werbeträger für Pepe Jeans. Beide sonnten sich in den Berichten, laut denen ihnen jeder dieser Verträge eine Million Pfund einbrachte.[931]

Im Gegensatz dazu ließen sich die Probleme, mit denen Victorias Business konfrontiert war, nicht mehr länger verbergen. 2020 stagnierten ihre Umsätze bei 38,3 Millionen Pfund, und Victoria Beckham Holdings (VBH), unter deren Dach die Geschäftsfelder Mode und Beauty zusammengefasst wurden, machte weitere 16,5 Millionen Pfund Verlust; 11,8 Millionen davon gingen auf das Konto der Modesparte, 4,7 Millionen Pfund auf den Beautybereich. Insgesamt waren bei VBH inzwischen 66,3 Millionen Pfund Schulden aufgelaufen.[932] Obwohl Victoria 9,2 Millionen Pfund von David geliehen hatte, lobte sie ihre neue Geschäftsführerin Marie LeBlanc dafür, ihr Unternehmen zu seiner bisherigen Bestform geführt zu haben. „Das hier ist kein Selbstverwirklichungsprojekt, und kommerziell ist kein Schimpfwort", erklärte sie.

Stilistisch änderte sie wieder einmal die Richtung. „Baggy" und „Comfort" waren out; stattdessen besann sie sich wieder darauf, „einen schönen Po und eine perfekte Taille optimal zu inszenieren und Weiblichkeit zu feiern". Bei der Schwärmerei über ihre neue Vision widersprach sie sich prompt selbst: „Wahrscheinlich war es ein Zeichen von Unsicherheit, hautenge Sachen zu tragen."[933]

David blieb es überlassen, die Scherben zusammenzufegen. Sein Rettungsanker waren die Einkünfte aus Katar. Die Einnahmen von BBH erhöhten sich von 11,4 Millionen auf 34,3 Millionen Pfund, und der Nettogewinn steigerte sich um 65 Prozent von 11,6 Millionen auf 19,1 Millionen Pfund. Die Erlöse aus den Sponsorenverträgen über DBV, darunter die jährlichen Zahlungen aus Katar, waren 2020 von

11,4 Millionen auf 34,3 Millionen Pfund gestiegen. Zu den vielen ungeklärten Fragen zählte, dass Beckham Brand Holdings 2020 Dividenden von 12,1 Millionen Pfund ausgeschüttet hatte, in den Büchern aber nur 7,1 Millionen Auszahlungen auftauchten. Fünf Millionen Pfund waren offenbar verschwunden![934] Damit blieb noch ein Problem: Fullers Vermächtnis endlich zu bereinigen.

Zu den losen Fäden, die Fullers Management hinterlassen hatte, zählte der Bankrott von Global Brands, dem Unternehmen von Bruce Rockowitz. Die Verwalter auf Bermuda erklärten, dass die Firmengruppe insgesamt 1,5 Milliarden US-Dollar verloren habe. Genau diese Summe hatte Rockowitz Beckham für 2020 an Umsatz versprochen.

2021 wurde Seven Global Holding Company Ltd. (SGHCL), die Beckham und Rockowitz' Global Brands gemeinsam besaßen, für Bankrott erklärt: Sie stand bei den Beckham-Unternehmen Seven Global LLP und DB Ventures mit 53,8 Millionen US-Dollar in der Kreide. In den vorangegangenen Jahren hatte Beckham – möglicherweise aus Steuergründen – die Profite der gemeinsamen Firma nicht abgeschöpft, sondern das Geld als Darlehen an Global Brands weitergereicht. Durch die Insolvenz des in Hongkong registrierten Unternehmens kam dieser teure Fehler ans Licht. Um die Schulden zu begleichen, Beckhams Geld zurückzuholen und ihm wieder die vollständige Kontrolle über seine Marke zu verschaffen, konstruierte sein Beraterteam eine komplizierte Reihe von Manövern, die Beckham etwa 45 Millionen US-Dollar aus Kapital und Ausschüttungen kostete. Aus den Büchern wurde nicht ersichtlich, wie diese Schulden in Gänze bezahlt wurden. Oder was mit den verbliebenen 9,8 Millionen US-Dollar passierte. Allein für die Finanzfachleute, die dieses Durcheinander für ihn sichteten, gab David Beckham jährlich 400.000 Pfund aus. Was letztlich mit seinen Einkünften in Höhe von 53,8 Millionen Pfund geschah, lässt sich anhand seiner Geschäftsberichte nicht ohne Weiteres nachvollziehen.

Das war jedoch nicht das einzige Finanzproblem, mit dem sich Beckham herumschlagen musste. Seven Globals hochbezahlte Finanzbuchhalter hatten mit Verspätung eingeräumt, dass es ihnen nicht gelungen war, 11,3 Millionen Pfund vom deutschen Fiskus zurückzuholen. Das Geld war von den deutschen Behörden 2019 wegen einer Steuerstreitigkeit einbehalten worden. Für Beckham, der bekanntermaßen stets bemüht war, seine Steuerlast so niedrig zu halten, wie es auf legalem Weg irgend möglich war, wären das schmerzhafte Einbußen gewesen, über die er sich sicherlich sehr aufgeregt hätte – aber dafür hätte man ihn erst einmal darüber informieren müssen. So, wie die Dinge lagen, schien es, als hätte er davon keine Ahnung und seine Finanzverwalter hätten die Sache vergessen. Bis sie Ende 2023 unerwartet wieder daran erinnert wurden. Zumindest führte der ganze Stress dazu, die Zukunft wieder potenziell profitabler zu gestalten: Beckham fand einen neuen Berater und Problemlöser, der bereit war, Geld für seine Marke zu zahlen und das unternehmerische Risiko zu tragen.

Der Retter war James Salters Authentic Brands Group (ABG). Der 60-jährige Kanadier Salter hatte mit Multimilliarden-Dollar-Fonds Entertainment- und Einzelhandelsfirmen aufgekauft, darunter Brooks Brothers, Juicy Couture, Izod, Ted Baker, JCPenney und Barneys New York. Salter, der das Gesamtvolumen von ABG mit 12,7 Milliarden US-Dollar angab, wollte Beckhams Image und die 72,7 Millionen Follower auf Instagram (sowie die 56 Millionen auf Facebook) zu Werbezwecken für die 50 unter Authentic Brands zusammengefassten Marken nutzen, darunter seine jüngste 2,5 Milliarden teure Akquisition Reebok.[935] Salters großes Interesse am Sport zeigte sich 2019 unter anderem im Erwerb von *Sports Illustrated*, der bekanntesten Sportzeitschrift in den USA.

Beckham und Salter waren sich neun Jahre zuvor zum ersten Mal begegnet, und 2020 war Beckham Salter als Partner lieber als jede andere US-amerikanische Beteiligungsgesellschaft. Authentic brachte das nötige Know-how und die Infrastruktur mit. Seine Beziehung zu Salter konsolidierte sich im Sommer während eines weiteren Familienurlaubs mit Wahlberg im kanadischen Muskoka.

Beckham erklärte sich bereit, 55 Prozent seiner Marke (DBV) für 269 Millionen US-Dollar an Salter zu verkaufen. Angeblich erhielt er 200 Millionen US-Dollar direkt auf sein Konto und 69 Millionen in Form von Aktien. Seine Sprecherin behauptete zudem, die 200 Millionen wären an Beckham Brands Ltd. gegangen und an die Aktionäre ausgeschüttet worden. Allerdings ist der Eingang einer solchen Summe nirgendwo in den Büchern verzeichnet. Es hieß auch, das Geld sei verwendet worden, um Fuller auszubezahlen, Beckhams Rechte von Global Brands zurückzukaufen und mehr Anteile an Inter Miami zu erwerben. Entweder sind die britischen Unternehmensbilanzen zu undurchsichtig, um derartige Transaktionen nachvollziehen zu können, oder die Millionen flossen woandershin.

Da die Eigentümergruppe hinter Beckhams Fußballklub, Miami Beckham United, in Delaware registriert war und dieser US-Bundesstaat Aktionären nicht nur Geheimhaltung garantiert, sondern auch darauf verzichtet, Körperschaftssteuern auf Zinsen und Kapitalerträge zu erheben, gab es für ihn potenziell die Möglichkeit, diese laxen Steuergesetze für seinen unverhofften Gewinn zu nutzen. Nur leider wiesen seine hochbezahlten Finanzbuchhalter darauf hin, dass er „vollständig in Großbritannien steuerpflichtig" war.

Seine Berater nutzten den entscheidenden Verkauf an Authentic, um das ganze Unternehmen umzustrukturieren. Das war nach dem Bankrott von Global ohnehin notwendig. Um sein Business weiterzuführen, musste Beckham die Global-Anteile an seiner Marke aufkaufen. Die finanziellen Manöver zur Umstrukturierung des Firmengeflechts kosteten Beckham am Ende über drei Millionen Pfund an Honoraren für Rechtsberatung und Buchhaltung.

Der nächste Jahresabschluss vom Dezember 2021 verschleierte so viele Informationen, wie es legal möglich war.[936] Als Geschäftsführer von mindestens 19 Firmen in Großbritannien und weiteren im Ausland hatte Beckham mit seinen Finanzberatern eine ganze Reihe von Geschäften und Kreditvergaben innerhalb der einzelnen Unternehmen getätigt. 2021 war die unternehmensinterne Verschuldung von BBH auf 19,9 Millionen Pfund angewachsen. Diese internen Transaktionen hinterließen Spuren, die selbst für Fachleute schwer nachzuvollziehen waren, unter anderem, weil die Geschäftsjahre der einzelnen Firmen zu unterschiedlichen Stichtagen endeten. Der Verdacht, dass diese Komplexität durchaus gewollt war, wurde von der unglaublichen Zahl an Firmen genährt, die Beckham besaß und von denen die wenigsten mehr als 40 Millionen Pfund an jährlichen Einnahmen verzeichneten. Zum Vergleich: Würde Dior für seine erwirtschafteten Jahreseinkünfte von 60 Milliarden Pfund eine ähnliche Zahl an Unternehmen unterhalten, wären es 30.000 aktive Firmen.

Für Außenstehende schien es wenig überraschend, dass die Geschäftsberichte von Beckhams Unternehmen regelmäßig zu spät beim

Companies House eingereicht wurden. Über die Jahre hatten seine Firmen des Öfteren Bußgelder wegen Fristversäumnis zahlen müssen. Offenbar bereitete das Verhalten seiner Berater Beckham keine Sorgen. Seine Pressesprecherin erklärte, es handele sich um eine übliche Praxis, da die Unternehmensverhältnisse nun einmal kompliziert seien.

Die Hauptschuld daran kam Footwork Productions zu, das an der Spitze der Geschäftspyramide stand und BBH sowie sieben andere Firmen kontrollierte. BBH verpasste es wiederholt, die Jahresbilanz fristgerecht fertigzustellen. Am 8. März 2022 drohten die Zuständigen beim Companies House, Footwork zu schließen oder aus dem Firmenregister zu streichen, wenn die erforderlichen Unterlagen nicht zügig beigebracht würden.

Nach der Erstellung der Jahresbilanz 2021 machten sich die Finanzberater daran, die Unternehmen in komplizierten Schritten neu zu ordnen und dabei die Finanzverhältnisse bestmöglich zu verschleiern. Sie erschufen eine klassische Pyramidenstruktur: Oben an der Spitze stand Footwork Productions Ltd. (FPL), deren alleiniger Eigentümer David Beckham war. Darunter befanden sich David Beckham Ltd., ein ruhendes Gewerbe, und Beckham Brand Holdings Ltd. (BBHL). BBHL wiederum war Eigner von Beckham Brand Ltd. (BBL).

Parallel dazu wurde mit DRJB Holdings eine neue Firma geschaffen. Sie war zu 45 Prozent im Besitz von Footwork Productions Ltd. (FPL) und zu 55 Prozent im Besitz von Authentic Brands. DRJB Holdings besaß DB Ventures Ltd. (DBVL) und hielt einen Anteil an Seven Global Holdings. Um es allen, die Licht in das Dickicht dieser Geschäfte bringen wollten, zusätzlich schwer zu machen, gehörten zu DB Ventures gleich drei Filmgesellschaften – nämlich ein Anteil von 75 Prozent an Studio 99 Ltd., das selbst zwei Tochterfirmen hatte, die White Ball Film Company und Projekt 237 Ltd.

Um die Verwirrung noch größer zu machen, behauptete sein Presseteam, dass DB Ventures (DBV) die Geschäfte seiner Marke kontrollierte und dass seine Kredite für Victoria an VCB Holdings (VCBH) geflossen waren, aber letztlich DRJB Holdings gehörten. Während dieses Teils der Umstrukturierung wurden 12,2 Millionen Pfund, die Victoria David schuldete, mit einer außergewöhnlichen Dividende von BBH getilgt. Gleichzeitig fand unter dem Dach von BBH ein verwirrendes

Zahlenkarussell statt. Obwohl die Holding durch den Verkauf von „Vermögenswerten“ 13,3 Millionen Pfund Verlust gemacht hatte, schüttete sie 46,4 Millionen als Dividende aus Profiten aus, die von 47,4 auf 12,4 Millionen Pfund gesunken waren.

Bei einem Vorgang, der wie ein rechtlich zulässiger Steuerspartrick wirkt, wurde ein Teil der Dividende an Global gezahlt. Verblüffenderweise scheint Beckham 25 Millionen Pfund in die Firma investiert zu haben. Offenbar hatte er Zugang zu riesigen Kapitalbeträgen. Er lieh auch Footwork Productions Ltd. (FPL) zusätzliche 3,5 Millionen Pfund, wodurch die Firma in der Lage war, einen Kredit von 12,5 Millionen Pfund zurückzuzahlen. Insgesamt hatte er FPL damit 16,75 Millionen Pfund geliehen.

Eine weitere Firma, die David Beckham Holdings (DBH), besaß einige seiner Anteile am Fußballklub Inter Miami und an seiner dortigen Immobilie. Ende 2022 schuldete die DBH Beckham 6,5 Millionen Pfund. Woher diese Verbindlichkeiten stammten, lässt sich aus den öffentlich zugänglichen Geschäftsunterlagen nicht erkennen. Damit wuchs die komplexe Struktur um eine weitere Schicht.

Am 8. September 2022 fasste die FPL einen seltsamen Beschluss. Zwei Anteile von je einem Pfund wurden in zwei Millionen Anteile verwandelt, die jeweils nominell 0,000001 Pence wert waren. Am gleichen Tag wurden nach einer weiteren Umstrukturierung noch einmal 814.726 Anteile geschaffen und an Beckham ausgegeben. Dieses Manöver folgte auf den Umbau bei DRJB Holdings, einer von Beckhams neuen Firmen. DRJB gab 25.281.200 Stammaktien von 0,0001 Pfund und 23.021 Vorzugsaktien von 0,0001 Pfund aus, die für 31,6 Millionen Pfund erworben wurden. Ursprünglich wurden diese Aktien ungleich zwischen drei Eigentümern aufgeteilt: Beckham, Footwork und Authentic Brands. Die Folge war, dass Salter über ABG-Beckham LLC 54,96 Prozent an der Marke Beckham hielt und der Rest im Besitz von Beckhams Firma DRJB Holdings war. Diese Neuausrichtung diente höchstwahrscheinlich dazu, Außenstehenden den Einblick in die Unternehmensverhältnisse zu erschweren, zum Teil auch, weil die Finanzberater DRJB Holdings beim Companies House nicht als Eigentümer eingetragen hatten, sondern David Beckham (mit 16,32 Prozent) und Footwork (28,72 Prozent).[937]

Ein weiteres Mysterium war die Tatsache, dass Beckham Brand Holdings die Summe für die Gehälter der 21 Angestellten von 2,9 Millionen Pfund auf 5,1 Millionen erhöht hatte.[938] Der Auslöser dafür war die enorme Profitsteigerung aus seiner Marke. 2022 wuchsen die Einnahmen von DB Ventures Ltd. (DBVL) von 34 Millionen Pfund auf 57,3 Millionen. Die Profite der Gesellschaft stiegen von 17,2 Millionen auf 25,6 Millionen Pfund. Die Verwaltungskosten hatten sich von 16,8 Millionen im Jahr 2021 auf 31,6 Millionen Pfund nahezu verdoppelt. Das war nur zum Teil darauf zurückzuführen, dass Beckham sein Einkommen von zwei Millionen auf zehn Millionen Pfund angehoben hatte. Die zusätzlichen fünf Millionen Kosten erklärte das nicht.

Über die frisch restrukturierte Unternehmensgruppe legte sich ein Schatten – der Streit über das gescheiterte Geschäft mit Mark Wahlberg verschärfte sich. Nach dem Sommerurlaub mit der Familie in Muskoka verlor Beckham die Geduld. Er und Salter zogen am 19. Oktober 2022 vor Gericht, um die 20 Millionen US-Dollar Sponsorengelder einzuklagen, die Wahlberg angeblich noch schuldig war. Beckhams Ehrgeiz als Geschäftsmann war geweckt.

32

Die Hochzeit

Nelson Peltz stellte fest, dass er mit der Familie seines zukünftigen Schwiegersohns nur wenig gemeinsam hatte, und nachdem sich die Beckhams in Miami niedergelassen hatten, wurden sie dem Milliardär nicht gerade sympathischer. Peltz war kein Fußballfan und hatte für Verlierer nichts übrig. Inter Miami, so hörte er, tauge überhaupt nichts. Bis April war es Phil Neville nicht gelungen, die Mannschaft auf Kurs zu bringen. Bei nur zwei Siegen in elf Spielen gab es wenig Grund zum Jubeln, noch nicht einmal, nachdem das Team am Vorabend der Hochzeit von Peltz' Tochter einen verzweifelten Sieg errungen hatte. „Er hat eine Marke ins Leben gerufen, keinen Fußballverein", sagte ein bekannter Kommentator über Beckham.[939]

Besonders peinlich war die Schlagzeile, dass die MLS den Klub zur Zahlung eines Bußgelds in Höhe von zwei Millionen US-Dollar verdonnerte, weil er die überhöhten Zahlungen an fünf Spieler nicht angegeben und Blaise Matuidis hohes Gehalt vertuscht hatte. Jorge Mas musste 250.000 US-Dollar Strafe zahlen. Er beschuldigte ganz offen Paul McDonough. „Paul hatte absolute Autorität", behauptete Mas, der sich damit herausredete, vom Fußball nicht viel zu verstehen. Dennoch wurde er bestraft, weil er die überhöhten Zahlungen nicht sofort gemeldet hatte. Claure hatte die MLS auf diese Missstände aufmerksam gemacht.

Zu den Sanktionen gehörte auch, dass der Verein sein Budget für zwei Jahre um 25 Prozent kürzen musste. Damit waren die Möglichkeiten, neue Spieler zu kaufen, bis 2023 stark eingeschränkt. Viele talentierte Kicker mussten den Klub verlassen. Fans wandten sich ab, und die Umsätze brachen ein. Beckham wurde von allen Vorwürfen freigesprochen.

Privat war sich Mas darüber im Klaren, dass Beckhams Fähigkeiten begrenzt waren. Er wirkte weder wie ein Geschäftsmann noch wie ein Klubmanager, der seine Angestellten im Griff hatte. Seine Kritiker hielten ihn für einen unzuverlässigen Frontmann. Sein Urteilsvermögen war umstritten.

Viele Mitglieder jüdischer Gemeinden in den USA kritisierten Beckhams Begeisterung für Katar. „Katar ist wirklich ein unglaublich tolles Land", hatte er seinen 77 Millionen Followern erklärt.[940] Dass Katar die Hamas und andere terroristische Vereinigungen, die sich offen die Vernichtung Israels auf die Fahnen schrieben, finanziell unterstützte, ignorierte er. Andere waren entsetzt über die Menschenrechtssituation in dem arabischen Land, vor allem, was die Kriminalisierung von Homosexualität und die Unterdrückung von Frauen betraf. Beckhams Äußerungen bei einem Besuch in Doha, dass er „die Macht des Fußballs dazu nutzen" wolle, „um eine positive Veränderung in die Wege zu leiten", und dass er an „die Entschlossenheit Katars zu fortschrittlicher Veränderung"[941] glaube, trafen mehrheitlich auf Skepsis. Sein Vertrag als Repräsentant Katars wurde in den Medien als „unverzeihlich", „moralischer Ausverkauf" und „Schönfärberei eines Sportlers" gegeißelt. Dementsprechend waren einige Personen in den USA der Meinung, dass man um Beckham am besten einen großen Bogen machte.

Auch Victoria hatte nur wenige Gemeinsamkeiten mit Claudia Peltz gefunden. Die 67-Jährige, ein ehemaliges Topmodel, hatte acht der zehn Peltz-Kinder zur Welt gebracht und war überrascht, dass vor dem ersten Besuch der Beckhams ein Sicherheitsteam bei ihnen zu Hause erschien, um „den Laden einmal auf den Kopf zu stellen"[942]. Claudia fand, dass sich Victoria ein bisschen zu wichtig nahm, sie verstand ihre Art von Humor nicht und stieß sich an der ständigen Angeberei über den angeblichen geschäftlichen Erfolg. Sie hielt Victorias kleine Modefirma, wie Freunde berichteten, für eine Liebhaberei.

Trotz der Coronapandemie war Victorias Umsatz 2021 von 36 auf 41 Millionen Pfund gewachsen. Die Steigerung im Beautybereich von fünf auf 7,3 Millionen Pfund hatte Toledano als Durchbruch gefeiert.[943]

(Im gleichen Zeitraum hatten sich die Umsätze der Kosmetiksparte bei Dior auf über sechs Milliarden Pfund verdreifacht. Die Umsätze von Louis Vuitton lagen bei 17 Milliarden Euro, die von Chanel bei elf Milliarden.) Für Victoria war es auch nicht hilfreich, dass die schwarzen Leggins, die in ihrem Shop in der Dover Street 490 Pfund kosten sollten, laut Medienberichten bei Amazon für zehn Pfund zu haben waren. Ob das nun stimmte oder nicht – für Vics Verkäufe waren solche Hinweise ziemlich schädlich.

Wenigstens hatte die verbesserte Kostenkontrolle die jährlichen Verluste der Firma VHB reduzieren können: Nach 15,6 Millionen Pfund im Jahr 2019 betrugen sie 2020 nur noch 10,5 und 2021 noch 5,9 Millionen Pfund. Trotz dieser Verbesserung erging von ihren Wirtschaftsprüfern zum ersten Mal eine Insolvenzwarnung. Die Frage stand im Raum, ob ihr Unternehmen den Betrieb überhaupt aufrechterhalten konnte. Der Auslöser dafür war die Forderung der Geschäftsbank HSBC, die einen Kredit über zehn Millionen Pfund zurückverlangte. David und die anderen Anteilseigner waren gezwungen, Victoria weitere 9,2 Millionen Pfund zu leihen. Ihr Modeunternehmen stand inzwischen mit 53,9 Millionen bei Ehemann Beckham in der Kreide, obwohl seine Geschäftsberichte lediglich 29 Millionen Pfund an Verbindlichkeiten auswiesen. Ihre Wirtschaftsprüfer erklärten diese Diskrepanz in den öffentlich einsehbaren Unterlagen nicht.

Ralph Toledano musste daran glauben, dass die 30 Millionen Pfund, die NEO in die Firma investiert hatte, nicht verloren waren. Mit viel Optimismus sagte er für 2024 eine Umsatzsteigerung von 40 auf 100 Millionen Pfund voraus.[944] Diese Prognose gab Victorias Presseteam an die Medien weiter. Die schlechte Nachricht war, dass die Zahl der Likes für ihre Posts in den sozialen Medien inzwischen auf die Hälfte gesunken war. Die Werbekampagne für ihre Lippenstifte, die zuvor 869.984 Views verzeichnet hatte, erreichte jetzt nur noch 127.953 Interessierte. Da sie sich die traditionelle Laufstegshow auf der Londoner Fashion Week nicht leisten konnte, stellte sie ihre neusten Designs auf Instagram vor, aber diese Beiträge wurden nur von 72.826 ihrer 29 Millionen Follower angesehen. Ein ganzes Jahr war verstrichen, ohne dass sie auf dem Cover einer Zeitschrift zu sehen war.[945] Sie machte dessen ungeachtet tapfer weiter.

Victoria sah sich gezwungen, ein weiteres Mal drastisch die Preise zu senken. Teure Accessoires wurden bei TK Maxx mit enormen Rabatten verkauft. Ein Kleid für ursprünglich 1199 Pfund war nun schon für 199 Pfund zu haben – das Interesse blieb dennoch überschaubar. Einige Monate später reduzierte sie die Preise noch einmal. Sonnenbrillen wurden von 139 auf 55 Pfund heruntergesetzt, einen Reebok-BH gab es jetzt für 37,50 anstatt für 75 Pfund.[946] Ihre Gesamtschuld erhöhte sich 2021 auf 66,3 Millionen Pfund.[947]

An dem grundsätzlichen Problem ihres Unternehmens änderte sich über all die Jahre nichts. Ihre Mode galt zwar als hochwertig und gut verarbeitet, glich aber im Design erheblich billigeren Marken. In einem heftig umkämpften Markt hatte sie ihren Stil als „sie selbst“ definiert. Allerdings hatten sich nur wenige reiche, kultivierte Frauen gefunden, die sich mit Victoria Beckham identifizieren wollten. Bisher hatte sich kaum jemand getraut, ihr das zu sagen. Die jüngsten Unternehmenszahlen aber zwangen sie dazu, auf Kritik zu hören und unter anderem auf die Vorschläge ihrer Geschäftsführerin Marie LeBlanc einzugehen. Erneut inszenierte sie einen Relaunch, zollte LeBlanc jedoch für etwaige Erfolge keinerlei Dank.[948]

„Miami“, gab Victoria zu, „hat mir die Augen dafür geöffnet, dass es für viele Frauen ganz wichtig ist, weiblich zu sein und Kurven zu haben.“ Nach 14 Jahren im Fashionbusiness hatte sie entdeckt: „Frauen wollen Formen – Po und Busen.“ Sie begann jetzt jeden Tag mit einem Work-out, damit „mein Po so knackig wie nur möglich wird“.

Ihren 47. Geburtstag feierte Victoria im neuen Hotel von Sänger Pharrell Williams in South Beach, Miami. Claudia Peltz war nicht eingeladen, dafür garantierte Kim Kardashian reichlich Medienaufmerksamkeit. Von ihr konnte man noch einiges darüber lernen, wie man eine Promifamilie gewinnbringend inszeniert.[949] Glücklicherweise stellte sich Davids neue Geschäftsverbindung mit James Salter als recht vorteilhaft heraus, was den eigenen finanziellen, aber auch den gesellschaftlichen Durchbruch betraf.

Durch Salter hatte Beckham Kontakte zum Kern der US-amerikanischen Milliardärswelt bekommen. Im Laufe der vergangenen 20 Jahre, in denen er sich geschäftlich von Tony Stephens und Simon Fuller bis zu Salter hochgehangelt hatte, hatte er sich stark weiterentwickelt.

Inzwischen war er nicht mehr nur Fußballer, Promi oder schlicht ein hübsches Gesicht, das sich als Aushängeschild buchen ließ, sondern eine Kombination aus all dem – ein Player in einem Firmenimperium. Um seinen neuen Status zu untermauern, ließ er sich mit Salter bei einer Party des Magazins *Sports Illustrated* in Miami blicken. Als Stargäste waren Serena Williams und der großartige Footballquarterback Patrick Mahomes dabei.[950] Die Berichterstattung über dieses Ereignis blieb überschaubar. Das Medieninteresse konzentrierte sich lieber auf Brooklyn Beckhams Hochzeit.

Bei den 13,2 Millionen Instagram-Followern hatte allein die Tatsache, dass die Beziehung zu Nicola so dauerhaft gefestigt zu sein schien, große Neugier geweckt. Natürlich fragte man sich, was wohl ihr Vater von einem 23-jährigen Playboy als potenziellem Schwiegersohn hielt. Aber der Milliardär schwieg diskret.

Brooklyn hatte inzwischen einer möglichen Fotografenkarriere den Rücken gekehrt und beschlossen, denselben Weg einzuschlagen wie ein Freund seiner Eltern, der Fernsehkoch Gordon Ramsay. Kochen, glaubte er, sei leicht und lukrativ. Als frischgebackener Starkoch präsentierte er sich erstmals in einem achtminütigen Video, in dem er ein Sandwich zubereitete. Für die Aufnahmen von „Cookin' with Brooklyn" hatte er eine Crew von 62 Personen rekrutiert. Fünf Kameras waren auf den Star gerichtet, während er Mayonnaise auf einer Scheibe Brot verteilte. „Es hilft, ein bisschen kreativ zu sein", verkündete er und häufte auf einen Bagel Krautsalat; dazu gab es Kartoffelecken. Glücklicherweise hatten die neun Produzenten dafür gesorgt, dass ein Crewmitglied ein Schild hochhielt, auf dem stand, welche Küchenutensilien jeweils gebraucht wurden, um ein Ei zu braten und es dann als Topping auf der Kreation zu platzieren. Das Rezept, so verkündete er dem Publikum im Frühstücksfernsehen, werde seit „Generationen" von seiner Familie bewahrt.

In der nächsten Folge kochte Brooklyn Spaghetti mit scharf gewürzter Tomatensauce. Sein Rezept war simpel: Die Pasta wurde in kochendes Wasser gegeben. Sobald sie gar und abgegossen war, kippte er Tomatensoße aus dem Glas darüber. In einer anderen Folge entdeckten Zuschauer, dass ein Weinkorken in der Soße eines Ragouts schwamm. Das sei Absicht, behauptete Brooklyn: Das würde das Fleisch zarter machen.

Als nächste Herausforderung wagte er sich an ein echtes britisches Traditionsgericht: Yorkshire Pudding ist eine in der Pfanne zubereitete Mehlspeise, die klassischerweise als Beilage zum Sonntagsbraten serviert wird. Bei Brooklyn war der Teig allerdings nicht richtig aufgegangen, und der Rinderbraten war offenkundig noch halb roh. Bei einer anderen Gelegenheit toastete er ein Käsesandwich mit einem Gasbrenner. „Ich bin kein Profikoch", erklärte er. Er koche vor allem, „weil es mich entspannt". Der aufstrebende Küchenmeister schien tatsächlich völlig gelassen. Schließlich schalteten Millionen Follower die Sendung ein und überschütteten ihn mit Lob. In Brooklyns Welt brauchte man kein besonderes Talent, um berühmt zu sein. Er gewann die Follower über sein Image, seinen Lifestyle und seine Einstellung. Dafür bewunderten ihn Millionen – auch wenn er in einer pinkfarbenen Hose Werbung für die Burgerkette Wendy's machte, die zufällig Nelson Peltz gehörte.[951]

Als die Deadline für die Berichterstattung über seine Hochzeit in den Zeitschriften und Hochglanzmagazinen näher rückte, landeten Brooklyns Pressemanager einen echten Coup: Sie sicherten ihm das Cover der „Young Hollywood"-Ausgabe des Magazins *Variety*. Die Schlagzeile lautete: „Brooklyn Peltz Beckham, Erbe der anderen königlichen Familie". Sie schlug hohe Wellen bei der wachsenden Zahl seiner Fans (14 Millionen Follower auf Instagram). In der *Variety* lobte man auch die Fish and Chips des Küchenchefs überschwänglich, obwohl sie Brooklyn erst beim dritten Versuch geglückt waren. Nicht erwähnt wurde in dem Artikel, dass die Textilkette Superdry ihren Vertrag mit ihm beendet hatte.[952] Nelson und Claudia Peltz hätten Kritik an ihrem neuen Schwiegersohn nicht goutiert. Zu ihrer großen Freude war die Publicitybegeisterung des Paars befriedigt, als die Zeitschrift *Tatler* Nicola als „die neue Mrs. Beckham" auf dem Cover präsentierte.

In den Wochen vor der dreitägigen Feier mit 300 Gästen in der Meerblickresidenz der Peltzens in Palm Beach gab es eine wahre Flut an E-Mails, von Stress geprägten Gesprächen und gegenseitigen Schuldzuweisungen. Nicola und Claudia hatten mehrere Hochzeitsplaner verschlissen und waren mit ihrer Geduld am Ende. Nelson Peltz war fest davon überzeugt, dass eine Agentur seine Frau „hinters Licht geführt" hatte. Er reichte eine 188-seitige Klageschrift ein, um 129.000 US-Dollar zurückzuverlangen; er warf dem Organisationsteam Inkompetenz und Trunkenheit vor. Die Agentur klagte ihrerseits und bezeichnete Peltz als tyrannischen Milliardär, der die Hochzeit der eigenen Tochter eine „Shitshow“ genannt habe. Nicola und Claudia versuchten, Nelson über die Höhe der Kosten für das Fest im Unklaren zu lassen, zumal er inzwischen die Hochzeit am liebsten abblasen wollte. Ob sie nun drei oder zwei Millionen Pfund ausgaben – das würde er sowieso erst nach einer Weile bemerken. Ohnehin kursierte das Gerücht, Nelson sei wegen der geschätzten Summe von drei Millionen Pfund beleidigt – er hätte erst einen Betrag ab 15 Millionen für angemessen gehalten.[953] Immerhin konnte er etwas von dem Geld wieder hereinholen, indem er die Bildrechte an die *Vogue* verkaufte. Die Gäste wurden dementsprechend gebeten, keine Fotos zu machen.

Am 9. April interessierten sich nur wenige Beobachtende dafür, ob sich Brautpaar und Gäste bei diesem Ereignis amüsierten. In dieser Zeit, in der die Erinnerung an Corona noch frisch war, Russland gerade die Ukraine überfallen hatte und Nelsons und Claudias Nachbarn Donald Trump gleich mehrere Prozesse wegen krimineller Machenschaften drohten, warteten viele bei dem Fest wohl nur darauf, dass es zur allgemeinen Unterhaltung irgendwelche Pannen gab – ob echt oder inszeniert, spielte keine Rolle. Manchen fiel auf, dass Tom Cruise und seine Ex-Frau Katie nicht unter den Gästen waren, dass die Beckhams nicht am Tisch des Brautpaars saßen und dass der Rabbi, der durch die Zeremonie führte, Brooklyn zweimal „David“ nannte. Die Gerüchteküche brodelte – es hieß, Brooklyn habe einen Ehevertrag unterschrieben, während Nicola für Brautfrisur und Make-up 83.000 US-Dollar ausgegeben und sich über die Blumen beschwert habe: „Die sind nicht weiß genug.“

Die britische Presse notierte, dass Ted Beckham mit seiner neuen, blonden Frau Hilary erschien, während Sandra allein kam, und dass zu den „zahllosen Stars auf der Gästeliste“ auch Gordon Ramsay und Eva Longoria zählten. Gehässigere Stimmen verbreiteten, dass der Sänger Marc Anthony den ersten Song zur Eröffnung des Tanzes Victoria und Brooklyn widmete, woraufhin Nicola in Tränen aufgelöst aus dem Saal rannte. Ob das stimmte oder nicht, war nicht wichtig. Am Ende des Tages hatte sich Nicola erholt. Sie wurde von Brooklyn in einem 1954er-Jaguar XK140 durch Palm Beach chauffiert, den die

Firma Lunaz zum Elektroauto umgebaut hatte – ein Geschenk von Papa Beckham. Das schadenfrohe Fazit einiger Beobachter war, dass nach der Party ein Haufen Müll auf dem manikürten Rasen des Peltzschen Anwesens zurückblieb. Ein weiterer Trümmerhaufen war Nicolas Verhältnis zu Victoria.

Nicola hatte aus ihrer Abneigung gegen ihre Schwiegermutter keinen Hehl gemacht. In den sozialen Medien bekamen Victorias Posts kaum Likes von ihr. Nur fünf der 131 Beiträge nach der Hochzeit fanden noch ihre Zustimmung. Nicola vergaß absichtlich die Geburtstage von David und Harper. Im Gegenzug likte Victoria nur sechs von Nicolas 36 Posts und ignorierte die Hochzeits- und Honeymoonfotos in der *Vogue*. In ihren Glückwünschen auf Instagram erwähnte sie lediglich Brooklyn.[954] Allen fiel auf, dass Brooklyn das Angebot seiner Eltern ausschlug, auf ihrem neuen Boot im Sommer Urlaub zu machen. Stattdessen segelte er mit Nelson Peltz' glitzerndem Palast über das Mittelmeer. Nicola, erklärte Brooklyn, komme für ihn „absolut an erster Stelle". Er änderte seinen Namen in Peltz Beckham. Victoria war verständlicherweise verletzt.

Im September zog Nicola offen gegen Victoria zu Felde. In einem Interview in dem Magazin *Grazia* beschuldigte sie Posh, den Kontakt zu ihr ohne Erklärung abgebrochen zu haben, nachdem sie ihr ursprüngliches Angebot, das Hochzeitskleid zu schneidern, nicht eingehalten habe. „Die Tage vergingen", behauptete Nicola, „und ich hörte überhaupt nichts." Und dann habe sie in den Medien lesen müssen, sie hätte Victorias Kleid gar nicht gewollt. „Das hat mich wirklich sehr verletzt." Nach einer Weile gab Victoria zu, dass ihre Werkstatt gar nicht imstande gewesen wäre, das Kleid zu fertigen. Allgemein ging man davon aus, dass Geld das eigentliche Problem gewesen war. Vermutlich hatte Victoria befürchtet, dass es endlos viele teure Transatlantikflüge erfordert hätte, um Nicolas Wünsche zu erfüllen. Die Kosten wären zu hoch gewesen, und überdies war nichts außer Ärger von dem Auftrag zu erwarten. Nicola heiratete am Ende in einem Kleid von Valentino.[955]

„So etwas machen wir in dieser Familie nicht", wies Beckham seinen Sohn zurecht, nachdem er das Interview gelesen hatte. Wenn man in aller Öffentlichkeit schmutzige Wäsche wusch, dann beschädigte das die Marke. Allerdings hatte es den Anschein, als ob Brooklyn nicht mehr mit seiner Familie in Verbindung gebracht werden wollte. Der größte Teil seiner etwa 80 Tätowierungen war seiner Frau gewidmet. „Wenn ich mir ein neues Tattoo stechen lasse, fängt sie immer an zu weinen“, sagte er.[956]

Victoria war klug genug, um sich von einem öffentlichen Schlagabtausch mit ihrer Schwiegertochter keinen Vorteil auszurechnen. Als Friedensgeste lud sie Nicola und Brooklyn im Oktober 2022 zu ihrer ersten Show seit drei Jahren in Paris ein. Die fand in der unspektakulären Kirche Val-de-Grâce im 5. Arrondissement statt. Während Victorias Models das Herzstück der Kollektion präsentierten, „ein sexy Kleid, das sich leicht tragen lässt“, galten die meisten Blicke der Familie. Brooklyn und Nicola saßen getrennt von den anderen Beckhams und schienen sich unbehaglich zu fühlen, vor allem, nachdem David mit der elfjährigen Harper erschienen war, die ein 2000 Pfund teures Kleid aus Seide und Spitze trug. Harper umarmte Brooklyn, Nicola aber nicht.[957]

Ebenfalls anwesend war Lady Mary Charteris, die in der ersten Reihe Platz nahm und besonders lässig-elegant wirkte. Nur jene, die sich noch an das Glastonbury Festival 2017 erinnerten, hoben verwundert die Augenbrauen und fragten sich, was ihre Anwesenheit wohl zu bedeuten hatte.

Am Ende der Show brach Victoria in Tränen aus, als sich Nicola und Brooklyn verabschiedeten und beim Familiendinner – Steak frites im Restaurant Girafe in der Nähe des Eiffelturms – nicht mehr blicken ließen.[958] Das junge Paar kehrte zum Hotel George V zurück, in dem Claudia Peltz auf sie wartete. Bezeichnenderweise postete Nicola keinerlei Beiträge über die Modenschau, sondern nur den Satz: „Keine Familie ist perfekt.“ Vier Wochen später nahm sie ihre Fehde wieder auf. „Ich hatte mich so darauf gefreut, es zu tragen“, sagte sie über das Hochzeitskleid. „Aber am Ende kam es nicht dazu.“ Victoria erwiderte, sie habe nie versprochen, das Kleid anzufertigen.[959]

Nach einer Weile hatte sich das Thema erschöpft, und Victoria war wieder in London. Trotz der schwärmerischen Berichte in der Boulevardpresse und Anna Wintours Anwesenheit bei der Präsentation wurde Victorias Kollektion außerhalb Großbritanniens größtenteils ignoriert. Booth Moore von *Women's Wear Daily* kommentierte: „Es wirkte so, als hätte sie sich von handverlesenen Ideen anderer inspirieren lassen. Hoffentlich kann sie sich bald für eine deutlich erkennbare, eigene Designsprache entscheiden und diese dann weiter ausbauen." Vics Pressemanagerin wies etwas verloren auf ihre „Präsenz" in Paris hin, eine kleine Verkaufsfläche im zweiten Stock des Kaufhauses Printemps. Selbst Victoria räumte ihre Enttäuschung ein. „Es hätte der Marke fast einen neuen Schub gegeben."[960]

Im Anschluss an die Hochzeit steigerte sich der Bekanntheitsgrad des Peltz-Beckham-Paares enorm. Brooklyn war auf dem Cover des *New York Magazine* zu sehen, begleitet von der Schlagzeile „Das Jahr der Promikinder", und das Paar promotete auch seine neue „drei ist das neue zwei"-Beziehung mit Schauspielerin Selena Gomez. Wie üblich war die Hintergrundgeschichte zu dieser Meldung verwirrend. Gomez war nicht zur Hochzeit eingeladen worden, und sie hatte ihre Freundin Raisa sitzen lassen, obwohl diese Gomez 2017 sogar eine Niere gespendet hatte.[961] Die Freundschaft mit Brooklyn und Nicola schien ausgesprochen innig zu sein.

Für den 17-jährigen Cruz ging es nach der Hochzeit weniger gut voran. In dem Bemühen, Eindruck zu hinterlassen, hatte er sich Anfang des Jahres mit nacktem Oberkörper und bis auf die Knöchel heruntergelassener Jeans fotografieren lassen. „Stolzer Vater", hatte Beckham gepostet, als sich sein Sohn im Szenemagazin *i-D* auf diese Weise präsentierte. Cruz, der mittlerweile zwei Tattoos hatte, erklärte in dem dazugehörigen Artikel, er habe 2008 den Entschluss gefasst, Musiker zu werden. Seine Mutter habe ihn damals auf der Spice-Girls-Tournee auf die Bühne geholt.[962] Bei der Hochzeit hatten er und seine Eltern Marc Anthony überredet, die Karriere des Sohnemanns etwas anzuschieben. Cruz lernte den Gospelsänger und Songwriter KODA aus Ghana kennen und nahm daraufhin den Song „If Everyday Was Christmas" auf, der ein paar Monate später veröffentlicht wurde. Es wurde kein Hit.[963]

Enttäuschungen wurden sorgfältig vor der Außenwelt verborgen. Die Beckhams gaben vielmehr Vollgas bei ihrem Bemühen, es mit der gigantischen Publicitymaschinerie der Kardashians aufzunehmen, und David und Victoria begleiteten entsprechend jedes öffentliche Erscheinen ihrer vier Kinder mit stolzen und unterstützenden Internetkommentaren. Ihre früheren Bedenken, die Kinder zur

Bewerbung der Marke einzusetzen, schienen verflogen zu sein. „So stolz“, schrieb Beckham über Harper. „So cool“, schrieb Victoria über Cruz, der bei der Fashion Week in Paris mit einer Rolex für 32.000 Pfund am Arm abgelichtet wurde. „So stolz“, kommentierte Beckham wieder, als der 20-jährige Romeo einen Vertrag bei der zweiten Mannschaft des Westlondoner Fußballklubs Brentford unterschrieb.[964] Harper wurde auf einer Reise nach Venedig von ihrem Vater ebenfalls für Werbezwecke eingebunden. Als Dankeschön für exklusive Fotos der beiden in einer Gondel erwähnte die Presse gern, dass David eine Sonnenbrille von DB Eyewear trug.[965]

Während Beckham seinen Lebensmittelpunkt allmählich nach Miami verlagerte, hoffte er noch immer darauf, in seiner Heimat zum Ritter geschlagen zu werden. In einer letzten Anstrengung konnte sein Presseteam zumindest die *Sun* davon überzeugen, dass er sich wahrhaftig für diese Ehre qualifiziert habe. Der Vorwurf, Ingenious Media habe sich unlauterer Steuersparmodelle bedient, sei gerichtlich ausgeräumt, berichtete die Zeitung prompt auf der Titelseite. Sie erklärte zudem, die Forderungen der Finanzbehörden hätten vor den Gerichten keinen Bestand gehabt und Beckham sei völlig rehabilitiert; zudem sei die Kennzeichnung „rot“, die die Erlangung der Ritterwürde verhindert hätte, zurückgezogen worden. Er verdiene diese Auszeichnung – nicht zuletzt, weil er 50 Millionen Pfund für wohltätige Zwecke gespendet habe, die *Sun*-Kampagne für Kriegsopfer unterstützte, das renommierte Soldatenheim der Chelsea Pensioners besucht habe (zumindest einmal), ein überzeugter Royalist sei und drei Jahre zuvor 12,7 Millionen Pfund an Steuern gezahlt habe. „Er verehrt die Queen“, tönte die *Sun*. „Schon allein deswegen verdient er den Ritterschlag.“

Dabei stimmte es nicht, dass die Finanzbehörden vor den Gerichten gescheitert waren. Im Gegenteil: Drei Richter hatten die Klage gegen die Ingenious-Investoren, abgesehen von einer kleinen Ausnahme, zugelassen. Genau wie die anderen Investoren musste auch Beckham die ausstehenden Steuern nachzahlen.

2021 waren seine Geschäftsberichte noch undurchschaubarer als je zuvor. Die Konten von Brand Beckham wiesen Verluste aus und verzeichneten eine Unternehmensverschuldung von 19,9 Millionen Pfund;

gleichzeitig hatten sich die Schulden der Firma bei Beckham selbst von 11,2 auf drei Millionen verringert. In den Büchern wurden Angleichungen dieser Art bei all seinen Unternehmen nicht weiter erklärt.

Eine merkwürdige Diskrepanz ergab sich in der Darstellung der Unternehmensentwicklung. Die britischen Finanzbehörden erwarten von Unternehmen, dass sie Vergleichszahlen aus den Vorjahren anführen, damit sich ein Trend ablesen lässt. Ungewöhnlicherweise wurde die Höhe früherer Einkünfte von Beckhams vier Hauptunternehmen jedes Jahr grundlegend verändert. Für Außenstehende konnte dadurch leicht der Eindruck entstehen, dass es hinsichtlich seiner Besteuerung Unklarheiten gab. Aber es gab auch keine offensichtlichen Hinweise auf illegale Praktiken.

Trotz der Unterstützung durch die *Sun* wurde es wieder nichts mit dem Ritterstand.[966]

Immerhin brachte die Öffentlichkeit David Beckham weiterhin großes Wohlwollen entgegen. Seine Beliebtheit steigerte sich noch, als er nach dem Angriff auf die Ukraine eine Spende von einer Million Pfund für UNICEF ankündigte, die den Kindern dort zugutekommen sollte.[967] Und dann landete er einen echten Coup. Während andere Prominente nach dem Tod der Queen ihren VIP-Status nutzten, um für den Abschied von der dort aufgebahrten Monarchin schneller Einlass in Westminster Hall zu bekommen, ließen Beckhams PR-Manager die Medien wissen, dass er sich brav zwölf Stunden lang in die Schlange der Wartenden eingereiht hatte, um der Queen die letzte Ehre zu erweisen. „Ich bin in einer Familie von Royalisten aufgewachsen", erklärte er. Sein Großvater habe stets an die Königin gedacht, wenn sie bei internationalen Fußballspielen die Nationalhymne sangen, und seine Großmutter hielt dem Königshaus die unbedingte Treue. Wie er vor dem Sarg der Queen den Kopf neigte, zweifelte niemand mehr an seinem bescheidenen, bodenständigen Charakter. Das wurde nicht nur in Großbritannien so gesehen, sondern weltweit.[968]

Zwei Monate später hatte sich dieser Eindruck schon wieder erledigt.

33

Katar

Beckhams finanzielle Zukunft – Miami – war ein boomendes Paradies für Geschäftemacher. Von seinem Penthouse blickte er über das sonnenbeschienene Meer, und er genoss es, sich in einem unkritischen Gesellschaftskreis zu bewegen, zu dem auch Dave Grutman zählte. Dem Restaurant- und Klubbesitzer war sehr am gesellschaftlichen Aufstieg gelegen. Zu den Lokalen, die der 49-Jährige besaß, zählte das Papi Steak, in dem man für 1000 US-Dollar ein Steak in einem goldenen Aktenkoffer serviert bekam. Wie so viele Karrieristen in Beckhams Leben ließ sich auch Grutman gern mit dem Star fotografieren, um die eigene Marke zu promoten.

Seine Ehefrau schien David kaum noch zu beachten. Sie pendelte mit ihrem Friseur Ken Pavés zwischen London und New York hin und her und erschien ohne Harper in Miami, um den Schein einer Ehe aufrechtzuerhalten. Ihre Selfies vermittelten eine gewisse Traurigkeit, wenn sie beispielsweise Pullover mit der Aufschrift „Zu Weihnachten wünsche ich mir nur David Beckham" trug, während er sich an seinem Geburtstag in nasser Unterwäsche ablichten ließ und das Bild mit dem Kommentar „Bitte schön" versah. Dass es Fotos von einer Reise nach Macau gab, auf der er mit Angelababy zu sehen war, einer Schauspielerin aus Hongkong, schien niemanden zu kümmern. Im Leben des Paares hing zu viel von Davids finanziellem Erfolg ab.

Der Deal mit Katar versprach, die Kassen zu füllen. Die strenge Geheimhaltung, die seitens des arabischen Staates verlangt wurde, führte dazu, dass Außenstehende nichts von den 15 Millionen Pfund Jahreshonorar erfuhren. Außerdem bestritt die Pressesprecherin gegenüber der *Financial Times*, dass derartige Summen auf das Konto eines der bekannten Beckham-Unternehmen eingezahlt worden waren.

Kurz vor Beginn der Weltmeisterschaft 2022 war das Engagement des Ex-Fußballers für das Austragungsland Katar unübersehbar. Überall in der Hauptstadt Doha war er auf Plakatwänden und Bildschirmen sichtbar. In einem aufwendigen Video mit dem Titel „Besuchen Sie Katar" stellte er in Aussicht, dass das Turnier eine Plattform für „Fortschritt, Inklusion und Toleranz" sein werde. In möglichst aufrichtigem Ton – schließlich wurde er dafür bezahlt – lobte er die Fans: Sie seien daran beteiligt, „wenn sich Modernität und Tradition zu etwas ganz Besonderem verbinden". Dass er hinter einer Monarchie stand, die unter anderem gleichgeschlechtlichen Sex mit sieben Jahren Gefängnis ahndete, war spätestens dann nicht mehr zu bezweifeln, als er beim Jugendfestival der Regierung in Doha verkündete: „Heute ist euer Tag der Träume", und: „Der Fußballplatz wird eine Plattform für den Fortschritt sein."[969] Gegen eine Zahlung von vielen Millionen Pfund predigte er, dass das Thema Fußball dem erdgasreichen Staat zukünftig sicher mehr Sympathie und Verständnis einbringen werde.

Millionen Menschen auf der Welt glaubten Beckhams Botschaft. Die Kritiker saßen vor allem in Europa. Die *Sun* positionierte sich an vorderster Front gegen Stars wie David Beckham, aber auch Gary Lineker, Robbie Williams, Joe Lycett, die Black Eyed Peas und andere, und bezeichnete sie als Heuchler, weil sie Katar 2012 noch verdammt hatten und nun doch profitierten. Als Beckham kurz vor dem Spiel zwischen England und den USA ein Selfie auf Instagram postete, wütete der *Daily Mirror*: „Das nennt man Gier. Wie viel Geld brauchst du denn noch?" Beckhams Presseteam trat Vorwürfen dieser Art entgegen, beispielsweise wie im Fall des Models Vogue Williams, die Beckham wegen seines Katar-Deals als „Scheißkerl" bezeichnet hatte: Wie man nun enthüllte, hatte sich Williams selbst Anfang des Jahres zu einer Promotiontour auf die Malediven einladen lassen – obwohl Homosexualität dort strafbar ist.[970]

Beckhams Kritiker gingen davon aus, dass sein Verhalten der Marke unrettbaren Schaden zufügen würde.[971] Doch er wusste es besser. Es hatte schon so viele Kontroversen um sein Leben gegeben – die rote Karte bei der Weltmeisterschaft 1998, Rebecca Loos, die geleakten E-Mails,

Vorwürfe wegen Steuervermeidung und so weiter. Inzwischen war er überzeugt, dass die Menschen ein kurzes Gedächtnis hatten. Es mochte noch so viele Schlagzeilen geben, irgendwann verdampfte die Kritik, und dann wuchs seine Beliebtheit wieder. Er hatte bisher stets Mittel und Wege – oder einen aufsehenerregenden Trick – gefunden, um sich wieder ins rechte Licht zu setzen.

Während des Turniers flog er 12.000 Kilometer von Katar nach Boston, um mit William und Kate, seit Kurzem Prinz und Prinzessin von Wales, und mit US-Präsident Biden die Earthshot-Initiative zu feiern, ein Umweltprojekt der Royals.[972] Nur wenige Stunden nachdem er Kate öffentlich auf die Wange geküsst hatte, war er schon wieder auf dem Rückweg nach Katar, ein Flug von 15 Stunden. Zufällig versuchten Harry und Meghan am selben Tag, die USA bei einem Event in New York zu bezirzen. Es kam, wie es kommen musste – das Staraufgebot in Boston überschattete ihre Bemühungen. Und Beckham hatte sich für Harrys Affront in Sydney gerächt.

Als sich der Staub legte, hatte er allen Grund zu glauben, dass er die Millionen aus Katar sicher in der Tasche hatte. Aber in kommerzieller Hinsicht forderte der Deal einen hohen Preis. Keiner der Interessenten aus Katar, die Manchester United kaufen wollten, war bereit, etwas für Beckhams Unterstützung zu zahlen, und der Deal mit Katar ruinierte seine Geschäftsbeziehungen zu der asiatischen Versicherungsgesellschaft AIA wie auch zu Diageo. Der Getränkekonzern hatte unter anderem das Londoner Museum Queer Britain finanziell unterstützt und war stolz auf dieses Engagement. Entsprechend kritisch wurde beäugt, dass Beckham der LGBTQ+-Bewegung in Katar einen solchen Bärendienst erwiesen hatte.

Diageos ablehnende Haltung wurde dadurch verstärkt, dass sich Beckham als Botschafter für die Konzernprodukte kaum verdient gemacht hatte. Nach neun Jahren hatte seine Whiskysonderedition in der blauen Flasche nur 0,2 Prozent des Marktes erobern können. Haig Club erwies sich als Pleite. Nur wenige junge Menschen glaubten, dass der Ex-Fußballer gern Whisky trank, oder sie wollten sich nicht mit dem Lieblingsgetränk eines Ruheständlers identifizieren. Möglicherweise fuchste es ihn, dass der 2013 kreierte Casamigos Tequila von George Clooney 2017 an Diageo verkauft worden war – für 700 Millionen

US-Dollar, zuzüglich 300 Millionen je nach Umsatz. Bevor das Ende seines Diageo-Vertrags für negative Schlagzeilen sorgen konnte, behauptete Beckham, er selbst habe die Geschäftsbeziehung gelöst, um mit einer eigenen Marke an den Markt zu gehen. Das ist bis jetzt nicht geschehen.

Jeder andere Star hätte unter dem Kreuzfeuer der Kritik dauerhaft Schaden genommen, Beckham aber wehrte alle Angriffe mit einzigartigem Geschick ab.

Inter Miami konnte auch in der dritten Saison keine Erfolge verbuchen. Von den 63 Spielen hatte das Team 19 gewonnen und 35 verloren. Es hatte 64 Tore geschossen, 104 kassiert und stand ganz unten in der Tabelle. Der Klub und Beckham waren ins Trudeln geraten. Das schwindende Interesse zeigte sich nicht zuletzt daran, dass Jorge Mas lediglich die Kryptowährung XBTO als Sponsor für die pinken Spielertrikots gewinnen konnte, was dem Verein nur schlappe 4,5 Millionen US-Dollar pro Jahr einbrachte. Beckham gab 2021 zu, dass Mas sein Retter war. Und der hatte in der Tat einen Plan zur Rettung des Klubs.

Im September 2021 kauften die Mas-Brüder sowohl Masayoshi Son also auch Marcelo Claure ihre Beteiligung ab. Der Rekordpreis für die 52,5 Prozent Anteile am Klub belief sich auf etwa 630 Millionen US-Dollar. Zu Claures Befriedigung konnte kein anderer Klub der MLS einen solchen Wert erzielen. Er kommentierte die Transaktion, indem er sich selbst auf die Schulter klopfte: „Ich habe mir in Miami den Traum erfüllt, ein Fußballteam aufzubauen."

Den Erwerb finanzierten die Mas-Brüder durch ein Darlehen von 140 Millionen US-Dollar, das ihnen von Ares Management gewährt wurde, einem globalen Fonds mit einem Volumen von 260 Milliarden US-Dollar. Dieser Kredit, der als „Vorzugskapitalinvestition" bezeichnet wurde, gestattete es auch Beckham, weitere 15 Prozent der Aktien zurückzukaufen und seinen eigenen Anteil damit auf 25 Prozent zu erhöhen. Mas hielt die übrigen 75 Prozent. Wie es Beckham gelang, die zusätzlichen Anteile zu erwerben, bleibt ein Rätsel. Die Transaktionen wurden bei keiner seiner in Großbritannien eingetragenen Firmen aufgeführt. Das wirft Fragen zu seinen Finanzarrangements in den USA auf.

Nachdem Claure ausgeschieden war, verhandelte Mas mit den Verantwortlichen der Stadt über die letzten Details des Freedom-Park-Komplexes. Der Stadionbau war mit einer Milliarde US-Dollar veranschlagt.

Die Risiken waren groß. Ein erfolgloses Team, das wenig Einkünfte generierte, rechtfertigte eine Investition in dieser Höhe kaum. Ein Jahr später hatte die Stadt alle erforderlichen Genehmigungen für den Bau des Stadionkomplexes erteilt.

Wie es der glückliche Zufall wollte, traf Beckham in Katar auf Francis Suarez, den Bürgermeister von Miami: Am 14. Dezember 2022 saßen die beiden im Stadion und sahen sich das Spiel zwischen Frankreich und Marokko an. Beckham, der nur zu gern den Gastgeber spielte, postete ein gemeinsames Foto mit dem Text: „Miami Boys in der Stadt." Kurz vor seinem Besuch hatte Suarez die Genehmigungen für Freedom City unterschrieben. Es war allgemein bekannt, dass Jorge Mas auf Suarez' Hilfe vertrauen konnte, um für seinen Bauantrag die notwendigen Ja-Stimmen zu erhalten. Die politischen Feinde des Bürgermeisters argwöhnten, Suarez habe von Beckham Freikarten erhalten. Das wäre illegal gewesen, da Beckham als Lobbyist geführt wurde. Ausgerechnet in dieser Zeit recherchierte der *Miami Herald* intensiv zu Bestechungsvorwürfen gegen Suarez. Das Blatt warf ihm vor, als Gegenleistung für die Unterstützung von Bauprojekten Geschenke angenommen und für sich und seine Entourage Reisen in den Nahen Osten bezahlt bekommen zu haben.[973] Natürlich leugnete er jegliche Verfehlung. Die Zeitung setzte ihre Nachforschungen fort, während Inter Miami die Durststrecke allmählich zu überwinden schien.

In den vergangenen drei Jahren hatte Mas einen Vertrag mit Lionel Messi und dessen Bruder ausgehandelt.[974] Messi, der beste Fußballer der Welt, war mit 468 Millionen Followern auf Instagram ein echter Marketingtraum. Das wusste Mas natürlich. Die Gewinne durch Trikots, Tickets und Merchandise würden seine Investition wieder einbringen. Ihm spielte es in die Karten, dass Messis Ehefrau Antonela Roccuzzo gern in ihrem Anwesen am Meer bei Miami leben wollte; ihr Vater wohnte in der Nähe. Als Influencerin für Dior, Louis Vuitton, Guerlain und andere hatte sie 36,3 Millionen Follower. Roccuzzo war davon überzeugt, dass sie in Amerika ein schöneres Leben hatte als in Saudi-Arabien, wo man Messi gerade einen Kurzzeitvertrag über 400 Millionen US-Dollar angeboten hatte.

Einem erfolgreichen Vertragsabschluss zwischen Mas und Messi standen jedoch noch einige Hindernisse im Wege. Zum Beispiel die

Skepsis, die Messi dem US-Fußball entgegenbrachte. Mit Beckhams Hilfe konnte man den 36-Jährigen davon überzeugen, dass sich seit 2007, als Beckham zu LA Galaxy kam, eine Menge verändert hatte. Damals zählte die MLS ganze 13 Teams, inzwischen waren es 29. Im Jahr 2007 hatte die MLS die TV-Rechte für acht Millionen US-Dollar pro Jahr an ESPN verkauft, inzwischen zahlte Apple jährlich 250 Millionen. Das jährliche Mindesteinkommen hatte sich außerdem auf 67.360 US-Dollar erhöht. Dass der Standardverdienst eines Spielers nun bei 250.000 US-Dollar lag, hatte auch eine deutlich positive Wirkung auf die Qualität der Spiele. Last, not least: 2007 hatte die MLS es Beckham gestattet, ein Franchise für 25 Millionen US-Dollar zu erwerben – 2022 verkaufte die MLS das Franchise für das 30. Team, das in San Diego beheimatet sein sollte, für 550 Millionen. Da die Weltmeisterschaft 2026 in den USA, Kanada und Mexiko stattfinden sollte, stand dem amerikanischen Fußball mit Sicherheit eine lukrative Zukunft bevor.

Mas, der kein Nein akzeptierte, bot Messi 200 Millionen US-Dollar für vier Jahre an und legte noch eine Beteiligung an den Merchandiseprofiten obendrauf. Als die Monate vergingen, wurde die Vertragslaufzeit auf zweieinhalb Jahre zusammengestrichen. Schließlich verhandelte man noch über die letzten 18 Monate; Mas offerierte Messi 120 Millionen US-Dollar, dazu einen Anteil am Vertrag mit Apple TV, an den Verkäufen von Adidas und den Einnahmen durch Tickets und Trikots. Sollte Messi bis zum Vertragsende bleiben, erhielt er außerdem das Recht, Anteile am Klub zu erwerben.

Mas wusste, dass ein einzelner Spieler keine dramatischen Veränderungen bewirken konnte. Nicht einmal ein Genie wie Messi. Als zusätzliches Incentive erklärte sich Mas bereit, Phil Neville zu feuern und den argentinischen Trainer Gerardo „Tata" Martino sowie zwei weitere lateinamerikanische Spieler von Barcelona zu verpflichten.

Am 7. Juni 2023 unterschrieb Messi endlich bei Miami. Beckhams Welt war wie elektrisiert. Zwei Wochen später hob sich der Vorhang für das erste Spiel mit dem amtierenden Weltfußballer. Kein Drehbuchschreiber Hollywoods hätte sich ausdenken können, was sich nun vor den Augen von Kim Kardashian, Serena Williams und anderen Stars in der VIP-Lounge abspielte.

In der 94. Minute bekam Inter Miami einen Freistoß gegen Cruz Azul, einen Klub aus Mexiko-Stadt. Es stand 1:1. Messi machte sich bereit, die letzte Aktion des Spiels auszuführen. Und der Argentinier schlenzte den Ball faszinierend exakt über die Mauer der Cruz-Azul-Kicker ins linke Eck. Es war ein so perfektes Tor, dass der für seine punktgenauen Flanken berühmte Beckham Tränen in den Augen hatte.

Auftritt Victoria. Die Diva schlang ihrem Mann die Arme um den Hals, sah sich nach den Kameras um, machte einen Schmollmund und warf sich in Pose.

Einen Monat später gewann Inter Miami dank Messis außergewöhnlichen Leistungen in den letzten sechs Spielen nach einem dramatischen Elfmeterschießen den League Cup.

Anschließend ging es für den Verein abwärts. Messi verletzte sich, und Inter Miami beschloss die Saison am unteren Ende der Tabelle. Aber die Einnahmen flossen bereits reichlich genug, um das neue Stadion zu finanzieren.

Für Dan Garber war es noch wichtiger, dass die Kombination aus Messi und Beckham Inter Miami zum Vorzeigeklub der MLS machte. Amerikas Fußballgemeinde war überzeugt, dass die Kurve stetig nach oben zeigte. Nichts konnte mehr schiefgehen.

34

Nebel und Blendwerk

Für „Golden Balls“ war es eine Erniedrigung. Sein starres Grinsen konnte nicht verbergen, wie unangenehm ihm die ganze Situation war. Obwohl seine Worte von den Stadionlautsprechern verstärkt wurden, übertönten ihn die Buhrufe der Fans.

Die Zuschauer, die sich am 4. Februar 2024 im Hong Kong Stadium drängten, waren enorm aufgebracht. Sie hatten bis zu 400 Pfund für ein Ticket bezahlt und waren in Scharen herbeigeströmt, um den großen Lionel Messi für fest zugesagte 45 Minuten gegen ein Team aus Hongkong kicken zu sehen. Stattdessen hatte der Argentinier während des ganzen Spiels schlecht gelaunt auf der Bank gehockt. Mit verstockter Miene hatte er die lauten „Messi“-Gesänge ignoriert, Kaugummi gekaut, gegähnt und sich geweigert, der buhenden Menge auch nur zuzuwinken, um nach dem Abpfiff dieses öden Gekickes wieder in die Katakomben zu marschieren.

Beckham ging auf den Platz hinaus. „Ich möchte mich für das unglaubliche Willkommen hier bedanken“, rief er, wurde dabei aber von „Geld zurück!“-Rufen übertönt. Die sonst so gut geölte Maschinerie hatte versagt. Geld, Eitelkeit und Gier hatten den Höflichkeitsbesuch des Teams aus Miami als das enttarnt, was er wirklich war.[975]

Das Freundschaftsspiel zwischen Inter Miami und Hongkong war im Mai 2023 als reines Schaustück vereinbart worden. Beckham war damals auf einer Promotiontour zur Eröffnung des Hotels The Londoner in Macau und hatte dabei mit Michel Lamunière, dem Geschäftsführer des Hochglanzmagazins *Tatler Asia*, die Idee ausgeheckt, Inter Miami nach Hongkong zu bringen.[976] Lamunière wollte das Prestigematch nutzen, um das *Tatler XFEST* als jährliches Event der Extraklasse zu etablieren, mit dem „das Beste, was Hongkong zu bieten hat", gefeiert werden sollte. Zu dem Deal gehörte auch, dass sich Beckham zu einer Coverstory für den *Tatler* bereit erklärte. Das Selbstporträt, das er in dem dazugehörigen Interview zeichnete, war bemerkenswert: „Ich möchte einfach als netter Mensch in Erinnerung bleiben. Als jemand, der hart arbeitet, bescheiden und großzügig ist."

Lamunière hatte mit Xavier Asensi, der die Geschäfte von Inter Miami leitete, abgesprochen, dass Messi selbstverständlich die Hauptattraktion des Spiels sein sollte. Der Einsatz des Argentiniers garantierte ein ausverkauftes Stadion. Tatsächlich waren sämtliche Tickets nur eine Stunde nach Beginn des Vorverkaufs vergriffen. Für Asensi war das Spiel Teil der Strategie, um Inter Miami als globale Marke zu etablieren. In der Woche vor dem Match erstrahlte Hongkong flächendeckend in Pink, und überall gab es pinkfarbene T-Shirts zu kaufen. Messi prangte auf Hunderten von Plakatwänden. „Geldgeil", war einer der weniger freundlichen Kommentare zu Asensis Messi-Promotion.[977]

Die Erwartungen waren hoch, als das Team im extra für den Trip gecharterten Flieger landete. „Der Messi-Wahnsinn erfasst Hongkong", berichtete CNN. Am Abend darauf fand die vom *Tatler* organisierte Miami-Party mit vielen Stargästen im X-Club von Cardinal Point statt, bei der sich Beckham lächelnd mit Fans fotografieren ließ und Autogramme gab. „Becks bringt Starpower in die Stadt", hieß es schwärmerisch in einem anderen Fernsehbericht.[978] Inzwischen wusste Beckham schon, dass Messi gar nicht spielen würde, aber das behielt er für sich. Die Tour des Klubs lief aus dem Ruder, so viel war ihm klar.

Zwei Wochen zuvor war das Team noch vor dem Saisonbeginn in den USA zu einer 40.000 Kilometer umfassenden Fünfländertournee durch Amerika und Saudi-Arabien aufgebrochen. Bisher hatte der Klub kein einziges Spiel gewonnen. Bei der letzten Etappe in Saudi-Arabien war Miami erst 3:4 von Al-Hilal geschlagen worden und dann gegen Al-Nassr mit 0:6 komplett untergegangen. Obwohl Al-Nassrs Starspieler Cristiano Ronaldo gar nicht auf dem Platz gewesen war, hatte sich Messis Team schon in den ersten zwölf Minuten drei peinliche Tore eingefangen. Nach dem Spiel erklärte ein Ärzteteam, dass sich Messi eine Oberschenkelverletzung zugezogen habe.[979]

Beckham und die Manager von Miami beschlossen, die schlechte Nachricht einstweilen vor Michel Lamunière vom *Tatler* und auch sonst in Hongkong geheim zu halten. Von den Ortsansässigen wusste niemand, wieso sich die Miami-Spieler, als sie aus dem Flugzeug stiegen, kaum Zeit für die Fotografen nahmen und Messi aufs Händeschütteln mit den Würdenträgern verzichtete, die zur Begrüßung erschienen waren.[980]

Zwei Tage später, als der Countdown vor dem Spiel bereits lief, wussten die überschwänglichen Fans im Stadion noch immer nicht Bescheid. Als sich Beckham auf dem Platz unter lokale Stars wie Tony Leung und Carina Lau mischte, war ihm klar, dass seine beiden großen Spieler, Messi und Luis Suárez, zwar auf der Ersatzbank sitzen, aber nicht eingewechselt werden würden. Cheftrainer Gerardo „Tata" Martino hatte entschieden, dass das Risiko für ihre nicht mehr ganz jungen Beine, Knie und Hüften zu groß war.

Bis zu den letzten zehn Minuten vor Abpfiff des wenig attraktiven Spiels glaubten die Gastgeber noch daran, dass Messi irgendwann zum Einsatz käme.[981] Miami gewann – wenig überraschend – auch ohne seinen Star mit 4:1. Das Publikum tobte vor Zorn. Die meisten hatten vor allem deshalb Tickets für das Spiel gekauft, weil es eine einzigartige Gelegenheit bot, Fußballlegende Messi spielen zu sehen. Am Ende buhten die Zuschauer, zeigten mit dem Daumen nach unten und brüllten. Beckham, der sich der Realität offenbar völlig verschloss, salbaderte auf dem Platz: „Wir freuen uns darauf, eines Tages zurückzukommen und euch noch besser unterhalten zu können." Niemand bemerkte das neue Tattoo auf seinem Bein: einen pinkfarbenen Miami-Reiher.

Die harsche Medienreaktion auf das „katastrophale" Wochenende und den „PR-Albtraum" richtete sich vor allem gegen Messi, weil er den Hongkonger Regierungschef bei der Pokalverleihung brüskiert und „die Bitten des *Tatlers* ignoriert" hatte, zumindest eine Runde um den Platz zu laufen. Das Team war inzwischen schon nach Tokio weitergereist.

Während des nächsten Spiels gegen den japanischen Erstligisten Vissel Kobe kamen Messi und Suárez in der zweiten Halbzeit zum Einsatz. „Eine Ohrfeige für Hongkong", zürnte ein Verantwortlicher des *Tatler*. Die Zuschauer im halb leeren Stadion von Kobe sahen ein torloses Spiel, das die Heimmannschaft schließlich im Elfmeterschießen für sich entschied. Messi kam auf keinen einzigen Torschuss. Jorge Mas' vollmundige Vorhersage, dass Messi die MLS von Grund auf umkrempelte, wirkte allmählich etwas fragwürdig. „Wieso Hongkong Messi hasst", titelte die *South China Post*.[982] „Eine launenhafte Truppe in Pink", zitierte die Zeitung ihren Geschäftsführer Yonden Lhatoo, der Beckham als „inkompetent", „ahnungslos" und „egoistischen Vollidioten" bezeichnete.[983]

Der „Vollidiot" hatte das Team nicht nach Japan begleitet. Stattdessen war er nach Katar geflogen, um seinen Sponsorship-Vertrag zu erfüllen und in Doha Padel-Tennis zu spielen. Zum Ende der Woche ließ er sich einmal wieder in seinem Haus in Oxfordshire blicken. Zur Schadensbegrenzung vertraute er auf erprobte Strategien: Sein nächster Instagram-Post zeigte ihn mit dickem Mantel und Hut in einem Hühnerstall. „Es ist so aufregend, wenn man die Eier findet", schrieb entweder er oder jemand aus seinem PR-Team dazu. Unter den beißenden Kommentaren aus Asien war auch die Frage: „Kommen die Hühner zum Schlafen denn nach Hause?" Beckham kümmerte das alles nicht. Er hatte schon so viele Turbulenzen erlebt, da brachte ihn ein bisschen Kritik wirklich nicht mehr aus der Fassung.

Nur wenige Monate zuvor, am 4. Oktober 2023, waren seine Beliebtheitswerte weltweit durch die Decke gegangen. Die vierteilige Netflix-Serie rund um sein Leben hatte viel Lob erhalten und war auf großes Publikumsinteresse gestoßen. Der Amerikaner Fisher Stevens hatte die Beckhams zwei Jahre lang mit der Kamera begleitet und zudem viele weitere Stars interviewt. Das Ergebnis war laut *Daily Telegraph* „ein superbes, unerwartetes, komplexes Porträt einer ganzen Ära und eines unerwartet komplexen Mannes". Die *Daily Mail* hingegen sprach von „David Beckhams aalglatter Heiligensaga".[984] Beide Seiten waren sich einig, dass die Serie hervorragende Werbung darstellte. Für den Großteil des Publikums offenbarten sich die Beckhams als wundervolles Paar.

Davids emotionale Schilderung, wie er die gehässigen Reaktionen nach seiner Roten Karte im Spiel gegen Argentinien bei der Weltmeisterschaft 1998 überstanden hatte, bewegte viele Fans. Auch die zahlreichen, spektakulären Tore waren beeindruckend. In der TV-Serie schoss er nie am Tor vorbei. Kein einziges Mal. Andere wiederum rührte das „herzerwärmende Thema einer langjährigen Ehe zwischen zwei Menschen, die ehrliche Wertschätzung und Liebe füreinander zu empfinden scheinen". Die Dokumentation brachte David insgesamt höchste Sympathiewerte ein, und auch von Victoria wurde zumeist geschwärmt. Nur im *New Yorker* wurde jemand mit den Worten zitiert, sie sei „ein dämlicher Hohlkopf ohne Charme".[985]

Bei genauerer Betrachtung zeigten sich Unstimmigkeiten. „Skandale wurden heruntergespielt oder gar nicht erst erwähnt", berichtete die *Daily Mail*, „Konflikte wurden kleingeredet, Charakterschwächen oder Fehler übertüncht und die Geschichte umgeschrieben." Man warf dem Regisseur bewusste Realitätsverzerrung vor. Fußballspiele waren falsch beschrieben, Glenn Hoddles Ruf wurde durch einen vorurteilsbehafteten Zusammenschnitt seiner Pressekonferenz von 1998 beschädigt, vom Deal mit Katar war überhaupt keine Rede, und eine Schlagzeile vom Titelblatt des *Daily Mirror* wurde so zurechtgestutzt, dass die Behauptung von Rebecca Loos' Bruder, die Gerüchte über eine Affäre zwischen seiner Schwester und Beckham entsprächen der Wahrheit, nicht mehr zu lesen war.

In der geschnittenen Version der Interviews erklärte Beckham fälschlicherweise, dass der Transfer zu Real Madrid gegen seinen Willen erfolgt sei. „Ich wurde über Nacht verkauft", jammerte er. Ebenso wenig stimmte seine Darstellung, er sei nach Spanien gezogen, ohne sich mit Victoria darüber beraten zu haben. Victoria schlug in dieselbe Kerbe, indem sie behauptete, der Umzug nach Madrid sei ein „Schock" gewesen. Sie habe nicht umziehen wollen, weil es keine Schulen für ihre (noch sehr kleinen) Kinder gegeben hätte. Dabei vergaß sie zu erwähnen, dass sie in England geblieben war, um mit Damon Dash zum großen Star aufzusteigen.[986] Beide gingen über die Tatsache hinweg, dass Tony Stephens lange mit Real Madrid verhandelt hatte.

Nach vielen Stunden Drehzeit hatte Fisher Stevens eine Sequenz mit Interviews über Beckhams Affäre mit Rebecca Loos fertiggestellt. Bemerkenswerterweise wurde Loos nicht einmal namentlich erwähnt. Herr und Frau Beckham waren sich darüber einig, welche Auswirkungen die ganze Sache auf ihre Beziehung hatte. Für Victoria war es die „härteste" Zeit ihres Lebens, weil es sich so anfühlte, „als sei die ganze Welt gegen uns". David ergänzte schwermütig, er habe sich damals

„jeden Tag körperlich krank gefühlt. Victoria bedeutet mir alles. Dass ich mitansehen musste, wie verletzt sie war, das war unglaublich schwer. Aber wir sind Kämpfer. Und damals mussten wir füreinander kämpfen."

Bemerkenswert war vor allem Davids emotionale Kritik an den Medien, denen er die Schuld an ihren Problemen gab – schließlich hätten die Zeitungen seine Privatsphäre verletzt und seine Affäre mit Loos öffentlich gemacht. Dass die beiden jede Woche um die Aufmerksamkeit der Medien gebuhlt und 2004 Journalisten nach Courchevel zitiert hatten, um ihr Liebesglück zu dokumentieren, davon war natürlich keine Rede.

Die Dokumentation vermittelte dem Publikum genau den Eindruck, auf den es die Beckhams geschickt angelegt hatten: dass sie unschuldige Opfer waren. Und wie der Erfolg der Serie zeigte, wollte die Öffentlichkeit nur zu gern glauben, dass dieser Mythos der Wirklichkeit entsprach. Allgemein wurde ignoriert, was tatsächlich hinter der heuchlerischen Fassade steckte. Rebecca Loos war über das Märchen verärgert. Sie meldete sich aus Norwegen, wo sie inzwischen wohnte, und beschwerte sich. David habe sich „zum Opfer stilisiert" und sie als „Lügnerin" dargestellt. Für sie wirkte das vor allem vor dem Hintergrund ziemlich seltsam, dass sie sich schon kurze Zeit nach der Enthüllung der Affäre wieder in einem Hotel in Madrid getroffen hatten.[987]

In den allgemeinen Lobeshymnen über die Produktion gingen diese und zahlreiche andere Fehler weitgehend unter. Der Stern der Beckhams strahlte hell, vor allem in den USA und in Asien. Es war der perfekte Moment, vermutete Victoria, um positive Schlagzeilen für ihr Geschäft zu generieren.

Im März 2023 hatte Ralph Toledano verkündet, dass das Unternehmen endlich über den Berg sei. In den darauffolgenden Monaten sprach ihr PR-Team von einem Profit in Höhe von 200.000 Pfund – das war zwar nicht so beeindruckend wie ein Umsatz von 58 Millionen, aber es wurde als Schritt in die richtige Richtung interpretiert.[988] Die Wahrheit sah anders aus.

Die meisten Beckham-Unternehmen mussten ihre Geschäftsberichte für 2022/23 zum 31. Dezember 2023 vorlegen. Britische Firmen reichen ihre Jahresabschlüsse auf der Website der Finanzbehörden in der

Regel elektronisch ein. Sie werden automatisch veröffentlicht und sind sofort allgemein einsehbar, auch für die Presse. Die Berater der Beckhams meldeten die Zahlen jedoch entweder per Post oder gaben sie persönlich ab. So waren sie erst ab dem 16. Januar elektronisch verfügbar. Bis dahin konnten die PR-Manager unwidersprochen von positiven Entwicklungen fabulieren.

Wie geplant erschien die *Daily Mail* am 30. Dezember mit der Schlagzeile, dass Victorias Unternehmen einen Gewinn von 200.000 Pfund gemacht hatte. Dabei wurde nicht erwähnt, dass dieser Profit zustande gekommen war, indem Victorias Buchhalter einen Kunstgriff bemüht hatten: EBITDA (zu Deutsch: Ergebnis vor Abzug des Finanzergebnisses, der Steuern, der Abschreibungen auf Sachanlagen und auf immaterielle Vermögensgegenstände). Zunächst buchten sie eine vorzeitige Rückstellung für das Ladengeschäft in der Dover Street ein.[989] Anschließend erhöhten sie den Wert des Gesamtbestands um 135 Prozent, obwohl der Umsatz nur um 44 Prozent gestiegen war.[990] In Wirklichkeit machte Victoria mit ihrem Unternehmen 2022 Verluste von 2,964 Millionen Pfund, und um im Geschäft zu bleiben, hatte sie weitere 6,9 Millionen Pfund aufnehmen müssen. Nach der Kündigung einiger Darlehen, die David ihr gewährt hatte, schuldete sie den Anteilseignern noch beachtliche 50 Millionen Pfund. Angesichts einer Reihe von offensichtlichen Mängeln in ihrem Geschäftsbericht stellte sich die Frage, wie verlässlich diese Zahlen insgesamt sein mochten.[991] Bezeichnend war jedenfalls, dass die Wirtschaftsprüfer und Steuerberater ihre jährlichen Gebühren um 28 beziehungsweise 42 Prozent erhöhten.[992]

David Beckhams Bilanzen waren ebenso verwirrend, jedenfalls, wenn man sich nicht wochenlang tief hineinknien wollte. Für sein PR-Team war es der schlagende Beweis für die anhaltende Strahlkraft als globaler Star, dass er – verglichen mit den 34 Millionen aus dem Vorjahr – 2022 eine Rekordsumme von 72,5 Millionen Pfund verdient hatte. „Rekordeinnahmen", lautete die entsprechende Medienschlagzeile. Der größte Teil dieses Zuwachses stammte vermutlich aus Katar. Aber auch hier hatte kein Medienvertreter die Zahlen im Detail überprüft. Und selbst wenn das geschehen wäre – kein Außenstehender hätte sich einen Reim auf das Puzzle machen können, das sich im

Geschäftsbericht von DRJBHL offenbarte – jenem neuen Unternehmen, das zum Teil Beckham selbst, zum Teil Authentic Brands gehörte und das mit diesen Rekordprofiten protzte.

2022 hatte sich Beckham vor allem darum bemüht, seine Marke zurückzuerlangen, die in dem unglücklichen Deal zwischen Simon Fuller und Bruce Rockowitz dem inzwischen insolventen Unternehmen Global übertragen worden war. Offenbar hatte Beckham den Global-Verwaltern 45 Millionen US-Dollar gezahlt, um die 51 Prozent zurückzugewinnen, die sie an der Marke Beckham hielten.[993] Um die Zahlungen und die neuen Besitzverhältnisse eintragen zu lassen, tätigte DRJBHL eine verwirrende Abfolge von Transaktionen – ein echtes Kapitalkarussell. 2022 waren die Kapitalreserven des Unternehmens von 4,22 Millionen Pfund auf 32,2 Millionen aufgestockt worden. Allerdings handelte es sich nicht um echte Geldmittel, sondern um Vorzugsaktien, die Beckham und Authentic mit „Kapital" erworben hatten (31,5 Millionen Pfund). Nachdem DRJBHL jedoch das „Kapital" für die Aktien erhalten hatte, wurde dieses Geld sofort wieder an Beckham und Authentic zurückgezahlt, allerdings in Höhe von 38,8 Millionen Pfund.[994] Dieses Kapitalkarussell wurde weder von den Geschäftsführern noch von den Wirtschaftsprüfern erklärt; es diente möglicherweise dazu, legal Steuern zu sparen.

Ein altes Sprichwort besagt: „Nur Bares ist Wahres." Dass bei DRJBHL kaum echtes Kapital vorhanden war, zeigte die Irrealität des teuren Unternehmensumbaus, der laut Bilanz viel von Beckhams Einnahmen in Höhe von 72 Millionen Pfund verschlang. Diese Umstrukturierungen – die ebenfalls mit Beckhams Privatkrediten finanziert wurden – warfen weitere Fragen auf. In einer Erläuterung zum Geschäftsbericht von DRJBHL hieß es, 2022 sei kein Gehalt an Geschäftsführer gezahlt worden.[995] Das war jedoch nur ein Teil der Wahrheit. David Beckham Ventures (DBVL), ein Tochterunternehmen von DRJBHL, führte durchaus großzügige Gehälter an seine Geschäftsführer auf, unter anderem zehn Millionen Pfund an David Beckham.

Und dann gab es noch einen scheinbaren Widerspruch. Es wurde ein Vermögenswert in Höhe von 38,2 Millionen Pfund als „Geschäftswert" ausgewiesen. Dabei handelte es sich um die Summe, die gezahlt worden war, um die Markenrechte von Global zurückzuerhalten.

Dieser Geschäftswert, so hieß es in der dazugehörigen Erklärung, sollte über die nächsten 20 Jahre abgeschrieben werden.[996] Allerdings wurden in demselben Jahresabschluss ganze sieben Millionen Pfund (20 Prozent) sofort „abgeschrieben“ oder amortisiert. Diese Unstimmigkeit wurde nicht erklärt.

In den Bilanzen der anderen Beckham-Firmen taten sich zahlreiche andere Rätsel auf. Dazu zählte beispielsweise die Zahlung von „Gemeinkosten“ in Höhe von 7,8 Millionen Pfund von Beckhams Unternehmen DB Ventures (DBVL) an Authentic.

Zu den weiteren unerklärlichen Kosten gehörte die Vereinbarung von DBVL, nicht näher bezeichnete Investitionen von David zu erwerben. Diese wurden sofort um 1,3 Millionen Pfund nach unten bewertet, was einem Verlust von 78 Prozent entspricht. Anstatt dass Beckham den Verlust persönlich trug, scheint es, dass das Unternehmen dazu verwendet wurde, 1,3 Millionen Pfund steuerlich abzuschreiben. In ähnlicher Weise trug das Unternehmen den Verlust von 1,5 Millionen Pfund aus Spekulationen mit Kryptowährungen.

Eine andere Transaktion zur legalen Steuervermeidung war der Verkauf der Rechte an David Beckhams Image durch David und Victoria an die DBVL, die dafür zehn Millionen US-Dollar zahlte. Das war für die Beckhams insofern von Vorteil, weil auf die zehn Millionen, die sie auf diese Weise erhielten, nur die Kapitalertragssteuer von 28 Prozent fällig wurde und nicht die höhere Einkommenssteuer von 45 Prozent. In dem Bericht wurde nicht erläutert, wie der Wert von zehn Millionen US-Dollar ermittelt worden war. Um die Steuerlast weiter zu drücken, verkaufte Beckham seine persönlichen Anteile an Studio 99 für fünf Millionen US-Dollar an DBVL. Obwohl Studio 99 und die Tochterfirmen Ende 2022 rund eine Million Pfund Verlust gemacht hatten, wurde diese Bewertung nicht weiter erklärt.

All diese Manöver mochten nun gesetzeskonform sein oder nicht – das ließ sich allein anhand der Geschäftsberichte nicht bestimmen. Sie waren jedenfalls nicht dazu angetan, Beckhams Bemühungen um die Ritterwürde zu unterstützen. Sein Streben nach dieser hohen Ehre fiel wohl am Ende dem persönlichen Egoismus zum Opfer. Er wusste, dass sein Vermögen gesichert war, sobald der Sponsorendeal mit JP Morgan Chase für das Stadion von Inter Miami in trockenen Tüchern war. Man ging davon aus, dass damit die Jahreseinkünfte des Klubs von 56 Millionen US-Dollar im Jahr 2022 auf 200 Millionen US-Dollar für 2024 steigen würden.

Die Öffentlichkeit hat sich kaum je für Beckhams Finanzen interessiert. Für seine Fans blieb er der einfache Junge aus Chingford. Die wenigsten verübelten ihm seinen Reichtum – weder die vier großartigen Anwesen in London, Oxfordshire, Miami und Dubai noch die zahllosen Luxusautos, die etwa 40 Angestellten oder das Vermögen, das sich abzüglich der Kredite auf etwa 250 Millionen Pfund belief. Er und Victoria waren der Inbegriff einfacher Leute, die es aus eigener Kraft zu etwas gebracht hatten und die trotz ihres Promidaseins weiterhin den Wert der Familie hochhielten. Nur einer Minderheit war die atemlose Gier suspekt, mit der dieses Paar um seinen Status als internationale Superstars kämpfte.

Die beiden genossen jedes Quäntchen Aufmerksamkeit, und sie hatten mit überragendem Selbstbewusstsein eine Formel patentiert, wie man einfach nur lächelnd dasteht und außer Eigenlob weiter nichts von sich geben muss. Bei diesem Paar, das kaum etwas Neues oder Originelles zu bieten hatte, triumphierte letztlich PR über wahres Interesse. Sie wurden von jenen verehrt, die von ihren Helden nur Glamour erwarteten und die es unwiderstehlich faszinierte, dass zwei scheinbar normale Menschen es bis nach ganz oben geschafft hatten. Es war ein Erfolg, der sorgfältig geplant war.

Stets von der Angst geplagt, dass sich ihr Glück doch einmal wenden könnte, hatten sie mit Argusaugen alle Katastrophen gemieden. Sie hatten beide darauf geachtet, sich nicht von ihren Mentoren vereinnahmen zu lassen. Und sie hatten still und gnadenlos jeden und jede aus dem Weg geräumt, der oder die ihr Überleben gefährdet hätte. Opfer und Kritiker machten sie mit Verschwiegenheitserklärungen mundtot – oder einfach damit, dass sie ihre Macht als Beckhams ausspielten.

Neben Davids enorm gutem Aussehen war es das Image zäher Entschlossenheit, das ihm weltweite Anerkennung eingebracht hatte. Nachdem er durch den Fußball und die Nostalgie getriebene Sympathie für den unbeschwerten, tätowierten Typen mit Spaß an der eigenen Männlichkeit berühmt geworden war, beherrschte er lächelnd das Spiel mit der Öffentlichkeit. Er umging die vielen Fallstricke, die anderen Stars zum Verhängnis geworden wären. Die zahllosen Verfehlungen, die er sich leistete, wurden von den vielen Milliarden Fußballfans großzügig ignoriert – sie liebten ihn für die Hingabe, die er für seinen Sport zeigte.

Dank Simon Fuller – der in der Netflix-Serie geflissentlich übergangen wurde – profitierte Beckham von der explosionsartigen Wertsteigerung des Fußballsports. Seine globale Marke, die er durch den Umzug nach Los Angeles entscheidend aufgewertet hatte, stärkte seinen Vorbildcharakter dauerhaft. Sein Engagement für Katar war zwar in Europa auf breite Ablehnung gestoßen, aber seine Fans in Afrika und Asien störten sich nicht daran. Die negativen Auswirkungen blieben aus. Wie unangreifbar Beckham tatsächlich war, wurde noch einmal deutlich, als Nestlé ihn zum Werbeträger für seine Kaffeekapselmarke Nespresso kürte.

Dennoch wäre sein Status nie derart unbeschädigt geblieben, wenn sich Victoria nicht so entschlossen bemüht hätte, die Illusion einer glücklichen Familie aufrechtzuerhalten. Sie ertrug seine Affären und seine Abwesenheit und schützte dadurch tapfer die Marke Beckham. Im Gegenzug finanzierte er langfristig ihr Business (oder Hobby). Ihr winziges Modeunternehmen wird vermutlich nie richtig profitabel sein, aber ihre Unterstützer loben immer wieder ihren stählernen Ehrgeiz – trotz der monotonen Wiederholungen in ihren Promotion-Interviews.

Ihre Botschaft ist das Image. So war es auch bei Victorias 50. Geburtstag, den sie am 20. April 2024 im Nachtklub Oswald in London feierte. Das Heer von Fotografen wusste kaum, wen sie zuerst ablichten sollten, als die 100 geladenen Gäste, darunter sämtliche Spice Girls und Tom Cruise, durch die kleine Tür ins Innere des Klubs strömten. Zu den wenigen Gesichtern, die fehlten, zählte Nicola Peltz. Offenbar war sie in die USA zurückgereist. Aber das konnte die Laune der Beckhams nicht trüben. Um halb drei Uhr morgens wurde Victoria von ihrem Mann huckepack zu einem wartenden Auto getragen. Niemand kam auf den Gedanken, auf die alte Geschichte in Courchevel vor genau 20 Jahren zu verweisen, als die beiden dieselbe Aktion vor Fotografen inszenierten. Man brachte den Beckhams stets so viel Goodwill entgegen, dass jeglicher Zynismus im Keim erstickt wurde.

Vielleicht sind selbst sie gegen das Eindringen der Realität in ihre Welt nicht völlig immun, doch der enorme Erfolg von David und Victoria Beckham ist für viele eine besondere, moderne Geschichte, die von hohen Zielen und erfülltem Ehrgeiz kündet. Die Schwächen der Beckhams sind für die Fans ein Spiegelbild ihrer eigenen Schwächen, ihre Stärken und ihre Willenskraft gelten als Eigenschaften, die viele selbst gern hätten. Für kritische Stimmen verbirgt sich hinter der Illusion lediglich ein Desinteresse der Beckhams gegenüber vielem, was über sie selbst hinausgeht. In dieser Hinsicht verkörpern sie perfekt die Oberflächlichkeit moderner Stars. Und dennoch – für ihre Millionen von Followern ist der unvergleichliche Erfolg der Schöpfer der Marke Beckham ein stetiger Grund für Bewunderung und ein Quell unendlicher Unterhaltung.

Dank

Nicht autorisierte Biografien zu verfassen, zählt mittlerweile zu meinen Spezialitäten. Die Recherchen zu diesem Buch folgten einem bekannten Muster. Erwartungsgemäß war vielen Personen, die mit den Beckhams in Verbindung stehen, geraten worden, nicht mit mir zu sprechen. Die Beckhams um ein Interview zu bitten, habe ich gar nicht erst versucht. In den vergangenen 30 Jahren haben beide Hunderte von Interviews gegeben. In ihrem streng abgeschirmten Umfeld versuchen sie, die Kontrolle sowohl über den Inhalt als auch über ihr Image in den Medien in der Hand zu behalten. Einem unabhängigen Autor hätten sie mit Sicherheit keine Einblicke gewährt.

Wer die Wahrheit herausfinden will, ohne Zugang zum Gegenstand des Buches zu haben, ist auf das Vertrauen glaubwürdiger Zeugen angewiesen und muss fest entschlossen sein, das aufzudecken, was aus verschiedenen Gründen verschwiegen wird. Zum Glück erklärten sich viele zur Mitarbeit bereit, sofern ihnen Anonymität zugesichert wurde.

Die wichtigste Rolle bei der Entstehung dieses Buches spielte Claudia Wordsworth. Sie ist eine herausragende, entschlossene Rechercheurin und unschätzbare Ansprechpartnerin für die Aspekte dieser außergewöhnlichen Geschichten, die bislang nicht bekannt waren. Claudia hat wie immer alle Erwartungen übertroffen. Ich stehe tief in ihrer Schuld.

Zu Beginn der Recherche habe ich viele beeindruckende Journalistinnen und Journalisten konsultiert, die allesamt Fachleute für sämtliche Facetten im Leben der Beckhams sind. Über viele Jahre haben sie Enthüllungsberichte für die Boulevardpresse verfasst und die Beckhams damit nicht selten verärgert. Großzügig haben sie das ergänzt, was in den veröffentlichten Beiträgen fehlte, haben ihre eigenen publizierten Storys bestätigt und mich mit ihren Hinweisen in die richtige Richtung gelenkt. Viele werden in dem Buch namentlich erwähnt, aber an dieser Stelle kann ich nicht jedem und jeder einzeln danken.

Zahlreiche Informantinnen und Informanten haben mich darum gebeten, sie nicht namentlich zu nennen. Dass so viele anonym bleiben wollen, ist eine Besonderheit dieses Buches. Ihnen allen bin ich zu großem Dank verpflichtet.

Ich hatte das Glück, den großartigen Verleger Alan Samson für die Bearbeitung des Manuskripts zu gewinnen. Alan hat alle Erwartungen übertroffen, was nicht zuletzt an seinen beachtlichen Fachkenntnissen über die Welt des Fußballs lag.

Wie immer gilt mein besonderer Dank meinem treuen Agenten Jonathan Lloyd von Curtis Brown. Er ist ein wunderbarer Freund und Verbündeter.

Mein Verlag hat mich nach Kräften unterstützt, insbesondere der unermüdliche Anwalt Simon Dowson-Collins, der Verleger Adam Humphries, die großartige Bildrechercheurin Fiona Greenway, die Projektredakteurin Georgina Atsiaris und die Lektorin Dawn Booth.

Mein größter Dank gilt Veronica, die nicht nur meine Frau, sondern auch beste Freundin, kluge Ratgeberin und unverzichtbare Unterstützerin ist. Ohne sie wäre auch dieses Buch nie geschrieben worden.

London, Juni 2024

Abkürzungen

DB – David Beckham; DM – *Daily Mail*; ES – *Evening Standard*; G – *Guardian*; Ind – *Independent*; MoS – *Mail on Sunday*; Mir – *Mirror*; NoW – *News of the World*; Obs – *Observer*; S – *Sun*; SM – *Sunday Mirror*; ST – *Sunday Times*; Tel – *Telegraph*; *Times* – *The Times*; VB – Victoria Beckham

Anmerkungen

1 S 18.10.17; MoS 22.10.17 (Hind); Mir 18.1017 (Boshoff) https://www.dailymail.co.uk/femail/article-4990708/Look-Posh-David-s-new-chum-racy-Lady.htmlK
2 S 24.6.17
3 S 27.1.19 (Moodie)
4 S 27.6.17 (Wootton)
5 S 17.10.17
6 SM 2.3.03
7 SM 19.9.05 (Todd); SM 12.2.06; Mir 25.5.16; MoS 22.10.17 (Hind)
8 S 27.6.17 (Wootton)
9 Mir 1.10.09 (Hudson)
10 S 27.6.17 (Wootton)
11 https://www.dailymail.co.uk/femail/article-4990708/Look-Posh-David-s-new-chum-racy-Lady.html
12 S 15.10.01
13 S 5.7.03
14 SM 11.4.04
15 S 21.6.03; SM 29.6.03 (Malone)
16 Carlin *White Angels* p.91
17 S 4.8.03; SM 3.8.03
18 SM 10.8.03
19 SM 10.8.03; S 6.2.98
20 SM 10.8.03
21 S 28.8.03
22 Carlin p.201
23 S 30.8.03
24 S 27.8.03
25 Mir 28.9.07
26 Carlin pp.59ff; Andy Bernal *Riding Shotgun*
27 NoW 2.9.01
28 S 1.9.01
29 DB p.89; S 9.10.97
30 S 10.10.97 (Woolnough)
31 Das Einkommen von Footwork Productions Ltd. betrug 1999 828.000 £ und sein Einkommen 365.000 £.
32 S 20.3.97
33 vertrauliche Quelle

34 S 3.11.97
35 S 26.1.98
36 VB *Learning to Fly* p.375
37 S 13.1.00 (Mohan)
38 S 12.4.04
39 NoW 18.4.04
40 NoW 22.6.03
41 Sunday People 18.4.04
42 S 9.1.02
43 NoW 2.9.01
44 S 20.3.02
45 S 11.2.02
46 S 1.8.97
47 S 21.5.98 (Woolnough); S 29.5.98
48 S 1.3.00 (Ross)
49 S 2.7.98
50 S 9.6.97
51 S 3.3.98; S 1.10.98; S 17.11.98; S 7.1.00
52 S 21.5.98; DB p.74; S 23.4.98
53 S 24.6.98
54 S 3.2.98
55 S 22.6.98
56 S 27.6.98
57 S 29.1.17; DIDiscs / Obs 2.11.03
58 S 1.7.98
59 S 1.10.98; S 14.5.99 (Howard)
60 S 5.3.99
61 S 3.5.99; S 17.5.99; S 27.5.99; S 1.6.99
62 S 18.10.99
63 S 7.1.00
64 S 14.8.99
65 NoW 26.8.01
66 S 21.6.00; S 18.12.99
67 S 11.10.99; S 26.5.99
68 24.9.99; S 25.9.99
69 S 14.6.99; S 2.12.99
70 S 19.6.03
71 Alex Ferguson *My Autobiography* p.239
72 DB p.159
73 S 1.1.99
74 DB p.201
75 S 14.7.99; S 1.3.00
76 https://hbr.org/2013/10/fergusons-formula
77 S 22.2.00
78 SM 27.2.02
79 Mir 28.9.07 (Boshoff)
80 S 9.2.00
81 S 26.2.00
82 S 7.1.00; S 20.4.00
83 S 12.6.00; S 19.6.00
84 S 21.6.00; S 22.6.00
85 VB p.495; DB p.214

86 S 3.3.01
87 Ind 16.10.03; NoW 9.11.03
88 SM 30.12.01 (Graham)
89 S 28.6.03
90 S 31.1.00 (Ross)
91 S 6.3.02; S 18.05.00
92 Michael Crick *The Boss*
93 Beckham, St John's Wood speech, 2.7.23
94 S 21.3.00 (Mohan)
95 S 13.5.00
96 Mir 26.4.07 (Hadley & Simpson)
97 SM 27.6.04; SM 14.5.00 (Malone); SM 6.5.01 (Malone)
98 S 15.3.01
99 S 23.1.01
100 S 19.5.01
101 GQ (June 2002)
102 S 19.6.01; S 30.6.01 (Mohan)
103 S 8.10.01
104 NoW 7.10.01; NoW 25.11.01 (Harrison)
105 SM 12.5.02
106 SM 29.12.02
107 Beckham, S 30.8.03
108 S 6.5.16
109 Parkinson-Interview (September 2001)
110 NoW 1.4.01
111 SM 22.4.01 (Malone); S 6.3.02 (Mohan); S 16.4.03; SM 10.3.02 (Hyland)
112 Mir 29.3.12; Mir 8.7.16 (Boshoff)
113 NoW 3.3.02
114 SM 22.2.04; SM 29.2.04 (Malone)
115 VB p.375; VB p.49; Mir 29.3.12; Mir 8.7.16 (Boshoff); NoW 3.3.02; SM 22.2.04; NoW 1.4.01
116 NoW 29.3.12; Mir 8.7.16 (Boshoff); NoW 3.3.02; SM 22.2.04; NoW 1.4.01
117 S 28.7.99 (Mohan); S 8.1.02; NoW 9.9.01; SM 6.8.00; S 20.11.01
118 Andrew Morton *The Beckhams* p.210
119 SM 6.8.00
120 Morton pp.144ff; SM 5.11.00 (Malone)
121 S 8.6.99
122 S 30.6.01 (Mohan); S 22.9.01 (Mohan); SM 15.8.05; W Magazin 1.7.07
123 NoW 2.9.01; SM 20.2.00 (Hyland)
124 SM 2.9.01; SM 2.9.01, Zitat Autobiografie
125 SM 16.9.01; S 10.12.02; S 12.12.02 (Mohan); SM 18.6.00 (Hyland)
126 DB *My World*
127 SM 15.10.00 (Hyland)
128 NoW 26.8.01; S 6.2.01
129 S 22.9.01; Parkinson-Interview 2010; S 13.3.03
130 Ind 12.4.02
131 Morton p.208
132 S 7.2.02
133 S 9.2.02 (Mohan)
134 SM 10.3.02 (Hyland)
135 NoW 21.10.01
136 SM 18.4.01 (Hyland & Meyers)

137 SM 10.11.02
138 S 12.3.03
139 G 13.5.2002
140 G 13.5.2002
141 'The Broken Metatarsal – ein Fußball-Podcast aus dem Jahr 2000; https://audioboom.com/posts/7736427-danny-mills-partying-with-beckham-and-steps-andscaringing-wingers https://www.planetfootball.com/in-depth-mills-becks-pre-world -cup-party-upsetting-englands-man-utd-players
142 SM 2.6.02
143 S 8.6.02; NoW 9.6.22
144 SM 23.6.02; S 29.6.02
145 SM 4.8.02
146 S 11.12.03
147 Neville LinkedIn post 9.10.23
148 DB p.358
149 S 4.3.03
150 SM 15.6.03 (Weatherup)
151 S 26.3.03
152 NoW 29.6.03
153 Carlin p.49
154 S 25.4.03 (Custis)
155 SM 22.6.03
156 S 30.4.03
157 SM 16.1.00; NoW 21.11.04
158 S 15.4.03
159 S 31.5.03
160 S 30.5.03 (Newton)
161 S 31.5.03 (Mohan)
162 BBC 13.6.03
163 S 5.5.03; NoW 22.6.03
164 S 11.6.03 (Custis)
165 SM 8.6.03 (Smith)
166 GQ 3.3.19
167 S 12.6.03; S 14.6.03 (Mohan); SM 15.6.03
168 S 5.6.03 (Custis)
169 S 18.6.03; SM 22.6.03; Carlin p.88
170 NoW 9.11.03
171 NoW 22.6.03 (Harrison)
172 NoW 4.4.04; NoW 3.3.02 (Harrison)
173 S 10.4.04; S 23.9.08 (Newton); S 16.6.07
174 SM 11.4.04
175 NoW 2.11.03; SM 6.7.03; S 7.5.03 (Newton)
176 NoW 15.6.03
177 SM 27.7.03
178 VB p.145
179 G 12.2.05 (Poole)
180 Sean Smith *Victoria Beckham* p.145
181 G 12.2.05 (Poole)
182 VB p.257
183 VB p.243
184 VB p.448
185 S 30.8.03

186 Netfl ix, *Beckham* episode 3
187 SM 14.9.03 (Todd)
188 G 21.8.03
189 NoW 21.9.03
190 S 25.9.03
191 NoW 2.11.03
192 DM 1.11.03 & 29.11.03 (Wansell)
193 S 3.9.03
194 S 22.9.03 (Newton)
195 Times 2.12.08
196 Times 2.12.08, die VB-Autobiografie zitierend
197 DM 26.5.07 (Boshoff)
198 DB p.423
199 DB p.111
200 NoW 4.4.04 (Thurlbeck); S 5.4.04
201 S 5.4.04; SM 11.4.04; NoW 18.4.04
202 NoW 18.4.04
203 MailOnline 21.5.20, article number 7701589
204 VB pp.301, 308, 316
205 NoW 4.4.04
206 NoW 28.9.03
207 SM 28.9.03 (Todd); NoW 28.9.03; NoW 28.9.03 (Atkinson)
208 NoW 28.9.03
209 NoW 28.9.03
210 SM 11.4.04 (Todd)
211 S 30.9.03 (Worden)
212 NoW 1.5.04 (Gibson aus Versehen auf ihr Handy gesandt)
213 SM 11.4.04 (Todd)
214 Neville Thurlbeck *Tabloid Secrets* p.245
215 S 5.4.04
216 SM 26.10.03
217 SM 5.10.03
218 NoW 26.10.03
219 SM 26.10.03 (Todd)
220 ES 14.4.04
221 New Idea 31.12.13
222 S 3.11.03 (Worden)
223 Mail 8.11.03
224 S 15.11.03; DM 8.11.23
225 SM 9.11.03 (Hyland)
226 S 8.4.06; S 2.11.07
227 S 10.11.03 (Newton)
228 SM 9.11.03
229 S 17.11.03; SM 11.4.04
230 Campaign 28.11.03
231 SM 12.12.04 (Todd); NoW 24.10.04 (Loos)
232 NoW 4.4.04; S 20.12.03
233 NoW 4.4.04; S 20.12.03
234 Parkinson-Interview, gesendet 29.11.03
235 SM 2.11.03
236 S 18.12.03; NoW 14.12.03
237 S 20.12.03 & S 24.12.03

238 S 5.1.04
239 NoW 11.1.04
240 26. https://www.theguardian.com/football/2004/may/26/newsstory.sport3
241 S 30.8.03
242 Tel 24.10.03
243 DB p.445
244 S 15.10.03; SM 19.10.03
245 Ind 16.10.03 (Worden)
246 Inoffizieller Podcast mit Richard Gillis 2020
247 NoW 18.4.04
248 G 29.12.03
249 SM 30.11.03; Carlin p.325
250 SM 15.2.04
251 NoW 22.2.04
252 S 24.2.04
253 SM 14.3.04; SM 28.3.04
254 NoW 1.5.04 (Gibson)
255 S 9.4.04
256 NoW 14.3.04
257 Morton p.192
258 Smith p.153
259 NoW 4.4.04
260 Thurlbeck p.260
261 James Hanning mit Glenn Mulcaire *The News Machine* p.105
262 Mir 25.4.05
263 DB p.471
264 NoW 18.4.04 (Singh)
265 DB pp.470, 472
266 SM 18.4.04 (Todd)
267 NoW 18.4.04
268 NoW 18.4.04
269 S 5.4.04
270 S 6.4.04
271 VB p.431
272 S 6.4.04
273 Mark Frith *The Celeb Diaries* p.158; VB p.304
274 VB p.9
275 NoW 18.4.04 (Singh)
276 SM 11.4.04 (Malone)
277 DB p.145; Morton p.16
278 S 9.4.04
279 SM 25.4.04
280 NoW 6.6.04, spanisches Fernsehinterview
281 S 12.4.04 (Newton)
282 S 13.4.04
283 ES 14.4.04
284 Mir 18.4.04 (Malone)
285 S 14.4.04 (Moore)
286 S 17.4.04 (Newton)
287 *Sunday People* 18.4.04
288 S 19.4.04
289 SM 2.5.05 (Todd)

[290] NoW 23.5.04; S 24.5.04; *Marie Claire* (May 2004); *W* magazine
[291] SM 25.4.04 (Todd)
[292] Carlin p.329
[293] Grant Wahl *The Beckham Experiment* p.38
[294] S 21.10.05
[295] VB p.222
[296] https://companycheck.co.uk/company/OC308659/INGENIOUS-FILM-PARTNERS-LLP/companies-house-data https://www.accountancydaily.co/client-public-eye-accounting-fame https://companycheck.co.uk/company/OC308659/INGENIOUS-FILM-PARTNERS-LLP/companies-house-data
[297] S 13.5.04
[298] S 27.5.04
[299] SM 27.6.04 (Todd)
[300] S 15.6.04; S 24.5.04; *Marie Claire* (May 2004)
[301] SM 23.5.04
[302] S 17.5.04; SM 4.7.04
[303] SM 12.10.04
[304] DB p.318
[305] *Vanity Fair* (July 2004); NoW 23.5.04; SM 7.4.06
[306] SM 10.5.05
[307] S 20.11.04
[308] SM 4.7.04 (Todd & Kerins)
[309] SM 30.5.04
[310] S 26.5.04 (Custis)
[311] NoW 12.10.03
[312] SM 27.6.04 (Todd)
[313] S 14.6.04
[314] SM 13.6.04
[315] S 5.7.04
[316] S 26.6.04
[317] S 26.4.04; SM 27.6.04
[318] SM 27.6.04
[319] SM 4.7.04 (Todd & Kerins)
[320] S 5.7.04; SM 27.6.04
[321] NoW 4.7.04
[322] SM 27.6.04 (Todd); NoW 7.11.04; S 3.7.04
[323] NoW 1.8.04
[324] NoW 16.5.07
[325] S 2.7.04; S 14.9.04
[326] S 6.7.04 (Newton)
[327] S 6.7.04
[328] SM 1.8.04 (Todd)
[329] NoW 25.7.04
[330] DM 19.7.04
[331] S 31.7.04
[332] *Vanity Fair* (July 2004)
[333] SM 12.10.04
[334] NoW 12.9.04
[335] S 22.4.06
[336] Mir 29.9.18 (Boshoff
[337] SM 2.5.05 (Todd)
[338] NoW 1.5.05, Gerichtstermin 8.5.05

339 S 3.11.04 (Newton)
340 NoW 1.5.05, Gerichtstermin 8.5.05
341 S 22.9.04
342 SM 26.9.04; S 1.10.04 (Newton); SM 10.10.04 (Todd)
343 S 5.10.04, *Gala* zitierend; S 7.10.04 (Newton)
344 SM 3.10.04 (Todd)
345 SM 10.10.04
346 S 12.10.04
347 NoW 17.10.04
348 SM 12.12.04 (Todd); NoW 24.10.04 (Loos)
349 SM 13.8.00
350 S 13.10.04 (Howard)
351 S 13.10.04 (Howard); S 16.10.04 (Kelly)
352 S 22.10.04
353 S 18.11.04 (Howard)
354 S 22.11.04 (Beauchamp)
355 S 22.11.04
356 NoW 17.10.04
357 NoW 5.12.04
358 SM 14.11.04
359 S 2 & 3.11.04
360 S 12.11.04
361 NoW 12.4.05
362 SM 14.11.04 (Todd)
363 NoW 28.11.04
364 SM 12.12.04 (Todd)
365 SM 9.3.05 (Todd)
366 SM 9.3.05 (Todd)
367 NoW 5.12.04
368 SM 20.6.05
369 NoW 1.5.05, Gerichtstermin 8.5.05
370 G 12.2.2005
371 S 24.12.04; NoW 26.12.04; SM 26.12.04
372 *PR Week* 11.3.05
373 S 10.7.09
374 SM 10.3.05 (Kerins)
375 S 8.5.05; SM 6.6.05; S 19.6.05
376 NoW 5.6.05
377 SM 5.5.05 (Todd)
378 NoW 12.4.05 (Singh)
379 SM 25.4.05; NoW 25.4.05; S 27.4.05 (Newton)
380 SM 2.5.05
381 S 27.4.05 (Newton)
382 S 27.4.05
383 S 2.5.05
384 Mir 6.2.17
385 SM 2.5.05 (Todd)
386 Ind 17.6.09
387 S 30.4.05
388 Mir 2.6.06
389 S 2.5.05
390 S 2.5.05

[391] S 19.4 04; S 3.7.04
[392] NoW 18.4.04
[393] S 27.9.14
[394] S 12.5.05
[395] S 19.9.05
[396] SM 21.8.05 nach *Chic*
[397] SM 15.8.05
[398] S 7.6.05 (Newton)
[399] S 28.6.05; SM 3.7.05
[400] NoW 31.8.06
[401] S 19.8.05
[402] S 14.9.05
[403] S 13.10.05
[404] S 17.1.06
[405] S 3.2.06
[406] S 21.10.05
[407] S 23.1.06; S 29.1.06
[408] SM 4.6.06
[409] S 22.4.06
[410] S 9.4.06
[411] S 27.10.05; S3.11.05 (Newton); NoW 22.12.05
[412] NoW 20.4.06; S 9.5.06; S 11.5.06
[413] S 21.10.05; NoW 8.2.06; S 15.2.06 (Newton); S 27.2.06 (Newton)
[414] S 23.12.05
[415] SM 17.12.06
[416] S 23.5.06
[417] SM 17.7.05 (Todd); NoW 24.5.06
[418] S 23.5.06
[419] S 31.5.06
[420] SM 11.6.06
[421] S 4.5.08
[422] SM 10.12.06
[423] S 22.6.06
[424] SM 2.7.06 (Malone)
[425] SM 2.7.06
[426] S 27.6.06
[427] NoW 6.7.06
[428] NoW 6.7.06
[429] S 4.7.06
[430] DM 3.7.06
[431] S 3.3.07 (Sean Custis)
[432] Parkinson-Interview (Dezember 2007)
[433] S 4.7.06
[434] S 13.8.07
[435] S 13.8.06 (Newton)
[436] SM 12.1.03
[437] S 17.8.06
[438] S 13.8.06; S 17.8.06
[439] NoW 26.10.06; S 28.9.06
[440] NoW 22.11.06 (Kastrinakis)
[441] S 21.9.06, ein GMTV-Interview zitierend
[442] S 8.10.06 (Beauchamp); SM 22.10.06

443 S 1.11.06
444 SM 2.7.06; SM 13.4.06, *Harper's Bazaar Australia* zitierend
445 SM 13.4.06, *Harper's Bazaar Australia* zitierend; S 25.11.06, Zitat GMTV-Interview
446 SM 12.11.06
447 Morton p.155
448 S 2.11.06
449 S 23.8.06
450 Apple-Podcast „Business of Fashion" 2022
451 S 26.8.06
452 S 14.9.06
453 S 1.9.06
454 S 2.11.06
455 *Women's Wear Daily* 10.6.18
456 S 2.1.07
457 NoW 6.6.07; NoW 22.11.06; S 9.9.06; S 12.12.06
458 NoW 15 & 22.11.06
459 NoW 27.9.06
460 Mir 11.1.07
461 Wahl p.34, *Forbes* zitierend
462 Mir 11.1.07
463 Mir 12.1.07 (Holt)
464 S 16.1.07
465 S 16.1.07 (Beauchamp); S 21.1.07
466 S 17.1.07 (Beauchamp); Mir 12.1.07 (Holt)
467 S 19.1.07 (Beauchamp); S 20.1.07 (Beauchamp)
468 SM 1.4.07
469 S 16.6.07
470 S 16.1.07; SM 14.1.07 (Kerins)
471 S 25.1.07
472 S 22.7.07 (Newton)
473 S 7.2.09 (Kelly)
474 S 28.2.07; Mir 28.2.07 (Hedley); S 2.3.07
475 S 13.2.07 (Beauchamp)
476 S 12.10.06
477 S 3.3.07
478 Mir 26.5.07; SM 27.5.0
479 NoW 30.5.07
480 Mir 30.5.07 (Holt)
481 SM 3.6.07
482 SM 3.6.07
483 SM 15.10.06 (Todd); Mir 19.1.07 (Hedley)
484 Mir 28.2.07 (Hedley)
485 SM 11.3.07; S 16.5.07
486 Mir 1.3.07 (Hedley)
487 Mir 1.3.07 (Hedley)
488 S 16.5.07; Mir 9.6.07
489 Mir 21.5.07
490 SM 13.8.00
491 https://www.straight.com/article-88444/silver-jeans-heat-up-with-label-1921-and-a-spice-girl
492 S 9.6.07 (Custis)
493 S 13.6.07; S 27.4.07 (Beauchamp)

494 S 16.6.07
495 DM 26.5.07 (Boshoff)
496 NoW 6.6.07 (Harrison)
497 Mir 23.6.07
498 SM 1.7.07; NoW 18.7.07
499 Mir 4.5.07 (Hadley & Simpson)
500 Mir 23.7.07; Mir 28.6.07
501 S 22.7.07; Mir 30.6.07; S 30.6.07
502 S 17.11.06
503 S 17.7.07
504 DM 8.2.16
505 https://www.greg.gg/webCompSearchDetails.aspx?id=s0jrWx8s2SE=&r=0 &crn=&cn=Frantzen%20Partners&rad=ContainsPhrase &ck=False
506 Vertrauliche Quelle
507 Vertrauliche Quelle
508 VB p.487
509 S 17.7.07
510 Mir 30.5.07
511 S 22.6.07
512 S 7.6.07 (Newton); Mir 9.6.07
513 DM 26.5.07 (Boshoff)
514 NoW 16.4.08
515 NoW 23.1.11 (Malone)
516 Mir 1.6.07 (Hedley)
517 SM 15.7.07; S 2.8.07
518 Mir 24.7.07; Mir 16.7.07 (Hedley)
519 DM 28.9.07 (Boshoff)
520 S 21.7.07
521 SM 22.7.07
522 https://www.theguardian.com/culture/tvandradioblog/2007/jul/18/victoriabeckhamcomingtoame
523 SM 6.12.10; SM 29.7.07; Mir 17.8.07
524 S 22.7.07 (Newton); S 1.8.07
525 Mir 13.7.07; S 15.6.07; Mir 15.9.09
526 S 22.7.07 (Newton)
527 Wahl p.3; S 17.7.07 (Smith)
528 (2018 für 33 Millionen Pfund verkauft) Mir 8.6.07
529 Mir 14.7.07 (Hadley)
530 DM 28.9.07 (Boshoff)
531 S 18.10.07
532 Mir 16.7.07; SM 15.7.07
533 S 18.7.07
534 Mir 19.6.07
535 SM 15.7.07
536 S 22.7.07
537 Wahl p.74
538 Mir 19.7.07; S 20.7.07
539 S 24.7.07
540 S 18.8.07; Mir 20.8.07
541 Mir 31.8.07; DM 28.9.07 (Boshoff)
542 S 24.10.07
543 Mir 19.11.07

544 Wahl p.81 & p.97
545 Wahl p.176
546 Wahl p.140
547 DM 25.10.08 (Boshoff)
548 G 19.5.08
549 Mir 12.9.07
550 NoW 29.8.07 (Atkinson)
551 S 21.12.08; SM 19.10.08
552 Mir 29.9.07
553 Mir 9.10.07; S 27.10.07
554 NoW 21.11.07
555 SM 11.11.07
556 SM 18.11.07
557 Mir 26.11.07; S 29.11.07
558 S 30.11.07, NoW zitierend
559 Mir 21.11.07; S 21.11.07
560 S 23.11.07; NoW 28.11.07
561 Mir 28.11.07
562 Mir 24.11.07; SM 23.12.07
563 S 15.11.07; Mir 27.11.07
564 S 3.11.12
565 S 30.11.07; NoW 28.11.07 (Singh)
566 SM 02.12.07; Mir 19.10.07
567 DM 28.9.07 (Boshoff)
568 SM 25.11.07
569 Mir 3.12.07 (Hedley & Simpson); SM 7.4.06
570 S 20.1.207; Mir 17.1.08; Mir 21.12.07; S 14.5.08 (Smart)
571 Wahl p.151
572 Wahl p.221
573 *The Grocer* 17.10.09
574 Mir 1.2.08 (McGovern)
575 Mir 1.2.08 (Holt)
576 S 2.2.08
577 Mir 9.1.08
578 S 5.2.08 (Howard)
579 S 28.3.08; Mir 10.3.08
580 Mir 10.3.08
581 S 1.4.08
582 S 6.4.08
583 S 17.10.09; NoW 6.2.08; SM 10.2.08
584 S 2.3.08
585 S 14.3.02
586 *Vogue* (April 2008); S 23.9.08 (Newton)
587 *Harper's Bazaar* (October 2009)
588 Mir 24.1.08 (Turner)
589 Mir 3.8.09 (Moodie)
590 Mir 7.5.08; Mir 14.5.08 (Moodie)
591 vertrauliche Quelle
592 *Times* 2.12.08
593 Samantha Conti https://wwd.com/wwd-masthead/samantha-conti/https://wwd.com/runway/fall-2023/paris/victoria-beckham/review/
594 VB p.375

595 Mir 11.9.08 (Ward); S 10.9.08 (Kelly)
596 S 26.5.10 (Connolly); Times 29.6.10 (Armstrong)
597 *Times* 2.12.08 (Armstrong)
598 S 30.8.08 (Smart); NoW 28.9.08
599 Mir 14.5.08 (Moodie)
600 Mir 27.7.08
601 S 23.4.08 (Smart); S 30.5.08
602 Mir 27.7.08
603 S 24.9.08
604 S 14.6.08
605 Mir 20.9.09, ein Whoopi-Goldberg-Interview zitierend
606 https://www.allure.com/story/victoria-beckham-cover-story
607 S 29.9.08
608 S 17.10.09; NoW 30.11.08
609 S 16.6.10 (Smart)
610 S 5.7.08
611 2008 BBL Konten
612 S 23.1.10
613 S 24.6.08 (Howard)
614 S 11.7.08
615 Wahl p.272
616 Wahl pp.254, 263
617 Wahl p.280
618 S 22.9.08
619 Wahl p. 264
620 Mir 29.6.08 (Moodie)
621 Mir 5.2.09; NoW 15.2.09
622 SM 6.7.08
623 NoW 15.2.09
624 S 27.1.09
625 S 7.3.09
626 SM 29.3.09 (Bobby Charlton hat 106-mal für England gespielt)
627 S 11.6.09
628 *Times* 29.11.23
629 S 4.5.09 (Smart)
630 Mir 31.10.09
631 NoW 5.7.09
632 S 17.6.09 (White)
633 Mir 30.12.09
634 Mir 1.10.09
635 S 17.10.09 (Smart)
636 NoW 10.1.10
637 NoW 8.11.09
638 S 14.11.09
639 S 4.12.09
640 S 16.1.10 (White)
641 Mir 16.2.10; Mir 11.3.10; SM 24.1.10; S 26.1.10; S 11.3.10
642 S 22.01.10
643 Mir 14.1.10 (Moodie); Mir 18.1.10; Mir 6.8.09; NoW 16.8.09
644 S 24.3.10; Mir 25.3.10
645 S 16.1.10 (White); S 2.4.10 (White); S 8.4.10 (White); S 2.6.10 (White)
646 NoW 11.7.10

647 Mir 10.9.10 (Hudson)
648 S 7.10.10; S 9.10.10, *Marie Claire* zitierend
649 Mir 17.5.10
650 S 13.8.10 (White & Custis); SM 15.8.10
651 S 21.12.10; S 23.12.10
652 S 21.12.10; S 23.12.10
653 S 16.2.11; S 11.4.11; SM 21.2.11
654 Mir 7.12.15
655 Mir 2.6.14
656 Mir 2.6.14
657 SM 12.12.10; DM 17.9.10 (Massagesalon in Venedig)
658 S 2.7.12
659 S 23.9.08; NoW 6.6.10
660 DM 13.8.10; NoW 23.5.10
661 https://podcasts.apple.com/us/podcast/ruthies-table-4-david-beckham-part-1/id1585413971?i=1000549627692
662 S 13.8.10
663 S 16.8.11
664 C:\Users\tombo\AppData\Local\Microsoft\Windows\INetCache\Content.Outlook\QQR557G8\C7F55BIC-95BA-4104-B1F7-39A9A34B58E6(002).png
665 S 16.8.11; Tel 21.1.12; Harper's Bazaar (May 2012)
666 SM 19.9.10
667 *Times* 16.1.10
668 S 29.11.11
669 S 29.3.12; Mir 20.1.13 (Moodie); Mir 29.4.13
670 Mir 29.4.13
671 S 13.8.13; SM 3.2.13; Mir 28.1.13; *Elle* magazine (May 2012); *Harper's Bazaar* (May 2012)
672 SM 7.7.11; S 8.8.11
673 SM 12.2.12; S 20.12.10; SM 5.2.11; S 26.12.18 (Wootton)
674 DM 1.6.13 (Boshoff)
675 Mir 26.2.12
676 S 13.9.14; Mir 25.10.14
677 S 12.7.11 (Samson & White)
678 https://www.motor1.com/news/173852/evoque-designer-slams-victori-beckham/
679 SM 19.2.12
680 *Der Spiegel* (August 2013); S 6.2.17
681 S 23.11.11
682 NoW 4.1.11
683 MoS 11.11.18
684 SM 15.4.12; Mir 8.1.13
685 S 3.12.12
686 Mir 2.12.12
687 S 6.12.12
688 https://www.fourfourtwo.com/features/who-owns-psg-everything-you-need-to-know-about-paris-saint-germains-qatari-chiefs
689 Mir 1.2.13
690 https://wwd.com/feature/bruce-rockowitz-global-brands-group-10343769/#!
691 GQ 3.3.19
692 Mir 7.2.13
693 Mir 2.3.13; Mir 5.3.13; S 2.3.13

694 Mir 9.11.13; Mir 29.1.14
695 https://www.bloomberg.com/news/articles/2022-02-12/super-bowl-ad-lawsuit-hits-delivery-agent-david-beckham-underwear Mir 16.3.13
696 Mir 21.3.13; Mir 21.6.13
697 S 24.1.13 (White)
698 SM 31.3.13
699 Mir 4.4.13
700 Mir 17.5.13
701 S 18.5.13 (White)
702 Mir 4.4.13
703 Mir 7.5.13; SM 9.5.13; S 20.5.13
704 Mir 31.10.13
705 *Der Spiegel* (August 2013)
706 S 10.11.13
707 Mir 10.12.13; S 30.11.13; Paris *Vogue* (November 2013)
708 SM 20.11.13
709 S 9.7.14; Football Leaks: Black Sea EIC2016 (3.2.17)
710 S 6.10.13 (White); DM 16.8.16
711 S 9.8.12 (Smart); Morton p.155
712 MoS 5.2.17 (Hind)
713 Mir 30.12.13
714 S 4.2.17; Mir 30.12.13; S 26.12.18 (Wootton)
715 Mir 9.4.14
716 S 4.2.17
717 S 4.2.17
718 14. S 16.3.15
719 S 13.4.14 (White); S 29.4.14
720 S 4.2.17
721 Mir 11.6.14; Mir 26.10.15
722 *Der Spiegel* 2015; Football Leaks: Black Sea EIC2016 (3.2.17)
723 S 7.2.17
724 DM 17.6.15
725 Football Leaks: Black Sea EIC2116 (3.2.17)
726 Mir 19.2.14; *Allure* magazine (March 2014)
727 S 12.3.16 (White)
728 Mir 9.10.15; S 26.9.14; G 24.9.14; S 18.2.15
729 S 24.12.14 (Wootton)
730 S 28.10.14
731 S 17.3.19
732 S 13.6.15; Mir 17.3.15
733 Mir 19.2.14; *Allure* magazine (March 2014); Mir 10.7.14; *Vogue* (July 2014)
734 ST 16.4.23
735 S 11.2.13
736 Mir 17.4.14 (Moodie)
737 G 28.1.14
738 https://www.google.com/gasearch?q=victoria%20beckham/keep%20fit%20routine&tbm=&source=sh/x/gs/m2/5
739 S 1.9.15; S 17.10.22
740 S 17.9.15 (Wootton); S 29.9.15 (Wootton); S 4.8.15
741 S 9.12.15
742 S 17.2.13
743 G 9.2.14 (Cartner-Morley)

744 S 4.11.14; S 10.9.15 (Fahey); S 10.1.15; S 12.9.15
745 *Harper's Bazaar* (May 2012); Mir 11.11.14; S 25.11.14
746 S 4.1.03; S 29.1.15 (Wootton); Mir 27.2.15; Mir 7.12.15
747 Mir 7.12.15; S 2.5.15 (White); Mir 4.5.15 https://www.chinadaily.com.cn/celebrity/2015-05/04/content_20614224_2.htm
748 SM 16.8.15; S 25.11.14; Mir 12.1.19; S 8.8.15 (Wootton); S 10.9.16; S 15.9.15; S 22.12.15 (White)
749 S 9.12.15
750 S 4.2.17
751 S 15.9.15
752 S 23.9.15
753 S 22.9.15 (Wootton); S 27.9.15 (Brankin); S 15.11.15; Mir 13.11.15; DM 26.9.15
754 S 19.11.15
755 G 18.4.19; Mir 7.10.15; *Grazia* magazine (Oktober 2015)
756 S 10.11.15 (Wootton)
757 *Glamour* 29.10.15; Cl 6.6.23
758 *Victoria Moss, 13.11.15; S 25.5.98*
759 *Glamour* 9.11.15
760 S 1.1.16; S 15.11.15
761 S 10.2.16; SM 14.2.16
762 S 23.3.16; S 20.3.16; S 11.2.16; S 1.5.16; S 3.5.16
763 S 12.4.16; SM 14.2.16 (Boyle)
764 S 12.4.16 (Wootton)
765 S 26.2.16 (Wootton); SM 6.3.16; S 20.5.16; S 15.6.16; S 6.7.16; S 13.9.16; S 10.2.16; Mir 19.8.16 (McPhee, Watts); S 13.12.16; S 2.9.16 (Wootton); MoS 21.7.19; DM 12.7.16 (Boshoff)
766 S 14.9.16; S 7.12.16; S 8.12.16; MoS 4.8.19
767 Mir 15.4.16 (Retter)
768 Mir 2.9.16, Zitat aus der *Vogue*; Netflix 2023
769 Mir 3.10.16, Zitat aus *InStyle*, VB S. 516
770 *Times* 15.2.16
771 *Times* 12.9.16
772 G 12.9.16
773 *Times* 12.9.16
774 S 17.3.19, Zitat aus FT 16.3.19; S 12.3.16 (White)
775 Die Rückstellungen im Jahresabschluss von BBH stiegen 2016 zum Beispiel um 541.000 Pfund. Im Jahresabschluss sind vier grundlegende Anpassungen aufgeführt. Eine Anpassung beim Jahresabschluss 2017 wird in einer Notiz unter „Sachanlagen" aufgeführt.
776 https://www.leaguescup.com/news/inter-miami-cf-and-david-beckham-s -role-from-foundation-to-glory-in-five-years; Beckham, St John's Wood speech, 2.7.23
777 https://edition.cnn.com/2013/10/30/sport/football/football-david-beckham-club-owner/index.html#
778 *SportsPro* 29.1.20
779 S 15.12.13; Mir 3.6.14; S 5.12.15; https://www.intermiami.news/club/stadium/ https://www.sportsbusinessjournal.com/Articles/2023/08/04/ares -management-inter-miami-investment.as https://intermiami.news/club/ https://www.intermiami.news/club/club-history/ https://www.espn.com/soccer/story /_/id/37544133/mls-announces-david-beckham-expansion-team-miami https://www.ft.com/content/5d55d1fa-727d-11e9-bbfb-5c68069fbd15 https://www.intermiami.news/club/trphy-history/

[780] https://youtu.be/0E2G7YLIWDo?si=4eBbcg_35JHuzXBq https://www.bloomberg.com/news/videos/2015-03-27/global-brands-focused-on-affordable -luxury-brands-ceo http://mobile.ytsports.cn/news-520.html https://youtu.be /2KoROgp2Rq4?si=gYCn1i_lx7Xx4VRP https://www.scmp.com/magazines / post-magazine/fashion/article/2027452/why-david-and-victoria-beckham-have -thing-hong-kong

[781] Der Gewinn von BBH stieg von zehn Millionen Pfund auf 31 Millionen Pfund. Der Gewinn von Footwork belief sich auf 11,4 Millionen Pfund.

[782] https://www.bloomberg.com/news/videos/2015-08-12/rockowitz-china-s -move-positive-for-global-brands-ltd-

[783] https://wwd.com/feature/bruce-rockowitz-global-brands-group-1034 3769/#!

[784] https://youtu.be/0E2G7YLIWDo?si=4eBbcg 35JHuzXBq https://youtu.be/ 0E2G7YLIWDo?si=4eBbcg 35JHuzXBq https://www.bloomberg.com/news / videos/2015-08-12/rockowitz-china-s-move-positive-for-global-brands-ltd- http://mobile.ytsports.cn/news-520.html https://www.youtube.com/@ CNBC InternationalTV

[785] S 20.3.16; S 31.3.16; S 22.12.16; S 8.1.17

[786] GQ 17.3.16

[787] S 26.9.97

[788] S 29.1.17

[789] SM 5.2.17; MoS 22.10.17 (Hind)

[790] Mir 10.2.17

[791] S 6.2.17

[792] S. 58 Global-Brands-Jahresbericht 2019

[793] SM 10.12.17; S 12.2.17; S 22.7.17 (Wootton)

[794] S 14.3.17; S 29.12.16; S 20.4.17

[795] S 10.5.17; S 14.5.17; S 21.5.17; S 27.5.17; S 17 und 18.10.17

[796] S 15.5.17; S 16.5.17

[797] Mir 12.7.17; Mir 19.7.22

[798] Mir 26.4.07 (Hadley & Simpson); S 2.9.17

[799] Siehe Interview S 17.10.17

[800] Anmerkungen 17 und 32. Aus den BBH-Geschäftszahlen für 2017 geht hervor, dass das Unternehmen den sogenannten „Entrepreneurs Allowance Relief“ in Anspruch nahm und statt 45 Prozent Einkommenssteuer 20 Prozent Kapitalertragssteuer zahlte.

[801] G 19.1.17 (Cartner-Morley)

[802] *Times* 11.9.17

[803] Mir 31.12.17

[804] https://www.bloomberg.com/news/videos/2015-03-27/global-brands -focused-on-affordable-luxury-brands-ceo

[805] G 8.1.18

[806] S 13.10.19; S 27.4.20

[807] G 2.9.17

[808] G 2.9. G 2.9.17; https://wwd.com/beauty-industry-news/fragrance/coty-architects-bernd-beetz-and-stephen-mormoris-start-a-new-fragrance-business -1203131132/

[809] S 8.9.17; S 5.9.17

[810] https://www.chinadaily.com.cn/celebrity/2015-05/04/content_20614224 _2.htm http://www.china.org.cn/arts/2015-05/04/content_35481625_3.htm https://www.scmp.com/magazines/post-magazine/article/1512660/six-degrees https://www.hollywoodreporter.com/news/music-news/ricky-martin-

david-beckham-coco-699490/ https://www.thestandard.com.hk/section-news/section/11/256329/Husband's-'affair'-triggered-Coco's-downward-spiral
811 https://www.harveynichols.com/news/feature/house-99-by-david-beckham/ https://www.harveynichols.com/news/feature/house-99-by-david-beckham/
812 Mir 28.11.17; S 8.3.18
813 *Women's Wear Daily* 19.6.18 (Conti)
814 MoS 1.4.18
815 MoS 30.12.18
816 Mir 18.1.18
817 G 12.2.18
818 S 4.2.18; S 5.2.18 (Wootton)
819 S 6.2.19
820 MoS 14.10.18 (Hind)
821 S 2.2.18 (Wootton); Mir 9.2.18; S 12.2.18 (Wootton); S 7.3.18 (Wootton)
822 *Times* 12.2.18 (Murphy)
823 *Times* 18.2.19 (Murphy)
824 G 18.4.18; G 4.3.18
825 S 8.3.18
826 https://edition.cnn.com/2013/10/30/sport/football/football-david-beckham-club-owner/index.html https://www.cnn.com/2013/05/18/sport /football/football-psg-beckham-farewell-game/
827 SportsPro 14.12.17
828 S 27.2.20
829 https://sportslulu.com/inter-miami-owners-percentag https://www.miamiherald.com/sports/article254311828.html
830 SportsPro 29.1.20
831 G 30.1.18
832 G 11.5.18
833 S 1.5.18; S 5.5.18 (Wootton)
834 M 5.1.19; DM 12.1.19 (Boshoff)
835 DM 9.6.18
836 DM 5.9.18 (Boshoff)
837 Mir 11.6.18
838 S 18.7.20
839 S 21.6.18; S 5.8.18; S 21.10.18 (Moodie)
840 S 24.6.18; S 2.9.18
841 S 24.6.18; S 2.9.18
842 MoS 12.8.18
843 S 10.9.18 (Boyle); S 4.9.18 (Wootton)
844 MoS 9.9.18 (Hind)
845 https://www.dailymail.co.uk/tvshowbiz/article-6129603/Victoria-David-Beckham-star-second-VOGUE-cover-dismissing-split.html
846 https://www.nzherald.co.nz/entertainment/why-david-beckham-refused-to-pose-for-vogue-cover-family-shot/2FW7O6LNZ2CKZWRC26ZBTWZZE/July 2018
847 S 29.6.18; S 6.7.18
848 DM 2.9.18
849 S 10.12.99; S 18.12.99; Morton S. 128 ff.
850 GQ 3.3.19
851 S 4.10.18; S 7.9.18; S 29.9.18
852 Mir 28.9.18
853 Mir 19.10.18; S 19.10.18

854 S 21.10.18 (Moodie)
855 G 19.1.19 (Cartner-Morley)
856 S 21.10.18 (Moodie)
857 Mir 22.10.18
858 Tom Bower *Revenge* S. 237
859 S 17.9.18; BBC Radio 2 Interview
860 G 15.9.18; G 17.9.18; S 12.12.18; G 15.9.18
861 *Closer* (Zeitschrift) 30.4.19
862 http://lottejeffs.com/wp-content/uploads/2017/04/Victoria_Interview.pdf
863 DM 27.4.19
864 S 30.12.18 (Moodie); S 27.1.19 (Moodie)
865 https://www.ft.com/content/006d1bb6-0d40-11ea-b2d6-9bf4d1957a67
866 MoS 17.6.18 (Hind)
867 Gemäß Teil 17, Kapitel 10 des Companies Act 2006, der gesetzlichen Grundlage zur Gründung und Registrierung von Kapitalgesellschaften im Vereinigten Königreich
868 S 11.5.19
869 GQ 3.3.19
870 MoS 4.11.18 (Hind)
871 https://find-and-update.company-information.service.gov.uk/company/11043864/persons-with-significant-control
872 Beckham, Rede in St. John's Wood, 2.7.23
873 GQ 3.3.19
874 GQ 3.3.19
875 S 1.2.19. Inter Miami beauftragte Kin (Oliveira und Matthew Kay) mit der Akquise von Sponsorengeldern.
876 DB Instagram, ING7333
877 GQ 3.3.19
878 https://www.youtube.com/watch?v=bF014EUJrSI
879 G 19.1.19 (Cartner-Morley)
880 G 19.1.19 (Cartner-Morley)
881 S 26.1.19; S 3.2.19
882 S 16.1.19; G 18.1.19
883 S 8.2.20; Vogue 20.8.20 (Devaney); S 17.1.19
884 S 29.12.19 (Moodie); S 29.3.20 (Moodie); MoS 6.10.19 (Hind)
885 http://lottejeffs.com/wp-content/uploads/2017/04/Victoria_Interview.pdf
886 G 18.2.19; S 20.2.19
887 S 6.1.19; S 12.3.19; S 14.7.18; S 12.1.20
888 S 17.3.19, Zitat aus FT: S 3.7.19; S 21.7.19 (Moodie)
889 G 30.11.19
890 S 10.5.19
891 S 8.3.19 (Wootton)
892 S 14.10.18 (Moodie); DM 23.5.19
893 SM 11.11.18; S 3.11.18 (Wootton)
894 S 2.6.20; S 7.4.21; S 14.6.19; S 8.10.19; S 31.3.19; S 5.5.19; S 17.5.19 (Moodie); S 20.5.19 (Wootton); Mir 19.6.19; DM 23 und 26.3.19 (Boshoff)
895 S 10.7.19 (Boyle); S 3.11.19 Moodie; Mir 23.7.19 (Hudson)
896 S 26.5.19 (Moodie); S 3.11.19 (Moodie); MoS 16.6.19 (Hind)
897 https://www.allure.com/story/victoria-beckham-cover-story
898 Mir 5.9.19; S 10.8.19; S 27.8.19; SM 1.9.19
899 MoS 19.4.20
900 S 29.11.19

901 Mir 29.8.20; S 24.8.20 (Boyle)

902 Imogen Edwards-Jones Fashion Babylon (darüber, dass Tom Ford VB daran hindern wollte, die Kleidung seines Hauses zu tragen) https://wwd.com/business-news/business-features/victoria-beckham-profit-beauty-fashion1235561589/#utm_medium=social&utm_source=email&utm_campaign=social_bar&utm_term=wwd.1678184036971.c09855c9-202f-4175-b436-fba1ff4db349&utm_content =bottom&utm_id=1235561589

903 https://hiec.com/heads-up-with-marie-leblanc-ceo-victoria-beckham/

904 S 26.01.20 (Moodie)

905 Mir 20.4.20 (Kindon)

906 Thor Bjorgolfsson *Billions To Bust – And Back* S. 84

907 https://www.glistatigenerali.com/capitali_imprenditori/superciuk-lultimo-eroe-vichingo/

908 EIM21895, 6.4.17, Beispiel 4 aus dem Employment Income Manual der britischen Regierung

909 Die vom Arbeitgeber gezahlten Sozialversicherungsbeiträge beliefen sich auf 596.000 Pfund. Das entspricht den ausgezahlten Gehältern, würde aber nicht die zusätzlichen Sozialabgaben abdecken, die sich aus den 250.000 Pfund Einkommenssteuer auf die unentgeltlichen Wertabgaben ergeben hätten.

910 Mir 27.8.21

911 https://sbisoccer.com/2020/12/on-mis-mcdonoughs-poor-execution-of-inter-miami-vision-likely-led-to-early-exit https://www.intermiami.news/club/owners/ https://www.intermiami.news/news/

912 S 9.3.20

913 S 17.9.19; S 3.11.19 (Moodie); S 14.11.19; S 9.3.20; S 9.4.20; S 12.7.20 (Moodie); Mir 11.7.20

914 MoS 19.4.20

915 MoS 26.4.20 (Hind)

916 S 1.5.20; Mir 1.5.20; S 22.4.20; S 30.7.20 (Moodie); G 30.7.20; S 21.6.20 (Moodie)

917 The Athletic, 9.6.21 und 17.8.21 (Tenario); Miami Herald, 26.11.23 und 27.11.23 https://www.sportspromedia.com/news/inter-miami-jorge-jose-mas-david-beckham-shareholders-ares-investment-mls/= https://www.intermiamicf.com/news/inter-miami-cf-announces-mas-brothers-beckham-increaseownership-stake-in-the-cl https://www.miamiherald.com/sports/mls/article197169104.html

918 https://www.mlssoccer.com/news/paul-mcdonough-stepping-down-inter-miami-cf-sporting-director

919 Felipe Cardenas 13.11.23; https://theathletic.com/5058191/2023/11/13/paul-mcdonough-mis-usl/ https://sbisoccer.com/2020/12/on-mis-mcdonoughs-poor-execution-of-inter-miami-vision-likely-led-to-early-exit

920 SM 28.6.20; G 4.7.20; S 20.7.20

921 S 8.2.21

922 Post von David Beckham am 9.12.20 um 11:18 Uhr

923 S 23.1.21

924 G 8.1.21 (Liew)

925 *Miami Herald* 27.2.21

926 G 10.9.20; G 27.6.20; https://www.esportznetwork.com/david-beckham-launches-new-company-guild-esports/

927 G 30.11.21

928 https://www.yahoo.com/entertainment/david-beckham-sues-fitness-company-230903752.html https://www.businesswire.com/news/home/20220321005376/en/F45-Investor-DavidBeckham-Supports-the-continued-Growth-of-

the-Brand-as-Partner-of-the-Latest-UK-Studio-in-High-Street-Kensington https://metro.co.uk/2022/10/20/david-beckham-and-greg-norman-sue-fitness-chain-f45-training-for-20m-17605177/

929 S 5.2.21

930 S 3.11.21 (Moodie)

931 S 28.12.21; S 7.11.21

932 S 18.2.21. 2021 beliefen sich die Verbindlichkeiten der Victoria Beckham Ltd. insgesamt auf 50,3 Millionen Pfund.

933 G 14.1.21

934 Geschäftsbericht BBH 2019/20, Erläuterung 13

935 https://chainstoreage.com/authentic-brands-group-acquires-majority-stake-david-beckham-brand https://www.ft.com/content/a0829b2a-e5fb-4e6b-a9c0-142529c0a56d

936 https://finance.yahoo.com/news/abg-jamie-salter-buying-building-050101527.html

937 Siehe Erläuterung 4 zu Einnahmen 2022, Footwork Productions Ltd., gemäß der bei Companies House eingereichten Unterlagen

938 Erläuterung 7, Geschäftsbericht BBH 2021

939 *The Athletic* 7.8.21

940 S 4.9.22

941 Mir 27 und 28.10.21

942 DM 10.9.22

943 Tel 31.12.22

944 SM 14.8.22

945 MoS 3.10.21 (Hind)

946 SM 14.11.21; S 13.1.23

947 Mir 10.1.23

948 https://www.laineygossip.com/victoria-beckhams-public-facing-rigidity-revealed-to-be-greatest-skill-in-allure-cover-profile/77345 https://www.allure.com/story/victoria-beckham-cover-story

949 https://www.newidea.com.au/victoria-beckham-new-hell https://www.theguardian.com/fashion/2020/sep/21/victoria-beckham-cancels-catwalk-show-as-not-appropriate https://www.theguardian.com/fashion/2022/jan/14/victoria-beckham-fashion-brand-vb-body https://www.businesswire.com/news/home/20220321005376/en/F45-Investor-David-Beckham-Supports-the-Continued-Growth-of-the-Brand-as-Partner-f-the-Latest-UK-Studio-in-High-Street-Kensington https://metro.co.uk/2022/10/20/david-beckham-and-greg-norman-sue-fitness-chain-f45-training-for-20m-17605177/ https://www.theguardian.com/lifeandstyle/2020/jun13/victoria-beckham-i-guess-it-was-a-sign-of-insecurity-wearing-very-tight-clothes? https://i.guim.co.uk/img/media/e4d95bd8394a17fbd7a4c8e1129b31a4d0a555b6/00-17312941/master/1731.jpg?width=120&quality=85&dpr=1&s=none

950 *Hello!* 7.5.22

951 Mir 11.2.22; DM 26.5.23

952 G 18.8.22; S 18.7.22

953 S 12.4.22 (Moodie)

954 Mir 7.9.22; DM 22.7.2020

955 S 23.9.22; Grazia (Oktober 2022)

956 DM 30.9.22 (Boshoff)

957 DM 1.10.22 (Boshoff)

958 S 1.10.22; MoS 2.10.22

959 S 31.10.22; ST 30.10.22

[960] Tel 22.3.23 (Armstrong)
[961] S 19.1.23; Mir 3.1.23
[962] DM 23.2.22 (Boshoff)
[963] S 25.8.22; Mir 6.10.22
[964] S 19.1.23; Mir 21.1.23
[965] MoS 12.6.22
[966] S 30.12.21 (Moodie)
[967] Mir 9.3.22
[968] S 17.9.22
[969] G 15.11.22; G 18.11.22
[970] MoS 18.12.22 (Hind)
[971] SM 27.11.22; Mir 19.11.22; SM 27.11.22; Mir 19.11.22; SM 27.11.22; Mir 19.11.22
[972] S 3.12.22
[973] https://www.miamiherald.com/article282921823.html
[974] https://www.mlssoccer.com/news/how-lionel-messi-could-transform-mls-and-clubs-most-likely-sign-him-andrew-wiebe
[975] https://uk.sports.yahoo.com/news/lionel-messi-no-show-ignites-153904463.html https://www.campaignasia.com/article/tatlers-messi-mess-hong-kong-event-plunges-into-chaos-without-star-player/494175 https://www.dailymail.co.uk/sport/football/article-13043635/David-Beckham-BOOED-40-000-angry-fans-chant-refund-Lionel-Messi-left-bench-Inter-Miamis-pre-season-win-Hong-Kong-XI.html https://www.scmp.com/sport/football/article/3250908/lionel-messis-hong-kong-trip-becomes-greatest-let-down-all-time-goats-day-bench-leaves-inter-miami https://theathletic.com/5249529/2024/02/04/inter-miami-hong-kong-messi/?source=user_shared_article https://www.scmp.com/sport/football/article/3251170/lionel-messi-fiasco-hong-kong-moves-next-stage-grief-social-media https://www.miamiherald.com/sports/mls/inter-miami / article285077787.html?deviceId=D7F6DC20-FB35-42B6-8A9D-B9ADAB179ACC&tempKey=value https://www.ft.com/content/02c035dc-4f8a-4e78-a86e-7811835a9dab
[976] https://www.tatlerasia.com/lifestyle/entertainment/david-beckham-october-cover https://www.tatlerasia.com/lifestyle/sports/david-beckham-tatler-xfest-football-match-inter-miami-hong-kong https://www.tatlerasia.com/lifestyle/sports/look-ahead-inter-miami-rise-xfest-match
[977] „Morning Footy“ CBS Sports Podcast, 2. Februar (USA); Podcast: Miami Total Football Radio
[978] https://www.youtube.com/watch?v=oOXgTGQJgUE
[979] https://theathletic.com/5245193/2024/02/03/inter-miami-tour-messi/?source=user_shared_article
[980] https://www.youtube.com/watch?v=SzXsed7RJDY
[981] https://uk.sports.yahoo.com/video/hong-kong-sports-minister-assured-082747784.html
[982] 15.2.24
[983] https://www.scmp.com/video/yonden-lhatoo
[984] DM 5.10.23 (Callahan)
[985] New Yorker 19.10.23
[986] Mir 23.10.23
[987] MoS 22.10.23
[988] Times 22.3.23
[989] VBHL-Geschäftsbericht 2022, Erläuterung 21, S. 34
[990] Von 3,14 Millionen Pfund im Jahr 2021 auf 7,35 Millionen im Jahr 2022

[991] VBHL-Geschäftsbericht 2022: In Erläuterung 5 ist die Abschreibung von Sachanlagen mit 673.000 Pfund angegeben, aber in Erläuterung 12 ist von einer Summe von 766.500 Pfund die Rede. Laut Erläuterung 5 betrug die Abschreibung von immateriellen Anlagewerten 715.000 Pfund, laut Erläuterung 11 jedoch 621.500 Pfund.

[992] VBHL-Geschäftsbericht 2022, Erläuterung 6, S. 24, Gebühren für Wirtschaftsprüfer

[993] Das heißt Seven Global LLP

[994] DRJBHL Geschäftsbericht 2022, Erläuterung 14, S. 33

[995] DRJBHL Geschäftsbericht 2022, Erläuterung 9, S. 30

[996] DRJBHL Geschäftsbericht 2022, Erläuterung 2.11, S. 25

© privat

ZUM AUTOR

Tom Bower, geboren 1946, ist Bestsellerautor, Investigativjournalist und hat lange für das BBC-Format „Panorama" gearbeitet. Bower hat Biografien über u.a. Robert Maxwell, Mohamed Al-Fayed und Richard Branson verfasst. Sein Buch „Broken Dreams" über Korruption im englischen Fußball ist mit dem William Hill Sports Book of the Year Award ausgezeichnet worden. Bower lebt in London.

IMPRESSUM

Projektkoordination: *Dr. Marten Brandt*
Übersetzung: *Annabella Demm (Kap. 1-9 u. 26-27); Karin Klas (Kap. 10-17); Annika Tschöpe (Kap. 18-25); Kirsten Borchardt (Kap. 28-34)*
Layout und Satz: *Datagrafix GSP GmbH, Berlin | www.datagrafix.com*
Gestaltung von Umschlag und Bildstrecke: *Groothuis. Gesellschaft der Ideen und Passionen mbH | www.groothuis.de*
Lithografie: *Frische Grafik, Hamburg*
Druck und Bindung: *GGP Media GmbH, Pößneck*

1. Auflage 2025
© 2025 Edel Verlagsgruppe GmbH
Neumühlen 17
D-22763 Hamburg
ISBN: 978-3-98588-142-0

MIX
Papier | Fördert gute Waldnutzung
FSC® C014496
FSC www.fsc.org

LIEBE LESERINNEN, LIEBE LESER

wie schön, dass Sie ein Buch von EDEL SPORTS lesen! Wir lieben große Geschichten, herausragende Persönlichkeiten und starke Meinungen aus der faszinierenden Welt des Sports und freuen uns sehr, dass Sie diese Leidenschaft mit uns teilen. Sport ist Emotion, Entertainment und Business zugleich. Geben Sie uns gern Ihr Feedback auf Instagram (@edel.sports) oder schreiben uns an: *info@edelsports.com*

UNSER VERLAGSHAUS

Mit Standorten in Hamburg und München zählt die Edel Verlagsgruppe zu den größten unabhängigen Buchanbietern Deutschlands. Zur Gruppe gehören die Verlage Dr. Oetker Verlag, Edel Sports, KARIBU und ZS.

EDEL Sports – Ein Verlag der Edel Verlagsgruppe
www.edelsports.com
www.instagram.com/edel.sports